박세당의 장자 읽기
남화경주해산보 1

박세당의 장자 읽기

• 남화경주해산보 1 •

박세당 지음
박헌순 옮김

일러두기

1. 번역대상 원문은 학민문화사 영인본 《남화경주해산보》이다.
2. 《남화경주해산보》 원문은 입력, 표점하여 단락별로 번역문 앞에 두었다.
3. 교감 대조본은, 《장자권재구의교주(莊子鬳齋口義校注)》(中華書局, 2009), 《장자품절(莊子品節)》, 《장자익(莊子翼)》이다.
4. 각주에서의 서명 표기는 《장자권재구의교주》는 《구의교주》로, 그 나머지는 모두 원래의 이름대로 표기하였다.
5. 속자(俗字), 이체자(異體字) 등은 원본을 대표자로 수정하고, 수정 내용을 일일이 밝히지 않았으며, 유의미한 차이가 있다고 판단되는 경우에만 각주로 밝혔다.
6. 문장부호는 원문과 번역문에 공통으로 다음과 같이 사용하였다.
    1) 마침표(.) : 주어부와 술어부로 이루어진 한 문장 또는 단락을 이루는 독립 구절의 끝에 쓴다.
    2) 물음표(?) : 의문문, 수사의문문, 반어문의 끝에 쓴다.
    3) 느낌표(!) : 감탄문, 감탄사, 호격 독립어의 끝에 쓴다.
    4) 쉼표(,) : 문장의 단락을 표시할 때에 쓴다. 주제어 뒤에 쓴다.
    5) 큰따옴표(" ") : 인용문 또는 대화체 구문에 쓴다.
    6) 작은따옴표(' ') : 큰따옴표 안의 내용에 다시 인용문이 있을 때에 쓴다. 동사 뒤에 오는 목적어구절의 범위를 표시할 때에 쓴다. 특별한 낱말을 강조하여 표시할 때에 쓴다.
    7) 쌍점(:) : 주해자와 주해 내용 사이에 쓴다.
    8) 두꺾쇠괄호(《 》) : 서책을 표시할 때에 쓴다.
    9) 한꺾쇠괄호(〈 〉) : 편명 또는 논문제목을 표시할 때에 쓴다.
    10) 소괄호(( )) : 한자병기 및 보충하는 내용을 표시할 때에 쓴다.
    11) 대괄호([ ]) : 풀이한 번역문에 원문을 보충하여 적을 때에 쓴다.
    12) 줄임표(……) : 문장의 중간 또는 끝에 내용을 생략한 곳에 쓴다.

머리말

《남화경(南華經)》은 《장자(莊子)》의 다른 이름이다. 당나라 현종(玄宗)이 장주(莊周)를 높여서 남화진인(南華眞人)이라 하고 《장자》를 《남화진경(南華眞經)》으로 일컬은 뒤로, 이 책의 명칭에 《장자》와 《남화경》 또는 《남화진경》이 섞여 쓰였다. 《장자》 또는 《남화경》을 위진(魏晉)시대의 상수(向秀)와 곽상(郭象)을 비롯하여 그 이후 당나라와 송나라, 명나라와 청나라에 이르기까지의 많은 학자들이 주해(注解)하였다. 진(晉)나라 곽상의 《장자주(莊子注)》, 당(唐)나라 성현영(成玄英)의 《장자소(莊子疏)》, 송(宋)나라 임희일(林希逸)의 《장자구의(莊子口義)》, 저백수(褚伯秀)의 《남화진경의해찬미(南華眞經義海纂微)》, 명나라 초횡(焦竑)의 《장자익(莊子翼)》 등이 명나라 때까지의 대표적인 주해서(注解書)이다. 이중 저백수와 초횡의 주해서는 이전 시기의 각종 주해서들을 요약 정리한 것이어서, 단기간에 장자 해석의 역사를 조망하는 데에 편리하다. 이들 '《장자》주해', 다시 말해 '《남화경》주해'에 대해, 조선 숙종 때의 학자 서계(西溪) 박세당(朴世堂)이 모아서 산보(刪補)한 것이 《남화경주해산보》이다. '산보'는 기존의 주해에서 번잡한 것을 깎아내고 박세당 자신의 의견을 보충했다는 뜻이다. 《남화경주해산보》는 초횡의 《장자익》, 임희일의 《장자구의》, 명나라 진심(陳深)의 《장자품절(莊子品節)》을 바탕으로 삼고, 《장자주》, 《남화진경의해찬미》 등 여타의 주해서들을 참고하여 산보한 것이다.

박세당(1629~1703년)은, 자는 계긍(季肯)이고 호는 잠수(潛叟), 서계(西溪), 서계초수(西溪樵叟) 등이며, 본관은 반남(潘南)이고 시호는 문절(文節)이다. 아버지는 박정(朴炡)인데, 인조반정에 참여하여 정사공신(靖社功臣)이 되었으며, 남원부사(南原府使), 대사헌, 이조 참판 등을 거쳐, 1632년에 부제학이 되었고, 그해 6월에 37세의 나이로 세상을 떠났다. 박세당은 1645년(인조 23년) 17세 때에 남일성(南一星)의 장녀와 혼인하였다. 처남 남구만(南九萬)과 처숙부 남이성(南二星) 등이 박세당의 공부에 큰 도움을 주었다. 1660년(현종 1년) 경자년 증광시에 급제하여 전적(典籍)이 되었고, 1665년에 부수찬이 되었다. 이듬해 1666년 5월에 부인 남씨가 세상을 떠났다. 그해 가을에 함경북도 병마평사로 경성(鏡城)에 부임했다가 이듬해 1667년 4월에 돌아와 수찬이 되었고, 8월에 부교리가 되었으며, 계실(繼室) 광주 정씨(光州鄭氏)와 혼인하였다.

1668년(현종 9년) 1월에 문신 월과(文臣月課)를 세 차례 짓지 않아 파직되어 양주(楊州) 수락산(水落山) 석천동(石泉洞)으로 들어갔다. 이때가 40세였으니, 도연명의 〈귀거래사〉를 연상케 한다. 그 후 벼슬에 임명하는 왕명이 누차 내려왔으나 나가지 않았다. 부득이하여, 동지사(冬至使) 서장관으로 연경(燕京)에 다녀온 일, 통진현감에 잠시 부임했던 일, 영릉 천장도감 도청(寧陵遷葬都監都廳)을 맡았던 일, 한두 번 조정에 들어가서 사은한 일 등을 제외하고는 석천동에서 교육과 연구, 저술에 전념했다. 박세당의 나이 50세(1678년)에는 계실 정씨가 세상을 떠났다. 1680년(숙종 6년)에 《대학사변록》을 지었다. 이후 1691년(숙종 17년)에 이르기까지 《신주도덕경》, 《남화경주해산보》, 《중용사변록》, 《논어사변록》, 《맹자사변록》, 《상서사변록》을 순차적으로 지었다. 1693년에 《모시사변록》을 짓기 시작하였으나, 신병 때문에 완성하지 못하였다. 1702년(숙종 28년)에 백헌(白軒) 이경석(李景奭)의 비문을 지었다. 그 비문에 송시열을 공척하는 내용이 있었으므로 1703년에 관학유생들의 소척(疏斥)을 받아, 삭탈관작하고 옥과(玉果)로 유배 보내라는 왕명이 있었으나, 판윤 이인엽(李寅燁)의 상소로 유배의 명이 취소되어, 5월에 석천동으로 돌아왔다. 그해 8월 21일에 세상을 떠났다.

《남화경주해산보》는 석천동 시절의 저술 가운데 하나이다. 제1권에 실린 머리말에 "경신년(1680년, 숙종 6년) 9월 20일, 서계초수가 쓴다."라고 하였고, 박세당〈연보(年譜)〉임술년(1682년, 숙종 8년) 조항에 "《장자》를 주해하였다."라고 기록되어 있으니, 1680년~1682년경에 이루어진 것이다. 1686년(숙종 12년) 중추(仲秋)에는 김주신(金柱臣)이 《남화경》의 내용을 요약하여 《남화정수(南華精粹)》를 엮고 그 서문을 지었다. 김주신은 서계의 문인이었고 《남화경》에 대해 서계와 편지를 주고받았으며, 1702년에 그의 딸이 숙종의 계비가 되었다. 《남화경주해산보》의 활자본 간행이 이 시기를 전후하여 김주신에 의해 이루어진 것이 아닐까 짐작된다.

현존하는 《남화경주해산보》의 판본 형식은 두 종류가 있는데, 하나는 활자본이고 하나는 필사본이다. 활자본은 현종실록자본이다. 현종실록자는 숙종 초기에 《현종실록》을 간행하기 위하여 마련한 동활자(銅活字)이다. 현종실록자본 《남화경주해산보》는 국립중앙도서관, 한국학중앙연구원 장서각, 서울대 규장각을 비롯하여 몇몇 대학 도서관에 소장되어 있다. 6권과 부록을 합쳐 6책으로 이루어져 있다. 필사본은 국립중앙도서관에 소장되어 있는데, 목판 괘선지에 필사한 것으로, 6권 5책이며, 표제(表題)가 《칠주산보(漆注刪補)》이다.

조선 초기에는 조정에서 《장자》를 간행하여 배포하였다. 《세종실록》 1425년(세종 7년) 1월 17일(무자) 기사에 "주자소(鑄字所)에서 찍어낸 《장자》를 문신(文臣)들에게 나누어 주었다." 하였고, 《세조실록》 1467년(세조 13년) 6월 22일(을묘) 기사에 "선발한 문신들에게 《주역》, ……, 《장자》, 《노자》, 《열자》를 나누어주고, 기한을 정하여 다 읽게 하라." 하였다. 이때에 나누어준 《장자》는 임희일의 《장자권재구의》이다. 김정국(金正國, 1485~1541년)의 《사재집(思齋集)》〈척언(撫言)〉에 "일찍이 《장자권재구의》를 보았더니[嘗見莊子鬳齋口義]"라는 말이 있으며, 홍여하(洪汝河, 1620~1674년)의 《목재집(木齋集)》〈독서차기(讀書箚記)〉에는 "임희일이 주해한 장자[林希逸註莊子]"라는 말이 있다. 성종 5년(1474년)에 경상도 관찰사 김영유(金永濡)의 주도로 경상도 17개 고을이 분담하여 《장자권재구의》를 복간하였는데, 함양군수 김종직(金宗直)의 발문에는, 세종 때에 사신들이 중국에서 구해온 《장자권재구의》를 조정에서 동활자(銅活字)로 찍어 나눠준 사실이 기록되어 있다.

《장자》는 조선시대 군주와 학자들에게 널리 읽혔다. 《조선왕조실록》과 한국문집총간을 보면, 선조(宣祖)는 《장자》를 매우 좋아하여 전교가 《장자》 문체와 비슷하기도 하였고, 효종은 경연에서 송시열, 송준길과 《장자》에 대해 의견을 주고받았으며, 선조 때와 숙종 때에는 시관이 국가시험에 《장자》 관련 주제로 출제하여 추고를 당하기도 하였다. 송시열의 재전제자인 남당 한원진(韓元震)은 문인과 함께 《장자》를 깊이 읽고 《장자변해(莊子辨解)》라는 저술을 남겼다.

조선시대 지식인들이 주로 읽었던 《장자》는 임희일의 주해서이다. 박세당의 《남화경주해산보》가 나온 뒤로는, 《장자권재구의》와 《남화경주해산보》가 장자 읽기 표준 텍스트가 되었다. 순조 때에 홍석주가 지은 《홍씨독서록(洪氏讀書錄)》에 "세간에 곽상, 여혜경, 초횡의 주(注)가 전해지고 있지만 오직 임희일의 《구의(口義)》와 박세당의 집주(集注)가 성행한다." 하였다.

조선시대 고전문헌을 번역하고 연구하기 위해서는 《장자》에 대한 기본 지식이 있어야 하며, 《장자권재구의》와 《남화경주해산보》를 통해 그 지식을 습득해야 한다. 이번에 출간하는 이 《남화경주해산보》 번역서가 《장자》에 대한 조선 지식인의 시각을 연구하고 그들의 저술을 번역하는 데에 조금이나마 도움이 되기를 기대한다. 《남화경주해산보》는 초횡의 《장자익》을 대폭 수용하였고 《장자익》은 이전 시기의 각종 주해서를 산절한 내용이 근간을 이루기 때문에, 완성도 높은 번역을 하기가 매우 어렵다. 번역 오류는 향후 지속적으로 보완해 나갈 것이다.

2012. 12. 박헌순

차례

머리말 • 5

 채집제가성씨(採輯諸家姓氏) : 채집한 주석가들의 인명록 • 10

 박세당 서문 • 17

 제1편 | 소요유(逍遙遊) : 사람의 식견에는 크고 작음이 있다 • 19

 제2편 | 제물론(齊物論) : 옳음도 없고 그름도 없다 • 67

 제3편 | 양생주(養生主) : 이치를 따라야 천수를 누린다 • 187

 제4편 | 인간세(人間世) : 마음을 비우고 재능을 감추어라 • 217

 제5편 | 덕충부(德充符) : 덕이 가득 찬 자는 사람을 변화시킨다 • 313

 제6편 | 대종사(大宗師) : 도를 깨달은 사람이 천하의 큰스승이다 • 385

 제7편 | 응제왕(應帝王) : 자연 변화에 맡기면 제왕이 된다 • 501

 내편 총론 • 546

참고문헌 • 548

採輯諸家姓氏[1)]
채집한 주석가들의 인명록

向秀 : 魏末晉初人. 注.

郭象 : 晉時人, 字子玄. 著注.

支遁 : 晉時人. 著注.

肇論 : 失名氏.

崔譔 : 著注.

李頤 : 著注.

張湛 : 晉時人, 官光祿勳. 注《列子》.

梁簡文帝 : 著《講疏》.

司馬彪 : 著注.

高誘 :

陸德明 : 唐時人. 著《句義》.

상수(向秀) : 위(魏)나라 말엽에서 진(晉)나라 초엽의 사람이다. 주(注)를 저술했다.[2)]

---

1) 채집제가성씨(採輯諸家姓氏)의 인명록은 내용이 소략하므로 번역자가 임의로 삼등분하여 번역하였다. 각주도 여기서는 가독성을 고려하여 원문에 달지 않고 번역문 끝에 달았다. 각주 내용은 주로《중국역대인명대사전》(상해고적출판사, 1999)과《장자집석》(곽경번)의〈경전석문서록(經典釋文序錄)〉(육덕명)에 따라 보충한 것이며, 웹사이트 바이두(百度: http://www.baidu.com/), 구글(http://www.google.co.kr/) 등을 참고하였다. 참고자료에 따라 생몰연대에 다소 차이가 있다.
2) 약 227~272년. 서진(西晉) 때의 사람이다. 자(字)는 자기(子期)이며, 황문시랑(黃門侍郎), 산기상시(散騎常侍) 등의 벼슬을 지냈다. 죽림칠현의 한 사람으로서, 산도(山濤), 혜강(嵇康)

곽상(郭象) : 진나라 때의 사람이다. 자가 자현(子玄)이다. 주를 저술했다.[3]

지둔(支遁) : 진나라 때의 사람이다. 주를 저술했다.[4]

조론(肇論) : 이름을 모른다.[5]

최선(崔譔) : 주를 저술했다.[6]

이이(李頤) : 주를 저술했다.[7]

장담(張湛) : 진나라 때의 사람이다. 광록훈(光祿勳) 벼슬을 하였다. 《열자(列子)》를 주해했다.[8]

양간문제(梁簡文帝) : 《강소(講疏)》를 저술했다.[9]

사마표(司馬彪) : 주를 저술했다.[10]

고유(高誘)[11] :

육덕명(陸德明) : 당(唐)나라 때의 사람이다. 《구의(句義)》를 저술했다.[12]

王旦 : 宋時人. 著《發題》.

등과 친하게 지냈다. 저술한 《장자주》가 곽상의 주해에 남아 있다.
3) 약 252~312년. 서진 때의 사람이다. 자는 자현(子玄)이다. 상수(向秀)의 《장자주(莊子注)》를 근간으로 삼아 자기의 주해서를 만들었다고 한다. 황문시랑, 태부주부(太傅主簿) 등을 지냈다. 사물은 각각 자생(自生)하여 외부의 힘을 빌리지 않는다는 독화론(獨化論)을 주장하였다.
4) 314~366년. 동진(東晉) 때의 승려이다. 자가 도림(道林)이며, 왕희지(王羲之), 사안(謝安) 등과 교유하였다.
5) 조(肇)는 진나라 승려 승조(僧肇, 약384~414년)를 말하고 조론(肇論)은 그의 저술이다.
6) 진나라 사람이다. 당나라 육덕명(陸德明)의 《경전석문서록》에 소개되어 있다.
7) 진나라 사람이다. 당나라 육덕명의 《경전석문서록》에 소개되어 있다. 자는 경진(景眞)이며 승상참군(丞相參軍)을 지냈다. 호는 현도자(玄道子)이다.
8) 동진 때의 사람이다. 자는 처도(處度)이며 중서시랑(中書侍郎)을 지냈다.
9) 503~551년. 남조(南朝) 때의 양(梁)나라 황제이며, 이름은 소강(蕭綱)이다.
10) ?~약 306년. 서진 때의 사람이다. 자는 소통(紹統)이며 산기시랑(散騎侍郎)을 지냈다.
11) 대본에 설명이 없다. 동한(東漢) 때의 사람이다. 노식(盧植)에게 수학하였다. 《여씨춘추주(呂氏春秋注)》, 《회남자주(淮南子注)》, 《전국책주(戰國策注)》 등을 저술하였다.
12) 약 550~630년. 이름은 원랑(元朗)이며, 덕명은 그의 자이다. 국자박사(國子博士)를 지냈다. 《경전석문(經典釋文)》을 저술하였다.

呂惠卿 : 宋時人, 字吉甫, 參知政事. 著注.

蘇軾 : 宋時人. 著《廣成子解》.

林疑獨 : 宋時人. 著注.

陳詳道 : 宋時人. 著注.

陳景元 : 宋時人, 生熙寧間, 字太初, 號碧虛. 著《道德》·《南華》二解.

王雱 : 宋時人, 字元澤, 左諫議大夫. 注內篇, 又著《新傳》.

劉槩 : 宋時人, 注外雜篇, 繼王雱.

吳儔 : 宋時人, 生崇觀間. 著注.

趙以夫 : 宋時人, 號虛齋. 注內篇.

林希逸 : 宋時人, 字肅翁, 翰林學士. 在景定間, 著《口義》.

李元卓 : 宋時人, 字士表, 敎授. 著〈莊列十論〉.

范應元 : 宋時人, 字善甫, 號無隱. 著《講語》.

褚伯秀 : 宋時人, 古杭道士. 輯《義海纂微》, 又著《管見》.

羅勉道 : 宋廬陵人. 著《循本》.

劉辰翁 : 宋時人, 號須溪. 著《點校》.

洪邁 : 宋時人. 著《容齋隨筆》.

江遹 : 宋時人, 杭州上舍. 注《列子》.

評莊 : 失名氏.

왕단(王旦) : 송(宋)나라 때의 사람이다. 《장자발제(莊子發題)》를 저술했다.[13]
여혜경(呂惠卿) : 송나라 때의 사람이다. 자가 길보(吉甫)이며, 참지정사(參知

---

13) 957~1017년. 자는 자명(子明)이다.

政事)를 지냈다. 주를 저술했다.14)

소식(蘇軾) : 송나라 때의 사람이다. 《광성자해(廣成子解)》를 저술했다.15)

임의독(林疑獨) : 송나라 때의 사람이다. 주를 저술했다.16)

진상도(陳詳道) : 송나라 때의 사람이다. 주를 저술했다.17)

진경원(陳景元) : 송나라 때의 사람이다. 희령 연간에 태어났다. 자는 태초(太初)이고 호는 벽허(碧虛)이다. 《도덕경》과 《남화경》을 주해하였다.18)

왕방(王雱) : 송나라 때의 사람이다. 자가 원택(元澤)이며, 좌간의대부(左諫議大夫)를 지냈다. 〈내편(內篇)〉을 주해했고, 또 《신전(新傳)》을 저술했다.19)

유개(劉槩) : 송나라 때의 사람이다. 《장자》의 〈외편〉과 〈잡편〉을 주해하여, 왕방20)을 이었다.

오주(吳儔) : 송나라 때의 사람이다. 숭관(崇觀) 연간에 태어났다. 주를 저술했다.

조이부(趙以夫) : 송나라 때의 사람이다. 호가 허재(虛齋)이다. 〈내편〉을 주해했다.21)

---

14) 1032~1112년. 《도덕진경전(道德眞經傳)》, 《장자의(莊子義)》 등을 저술하였다.
15) 1037~1101년. 북송(北宋) 때의 문학가, 서화가, 시인이다. 자는 자첨(子瞻) 또는 화중(和仲)이고 호는 동파(東坡)이다.
16) 이름은 임자(林自)이며, 의독은 그의 자이다. 《장자해(莊子解)》를 저술하였다. 《남화경주해산보》의 본문 번역에서 주석가를 표기할 때, 다른 인물들은 이름으로 표기하는 것을 원칙으로 하였고, 임자에 대해서는 임의독으로 표기하였다.
17) 《장자주(莊子注)》, 《주해의례(注解儀禮)》 등을 저술하였다.
18) 1024~1094년. 북송 때의 저명한 도학가이다.
19) 1044~1076년. 대본에 왕우(王雩)로 되어 있으나 왕방(王雱)의 오류이므로 고쳐서 번역하였다. 북송 때의 왕안석의 아들이다. 33세로 요절하였으나 천재적인 재능으로 많은 저술을 하여, 《노자훈전(老子訓傳)》, 《불서의석(佛書義釋)》, 《남화진경신전(南華眞經新傳)》, 《논어해(論語解)》, 《맹자주(孟子注)》 등을 남겼다. 어릴 적부터 매우 명민하여, 어떤 사람이 같은 우리에 노루와 사슴을 넣고 어느 것이 노루이고 어느 것이 사슴인지 구분해보라고 하자, 실제로 노루와 사슴의 차이를 몰랐던 왕방이 한참 생각하다가 대답하기를, "노루 옆에 있는 것이 사슴이고 사슴 옆에 있는 것이 노루입니다."라고 하였다 한다.
20) 대본에 왕우(王雩)로 되어 있으나 왕방(王雱)의 오류이므로 고쳐서 번역하였다.
21) 1189~1256년. 자는 용부(用父)이며, 이부상서겸시독(吏部尙書兼侍讀)을 지냈다.

임희일(林希逸) : 송나라 때의 사람이다. 자가 숙옹(肅翁)이며, 한림학사(翰林學士)를 지냈다. 경정(景定) 연간에 《구의(口義)》를 저술했다.22)

이원탁(李元卓) : 송나라 때의 사람이다. 자는 사표(士表)이며, 교수(敎授)를 지냈다. 《장열십론(莊列十論)》을 저술했다.

범응원(范應元) : 송나라 때의 사람이다. 자는 선보(善甫)이며, 호는 무은(無隱)이다. 《장자강어(莊子講語)》를 저술했다.

저백수(褚伯秀) : 송나라 때의 사람이다. 고항(古杭)의 도사(道士)였다. 《남화진경의해찬미(南華眞經義海纂微)》를 엮었고, 또 《남화관견(南華管見)》을 저술하였다.23)

나면도(羅勉道) : 송나라 여릉(廬陵) 사람이다. 《남화순본(南華循本)》을 저술했다.

유신옹(劉辰翁) : 송나라 때의 사람이다. 호가 수계(須溪)이다. 《장자남화진경점교(莊子南華眞經點校)》를 저술했다.24)

홍매(洪邁) : 송나라 때의 사람이다. 《용재수필(容齋隨筆)》을 저술했다.25)

강휼(江遹) : 송나라 때의 사람이다. 항주(杭州) 상사(上舍)를 지냈다. 《열자(列子)》를 주해했다.26)

평장(評莊) : 이름을 모른다.27)

---

22) 약 1193~1271년. 호는 죽계(竹溪) 또는 권재(鬳齋)이다. 《노자》, 《장자》, 《열자》를 당시에 사용하던 쉬운 언어로 주해하였는데, 이것을 삼자구의(三子口義)라 한다. 이 삼자구의가 우리나라 및 일본에 널리 보급되어 읽혔다. 경정 연간은 1260년에서 1264년까지이다.
23) 대본에 '管見輯義海纂微又著'로 되어 있으나 '輯義海纂微又著管見'의 오류일 것으로 판단하여, 바로잡아 번역하였다. 《남화진경의해찬미》는 저백수가 곽상, 여혜경, 임의독, 진상도, 진경원, 왕방, 유개, 오주, 조이부, 임희일, 이사표, 왕단, 범응원 등 13인의 학설을 간추려 모은 것이며, 끝에 '관견(管見)'이라 하여 자신의 총설(總說)을 붙였다. 저백수는 항주(杭州) 천경관(天慶觀)의 도사(道士)로 있었다.
24) 1232~1297년. 자는 회맹(會孟)이다.
25) 1123~1202년. 호가 용재(容齋)이다.
26) 《열자》 주해서가 《충허지덕진경해(沖虛至德眞經解)》이다.
27) 사고전서 《장자익》을 검색하면, 평장(評莊)은 〈인간세〉에 한 번 인용되었다. 《장자》를 평론(評論)한 내용이었을 것으로 짐작된다.

楊愼 : 明時人, 字用修, 號升庵. 著《丹鉛錄》.

唐順之 : 明時人, 號荊川, 中丞. 著《釋略》.

徐常吉 : 明時人, 字士彰. 順之門人. 著《釋略附解》.

陸西星 : 明時人, 字長庚. 著《副墨》.

朱得之 : 明時人. 著《通義》.

張四維 : 明時人, 學士. 著《補注》.

方揚 : 明時人, 字思善, 郡守.

方沆 : 明時人, 字子及, 學使. 二方刪《義海》爲《要刪》, 附己意.

焦竑 : 明時人, 字弱侯, 萬曆間, 大學士. 輯諸家義疏, 作《莊子翼》, 又著《筆乘》.

陳深 : 明時人, 字子淵, 生萬曆間. 編《諸子品節》, 採入諸注.

양신(楊愼) : 명(明)나라 때의 사람이다. 자가 용수(用修)이고 호는 승암(升庵)이다. 《단연록(丹鉛錄)》을 저술했다.

당순지(唐順之) : 명나라 때의 사람이다. 호는 형천(荊川)이며, 중승(中丞)을 지냈다. 《남화경석략(南華經釋略)》을 저술했다.[28]

서상길(徐常吉) : 명나라 때의 사람이다. 자는 사창(士彰)이며, 당순지의 문인이다. 《석략부해(釋略附解)》를 저술했다.

육서성(陸西星) : 명나라 때의 사람이다. 자가 장경(長庚)이다. 《남화진경부묵(南華眞經副墨)》을 저술했다.[29]

주득지(朱得之) : 명나라 때의 사람이다. 《장자통의(莊子通義)》를 저술했다.[30]

장사유(張四維) : 명나라 때의 사람이다. 학사(學士)를 지냈다. 《장자권재구의

---

[28] 1507~1560년. 자는 응덕(應德)이다. 사람들이 형천선생(荊川先生)이라 불렀다.
[29] 1520~1606년. 호는 잠허(潛虛) 또는 온공거사(蘊空居士)이다.
[30] 《노자통의(老子通義)》, 《열자통의(列子通義)》도 아울러 저술했다.

보주(莊子鬳齋口義補注)》를 저술했다.31)

방양(方揚) : 명나라 때의 사람이다. 자는 사선(思善)이며, 군수(郡守)를 지냈다.

방항(方沆) : 명나라 때의 사람이다. 자는 자급(子及)이며, 학사(學使)를 지냈다. 두 방씨가 《남화진경의해찬미(南華眞經義海纂微)》를 산절하여 《장의요산(莊義要刪)》을 만들고 자기들의 뜻을 덧붙였다.

초횡(焦竑) : 명나라 때의 사람이다. 자는 약후(弱侯)이며, 만력 연간에 태학사(太學士)를 지냈다. 제가(諸家)의 의소(義疏)들을 모아서 《장자익(莊子翼)》을 만들었다. 또 《초씨필승(焦氏筆乘)》을 저술하였다.32)

진심(陳深) : 명나라 때의 사람이다. 자는 자연(子淵)이며, 만력 연간에 태어났다. 《제자품절(諸子品節)》을 엮고, 여러 주해를 채집해서 첨입하였다.33)

---

31) 1526~1586년. 자는 자유(子維)이고 호는 봉반(鳳磐)이다.
32) 1541~1620년. 호는 담원(澹園)이다. 《노자익(老子翼)》을 저술하였다.
33) 《제자품절》은 제자(諸子)를 모아 내품(內品), 외품(外品), 소품(小品)으로 분류하였는데, 내품에 《노자》, 《장자》, 《순자》, 《상자(商子)》, 《귀곡자》, 《관자(管子)》, 《한자(韓子)》, 《묵자(墨子)》가 들어 있다.

남화경주해산보
南華經註解刪補 卷之一

莊子雖多譏斥諸子, 幷論儒墨, 其著書, 本爲與惠施之流辨, 故〈逍遙遊〉及〈天下〉二篇, 皆以惠子終之. 首篇則假惠施之語, 以明己意之所存, 終篇則深斥惠施, 以辨其術之非, 其書意, 首尾甚明. 若其中間所引惠施, 亦皆相與反覆辨難者, 非如寓言之比. 而世未有言之者. 故今特發之.
-庚申九月二十日. 西溪樵叟書.

장자(莊子)가 비록 제자(諸子)를 비판하여 배척하기를 많이 하고 유가(儒家)와 묵가(墨家)까지 아울러 논평하였지만, 그 글을 저술한 목적은 본래 혜시(惠施)의 부류들과 논변하기 위한 것이었으므로, 〈소요유(逍遙遊)〉와 〈천하(天下)〉, 두 편을 모두 혜자(惠子)와 관련한 이야기로 끝을 맺었다. 수편(首篇) 〈소요유〉에서는 혜시의 말을 빌려서 자기의 뜻이 어디에 있는지를 밝혔고, 종편(終篇) 〈천하〉에서는 혜시의 말을 깊이 배척하여 그 학술의 그릇됨을 분변하였으니, 그 글의 뜻이 처음과 끝이 매우 분명하다. 중간에 혜시를 끌어온 것도 또한 모두 서로 더불어 반복하여 변론하고 논란한 것이니, 우언(寓言)에 견줄 것이 아니다. 그런데도 세상에 그것을 말한 자가 아직 없다. 그래서 이제 특별히 그것을 말하는 것이다.
- 경신년(1680년, 숙종 6년) 9월 20일. 서계초수(西溪樵叟) 씀.

逍遙遊 第一 · 제1편 소요유

사람의 식견에는 크고 작음이 있다

逍遙遊 第一

제1편 소요유 : 사람의 식견에는 크고 작음이 있다

■ 逍遙, 自適之意.

소요(逍遙)는 '유유자적'이라는 뜻이다.

1)

北冥有魚, 其名爲鯤.2) 鯤之大, 不知其幾千里也. 化而爲鳥, 其名爲鵬.3) 鵬之背, 不知其幾千里也. 怒而飛, 其翼若垂天之雲.

북극 검푸른 바다에 물고기가 있는데 그 이름이 곤어이다. 곤어의 크기는 몇천 리인지 모른다. 변화하여 새가 되는데 그 이름이 붕새이다. 붕새의 등짝은 몇천 리인지 모른다. 기운차게 떨치고 날아오르면 그 날개가 마치 하늘에 드리운 구름과 같다.

---

1) 《남화경주해산보》 대본에 내용을 별행(別行)으로 나누어놓은 곳은 박세당의 분장(分章) 의도라고 판단하여, 역자가 임의로 번호를 붙여 분장 표시를 하였다.
2) '곤(鯤)'은 '곤이(鯤鮞)'라는 학설과 '경(鯨)'이라는 학설이 있는데, 대체로 '곤이'로 보는 것이 정설이다. '경'은 고래 종류의 큰 물고기를 말한다. '곤이'는 '물고기 알[魚卵]'이다. 이것이 부화하면 '새끼 물고기[魚子]'가 되므로 '곤'을 '작은 물고기[小魚]'로 풀이하기도 한다. 여기서는 숭어, 잉어 등 물고기 이름에 사용된 '어(魚)'자와의 이미지 유사성을 참작하고 본문의 '북명유어(北冥有魚)'의 '어(魚)'자를 활용하여 두 글자 단어를 만들어, '곤어(鯤魚)'로 번역하였다.
3) '붕(鵬)'은 '봉(鳳)'의 옛글자라고 한다. '새'를 첨가하여 두 글자 단어를 만들어, '붕새'로 번역하였다.

■ 焦氏竑云 : 冥, 海也. 水黑色, 謂之冥.
초횡(焦竑) : 명(冥)은 바다이다. 물빛이 검은 것을 명(冥)이라 이른다.

是鳥也, 海運則將徙於南冥.4) 南冥者, 天池也.
이 새는 바닷물이 움직이면 장차 남극 검푸른 바다로 옮겨갈 것이다. 남극 바다라는 것은 '하늘 못[天池]'을 말한다.

■ 林氏希逸云 : 海運者, 海動也.
임희일(林希逸) : 해운(海運)이라는 것은 바닷물이 움직인다는 말이다.

《齊諧》者, 志怪者也. 《諧》之言曰, "鵬之徙於南冥也, 水擊三千里,5) 摶扶搖而上者九萬里,6) 去以六月息者也."
《제해》라는 것은 괴상한 일들을 기록한 책이다. 《제해》에 쓰인 말에, "붕새가 남쪽 바다로 옮겨갈 때에는, 물을 차며 3천 리를 달려서 회오리바람을 타고 위로 9만 리를 올라가, 떠나서 6개월 만에 쉰다." 하였다.

---

4) '해운(海運)'은 바다가 움직인다는 말인데, 큰 태풍이 불어 바다가 요동치는 것을 뜻한다.
5) '수격(水擊)'은 물을 발로 밀며 찬다는 뜻이다. 〈소요유〉에 등장하는 새는, 물고기가 변화한 것이며 바다, 바람 등과 관련이 있으므로, 물갈퀴가 있는 물새이다. 큰 물새가 날아오르려면 일정한 거리의 활주로가 필요하다. 붕새가 물을 발로 밀어 차며 물 위를 가속 질주하여 공기의 부력을 이용해 뜨는데, 그 질주하는 거리가 3천 리이다. 육덕명의 《장자음의(莊子音義)》에 소개된 최선(崔譔)의 풀이에, "날기 위해 날개를 들고 물을 치며 뛴다. [將飛擧翼擊水踉蹌也.]" 하였다.
6) '단(摶)'은 '박(搏)'으로 된 판본도 있다. 단(摶)은 둥글게 뭉친다는 뜻이니, '단부요'는 '회오리바람을 둥글게 말면서 위로 올라간다.'는 뜻이고, 박(搏)은 친다는 뜻이니, '박부요'는 '회오리바람을 박차면서 위로 올라간다.'는 뜻이다. 부요(扶搖)는 회오리바람인데, 용오름, 토네이도 같은 것이 모두 회오리바람이며, 태풍은 대형 회오리바람이다.

■ 郭氏象云 : 鯤之化鵬, 非冥海不足以運其身, 非九萬里不足以負其翼. 翼大則難擧, 故搏扶搖而後能上九萬. 一去半歲, 至天池而息也.

곽상(郭象) : 곤어가 붕새로 변화하면, 검푸른 바다가 아니면 그 몸을 움직일 수 없고 9만 리가 아니면 그 날개를 떠받칠 수가 없다. 날개가 크면 뜨기 어렵기 때문에 회오리바람을 타야 9만 리를 올라갈 수 있다. 한 번 떠나면 반년을 날아서 하늘 못에 이르러 쉰다.

■ 林云 : 《齊諧》所志述,7) 皆恠異之事. 莊子引此以證.

임희일 : 《제해》에 기술되어 있는 바는 모두 괴이한 일들이다. 장자가 이것을 끌어와 증명하였다.

■ 焦云 : 齊諧, 或云人名, 或云書名. 風上行, 謂之扶搖.

초횡 : 제해(齊諧)는 혹자는 사람 이름이라 하고 혹자는 책 이름이라 한다. 바람이 위로 부는 것을 부요(扶搖)라 이른다.

■ 按 : 鵬徙南冥, 必六月而後得息, 言其遠也.

박세당 : 붕새가 남쪽 바다로 옮겨갈 때에는 반드시 6개월을 날아간 뒤라야 쉴 수 있다는 것이니, 거리가 멀다는 말이다.

野馬也, 塵埃也, 生物之以息相吹也.8)

아른거리는 아지랑이와 떠다니는 먼지는 생물들이 숨으로 불어주는 것이다.

■ 郭云 : 野馬者, 游氣也.

---

7) '제해(齊諧)'를 임희일은 책 이름으로 보았다. 박세당은, '사람 이름이라고도 한다.'는 초횡의 주해를 소개하였으나, 역시 책이름으로 파악한 듯하므로, 본문은 책이름으로 번역하였다.
8) '상취(相吹)'의 '상(相)'은 '생물들끼리 서로'가 아니라 '야마와 진애를 상대로 생물들이'라는 뜻이다.

곽상 : 야마(野馬)는 '아지랑이'이다.

■ 呂氏吉甫云9) : 息者, 氣之所爲, 充塞天地而無間.

여혜경(呂惠卿) : 식(息)은 기(氣)가 만들어내는 것이니, 하늘과 땅 사이를 가득 채워 빈틈이 없다.

天之蒼蒼, 其正色耶? 其遠而無所至極耶? 其視下也, 亦若是則已矣.

하늘이 짙푸른 것이, 올바른 제 빛깔일까? 멀어서 끝닿는 데가 없어서 그렇게 보이는 것일까? 하늘에서 아래를 내려다보는 것도 또한 이와 같을 뿐이다.

■ 郭云 : 自上以視地, 亦猶人之自地觀天.

곽상 : (붕새가) 위에서 땅을 내려다보는 것이 또한 사람이 땅에서 하늘을 보는 것과 같다.

■ 呂云 : 自下視天, 見其蒼蒼, 果正色耶? 遠而無所至極耶? 不可知也.

여혜경 : 아래로부터 하늘을 보면, 그 짙푸른 것을 보게 되는데, 그것이 과연 본래의 빛깔인지 멀어서 끝닿는 데가 없어서 그렇게 보이는 것인지 알 수 없다.

■ 按 : 此一節, 解者多不同. 莊子之意, 豈不以'野馬塵埃, 以其輕微之至故, 爲息所吹而能飛. 若夫翼之大者, 則必待風力之盛而後, 乃可以飛. 人之自下視天, 但見其蒼蒼然者, 本由乎遠. 自天而視下, 亦不過若是. 則九萬里之間, 凡風之積者, 豈可量哉! 此鵬之大, 所以得憑而飛也.' 故下文又以明夫風積之厚而後, 乃可以負大翼也.

박세당 : 이 한 구절은 풀이하는 자들이 의견이 많이들 같지 않다. 장자의 뜻

---

9) 여혜경(呂惠卿)의 자가 길보(吉甫)이다.

이, 어찌 '아지랑이와 먼지는 아주 가볍고 미세하기 때문에 숨에 의해 불어져서 날 수가 있다. 저 큰 날개라면, 반드시 성대한 바람의 힘을 의지해야만 이에 날 수 있다. 사람이 아래에서 하늘을 볼 때에 단지 그 짙푸른 것만 보이는 은 본래 멀기 때문에 그러한 것이다. 하늘에서 아래를 내려다보는 것도 또한 이와 같은 데에 불과하다. 그렇다면 구만 리 사이에 무릇 바람이 쌓인 것을 어찌 헤아릴 수 있겠는가. 이것이 붕새 같은 큰 새가 의지해서 날 수 있는 까닭이다.'라는 것이 아니겠는가. 그러므로 아래 글에 또, 바람이 두텁게 쌓인 뒤라야 이에 큰 날개를 떠받칠 수 있음을 밝혔다.

且夫水之積也不厚, 則負大舟也無力. 覆杯水於坳堂之上,10) 則芥爲之舟. 置杯焉則膠, 水淺而舟大也. 風之積也不厚, 則其負大翼也無力. 故九萬里, 則風斯在下矣.

그리고 물의 두께가 두텁지 않으면 큰 배를 떠받칠 힘이 없다. 한 잔의 물을 마당의 움푹한 곳에 부으면, 지푸라기도 배처럼 뜬다. 그러나 잔을 그곳에 놓으면 바닥에 붙는다. 물이 얕고 배가 크기 때문이다. 바람의 두께가 두텁지 않으면, 큰 날개를 떠받칠 힘이 없다. 그러므로 구만 리를 올라가니, 그렇게 하면 충분한 바람이 그제야 아래에 있게 된다.

■ 郭云 : 鵬之所以高者, 翼大故耳. 質小, 所資不待大, 質大, 所用

---

10) 당(堂)은 일반적으로 '마루'라고 번역한다. 그러나 우리나라의 '마루'는 '널빤지를 깔아놓은 곳'을 뜻하므로 '堂'과 일치하지는 않는다. '堂'은 마당과 방 사이의 공간인데 그곳에 널빤지를 깔면 마루가 된다. 여기서는 '마당'이 '마루'보다 더 적합한 번역어라 판단하여, 일단 '마당'으로 번역하였다. 《논어》〈선진〉에 "자로는 마루에는 올랐고 아직 방에 못 들어온 것이다.[由也, 升堂矣, 未入於室也.]"라 하였는데, 이때의 '堂'은 '마루'가 더 적합한 번역어이다.

不得小.

곽상 : 붕새가 높이 올라가야 하는 까닭은 날개가 크기 때문이다. 자질이 작은 자는 의지하는 바탕이 클 필요가 없고 자질이 큰 자는 사용하는 바가 작을 수가 없다.

■ 支遁云 : 膠, 着地也.

지둔(支遁) : 교(膠)는 땅에 붙는다는 말이다.

■ 林云 : 坳堂, 堂上深坳處.

임희일 : 요당(坳堂)은 당 위에 깊이 패인 곳이다.

■ 按 : 芥之爲舟於杯水也, 亦猶野馬塵埃之爲息所吹也.

박세당 : 지푸라기가 한 잔의 물에서 배가 되는 것은 또한 아지랑이와 먼지가 숨에 의해 불려져 공중에 뜰 수 있는 것과 같다.

而後, 乃今培風. 背負靑天而莫之夭閼者. 而後, 乃今將圖南.

그런 뒤라야 이에 이제 바람을 탄다. 푸른 하늘을 등에 지고 아무것도 저지하고 가로막는 것이 없다. 그런 뒤라야 이에 이제 남쪽으로 날아간다.

■ 郭云 : 風不積則夭閼不通故耳. 乃今將圖南者, 非其好高而慕遠也. 趣足以自勝而逝也.[11]

곽상 : 바람이 두텁지 않으면 가로막혀 통하지 못하기 때문이다. (이 정도가 되어야만) 이에 이제 남쪽으로 날아가는 까닭은, 높은 곳을 좋아하고 먼 곳을 그리워해서가 아니다. 다만 자기 몸을 감당할 만한 조건을 갖춘 뒤에 떠나는 것이다.

---

11) '趣足以自勝而逝也.'는 곽상의 《장자주》에 의하면 앞 구절의 주석이다.

■ 按 : 夭, 止. 閼, 礙.

박세당 : 요(夭)는 멈추게 한다는 뜻이고, 알(閼)은 막는다는 뜻이다.

蜩與學鳩笑之曰, "我決起而飛, 搶楡枋, 時則不至而控於地而已矣. 奚以之九萬里而南爲?"

매미와 비둘기는 웃으며 말한다. "우리는 힘차게 날아올라 느릅나무로 돌진하는데도, 때로는 도달하지 못하고 땅바닥에 처박히고 만다. 무엇하러 구만 리를 올라 남쪽으로 간단 말인가?"

■ 林云 : 言'我飛不過如此, 且有不能, 彼乃欲藉九萬里之風而南徙於天池!'(奚以,)12) 奚用也.

임희일 : '나의 비행은 불과 이와 같은데도 해내지 못하는 경우도 있는데, 저것은 이에 구만 리의 바람을 바탕으로 삼아 남쪽으로 날아 천지로 옮겨가려 하는구나!'라는 말이다. 해이(奚以)는 '무엇에 쓰겠는가[奚用]'라는 말과 같다.

■ 焦云 : 蜩, 司馬彪云蟬. 學鳩, 小鳩. 決, 疾貌. 搶, 突也. 控, 投也.

초횡 : 조(蜩)는 사마표(司馬彪)가 '매미'라 하였다. 학구(學鳩)는 작은 비둘기이다. 결(決)은 빠른 모양이다. 창(搶)은 돌진함이다. 공(控)은 던짐이다.

適莽蒼者, 三飡而反, 腹猶果然. 適百里者, 宿舂粮. 適千里者, 三月聚粮. 之二蟲又何知!

저 멀리 보이는 근교에 나가는 자는 세 끼니만 먹으면서 갔다 와도 배가 여전

---

12) '奚以'는 대본에 없는데, 《구의교주》에 의거하여 보충하였다.

히 든든하지만, 백 리 길을 갈 자는 하루 전에 양식을 찧어야 하고, 천 리 길을 갈 자는 석 달 전부터 양식을 모아야 한다. 저 매미와 비둘기가 또 무엇을 알겠는가!

■ 郭云 : 所適彌遠, 則聚糧彌多, 故其翼彌大, 則積氣彌厚也.
곽상 : 가는 데가 더욱 먼 곳일수록 양식을 더욱 많이 모아야 한다. 그러므로 그 날개가 더욱 클수록 바람 기운을 쌓은 것도 더욱 두터워야 한다.
■ 林云 : 莽蒼, 一望之地.13) 腹猶果然, 食未盡銷, 言其近也. 此以人之行有遠有近, 則所食有多有少. 二蟲, 蜩, 鳩. 言'彼何足以知此也.'
임희일 : 망창(莽蒼)은 저 멀리 한눈에 들어오는 지역이다. 배가 여전히 든든한 것은, 먹은 밥이 아직 다 소화되지 않은 것이니, 가깝다는 말이다. 이 구절은, 사람의 여행이 먼 경우도 있고 가까운 경우도 있으면 준비할 식량도 많은 경우도 있고 적은 경우도 있다는 말이다. '두 동물'은 매미와 비둘기이다. '저들이 이것을 어떻게 알겠는가.'라는 말이다.
■ 焦云 : 莽蒼, 近郊之色.
초횡 : 망창은 근교의 색이다.
■ 按 : 此以上, 皆言'志之所存者遠大, 則其所以積累者, 有以絶異於人也.'
박세당 : 이 이상은 모두, '뜻을 간직한 것이 원대하면 그 쌓아나가는 바가 남들보다 아주 다를 수 있다.'는 것을 말하였다.

---

13) 《구의교주》에는 '莽蒼者, 一望之地, 莽蒼然不見.'으로 되어 있다. 이는 '망창이라는 것은, 한눈에 멀리 바라보이는 지역이 흐릿하게 잘 안 보이는 것이다.'라는 말이다.
14) '知'는 '지혜', '지식', '인지 능력', '앎' 등으로 번역할 수 있는데, 여기서는 상황에 따라 '알음'으로 번역하였다.
15) 임희일은 이 부분을 문체의 한 종류라고 하면서, "小知不及大知로 위에 있는 붕새와 비둘기 이야기를 매듭짓고 小年不及大年으로 아래의 비유를 생성하였다."하였다. 이 해석은

小知不及大知,[14] 小年不及大年. 奚以知其然也?[15] 朝菌不知晦朔,[16] 蟪蛄不知春秋, 此小年也. 楚之南有冥靈者, 以五百歲爲春, 五百歲爲秋. 上古有大椿者, 以八千歲爲春, 八千歲爲秋.

작은 알음은 큰 알음에 미치지 못하고, 짧은 수명은 긴 수명에 미치지 못한다. 그것이 그렇다는 것을 어찌 알겠는가. 아침버섯은 그믐과 초하루를 모르고 쓰름매미는 봄과 가을을 모르니, 이것은 짧은 수명이다. 초나라 남쪽에 명령(冥靈)이라는 나무가 있는데 5백 년을 봄으로 삼고 5백 년을 가을로 삼으며, 상고시대에 대춘(大椿)이라는 나무가 있었는데 8천 년을 봄으로 삼고 8천 년을 가을로 삼았다.

■ 郭云 : 年知不相及, 若此之懸也.
곽상 : 수명이나 알음이 서로 미치지 못함이 이와 같이 현격하다.
■ 林云 : 冥靈, 椿, 並木名.
임희일 : 명령(冥靈)과 춘(椿)은 모두 나무 이름이다.
■ 羅氏勉道云 : 冥靈, 冥海之靈龜. 朝菌與大椿, 蟪蛄與冥靈, 是擧一植一動, 對說也.

"之二蟲又何知 小知不及大知"와 "小年不及大年 奚以知其然也"를 동어반복 대칭 구조로 볼 수 있는 여지를 만들어, "저 매미와 비둘기가 또 무엇을 알겠는가! 작은 알음은 큰 알음에 미치지 못하는데. 짧은 수명은 긴 수명에 미치지 못한다. 그러니 매미와 비둘기가 그것이 그렇다는 것을 어떻게 알겠는가."로 번역할 수 있게 한다. 박세당은 해당 부분의 주석에 "큰 것은 항상 작은 것의 인식 대상이 되지 않는다. 그러므로 긴 수명과 짧은 수명을 들어서 그 뜻을 갖추었다."하여, '奚以知其然也'의 해석을 분명하게 제시하지 않았다. 일반적으로는, '작은 것은 큰 것을 알지 못한다.'는 명제에 대해 "그것을 무엇을 근거로 알 수 있는가."의 의미로 번역한다. '奚以知'의 '知'의 주체를 '우리'로 볼 것인지 아니면 '매미와 비둘기'로 볼 것인지의 차이이다.
16) '朝菌'을 진고응(陳鼓應)은 '아침에 나서 저녁에 죽는 벌레'라고 하였다. 일반적으로는 '아침버섯'이라고 번역하므로 여기에서도 그렇게 번역하였다.

나면도(羅勉道) : 명령은 명해(冥海)의 영험스러운 거북이다. 조균과 대춘, 혜고와 명령, 이것은 한 번은 식물을 들고 한 번은 동물을 들어서 대응시켜 해설한 것이다.

而彭祖乃今以久特聞, 衆人匹之,17) 不亦悲乎!
그런데, 팽조는 지금 장수한 사람으로 특별히 소문이 나서, 사람들이 그것에 견주니, 또한 딱하지 아니한가!

■ 林云 : 彭祖, 年八百歲.
임희일 : 팽조는 나이가 8백 세였다.
■ 按 : 天地間, 有奇偉不常之人, 負卓絶超俗之識, 類非庸庸所知, 則鮮不反爲其所笑, 所以有蜩鳩之喩. 三飡聚粮, 又言遠近積累之分, 以明二蟲之所以不知鵬. 此大小之異, 而大者常不爲小所知, 故又擧大年小年, 以備其義. 匹之, 謂匹於冥靈大椿. 衆人之多彭祖, 亦猶蜩鳩之自多也.
박세당 : 이 세상에 남달리 뛰어나고 훌륭한 사람이 있어서 우뚝 세속을 초월하는 식견을 지니면, 대부분 하찮은 인간들이 알아볼 수 있는 바가 아니니, 도리어 그들의 비웃음을 사지 않는 경우가 드물다. 그래서 매미와 비둘기를 비유로 든 것이다. '세 끼니'와 '식량 모으기'는, 또 거리의 멀고 가까움에 따라 준비할 먹을거리의 물량이 다르다는 것을 말하여, 매미와 비둘기가 붕새를 알지 못하는 까닭을 밝힌 것이다. 이것이 큰 것[大]과 작은 것[小]의 차이인데, 큰 것은 항상 작은 것이 알 수 있는 대상이 되지 않기 때문에 또 긴 수명

---

17) 중인필지(衆人匹之)는 '팽조가 8백 년을 산 것은 명령과 대춘의 1년 치 삶도 안 되는데, 사람들은 팽조를 장수하는 생명체들의 무리에 넣어서 말한다.'는 뜻이다.

[大年]과 짧은 수명[小年]을 들어서 그 뜻을 완비하였다. 필지(匹之)는, 명령(冥靈)과 대춘(大椿)에 견줌을 이른다. 사람들이 팽조(彭祖)를 대단하다고 여기는 것은 또한 매미와 비둘기가 스스로를 대단하게 여기는 것과 같다.

湯之問棘也, 是已. "窮髮之北, 有溟海者,18) 天池也. 有魚焉, 其廣數千里, 未有知其脩者, 其名爲鯤. 有鳥焉, 其名爲鵬, 背若泰山, 翼若垂天之雲, 搏扶搖羊角而上者九萬里, 絶雲氣, 負靑天, 然後圖南, 且適南溟也. 斥鷃笑之曰,19) '彼且奚適也? 我騰躍而上, 不過數仞而下, 翺翔蓬蒿之間, 此亦飛之至也. 而彼且奚適也?' " 此小大之辨也.

탕임금이 극(棘)에게 물은 것도 이것이지 딴 것이 아니다. (극이 답하기를) "초목이 없는 북쪽 지방 끝에 검푸른 바다가 있는데, 그것이 '하늘 못'입니다. 그곳에 물고기가 사는데, 그 너비가 수천 리이고 그 길이는 아는 이가 없습니다. 그것의 이름이 곤어입니다. 그곳에 새가 사는데, 그것의 이름이 붕새입니다. 등짝은 태산과 같고 날개는 하늘가에 드리운 구름과 같습니다. 양뿔 같은 회오리바람을 타고 9만 리를 올라가서 구름을 뚫고 푸른 하늘을 등진 뒤에 남쪽을 향합니다. 장차 남쪽 바다로 가려는 것입니다. 물떼새가 웃으며 말하기를, '저것이 장차 어디로 가려는가? 나는 홀쩍 뛰어 날아올랐다가 몇 길도 지나지 않아 내려와서는 쑥대밭 사이를 날아다닌다. 이것도 참으로 즐거운 비행이다. 그런데 저것은 장차 어디로 가려는가?' 하였답니다." 하였다. 이것이 큰 것과 작은 것의 다름이다.

---

18) '溟'은 '冥'으로 쓰기도 한다.
19) '鷃'은 '鴳'으로 쓰기도 한다. 척안(斥鷃)을 임희일은 "척(斥)은 작은 못[小澤]이다. 작은 못 가에 사는 안[小澤之鴳]은 작은 새[小鳥]이다."라고 풀이하였다.

■ 王氏雱云20) : 鵾鵬之圖南, 斥鷃之騰躍, 小大不同. 故曰'此小大之辨也'.

왕방(王雱) : 붕새가 남쪽으로 향하는 것과 물떼새가 훌쩍 날아오르는 것은 크기가 같지 않다. 그러므로 '이것이 작은 것과 큰 것의 다름이다.'라고 한 것이다.

■ 林云 : 窮髮, 不毛. 斥鷃, 小鳥, 以翱翔蓬蒿爲至.

임희일 : 궁발(窮髮)은 초목이 나지 않는다(不毛)는 뜻이다. 척안(斥鷃)은 작은 새이니, 쑥대밭 사이를 날아다니는 것을 전부라고 여긴다.

■ 劉氏辰翁云21) : 寓言之意, 託之《齊諧》而不足, 又託之湯, 謂如不信, 更質之人也.

유신옹(劉辰翁) : 우언의 뜻을, 《제해》에 의탁했는데 만족스럽지 않아서 또 탕 임금의 일에 의탁하였으니, '못 믿겠으면 다시 그것을 사람의 일로 증명하겠다.'고 한 것이다.

■ 焦云 : 棘, 湯時人.《列子》〈湯問〉夏革, 革, 棘, 聲相近. 窮髮, 不毛地也. 羊角, 風曲上行, 如羊角然.

초횡 : 극(棘)은 탕임금 시대의 사람이다. 《열자》〈탕문〉에 나오는 하혁(夏革)이니, 혁(革)과 극(棘)은 소리가 서로 비슷하다. 궁발은 불모지이다. 양각(羊角)은 바람이 돌면서 위로 올라감이 마치 양의 뿔과 같은 것이다.

■ 按 : 前引《齊諧》, 此又引湯, 一說而反覆之, 以示若有可徵者. 是已者, 謂與《齊諧》所傳無異也. 其曰'小大之辨'者, 總結上所引

---

20) 진고응(陳鼓應)의 《장자금주금역(莊子今註今譯)》에 실린 주요 참고서목에 왕방(王雱)의 주해서 《남화진경신전(南華眞經新傳)》이 들어 있고, 초횡의 《장자익(莊子翼)》의 인용서목에는 《왕원택주(王元澤註)》와 《남화신전(南華新傳)》이 함께 소개되어 있다. 《왕원택주》는 '왕원택의 《장자주(莊子註)》'라는 의미로 사용한 것이다. 그 주해 내용이 《장자익》에 발췌 인용되어 있다. '원택(元澤)'은 왕방의 자(字)이다.
21) 《장자익》의 인용서목에 유신옹의 《유수계점교장자(劉須溪點校莊子)》가 실려 있다. 그 주해 내용이 《장자익》에 발췌 인용되어 있다.

之說, 再明'大不爲小, 小不知大'之意. 下文方歷言'人之於道, 其所造各有大小之分'也.

박세당 : 앞에서 《제해》를 인용하고 여기서 또 탕임금의 일을 인용하였으니, 같은 말을 거듭 말하여, 징험할 만한 것이 있음을 보여준 것이다. 이것일 뿐[是已]이라는 것은, 《제해》에 전하는 바와 다름이 없음을 이른다. 그 '작은 것과 큰 것의 다름이다.'라고 한 것은, 위에서 인용한 논설을 전체적으로 매듭지어, '큰 것은 작은 것이 될 수 없고 작은 것은 큰 것을 알지 못한다.'는 뜻을 다시 밝힌 것이다. 아래 글에서 바야흐로 '사람이 도를 성취하는 것도 사람에 따라서 각각 크게 성취하는 자도 있고 작게 성취하는 자도 있어서, 차이가 있다.'는 것을 차례차례 말하였다.

故夫知效一官, 行比一鄕, 德合一君而徵一國者, 其自視也, 亦若此矣.
그러므로 앎이 한 관직을 감당할 수 있거나, 행실이 한 고을에서 내세울 만하거나, 덕이 한 군주에 합당해서 한 나라에 신임을 받거나 하는 자들이 그 스스로를 보는 것도 또한 이와 같을 것이다.

■ 郭云 : 自此以下, 至於列子, 擧知之大小, 各信其一方, 然後統以無待之人. 亦若此者, 亦猶鳥之自得於一方也.
곽상 : 여기서부터 아래로 열자(列子)에 이르기까지는, 앎의 크기에 따라 각각 그 하나의 방면에서 자신함을 거론하였고, 그런 뒤에 '의지함이 없는 사람'으로 종합하였다. '또한 이와 같다.'라는 것은, 또한 새가 한 방면에서 자득하는 것과 같다는 말이다.

■ 林云 : 各以所能自足, 亦如斥鷃之類.
임희일 : 각각 자기가 능한 바를 스스로 만족스럽게 여기니, 또한 물때새 따

위와 같다.

■ 按 : 效, 辨也. 比, 比合也. 合一君而徵一國, 言'德可爲君而信於國也.' 若此, 言'猶蜩鳩之自以爲至也.'

박세당 : 효(效)는 '감당해내다[辨]'의 뜻이다. 비(比)는 '나란히 합치하다[比合].'의 뜻이다. '한 군주에 적합해서 한 나라에 징소된다.'는 것은, '덕이 군주가 될 만하여 나라에 신뢰를 받는다.'는 말이다. '이와 같다.'라는 것은, '매미나 비둘기가 스스로 지극하다고 여기는 것과 같다.'는 말이다.

而宋榮子猶然笑之.

그런데 송(宋)나라 영자(榮子)는 빙긋이 그들을 보고 웃는다.

■ 林云 : 榮子, 見之大者. 猶然, 笑貌.

임희일 : 영자는 식견이 큰 자이다. 유연은 웃는 모양이다.

■ 焦云 : 猶以爲笑.

초횡 : 오히려 웃음거리로 여긴다는 뜻이다.

且舉世而譽之而不加勸, 舉世而非之而不加沮. 定乎內外之分, 辨乎榮辱之境. 斯已矣.

그리고 온 세상이 칭찬해도 권면되지 않고 온 세상이 비난해도 위축되지 않는다. 안과 밖의 나뉨에 대한 확고한 소신이 있으며 영예와 치욕이 경계 바깥에 있음을 분변할 줄 안다. 이러할 따름이다.

■ 郭云 : 舉世毀譽而不加勸沮者, 審自得也. 斯已矣者, 亦不能復過此也.

곽상 : 온 세상이 헐뜯거나 칭찬하거나 해도 권면되거나 위축되지 않는 것은, 매우 제대로 자득한 것이다. '이러할 따름이다.'라는 것은, 또한 다시 이것을 넘을 수 없다는 말이다.

■ 林云 : 榮子所以能此者, 蓋知心爲內, 物爲外. 在外者有榮辱, 在內者無榮辱. 斯已矣者, 言'道理只如此也.'[22]

임희일 : 영자가 이럴 수 있는 까닭은, 대개 본심이 안이 되고 사물이 밖이 됨을 알았기 때문이다. 밖에 있는 것은 영예와 치욕이 있고 안에 있는 것은 영예와 치욕이 없다. '이러할 따름이다.'라는 것은, '도리가 단지 이와 같다.'는 말이다.

■ 按 : 三等人乃榮子所笑, 而榮子之道, 又如斯而已, 則亦但以此自足者.

박세당 : 세 등급의 사람들은 곧 영자의 비웃음을 받는 자들인데, 영자의 경지도 또 이러할 따름이니, 그렇다면 그도 또한 단지 이것으로 자족하는 자이다.

彼其於世, 未數數然也. 雖然, 猶有未樹也.

저이는 세상에 대해 잗달게 신경 쓰지 않는다. 비록 그러나, 그래도 아직 수립하지 못한 부분이 있다.

■ 郭云 : 足於身, 故間於世也.

곽상 : 자기 자신에게 만족하기 때문에 세속과는 거리가 있었다.

■ 林云 : 彼旣以本心爲重, 外物爲輕, 則豈肯汲汲然, 以世俗爲事? 雖然, 亦未有大樹立.

---

22) '只'는 대본에 '止'로 되어 있으나 《구의교주》에 근거하여 고쳤다.

임희일 : 저이가 이미 본심을 중요하게 여기고 외물을 가볍게 여겼으니, 어찌 허겁지겁 서둘며 세속의 일을 일삼겠는가? 비록 그러나, 또한 아직 큰 수립이 있지는 못했다.

■ 劉云 : 未樹, 猶有所倚也.

유신옹 : 수립하지 못했다는 것은 아직 의지하는 바가 있다는 뜻이다.

■ 按 : 數數, 猶言齦齦也. 舊注謂'猶汲汲'者, 恐未是. 蓋言'榮子未肯齦齦於世俗之所爲, 而嘗笑之矣. 然其道止此, 則猶有所未立也.'

박세당 : 삭삭(數數)은 '잗달게 신경 쓴다(齦齦).'라는 말과 같다. 이전의 주석에 '허겁지겁 서둘다(汲汲)와 같다.'고 한 것은 옳지 않을 듯하다. 대개 '영자는 세속 사람들이 하는 일들에 대해서는 잗달게 신경 쓰려 들지 않고 아예 그것을 비웃었다. 그러나 그 도가 여기에서 그쳤으니, 여전히 아직 수립하지 못한 바가 있다.'라는 말이다.

夫列子御風而行, 泠然善也. 旬有五日而後反.

저 열자는 바람을 타고 다니는데, 살랑살랑 마음이 즐겁다. 열흘 하고 닷새가 지난 뒤에는 돌아온다.

■ 郭云 : 泠然, 輕妙之貌.

곽상 : 영연(泠然)은 경쾌하고 이쁜 모양이다.

■ 林云 : 御風, 行空虛也. 泠然, 飄然. 善, 美也.

임희일 : 어풍(御風)은 공중을 다닌다는 뜻이다. 영연(泠然)은 바람이 살랑살랑 부는 모양이다. 선(善)은 아름다움이다.

■ 焦云 : 列子, 鄭人, 名, 禦寇.

초횡 : 열자는 정나라 사람인데, 이름이 어구(禦寇)이다.

■ 按 : 善, 謂心樂之也. 上言'去以六月息', 一年之半也. 此言'旬有五日而反', 一月之半也. 意必有所謂, 今不可知. 豈謂'其所遊, 猶有未至'耶? 但旬有五日不爲促, 而六月不爲久, 不以文害意可也.
박세당 : 선(善)은 마음으로 그것을 즐김을 이른다. 위에서 '떠나가서 6개월 만에 쉰다.'고 말한 것은 1년의 절반이고, 여기에서 '열흘 하고 닷새가 지난 뒤에는 돌아온다.'고 말한 것은 한 달의 절반이다. 아마도 틀림없이 말하고자 한 바가 있었을 터인데, 지금은 알 수 없다. 어쩌면 '그 노니는 바도 오히려 아직은 지극하지 못함이 있다.'는 말일까? 다만, 15일이 촉박한 것도 아니고 6개월이 긴 것도 아니니, 글자에 매여서 문맥의 본뜻을 놓치는 일이 있어서는 안 된다.

彼於致福者, 未數數然也. 此雖免乎行, 猶有所待者也.
저이는 복을 불러오는 것에 대해서 잔달게 신경 쓰지 않는다. 이것은 비록 발로 다니는 것은 면했지만, 그래도 의지하는 대상이 있다.

■ 郭云 : 非風則不得行, 斯必有待也.
곽상 : 바람이 아니면 다닐 수가 없으니, 이는 반드시 의지하는 대상이 있는 것이다.
■ 林云 : 彼旣能乘風而行, 又視修身以求福者, 不足言矣. 未數數者, 言'其未肯如此數數也.'
임희일 : 저이가 이미 바람을 타고 다닐 수가 있으니, 또 몸을 닦아서 복을 추구하는 자에 견주어 보자면, 복을 추구하는 자는 얘깃거리가 안 된다. '삭삭하지 아니한다.'는 것은, '이들과 같이 허겁지겁 서두르려 들지 않는다.'는 말이다.
■ 劉云 : 以形御氣, 則猶未離乎氣也.

유신옹 : 형체로 기운을 부린다면 여전히 기운에서 벗어나지 못한 것이다.

■ 按 : 榮子修身致福, 列子又不肯齦齦於其所爲. 且人之行, 踐跡而已,23) 雖榮子, 同未免於踐跡, 今列子能御風, 則可謂不踐乎跡矣. 然猶必乘風而後行, 則尙有所待, 不可謂之至也.

박세당 : 영자(榮子)는 몸을 닦아 복을 추구하는데, 열자는 또 그 행위 같은 것에 대해 잗달게 신경 쓰려 들지 않는다. 그리고 사람이 길을 가는 것은 자취를 밟고 다니는 것일 따름이고, 비록 영자일지라도 일반 사람들과 마찬가지로 자취를 밟는 일을 면치 못하는데, 지금 열자는 바람을 타고 다닐 수 있으니, 자취를 밟지 않는다고 이를 수 있다. 그러나 그래도 반드시 바람을 타야 이동할 수 있다면, 아직도 기대는 대상이 있는 것이니, 지극하다고 할 수 없다.

若夫乘天地之正, 而御六氣之辨, 以遊無窮者, 彼且惡乎待哉! 故曰, '至人無己, 神人無功, 聖人無名.'

저 천지의 올바름을 타고 육기의 분별을 부려서 무궁에 노니는 자라면, 저가 장차 무엇을 의지하겠는가! 그러므로 '지인은 자기가 없고, 신인은 공로가 없고, 성인은 이름이 없다.'고 하는 것이다.

■ 郭云 : 唯無所不乘者, 無待耳. 乘天地之正者, 順萬物之性也, 御六氣之辨者, 遊變化之塗也. 如斯以往, 則何往而有窮哉! 所遇斯乘, 又將惡乎待哉! 此乃至德者之逍遙也. 苟有待焉, 則雖列子

---

23) 천적(踐跡)은 '앞서 간 사람의 자취를 밟는다.'는 뜻이다. 《논어》〈선진〉 제19장의 집주(集註)에, 정자(程子)는 "천적은 길을 따라가며 바퀴자국을 벗어나지 않는 것[循途守轍]이다."하였고, 《논어사변록》에서 박세당은 "천적은 전인(前人)의 자취를 밟는 것이다."하였다.

제1편 소요유 37

之輕妙, 猶不能以無風而行, 必得其所待, 然後逍遙耳. 夫唯與物
冥而循大變者, 爲能無待而常通矣.

곽상 : 오직 타지 않는 것이 없는 자라야 의지함이 없다. 천지의 올바름을 타는 자는 만물의 본성을 따르고, 육기의 분별을 부리는 자는 변화의 길을 노닌다. 이와 같이 해나가면, 어디를 간들 궁함이 있겠는가! 만나는 대상마다 바로 탄다면 또 장차 무엇을 의지하겠는가! 이것이 바로 지덕을 지닌 자의 소요이다. 만일 의지함이 있다면, 비록 열자 같이 가볍고 신묘한 자이더라도 그래도 바람이 없이는 다니지 못하고, 반드시 그 의지하는 바를 얻은 뒤라야만 소요할 수가 있다. 저 오직 외물과 혼합되어 큰 변화를 따르는 자만이 의지하는 것이 없이 항상 통할 수 있다.

■支遁云 : 逍遙者, 明至人之心也. 至人乘天正而高興, 遊無窮于放浪, 物物而不物于物.[24] 此所以爲逍遙也.

지둔(支遁) : 소요하는 자는 지인의 마음을 분명히 안다. 지인은 하늘의 올바름을 타고 흥취를 높여, 아무 장애가 없는 곳에서 노닒이 무궁하며 사물을 사물 그대로 두고 사물에 의해 자신이 사물이 되지는 않는다. 이것이 소요할 수 있는 까닭이다.

■林云 : 此有跡無跡之分. 無跡, 則謂之至, 神, 聖. 無己, 無功, 無名, 皆言無跡也. 正, 正理. 六氣, 陰陽風雨晦明.

임희일 : 이것이 유적(有跡)과 무적(無跡)의 나뉨이다. 무적이면, 지인, 신인, 성인이라 이른다. 무기(無己), 무공(無功), 무명(無名)은 모두 무적(無跡)을 말한다. 정(正)은 정리(正理)이다. 육기(六氣)는 음(陰), 양(陽), 풍(風), 우(雨), 회(晦), 명(明)이다.

■劉云 : 乘天地之正者, 立乎萬物之初, 一氣之上, 雖天地與我並

---

24) '物物而不物于物'은 《장자》〈산목(山木)〉에 나온다.

生, 萬物唯我獨立矣. 己且無矣, 何功與名之有!

유신옹 : 천지의 올바름을 타는 자는 만물의 처음, 한 기운의 위에 서서, 비록 천지일지라도 나와 삶을 함께하며, 만물일지라도 오직 나 홀로 서는 것이다. 자기도 없는데, 무슨 공로니 이름이니 하는 것이 있겠는가!

■ 焦云 : 泯絶無寄故曰無己, 妙用深藏故曰無功, 了不可測故曰無名.

초횡 : 완전히 없어져서 붙을 데가 없기 때문에 무기(無己)라 하고, 오묘한 쓰임이 깊이 감추어져 있기 때문에 무공(無功)이라 하고, 전혀 헤아릴 수 없기 때문에 무명(無名)이라 한다.

■ 按 : 自知效一官, 人之高下更有幾等, 至此然後方說至神聖之妙, 無以復加此, 爲大之極致. 下文許由及姑射神人之類,[25] 皆是也.

박세당 : '앎이 한 관직을 감당할 수 있다.'에서부터 사람의 높낮이가 다시 몇몇 등급이 있다가, 여기에 이른 뒤에 바야흐로 지인, 신인, 성인의 오묘함을 말하여, 다시 여기에 더할 것이 없으니, 큰 것의 극치가 된다. 아래 글의 허유(許由) 및 고야 신인의 부류가 모두 이것이다.

2

堯讓天下於許由曰,[26] "日月出矣, 而爝火不息, 其於光也, 不亦難乎? 時雨降矣, 而猶浸灌,[27] 其於澤也, 不亦勞乎? 夫子立而天下治, 而我猶尸之, 吾自視缺然, 請致天下."

요임금이 천하를 허유에게 양보하면서 말하였다. "해와 달이 솟았는데도 횃

---

25) 허유(許由)는 중국 고대의 은자(隱者)이다.
26) 요(堯)는 중국의 삼대(三代) 이전에 중국을 다스렸다고 하는 제왕 이름이다.
27) 《장자》〈천지(天地)〉에 "땅에 굴을 파서 우물로 들어가 항아리에 물을 담아 안고 나와 밭에 물을 준다.[鑿隧而入井, 抱甕而出灌.]"는 내용이 있다.

불을 들고 있으면, 그 빛으로서의 역할을 하기에 또한 어렵지 않겠습니까? 때에 맞는 비가 내렸는데도 여전히 물을 퍼 나르고 있으면, 농토를 적셔주는 일에 또한 괜한 수고를 하는 것이 아니겠습니까? 선생께서 계시어 천하가 다스려지는데도 내가 오히려 하는 일없이 자리를 차지하고 있으니, 나는 자신이 부끄럽습니다. 천하를 돌려드리겠습니다."

■ 王氏旦云 : 天無爲, 人有爲,[28] 天則日月時雨是也.

왕단(王旦) : 하늘은 사사로운 목적이 없고 사람은 사사로운 목적이 있다. 하늘은 '해와 달', '때에 맞는 비'가 이것이다.

■ 林云 : 尸, 主也. 堯謂'許由立而天下自治,[29] 而必使我主此, 自見其不足', 故以爇火浸灌自喩也. 致, 歸之也.

임희일 : 시(尸)는 주인 노릇을 한다는 말이다. 요임금이, '허유가 서면 천하가 절로 다스려질 텐데, 굳이 나에게 이것을 맡겨놓고 있으니, 나는 스스로 그 부족함을 안다.'고 여겼기 때문에 '횃불'과 '물 나르기'로 자신을 비유한 것이

---

28) '無爲', '有爲'의 '爲'는 일반적으로 '하다.'의 뜻으로 번역하는데, 여기서는 '위하여'의 명사적 개념을 뜻하는 글자로 보아, '목적'이라고 번역하였다.

29) '而'는 《구의교주》 및 조선시대에 간행된 《장자구의》에는 모두 '則'으로 되어 있다. 《남화경주해산보》의 '而'가 단순한 오자인지 박세당이 의도적으로 바꾼 것인지는 미상이다. 임희일은 송나라 때에 유가(儒家)의 시각으로 노장(老莊)을 주해한 대표적인 인물이므로 임희일의 주해에 대해서는 '則'의 뜻으로 보아, '허유가 서면'으로 번역하였다. 박세당의 '尸'자 풀이는 '하는 일이 없이 시동처럼 그 자리를 차지하고 있음'의 뜻인데, '허유가 세상에 있음으로 해서 세상이 이미 다스려졌다.'라는 과거형 문장과 '허유가 세상에 서면 세상이 잘 다스려질 것이다.'라는 미래형 문장으로 두 가지 해석이 가능하다. 여기서는 장자 본문을, '而'를 '則'의 뜻으로 보지 않고 순접접속사로 보아서, '허유가 서서'로 번역해보았다. 참고로, 《논어집주》〈학이〉에 있는 "君子務本, 本立而道生."의 집주에 "根本旣立, 則其道自生."이라고 풀이하였고, 《주역정의(周易正義)》〈계사전〉에 있는 "君子見幾而作, 不俟終日."의 소(疏)에 "君子旣見事之幾微, 則須動作而應之"라고 풀이하여, '而'를 '則'으로 해석한 용례가 있다.

다. 치(致)는 돌려주는 것이다.

■ 焦云 : 許由, 潁川陽城人, 隱於箕山.

초횡 : 허유는 영천(潁川) 양성(陽城) 사람으로서 기산(箕山)에 은거하였다.

■ 按 : 尸, 謂尸其位也.30)

박세당 : 시(尸)는 그 자리를 그저 차지하고 있음을 이른다.

許由曰, "子治天下, 天下旣以治矣. 而我猶代子, 吾將爲名乎? 名者, 實之賓也. 吾將爲賓乎?

허유가 말하였다. "그대가 천하를 다스려, 천하가 이미 다스려졌습니다. 그런데 내가 도리어 그대를 대신한다면, 내가 장차 이름 얻는 일을 할까요? 이름은 실체의 손님입니다. 내가 장차 손님 되는 일을 할까요?

■ 郭云 : 旣治, 則無所代之. 取於堯而足, 豈借之許由哉?

곽상 : 이미 다스려졌다면 대신할 것이 없다. 요임금에게서 취해도 충분한데 어찌 허유에게 빌리겠는가?

■ 呂云 : 天下旣治, 而吾猶代之, 是取其名而已. 吾肯爲之乎?

여혜경 : 천하가 이미 다스려졌는데도 내가 도리어 그것을 대신한다면, 이는 그 명예를 취하는 것일 뿐이다. 내가 그 짓을 하고 싶겠는가?

■ 王旦云 : 堯以由能治天下, 而不敢尸, 由以堯已治天下, 而不肯代. 蓋道之在聖人, 出則堯也, 隱則由也.

왕단(王旦) : 요임금은, 허유가 천하를 잘 다스릴 것이라 여겼기 때문에 감히

---

30) '시위(尸位)'는 '직분에 해당하는 일을 수행하지 않으면서 그 자리만 차지하고 있다.'는 뜻이다. '하는 일이 없이 녹봉만 받아먹는다.'는 뜻의 '소찬(素餐)'과 함께 '시위소찬'이라는 단어로 쓴다.

차지하고 있을 수 없었고, 허유는, 요임금이 이미 천하를 잘 다스렸다고 여겼기 때문에 대신하려 하지 않았다. 대개 도가 성인에게 있음은, 나가면 요임금이고 은둔하면 허유인 것이다.

■ 林云 : 言'不以外物自喪也.'

임희일 : '외물 때문에 자신을 잃어버리지 아니한다.'는 말이다.

■ 按 : 實, 在內, 爲主, 名, 在外, 爲賓. 言'凡爲天下, 所以爲治也, 若使己受堯所已治之天下, 則但爲空名而已.'

박세당 : 실체는 안에 있으니 주인이 되고 이름은 밖에 있으니 손님이 된다. '무릇 천하를 담당하는 것은 다스리기 위한 것이다. 만약 자기가 요임금이 이미 다스려놓은 천하를 받는다면 단지 부질없는 명예를 위하는 것일 따름이다.'라는 말이다.

鷦鷯巢於深林, 不過一枝, 偃鼠飮河, 不過滿腹. 歸休乎君! 予無所用天下爲.31)

뱁새가 깊은 숲에 둥지를 지어도 나뭇가지 하나에 지나지 않으며, 생쥐가 황하 물을 마셔도 자기 배 하나를 채우는 데에 지나지 않습니다. 돌아가십시오, 군주시여! 나는 천하가 아무 소용이 없습니다.

■ 郭云 : 鷦鷯一枝, 偃鼠滿腹,32) 言'性各有極.'

곽상 : 뱁새는 가지 하나만 필요하고 생쥐는 배만 채우면 된다는 것은, '본성이 각각 최대치가 있음'을 말한다.

---

31) '所用天下爲'는 '천하(天下)를 써서[用] 할[爲] 바[所]'로 해석한다.
32) 곽상은 '언서(偃鼠)'를 '혜서(鼷鼠)'라 하였는데, 혜서는 '작은 쥐[小鼠]'이니, 생쥐를 말한다.

■ 呂云 : 四海九州不爲有餘, 一枝滿腹不爲不足. 此所以無用天下爲.

여혜경 : 사해와 구주도 남음이 있는 것이 아니며 '하나의 나뭇가지'와 '배 하나 채움'도 부족함이 되지 않는다. 이것이 천하가 소용이 없는 까닭이다.

■ 林云 : 鷦鷯, 偃鼠,33) 由自喩, 言'其有以自足也.'

임희일 : 뱁새와 생쥐는 허유가 자신을 비유한 것이니, '그 스스로 만족함이 있다.'는 말이다.

■ 褚氏伯秀云 : 堯以爓灌比功, 其謙虛至矣, 豈以黃屋爲心哉.34) 由以鷦鼠喩量, 其素分足矣, 豈僥倖富貴者哉. 有神堯在位, 斯有許由在野. 蓋聖人不以出處分重輕, 而以義理爲去就. 此有係乎道之卷舒, 時之當否耳. 夫使由幡然受禪, 不失乎端拱巖廊之尊, 使堯脩然得謝, 則可以韜光太古之上. 卽此而推, 非惟醒邯鄲之夢,35) 息蠻觸之爭,36) 抑使後人想像箕山潁水之趣, 而風樹一瓢, 猶以爲累也.37)

---

33) 임희일은 '언서'를 '잠복한 쥐[潛伏之鼠]'라 하였다. '두더지', '생쥐', '들쥐' 쯤으로 번역할 수 있겠다. 이외에도, '큰 쥐', '소처럼 생긴 동물' 등으로 해석하기도 한다.
34) 황옥(黃屋)은 누런 비단을 덮은 천자의 수레인데, 천자를 가리키는 말로 쓴다.
35) 당나라 심기제(沈旣濟)가 지은 〈침중기(枕中記)〉에 나오는 이야기이다. 당나라 현종 때에 노생(盧生)이라는 자가 객관에서 도사(道士) 여옹(呂翁)을 만나서, 그가 주는 베개를 베고 잠이 들어, 꿈속에서 출세하여 부귀영화를 포함한 온갖 인생살이를 다 겪으며 한평생을 보낸 뒤에 깨어보니, 잠들기 전에 여관 주인이 짓고 있던 황량(黃粱) 밥이 아직 다 익기도 전이었다. 여옹이 말하기를 "인간 세상의 일도 또한 이와 같은 것이라네." 하였다. 〈침중기〉는 《태평광기(太平廣記)》, 《고금사문유취(古今事文類聚)》, 《문원영화(文苑英華)》 등에 실려 있다.
36) 《장자》〈칙양(則陽)〉에, "대진인(戴晉人)이 위(魏)나라 왕에게 말하기를 '달팽이라는 놈이 있는데, 왼쪽 뿔 위에 나라를 세우고 있는 자가 촉씨(觸氏)이고 오른쪽 뿔 위에 나라를 세우고 있는 자가 만씨(蠻氏)입니다. 이 두 나라가 영토를 다투어 전쟁을 벌여서 죽은 시체가 수만 명이나 되었습니다. 도망하는 적을 쫓아서 보름이나 지난 뒤에 돌아왔습니다.' 하니, 왕이 '실없는 소리로다.' 하였다. 대진인이 말하기를 '군주께서는 사방상하(四方上下)가 끝이 있다고 여기십니까? 이 무한한 공간에 위나라가 있고 위나라 안에 양(梁) 땅이 있고 양 땅 안에 군주가 있습니다. 군주께서는 만씨와 차이가 있습니까?' 하였다." 하였다. 만촉의 싸움은, 부질없는 인간세상의 전쟁을 비유한 말이다. 대진인은 위

저백수(褚伯秀) : 요임금은 횃불과 물 나르기로 자기의 공적을 비유하였으니 그 겸허함이 지극하다. 어찌 천자의 자리를 마음에 담고 있었겠는가. 허유는 뱁새와 생쥐로 자기의 용량을 비유하였으니 그 평소의 분수를 만족스럽게 여긴 것이다. 어찌 부귀를 바라는 자였겠는가. 신령한 요임금이 지위에 있자 곧 허유가 재야에 있었던 것이다. 대개 성인은 출처로 경중을 나누지 않으며, 의리로 거취를 결정한다. 이는 도가 거두어지는지 펴지는지와 관련이 있으며 때가 합당한지 아닌지와 연관이 될 뿐이다. 대저 허유가 흔쾌히 마음을 돌려 선위를 받았더라도 천자의 자리에서 단정히 공수하고 다스리는 존귀함을 잃지 않았을 것이고, 요임금이 시원히 자리를 벗어던질 수 있었다면 태고의 위에서 빛을 감출 수 있었을 것이다. 이것으로 미루어 나가면, 단지 한단(邯鄲)의 꿈을 깨고 만촉(蠻觸)의 전쟁을 멈추게 할 뿐만이 아니다. 또한 후세 사람들로 하여금 기산과 영수의 아취를 상상하게 해주는데, 바람 부는 나뭇가지에 걸어놓은 바가지 하나도 오히려 거추장스럽게 여겼음을 알 수 있다.

■ 按 : 歸休, 言'且歸而休息', 拒絶之之辭. 安身養體, 止於自適, 則天下之大, 亦爲長物而無所用也.38)

박세당 : 귀휴(歸休)는 '우선 딴말할 것 없이 돌아가서 쉬라.'는 말이니, 거절하

(魏)나라의 현자(賢者)라고 한다.
37) 요(堯)임금 때에 고사(高士)인 허유(許由)가 영수(潁水)의 북쪽, 기산(箕山) 아래에 은거해 살았다. 요임금이 허유에게 천하를 물려주려 하자 허유는 더러운 말을 들었다 하여 영수에서 귀를 씻었다. 그의 벗 소보(巢父)가 마침 송아지에게 물을 먹이려다 그 사연을 듣고, 이 물을 먹였다가는 송아지 입이 더러워진다고 하여, 상류로 올라가 물을 먹였다. 허유는 도구를 사용하지 않고 그냥 손으로 물을 떠 마시며 살았다. 어떤 사람이 그에게 바가지를 하나 주자 물을 마실 때에 그것을 사용하고, 사용한 뒤에 그 바가지를 나뭇가지에 걸어두었는데, 바람이 부니 바가지가 달그락달그락 소리를 냈다. 허유는 그 소리가 성가시다고 여겨 바가지를 버렸다. 이런 이야기는 《고사전(高士傳)》, 《고금사문유취》, 《패문운부(佩文韻府)》 등에 실려 전한다. 《고금사문유취》와 《패문운부》에는 바가지 이야기의 출전을 《일사전(逸士傳)》이라 하였는데, 《수서(隋書)》〈경적지(經籍志)〉에는, 《고사전》과 《일사전》은 진(晉)나라 황보밀(皇甫謐)이 엮었다고 하였다.
38) 장물(長物)은 불필요한 잉여물이라는 뜻이다.

는 말이다. 몸을 편안히 하고 사체(四體)를 기르며 자적(自適)할 따름이니, 천하 같은 큰 것도 또한 장물(長物)이 되어서 쓰일 데가 없다.

庖人雖不治庖, 尸祝不越樽俎而代之矣."
주방 담당자가 비록 제사음식 마련하는 일을 잘 하지 못하더라도 축관(祝官)이 제사상을 넘어가서 그의 일을 대신하지는 않습니다."

■ 郭云 : 庖祝, 各安其所司, 堯許, 各靜其所遇, 又何爲乎哉? 自得而已矣.
곽상 : 주방 담당자와 축관은 각각 자기가 맡은 분야에 편안하고, 요임금과 허유는 각각 자기가 만난 상황에 안정하니, 또 무슨 다른 의도를 두겠는가. 자득할 따름이다.

■ 林云 : 庖與尸祝, 其業不同. 言'不能舍所樂以代堯, 亦猶尸祝不肯越去其樽俎, 而代庖人烹割也.'
임희일 : 주방 담당자와 축관은 그 업무가 같지 않다. '나의 즐기는 바를 버리고 요임금을 대신할 수는 없는 것이, 또한 축관이 그 제사상을 넘어가서 주방 담당자를 대신하여 요리를 하려 들지는 않는 것과 같다.' 는 말이다.

■ 褚云 : 各安所安, 各足其足.
저백수 : 각각 편안히 여기는 바에 편안하고 그 만족하는 바에 만족하는 것이다.

■ 按 : 庖人所治卑, 尸祝尊. 此又言'假令堯不能治天下, 己亦不屑代之', 以見輕堯而自高之意. 蓋堯之讓由, 卑下若此, 而由之倨, 又如此. 莊子引之, 以爲'神聖之人, 懷抱道德, 唯聖人能知之. 然由之與堯, 亦有德之大小, 天下後世之所尊者, 未足爲至, 而至德自有其人也.' 此周之所以過於高而爲肆者歟?

박세당 : 주방 담당자는 하는 일이 낮고 축관은 높다. 여기서 또 '가령 요임금이 천하를 잘 다스리지 못하더라도 자기는 또한 대신할 마음이 없다.'는 것을 말하여, 요임금을 가벼이 여기고 자신을 높이는 뜻을 드러냈다. 대개 요임금이 허유에게 양보함이 겸손하기가 이와 같았는데, 허유의 거만함이 또 이러하였다. 장자가 그 일을 끌어와서, '신성한 사람이 도덕을 품고 있는 것은 오직 성인이라야 그것을 알아볼 수 있다. 그러나 허유는 요임금에 견주면, 또한 덕의 크기에 차이가 있으니, 천하 후세가 높이는 사람은 지극함이 될 수 없고, 지극한 덕을 지닌 이는 해당자가 본래 따로 있다.'고 한 것이다. 이것이 장주가 고원함에 지나쳐서 방자하게 된 까닭일 것이다.

3

肩吾問於連叔曰, "吾聞言於接輿, 大而無當, 往而不反. 吾驚怖其言, 猶河漢而無極也.39) 大有逕庭, 不近人情焉."

견오(肩吾)가 연숙(連叔)에게 물었다. "제가 접여(接輿)가 하는 말을 들었더니, 크기만 하고 해당되는 데가 없었고 앞으로만 가고 돌아오지 않았습니다. 나는 그 말에 놀라고 기가 질렸습니다. 마치 황하나 한수와 같아서 끝이 없었습니다. 아주 엉뚱한 말이어서 인정에 가깝지 않았습니다."

■ 郭云 : 此皆寓言.40)

---

39) '하한(河漢)'은 '은하수'라고 번역하기도 하나, 《장자》〈제물론〉에 "큰 늪이 타올라도 뜨겁게 할 수 없고 황하와 한수가 얼어붙어도 춥게 할 수 없다.[大澤焚而不能熱, 河漢冱而不能寒.]"라는 것을 근거로 하여, 여기서는 '황하와 한수'로 번역하였다. 임희일의 주석에서 '天河'라고 풀이하였기 때문에 대개 조선시대에는 '은하수'의 뜻으로 읽었을 가능성이 많다.

곽상 : 이것은 모두 우언이다.

■ 林云 : 肩吾連叔, 皆未必實有此人, 亦不必就名字上求義. 中間雖有一二可解說, 而實不皆然也. 無當, 無實也. 往而不反, 大言不顧也. 不近人情, 言'非世俗所常有也.'

임희일 : 견오와 연숙은 모두 반드시 실제로 이러한 사람이 있는 것은 아니며, 또한 이름 글자에서 뜻을 찾을 필요도 없다. 중간에 비록 한두 가지는 해설이 가능한 것이 있지만, 실제로 모두 그러한 것은 아니다. 무당(無當)은 실상이 없음이다. '왕이불반'은 큰소리치면서 돌아보지 아니함이다. '불근인정'은 '세속에 항상 있는 바가 아님'을 말한다.

■ 焦云 : 接輿, 楚人.

초횡 : 접여는 초나라 사람이다.

■ 按 : 此又將言至人之德, 借肩吾, 以爲不知不信者之說, 又借連叔, 以辨其惑. 無當, 無所當也. 往而不反, 知前而不顧後也. 逕, 狹路. 逕狹而庭廣, 言'其濶狹甚不相侔', 其大而不近於情如此.

박세당 : 이것은 또 장차 지인(至人)의 덕을 말하려고, 견오를 빌려, 알지 못하고 믿지 않는 자의 말을 삼고, 또 연숙을 빌려서 그 미혹을 분변하였다. 무당(無當)은 해당하는 바가 없음이다. '왕이불반'은 앞으로 갈 줄만 알고 뒤를 돌아보지 아니함이다. 경(逕)은 좁은 길이다. 경(逕)은 좁고 정(庭)은 넓으니, '그 넓이가 아주 서로 같지 아니함'을 말한다. 그 말이 커서 실정에 가깝지 아니함이 이와 같다는 말이다.

連叔曰, "其言謂何哉?" 曰, "'藐姑射之山, 有神人居焉, 肌膚若氷雪, 綽約若

---

40) 우언(寓言)은 《장자》〈우언(寓言)〉에 설명이 나온다. '나와 너'를 떠나 '타인의 입'을 빌려서 논지를 전개하는 것을 '우언'이라 한다.

處子. 不食五穀, 吸風飮露, 乘雲氣, 御飛龍, 而遊乎四海之外. 其神凝, 使物不疵癘而年穀熟.' 吾以是狂而不信也."

연숙이 말하였다. "그가 무엇이라 말하던가?" (견오가) 말하였다. "'막고야(藐姑射)라는 산에 신인(神人)이 사는데, 피부가 마치 빙설(氷雪)과 같고, 몸이 부드럽기가 처녀와 같다. 오곡을 먹지 않고 바람을 들이쉬고 이슬을 마시며, 구름을 타고 용을 몰면서 사해의 바깥에 노닌다. 그 정신이 응집되면, 만물을 병들지 않게 하여, 곡물이 익는다.'고 합니다. 저는 이것을 허황된 말이라 여기고 믿지 않습니다."

■ 郭云 : 聖人雖在廟堂, 無異山林, 世豈識之哉! 今言至德之人, 而將明世無由識, 故乃推之於視聽之表耳. 處子者, 不以外傷內也. 吸風飮露者, 明稟自然之妙氣也. 體神居靈而窮理極妙者, 無物而不順, 則浮雲斯乘矣, 無形而不載, 則飛龍斯御矣. 雖靜默, 而玄同四海之表故也. 其神凝, 則不凝者自得矣. 世皆齊其所見而斷之, 豈嘗信此哉!

곽상 : 성인은 비록 묘당에 있더라도 (그 마음은) 산림에 있는 것과 다름이 없다. 세상이 어찌 그것을 알겠는가. 지금 지극한 덕을 지닌 사람을 말하면서 장차 세상이 알 길이 없음을 밝히려 하기 때문에, 이에 눈과 귀를 벗어난 데에까지 미루어나간 것이다. 처자(處子)는 밖의 것으로써 안을 손상시키지 않는다. '바람을 들이쉬고 이슬을 마신다.'라는 것은, 자연의 오묘한 기운을 품부 받음을 밝힌 것이다. 신성함을 몸 받고 영험함에 거하여 이치를 끝까지 궁구하여 오묘의 극치에까지 간 자는, 따르지 아니하는 사물이 없으니 뜬구름도 이에 바로 타게 되며, 실어주지 아니하는 형체가 없으니 비룡도 이에 바로 몰게 된다. 비록 고요히 침묵하고 있더라도 아득히 사해의 바깥과 함께 하기 때문이다. 그 정신이 응집되면, 응집되지 아니하는 것들이 자득하게 된

다. 세상 사람들은 모두 자기가 본 바를 기준으로 삼아 단정 지으니, 어찌 일찍이 이것을 믿었겠는가!

■ 林云 : 綽約, 柔媚可愛也. 其精神凝定, 所居之地, 百物無疵癘之病, 而年穀自熟. 蓋接輿之言如此, 肩吾以其言爲不可信也.

임희일 : 작약은 부드럽고 예뻐 사랑스러운 것이다. 그 정신이 응집되어 안정이 되면, 거처하는 지역에는 온갖 생물이 전혀 병들지 않고 곡식이 절로 익는다. 대개 접여의 말이 이러하였는데, 견오는 그 말을 믿을 수 없다고 하였다.

■ 褚云 : 肌膚若冰雪, 體抱純素, 塵莫能汚也. 綽約若處子, 守柔自全, 害莫能及也. 不食五穀, 吸風飮露, 則絶除世味, 納天地之淸泠. 乘雲御龍, 遊乎四海, 則凌厲太空, 同元氣之冥漠, 所謂'不行而至,'41) 與造物遊'者也.42) 物不疵而穀熟, 則養神之極者, 非唯自全而己, 又足以贊天地之化育, 輔萬物之自然. 此言推己以及物之效,43) 所以合神不測契道無方也.

저백수 : 피부가 빙설과 같다는 것은, 순수함과 깨끗함을 몸에 담아 안고 있기 때문에 티끌이 오염시킬 수 없음이고, 부드럽기가 처녀와 같다는 것은, 유순함을 지켜서 스스로 온전하기 때문에 해코지가 미칠 수 없음이다. 오곡을 먹지 않고 바람을 들이쉬고 이슬을 마시는 것은, 세속의 맛을 아예 제거하고 천

---

41) 《주역》〈계사전 상〉에 "역(易)은 성인이 깊이를 지극히 하고 기미를 잘 살피는 방법이니, 오직 깊기 때문에 천하의 뜻을 통달하고 오직 기미를 잘 알기 때문에 천하의 일을 이룬다. 오직 신령하기 때문에 달리지 않아도 빠르고 걷지 않아도 도달한다.[夫易, 聖人之所以極深而硏幾也. 唯深也, 故能通天下之志. 唯幾也, 故能成天下之務. 唯神也, 故不疾而速, 不行而至.]" 하였다.
42) 《장자》〈천하(天下)〉에 "장주(莊周)는 …… 위로 조물(造物)하는 자와 더불어 노닐고, 아래로 죽음과 삶을 바깥에 두고 끝과 처음이 없는 자와 더불어 벗을 하였다.[上與造物者遊, 而下與外死生無終始者爲友.]" 하였다.
43) '推己以及物'은 자기의 마음을 타인에게까지 미루어나가는 것을 말한다. 이것을 '恕'라고 한다.

지의 맑은 기운을 받아들이는 것이다. 구름을 타고 용을 몰아 사해를 노니는 것은, 하늘을 능가하여 원기의 아득함과 함께하는 것이니, 이른바 '걷지 않고도 이르고 조물주와 더불어 노닌다.'는 것이다. 만물이 병들지 않고 곡물이 익는 것은, 정신 수양이 극도에 이른 자는 단지 자신만 온전히 할 뿐 아니라 또한 천지의 화육을 돕고 만물의 절로 그러함을 보좌할 수 있음이다. 이것은 '자기를 미루어 외물에게까지 미쳐가는 효험'을 말한 것으로서, 신명과 통합되어 헤아릴 수가 없고 도와 일체가 되어 일정한 방소가 없는 까닭이다.

■ 按 : 神凝而物不疵癘, 猶言'所存者神'.44)

박세당 : 정신이 응집되어 만물이 병들지 않는다는 것은 '보존한 바가 신묘하다.'는 말과 같다.

連叔曰, "然! 瞽者無以與乎文章之觀, 聾者無以與乎鐘鼓之聲! 豈唯形骸有聾盲哉? 夫知亦有之. 是其言也, 猶時女也.

연숙이 말하였다. "그렇구나! 소경은 아름다운 문장을 보는 데에 함께할 수 없고, 귀머거리는 악기의 소리를 듣는 데에 함께할 수 없다더니! 어찌 오직 형체에만 귀머거리와 소경이 있으랴? 대저 앎에도 또한 그것이 있다. 이 말이 바로 너 같은 이를 두고 한 말이다.

■ 郭云 : 不知至言之極妙, 而以爲狂而不信, 此智之聾盲也.

곽상 : 지언(至言)의 지극한 오묘함을 알지 못하고 미치광이 소리라고 여겨 믿지 않으니, 이것이 지혜에 있어서의 귀머거리거나 소경이다.

---

44) 《맹자》〈진심 상〉 제13장에 "대저 군자는 지나는 곳은 교화되고 보존한 바는 신묘하여, 위아래로 하늘과 땅과 더불어 유행하니, 어찌 보탬이 작다고 하겠는가?[夫君子所過者化, 所存者神, 上下與天地同流, 豈曰小補之哉?]" 하였다.

■ 林云 : 心無見識, 猶聾瞽也. 時, 是. 女, 汝. 解者皆以此爲處子, 故牽强不通.

임희일 : (그의) 마음이 견식이 없어서 마치 귀머거리나 소경과 같다. 시(時)는 시(是)이고, 여(女)는 여(汝)와 같다. 풀이하는 자들이 모두 이 '시녀'를 '처자(處子)'라고 여겼기 때문에 억지로 끌어다 맞춰서 통하지가 않았다.

■ 按 : 肩吾之疑於神人, 亦猶蜩鳩斥鷃之笑大鵬. 耳目聾瞽, 病在於形, 知之聾瞽, 病在於心. 言'其不識神人, 古人所言, 正謂如汝者.'

박세당 : 견오가 신인에 대해 의심을 품은 것도 또한 매미나 비둘기나 물떼새가 붕새를 비웃은 것과 같다. 귀와 눈이 귀머거리이거나 소경인 것은 병이 형체에 있고 알음이 귀머거리이거나 소경인 것은 병이 마음에 있다. '신인을 알아보지 못하니, 옛사람이 말한 바는 바로 너 같은 자를 이른 것이다.'라는 말이다.

之人也, 之德也, 將旁礴萬物以爲一, 世蘄乎亂, 孰弊弊焉以天下爲事!

이런 사람과 이런 덕은, 장차 만물 위에서 넉넉히 자득하여 하나로 만든다. 세상 사람들이 '그의 다스림'을 바라지만, 어찌 수고롭게 천하 다스리는 일을 하겠는가!

■ 郭云 : 聖人, 極兩儀之至會, 窮萬物之妙數, 故能體化合變, 無往不可. 其所以會通萬物之性, 而陶鑄天下, 以成堯舜之治者, 常以不爲爲之耳, 孰弊弊焉勞神苦思, 然後能乎?

곽상 : 성인은 양의(兩儀)의 궁극적 결합처를 다 알고 만물의 오묘한 변수를 다 알기 때문에 변화와 한 몸이 되고 변화와 통합되어 어딘들 안 되는 것이 없다. 그가 만물의 본성을 회통하여 천하를 주물러 요순의 정치를 이루는 것

은, 항상 '목적을 두고 하지 아니함'으로써 그렇게 되도록 하는 것이니, 어찌 정신을 수고롭혀 심사숙고한 뒤라야 가능하겠는가?

■ 林云 : 蘄, 與祈同. 亂, 治也. 言'一世之人, 自祈乎治'. 弊弊, 勞貌. 此等人, 其爲德也, 周游乎萬世之上, 而世自治.

임희일 : 기(蘄)는 기원하다(祈)와 같고, 란(亂)은 다스린다(治)는 뜻이니, '한 시대의 사람들이 스스로 다스려지기를 원한다.' 는 말이다. 폐폐(弊弊)는 수고로운 모양이다. 이러한 사람은, 그 덕의 작용을 논하자면, 만세를 초월하여 두루 노니는데 세상이 절로 다스려지는 것이다.

■ 按 : 旁礴, 與盤礴同, 優游自得之貌. 言'神人優游自得乎萬物之表, 用化一世, 而世蘄其治, 未嘗勞弊其心以事天下', 卽神凝而物不疵也.

박세당 : 방박(旁礴)은 반박(盤礴)과 같으니, 넉넉하게 자득한 모양이다. '신인은 만물의 위에서 넉넉하게 자득하여 변화를 써서 세상을 하나로 만드는데, 세상 사람들이 그가 다스려주기를 바라더라도 일찍이 그 마음을 수고롭혀 천하를 위해 일한 적이 없다.'는 말이니, 이것이 곧 '정신이 응집되면 만물이 병들지 아니함'이다.

之人也, 物莫之傷. 大浸稽天而不溺,[45] 大旱金石流土山焦而不熱. 是其塵垢粃糠, 將猶陶鑄堯舜者也. 孰肯以物爲事!"

이런 사람은 어떠한 것도 그를 해코지하지 못한다. 큰 홍수가 져서 하늘에 닿아도 물에 빠지지 않으며, 큰 가뭄이 들어 쇠와 돌이 녹아 흐르고 흙산이 타들어가도 데지 않는다. 이는 먼지나 쌀겨로도 장차 요임금이나 순임금을 빚어

---

45) 계천(稽天)은 '땅이 물바다가 되어 수평선이 생겨 하늘과 닿는다.'는 뜻이다.

낼 그러한 자이다. 어찌 사물로 일을 삼으려 하겠는가!"

■ 郭云 : 物莫之傷者, 無往而不安, 則所在皆適, 死生無變於己, 況 溺熱之間哉! 故至人之不嬰乎禍難, 非避之也, 推理直前而自然與 吉會也.

곽상 : 어떠한 사물도 손상을 줄 수 없는 자는, 어디를 가도 편안하지 아니한 곳이 없으니, 있는 데가 모두 적합하여 죽고 사는 것이 자기에게 아무런 변화를 주지 않는다. 하물며 빠지거나 데거나 하는 것들이랴! 그러므로 지인이 재앙에 걸리지 않는 것은, 재앙을 피하는 것이 아니라, 이치를 미루어 곧장 앞으로 가도 절로 길사(吉事)와 만나는 것이다.

■ 林云 : 物莫之傷, 言'外物不能動其心也.' 稽, 至也. 不溺不熱, 言 '無入而不自得也.' 塵垢秕糠, 猶言緒餘.

임희일 : 어떠한 것도 손상하지 못한다는 것은, 외물이 그 마음을 흔들지 못한다는 말이다. 계(稽)는 '이른다(至)'의 뜻이다. 빠지지 않고 데지 않는다는 것은, 어디를 가도 자득하지 아니함이 없다는 말이다. 진구(塵垢)와 비강(秕糠)은, 실 부스러기라는 말과 같다.

■ 按 : 此謂'至人推其糟粕緒餘, 亦可以陶鑄唐虞之治, 而終不爲事 物所累', 又明旁礡蘄治之實.[46] 皆所以形容其大也.

박세당 : 이것은 '지인은 술지게미나 실 부스러기 같은 아주 하찮은 단서를 미루어도 또한 요순시대 같은 훌륭한 세상을 만들어낼 수 있으며, 끝내 사물에 의해 얽매이지 않는다.' 는 말이니, 또 '넉넉히 자득함'과 '다스려주기를 바람'의 실제를 밝힌 것이다. 모두 그 위대함을 형용한 것이다.

---

46) 방박기치(旁礡蘄治)는 앞 구절의 내용을 요약한 것이다.

4

宋人資章甫而適諸越, 越人斷髮文身, 無所用之.
송나라 사람이 장보관을 물자로 삼아 월나라에 장사하러 갔는데, 월나라 사람들은 머리를 짧게 깎고 몸에 문신을 하고 살아, 그것이 쓸데가 없었다.

■ 林云 : 章甫, 冠也. 蓋謂'所言廣大, 今世之人, 無非淺見, 不足與語此也.'
임희일 : 장보(章甫)는 갓이다. 대개, '말한 바가 광대하여, 오늘날 사람들은 소견이 하찮지 않은 이가 없으니, 함께 이것을 이야기할 수 없다.'는 말이다.
■ 按 : 章甫, 天下之美, 而斷髮文身者, 無所用之. 至德, 天下之盛, 而聾瞽乎知者, 所不能識. 此又爲不知者而設也.
박세당 : 장보는 천하에 아름다운 것이지만, 머리를 짧게 깎고 몸에 문신을 한 자는 그것을 쓸 데가 없다. 지덕(至德)은 천하에 성대한 것이지만 알음이 귀머거리이거나 소경인 자는 인식할 수 없는 것이다. 이것은 또 무지한 자에 대해 말하려고 설정한 것이다.

堯治天下之民, 平海內之政, 往見四子藐姑射之山, 汾水之陽, 窅然喪其天下焉.
요임금이 천하의 백성을 다스려 사해(四海) 안의 정치를 평정한 뒤, 네 사람을 막고야산(藐姑射山), 분수(汾水)의 북쪽에 가서 만나보고 까마득히 자기의 천하를 잊었다.

■ 郭云 : 四子者, 蓋寄言.47)

곽상 : '네 사람'은 대개 가상의 인물을 빗댄 말이다.

■ 林云 : 喪其天下, 忘其天下也. 窅然, 茫然之意. 見廣而後知自陋. 以堯之治天下而見四子, 猶且恍然自失, 況他人乎! 人各局於所見, 而不自知, 必有大見識, 方能自照破也.

임희일 : '상기천하'는 그 천하를 잊음이다. 요연(窅然)은 아득하다는 뜻이다. 광대함을 본 뒤에 자신이 누추하다는 것을 알았다. 요임금처럼 훌륭하게 천하를 다스리고도 네 사람을 보고는 오히려 아득히 넋을 잃었는데, 하물며 다른 사람이겠는가! 사람은 각각 소견에 국한되어 자신의 미혹을 모르니, 반드시 큰 식견이 있어야만 바야흐로 자신을 비추어 깨뜨릴 수가 있다.

■ 按 : 四子, 亦所謂至人者. 窅然, 自小也. 喪其天下, 自失之貌. 此亦猶前讓許由之意, 謂知者獨能知之也. 蓋德能治天下平海內, 而猶有所窅然自失者, 則若彼四子, 其德之所至者, 可以見矣.

박세당 : 네 사람도 또한 이른바 지인(至人)이라는 자들이다. 요연(窅然)은 자신을 작게 여긴다는 뜻이다. 상기천하(喪其天下)는 넋을 잃은 모습이다. 이 또한 앞에서 허유에게 양보한 뜻과 같으니, 인지능력이 있는 자만이 그것을 알 수 있다는 의미이다. 대개 덕이 천하를 잘 다스려 사해 안을 평정할 수 있었는데도 오히려 위축되어 넋을 잃은 것이 있었다면, 저 네 사람과 같은 이는 그 덕이 어느 정도의 경지에 이르렀는지를 알 수 있다.

5

惠子謂莊子曰, "魏王貽我大瓠之種,[48] 我樹之成, 而實五石. 以盛水漿, 其

---

47) 기언(寄言)은 우언(寓言)과 같은 말이다.
48) 위왕(魏王)은 《맹자》에 나오는 양혜왕(梁惠王)이다.

堅不能自擧也. 剖之以爲瓢, 則瓠落無所容. 非不呺然大也, 吾爲其無用而掊之."

혜자가 장자에게 말하였다. "위왕이 나에게 큰 박이 열리는 박씨를 주기에, 내가 그것을 심어서 잘 길렀더니 열린 박의 크기가 닷 섬들이나 되었다. 그것에 수장(水漿)을 담자니 그 단단하기가 그 박통 자체도 들 수가 없을 정도였으며, 쪼개서 바가지를 만들자니 너무 펑퍼짐하게 커서 물건을 담을 수가 없었다. 엄청 크지 아니한 것이 아니었지만, 나는 쓸 데가 없어서 빠개버렸다."

■ 林云 : 堅, 重也. 瓢, 半匏也. 掊, 擊碎也.
임희일 : 견(堅)은 무겁다는 뜻이다. 표(瓢)는 박을 반으로 쪼갠 것이다. 부(掊)는 쳐서 부순다는 뜻이다.

■ 焦云 : 惠子, 名施, 爲魏相. 實五石, 司馬云, 實中容五石. 瓠落, 猶廓落也. 呺然, 虛大貌.
초횡 : 혜자는 이름이 시(施)이고 위나라 정승이었다. 실오석(實五石)은, 사마표(司馬彪)가 이르기를, "열매 안에 닷 섬이 들어간다는 말이다." 하였다. 확락(瓠落)은, '아주 크다[廓落]'는 말과 같다. 효연(呺然)은 텅 비고 큰 모양이다.

■ 按 : 此, 惠施, 以譏莊子之言雖大, 而其實無用, 欲破絶之也.
박세당 : 이것은 혜시가, 장자의 말이 비록 크지만 그 실상은 쓸데가 없다고 기롱하여, 깨서 끊어버리고자 한 것이다.

莊子曰, "夫子固拙於用大矣. 宋人有善爲不龜手之藥者, 世世以洴澼絖爲事. 客聞之, 請買其方百金. 聚族而謀曰, '我世世爲洴澼絖, 不過數金. 今一朝鬻技百金, 請與之.' 客得之, 以說吳王. 越有難, 吳王使之將, 冬與越人水戰,

大敗越人, 裂地而封之. 能不龜手, 一也, 或以封, 或不免於洴澼絖, 則所用
之異也.

장자가 말하였다. "그대는 큰 것을 사용하는 데에 정말 졸렬하다. 송나라 사람 가운데 손을 트지 않게 하는 약을 잘 만드는 자가 있었는데, 대대로 솜 빼는 일로 집안일을 삼아 생활하였다. 나그네가 그것을 듣고 그 비법을 백 금(金)에 사겠다고 하자, 그는 가족들을 불러 모아 의논하기를, '우리가 대대로 솜 빼는 일을 했는데도 몇 금을 버는 데에 지나지 않았는데, 이제 하루아침에 기술을 백 금에 팔게 되었다. 그에게 주자.' 하였다. 나그네가 그 비법을 사서, 오(吳)나라 왕에게 유세하였다. 월(越)나라 쪽에 난리가 있자, 오나라 왕이 그를 장수로 삼았는데, 겨울에 월나라 사람들과 물에서 전쟁을 하여 월나라 사람들을 크게 물리치니, 영토를 떼어서 그에게 봉토로 주었다. 손 트는 것을 방지하는 비법은 동일한 것인데, 어떤 이는 그것으로 봉토를 받았고 어떤 이는 솜 빼는 일을 벗어나지 못했으니, 사용한 곳이 달랐기 때문이다.

■ 郭云 : 龜手, 拘坼也.[49] 洴澼絖, 漂絮水中.
곽상 : 균수(龜手)는 손 트는 증상에 걸리는 것이다. 병벽광(洴澼絖)은 솜을 물속에서 빼는 것이다.

■ 呂云 : 道, 一也. 不善用之, 不足以周四體, 則世世洴澼絖不過數金之謂也. 善用之, 非特周吾身而已, 雖天下淪溺, 猶將拯之, 則用之水戰裂地而封之謂也.
여혜경 : 기술은 같은 것이었다. 잘 사용하지 못하면, 몸 하나 먹고살기에도 부족하니, '대대로 솜 빼는 일을 하며 몇 금을 버는 데에 지나지 않았음'을 이

---

49) '拆'은 '坼'으로도 쓴다.

른다. 잘 사용하면, 단지 내 몸을 돌볼 수 있을 뿐만 아니라, 비록 천하가 물속에 빠졌더라도 오히려 그것을 건져낼 수 있으니, '수전(水戰)에 사용하여, 봉토를 받았음'을 이른다.

■ 陳氏詳道云 : 物有所宜, 事有所適, 患在不善用耳. 不龜手之藥, 一也, 宋人用之, 其利小, 吳人用之, 其利大. 弱七國之術, 一也, 晁錯用之, 則禍興, 主父偃用之, 則亂息.50) 大瓠之用, 豈異此哉?

진상도(陳詳道) : 만물은 마땅한 바가 있고 일은 적절한 바가 있으니, 근심은, 잘 사용하지 못하는 데에 있을 뿐이다. 손을 트지 않게 하는 약이기는 한가지인데, 송나라 사람이 사용한 것은 그 이익이 작고 오나라 사람이 사용한 것은 그 이익이 컸다. 일곱 나라를 약화시키는 방술은 한 가지인데, 조조(晁錯)가 사용하면 재앙이 일어나고 주보언(主父偃)이 사용하면 환란이 멎었다. 큰 박을 사용하는 것이 어찌 이것과 다르랴?

■ 焦云 : 人性本一, 用之不同. 用之巧則消搖矣,51) 用之拙則拘繫

---

50) 한(漢)나라 경제(景帝) 때에 조조(晁錯)가 어사대부(御史大夫)로 있으면서, 제후국이 강대해져서 통제하기 어려워지는 것을 막기 위해, 경제에게 건의하여 제후국의 영토를 축소시키는 정책을 시행하게 하였다. 그리하여 제후국의 일부 군(郡)을 박탈하여 중앙 정부에 소속시켰다. 이에 불만을 품은 오(吳)와 초(楚) 등 7국(國)이 반란을 일으켰고, 경제는 그들의 요구를 따라 조조를 처형하였다. 《사기(史記)》 권101 〈원앙·조조 열전(袁盎晁錯列傳)〉에 나온다. 그 뒤 무제(武帝) 때에 알자(謁者) 주보언(主父偃)이 역시 제후국이 강대해지는 것을 막기 위해 그 세력을 축소시키는 정책을 건의하였는데, 이전의 조조와는 방법을 달리하여, 제후국들로 하여금 각자 그 자제들을 분봉(分封)하게 함으로써, 차츰 세력이 분산되도록 하였다. 《사기》 권112 〈평진후·주보 열전(平津侯主父列傳)〉에 나온다. '鼂'는 '晁'와 통용한다.

51) 《장자익》에 인용된 《초씨필승(焦氏筆乘)》에 "'逍遙'는 옛날에 '消搖'라 썼다. 황기복(黃幾復)이 풀이하기를, '소(消)는 양(陽)이 동(動)하여 얼음이 녹는 것과 같으니, 비록 줄어들지만 그 근본은 없어지지 않는다. 요(搖)는 배가 지나가서 물이 흔들리는 것과 같으니, 비록 움직이지만 그 내면을 다치지 않는다. 세상을 이렇게 노닐 수 있는 것은 오직 도(道)를 체득한 자라야 그렇게 할 수 있다.' 하였다." 하였다. 《초씨필승》은 초횡이 《장자익》을 편찬하기 이전에 저술한 차기(箚記)이다.

矣. 性相近習相遠也.52)
초횡 : 사람의 품성은 본래 같은데, 그것을 사용하는 것이 같지 않다. 그것을 잘 사용하면 소요(消搖)하고 그것을 서툴게 사용하면 얽매이니, 품성은 서로 가깝고 습속은 서로 먼 것이다.

今子有五石之瓠, 何不慮以爲大樽而浮乎江湖, 而憂其瓠落無所容? 則夫子猶有蓬之心也夫!"
지금 그대에게 닷 섬들이 박이 있다면, 어찌 그것으로 큰 통을 만들어 강호에 띄울 생각은 아니하고, 그 너무 펑퍼짐하게 크기만 해서 물건을 담을 수 없음을 근심하는가? 그렇다면 그대는 여전히 쪼잔한 마음을 지녔구나!"

■陳云 : 瓠, 中虛而善容, 外圓而善浮. 實之于地, 則失浮之性而其堅不能擧, 剖以爲瓢, 則毁圓之體而瓠落無所容. 若慮以爲樽, 浮之江湖, 則不勞而自擧, 無往而不宜矣. 凡物, 小者爲用易, 大者爲用難, 而用小者, 常工, 用大者, 或拙. 于其難而處之以工, 非因性任理, 去蓬心之累者, 孰與于此?
진상도 : 박은 속은 비어서 물건을 담을 수가 있고 겉은 둥글어서 물에 잘 뜬다. 땅 위에다 두면 뜨는 본성을 잃고 그 견고함이 들 수가 없을 정도이고, 쪼개서 바가지를 만들면 둥근 본체를 훼손하고 펑퍼짐하여 물건을 담을 수가 없다. 만약 생각을 해서, 그것으로 통을 만들어 강호에 띄우면, 애를 쓰지 않고도 저절로 뜨며, 어디든 못 가는 데가 없을 것이다. 무릇 사물은 작은 것

---

52) 《논어》〈양화〉 제2장에 "품성은 가까우나 습관에 따라 멀어진다.[性相近也, 習相遠也.]" 하였다. 주희의 주석에, "기질(氣質)의 성(性)은 사람이 다들 비슷하지만 선(善)에 익숙해지면 선하게 되고 악(惡)에 익숙해지면 악하게 된다." 하였다.

은 쓰임이 되기 쉽고 큰 것은 쓰임이 되기 어려운데, 작은 것을 쓰는 자는 항상 공교하고 큰 것을 쓰는 자는 더러 졸렬하다. 그 어려운 데에서 공교하게 처리하자면, 본성을 따르고 이치에 맡겨서, 쪼잔한 마음의 걸림돌을 제거한 자가 아니면, 누가 이렇게 할 수 있겠는가?

■ 林云 : 慮, 思也. 樽, 壺也. 以壺繫腰, 可以浮水. 語曰53) '中流失船, 一壺千金.'54) 旣以不龜藥喩其不知所用, 乃曰 '有此大瓠, 何不思以爲浮江之壺?' 蓬心, 猶茅塞于心也.55)

임희일 : 려(慮)는 생각함이다. 준(樽)은 (물에 띄우는) 통이다. 통을 허리에 묶으면 물에 뜰 수 있다. 옛말에 "강 가운데에서 배를 잃으면 박 한 통이 천금이 나간다." 하였다. 손 트는 것을 막는 약으로, 그 쓸 바를 알지 못하는 것을 비유하고 나서, 이에 '이 큰 박이 있으면, 어찌 그것으로 강물에 띄울 통을 만들 생각을 아니하는가?'라고 한 것이다. 봉심(蓬心)은 '띠가 마음을 막은 것'과 같다.

■ 按 : 慮, 規也. 此莊子反以譏切惠子, 正猶上知有聾瞽之意. 蓋其所知者小, 故拙於大也. 上旣歷言小大之辨, 至德之歸, 知與不知之趣, 而皆借引以明其意, 至是又設惠子與己爭論, 所謂小知不及大知者, 正有所指擬, 至此而始發之耳.

■ 박세당 : 려(慮)는 재어봄이다. 이것은 장자가 도리어 혜자를 기롱한 것이니, 바로 위에 있는 '알음에도 귀머거리와 소경이 있다.' 는 뜻과 같다. 대개 그 아는 바가 작기 때문에 큰 것에 대해서는 서툰 것이다. 위에서 이미 작고 큰 것

---

53) '語'는 《구의교주》에는 '故'로 되어 있다.
54) 《갈관자(鶡冠子)》〈학문(學問)〉에 나온다. 호(壺)는 '박[瓠]'을 말하는데, 박은 물에 잘 뜨기 때문에 강물을 건널 때에 사용한다. 오늘날의 구명조끼처럼 부력을 이용하는 것이다. 물을 건널 때에 허리에 찬다고 해서 요주(腰舟)라고도 한다.
55) 《맹자》〈진심 하〉제21장에 "맹자가 고자에게 말하기를, '산속에 사람이 다니는 좁은 산길을, 금방금방 쓰면 큰길이 이루어지고, 잠깐이라도 쓰지 않으면 띠풀이 막아버린다. 지금 띠풀이 그대의 마음을 막아버렸구나.' 하였다.[孟子謂高子曰, 山徑之蹊間, 介然用之而成路. 爲間不用, 則茅塞之矣. 今茅塞子之心矣.]"하였다.

의 분변, 지덕(至德)을 돌릴 곳, 알음과 모름의 지취를 차례로 말하면서, 모두 사례를 인용하여 그 뜻을 밝혔는데, 여기에 이르러서 또 혜자와 자기와의 쟁론을 가설하였으니, 이른바 '작은 알음은 큰 알음에 미치지 못한다.'는 것은 바로 가리키는 바가 있었는데, 여기에 이르러 비로소 그것을 말한 것이다.

6

惠子謂莊子曰, "吾有大樹, 人謂之樗.56) 其大本擁腫而不中繩墨, 其小枝卷曲而不中規矩, 立之塗, 匠者不顧. 今子之言, 大而無用, 衆所同去也."
혜자가 장자에게 말하였다. "나에게 큰 나무가 있는데, 사람들이 그 나무를 가죽나무라고 부른다. 그 큰 몸통은 울퉁불퉁하여 먹줄을 치기에 맞지 않고 그 작은 가지는 구불구불하여 자를 대기에 맞지 않다. 길가에 서 있어도, 목수가 쳐다보지 않는다. 지금 그대의 말은 크기만 하고 쓸데가 없어, 사람들이 너도 나도 버린다."

■ 林云 : 樗, 惡木. 大本, 樹身也. 擁腫, 盤結而癰瘣也. 立之塗, 近於道旁也. 此以喩莊子大言無用
임희일 : 저(樗)는 악목(惡木)이다. 대본(大本)은 나무의 몸통이다. 옹종(擁腫)은 응어리가 맺히고 종기가 난 것이다. 입지도(立之塗)는 길가에 가깝다는 말이다. 이것은 (혜자가) 장자가 쓸모없는 큰소리만 치는 것을 비유한 것이다.
■ 按 : 去, 棄也. 此惠子又譏莊子, 與前一意. 謂 '其所言, 離繩墨,

---

56) 저(樗)는 한자사전에 '가죽나무'로 풀이되어 있으므로 일반적으로 '가죽나무'라고 번역한다. 여기서도 우선 '가죽나무'로 번역하였다. 그러나 본문의 설명으로 볼 때에, 몸통이 울퉁불퉁하고 가지가 구불구불하며 오래 살고 잎이 무성한 거목(巨木)이므로, 가죽나무의 속성과는 맞지 않는다.

背規矩, 歸於無用.' 此下則皆莊子所與辨之之辭也.

박세당 : 거(去)는 버린다는 뜻이다. 이것은 혜자가 또 장자를 기롱한 것이니, 앞의 것과 같은 뜻이다. '그 말한 바가 먹줄에 어긋나고 자를 댈 수도 없어 결국 쓸데가 없음'을 이른다. 이 아래는 모두 장자가 그와 더불어 변론하는 말이다.

莊子曰, "子獨不見狸狌乎? 卑身而伏, 以候敖者. 東西跳梁, 不避高下, 中於機辟, 死於罔罟. 今夫斄牛,57) 其大若垂天之雲. 此能爲大矣, 而不能執鼠. 今子有大樹, 患其無用. 何不樹之無何有之鄕, 廣莫之野,58) 彷徨乎無爲其側, 逍遙乎寢臥其下? 不夭斤斧, 物無害者. 無所可用, 安所困苦哉!"

장자가 말하였다. "그대라 해서 어찌 살쾡이를 못 보았겠는가? 몸을 낮추어 엎드려, 겁 없이 나오는 동물들을 노린다. 동쪽으로 서쪽으로 펄쩍펄쩍 뛰어다니며 높은 곳이나 낮은 곳이나 가리지 않다가 덫에 걸리고 그물에서 죽는다. 지금 저 들소[斄牛]는 그 크기가 하늘에 드리운 구름과 같다. 이는 큰일을 할 수 있지만, 쥐를 잡지는 못한다. 지금 그대가 큰 나무가 있는데 그 쓸모없음을 걱정하니, 어찌 무하유(無何有) 고을, 광막(廣莫) 들판에다 심어놓고, 슬렁슬렁 그 곁에서 거닐거나 자유롭게 그 아래에 누워 놀거나 하지 아니하는가? 도끼나 자귀에 일찍 잘릴 일도 없고 해코지할 사물이 아무것도 없을 것이다. 쓸 만한 데가 없음이 어찌 고민거리란 말인가!"

---

57) '斄'는 다른 주해서에는 거의 모두 '犛'로 되어 있다. 아래에도 그러하다.
58) 무하유(無何有)는 어떠한 있음도 없다는 뜻이고 광막(廣莫)은 끝없이 넓다는 뜻인데, 모두 가상공간이다.

■ 郭云 : 蓋言'用得其所, 則物皆逍遙也.'
곽상 : 대개 '쓰임이 그 제자리를 얻으면 만물이 모두 소요한다.'는 말이다.
■ 呂云 : 物以有用爲用, 用之小, 以無用爲用, 用之大. 狸狌跳梁, 死於網罟, 不能無爲, 而以知巧殺身也.
여혜경 : 사물을 유용(有用)으로 용(用)을 삼는 것은 용의 작은 것이고, 무용(無用)으로 용을 삼는 것이 용의 큰 것이다. 살쾡이가 펄쩍펄쩍 뛰어다니다가 그물에 걸려 죽는 것은, 무위(無爲)를 하지 못하고 잔꾀를 부리다가 몸을 죽이는 것이다.
■ 陳云 : 狸狌小而有用, 不免于禍, 斄牛大而無用, 物莫之害. 是有用之用, 不如無用之用也. 大樗, 無用矣, 又樹之無用之地, 則樹之者, 得以彷徨逍遙, 而爲樹者, 得免斧斤之患. 與轉徙于利害之塗, 而掊擊乎世俗者, 豈可同日語哉!
진상도 : 살쾡이는 작고 유용하지만 재앙을 면치 못하였고, 들소는 크고 무용하지만 외물이 해치는 것이 없다. 이것이 유용의 쓰임이 무용의 쓰임만 못한 것이다. 큰 가죽나무는 쓸모가 없고, 또 무용의 땅에 세워져 있으니, 그것을 세운 자는 거닐고 노닐 수 있으며 서 있는 나무는 자귀와 도끼의 재앙을 면할 수 있다. 이해(利害)의 길에 옮겨 다니다 세속에 의해 빠개지는 것과 견주어 보자면, 어찌 같이 놓고 말할 수 있겠는가!
■ 林云 : 敖, 物之遊敖者. 機辟, 猶言機械. 斄牛, 旄牛.[59] 蓋喩物大小不同, 不可以大者, 皆爲無用也. 若以道自樂, 雖無用於世, 而禍亦不及.
임희일 : 오(敖)는 동물 중에 나돌아다니는 녀석이다. 기벽(機辟)은 기계라는 말과 같다. 이우(斄牛)는 모우(旄牛)이다. 대개, 사물은 큰 것도 있고 작은 것도

---

[59] 모우(旄牛)는 갈기가 길게 자라는 들소 종류의 동물이다.

있어서 같지 아니하니 큰 것을 모두 무용하다고 해서는 안 됨을 비유하였다. 만약 도로써 스스로 즐긴다면, 비록 세상에는 쓸모가 없겠지만 재앙도 미치지 않는다.

■羅云 : 能因無用而爲用, 則可以逍遙.

나면도 : 무용을 인해서 쓰임이 될 수 있다면 소요할 수 있다.

■按 : 候, 伺也. 蓋謂'局於小知者, 喜用機巧, 不知反以滅身. 夫大知, 譬如犛牛之不能執鼠. 是其短於爲小, 似乎無用, 然其無用者, 乃所以全生遠害, 適得逍遙之樂, 而不受世俗之累也.' 此篇所言, 終始不出大小之辨而已. 及其終也, 以大自居而推小而歸之於世俗, 如惠施者. 蓋欲使學己者知所去就, 而又以見夫道之常隱於小成, 而物論之不齊, 亦莫不由於此, 故下篇言齊之之意.

박세당 : 후(候)는 엿보아 살피는 것이다. 대개 '작은 알음에 국한된 자는 기교를 쓰기를 좋아하며, 도리어 그것으로 몸을 망친다는 것을 모른다. 대저 큰 알음은 비유하자면, 들소가 쥐를 잡지 못하는 것과 같다. 이는 작은 일을 하는 데에는 서툴러서 쓸모가 없을 듯하지만, 그러나 그 쓸모없음이 곧, 생명을 온전하게 하고 재앙을 멀리하여 소요의 즐거움을 얻기에 적합하고 세속에 얽매이지 아니할 수 있는 까닭이다.'라는 말이다. 이 편에서 말하는 것은, 처음부터 끝까지 큰 것과 작은 것을 분변하는 데에서 벗어나지 않는다. 마무리하는 데에 미쳐서는, 큰 것으로서 스스로 자처하면서 작은 것을 미루어 세속의 혜시 같은 자에게로 돌렸다. 대개 자기를 배우는 자로 하여금 어느 쪽을 선택해야 하는지를 알게 하고자 한 것이고, 또한 저 도(道)는 항상 '작은 이룸'에서 은폐된다는 것을 드러낸 것인데, 사람들의 의론이 가지런해지지 않음이 또한 모두 여기에서 말미암으므로 아래 편에 '그것을 가지런히 해야 한다는 뜻'을 말하였다.

■ 褚氏總論云 : 循至理者, 以道通乎萬事. 全正性者, 與物同乎一天. 又曰 : 不疾而速, 不行而至,60) 何往而非逍遙哉?

저백수 총론 : 지극한 이치를 따르는 자는 도로써 만사에 통한다. 바른 품성을 온전히 하는 자는 사물과 더불어 하나의 하늘을 함께한다.
(저백수 총론) 또 : 달리지 않아도 빠르고 걷지 않아도 이른다면, 어디를 간들 소요하지 않겠는가?

---

60) 《주역》〈계사전 상〉에 "신령하기 때문에 달리지 않아도 빠르고 걷지 않아도 도달한다. [唯神也, 故不疾而速, 不行而至.]" 하였다.

齊物論 第二 · 제2편 제물론

옳음도 없고 그름도 없다

齊物論 第二

제2편 제물론 : 옳음도 없고 그름도 없다

■ 林云 : 物論, 猶言衆論. 齊者, 欲合衆論而爲一也.

임희일 : 물론(物論)은 '많은 사람들의 의논[衆論]'이라 말하는 것과 같다. 제(齊)라는 것은 여러 의론을 통합하여 하나로 만들고자 하는 것이다.

1

南郭子綦,1) 隱几而坐, 仰天而噓, 嗒焉似喪其耦.

남곽자기(南郭子綦)가 안석(案席)에 기대 앉아 하늘을 우러러 크게 숨을 내쉬는데, 멍하니, 그 짝을 잃은 듯한 모습이었다.

■ 郭云 : 同天人, 均彼我, 故嗒然若失其配匹也.

곽상 : 하늘과 사람을 동일하게 보고 저와 나를 균일하게 여기기 때문에 멍하니 마치 그 배필을 잃은 것과 같았다.

■ 王云 : 耦, 匹也. 物莫不有匹, 惟道神妙而無匹. 無匹則歸于一致而忘彼我.

왕방 : 우(耦)는 짝이다. 사물은 짝이 없는 것이 없고, 오직 도(道)만이 신묘하여 짝이 없다. 짝이 없으면 일치로 귀결되어서 '저'와 '나'의 구분을 잊는다.

---

1) 남곽자기(南郭子綦)는 초나라 남쪽 외곽(外郭)에 살던 인물로서 그의 자(字)가 자기(子綦)이다.

■ 林云 : 隱, 憑也. 嗒, 無心貌.
임희일 : 은(隱)은 기댄다는 뜻이다. 탑(嗒)은 마음을 잊은 모양이다.

顔成子游,2) 立侍乎前, 曰, "何居乎? 形固可使如槁木, 而心固可使如死灰乎? 今之隱几者, 非昔之隱几者也."
안성자유(顔成子游)가 앞에 서서 모시고 있다가, 말하였다. "어찌된 것입니까? 형체를 정말 마른 나무처럼 할 수 있고 마음을 정말 죽은 재처럼 할 수 있는 것입니까? 오늘 안석에 기댄 모습은 이전에 기댔던 모습이 아닙니다."

■ 郭云 : 槁木死灰, 言'其寂寞無情.' 忘是非者, 其中又何所有哉? 獨任天眞而已.
곽상 : '마른 나무'와 '죽은 재'는 그 '적막하고 무정함'을 말한다. 옳고 그름을 잊은 자가 그 마음에 또 무슨 소유가 있겠는가? 단지 천진(天眞)에 맡길 따름이다.

■ 呂云 : 于嗒然之間, 知今昔隱几之不同, 則其觀之, 亦察矣. 蓋昔之隱几, 應物時也, 今之隱几, 遺物時也.
여혜경 : 멍하게 있는 동안에, 안석에 기대앉은 모습이 지금과 예전이 같지 않음을 알았으니, 그 관찰이 또한 정밀하다. 대개 예전의 기댄 모습은 사물에 반응할 때의 모습이고, 지금의 기댄 모습은 사물을 버린 때의 모습이다.

■ 林云 : 居, 故也. 言'今日先生之隱几, 非若前此見人之隱几也.'
임희일 : 거(居)는 '까닭[故]'의 뜻이다. '오늘 선생의 기대앉은 모습은 이 이전

---

2) 안성자유(顔成子游)는 공자의 제자 언언(言偃)을 말하는 듯하다. 언언의 자가 자유(子游)이다.

에 사람들을 접견할 때에 기대앉았던 모습과 같지가 않다.'는 말이다.

子綦曰, "偃! 不亦善乎, 而問之也! 今者, 吾喪我. 汝知之乎?
자기(子綦)가 말하였다. "언(偃)아! 참으로 좋구나, 너의 물음이! 지금 나는 나를 잃었다. 네가 그것을 알았느냐?

▪ 郭云 : 吾喪我, 我自忘矣. 何物足識? 都忘外內, 然後超然俱得也.
곽상 : 오상아(吾喪我)는 내가 나 자신을 잊은 것이니, 무슨 외물을 인식하겠는가? 밖과 안을 둘 다 완전히 잊은 뒤에 초연히 모두를 얻는다.
▪ 王云 : 忘彼我, 物論自齊矣.
왕방 : 저와 나의 구분을 잊으면 사람들의 의론이 절로 가지런해진다.
▪ 林云 : 喪我, 無我也. 無我, 則無物矣.
임희일 : 상아(喪我)는 나를 인식함이 없다는 뜻이다. 나를 인식함이 없으면 외물도 없다.
▪ 陸氏西星云 : 忘我, 則天矣.
육서성(陸西星) : 나를 잊으면 곧 하늘이다.

汝聞人籟而未聞地籟, 汝聞地籟而未聞天籟夫!"
너는 사람이 부는 통소 소리는 들었더라도 땅이 내는 통소 소리는 못 들었을 것이며, 땅이 내는 통소 소리는 들었더라도 하늘이 내는 통소 소리는 못 들었을 것이다."

▪ 郭云 : 籟有長短高下萬殊之聲, 而所稟之度, 一也. 然則優劣無所錯其間矣.
곽상 : 뢰(籟)는 길고 짧고 높고 낮은 만 가지로 다른 소리가 있지만 부여받은 도수는 한 가지이다. 그렇다면 우열은 그 사이에 둘 데가 없다.

子游曰, "敢問其方." 子綦曰, "夫大塊噫氣, 其名爲風.
자유가 말하였다. "감히 그 방법을 여쭙니다." 자기가 말하였다. "저 땅덩이가 기운을 내쉬는데, 그 이름이 바람이다.

■ 林云 : 天地有風, 猶人之噫氣也.
임희일 : 하늘과 땅 사이에 바람이 있게 되는 까닭은 마치 사람이 기운을 내쉬는 것과 같다.
■ 劉云 : 天地是塊, 風是噫. 此達者之言.
유신옹 : 천지가 땅덩이이고 바람이 숨이다. 이것은 이치를 통달한 자의 말이다.

是唯無作, 作則萬竅怒號.3) 而獨不聞之翏翏乎?
이것은 일지 않으면 모를까, 일었다 하면 온갖 구멍들이 떨쳐 일어나 부르짖는다. 너라고 해서 어찌 그 윙윙 소리를 못 들었겠느냐?

■ 郭云 : 翏翏, 長風之聲.
곽상 : 료료(翏翏)는 길게 부는 바람의 소리이다.

---

3) '號'는 다른 주해서에는 대개 '呺'로 되어 있다.

山林之畏佳, 大木百圍之竅穴, 似鼻, 似口, 似耳, 似枅, 似圈, 似臼, 似洼者, 似污者. 激者, 謞者, 叱者, 吸者, 叫者, 譹者, 宎者, 咬者, 前者唱于而隨者唱喁.

숲이 우거진 산등성이에 있는 백 아름이나 되는 큰 나무의 구멍들은, 코 같고 입 같고 귀 같고, 두공 같고 나무그릇 같고 절구통 같고, 웅덩이 같고 물구덩이 같다. 물결치는 소리 내는 것, 화살 날아가는 소리 내는 것, 혀를 차며 꾸짖는 소리 내는 것, 빨아들이는 소리 내는 것, 울부짖는 소리 내는 것, 곡하는 소리 내는 것, 깊은 방에서 나는 소리 내는 것, 새처럼 재잘거리는 소리 내는 것들이, 앞에서 우우 소리를 내면 뒤에서 윙윙 소리를 낸다.

> ■ 郭云 : 畏佳, 大風之所扇動也. 鼻口以下, 衆竅之所似. 激謞以下, 衆竅之殊聲. 于喁云者, 言'聲雖千變萬化, 唱和大小, 莫不稱其所受而各當其分也.'
>
> 곽상 : 외추는 큰 바람이 불어대는 곳이다. 비(鼻)와 구(口) 이하는 여러 구멍들이 닮은 것들이고, 격(激)과 효(謞) 이하는 여러 구멍들의 서로 다른 소리이다. 우(于)니 옹(喁)이니 한 것은 '소리가 비록 천 가지 만 가지로 변화하지만 창화(唱和)의 크기는 모두가 그 받은 바에 알맞아서 각각 자기 분수에 합당치 않은 것이 없다.'는 말이다.
>
> ■ 羅云 : 鼻口耳三者, 似人之形. 枅圈臼三者, 似器之形. 洼污二者, 似地之形. 此言其形也. 以下言其聲. 激如水激聲, 謞如箭去聲, 譹如號哭聲, 宎如室中聲, 咬如鳥聲. 喁者, 衆竅如魚口之噞喁也.
>
> 나면도 : 비(鼻)와 구(口)와 이(耳), 셋은 사람의 형상과 흡사하고, 계(枅)와 권(圈)과 구(臼), 셋은 그릇의 형상과 흡사하고, 와(洼)와 오(污), 둘은 땅의 형상과 흡사하다. 이것들은 그 형상을 말하였다. 이하는 그 소리를 말하였는데,

격(激)은 물결 소리 같은 것, 효(謞)는 화살이 날아가는 소리 같은 것, 호(譹)는 호곡하는 소리 같은 것, 요(宎)는 방 안에서 나는 소리와 같은 것, 교(咬)는 새가 조잘거리는 소리 같은 것이다. 옹(喁)이라는 것은 여러 구멍들이 마치 물고기 입이 빠끔거리는 것과 같은 것이다.

■ 劉云 : 畏佳, 當作嵔崔.
유신옹 : 외추(畏佳)는 마땅히 외최(嵔崔)가 되어야 한다.
■ 陸云 : 于, 輕唱也. 喁, 重和也.
육서성 : 우(于)는 가볍게 선창함이고 옹(喁)은 무겁게 화답함이다.
■ 焦云 : 嵔崔, 山阜貌.
초횡 : 외최(嵔崔)는 산등성이 모양이다.

泠風則小和, 飄風則大和, 厲風濟則衆竅爲虛. 而獨不見之調調之刁刁乎?"
산들바람이면 작게 반응하고 세찬 바람이면 크게 반응하며, 모진 바람이 자면 여러 구멍들이 속이 빈다. 너라고 해서 그 움직임과 그 흔들림을 못 보았겠느냐?"

■ 郭云 : 濟, 止也. 烈風作則衆竅實, 及其止則虛. 調刁, 動搖貌. 言 '物聲既異, 形之動搖, 亦又不同. 動雖不同, 其得齊, 一耳. 豈調調獨是而刁刁獨非乎?'
곽상 : 제(濟)는 멈춘다는 뜻이다. 사나운 바람이 불면 여러 구멍들이 찼다가 바람이 멈추면 빈다. 조(調)와 조(刁)는 요동치는 모양이다. '사물의 소리가 이미 다르고, 형체의 요동도 또한 같지 않다. 요동은 비록 같지 않더라도 그 가지런해지면 마찬가지일 뿐이다. 어찌 조조(調調)만 옳고 조조(刁刁)만 그르겠는가.'라는 말이다.
■ 呂云 : 萬竅怒號, 何異有我而役其心形之時, 衆竅爲虛, 何異喪

我而若槁木死灰之時耶? 曰'獨不聞', '獨不見'者, 言'地籟之作止, 汝所聞見, 以其所聞見而究其所未聞見, 則天籟可知矣.'

여혜경 : 온갖 구멍들이 떨쳐 일어나 부르짖는 것이, 자아를 지니고서 그 마음과 형체를 노역시킬 때와 무엇이 다르겠으며, 여러 구멍들이 텅 비는 것이, 나를 잃고서 마치 마른 나무와 죽은 재와 같을 때와 무엇이 다르겠는가. '너라고 해서 듣지 못했겠는가.', '너라고 해서 보지 못했겠는가.'라고 한 것은, '땅의 퉁소 소리가 일어나는 것과 멈추는 것은 네가 듣고 본 바이니, 그 듣고 본 바로써 그 아직 듣지 못하고 보지 못한 바를 궁구하면, 하늘의 퉁소 소리를 알 수 있다.'는 말이다.

■ 林云 : 此, 說地籟.

임희일 : 이것은 땅의 퉁소 소리를 설명한 것이다.

■ 陸云 : 泠風, 小風. 飄風, 疾風也.

육서성 : 영풍(泠風)은 산들바람이고 표풍(飄風)은 세찬 바람이다.

子游曰, "地籟則衆竅是已, 人籟則比竹是已. 敢問天籟."

자유가 말하였다. "지뢰(地籟)는 여러 구멍들이 이것이며, 인뢰(人籟)는 대나무 퉁소 같은 것이 이것입니다. 감히 천뢰(天籟)를 여쭙니다."

■ 林云 : 比竹, 笙簧之類.

임희일 : '비죽'은 생황 같은 것들이다.

子綦曰, "夫吹萬不同, 而使其自己也. 咸其自取. 怒者其誰耶?"

자기가 말하였다. "대저 불어대는 소리는 만 가지로 다르지만, 그렇게 시키는 것은 자기 자신이다. 모두 스스로 취하는 것이다. 울부짖게 하는 자는 누구일까?"

■ 郭云 : 吹萬不同而使其自己, 此天籟也. 豈復別有一物哉!
곽상 : 불어대는 것은 만 가지로 다르지만 시키는 것은 자기 자신인 것, 이것이 천뢰이다. 어찌 다시 별도로 하나의 사물이 있겠는가!

■ 林氏疑獨云4) : 風出空虛, 尋求無迹. 起於靜而復於靜, 生於無而歸於無. 惟竅之所受不同, 在人之所聞亦異, 比於萬物, 禀受亦然. 衆竅, 爲風所鳴, 萬形, 爲化所役.
임의독(林疑獨) : 바람은 빈 공간에서 나오니, 찾아봐도 흔적이 없다. 고요함에서 일어났다가 고요함으로 돌아가며, 없음에서 생겨났다가 없음으로 돌아간다. 단지 구멍이 받아들이는 것이 같지 않고 사람이 듣는 것이 또한 다르다. 만물을 견주어 봐도 품수하는 것이 또한 그러하다. 여러 구멍들은 바람에 의해서 울게 되고, 온갖 형상들은 조화에 의해서 부림을 당한다.

■ 王云 : 衆竅不同而同受風以成聲, 萬物雖異而同委氣以成體. 竅爲風之所鳴, 而物爲化之所役, 同歸一致.
왕방 : 여러 구멍들이 같지 않지만 다 같이 바람을 받아서 소리를 만들며, 온갖 사물들이 비록 다르지만 다 같이 기(氣)에 기대어 몸을 이룬다. 구멍들은 바람에 의해서 울림소리를 내고 만물은 조화에 의해 부림을 당하는데, 이는 결과적으로 동일한 것이다.

■ 劉云 : 知風之所從起, 與其所從受, 則不齊者齊矣.
又云 : 世間無日無是非. 小是小風, 大是大風. 識其所從生, 則不待止而齊矣. 怒者其誰? 莫之爲而爲者天也.

---

4) 임의독(林疑獨)은 임자(林自)를 말한다. 의독(疑獨)은 그의 자이다. '임자'는 '임의독'으로 더 많이 알려졌다고 판단하여, 이 번역문에 이름으로 표기하지 않고 '임의독'으로 표기하였다.

유신옹 : 바람이 어디에서 일어나는지와 그것을 어디로부터 받아들이는지를 알면 가지런하지 않은 것이 가지런해진다.

(유신옹) 또 : 세간에 시비가 없는 날이 없다. 작은 것은 작은 바람이고 큰 것은 큰 바람이다. 그 생기는 곳이 어딘지를 알면, 멈추기를 기다릴 것도 없이 가지런해진다. 요동치게 하는 이가 그 누구일까? 아무도 그렇게 하는 이가 없는데도 그렇게 되는 것은 하늘이다.

■陸云 : 籟, 喩物論之不齊. 天籟, 則無聲而能聲天下之聲, 所謂'若有眞宰'者.5)

육서성 : '뢰'는 물론이 가지런하지 아니함을 비유한 것이다. 천뢰는 소리가 없으면서도 천하의 소리를 소리 나게 할 수 있으니, 이른바 '마치 진짜 주재자가 있는 듯하다.'는 것이다.

■按 : 吹, 猶聲也. 吹萬不同, 言'物之聲, 有萬不同也.' 使其自己, 咸其自取, 言'有是形卽有是聲, 物莫不於己而自取之.' 然非天之有風, 則雖有其形, 而無所取其聲. 是固有使之者也. 怒者誰耶, 言'竅怒者風, 而風卽天之所爲也.' 此篇大意, 謂'人之有生, 一禀於天, 非己所有, 而衆人自私, 非彼是我. 子綦之喪我, 能知我之不足自有者也. 故因問而發天籟之喩. 苟契此指, 則異形殊聲, 莫非一理, 而彼我是非, 無從而起.' 此, 一篇之綱領也.

박세당 : 취(吹)는 '소리[聲]'라는 말과 같다. 취만부동(吹萬不同)은 '사물의 소리가 만 가지로 같지 않다.'는 말이다. 사기자기함기자취(使其自己咸其自取)는 '어떤 형체가 있으면 곧 그에 해당하는 소리가 있으니, 사물은 자기에게서 그것을 스스로 취하지 아니하는 것이 없다.'는 말이다. 그러나 하늘이 바람을 지니

---

5) 〈제물론〉에 "마치 진짜 주재자가 있는 듯한데 다만 그 자취의 실마리를 잡을 수가 없다.[若有眞宰, 而特不得其眹.]" 하였다.

지 않았다면 비록 그 형체가 있더라도 그 소리를 취할 데가 없다. 이것이 바로, 그렇게 하도록 시키는 자가 본래 있는 것이다. 노자수야(怒者誰耶)는 '구멍들이 떨쳐 일어나는 원인은 바람인데, 바람이 부는 것은 곧 하늘이 한 일이다.'라는 말이다. 이 편의 대의는, '사람의 삶은 누구나 마찬가지로 하늘로부터 품부 받아, 자기의 소유가 아닌데, 일반 사람들은 스스로를 사유물로 여겨서 저쪽을 그르다 하고 나를 옳다고 한다. 남곽자기가 자기를 잃은 것은, 자기를 스스로 소유할 수 없음을 잘 안 것이다. 그러므로 질문을 인하여 천뢰의 비유를 꺼낸 것이다. 정말이지 이 뜻을 분명하게 알면, 형체가 다르고 소리가 다른 것들이 하나의 이치가 아닌 것이 없고 저 이와 나 사이에 옳으니 그르니 하는 일이 일어날 길이 없다.'는 것이다. 이것이 이 한 편의 강령이다.

大知閑閑, 小知間間, 大言炎炎, 小言詹詹. 其寐也魂交, 其覺也形開, 與接爲搆, 日以心鬪.

큰 알음은 여유롭고 작은 알음은 분석적이다. 큰 언론은 타오르는 큰 불꽃같고 작은 언론은 말솜씨가 민첩하다. 잠잘 때에는 정신이 꿈을 꾸고 깨었을 때에는 형체의 감각이 열려, 접촉하는 것과 더불어 뒤엉켜 날마다 마음으로 전투를 한다.

■ 林云: 魂交, 言'神集於心.' 形開, 言'四體動用.' 人, 夜則安寢, 平朝以來,6) 便有應接, 內役其心, 如戰鬪然, 孟子所謂'朝晝之所爲, 有梏

---

6) 조(朝)는 단(旦)을 휘(諱)한 글자이다. 조주(朝晝)의 조(朝)도 같다. 조선 태조 이성계(李成桂)의 고친 이름이 단(旦)이었으므로 이후 군왕의 이름을 함부로 부르지 못하게 하기 위하여 모든 책에서 단(旦)을 조(朝)로 고쳐서 표기하였다. 《성종실록》 1482년(성종 13년) 윤8월 14일(경진) 기사에, 시강관 김종직(金宗直)이, "옛날에는 군주의 이름은 모두 휘(諱)하였습니다. 우리 태조 때에도 단(旦)자의 음(音)과 운(韻)을 바꾸었습니다." 하였

亡之'者.7)

임희일 : '혼교'는 정신이 마음에 모인 것을 말하고, '형개'는 사체(四體)가 움직여 쓰이는 것을 말한다. 사람이 밤이면 편안히 자다가, 날이 샌 뒤로는 곧 응접이 있어서, 안으로 그 마음을 사역시키는 것이 마치 전투하는 것과 같으니, 맹자가 이른바 '낮에 하는 짓이 그것을 차꼬를 채워서 없어지게 한다.'는 것이다.

■ 按 : 閑閑, 寬暇之貌. 間間, 分析之貌. 炎炎, 熾大之貌. 詹詹, 捷給之貌. 有此等大小知識, 故有此等大小言論. 寐則爲夢, 覺則爲事. 心隨所接, 而膠搆不解, 日相與鬪, 以喪其眞.

박세당 : 한한(閑閑)은 너그럽고 여유 있는 모양이다. 간간(間間)은 나누고 쪼개는 모양이다. 염염(炎炎)은 훨훨 타는 큰 불꽃 모양이다. 첨첨(詹詹)은 말대답이 민첩한 모양이다. 이러한 크고 작은 알음이 있기 때문에 이러한 크고 작은 언론이 있다. 자면 꿈을 꾸고 깨면 일을 한다. 마음이, 접촉하는 것을 따라서 들러붙고 엉켜서 풀리지 않고, 날마다 서로 더불어 싸워 그 참모습을 잃는다.

縵者, 窖者, 密者. 小恐惴惴, 大恐縵縵.

물러터진 자도 있고 음험한 자도 있고 꼼꼼한 자도 있다. 작은 일의 두려움에는 마음을 떨며 큰일의 두려움에는 멍하니 넋을 잃는다.

■ 林云 : 事之小者, 則惴惴然而懼, 事之大者, 憂深思遠, 若失若疑.

고, 《연산군일기》 1502년(연산군 8년) 12월 8일(병오) 기사에, 승지 김감(金勘)이, "우리 태조의 이름이 단(旦)이므로, 조(朝)자로 대신하였습니다." 하였다.
7) 《맹자》〈고자상〉 제8장에 나온다. '새벽에는 야기(夜氣)에 의해 사람에게 인의(仁義)의 마음이 조금 되살아나게 되는데, 아침과 낮에 하는 행위가 차꼬를 채워서 없어지게 해버리며, 그렇게 하기를 반복하면 야기(夜氣)가 보존될 수 없다.'는 말이다.

임희일 : 일 중에 작은 것에 대해서는 덜덜 떨리면서 두렵고, 일 중에 큰 것에 대해서는 근심이 깊고 생각이 멀어서 마치 무언가를 잃은 것 같고 마음이 안정되지 않은 것 같다.
■ 陸云 : 摹寫人心變態, 與上風木形聲同旨. 縵者, 縵緩無斷, 柔人也. 窖者, 潛機不露, 險人也. 密者, 錙銖必較, 細人也.
육서성 : 인심의 변화하는 형태를 그려낸 것이 위에 있는 '바람과 나무의 모양과 소리'를 묘사한 것과 의미가 같다. 만(縵)은 늘어지고 결단력이 없음이니, '물러터진 사람'이고, 교(窖)는 기틀을 숨겨두고 드러내지 않음이니, '음험한 사람'이고, 밀(密)은 미세한 것까지 반드시 따짐이니, '꼼꼼한 사람'이다.

其發若機括, 其司是非之謂也. 其留如詛盟, 其守勝之謂也.
그 쏘는 것이 마치 오늬와 살촉과 같다는 것은 시비를 떠맡으려 함을 두고 하는 말이며, 그 꿈쩍도 아니함이 마치 맹서한 듯하다는 것은 자기주장을 고수하며 이기려 함을 두고 하는 말이다.

■ 郭云 : 閑閑, 間間, 知之不同也. 炎炎, 詹詹, 言語之異也. 魂交, 形開, 寤寐之異也. 惴惴, 縵縵, 恐悸之異也. 司是非, 守勝, 動止之異也.
곽상 : 한한(閑閑)과 간간(間間)은 앎이 같지 아니함이다. 염염(炎炎)과 첨첨(詹詹)은 하는 말이 다름이다. 혼교(魂交)와 형개(形開)는 깨었느냐 자느냐에 따른 다름이다. 췌췌(惴惴)와 만만(縵縵)은 두려움 크기의 다름이다. 사시비(司是非)와 수승(守勝)은 움직임과 멈춤에 따른 다름이다.
■ 呂云 : 好惡藏于中, 而物觸之, 則其發若機括. 名節臨于外, 而物引之, 則其留如詛盟. 是其趣之向背不同也.

여혜경: 좋아함과 싫어함을 마음에 감춰두고 외물이 접촉해오면 그 쏘기를 마치 오늬가 화살을 쏘듯 하며, 명분과 절조로 밖에 임하면서 외물이 끌어당기면 그 꼼짝도 아니하기를 마치 맹서하듯이 함이니, 이는 그 취향의 향배가 같지 아니함이다.

■ 按 : 其發若機括, 鋒利也. 其留如詛盟, 執拗也.

박세당 : '쏘는 것이 마치 오늬가 화살을 쏘는 듯함'은 칼날이 날카롭다는 뜻이고, '꼼짝도 아니함이 마치 맹서한 듯함'은 집요하다는 뜻이다.

其殺如秋冬, 以言其日消也, 其溺之所爲之, 不可使復之也. 其厭也如緘, 以言其老洫也, 近死之心, 莫使復陽也.

그 시들어감이 마치 가을 겨울과 같다 함은, 날로 소멸해감을 말하니, 그 함닉(陷溺)되어 한 행위라서 다시 회복시킬 수가 없다. 닫아 감춘 것이 마치 동여맨 듯하다 함은, 늙어서 더욱 깊어짐을 말하니, 죽음에 가까워진 마음이라서 다시 양기를 회복시킬 수가 없다.

■ 郭云 : 日消, 衰殺也. 不可使復, 溺而遂往也. 厭緘, 厭沒于欲. 老洫, 老而愈洫也. 近死, 利患輕禍也.

곽상 : 일소(日消)는 쇠약해짐이다. 불가사복(不可使復)은 함닉되어 완전히 가버림이다. 염함(厭緘)은 욕망에 푹 빠짐이다. 노혁(老洫)은 늙어서 더욱 욕심이 넘침이다. 근사(近死)는 우환을 이롭게 여기고 재앙을 가벼이 여김이다.

■ 按 : 殺, 焦殺也. 厭, 閉藏貌. 洫, 深也. 日漸焦殺, 颯若秋冬者, 以喩眞性之消亡, 乃其陷溺之所爲, 而不可使返也. 工於閉藏, 秘如緘鐍者, 以喩爲惡而老深, 乃其心之近死, 而無復陽明之理也.

박세당 : 쇄(殺)는 말라 시들어감이다. 염(厭)은 닫아서 감춘 모양이다. 혁(洫)

은 깊음이다. 날마다 차츰 말라 시들어서 마치 가을과 겨울처럼 스산하다는 것은, '참 품성이 소멸해 없어짐'을 비유한 것이니, 그것이 바로 함닉되어 행한 행위라서 다시 돌아오게 할 수 없는 것이다. 닫아 감추기를 공교히 하여 비밀스럽기가 동여매 자물쇠를 채운 것과 같다는 것은, '악을 저지르는 것이 늙을수록 더욱 깊어짐'을 비유한 것이니, 그것이 바로 그 마음이 죽음에 가까워져서 다시 양명의 이치를 회복할 수 없는 것이다.

喜怒哀樂, 慮嘆變慹, 姚佚啓態, 樂出虛, 蒸成菌.
기뻐하고 노여워하고 슬퍼하고 즐거워하며, 염려하고 탄식하고 변덕스럽고 겁에 질리고, 아양 떨고 방종하고 마음이 풀어지고 교태를 부린다. 음악이 빈 공간에서 나오는 것과 같고, 증기(蒸氣)가 버섯을 만드는 것과 같다.

■ 褚云 : 慮則預度其未來, 嘆則咨嗟其旣往, 變則輕躁而有所爲, 慹則畏懼而不敢動, 姚則悅美以自肥, 佚則縱樂而忘返, 啓則情開而受物, 態則驕矜而長傲. 言'人之徇物忘己者, 一體之中, 有此異狀. 計得慮失, 焦火凝冰, 是以形化心, 俱日消而近死也.'
저백수 : 려(慮)는 그 미래를 미리 헤아림이고, 탄(嘆)은 이미 지난 일을 탄식함이며, 변(變)은 경박하고 조급하여 하는 바가 있음이고 접(慹)은 두려워서 감히 움직이지 못함이며, 요(姚)는 기뻐하고 좋아하여 자신을 편안하게 함이고 일(佚)은 멋대로 즐기면서 돌아옴을 잊음이며, 계(啓)는 마음을 열고 외물을 받아들임이고 태(態)는 교만을 부리면서 잘난 체 함이다. '사람이 외물을 따라가서 자기 자신을 잊는 것이 한 몸뚱어리 안에서도 이와 같이 다른 증상이 있다. 얻을 것을 계산하고 잃을 것을 염려하며, 불처럼 타오르고 얼음처럼 응결된다. 이것이 바로 형체로 마음을 변화시켜 다 같이 날마다 소멸하여 죽음에 가

까워지는 것이다.'라는 말이다.

■ 羅云 : 慹, 心拘執也. 姚, 冶也. 態, 度也. 荀子云'美麗姚冶, 血氣態度.'8)

나면도 : 접(慹)은 마음이 얽매이고 집착함이다. 요(姚)는 예쁘게 치장함이다. 태(態)는 태도이다. 《순자》에 이르기를, '예쁘게 보이려고 아양 떨며 치장하고 모습과 태도를 꾸민다.' 하였다.

■ 劉云 : 啓, 發越. 從哀怒狀出慮嘆變慹, 從喜樂狀出姚佚啓態.

유신옹 : 계(啓)는 정신이 통창하는 것이다. 애(哀)와 노(怒)를 따라서 형상해낸 것이 려탄변접(慮嘆變慹)이고 희(喜)와 락(樂)을 따라서 형상해낸 것이 요일계태(姚佚啓態)이다.

■ 陸云 : 如樂之出虛, 乍作乍止, 如蒸之成菌, 倏生倏死.9) 又以摸寫其接物之情狀.

육서성 : 음악이 빈 대통에서 나오는 것처럼 금방 이루어졌다가 금방 멈추며, 증기가 버섯이 되는 것처럼 금방 생겼다가 금방 죽는다. 또 외물을 응접할 때의 정상을 그려낸 것이다.

■ 按 : 樂出虛, 狀喜樂及姚佚啓態. 蒸成菌, 狀哀怒及慮嘆變慹.

박세당 : 악출허(樂出虛)는 희락(喜樂) 및 요일계태를 형상한 것이고 증성균(蒸成菌)은 애노(哀怒) 및 려탄변접을 형상한 것이다.

日夜相代乎前, 而莫知其所萌. 已乎, 已乎! 旦暮得此, 其所由以生乎?

---

8) 《순자》〈비상편(非相篇)〉에, "예쁘게 보이려 하고 아양 떨며 치장하고, 옷을 별나게 차려입고 부인네처럼 수식하며, 모습과 태도를 여자처럼 꾸미지 않는 이가 없다.[莫不美麗姚冶, 奇衣婦飾, 血氣態度, 擬於女子.]" 하였다.
9) '倏'은 '儵'으로도 쓴다.

밤낮으로 앞에서 번갈아 서로 교대하지만 그 싹트는 데를 알 수 없다. 그만두자, 그만두자! 아침저녁 사이에 이것을 알면, 이것이 어쩌면 그 말미암아 생겨나는 원인일까?

■ 郭云 : 日夜相代, 代故以新也.
곽상 : 일야상대(日夜相代)는 옛것을 새것으로 교대함이다.
■ 呂云 : 天籟之難知, 眞君之難見, 唯嗒然喪我, 以心契之, 斯可得.
여혜경 : 천뢰는 알기 어렵고 진군은 보기 어려우니, 오직 멍하니 나를 잃고 마음으로 깨달아야만 알 수가 있다.
■ 林云 : 所萌雖不可知, 然朝暮之間, 不過得此而已. 此者, 造物也.
임희일 : 싹트는 데는 비록 알 수 없더라도 그러나 아침저녁 사이면 이것을 알 수 있을 따름이다. '이것'이라는 것은 조물(造物)이다.
■ 陸云 : 卽所謂'吹萬不同, 怒者其誰'也. 得此之此, 卽'怒者其誰'之誰.
육서성 : 이것이 곧 이른바 '부는 것이 만 가지로 다르다. 울부짖게 하는 자가 누구일까.'라는 것이다. 득차(得此)의 차(此)는 노자기수(怒者其誰)의 수(誰)이다.

非彼無我, 非我無所取. 是亦近矣, 而莫知其所爲使.
저것이 아니면 내가 없고 내가 아니면 취하는 바가 없다. 이런 말이 또한 가깝겠으나, 무엇에 의해서 부림을 당하는지 아는 이가 없다.

■ 林云 : 見使於造物者, 人實莫知.
임희일 : 조물에게 부림을 당하는 것을, 사람들은 사실 아무도 모른다.
■ 陸云 : 非彼無我, 又把此作彼.10) 言'我不是彼則不能自成.'

육서성 : 저것이 아니면 내가 없다는 것은, 또 '이것此'이라는 글자를 '저것[彼]'으로 만들었다. '나는 저것이 아니면 스스로 이룰 수 없다.'는 말이다.

■按 : 此言'非眞宰則無我之身, 非我則又無所取於眞宰. 如是言之, 似乎近矣. 但亦不見其所爲使, 由其莫知其所萌故也.' 此又因上'使其自己, 咸其自取'而發.

박세당 : 이는 '참 주재자가 아니면 나의 몸이 없고 내가 아니면 또 참 주재자에게서 취하는 바가 없다. 이렇게 말을 하면, 가까울 듯하다. 다만 그래도 역시 그 무엇에 의해서 부려지게 되는지는 보지 못하니, 그 싹트는 바를 아무도 모르기 때문이다.'라는 말이다. 이것은 또한 윗글의 '사기자기 함기자취'를 인하여 발언한 것이다.

若有眞宰, 而特不得其眹.11) 可行已信, 而不見其形. 有情而無形.
참 주재자가 있을 법하지만 다만 그 조짐을 알 수 없다. 운행하고 있음은 이미 확실하지만 그 형상을 볼 수 없다. 실정은 있는데 형상이 없다.

■呂云 : 不得其眹, 不見其形, 則不得其所爲使.
여혜경 : 그 조짐을 알 수 없고 그 형상을 볼 수 없다면, 그 무엇에 의해서 부림을 당하는지를 알 수 없다.

■林云 : 若有者, 不敢以爲實有也. 可行, 天行之可見者. 已信, 甚實也. 有情, 言有實, 卽已信也. 無形, 卽不見其形也. 自日夜相代以下, 皆言'造物所爲, 雖在面前, 而人不可見.' 反覆紬繹, 辭甚切, 而意甚至, 欲人於此點儉也.

---

10) '此'는 '旦暮得此'의 '此'를 말한다.
11) '眹'은 '朕'과 같다.

임희일 : 약유(若有)라는 것은 감히 실제로 있다고 하지 아니함이다. 가행(可行)은 하늘의 운행으로서 볼 수 있는 것이다. 이신(已信)은 매우 분명한 실제이다. 유정(有情)은 '실정이 있음'을 말하니, 곧 이신(已信)이다. 무형(無形)은 곧 '그 형체를 볼 수 없음'이다. '일야상대'로부터 그 아래로는, 모두 '조물이 하는 바는 비록 면전에 있더라도 사람이 볼 수가 없다.'는 말이다. 반복하여 풀어내어 말이 매우 절실하고 뜻이 매우 지극하니, 사람들로 하여금 여기에서 점검을 하게 하고자 한 것이다.

■ 陸云 : 只爲不見其形, 故無眹可得也.

육서성 : 단지 그 형상을 볼 수 없기 때문에 알 수 있는 조짐이 없다.

■ 按 : 眹, 亦萌也. 已信, 實之著也. 有情故已信, 無形故不見. 非彼無我, 若有眞宰, 可行已信, 有情之謂也. 不知其所爲使, 特不得其眹, 而不見其形, 無形之謂也.

박세당 : 짐(眹)도 또한 맹(萌)이다. 이신(已信)은 실제가 드러난 것이다. 실정이 있기 때문에 아주 명백하나, 형상이 없기 때문에 볼 수 없다. 비피무아(非彼無我), 약유진재(若有眞宰), 가행이신(可行已信)은 실정이 있음을 이르고, '부지기소위사(不知其所爲使), 특부득기짐(特不得其眹), 이불견기형(而不見其形)'은 형상이 없음을 이른다.

百骸, 九竅, 六藏, 賅而存焉, 吾誰與爲親? 汝皆悅之乎? 其有私焉? 如是, 皆有爲臣妾乎? 其臣妾不足以相治乎? 其遞相爲君臣乎?

백 개의 뼈와 아홉 구멍과 여섯 내장이 갖추어져 있는데, 내가 어느 것과 더불어 유독 가까이 지내랴? 너는 모두를 좋아하는가? 아니면 사사로움이 있는가? 이와 같다면, 모두 신첩이 될 수 있는가? 신첩들은 서로 다스릴 수는 없는가? 번갈아 서로 군주와 신하가 되는가?

■林云 : 百骸, 九竅, 六藏, 卽人一身之所有者, 又就人身上發明. 賅, 備也. 言'吾所獨親者誰? 皆喜之乎? 亦有所私喜乎? 且在身, 何者爲貴? 何者爲賤?' 如頭痒而手搔, 則手者頭之役. 望遠而足行, 則足者目之役. 役者, 臣妾也. 足時乎而用手, 手時乎而用足. 故曰 '遞相爲君臣.'

임희일 : 백 개의 뼈, 아홉 구멍, 여섯 내장은 사람의 한 몸에 지니고 있는 것들이니, 또 사람의 몸을 예로 들어 뜻을 설명한 것이다. '해(賅)'는 갖춘다는 뜻이다. '내가 유독 가까이 하는 것이 어느 것인가? 모두를 좋아하는가? 역시 사사로이 좋아하는 것이 있는가? 또한 몸에 있는 것 중에서, 어느 것이 귀함이 되며 어느 것이 천함이 되는가?'라는 말이다. 이를테면, 머리가 가려워서 손이 긁으면 손이 머리의 사역이 되며, 먼 곳을 바라보고 발이 걸어가면 발이 눈의 사역이 된다. 사역하는 것이 신첩이다. 발이 때로는 손을 이용하고 손이 때로는 발을 이용한다. 그 때문에 '번갈아 서로서로 군주와 신하가 된다.'고 한 것이다.

■陸云 : 眞宰無形, 須於有形上體認, 故擧百骸九竅六藏言之.

육서성 : '참 주재자'는 형체가 없어서, 반드시 형체가 있는 것에 힘입어 인지할 수 있다. 그 때문에 백해, 구규, 육장을 들어 그것을 말하였다.

■按 : 手欲取而足爲之往, 則足爲手役. 足欲涉而用手以褰, 則足反制手. 百骸九竅, 莫不皆然. 是相爲服役, 相爲制使也. 自服役而謂之臣妾, 自制使而謂之相治. 旣服役, 又制使, 則遞爲君臣也. 一說而三反覆之, 其意乃足. 蓋天有萬物, 猶人賅衆體. 衆體殊用, 而同爲一身, 則人固未嘗有親踈悅惡, 而私爲厚薄, 或貴或賤也. 天之於物, 顧奚異此? 衆體在身, 亦各以所長所短交濟相須, 而不能偏尊而獨制, 則又無優劣貴賤之可分, 亦奚異萬物之形散器分, 而卒未有以相長也? 於此足以見物不能自物, 而物物者存乎其間也.

박세당 : 손이 취하고자 하여 발이 그것을 위해서 걸어가면 발이 손의 사역이 되는 것이며, 발이 물을 건너려 하는데 손을 써서 옷을 걷어 올리면 발이 도리어 손을 제어하는 것이다. 백해와 구규가 그렇지 않은 것이 없다. 이것이 서로 상대의 복역(부림 받는 자)이 되거나 서로 상대의 제사(부리는 자)가 되거나 하는 것이다. 복역의 측면에서 신첩이라 이르고, 제사의 측면에서 상치(相治)라 이른 것이다. 이미 복역을 했는데 또 제사를 한다면 번갈아 군주와 신하가 되는 것이다. 한 가지 말인데 세 번을 반복했으니, 그 뜻이 이에 확실해졌다. 대개 하늘에 만물이 있는 것은 사람에게 여러 부위가 갖추어져 있는 것과 같다. 여러 부위가 쓰임이 다르지만 다 같이 하나의 몸을 이루고 있으니, 사람은 본디 가까이하거나 멀리하거나 좋아하거나 미워하거나 해서 사사로이 두텁고 박한 차이를 두어 어떤 것은 귀히 여기고 어떤 것은 천히 여기는 일이 없다. 하늘이 만물에 대해서가 어찌 이와 다르랴. 여러 부위가 몸에 있어서도 또한 각기 그 장단에 따라 서로 구제하고 서로 의지하여, 어느 하나만 높거나 혼자만 제어할 수 없으니, 또 우열귀천의 나뉨이 없는 것이, 또한 만물이 형체가 흩어져 있고 모양이 나뉘어 있으면서도 끝내 서로 상대에게 자랑하지 않는 것과 무엇이 다르랴! 여기에서, 사물은 저대로 사물이 될 수 없고 그 사이에는 사물을 사물이게끔 하는 것이 존재한다는 것을 알 수 있다.

其有眞君存焉.[12] 如求得其情與不得, 無益損乎其眞.
아마 진군(眞君)이 존재할 것이다. 그 실정을 찾아내거나 찾지 못하거나 간에 그 참모습에는 이익도 손실도 없다.

---

12) '어쩌면 진군이 존재하는 것일까'로 번역하기도 한다.

■呂云 : 索於形骸之內, 求其所爲使者, 不可得, 則有眞君者存焉, 可知矣.

여혜경 : 형해(形骸)의 안에서 탐색하여, 누구에 의해서 부려지는지를 찾아봐도 찾을 수가 없으니, 진군이 존재한다는 것을 알 수 있다.

■林云 : 百骸, 九竅, 六藏之君臣, 旣不可得而定名, 則主之者造物, 而爲眞君矣. 如此推求, 欲見到實處, 然見得與見不得其所謂君者, 初何加損於情實也.

임희일 : 백 개의 뼈, 아홉 구멍, 여섯 내장에서 어느 것이 군주이고 어느 것이 신하인지를 고정하여 이름을 붙일 수 없다면, 그것을 주재하는 자는 조물이고 조물이 진군이다. 이와 같이 미루어 찾아서 실제를 보고자 하지만, 그러나 그 이른바 '진군'을 보거나 못 보거나 간에 애당초 실정에 무슨 더하거나 더는 것이 있겠는가.

■陸云 : 反覆徵問, 欲人深思而自得之. 其情, 卽有情之情. 其眞, 卽眞君眞宰之眞.

육서성 : 반복하여 질문을 한 것은 사람들로 하여금 깊이 생각해서 스스로 터득하도록 하고자 한 것이다. 그 정(情)은 곧 유정(有情)의 정이며, 그 진(眞)은 곧 진군(眞君)이나 진재(眞宰)의 진이다.

一受其成形, 不亡以待盡, 與物相刃相靡, 其行盡如馳, 而莫之能止, 不亦悲乎!
그 완성된 형체를 한번 받았으면 망실하지 말고 천수가 다하기를 기다려야 하거늘, 외물과 서로 상처내고 갈등하면서 마지막을 향해 말달리듯 달려가며 아무도 멈추지를 못하니, 또한 슬프지 아니한가!

■林云 : 旣受此形於造物, 乃爲外物所汨, 與之或逆或順, 以此而行盡其一生, 不能以一息自寧也.

임희일 : 이미 조물에게서 이 형체를 받고서도, 이에 외물에 의해서 함몰되어 그와 더불어 거스르기도 하고 순종하기도 하며, 이렇게 그 일생을 다 보내면서, 한순간도 스스로 편안히 쉬지 못한다.

■ 按 : 不亡以待盡, 言'當勿亡其所受於天者, 以待其年之盡也.' 相刃, 相爭鬪也. 相靡, 相磨戛也. 言'是非紛然, 日與物爭鬪磨戛, 趨死如奔, 而不知少止, 爲可悲也.'

박세당 : 불망이대진(不亡以待盡)은 '마땅히 그 하늘에서 받은 바를 망실하지 말고 그 천수가 다하기를 기다려야 한다.'는 말이다. 상인(相刃)은 서로 다툰다는 뜻이고 상미(相靡)는 서로 갈등한다는 뜻이니, '옳으니 그르니 하는 논란이 어지러이 일어나, 날마다 외물과 다투고 갈등하면서, 죽음을 향해 달리듯이 가면서 잠시도 멈출 줄을 모르니, 슬퍼할 만한 것이다.'라는 말이다.

終身役役而不見其成功, 薾然疲役而不知其所歸, 可不哀耶! 人謂之不死, 奚益! 其形化, 其心與之然, 可不謂大哀乎?

죽을 때까지 부지런히 노고하면서도 그 성공을 볼 수 없고, 기진맥진 지치도록 일하면서도 그 돌아갈 곳을 모르니, 딱하게 여기지 않을 수 있겠는가. 사람들이 '죽지 않았다.'고 한들 무슨 유익함이 있겠는가. 그 형체가 변화하면 그 마음이 더불어 그렇게 된다. 참으로 불쌍하지 아니할 수 있겠는가?

■ 林云 : 不知所歸, 不知何日可休也. 以心爲形役, 形衰而心亦疲矣. 故曰'其心與之然.'

임희일 : 부지소귀(不知所歸)는 어느 날에 쉴 수 있을지를 모른다는 뜻이다. 마음을 형체의 노역이 되게 하면, 형체가 쇠약해지면 마음도 또한 지쳐 피곤

해진다. 그러므로 '그 마음이 그것과 더불어 그렇게 된다.'고 한 것이다.

■按 : 形既爲外物所化, 其心從而爲之役, 薾然而不知所歸. 其所受於天者, 已亡矣, 雖謂之不死, 亦奚益哉? 此其所以爲大可哀也. 上文云'不亦悲乎?' 此又言'可不哀乎?', '可不大哀乎?' 此莊氏愍世之深意. 當看此等處, 方識其著書之旨也.

박세당 : 형체가 이미 외물에 의해서 변화가 되면, 그 마음이 따라서 그 노역이 되며, 매우 지쳤으면서도 돌아갈 곳을 모른다. 하늘에서 받은 바가 이미 망실되고 나면, 비록 죽지 않았다고 한들 무슨 유익함이 있겠는가. 이것이 그 '크게 불쌍히 여길 만한 것'이 되는 까닭이다. 윗글에서 '또한 슬프지 아니한가?'라 하고, 여기서 또 '딱하게 여기지 않을 수 있겠는가?', '참으로 불쌍하지 아니할 수 있겠는가?'라고 하였으니, 이것이 장씨(莊氏)가 세상을 근심하는 깊은 뜻이다. 마땅히 이러한 곳을 잘 살펴보아야만 글을 저술한 장주의 취지를 알게 된다.

人之生也, 固若是芒乎? 其我獨芒而人亦有不芒者乎?

사람의 삶이 본디 이처럼 어리석은 것인가? 나만 홀로 어리석고 사람들 중에는 또한 어리석지 아니한 자가 있을까?

■按 : 芒, 昏然無知之貌. 言'天之生人也, 豈果若是之昏然無知乎? 抑我獨昏然如此, 而人則亦有能明本心之天, 而不至於昏然者乎? 然世卒未有能明本心者, 則非我之芒, 乃人之芒也.' 蓋傷痛之辭.

박세당 : 망(芒)은 멍청하게 알음이 없는 모양이다. '하늘이 사람을 낸 것이 어찌면 정말로 이렇게 멍청하게 어리석은 것일까? 아니면 나만 이처럼 멍청하고 사람들 중에는 또한 본심의 천성을 잘 밝혀서 멍청한 데에까지 이르지 아

니한 자가 있을까? 그러나 세상에는 끝내 본심을 밝힐 수 있는 자가 없으니, 내가 어리석은 것이 아니라 바로 남들이 어리석은 것이다.'라는 말이니, 대개 마음이 아파서 하는 말이다.

夫隨其成心而師之, 誰獨且無師乎? 奚必知代而心自取者有之? 愚者與有焉.

그 완성된 마음을 따라서 그것을 스승으로 삼는다면, 어느 누군들 스승이 없겠는가? 어찌 반드시 변화를 알아서 마음으로 스스로 취하는 자라야 이 마음이 있겠는가? 어리석은 자도 다 같이 이 마음이 있다.

■ 林云 : 成心, 天理渾然無不備者, 人人皆有. 代, 變化也. 言'其知變化之理也.'

임희일 : 성심(成心)은 하늘의 이치가 혼연하여 갖추어지지 않음이 없는 것이니, 사람마다 모두 소유하고 있다. 대(代)는 변화이니, '변화의 이치를 안다.'는 말이다.

■ 按 : 成心, 天有定理, 所賦於我者也. 誰獨無師, 言'若能知師此心, 則不待於師, 而自得其理.' 所謂'歸而求之, 有餘師'者也.13) 心自取, 心能自契於至理. 言'無分賢愚, 同有此心也.' 此見莊子識高卓越諸子. 其所以示人者, 明切如此.

---

13) 《맹자》〈고자 하(告子下)〉제2장에 나온다. 맹자에게 가르침을 받고자 하는 조교(曹交)에게 맹자가 말하기를, "도(道)는 마치 대로(大路)와 같다. 어찌 알기가 어렵겠는가. 사람들은 그것을 찾을 생각을 하지 않아서 문제일 뿐이다. 그대가 돌아가서 찾아보면, 넉넉한 스승이 있을 것이다.[夫道, 若大路然, 豈難知哉? 人病不求耳. 子歸而求之, 有餘師.]"하였다. 집주(集註)에 '사친경장(事親敬長)하는 데에 발현하는 것들이 모두가 스승이 될 수 있는 것이니, 굳이 여기 남아서 나에게 배울 필요가 없다.'는 뜻이라고 풀이하였다.

박세당 : '성심'은 하늘이 일정한 이치를 지녀 나에게 부여한 것이다. 수독무사(誰獨無師)는 '만약 이 마음을 스승으로 삼을 줄을 안다면 스승을 기다리지 않고도 스스로 그 이치를 터득할 것이다.'라는 말이니, 이른바 '돌아가서 찾아보면 충분한 스승이 있을 것이다.'라는 것이다. 심자취(心自取)는 마음이 지극한 이치를 스스로 완전히 깨닫는 것이다. (이 구절의 뜻은) '현명하거나 어리석거나 구분 없이 다 같이 이 마음을 지니고 있다.'는 말이다. 여기서, 장자의 식견이 높아서 제자(諸子)들보다 탁월함을 볼 수 있다. 그가 사람들에게 제시하는 방법이 분명하고 친절하기가 이와 같다.

未成乎心而有是非, 是今日適越而昔至也. 是以無有爲有. 無有爲有, 雖有神禹, 且不能知, 吾獨且奈何哉!
마음을 아직 완성하지 못했는데도 옳으니 그르니 하는 것은, 이는 '오늘 월나라로 갔는데 어제 도착했다.'고 하는 것과 같다. 이는 소견이 없는 것을 소견이 있다고 하는 것이다. 없는 것을 있다고 한다면, 비록 신통한 우임금일지라도 알 수 없을 터인데, 나인들 또한 어쩌겠는가!

■林云 : 此心未能見理, 而強立是非之論, 譬如今日方始適越, 而謂昔日已至之矣. 天下寧有是理! 旣無所見而自以爲有所見, 又奈汝何哉!
임희일 : 이 마음이 아직 이치를 알지도 못하는데 억지로 옳으니 그르니 하는 논리를 세우는 것은, 비유하자면, 오늘 바야흐로 월나라로 가는 것을 시작하면서 어제 이미 그곳에 도착했다고 하는 것과 같다. 세상에 어찌 이러한 이치가 있겠는가! 이미 소견이 없는데도 스스로 소견이 있다고 여긴다면, 또한 너를 어쩌겠는가!

■ 按 : 此甚言'心未有得而妄生是非之失.' 如此者, 雖聖人, 不能知其意之所存. 自'言非吹'以下, 又辯論多少.

박세당 : 이것은 '마음이 터득한 것이 아직 없는데도 망녕되이 옳으니 그르니를 따지는 잘못'을 심하게 말한 것이다. 이러한 자는, 비록 성인이더라도 그 뜻이 어디에 있는지를 알지 못한다. (아래에 나오는) 언비취(言非吹)로부터 그 아래로 또 변론한 것이 많다.

夫言非吹也. 言者有言. 其所言者特未定也. 果有言耶? 其未嘗有言耶? 其以爲異於鷇音, 亦有辯乎? 其無辯乎?

대저 말은 숨만 불어내는 것이 아니다. 말하는 자는 뜻을 담아 표현한 것이다. 그런데 그 말의 뜻이 다만 아직 확정되지 않았다. 그렇다면 과연 말을 한 것일까? 아예 말을 하지 않은 것일까? 말이 새 새끼 소리와 다르다고 하면, 역시 분변이 있을까? 분변이 없을까?

■ 郭云 : 言者各有所說, 故異於吹. 我以爲是而彼以爲非, 彼之所是, 我又非之, 故未定. 以爲有言耶? 未足有所定. 以爲無言耶? 據此已有言. 言與鷇音, 其致一也. 有辯無辯, 誠未可定.

곽상 : 말하는 자는 각각 말하고자 하는 바가 있다. 그러므로 숨을 불어내는 것과는 다르다. 나는 옳다고 하는데 저는 그르다고 하고, 저가 옳다고 하는 것을 나는 또 그르다고 한다. 그러므로 정해진 것이 아니다. 말이 있는 것이라 해볼까? 정한 바가 있기에는 아직 부족하다. 말이 없는 것이라 해볼까? 여기에 근거하면 이미 말을 한 것이다. 말과 새 새끼 소리는 결국은 동일한 것이다. 차이가 있는지 차이가 없는지 참으로 확정할 수가 없다.

■ 林云 : 言者有言, 是非之論.

임희일 : '언자유언'은 옳으니 그르니 하는 의논이다.

■羅云 : 鷇, 鳥初出卵. 鷇音未定, 不可爲準. 人言之未定, 猶是也.
나면도 : 구(鷇)는 알에서 처음 나오는 새 새끼이다. 알을 깨고 나오는 새 새끼 소리는 (새 종류에 따른 고유의 소리가) 정해지지 않아서 표준이 될 수 없다. 사람의 말이 정해지지 않은 것도 이와 같다.

■劉云 : 言, 非如風之無情也. 其必有謂矣, 而所謂特未定也. 我以爲是, 彼以爲非, 物論方自此始. 然自達者觀之, 此其在天地之間, 何異鷇音之在耳而足存乎!
유신옹 : 말은 바람처럼 정이 없는 것이 아니다. 틀림없이 '이르는 바'가 있는데 그 이르는 바가 단지 정해지지 않은 것이다. 나는 옳다고 하고 저는 그르다 하니, 물론이 바야흐로 이로부터 시작된다. 그러나 통달한 사람의 눈으로 보면, 이것이 천지 사이에 있어서는, 새 새끼 소리가 귀에 들리고 그래서 존재한다고 하기에 충분한 것과 무엇이 다르랴!

道惡乎隱而有眞僞? 言惡乎隱而有是非? 道惡乎往而不存? 言惡乎存而不可?
도는 무엇에 은폐되기에 진짜와 가짜가 있으며, 말은 무엇에 은폐되기에 옳으니 그르니 하는 의논이 있는가? 도는 어디엔들 존재하지 않겠으며, 말은 어디에 존재한들 옳지 않겠는가?

■郭云 : 道焉不在, 言何隱蔽, 而有眞僞是非, 紛然而起?
곽상 : 도가 어디엔들 있지 않기에 말이 무엇에 은폐되었기에 진짜니 가짜니 옳으니 그르니 하는 의논이 분분히 일어나는가?

■林云 : 道無眞僞, 因何隱晦, 有此眞僞? 言無是非, 因何隱晦, 有此是非? 大小精粗, 道無不存. 是是非非, 言無不可.

임희일 : 도는 진짜와 가짜가 없는데, 무엇으로 인해 숨겨지고 어두워졌기에 이처럼 진짜니 가짜니 하는 주장이 있는가? 말은 옳음과 그름이 없는데, 무엇으로 인해 숨겨지고 어두워졌기에 이처럼 옳으니 그르니 하는 의논이 있는가? 크든 작든, 정밀하든 거칠든, 도는 어디엔들 존재치 않는 곳이 없다. 옳은 것을 옳다 하든 그른 것을 그르다 하든, 말은 안 되는 말이 없다.

■ 按 : 道無所往而不存, 言無所存而不可. 但以其有所隱, 故眞僞分而是非生. 下文所言, 是也.

박세당 : 도는 어디를 간들 없는 데가 없고 말은 무슨 말을 하든 안 되는 말이 없다. 다만 그 은폐된 바가 있기 때문에 진짜와 가짜가 나뉘고 옳으니 그르니 함이 생긴다. 아래 글에 말한 바가 이것이다.

道隱於小成, 言隱於榮華.

도는 작은 성공에 은폐되고 말은 과장하는 꾸밈에 은폐된다.

■ 郭云 : 小成榮華, 自隱於道, 而道不可隱.

곽상 : 작은 성공과 겉꾸밈이 자신이 도에서 은폐되는 것이지 도는 은폐할 수 없다.

■ 呂云 : 道, 隱於小成而不知大全, 言, 隱於榮華而不知本實.

여혜경 : 도는 작은 성공에 은폐되어 큰 완전을 모르고, 말은 겉꾸밈에 은폐되어 본래의 실체를 모른다.

■ 按 : 小成, 偏曲之道. 榮華, 誇詡之言. 偏則失全, 誇則浮實.

박세당 : 소성(小成)은 치우치고 세부적인 도이고, 영화(榮華)는 과장되고 허풍스러운 말이다. 치우치면 온전함을 잃고 과장하면 본실(本實)을 허황하게 한다.

故有儒墨之是非, 以是其所非而非其所是. 欲是其所非而非其所是, 則莫若以明.

그러므로 유가(儒家)와 묵가(墨家)의 시비가 있어서, 상대가 그르다 하는 것을 옳다 하고 상대가 옳다 하는 것을 그르다 한다. 상대가 그르다 하는 것을 옳다 하고 상대가 옳다 하는 것을 그르다 하고자 한다면, '천리(天理)의 밝음으로써 비추어 보기'만한 것이 없다.

■ 郭云 : 不若還以儒墨相明, 則知其所是者非是, 而所非者非非矣.
곽상 : 되돌려 유가와 묵가로써 서로 밝히는 것이 차라리 나으니, 그렇게 하면 그 옳다고 하는 바가 옳은 것이 아니며 그 그르다고 하는 바가 그른 것이 아님을 알게 된다.

■ 呂云 : 明者, 復命知常之謂.14) 今儒墨之是非, 不離乎智識, 而未嘗以明, 故不足爲是非之正. 若釋智回光,15) 以明觀之, 則物所謂彼是者, 果無定體矣.
여혜경 : 명(明)이라는 것은 천명을 회복하고 항구불변의 이치를 아는 것을 이른다. 지금 유가와 묵가의 시비는 지식(智識)에서 벗어나지 못하고 '밝음'으로써 하지 않는다. 그러므로 시비의 올바름이 되기에 부족하다. 만약 지식을 버리고 빛을 되돌려서 '밝음'으로써 관찰하면, 사물에 이른바 '저것'이니 '이것'이니 하는 것들이 과연 고정된 본체가 없을 것이다.

---

14) 《노자》 제16장에 "천명을 회복하는 것을 '상(常)'이라 한다. '상'을 아는 것을 '명(明)'이라 한다.[復命曰常, 知常曰明.]" 하였다.
15) 석지(釋智)는 절성기지(絶聖棄智)와 같은 말이며, 회광(回光)은 회광반조(回光返照)를 말한다. '앎과 지혜를 모두 버리고 나의 참모습을 회복하여 그 참모습으로 관조(觀照)한다.'는 뜻이다. 《노자》 제19장에 "성(聖)을 끊고 지(智)를 버리면 백성의 이로움이 백 배가 될 것이다.[絶聖棄智, 民利百倍.]" 하였다.

■ 林云 : 自是而後, 有儒墨相是非之論. 所非, 以爲是, 所是, 以爲非, 安得而一定? 若欲一定是非, 則須是歸之自然之天理方可. 明者, 天理也.

임희일 : 자신을 옳다고 여긴 뒤에 유가와 묵가의 상호 시비하는 의논이 있게 되었다. 남이 그르게 여기는 것을 나는 옳다 하고 남이 옳게 여기는 것을 나는 그르다 하니, 어찌 하나로 정해질 수 있겠는가? 만약 시비를 하나로 정하고자 한다면, 모름지기 자연의 천리에 맡겨야만 바야흐로 가능할 것이다. '명'이라는 것은 천리이다.

■ 按 : 儒之所非, 墨以爲是, 墨之所是, 儒以爲非, 皆由乎大全破於小成, 實理蔽於榮華, 以各自爲是非. 若眞欲是人之所非, 非人之所是, 而不失是非之正, 則莫若照之以天理之明. 蓋至此始明言儒墨, 以爲'彼此是非之端, 由二家而起', 乃所謂物論, 卽一篇之關鍵也.

박세당 : '유가에서 그르다 하는 것을 묵가는 옳다 하고 묵가에서 옳다 하는 것을 유가는 그르다 하니, 모두 큰 완전이 작은 성공에 파괴되고 실제의 이치가 겉꾸밈에 가려져 각각 저대로 시비를 삼기 때문이다. 만약 정말로 남이 그르다 하는 것을 옳다 하고 남이 옳다 하는 것을 그르다 하면서도 시비의 올바름을 잃지 않고자 한다면, 천리의 밝음으로써 비추어보는 것 만한 것이 없다.' 는 말이다. 대개 여기에 이르러 비로소 유가와 묵가를 분명하게 말하여, '피차간에 시비하는 단서가 이 두 학파를 말미암아 일어났다.'고 하였으니, 이것이 곧 이른바 '물론(物論)'이라는 것이고, 이 '물론'이 바로 이 한 편의 관건(關鍵)이다.

物無非彼, 物無非是. 自彼則不見, 自知則知之. 故曰'彼出於是, 是亦因彼.' 사물은 저것 아닌 것이 없으며 사물은 이것 아닌 것이 없다. 저쪽의 관점으로는 보지 않고 자기가 아는 것만 안다. 그러므로 '저것은 이것에서 나오고 이것은 또한 저것을 인한다.'고 하는 것이다.

■ 郭云 : 物皆自是, 故無非是, 物皆相彼, 故無非彼. 無非彼, 則天下無是矣. 無非是, 則天下無彼矣.
又云 : 物皆不見彼之所見, 而獨自知其所知. 自知其所知, 則自以爲是, 而以彼爲非矣.
곽상 : 사물은 모두 자신을 '이것'이라 하기 때문에 '이것' 아닌 것이 없으며, 사물은 모두 상대를 '저것'이라 하기 때문에 '저것' 아닌 것이 없다. '저것' 아닌 것이 없다면 천하에는 '이것'이 없으며, '이것' 아닌 것이 없다면 천하에는 '저것'이 없다.
(곽상) 또 : 사물은 모두 저쪽의 소견은 보지 않고 홀로 자기가 아는 것만을 안다. 스스로 자기가 아는 것만을 안다면 자신을 옳다 여기고 상대를 그르다 여긴다.

■ 唐氏順之云 : 彼是, 作彼此, 自明.
당순지(唐順之) : '피'와 '시'를 '피'와 '차'로 만들어서 보면 절로 명백해진다.

■ 焦云 : 彼不自生, 因此則有彼. 此不自生, 因彼則有此.
초횡 : '저것'은 스스로 생기는 것이 아니니, 이것을 인하면 곧 저것이 있고, 이것은 스스로 생기는 것이 아니니, 저것을 인하면 곧 이것이 있다.

彼是, 方生之說也. 雖然, 方生方死, 方死方生. 方可方不可, 方不可方可.
저것이니 이것이니 하는 것은 나란히 생겨난다는 이론이다. 비록 그러나, 나란히 생겨나면 나란히 죽고 나란히 죽으면 나란히 생겨나며, 나란히 가하면 나란히 불가하고 나란히 불가하면 나란히 가하다.

■ 林云 : 有彼有是, 正與方生之說同. 蓋生必有死, 二者不可相離, 只說生而不說死, 是見得一邊而已. 生則必有死, 死則必有生. 纔有可, 便有不可, 纔有不可, 便有可. 如何離得?

임희일 : 저것이 있다느니 이것이 있다느니 하는 것은 바로 '나란히 생겨난다는 것을 주장하는 말'과 같다. 대개 나면 반드시 죽음이 있으니, 두 가지는 서로 떨어질 수 없다. 단지 생겨남만을 말하고 죽음을 말하지 않는다면 이는 한쪽만 본 것일 따름이다. 나면 반드시 죽음이 있고 죽으면 반드시 생겨남이 있다. 가함이 있으면 곧바로 불가함이 있고 불가함이 있으면 곧바로 가함이 있다. 어찌 분리할 수 있겠는가?

因是因非, 因非因是. 是以聖人不由, 而照之于天, 亦因是也.

옳다고 함을 인하여 그르다고 함이 있고, 그르다고 함을 인하여 옳다고 함이 있다. 그래서 성인은 그러한 것을 말미암지 않고 하늘의 이치에 비추어보는데, 이것은 또한 옳음을 인하는 것이다.

■ 郭云 : 聖人, 因天下之是非而自無是非也. 故不由是非之塗而是非無不當者, 直明其天然而無所奪故也.

곽상 : 성인은 천하의 시비를 인하고 자신은 시비가 없으므로, 시비의 길을 말미암지 않지만 시비가 합당치 않는 것이 없으니, 단지 그 하늘의 본래 그러함을 환히 알아서 빼앗기는 바가 없기 때문이다.

■ 呂云 : 盡心窮神復乎無我, 則其體未嘗有異也. 因是因非, 因非因是, 更相爲用而已.

여혜경 : 마음을 다하고 신명을 다하여 무아로 돌아오면, 그 몸은 애당초 다름이 있지 않다. 옳음을 인하여 그름이 있고 그름을 인하여 옳음이 있는 것

은, 번갈아 서로 쓰임이 되는 것일 따름이다.

■ 林云 : 不若因其所是而是之, 因其所非而非之. 聖人所以不用一偏之見, 而照之以天理者, 卽因其是而已.

임희일 : 그 옳다고 하는 바를 인하여 옳다고 하고 그 그르다고 하는 바를 인하여 그르다고 하는 것만 못하다. 성인이 한쪽으로 치우친 견해를 쓰지 않고 천리로 비추어본 방법은 곧 그 옳다고 하는 바를 인하는 것이었을 따름이다.

■ 焦云 : 一是一非, 相爲匹耦, 此, 人也, 非天也. 聖人不由而照之于天, 超然立乎是非之表, 而獨與造物者游.

초횡 : 하나의 옳음과 하나의 그름이 서로 짝이 되니, 이것은 사람의 일이지 하늘의 일이 아니다. 성인은 그것을 말미암지 않고 하늘에 비추어서, 초연히 시비의 밖에 서서 홀로 조물자와 더불어 노닌다.

■ 按 : '因是因非, 因非因是.', 說者皆不得其意. 蓋謂'可不可之相生, 不過因我之所是而有彼之所非, 因彼之所非而有我之所是, 彼我是非, 反覆相因. 此道之所以隱也. 是以聖人不由之而獨照以天理之公. 夫聖人之所以如此者, 亦因其是耳.'

박세당 : '인시인비 인비인시'는 해설자들이 모두 그 뜻을 제대로 파악하지 못했다. 대개, '가함과 불가함이 서로 생겨나는 것은, 내가 옳다고 하는 바를 인하여 저이가 그르다고 하는 바가 있으며 저이가 그르다고 하는 바를 인하여 내가 옳다고 하는 바가 있어서, 저이와 나의 옳다고 함과 그르다고 함이 오가며 서로 상대를 원인으로 하여 발생하는 것에 불과하다. 이것이 도가 은폐되는 까닭이다. 그러므로 성인은 그것을 말미암지 않고 홀로 천리의 공정함으로써 비춰본다. 성인이 이렇게 하는 것은 또한 그 옳음을 인하는 것일 뿐이다.'라는 말이다.

是亦彼也, 彼亦是也. 彼亦一是非, 此亦一是非. 果且有彼是乎哉? 果且無彼是乎哉?

이것이 또한 저것이고 저것이 또한 이것이다. 저것도 하나의 시비이고 이것도 하나의 시비이다. 과연 저것이니 이것이니 하는 것이 있는가? 과연 저것이니 이것이니 하는 것이 없는가?

■ 郭云 : 我亦爲彼所彼, 彼亦自以爲是, 彼是有無, 未果定也.
곽상 : 나도 저것에 의해서 저것이라 하는 바가 되고 저것도 자신을 이것이라 하니, 저것과 이것이 있는지 없는지는 과연 정해진 것이 아니다.

■ 林云 : 雖分爲人我, 其實分不得, 故云然,16) 言'彼與我皆無也.'
임희일 : 비록 나누어 남과 나를 구분 짓더라도 그 실제는 나눌 수 없다. 그러므로 그렇게 말한 것이니, '저와 내가 모두 없다.'는 말이다.

■ 焦云 : 此卽彼, 彼卽此, 彼之是非卽此之是非. 果且有分別乎? 無分別乎?
초횡 : 이것이 곧 저것이고 저것이 곧 이것이니, 저것의 시비가 곧 이것의 시비이다. 과연 분별이 있는가? 분별이 없는가?

彼是莫得其偶, 謂之道樞. 樞始得其環中, 以應無窮. 是亦一無窮, 非亦一無窮也. 故曰莫若以明.

'저것'과 '이것'이 그 상대적 대립구조를 이룰 수 없음을 '도의 지도리[道樞]'라 한다. 지도리라야 비로소 그 고리의 중앙이 되어서 무궁(無窮)에 대응한다. 옳음도 하나의 무궁이고 그름도 하나의 무궁이다. 그러므로 '밝음을 쓰는 것

---

16) '然'은 '果且有彼是乎哉? 果且無彼是乎哉?'를 말한다.

만한 것이 없다.'라고 하는 것이다.

■郭云 : 偶, 對也. 彼是相對, 而聖人兩順之. 故與物冥, 而未嘗有對乎天下也. 樞, 要也. 居其樞要, 以應夫無方也.17) 是非相尋, 反覆無窮, 故謂之環. 環中, 空矣. 今以是非爲環而得其中, 無是無非也. 無是無非, 故能應乎是非. 是非無窮, 故應亦無窮.

곽상 : 우(偶)는 '상대'이다. 피(彼)와 시(是)는 상대인데 성인은 양쪽으로 따른다. 그러므로 사물과 더불어 하나가 되어 천하에 상대를 둔 적이 없다. 추(樞)는 요체이다. 그 추요(樞要)를 차지하고 저 무방(無方)에 대응한다. 시와 비가 서로 찾아서 반복하여 끝이 없기 때문에 '둥근 고리'라 하는 것이다. 고리 안은 빈 공간이다. 지금 시비로 고리를 삼아서 그 중앙을 얻으면 시도 없고 비도 없다. 시도 없고 비도 없기 때문에 시비에 대응할 수 있다. 시비가 무궁하기 때문에 대응도 무궁하다.

■林云 : 若使彼之與我不對而立, 混人己而一之, 則爲道之樞要矣. 環之中必虛, 得道之樞要, 則如環中, 終始無窮矣.18) 曰莫若以明, 擧前一句以結.

임희일 : 만약 저것을 나와 더불어 상대시켜 세우지 않고 남과 자기를 섞어 하나로 만들면, 도의 추요가 된다. 고리의 중앙은 반드시 빈 공간인데, 도의 추요를 얻으면, 고리의 중앙과 같아서, 마침도 없고 시작도 없이 무궁하다. '(그러므로) 밝음을 쓰는 것 만한 것이 없다.'는 것은 앞의 한 구절을 들어서 이 단락을 마무리한 것이다.

■焦云 : 彼此匹偶, 求之, 了不可得, 而道樞在此矣.

---

17) 무방(無方)은 '고정된 방향이 없다.'는 뜻이다.
18) '終始'는 《구의교주》에 '無始無終'으로 되어 있다. '無始無終'의 뜻으로 번역하였다.

又云 : 奇環而偶方, 環則終始無端, 中虛無物, 得道樞者似之. 故曰'得其環中, 以應無窮.' 蓋行乎是非無窮之塗, 而其無是無非者, 自若. 非照之以天者, 不能, 所謂莫若以明者也.

초횡 : 저것과 이것은 짝인데, 짝을 찾아도 전혀 찾을 수가 없게 되면 도의 지도리가 여기에 있다.

(초횡) 또 : 홀은 둥글고 짝은 네모지다. 둥근 고리는 처음도 없고 끝도 없으며 안은 비어서 아무것도 없으니, 도의 지도리를 얻은 자는 그것과 흡사하다. 그러므로 '그 고리의 중앙을 얻어서 무궁에 대응한다.'라고 한 것이다. 대개 시비가 무궁한 길을 걸어가더라도 옳음도 없고 그름도 없는 자는 태연자약하다. 이는 천리(天理)로 비추는 자가 아니면 불가능하니, 이른바 '밝음을 쓰는 것 만한 것이 없다.'는 것이다.

■按 : 此言'是亦爲彼, 彼亦爲是. 彼亦自是而非彼, 有一是非, 此亦非彼而自是, 有一是非. 彼此是非, 往復相乘, 則彼是之有無, 終不可以定矣. 終不可定, 則亦終莫得其偶.' 偶者, 對待之謂也. 夫彼是至於莫得其對, 則吾之所以應乎是非之際者, 亦不容有所去取, 而道之樞要在乎是矣. 樞者, 環中之物. 得道之樞, 以環中而應是非之無窮, 則是非雖無窮, 而其所以應之者, 沛乎其有餘矣. 莫若以明, 再申前意, 卽所謂道樞也.

박세당 : 이는 '이것도 저것이 되고 저것도 이것이 된다. 저것도 자신을 옳다고 하고 상대를 그르다고 하니 하나의 옳고 그름이 있고, 이것도 상대를 그르다하고 자신을 옳다고 하니 하나의 옳고 그름이 있다. 저쪽과 이쪽의 옳고 그름이 왕복하며 서로 상승작용을 하면, 저것과 이것의 있는지 없는지를 끝내 한쪽으로 확정할 수 없다. 끝내 확정할 수 없으면, 또한 끝내 그 짝을 얻을 수가 없다.'라는 말이다. '짝(偶)'이라는 것은 '상대'를 이른다. 대저 저것과 이것이 그 상대를 얻지 못함에 이르면, 시비의 즈음에서 내가 대응하는 것도 또한 버리거나

취하거나 할 바를 둘 수가 없는데, 도의 추요(樞要)가 여기에 있다. '지도리[樞]'라는 것은 고리 안의 물건이다. 도의 지도리를 얻어서, 고리의 중앙으로써 시비의 무궁함에 대응하면, 시비가 비록 무궁하더라도 그 대응하는 방법은 넉넉히 넘쳐서 여유가 있을 것이다. '천리의 밝음을 쓰는 것 만한 것이 없다.'는 말은 앞의 뜻을 거듭 편 것이니, 곧 이른바 '도의 지도리[道樞]'이다.

以指喩指之非指, 不若以非指喩指之非指也. 以馬喩馬之非馬, 不若以非馬喩馬之非馬也. 天地一指也, 萬物一馬也.

손가락으로 손가락이 손가락이 아님을 깨우치는 것은 손가락 아닌 것으로 손가락이 손가락 아님을 깨우치는 것만 못하다. 말로 말이 말이 아님을 깨우치는 것은 말 아닌 것으로 말이 말이 아님을 깨우치는 것만 못하다. 하늘과 땅은 동일한 손가락이다. 수많은 만물은 동일한 말이다.

■ 郭云 : 夫自是而非彼, 天下之常情也. 將明無是無非, 莫若反覆相喩. 彼與我, 旣同於自是, 又均乎相非. 均乎相非, 則天下無是. 同乎自是, 則天下無非. 何者? 是若果是, 則天下不得復有非之者也. 非若果非, 則天下不得復有是之者也. 今是非無主, 紛然殽亂, 明此區區者, 各信其偏見耳. 仰觀俯察, 莫不皆然. 至人, 知天地一指, 萬物一馬, 故同乎自得, 而無是無非也.

곽상 : 대저 자신을 옳다 하고 상대를 그르다 하는 것은 천하의 상정이다. 장차 옳음도 없고 그름도 없음을 밝히려면, 처지를 바꾸어 서로 깨우치는 것 만한 것이 없다. 저와 나는 이미 자기를 옳다고 하는 것에서 동일하고, 또 상대를 그르다고 하는 데에서 똑같다. 다 같이 상대를 그르다고 한다면 천하에는 옳음이 없다. 다 같이 자신을 옳다고 한다면 천하에는 그름이 없다. 어째서인

가? 옳음이 만약 정말로 옳다면 천하에는 그것을 그르다고 할 자가 다시 있을 수 없으며, 그름이 만약 정말로 그르다면 천하에는 또한 그것을 옳다고 할 자가 다시 있을 수 없다. 지금 시비가 중심이 없고 분분히 어지러우니, 이 구구한 것들이 각기 자기들의 편견을 믿는 것일 뿐임이 분명하다. 우러러 살피고 굽어 살펴도 모두 그렇지 않은 것이 없다. 지인(至人)은, 천지가 하나의 손가락이고 만물이 하나의 말임을 알기 때문에 자득(自得)에 함께하여 옳음도 없고 그름도 없다.

■ 呂云 : 以指喩指之非指, 雖有名食小大之辨, 不出乎同體, 曷足爲非指乎? 以馬喩馬之非馬, 雖有毛色駑良之辨, 不離於同類, 曷足爲非馬乎? 唯能不由是非, 而照之于天, 則出乎同體, 離乎同類. 然後足以定天下之眞是非. 天地雖大, 無異一指, 以其與我並生同體也. 萬物雖衆, 無異一馬, 以其與我爲一而同類也.

여혜경 : 손가락으로 손가락이 손가락이 아님을 깨우침은, 비록 이름에 식지, 소지, 대지의 분변이 있으나, 같은 몸을 벗어나지 않으니, 어찌 손가락 아님이 될 수 있겠는가? 말로 말이 말이 아님을 깨우침은, 비록 털 색깔이라든지 노둔하다든지 훌륭하다든지 하는 분변이 있으나, 같은 종류를 벗어나지 않으니, 어찌 말이 아님이 될 수 있겠는가? 오직 시비를 말미암지 않고 하늘의 이치에 비추어볼 수 있으면, 같은 몸에서 벗어나고 같은 종류에서 벗어난다. 그런 뒤라야 천하의 진짜 시비를 확정할 수가 있다. 천지가 비록 크지만 하나의 손가락과 다름이 없으니, 그것이 나와 함께 났고 같은 몸이기 때문이다. 만물이 비록 많지만 한 마리 말과 다름이 없으니, 그것이 나와 하나가 되어 종류가 같기 때문이다.

■ 林云 : 天地萬物之不同, 亦皆可以一偏而相非矣. 此言'世間無是非, 只緣有彼我, 則有是非.'

임희일 : 천지가 같지 않고 만물이 같지 아니하니, 또한 모두 어느 한쪽만을

기준으로 하여 상대를 그르다 할 수 있다. 이것은 '세간에는 시비가 없다. 단지 저와 나를 구분지음이 있음을 인하여 곧 시비가 있는 것이다.'라는 말이다.

■ 徐氏常吉云 : 《公孫龍子》有〈白馬〉,〈指物〉二篇, 且謂'白馬非馬.'[19] 莊子蓋據此立論.[20] 解者, 至以馬爲博塞之籌, 何其謬也?

서상길 : 《공손룡자》에 〈백마〉와 〈지물〉 두 편이 있고, 또 그곳에 '흰 말은 말이 아니다.'라고 하였다. 장자는 대개 여기에 근거하여 논리를 세웠다. 풀이한 자가 심지어는 '말'을 쌍륙놀이의 산가지라고 하기까지 하였으니, 어쩌면 그리도 잘못 알았을까?

■ 焦云 : 天地之大, 不異一指, 萬物之多, 不異一馬. 知此則眞體廓然, 是非盡泯, 而其天全矣.

초횡 : 천지가 커도 하나의 손가락과 다르지 않고, 만물이 많아도 하나의 말과 다르지 않다. 이것을 알면, 참 본체가 툭 트이고 시비가 완전히 없어져 그 천성이 온전해진다.

■ 按 : 同於一是, 而以我所是喩彼所是之非是, 此以指喩指之非指也. 同於一非, 而以我所非喩彼所非之非非, 此以馬喩馬之非馬也. 不若捨我之所自是非, 而彼亦忘其所是非, 卽非所謂'以非指馬而喩指馬之非指馬'乎? 天以覆爲是, 地以載爲是, 則天地一指也. 翼者, 非乎走, 蹄者, 非乎飛, 則萬物一馬也. 能知天地之無全是而萬物

---

19) 전국시대 공손룡(公孫龍)의 《공손룡자(公孫龍子)》〈백마론(白馬論)〉에 "흰 말은 말이 아니다.[白馬非馬.]"하였고, 〈지물론(指物論)〉에 "사물은 지(指)가 아닌 것이 없는데 지(指)는 지(指)가 아니다.[物莫非指, 而指非指.]"하였다.
20) 논증을 위해 '白馬'를 예로 든 기록은 《공손룡자》 이외에도 《맹자》,《한비자》 등에도 나온다. 《장자》〈천하〉에는 '구(狗)는 견(犬)이 아니다.[狗非犬]'라는 등의 궤변론적 명제가 실려 있다. 전국시대 때에 '명칭과 실체'에 대한 기초적인 논리 명제들이 존재했음을 알 수 있다. 그러므로 장자의 입론(立論)을, 《공손룡자》에 근거한 것이 아니라 당시에 유행하던 명제에 근거한 것으로 보는 것이 타당하다.

之無全非, 則彼此是非, 審其終不可以一定, 而紛紛者自息矣.
박세당 : 다 같이 '옳다고 하는 것'이기는 동일한데, 내가 옳다고 하는 것으로써 저이가 옳다고 하는 바가 옳은 것이 아님을 깨우치려 하니, 이것은 손가락으로써 손가락이 손가락이 아님을 깨우치려는 것이다. 다 같이 '그르다고 하는 것'이기는 동일한데, 내가 그르다고 하는 것으로써 저이가 그르다고 하는 바가 그른 것이 아님을 깨우치려 하니, 이것은 말로 말이 말이 아님을 깨우치려는 것이다. 내가 스스로 시비하는 바를 버리고 저이도 또한 자기가 시비하는 바를 잊는 것만 못하다. 이것이 곧 이른바 '손가락이 아니고 말이 아닌 것으로써 손가락이 손가락이 아님과 말이 말이 아님을 깨우치는 것'이 아니겠는가? 하늘은 덮어주는 것을 옳다고 하고 땅은 실어주는 것을 옳다고 하니, 하늘과 땅은 다 같은 손가락이다. 날개 달린 놈은 달리는 것을 그르다고 하고, 발로 뛰는 놈은 날개로 나는 것을 그르다고 하니, 만물은 다 같은 말이다. 하늘과 땅이 어느 하나만 완전히 옳은 것도 없고 만물이 한쪽만 완전히 그른 것도 없다는 것을 잘 안다면, 저것과 이것의 옳고 그름에 대해, 끝내 하나로 정해질 수 없다는 것을 잘 알아서, 분분한 이견이 절로 사라질 것이다.

可乎可, 不可乎不可. 道行之而成, 物謂之而然. 惡乎然? 然於然. 惡乎不然? 不然於不然. 物固有所然, 物固有所可. 無物不然, 無物不可.
옳다는 것을 옳다고 해주고 옳지 않다는 것을 옳지 않다고 해준다. 길은 사람들이 다녀서 이루어지고 사물은 사람들이 그렇다고 해서 그러한 것이다. 무엇을 그렇다고 하는가? 그렇다고 하는 것을 그렇다고 해준다. 무엇을 그렇지 않다고 하는가? 그렇지 않다고 하는 것을 그렇지 않다고 해준다. 사물은 본래 그러한 바가 있고 사물은 본래 옳은 바가 있다. 무슨 사물이든 그렇지 않은 사물이 없고 무슨 사물이든 옳지 않은 사물이 없다.

■ 郭云 : 道無不成, 物無不然.
又云 : 各然其所然, 可其所可.
곽상 : 길은 이루어지지 않음이 없고 사물은 그러하지 아니함이 없다.
(곽상) 또 : 각각 자기가 그렇다고 여기는 것을 그렇다고 하고, 자기가 옳다고 여기는 것을 옳다고 한다.
■ 呂云 : 所然所可, 乃不然不可之所自起.
여혜경 : 그렇다고 하는 곳과 옳다고 하는 곳이 곧 그렇지 않다고 하거나 옳지 않다고 하는 것이 말미암아 일어나는 곳이다.
■ 林云 : 可者, 可之, 不可者, 不可之.
又云 : 我何所然乎? 因其然者而然之. 我何所不然乎? 因其不然者而不然之.
임희일 : 옳은 것을 옳다고 하고 옳지 않은 것을 옳지 않다고 하는 것이다.
(임희일) 또 : 내가 그렇다고 하는 근거는 무엇인가? 그 그렇다고 하는 것을 인하여 그렇다고 하는 것이다. 내가 그렇지 않다고 하는 근거는 무엇인가? 그 그렇지 않다고 하는 것을 인하여 그렇지 않다고 하는 것이다.
■ 焦云 : 聖人無是非, 而未嘗廢是非, 所謂因也. 所可, 因而可之, 所不可, 因而不可之. 是我無然, 然於物之所然耳. 我無不然, 不然於物之所不然耳. 又何必加是非於其間哉?
초횡 : 성인은 시비가 없으면서도 일찍이 시비를 폐한 적이 없으니, 이른바 '인(因)한다.'라는 것이다. 옳다고 하는 바에 대해서는 인하여 옳다고 하고, 옳지 않다고 하는 바에 대해서는 인하여 옳지 않다고 한다. 이것은, 나에게는 그렇다고 여기는 마음이 없고 사물이 그렇다고 하는 바에 대해서 내가 그렇다고 해주는 것일 뿐이며, 나에게는 그렇지 않다고 여기는 마음이 없고 사물이 그렇지 않다고 여기는 것에 대해서 내가 그것을 그렇지 않다고 해주는 것일 뿐이다. 어찌 굳이 그 사이에 시비를 더하겠는가?

■ 按 : 道則行之而可成, 物則謂之而卽然. 翼者, 然於飛, 蹄者, 然於走, 吾於其所然而然之. 規不然於方, 矩不然於圓, 吾於其所不然而不然之. 有所然, 有所可, 物之情也. 無不然, 無不可, 天之理也. 分殊而理一, 知其一, 則論可以齊, 而道之成也.

박세당 : 길은 걸어 다녀서 이루어질 수 있고 사물은 일러주면 곧 그렇게 된다. 날개가 있는 놈은 날아다니는 것을 맞다고 하고, 발굽이 있는 놈은 달리는 것을 맞다고 한다. 나는 그들이 맞다고 하는 바에 대해서 맞다고 해준다. 그림쇠는 네모를 맞지 않다고 하며, 곱자는 동그라미를 맞지 않다고 한다. 나는 그들이 맞지 않다고 하는 바에 대해서 맞지 않다고 해준다. 맞다는 바가 있는 것과 옳다는 바가 있는 것은 사물의 본정이다. 맞지 않은 것이 없고 옳지 않은 것이 없음은 하늘의 이치이다. 갈래는 다르지만 이치는 하나이니, 그 하나를 알면 의론이 가지런해져서 도가 이루어진다.

故爲是擧莛與楹,21) 厲與西施,22) 恢恑憰怪, 道通爲一.

그래서 이러한 까닭에, 풀대와 기둥, 문둥이와 서시, 넓은 것과 좁은 것, 변화하는 것과 불변인 것, 간휼한 것과 정직한 것, 요사스러운 것과 상서로운 것들이 모두, 도에서는 통하여 하나가 된다.

■ 郭云 : 莛橫而楹縱, 厲醜而施好. 所謂齊者, 豈必齊形狀, 同規矩哉! 故擧縱橫好醜, 恢恑憰怪, 各然其所然, 各可其所可, 則形雖

---

21) '爲是'는 아래의 본문 '爲是不用而寓諸用'의 박세당 주석에 '爲是는 爲此之故이다.'라고 한 것에 의거하여, '이러한 까닭에'라고 번역하였으나 문맥이 순조롭지 않다.
22) 서시(西施)는 월(越)나라 왕 구천(句踐)이 오(吳)나라 왕 부차(夫差)에게 바쳤던 미인이다. 부차는 서시의 아름다움에 미혹되어 결국 나라를 망하게 하였다.

萬殊, 而性同得, 故曰道通爲一也.

곽상 : 들보는 가로로 놓여 있고 기둥은 세로로 서 있으며 문둥이는 추하고 서시는 예쁘다. 이른바 가지런히 한다는 것이 어찌 반드시 형상을 가지런히 하고 규구를 같게 하는 것이겠는가! 그러므로 가로와 세로, 아름다움과 추함, 넓은 것과 기이한 것과 간사한 것과 요상한 것들이 모두, 각각 자기가 맞다고 여기는 바를 맞다고 하고 각각 자기가 옳다고 여기는 바를 옳다고 하니, 형상이 비록 만 가지로 다르지만 본성은 같은 것이다. 그러므로 '도에서는 통하여 하나가 된다.'고 한 것이다.

■ 呂云 : 大小美惡, 固常相反, 今通而一之.

여혜경 : 큰 것과 작은 것, 아름다운 것과 못난 것은 본디 항상 서로 반대가 되는데, 지금 통합시켜 하나로 한다.

■ 林云 : 恢大之與褊狹, 詭變之與循常, 憰詐之與平直, 妖恠之與祥瑞, 皆不同者也.

又云 : 橫直者各當其用, 美惡者各全其質, 皆可通而爲一也.

임희일 : 넓은 것과 좁은 것, 변화무쌍한 것과 일상적인 것, 간휼한 것과 정직한 것, 요괴스러운 것과 상서로운 것은 모두 같지 않은 것들이다.

(임희일) 또 : 가로지른 것과 세로 선 것이 각각 그 쓰임에 합당하고 아름다운 것과 추한 것이 각각 그 바탕을 온전히 하면, 모두 소통하여 하나가 될 수 있다.

■ 焦云 : 莛, 梁也. 楹, 柱也.

초횡 : 정은 들보이고 영은 기둥이다.

■ 按 : 莛, 草莖也. 昌黎詩云, '寸莛撞巨鐘.'[23]

---

23) 당나라 한유(韓愈, 768~824년)의 문집인 《한창려집(韓昌黎集)》 권5 〈취류동야(醉留東野)〉에 "고개 숙여 동야에게 절을 하면서 평생을 함께 도우며 지내자 하였으나, 동야는 머리를 돌리지 않아 마치 한 마디의 풀대로 큰 종을 치는 것 같이 꿈쩍도 않네.[低頭拜東野, 願得終始如駏蛩. 東野不回頭, 有如寸莛撞鉅鐘.]"라 하였다. '莛'은 '筳'으로, '鉅'는 '巨'로 된 곳도 있다. 동야는 맹교(孟郊, 751~814년)의 자이다. 맹교는 시인(詩人)으로 한유의 망

박세당 : 정은 풀대이다. 한창려(韓昌黎)의 시에 '한 마디 풀대로 큰 종을 친다[寸莛撞巨鐘].' 하였다.

其分也, 成也, 其成也, 毁也. 凡物無成與毁, 復通爲一.
그 분산됨이 이루어짐이며, 그 이루어짐이 허물어짐이다. 무릇 사물은 이루어짐도 허물어짐도 없이, 다시 통하여 하나가 된다.

■ 郭云 : 物或此以爲毁而彼以爲成, 我之所謂成而彼或謂之毁者, 皆生於自見而不見彼也.
곽상 : 사물은 혹 이쪽에서는 허물어진다고 하지만 저쪽에서는 이루어진다고 하며, 내가 이루어진다고 하는 것을 저는 혹 허물어진다고 하기도 하는데, 이것은 모두 자신만 보고 상대를 안 보는 데에서 생긴다.

■ 趙氏以夫云 : 可不可, 然不然, 縱橫美惡, 恢恑憰怪, 是非成毁, 復通爲一, 則無是無非.
조이부 : 가와 불가, 연과 불연, 종과 횡, 미와 악, 회궤휼괴, 시와 비, 성과 훼가 다시 통하여 하나가 되면, 옳은 것도 없고 그른 것도 없다.

■ 林云 : 成毁, 相戾者也. 無毁則無成, 無成則無毁. 譬如木之在山, 伐而用之, 毁也, 以之作室, 則爲成矣. 譬如用藥, 咬之咀之, 分也, 合而和之, 可以成藥. 秦不亡則漢不興, 漢就成而秦則毁.[24] 以此觀之, 初無成也. 亦無毁也, 故曰復通爲一.
임희일 : 이루어짐과 허물어짐은 서로 어긋나는 것이나, 허물어짐이 없으면 이루어짐이 없고 이루어짐이 없으면 허물어짐도 없다. 비유하자면, 나무가

년우(忘年友)였다.
24) '就'는《구의교주》에는 '雖'로 되어 있다.

산에 있는데 베어서 사용하면 허물어지는 것인데, 그것으로 집을 지으면 이루어짐이 된다. 비유하자면, 약을 쓸 때에 씹어 먹는 것은 나누어지는 것인데, 합하여 조화를 이루면 약효가 이루어진다. 진나라가 망하지 않으면 한나라가 일어나지 못하고 한나라가 이루어지면 진나라는 허물어진다. 이것으로 보면, 애당초 이루어짐도 없고 또한 허물어짐도 없다. 그러므로 '다시 통하여 하나가 된다.'고 한 것이다.

■ 焦云 : 莛與楹反, 厲與施反, 分與成反, 成與毀反, 極之, 恢恑憰怪, 皆通而一之, 非洞然曉徹冥乎至理者, 不能. 此莊生之所謂達也.

초횡 : 들보와 기둥은 반대이고 문둥이와 서시는 반대이며, 나뉨과 이루어짐은 반대이고 이루어짐과 허물어짐은 반대이다. 궁극에 가서, 회궤휼괴까지를 모두 융통하여 하나로 만드는 것이니, 환히 깨달아 지극한 이치와 일체가 된 자가 아니면 불가능하다. 이것이 장생이 이른바 '달(達)'이라는 것이다.

■ 按 : 莛楹厲施, 以小大美惡之異形而言. 分成成毀, 以合散全虧之異變而言. 以道觀之, 皆通爲一也.

박세당 : 풀대와 기둥, 문둥이와 서시는 작고 크고 아름답고 추한 서로 다른 형체로써 말한 것이며, 나뉨과 이루어짐, 이루어짐과 허물어짐은 합해지고 흩어지고 온전하고 이지러지는 변화의 차이로써 말한 것이다. 도(道)로써 그 것들을 보자면, 모두 통하여 하나가 된다.

惟達者, 知通爲一. 爲是不用而寓諸庸. 庸也者, 用也. 用也者, 通也. 通也者, 得也. 適得而幾矣.

오직 달자(達者)만이 '통하여 하나가 됨'을 안다. 이런 까닭에 시비를 쓰지 않고 '용(庸)'에다 붙여둔다. '용'이라는 것은 '씀'이고 '씀'이라는 것은 '통함'이고 '통함'이라는 것은 '얻음'이다. 제대로 얻으면 거의 도에 가깝다.

■ 郭云 : 唯達者, 無滯于一方, 故寄當于自用. 自用者, 莫不條暢而自得也.

곽상 : 오직 달자는 하나의 방향에 응체됨이 없기 때문에 '저대로 쓰임'에 맡겨둘 수 있다. 저대로 쓰이는 자는 통창하여 자득하지 아니함이 없다.

■ 呂云 : 唯達者, 知通爲一, 故我則不用而寄萬物之自用. 寄物則通, 通則無入而不自得矣.

여혜경 : 오직 달자는 통하여 하나가 됨을 알기 때문에 나를 쓰지 않고 만물이 스스로 쓰이도록 맡겨둔다. 만물에 맡겨두면 통하고, 통하면 어디를 간들 자득하지 아니함이 없다.

■ 趙云 : 庸, 常也. 常者, 無用之用, 所以爲通. 通則得, 得則近於道矣.

조이부 : 용은 일상이다. 일상은 무용의 용이니, 통이 되는 원인이다. 통하면 얻고 얻으면 도에 가까워진다.

■ 焦云 : 庸, 卽人之所常用. 寓諸用, 因乎人也.

초횡 : 용이라는 것은 바로 사람이 항상 쓰는 바를 말한다. '용에 붙인다.'라는 것은 '다른 사람을 인한다.'라는 뜻이다.

■ 按 : 爲是, 言'爲此之故.' 不用, 言'不用爲是非', 亦猶上文'是以不由'也.25) 庸者, 周通不滯, 可常之道也.

박세당 : 위시(爲是)는 '이것 때문에'라는 말이다. 불용(不用)은 '시비를 쓰지 않는다.'는 말이니, 또한 윗글의 '이 때문에 성인은 시비를 말미암지 않는다.'와 같다. 용(庸)이라는 것은 두루 통하고 응체되지 아니하니 항상 불변일 수 있는 도이다.

---

25) 윗글의 '是以聖人不由而照之於天.'을 말한다.

因是已. 已而不知其然, 謂之道. 勞神明, 爲一而不知其同也, 謂之朝三.

'옳음'을 '인'할 따름이다. 이미 그러한데도 그것이 그렇다는 것을 알지 못함을 '도'라고 이른다. 신명(神明)을 수고롭혀서 하나로 만들면서도 그것이 같다는 것을 모르는 것을 '조삼(朝三)'이라 이른다.

■ 郭云 : 達者因而不作, 故曰因是. 然豈知因之爲善而因之哉? 不知所以因而自因耳. 故謂之道也. 達者之於一, 豈勞神哉? 若勞神明於爲一, 與彼不一者無以異矣, 亦猶衆狙因所好而自是也.

곽상 : 달자는 인(因)하기만 하지 짓지는 않는다. 그러므로 '옳음을 인한다.'라고 한 것이다. 그러나 어찌 인함이 선(善)이 됨을 알고서 인하는 것이겠는가? 인하는 줄도 모르고 절로 인하는 것일 뿐이다. 그러므로 그것을 '도'라고 한다. 달자가 하나로 함에 어찌 신명을 수고롭히겠는가? 만약 하나로 하는 데에 신명을 수고롭힌다면 저 하나로 하지 아니하는 자와 다름이 없을 것이니, 또한 원숭이들이 자기가 좋아하는 바를 인하여 스스로를 옳다고 여기는 것과 같다.

■ 趙云 : 徒欲以離形去智爲坐忘, 非勞而何?

조이부 : 한갓 형체를 벗어나고 지식을 버리는 것으로써 좌망(坐忘)을 삼고자 한다면, 수고로운 일이 아니고 무엇이겠는가?

■ 林云 : 惟至於不知其然而循其自然, 此謂之道. 神明, 猶精神也. 勞苦精神自爲一偏之說, 强相是非而不知理本同者, 謂之朝三.

임희일 : 오직 그것이 그렇다는 것을 알지 못한 채 그 절로 그러함을 따르는 것에 이르러야, 이것을 도(道)라고 한다. 신명(神明)은 정신(精神)이라는 말과 같다. 정신을 고생시켜 스스로 한쪽의 학설을 만들어서 억지로 옳으니 그르니 하면서 이치가 본래 동일하다는 것을 알지 못하는 것을 '조삼'이라 한다.

■ 焦云 : 總之, 只是因之一字, 盡之也.

초횡 : 총괄하자면, 단지 '인(因)'이라는 한 글자에 다 담겨 있는 것이다.

■ 品節云26) : 今之論者, 竭精神騰口舌, 勞於分別而不知本自同也.
진심(陳深) : 오늘날 논란하는 자들은, 정신을 고갈시키고 입으로 떠들어대며 분별하는 일에 노고를 하면서도 본래 스스로 동일한 것임을 알지 못한다.
■ 按 : 通萬物爲一, 亦因理之所當耳. 然若有意而爲之, 則終歸於 僞而非循理之自然矣. 故曰'已而不知其然, 謂之道.', '爲一而不知 其同.' 當從郭趙爲是.
박세당 : 만물을 통틀어 하나로 보는 것은 또한 이치의 마땅한 바를 인하는 것일 따름이다. 그러나 만약 뜻을 두고서 그것을 한다면 결국은 거짓으로 귀결되어, 이치의 자연을 따르는 것이 아니다. 그러므로 '그러하면서도 그것이 왜 그러한지를 알지 못함을 도라고 한다.', '하나로 만들면서도 그것이 같다는 것을 모른다.' 하였다. 마땅히 곽상과 조이부(趙以夫)의 학설을 따르는 것이 옳다.

何謂朝三? 狙公賦芧曰, "朝三而暮四.", 衆狙皆怒. 曰, "然則朝四而暮三.", 衆狙皆悅. 名實未虧而喜怒爲用, 亦因是也.
무엇을 조삼이라 하는가? 원숭이 기르는 사람이 도토리를 주면서 말하기를, "아침에 세 개를 주고 저녁에 네 개를 줄게."라고 하자, 원숭이들이 모두 화를 냈다. 그래서 "그렇다면 아침에 네 개를 주고 저녁에 세 개를 줄게."라고 하자, 원숭이들이 모두 기뻐하였다. 명칭도 실제도 변하지 않았는데도 기뻐하기도 하고 화를 내기도 하였으니, 또한 '옳다고 여기는 것[是]'을 인한 것이다.

---

26) 품절(品節)은 진심(陳深)의 《제자품절(諸子品節)》에 포함되어 있는 《장자품절(莊子品節)》을 말한다.

■ 林云 : 芧, 山栗.27) 名, 三與四也. 實, 通七數也. 名實未嘗變, 但移易朝暮, 而衆狙喜怒隨之. 喩是非雖異, 而理之實則同.

임희일 : 서(芧)는 도토리[山栗]이다. 명(名)이란 '세 개'니 '네 개'니 하는 것이고, 실(實)이란 통틀어 '일곱'이라는 개수이다. 명칭과 실제가 조금도 달라지지 않았고 다만 '아침'과 '저녁'을 바꾸었을 뿐인데 원숭이들의 기뻐함과 노여워함이 그에 따라 달라졌다. '옳게 여기거나 그르게 여기는 것이 비록 다르지만 이치의 실제는 동일함'을 비유한 것이다.

■ 品節 : 名實未嘗變, 迷惑於朝暮之顚倒, 而不知芧栗之本數. 勞神爲一而不知其同, 亦猶是也.

진심 : 명칭과 실제가 전혀 변하지 않았는데, 아침과 저녁을 바꾸어 놓은 것에 미혹하여 도토리의 본래 개수가 얼마인지는 따져보지 못했다. 정신을 수고롭혀서 하나를 만들면서 그것이 동일한 것임을 알지 못하는 것도 또한 이와 같다.

■ 按 : 亦因是也, 言'三四, 四三, 名實同, 而或怒或喜, 則狙亦因其所自是而是之耳.'

박세당 : '또한 옳음을 인한 것이다[亦因是也].'는 "'세 개와 네 개'와 '네 개와 세 개'가 명칭과 실제가 동일한데도 노여워하기도 하고 기뻐하기도 하였으니 원숭이들도 또한 스스로 옳다고 여기는 바를 인하여 그것을 옳다고 하는 것일 뿐이다."라는 말이다.

是以, 聖人和之以是非, 而休乎天鈞.28) 是之謂兩行.

그러므로 성인은 옳음과 그름을 조화시켜 천균(天鈞)에서 쉰다. 이것을 일러

---

27) 산률(山栗)은 상자(橡子)와 같으니, 도토리이다.
28) '鈞'은 '均'으로도 쓴다.

양행(兩行)이라 한다.

■ 郭云 : 聖人莫之偏任, 故付之自均而止. 兩行者, 任天下之是非也.
곽상 : 성인은 어느 한 쪽을 떠맡지 않기 때문에 '절로 고르게 됨'에 맡겨두고 그친다. 양행(兩行)이라는 것은 천하의 시비에 맡겨둠이다.

■ 林云 : 和之以是非者, 和其是非而歸之一也. 天均者, 均平而無彼此也. 兩行者, 隨其是非而使之並行也.
임희일 : '그것을 시비로써 조화시킨다.'는 것은, 그 시비를 조화시켜서 하나로 귀결되게 함이다. 천균(天均)이라는 것은 고르고 평평해서 저것과 이것의 구별이 없음이다. 양행(兩行)이라는 것은 그 시비대로 맡겨두어서 나란히 행해지게 함이다.

古之人, 其知有所至矣. 惡乎至? 有以爲未始有物者. 至矣, 盡矣, 不可以加矣. 其次, 以爲有物矣而未始有封也. 其次, 以爲有封焉而未始有是非也.
옛 사람은 그 알음이 지극한 바가 있었다. 어느 정도로 지극했는가? 사물이 일찍이 있었던 적이 없다고 여기는 자가 있었다. 이것은 지극하고 극진해서 여기에 무엇을 더 더할 수가 없다. 그 다음은, 사물이 있지만 일찍이 영역 구분이 있었던 적이 없다고 여긴 것이며, 그 다음은, 영역 구분은 있지만 시비가 있었던 적이 없다고 여긴 것이다.

■ 郭云 : 知夫未始有物者, 曠然無累, 與物俱往, 而無所不應也. 未始有封者, 雖未都忘, 猶能忘彼此也. 未始有是非者, 雖未能忘彼此, 猶能忘彼此之是非也.
곽상 : 사물이 일찍이 있었던 적이 없었다는 것을 아는 자는 마음이 광활하

여 얽매임이 없고 사물과 함께 운행하여 호응하지 않는 바가 없다. 영역을 설정한 적이 없는 자는 비록 완전히 잊지는 못하더라도 그래도 피차의 구분을 잊을 수가 있다. 시비가 있었던 적이 없는 자는 비록 피차의 구분을 잊을 수는 없더라도 그래도 피차간의 시비를 잊을 수 있다.

■ 林云 : 古之人, 古之知道者也.

임희일 : 고지인(古之人)은 옛날에 도를 알던 자이다.

■ 按 : 未始有物者, 謂無物我之可名也. 有物而未始有封者, 謂雖有物我, 而無畛域之可分也. 有封而未始有是非者, 謂雖有畛域, 而無是非之可爭也.

박세당 : 사물이 있었던 적이 없다는 것은 '이름 붙일 만한 외물과 내가 없음'을 이른다. 사물은 있으나 영역이 있었던 적이 없다는 것은 '비록 외물과 내가 있으나 나눌 만한 영역 구분이 없음'을 이른다. 영역 구분은 있지만 시비가 있었던 적이 없다는 것은 '비록 영역 구분은 있지만 다툴 만한 시비가 없음'을 이른다.

是非之彰也, 道之所以虧也. 道之所以虧, 愛之所以成. 果且有成與虧乎哉? 果且無成與虧乎哉?

시비가 드러남이 도가 이지러지는 까닭이고, 도가 이지러지는 것이 애착이 이루어지는 까닭이다. 과연 이루어짐과 이지러짐이 있는가? 과연 이루어짐과 이지러짐이 없는가?

■ 郭云 : 是非彰而道虧, 無是非乃全也. 道虧則情有所偏, 未能忘愛釋私, 同彼我也.

곽상 : 시비가 드러나면 도가 이지러지니, 시비가 없어야 이에 온전해진다.

도가 이지러지면 마음속에 치우치는 바가 있게 되어, 애착을 잊고 사심을 버리고서 피아를 동일하게 볼 수 없다.

■ 呂云 : 道虧而情生, 愛之所以成也.

여혜경 : 도가 이지러져 정이 생기는 것이 애착이 이루어지는 까닭이다.

■ 林云 : 道旣虧, 則在我則愛, 而在物則惡.

임희일 : 도가 이지러지고 나면, 나에게 있는 것이면 사랑하고 남에게 있는 것이면 미워하게 된다.

■ 按 : 是非爭而天理壞, 天理壞而其所以自私者, 益膠固矣. 有成虧, 無成虧, 言'人之自私, 雖欲成其所好, 而終不可得以成. 道之在天, 亘古不息, 亦非是非之汨亂所可得以虧也. 則向所謂虧者, 乃人自虧于道耳, 道何嘗虧也?'

박세당 : 옳으니 그르니 다투기 때문에 천리(天理)가 허물어지고, 천리가 허물어지면 그 자신을 사유하는 것이 더욱 교착되고 견고해진다. '이루어짐과 이지러짐이 있는가, 이루어짐과 이지러짐이 없는가.'라는 것은 '사람이 자신을 사유하면, 비록 자기가 좋아하는 바를 이루고자 하더라도 끝내 이룰 수가 없고, 도가 하늘에 있는 것은, 예로부터 쉬지 않아서 또한 시비의 어지러움이 이지러뜨릴 수 있는 것이 아니다. 그렇다면 앞에 이른바 이지러진다고 한 것은, 곧 사람이 스스로 도에서 이지러지는 것일 뿐이지, 도가 어찌 조금이라도 이지러지겠는가?'라는 말이다.

有成與虧, 故昭氏之鼓琴也. 無成與虧, 故昭氏之不鼓琴也.

이루어짐과 이지러짐이 있음은 소씨(昭氏)가 금(琴)을 타는 경우이고, 이루어짐과 이지러짐이 없음은 소씨가 금을 타지 않는 경우이다.

■ 郭云 : 吹管操絃, 雖有繁手, 遺聲多矣. 彰聲而聲遺, 不彰聲而聲全. 故欲成而虧之者, 昭文之鼓琴也, 不成而無虧者, 昭文之不鼓琴也.

곽상 : 관악기를 불고 현악기를 타면 비록 손놀림이 번다하지만 빠뜨리는 소리가 많다. 소리를 드러내면 소리가 빠뜨려지고, 소리를 드러내지 않으면 소리가 온전하다. 그러므로 완성하려다가 그것을 이지러지게 한 것은, 소문이 거문고를 연주함이고, 이루려 들지 않아서 이지러짐이 없는 것은, 소문이 거문고를 연주하지 않음이다.

■ 林云 : 既說成虧之理, 却以鼓琴喩之. 如有琴於此, 鼓之, 則一操之曲, 自有終始, 不鼓, 則安有終始哉?

임희일 : 이루어짐과 이지러짐의 이치를 말하고 나서, 다시 거문고 연주로써 그것을 밝혔다. 이를테면, 여기에 거문고가 있다고 하자. 그것을 타면, 한 곡조의 가락에 절로 처음과 끝이 있게 된다. 타지 않으면 어찌 처음과 끝이 있겠는가?

■ 按 : 好之而欲成之者, 昭氏之鼓琴也. 然有成而便有虧, 不若不鼓而無成虧之愈也. 執偏曲之道者, 蓋亦如是. 殊不知所好既成, 而大道隨毀. 苟無成其好, 則道亦不毀矣.

박세당 : 그것을 좋아해서 그것을 이루고자 한 것은 소씨의 거문고 연주이다. 그러나 이룸이 있으면 바로 이지러짐이 있으니, 차라리 연주를 하지 말아서 이룸과 이지러짐이 없는 것이 더 낫다. 한 쪽으로 치우친 작은 도를 고집하는 자도 대개 또한 이와 같다. 좋아하는 바가 이루어지고 나면 큰 도가 따라서 허물어진다는 것을 전혀 모른다. 정말이지 그 좋아하는 바를 이룸이 없다면 도도 또한 허물어지지 않는다.

昭文之鼓琴也, 師曠之枝策也,29) 惠子之據梧也, 三子之知, 幾乎, 皆其盛者也, 故載之末年. 唯其好之也, 以異於彼, 其好之也, 欲以明之. 彼非所明而明之, 故以堅白之昧終.30)

소문(昭文)이 거문고를 탄 것과 사광(師曠)이 악기를 연주한 것과 혜자(惠子)가 오동 안석에 기대 앉아 변론한 것으로 말하자면, 이 세 사람의 앎은 거의 도에 가까웠으니, 모두가 성대한 경지에 이른 자들이었다. 그러므로 이 일에 종사하며 일생을 마쳤다. 그들은 오직 자기들이 좋아하는 것이 저 일반인들보다 특별하다고 여겨, 자기들이 좋아하는 것을 밝히고자 하였다. 저 일반인들은 밝혀줄 대상이 아닌데도 밝히고자 하였기 때문에 불분명한 견백론이나 말하다가 인생을 마감했다.

■ 郭云 : 三子, 唯獨好其所明, 自以殊於衆人, 欲使衆人同我之所好. 是猶對牛鼓簧, 彼竟不明. 故己之道術, 終於昧然也.

곽상 : 세 사람은 오직 자기들이 잘 아는 것만을 좋아하며, 스스로 다른 사람들보다 특별하다고 여겨, 다른 사람들로 하여금 내가 좋아하는 것을 같이 좋아하도록 하고자 하였다. 이는 소 앞에서 생황을 불어주는 것과 같아서, 저들이 끝내 잘 알 수 없다. 그러므로 자기의 도술(道術)이 분명하지 못한 데에서 끝난 것이다.

■ 趙云 : 昭文之琴, 非師曠不知其音. 惠子之辯, 非莊子不知其旨. 三子各造乎妙, 而不鼓之鼓, 不聽之聽, 不辯之辯, 蓋未之知也. 彼于不足明而明之, 雖肆堅白同異之辯, 終于昏昧不明而已.

---

29) 사광(師曠)은 춘추시대 진(晉)나라 악사(樂師)이다.
30) 견백(堅白)은 《공손룡자》〈견백론(堅白論)〉에 나온다. 〈견백론〉은 〈백마론〉과 마찬가지로 전국시대에 존재했던 논리 명제로 일종의 궤변이다.

조이부 : 소문(昭文)의 거문고 연주는 사광이 아니면 그 음을 알지 못하고, 혜자의 변론은 장자가 아니면 그 취지를 알지 못한다. 세 사람이 각기 오묘한 경지에 나아갔으나, 연주하지 아니하는 연주와 듣지 아니하는 들음과 변론하지 아니하는 변론은 대개 아직 알지 못했다. 저들은, 충분히 잘 알지 못하는 것에 대해 그것을 밝히고자 하였으므로, 비록 견백동이의 변론을 장황하게 늘어놓았지만 끝내 혼매하고 불명하고 말았을 따름이다.

■ 林云 : 昭文, 古之善鼓琴者也. 枝策, 鼓樂器也.31) 據梧, 據几也. 因上鼓琴, 言'三子之技, 皆極其盡, 而有盛名於世也.' 載, 事也, 言'從事於此, 以終其身也.' 三子之好, 自以異於天下之人. 旣自好之, 又欲誇說於人. 所聽之人本自不曉, 乃强欲曉之, 如惠子之强辯, 自愚也, 而以終其身. 昧, 自愚也. 上言三子, 此但以惠子之辯爲結.

임희일 : 소문(昭文)은 옛날에 거문고를 잘 타던 사람이다. 지책(枝策)은 악기를 연주함이다. 거오(據梧)는 안석에 기대앉음이다. 윗글의 '거문고 연주'를 인하여, '세 사람의 기예가 모두 극진하여 세상에 성대하게 이름을 냈다.'고 말한 것이다. 재(載)는 일[事]이니, '여기에 종사하며 그 몸을 마쳤다.'는 말이다. 세 사람은 자기가 좋아하는 것을 좋아하여, 자기는 천하 사람들과 다르다고 여겼다. 스스로 좋아하고서 또 남들에게 떠벌려 설명하고자 하였다. 내 말을 들을 상대가 본래 깨달을 수 없는데, 이에 억지로 깨우쳐 주려 하였으니, 마치 혜자(惠子)가 억지로 변론하다가 스스로 바보가 되어 그 몸을 마친 것과 같다. 매는 스스로 바보가 되는 것이다. 위에서는 세 사람을 말했고 여기서는 단지 혜자의 변론에 대한 것으로써 마무리하였다.

■ 按 : 言'三子, 以其好之之故, 而必欲極知盡能以明乎其術. 然本非所當明而欲明之, 故如惠施者, 治堅白之說以昏蔽其性, 至於死

---

31) '鼓'는 《구의교주》에는 '擊'으로 되어 있다.

而不悟.' 言三子而以惠施結之者, 重在此也.

박세당 : '세 사람은 자기들이 좋아하였기 때문에 반드시 지혜를 다 쏟아 붓고 능력을 다 쏟아 부어 그 술법을 밝히고자 하였다. 그러나 본래 밝혀야 할 일이 아닌데도 밝히고자 하였기 때문에, 혜시 같은 이는 견백(堅白)의 학설을 연구하여 그 천성을 혼폐시키고는 죽음에 이르러서도 깨닫지 못하였다.'는 말이다. 세 사람을 말해놓고 혜시에 대한 말로 마무리를 한 것은 핵심이 여기에 있기 때문이다.

而其子又以文之綸緖,32) 終身無成.
그리고 소문(昭文)의 아들이 또한 소문의 금(琴)을 이어받았으나 종신토록 이룸이 없었다.

- 郭云 : 文之子, 又終文之緖, 亦卒不成.

곽상 : 소문의 아들이 또한 소문의 가업을 이어받아서 평생을 살다가 죽었으나 역시 끝내 이루지 못하였다.

- 焦云 : 綸, 琴瑟絃也.

초횡 : 륜(綸)은 금슬(琴瑟)의 줄이다.

若是而可謂成乎? 雖我亦成也. 若是而不可謂成乎? 物與我無成也.
이러한데도 이룸이라 이를 수 있는가? (있다면,) 비록 우리들일지라도 또한 이룬 것이다. 이러한데도 이룸이라 이를 수 없는가? (없다면,) 저들이나 우리나 이룸이 없다.

---

32) '緖'는 '終'으로 된 판본도 있다.

■ 郭云 : 若三子而可謂成, 則我之不成, 亦可謂成.

곽상 : 세 사람을 이룸이라 이를 수 있다면, 우리의 못 이룸도 또한 이룸이라 이를 수 있다.

■ 呂云 : 若是而可謂成, 則無成者亦成也. 奈何役心於成虧之間哉?

여혜경 : 이와 같은데도 이룸이라 이를 수 있다면, 이룸이 없는 자도 또한 이룬 것이다. 어찌 이룸과 이지러짐 사이에 마음을 사역시키겠는가?

■ 趙云 : 如此而謂之成, 亦可, 謂之不成, 亦可, 皆不係乎其眞.

조이부 : 이와 같은데, 그것을 이룸이라 이르는 것도 가능하고 그것을 못 이룸이라 이르는 것도 가능하나, 모두 그 참모습에는 관계가 없다.

■ 林云 : 凡天下之事, 若只據其所能而可以謂之了當, 則我之現前所能者, 謂之了當, 亦可, 若此現前者, 未爲了當, 則凡天下之人與我, 皆不得謂之了當. 此喩物論是非, 非專說三子也.

임희일 : 무릇 천하의 일은, 만약 단지 그 능한 바를 근거로 하여 그것을 정당한 것이라 한다면, 나의 현재 앞에 있는 능한 바를 정당한 것이라 해도 되며, 만약 이 현재 앞에 있는 것이 정당한 것이 될 수 없다면 무릇 천하의 사람들과 나는 모두 정당함이라고 이를 수 없다. 이 구절은 물론의 시비를 비유한 것이니, 세 사람만을 오로지 말한 것은 아니다.

■ 品節 : 三子之智而可以謂之成乎? 則一技一能, 皆可以謂之成也. 若是而不可謂成乎? 則雖古今事業, 皆歸一空.

진심 : 세 사람의 지혜 같은 것도 그것을 이룸이라 이를 수 있는가? 그렇다면 하나의 기예나 하나의 능력을 모두 이룸이라 이를 수 있다. 이와 같은데도 이룸이라 이를 수 없는가? 그렇다면 비록 고금의 사업일지라도 모두 하나의 비어 있음으로 귀결된다.

■ 按 : 雖我亦成, 有激之辭, 言 '雖無成如我者, 亦可謂之成也.' 物, 猶言彼, 指三子也.

박세당 : '비록 우리들일지라도 또한 이룸이 있다.'라는 것은 격렬함이 있는 표현이다. '비록 우리처럼 이룸이 없는 자들일지라도 또한 이루었다라고 이를 수 있다.'라는 말이다. 물(物)은 '저들'이라고 말하는 것과 같으니, 세 사람을 가리킨다.

是故滑疑之耀, 聖人之所圖也. 爲是不用而寓諸庸, 此之謂以明.
그러므로 혼돈 속에서 나오는 은근한 빛이 성인이 추구하는 바이다. 이 때문에 (그런 방법을) 쓰지 아니하고 일상에 맡겨둔다. 이것을 일러 '밝음을 쓴다.'고 한다.

■ 郭云 : 使羣異各安其所安, 衆人不失其所是,[33] 則己不用於物, 而萬物之用用矣. 物皆自用, 則孰是孰非? 用雖萬殊, 歷然自明.
곽상 : 여러 다른 의견을 가진 사람들로 하여금 각각 자기가 편안한 바에 안주하게 하여, 사람들로 하여금 자기가 옳다고 여기는 바를 잃지 않게 한다면, 자기가 사물에 의해 쓰임이 되지 않고 만물의 쓰임이 쓰일 것이다. 사물이 모두 자신을 쓰게 되면 누가 옳고 누가 그르겠는가? 쓰임이 비록 만 가지로 다르지만 분명하게 스스로 밝을 것이다.
■ 趙云 : 滑亂疑惑之中而明出焉, 聖人之所尙也.
조이부 : 혼란하고 의혹스러운 가운데에서 밝음이 나옴은, 성인이 숭상하는 바이다.
■ 林云 : 圖, 欲也. 聖人之心, 未嘗着迹, 故寓諸尋常之中.
임희일 : 도(圖)는 욕(欲)이다. 성인의 마음은 전혀 자취에 집착하지 않는다.

---

[33] '不'은 대본에는 '各'으로 되어 있으나 《장자익》에 근거하여 고쳤다.

그러므로 심상한 가운데 맡겨둔다.

■ 品節 : 聖人之心, 無主而虛. 又安有物我界限是非取捨, 而過爲分別哉?

진심 : 성인의 마음은 주장이 없이 비어 있다. 또한 어찌 외물과 나 사이에 경계를 두고 옳으니 그르니 하며 취하거나 버려서, 지나치게 분별을 하겠는가?

■ 按 : '爲是不用', 亦言 '爲此之故而不爲彼之所爲.' 蓋三子各自喜其所好, 以自異於世俗, 此彼我是非之所由彰, 故聖人不用也. '此之謂以明', 申結前意.

박세당 : '위시불용'은 또한 '이러한 까닭 때문에 저들이 하는 바를 하지 않는다.'는 말이다. 대개 세 사람이 각각 자기들이 좋아하는 바를 스스로 흐뭇하게 여겨, 스스로 세속과 다르다고 여겼으니, 이것이 저와 나의 옳으니 그르니 하는 주장이 드러나는 원인이다. 그러므로 성인은 쓰지 않는다. '이것을 일러 밝음을 쓴다고 한다.'는 앞의 뜻을 거듭 매듭지은 것이다.

今且有言於此, 不知其與是類乎? 其與是不類乎? 類與不類, 相與爲類, 則與彼無以異矣.

이제 또 여기에 말이 있다고 치자. 모르겠다만, 그 말은 이것과 같은 부류인가? 이것과 같은 부류가 아닌가? 같은 부류임과 같은 부류가 아님이 서로들 더불어 같은 부류가 되니, 저것과 다를 수가 없다.

■ 郭云 : 今言無是非, 不知其與言有者類乎不類乎? 謂之類, 則我以無爲是, 彼以無爲非, 斯不類矣. 然此雖是非不同, 亦未免於有是非也, 則與彼類矣.

곽상 : 이제 말에 시비가 없다고 말한다면 모르겠다만, 시비가 있다고 말하는

자와 같은 부류일까, 같은 부류가 아닐까? 그것을 같은 부류라고 하자니, 나는 (시비가) 없는 것을 옳게 여기고 저이는 없는 것을 그르게 여기니, 이는 같은 부류가 아니다. 그러나 이것이 비록 옳다는 주장과 그르다는 주장이 같지 않지만, 또한 시비가 있음을 면하지 못한다. 그렇다면 저이와 같은 부류이다.

■ 林云 : 類與不類, 易地而看, 則皆相類矣. 蓋曰'把他做我看, 把我做他看, 則見我與他一般.'

임희일 : 같은 부류인 것과 같은 부류가 아닌 것은 처지를 바꾸어서 보면 모두 서로 같은 부류이다. 대개 '그를 내 처지가 되게 해서 보거나 나를 그의 처지가 되게 해서 보면 나와 그가 일반이라는 것을 안다.'는 말이다.

■ 按 : 類是則不類彼, 不類是則類彼. 類是與類彼, 所類雖異, 而爲類則同. 不類是與不類彼, 所不類雖異, 而爲不類則同. 類與類, 相與爲類, 不類與不類, 相與爲類, 則是之與彼, 無以異矣.

박세당 : 이것과 같으면 저것과는 같지 않고 이것과 같지 않으면 저것과 같다. 이것과 같음과 저것과 같음은 같은 바가 비록 다르지만 같음이 됨은 동일하다. 이것과 같지 않음과 저것과 같지 않음은 같지 않은 바가 비록 다르지만 같지 않음이 됨은 동일하다. 같음과 같음은 서로 같음이 되고 같지 않음과 같지 않음이 서로 같음이 되니, 이것과 저것이 다를 수 없는 것이다.

雖然, 請嘗言之. 有始也者, 有未始有始也者, 有未始有夫未始有始也者. 有有也者, 有無也者, 有未始有無也者, 有未始有夫未始有無也者. 俄而有無矣. 而未知有無之果孰有孰無也.

비록 그러나, 그것에 대해 한번 말해보겠다. '시작한 데'가 있다는 주장이 있으며, 애당초 시작한 데가 있은 적이 없다는 주장이 있으며, 저 시작한 데가 있은 적이 없음이 있은 적이 없다는 주장이 있다. '있다.'라는 주장이 있고,

'없다.'라는 주장이 있으며, 없다는 것이 있은 적이 없다는 주장이 있으며, 저 없다는 것이 있은 적이 없음이 있은 적이 없다는 주장이 있다. 잠깐 사이에 있음이 되기도 하고 없음이 되기도 하는데, 있느니 없느니가 과연 무엇이 있으며 무엇이 없는지 모르겠다.

■ 郭云 : 未知孰有孰無, 都忘其知也.
곽상 : 무엇이 있고 무엇이 없는지를 모른다는 것은 완전히 그 알음(知)을 잊은 것이다.

■ 呂云 : 求其所始者, 不可得, 又求其所無者, 亦不可得, 則其悟在俛仰之間, 脗然自合. 故曰'俄而有無矣, 未知有無之果孰有孰無也.'使學者忘言以心契之.
여혜경 : 그 시작한 처음을 찾아도 얻을 수 없고, 또 그 없음이라는 것을 찾아도 얻을 수 없다면, 그 깨달음은 굽어보고 올려다보는 사이에 두 입술처럼 저절로 합치하는 데에 달려 있다. 그러므로 '잠깐 사이에 있었다가 없었다가 하니, 있고 없음이 과연 무엇이 있고 무엇이 없는지 모르겠다.'라고 하였으니, 배우는 자들로 하여금 말을 잊고 마음으로 깨닫도록 한 것이다.

■ 按 : 嘗, 試也. 承上文言, '有謂物之生皆有所始, 有謂物初無所始, 又有謂初無無始之理, 卽一是非也. 有謂物本有, 有謂物本無, 又有謂初無無物之理, 又有謂初無有物之理, 此又一是非也. 有無是非之論, 有類有不類, 俄頃之間, 而爲有爲無, 未知爲此有無之論者, 果孰得爲有之理, 孰得爲無之理耶? 但見其終於相類, 而彼與是無以異矣.'
박세당 : 상(嘗)은 '시험 삼아(試)'이다. 윗글을 이어서 다음과 같이 말한 것이다. 사물이 생겨남은 모두 시작한 처음이 있다고 이르는 경우도 있고, 사물은 애당초 시작한 바가 없다고 이르는 경우도 있고, 또 시작이 없었을 리가 애당초 없다고 이르는 경우도 있으니, 곧 이것이 하나의 시비이다. 사물이 본래

있었다고 이르는 경우도 있고, 사물이 본래 없었다고 이르는 경우도 있고, 또 사물이 없었을 리는 애당초 없다고 이르는 경우도 있고, 또 사물이 있었을 리가 애당초 없다고 이르는 경우도 있으니, 이것이 또 하나의 시비이다. 있느니 없느니를 시비하는 논란은 같은 부류도 있고 같은 부류가 아닌 것도 있어서, 잠깐 사이인데도 있음도 되었다가 없음도 되었다가 하니, 이 있느니 없느니를 논란하는 자가, 과연 누가 있음이 되는 이치를 얻었으며 누가 없음이 되는 이치를 얻었는지 모르겠다. 단지 서로 같은 부류로 귀결되어 저것과 이것이 다를 수 없음을 볼 뿐이다.

今我則已有謂矣, 而未知吾所謂之其果有謂乎, 其果無謂乎?
지금 나는 이미 '이른 것'이 있었는데, 모르겠다만, 내가 '이른 것'이 그것이 과연 이른 것이 있는 것인가, 그것이 과연 이른 것이 없는 것인가?

■ 郭云 : 我已有謂者, 謂無是非, 卽復有謂也. 未知吾謂之果有果無, 蕩然於胷中也.
곽상 : '내가 이미 이른 것이 있었다.'는 것은, '시비가 없다고 이른 것이 곧 다시 이름(주장)이 있는 것이다.'라는 말이다. '내가 이른 것이 과연 있는 것인지 과연 없는 것인지 모르겠다.'는 것은, 가슴 속이 깨끗이 비어 있는 것이다.
■ 呂云 : 有謂無謂, 吾安得而知之? 又使知言之未嘗有言也.
여혜경 : '이른 것이 있는지 이른 것이 없는지를 내가 어떻게 알겠는가?'라고 한 것은, 또 말을 한 것이 일찍이 말한 것이 아님을 (배우는 자들로 하여금) 알게 한 것이다.
■ 按 : 此言'我已有謂, 則亦一是非之論. 然吾之爲此言者, 其眞欲爲是非之論乎? 抑不然乎?'

박세당 : 이것은 '내가 이미 이른 것이 있으니, 또한 하나의 시비의 의논이다. 그러나 내가 이 말을 한 것이 정말로 시비를 하고자 하는 의논일까, 아니면 그렇지 않을까?'라는 말이다.

天下莫大於秋毫之末, 而泰山爲小. 莫壽於殤子,[34] 而彭祖爲夭.
천하에는 가을터럭[秋毫]의 끝보다 큰 것이 없고 태산이 작은 것이 되며, 요절한 아기보다 장수한 자가 없고 팽조는 일찍 죽은 것이 된다.

■ 郭云 : 秋毫不獨小, 太山不獨大. 太山爲小, 則天下無大矣. 秋毫爲大, 則天下無小矣. 無小無大, 無壽無夭. 苟足乎天然, 而安其性分.
곽상 : 가을터럭이라 해서 작은 것도 아니고 태산이라 해서 큰 것도 아니다. 태산이 작은 것이 된다면 천하에는 큰 것이 없고, 가을터럭이 큰 것이 된다면 천하에는 작은 것이 없다. 작은 것도 없고 큰 것도 없으며 장수하는 것도 없고 요절하는 것도 없다. 정말로 천연 그대로에 만족하여 그 천성의 분수에 편안하면 된다.

■ 林云 : 此, 設喩, 以明是非有無之理.
임희일 : 이 구절은 비유를 설정해서 시비와 유무의 이치를 밝힌 것이다.

■ 按 : 秋毫之小而比微塵則爲大, 太山之大而比天地則爲小. 以秋毫爲小者一論, 爲大者亦一論. 以太山爲大者一論, 爲小者亦一論. 殤子之夭而比朝菌則爲壽, 彭祖之壽而比冥靈則爲夭. 以殤子爲夭者一論, 爲壽者亦一論. 以彭祖爲壽者一論, 爲夭者亦一論. 此是

---

34) 상자(殤子)는 20세가 되기 전에 요절한 자를 말한다.

非之無窮者. 然若能知小大壽夭初無定體, 有爲乎小, 有爲乎大, 有爲乎夭, 有爲乎壽, 則紛爭息而物論齊矣.

박세당 : 가을터럭이 작지만 작은 먼지에 견주면 큰 것이 되고, 태산이 크지만 천지에 견주면 작은 것이 된다. 가을터럭을 작다고 하는 것이 하나의 의논이고 크다고 하는 것이 또한 하나의 의논이며, 태산을 크다고 하는 것이 하나의 의논이고 작다고 하는 것이 또한 하나의 의논이다. 요절한 자[殤子]는 일찍 죽은 것이지만 아침버섯[朝菌]에 견주면 오래 산 것이 되며, 팽조(彭祖)가 오래 살았지만 명령(冥靈)에 견주면 일찍 죽은 것이 된다. 요절한 자를 일찍 죽었다고 하는 것이 하나의 의논이고 오래 살았다고 하는 것이 또한 하나의 의논이며, 팽조를 오래 살았다고 하는 것이 하나의 의논이고 일찍 죽었다고 하는 것이 또한 하나의 의논이다. 이것이 시비가 무궁한 것이다. 그러나 만약 작고 크고 장수하고 요절함이 애당초 정해진 본체가 없어서 작은 것이 되기도 하고 큰 것이 되기도 하며 요절함이 되기도 하고 장수함이 되기도 한다는 것을 제대로 알면, 분쟁이 종식되어 물론이 가지런해질 것이다.

天地與我竝生, 而萬物與我爲一.
천지도 나와 더불어 삶을 나란히 하고, 만물도 나와 더불어 하나가 된다.

■ 郭云 : 天地未足爲壽而與我並生, 萬物未足爲異而與我同得也.
곽상 : 천지도 장수한 것이 되지 못하고 나와 삶을 나란히 하는 것이며, 만물도 다름이 될 수 없고 나와 얻음이 동일한 것이다.
■ 品節 : 天地萬物混合爲一, 曾何大小壽夭之可言哉?
진심 : 천지도 만물도 혼합하여 하나가 되니, 일찍이 무슨 크니 작으니 장수했느니 요절했느니가 말할 만한 것이겠는가?
■ 按 : 天地之運行而與我並生, 其化, 均也. 萬物之衆多而與我爲

一, 其體, 同也. 能和是非而休天均, 其歸, 如此也. 蓋我生之先, 不知有天地, 我生之後, 亦不知有天地, 是則天地終始, 與我並也. 我有所欲而物莫不有所欲, 我有所惡而物莫不有所惡, 是則物之情性與我一也.

박세당 : 천지의 운행이 나와 더불어 삶을 함께하니 그 변화가 같으며, 만물의 수많은 종류가 나와 더불어 하나가 되니 그 몸이 동일하다. 시비를 조화시키고 천균(天均)에서 쉴 수 있으면, 그 귀결이 이와 같다. 대개 내가 태어나기 전에는 천지가 있음을 모르며 내가 죽은 뒤에도 또한 천지가 있음을 모르니, 이것은 천지의 처음과 끝이 나와 더불어 나란한 것이다. 나도 원하는 바가 있지만 사물 가운데 원하는 바가 있지 않은 것이 없으며, 나도 싫어하는 바가 있지만 사물 가운데 싫어하는 바가 있지 않은 것이 없으니, 이는 사물의 정성(情性)이 나와 한 가지인 것이다.

旣已爲一矣, 且得有言乎? 旣已謂之一矣, 且得無言乎? 一與言爲二, 二與一爲三. 自此以往, 巧曆不能得, 而況其凡乎! 故自無適有, 以至於三, 而況自有適有乎! 無適焉, 因是已.

이미 하나가 되었으니, 또 말이 있을 수 있는가? 이미 그것을 하나라고 하였으니, 또 말이 없을 수 있는가? '하나'와 '말'이 '둘'이 되며, '둘'과 '하나'가 '셋'이 된다. 이렇게 나가면, 재주 좋은 역법가도 계산해 내지 못할 텐데, 하물며 보통사람이랴! 그러므로 '없음'에서 '있음'으로 가더라도 '셋'에 이르는데, 하물며 '있음'에서 '있음'으로 가는 경우이랴! '가는 것'이 없어야 하니, 옳음을 인할 따름이다.

■ 郭云 : 已自一矣, 理無所言. 物或不能自明其一, 故謂一以正之.

既謂之一, 卽是有言矣. 以言言一, 則一與言爲二矣. 有一有二, 得不謂之三乎! 夫以言言一, 猶乃成三, 況尋其枝流, 凡物殊稱, 何可勝紀! 一之者, 與彼未殊, 而忘一者, 無言而自一也.

곽상 : 이미 처음부터 하나이면, 이치상 말한 바가 없는 것이다. 상대가 혹 그 '하나'라는 것을 스스로 분명하게 알지 못하기 때문에 '하나'라고 일러서 그것을 바루는데, 이미 그것을 '하나'라고 하고 나면, 바로 '말'이 있는 것이다. '말'로써 '하나'를 말했으니, '하나'와 '말'이 '둘'이 된다. '하나'도 있고 '둘'도 있으니, 그것을 '셋'이라 이르지 않을 수 있는가! 대저 '말'로써 '하나'를 말해도 오히려 곧 '셋'을 이루는데, 하물며 그 지류(枝流)를 탐구해 보면 사물들이 일컬음이 다른 것을, 어찌 이루 계산할 수 있으랴! '하나'로 만드는 자는 저것과 다르지 않고, '하나'를 잊는 자는 말없이 절로 하나인 것이다.

■ 林云 : 混然之一與此名一之言, 是兩, 故曰一與言爲二.

임희일 : 혼연의 '하나'와 이 '하나'라고 이름붙인 '말'이 '둘'이기 때문에 '하나와 말이 둘이 된다.'고 한 것이다.

■ 品節 : 無壽夭無大小, 則旣已爲一矣. 然謂之一, 卽是言也. 此等說話, 不消與他思出箇理來, 只是言, 有言之後, 遞遞相生, 相生不已, 以至萬之又萬, 雖使巧於籌歷之人, 亦不能籌其未盡之數. 自無適有, 尙且如此, 況自有適有乎? 因是則不生意見, 不立人我.

진심 : 장수와 요절도 없고 큰 것과 작은 것도 없다면, 이미 하나가 된 것이다. 그러나 그것을 '하나'라고 이르면 바로 '말'이다. 이러한 설화(說話)는 그것에서 이치를 생각해낼 필요도 없이 단지 말일 뿐인데, 말이 있고 난 뒤에는, 차례차례 상생하여, 상생이 그치지 않아서, 일만이 되고 또 일만이 되는 데에 이르니, 비록 계산을 잘 하는 사람에게 시켜도 또한 그 끝없는 숫자를 계산하지 못한다. '없음'에서 '있음'으로 가도 오히려 또한 이러한데, 하물며 '있음'에서 '있음'으로 가는 경우이랴! 옳음을 따르면, 스스로 의견을 내지 않고 남

과 나를 대립시키지 않는다.

- 焦云 : 無是非, 而因人之是非, 以爲是非, 故曰因.

초횡 : 시비가 없이, 남의 시비를 인하여 시비를 삼기 때문에 '인한다.'라고 한 것이다.

- 按 : 莊子之意, 蓋謂 '是非之起, 本由於言, 欲去是非, 莫如無言. 今已欲人之去是非, 又不得無言, 旣不得無言, 則便涉是非, 而言與言對, 其端不窮. 夫欲無言者, 猶不免如此, 況彼馳騖於是非辨爭之塗者, 終有極乎?' 上文有謂乎無謂乎者, 正亦此意. 故曰'無適焉, 因是已.' 無適者, 止而勿辨也. 是者, 理之所當也. 因是而勿辨, 則紛爭絶矣.

박세당 : 장자의 뜻은 대개 '시비가 일어나는 것이 본래 말에서 말미암으니, 시비를 제거하고자 한다면 말이 없는 것 만한 것이 없다. 지금 이미 상대에게 시비를 제거하게 하고자 하니, 또 말이 없을 수 없고, 이미 말이 없을 수 없으면, 곧 시비에 휘말려서 말과 말이 대립하여 그 단서가 끝이 없다. 말이 없고자 하는 자도 오히려 이러함을 면치 못하는데, 더구나 저 옳으니 그르니 분변하고 논쟁하는 길에서 치달리는 자가 끝내 끝이 있겠는가?'라는 것이다. 윗글의 '이른 것이 있는가, 이른 것이 없는가?'라는 것이 바로 또한 이러한 뜻이다. 그러므로 '가는 것[適]이 없어야 한다. 옳음[是]을 인할 따름이다.'라고 한 것이다. '가는 것이 없음'이라는 것은 멈추고 변론을 아니함이다. '옳음'이라는 것은 이치의 마땅한 바이다. 이치의 마땅함을 따르고 변론을 아니하면 분쟁이 없어진다.

夫道未始有封, 言未始有常, 爲是而有畛也. 請言其畛. 有左, 有右, 有倫, 有義, 有分, 有辯, 有競, 有爭. 此之謂八德.

대저 도는 원래 영역 구분이 있지 않으며 말은 원래 불변함이 있지 않았는데, 이것 때문에 경계가 있게 되었다. 그 경계에 대해 말해보겠다. 왼쪽이 있고 오른쪽이 있으며, 윤리가 있고 의리가 있으며, 나눔이 있고 분변이 있으며, 겨룸이 있고 다툼이 있다. 이것을 팔덕(八德)이라 이른다.

■ 郭云 : 道未始有封, 無不在也. 言未始有常, 是非無定主也. 有畛者, 得恣其分域也. 左右者, 各異便也. 倫義者, 物物有理, 事事有宜也. 分辯者, 羣分而類別也. 並逐曰競, 對辯曰爭. 略而判之, 有此八德.

곽상 : '도는 원래 영역 구분이 있지 않았다.'는 것은 도가 있지 않은 데가 없었다는 뜻이다. '말은 본래 고정불변이 있지 않았다.'는 것은 시비에 일정한 주장이 없었다는 뜻이다. '유진(有畛)'이라는 것은 (만물이) 자기의 분역(分域)에서 멋대로 할 수 있다는 뜻이다. '좌(左), 우(右)'라는 것은 각각 편리함이 다르다는 뜻이다. '륜(倫), 의(義)'라는 것은 물건마다 이치가 있고 일마다 마땅함이 있다는 뜻이다. '분(分), 변(辯)'이라는 것은 무리로 나뉘고 종류에 따라 구별된다는 뜻이다. 나란히 쫓아가는 것을 '경(競)'이라 하고 마주하여 변론하는 것을 '쟁(爭)'이라 한다. 대략 구분해 보자면 이 여덟 가지 덕이 있다.

■ 林云 : 左右, 彼此對立之名. 倫, 理也, 義, 事宜也, 彼此對立, 則說理說事, 各有主意也.

임희일 : '좌우'라는 것은 저것과 이것이 대립할 때의 명칭이다. '륜'은 이치이고, '의'는 일의 마땅함이다. 저것과 이것이 대립하면, 이치를 말하고 일을 말할 때에 각각 주장하는 의견이 있다.

■ 焦云 : 道無封, 言無常. 何惡乎封與常哉? 爲其立乎是非之畛也.

초횡 : 도에는 영역 구분이 없었고 말에는 불변함이 없었다. (성인이) 무엇 때문에 영역의 구분과 불변함을 미워했을까? 시비의 밭두둑에 서기 때문이다.

■ 品節 : 至道至言, 本無彼此. 因人心之私, 有許多疆界.

진심 : 지극한 도와 지극한 말은 본래 저것과 이것의 구분이 없다. 인심의 사사로움 때문에 많은 경계가 있는 것이다.

■ 按 : 此言'道本渾融, 天地竝萬物一, 何嘗有封畛? 言生是非, 爲二爲三, 至於巧歷之所不能得, 則其不可爲常如此. 爲此有言, 而不免使道有畛. 今言其所以爲畛者, 則方有左右, 物有倫義, 言有分辨, 事有競爭. 八德之所以成, 道之所以虧也.'

박세당 : 이것은 다음과 같은 말이다. '도(道)는 본래 혼융하여 천지와 나란하고 만물과 하나이니, 어찌 일찍이 봉역과 경계가 있었겠는가? 말은 시비를 낳아 둘이 되고 셋이 되며, 계산을 잘 하는 사람도 알 수 없는 상황에 이르게 되니, 그 불변일 수 없음이 이와 같다. 이것 때문에 말을 하면, 도로 하여금 경계가 있게 함을 면치 못한다. 지금 그 경계를 만드는 까닭들을 말해보자면, 방위에는 왼쪽과 오른쪽이 있고 사물에는 윤리와 의리가 있고 말에는 나눔과 분변이 있고 일에는 겨룸과 다툼이 있다. 팔덕이 이루어지는 까닭이 도가 허물어지는 까닭이다.'

六合之外,[35] 聖人存而不論, 六合之內, 聖人論而不議. 春秋經世先王之志, 聖人議而不辯.

육합(六合)의 바깥은 성인은 그대로 두기만 하고 논설하지 않았으며, 육합의 안쪽은 성인은 논설하기만 하고 의론을 내지 않았다. 역사책에 나오는, 세상을 경영하던 선왕들의 뜻에 대해서는 성인은 의론을 내기만 하고 변론하지는

---

[35] 육합(六合)은 천지사방(天地四方)이니, '위, 아래, 동, 서, 남, 북'을 말한다.

않았다.

■ 郭云 : 六合之外, 謂萬物性分之表耳. 雖有理存焉, 而聖人未嘗論之. 論而不議, 陳其性而安之也. 議而不辨, 順其成跡, 不執其所是以非衆人也.

곽상 : 육합의 바깥이란 만물의 성분의 겉을 이른다. 비록 그곳에 존재하는 이치가 있지만 성인은 일찍이 그것을 논설한 적이 없다. 논설하기만 하고 의론을 내지 않았다는 것은, 그 성분(性分)을 진술하고 편안히 받아들였다는 뜻이다. 의론을 내기만 하고 변론하지는 않았다는 것은, 이루어진 자취를 따랐을 뿐, 자기가 옳다고 여기는 바를 고집하여 중인(衆人)을 그르다 하지 아니했다는 뜻이다.

■ 林云 : 宇宙之間, 合有許多道理, 聖人何嘗不說? 但不立議以彊天下之知.

又云 : 見於史策者,36) 皆是先王經世之意.

임희일 : 우주 사이에는 허다한 도리가 있기 마련인데, 성인이 어찌 일찍이 말씀을 아니하셨겠는가? 다만 자신의 주장을 내세워서 천하의 지혜를 압박하지 아니하신 것이다.

(임희일) 또 : 사책(史策)에 보이는 것들은 모두 선왕이 세상을 경륜하신 생각들이다.

■ 張氏四維云 : 天地間, 自有正經道理, 議論不可少者, 又不可與百家衆技同論, 故着此二段.

장사유(張四維) : 천지간에는 본래 정경(正經)의 도리가 있어서 의론이 적을 수 없는 것이 있다. 또 백가중기(百家衆技)들과 더불어 같이 논할 수도 없다. 그

---

36) '策'은 《구의교주》에는 '冊'으로 되어 있다.

러므로 이 두 단락을 붙였다.

- 焦云:不論不議不辯, 則超然是非之表, 何至于有畛哉?

초횡 : 논설하지 않고 의론을 내지 않고 변론하지 않으면, 초연히 시비를 벗어나니, 어찌 경계를 두는 데에 이르겠는가?

- 品節:六合之外, 非見聞所及. 聖人存而不論, 知止其所不知也. 君臣父子, 大經大法, 聖人何嘗不議? 但不與辨是非求勝.

진심 : 육합의 바깥은 견문이 미치는 데가 아니다. 성인이 그대로 두기만 하고 논설하지 않았으니, 그 모르는 데에서 앎의 추구를 멈춘 것이다. 군주와 신하 사이, 아버지와 아들 사이의 관계는 대경(大經)이고 대법(大法)이니, 성인이 어찌 일찍이 의론을 내지 않았겠는가? 다만 더불어 시비를 변론하여 이기기를 추구하지 않은 것이다.

故分也者, 有不分也, 辯也者, 有不辯也. 曰何也? 聖人懷之, 衆人辯之以相示也. 故曰辯也者, 有不見也.

그러므로 나눔이라는 것에는 나누지 아니할 것이 있고, 변론이라는 것에는 변론하지 아니할 것이 있다. 무슨 말이냐 하면, 성인은 품으며, 중인은 변론하여 서로 과시한다. 그러므로 '변론이라는 것에는 못 보는 것이 있다.'고 하는 것이다.

- 郭云:物物自分, 事事自別, 而欲由己以分別之者, 不見彼之自別也. 懷之者, 以不辯爲懷耳.

곽상 : 물건마다 저대로 나뉘고 일마다 저대로 구별된다. 그런데도 자기 처지에서만 분별하고자 하는 자는 저것이 절로 구별되는 것을 못 본다. '품는다.'는 것은, '변론하지 아니함'을 품는 것이다.

- 品節:天下之事, 一有分辯, 便是胷中見有不徹. 聖人退藏於密,37)

衆人則務辯說以相誇示, 是其無識無見也.

진심 : 천하의 일은 한 번 분변이 있으면, 바로 흉중에 투철하지 아니함이 있음을 알게 된다. 성인은 비밀스러운 곳에 물리어 감추며, 중인은 변설을 일삼아서 서로 과시하니 이것이 그 식견 없음이다.

■ 按 : 求以分之, 則知其有所不分矣. 求以辯之, 則知其有所不辯矣. 聖人昭晣物理, 固以爲無事於分與辯, 故懷之. 衆人於理未明, 乃得其一偏, 而自以爲知, 欲以此而示於人, 適見其拘蔽而已.

박세당 : 나누고자 해보면 그 나누어지지 않는 바가 있음을 알며, 변론하고자 해보면 그 변론할 수 없는 것이 있음을 안다. 성인은 사물의 이치를 환히 알아, 본디 나누고 변론하는 데에 일이 없다고 여기기 때문에 안으로 품는다. 중인은 이치에 밝지 못해서 이에 부분적인 한쪽만을 알고, 스스로 지혜롭다고 여겨 이것을 남에게 과시하고자 하니, 단지 그 얽매이고 가려졌음만 드러낼 뿐이다.

夫大道不稱, 大辯不言, 大仁不仁, 大廉不嗛, 大勇不忮.

대저 큰 도는 일컬어지지 않으며, 큰 변론은 말을 하지 않으며, 큰 사랑은 사랑하지 않으며, 큰 청렴은 너무 맑지 않으며, 큰 용기는 사납지 않다.

---

37) 《주역》〈계사전 상〉에 "성인(聖人)은 이것으로써 마음을 깨끗이 씻어, 비밀스러운 곳으로 물리어 감추어 둔다." 하였다. 《본의(本義)》에 "성인은 시(蓍)의 덕(德), 괘(卦)의 덕(德), 육효(六爻)의 의(義)를 모두 몸에 갖추고서, 티 하나 없이 마음을 깨끗이 하여, 일이 없을 때에는 그 마음이 아주 고요하여 사람들이 아무도 엿보지 못하고 일이 있으면 신묘함과 지혜로움의 쓰임이 느끼는 데에 따라 반응한다." 하였다. 《중용장구》 첫머리에, 《중용》에 대한 정자(程子)의 말을 주자가 인용해 실었는데, 그곳에, "그 글이, 처음에 일리(一理)를 말했고 중간에 흩어져 만사(萬事)가 되었다가 끝에 가서 다시 합쳐져 일리가 되었다. 펴 놓으면 육합(六合)에 가득하고 거두면 비밀스러운 곳에 물리어 감추어진다." 하였다.

■ 郭云 : 不稱者, 無所稱謂也. 不仁者, 無愛而自存也. 不嗛者, 無所容其嗛盈. 不忮者, 無往而不順, 故能無險而不往也.
곽상 : 불칭(不稱)이라는 것은 견주어 일컬을 바가 없다는 뜻이다. 불인(不仁)이라는 것은 사랑함이 없이 저대로 그냥 있다는 뜻이다. 불겸(不嗛)이라는 것은 겸허하거나 뿌듯하거나 함을 받아들임이 없다는 뜻이다. 불기(不忮)라는 것은 어디를 가도 순조롭지 않음이 없기 때문에 가지 못할 험난한 곳이 없다는 뜻이다.

■ 林云 : 無仁之跡而後爲大仁. 嗛, 有自滿之意.《國語》'嗛嗛之德, 不足就也.' 言其自小. 不忮, 不見其用勇之跡也.
임희일 : 사랑의 자취가 없은 뒤라야 큰 사랑이 된다. 겸(嗛)은 자만(自滿)의 뜻이 있다.《국어》〈진어(晉語)〉에 "겸겸의 덕은 이룰 것이 없다." 하였는데, 그 스스로를 작게 여김을 말한 것이다. 불기(不忮)는 그 용기를 사용한 자취를 드러내지 아니함을 말한다.

■ 羅云 : 大廉者, 不以廉自足也.
나면도 : 크게 청렴한 자는, 청렴하다는 것을 흡족하게 여기지 않는다.

■ 按 : 不稱, 渾然無名. 不仁, 不以煦煦爲仁. 不嗛, 不爲太潔. 不忮, 不害於衆. 五者, 皆有其德而無其跡, 所以爲大, 不但仁也.
박세당 : 불칭(不稱)은 혼연하여 이름이 없음이고, 불인(不仁)은 작은 사랑으로 사랑을 삼지 아니함이고, 불겸(不嗛)은 지나친 고결함을 하지 아니함이고, 불기(不忮)는 대중에게 해를 끼치지 아니함이다. 이 다섯 가지는 모두 그 덕만 있고 그 자취가 없다. 그러므로 '크다'고 하였으니, 단지 인(仁)만 큰 것이 아니다.

道昭而不道, 言辯而不及, 仁常而不成, 廉清而不信, 勇忮而不成. 五者园而幾向方矣.

도는 밝아지면 도가 아니게 되고, 말은 변론하면 미치지 못하게 되고, 사랑은 불변이면 완성되지 않으며, 청렴은 너무 맑으면 미덥지 못하게 되며, 용기는 사나우면 이루어지지 않는다. 이 다섯은 원래 둥근데, 거의 네모에 가까워진다.

■ 郭云 : 道昭不道者, 以此明彼, 彼此俱失也. 仁常不成者, 常愛則不周也. 廉淸不信者, 激然廉淸, 貪名非眞也. 勇忮不成者, 忮逆之勇, 天下共疾, 無擧足之地也. 此五者, 皆不能止乎本性, 而求外無已, 猶以圓學方, 學彌得而性彌失.

곽상 : '도소불도'라는 것은 이것으로 저것을 밝히면 저것과 이것이 모두 잘못된다는 뜻이다. '인상불성'이라는 것은 사랑을 고정시키면 두루 사랑할 수 없다는 뜻이다. '렴청불신'이라는 것은 아주 드러나게 깨끗하고 맑은 것은 이름을 탐하는 것이지 진짜 청렴이 아니라는 뜻이다. '용기불성'이라는 것은 (세상의 인심을) 해치고 거스르는 용기는 천하가 다 같이 미워하므로 발을 들 곳이 없다는 뜻이다. 이 다섯 가지는 모두 본성에서 멈추지를 못하고 밖에서 추구하기를 끝없이 하는 것이니, 마치 둥근 것으로써 네모를 배우는 것과 같아서, 더욱 배움이 늘수록 더욱 본성을 잃는다.

■ 林云 : 昭, 明也. 昭然則非道矣. 辯則是見有不及矣. 自潔則不誠實矣. 忮則必喪其勇矣. 五者皆园,[38] 謂其本混成也. 方, 有圭角也. 幾, 近也. 向, 與於同意.

임희일 : 소(昭)는 밝음이다. 환히 밝으면 도가 아니다. 변론을 하면 곧바로 미치지 못하는 곳이 있게 된다. 자신을 청결하다고 여긴다면 진실함이 아니다. 사나우면 반드시 그 용기를 잃는다. 다섯 가지가 모두 둥글다는 것은, 그 근본이 섞여서 이루어져 있다는 뜻이다. 방(方)은 모서리가 있다는 뜻이다.

---

[38] '园'은 《구의교주》에는 '圓'으로 되어 있다.

기(幾)는 가깝다는 뜻이다. 향(向)은 어(於)와 같은 뜻이다.

■ 焦云 : 五者, 至德渾成. 此所謂园也. 若道昭, 言辯, 仁常, 廉淸, 勇忮, 圭角太露, 而近於方矣.

초횡 : 다섯 가지는 지극한 덕이 혼융하여 이루어지니, 이것이 이른바 '완(园)'이다. 만약 도가 환하고 말이 분명하고 사랑이 불변이고 청렴이 너무 맑고 용기가 사나우면, 규각이 너무 드러나 네모에 가까워진다.

■ 按 : 昭, 小明貌, 猶今夫'天昭昭'之昭. 常者, 愛克之謂也.39) 所以不成.

박세당 : 소(昭)는 조금 밝은 모양이니, 오늘날 '하늘이 환하다.'라고 할 때의 '환함'과 같다. 상(常)이라는 것은 '사랑이 지나침[愛克]'을 이르니, 그 때문에 이루어지지 않는 것이다.

故知止其所不知, 至矣. 孰知不言之辯, 不道之道? 若有能知, 此之謂天府. 注焉而不滿, 酌焉而不竭, 而不知其所由來, 此之謂葆光.

그러므로 알기를 추구하는 일이 그 알지 못하는 것에 이르러 멈추면 지극하다. 누가, 말하지 아니하는 논변과 도(道)라고 하지 않는 도를 아는가? 만약 제대로 아는 이가 있다면, 이것을 '하늘 창고[天府]'라 이른다. 부어도 가득차지 아니하고 퍼내도 고갈되지 않으면서, 그 그러한 까닭을 알지 못하니, 이것을 '싸여 있는 빛[葆光]'이라 이른다.

---

39) 애극(愛克)은 사랑이 지나치다는 뜻이다. 《서경》〈윤정(胤征)〉에 "위엄이 사랑을 이기면 참으로 일을 이룰 것이고 사랑이 위엄을 이기면 참으로 공적이 없을 것이다.[威克厥愛, 允濟, 愛克厥威, 允罔功.]" 하였다. 그 주석에, "위(威)는 엄명(嚴明)을 이르고 애(愛)는 고식(姑息)을 이른다." 하였다. 〈윤정〉은 금문(今文)에는 없고 고문(古文)에만 있으니, 일반적으로 위작(僞作)으로 본다.

■ 郭云 : 所不知者, 皆性分之外. 故止於所知之內而至也. 不言之
辯, 不道之道者, 浩然任之也. 不滿不竭者, 至人之心若鏡, 應而不
藏, 故曠然無盈虛之變也. 不知所由來者, 自然無迹也.

곽상 : 알지 못하는 대상은 모두 성분(性分)의 바깥이다. 그러므로 아는 범위
의 안에서 멈추어야 지극한 것이다. 말하지 않는 논변과 도라고 하지 않는
도라는 것은, 호연히 모두 맡겨두는 것이다. 가득차지 않고 고갈되지 않는다
는 것은, 지인(至人)의 마음은 거울과 같아서, 반응을 할 뿐이고 담아두지 않
으므로, 텅 비어 영허(盈虛)의 변화가 없다는 뜻이다. 그 유래를 알지 못한다
는 것은, 절로 그러해서 자취가 없다는 뜻이다.

■ 趙云 : 知止其所不知, 則無能名, 道之至也. 若人能知此, 則其
中虛, 故曰'天府', 言'物之所自出也.' 注不滿, 酌不竭者, 無所底止
也. 葆光, 言'晦其明也.'

조이부 : 알기를 추구하는 일이 그 알지 못하는 데에서 멈추면, 이름을 붙일
수 없으니, 도의 지극한 경지이다. 만약 사람이 이것을 잘 알면, 그 마음속이
텅 비기 때문에 '천부(天府)'라 하는 것이니, '사물이 나오는 근원'이라는 말이
다. 부어도 차지 않고 퍼내도 고갈되지 않는다는 것은, 바닥이 없다는 뜻이
다. '보광(葆光)'은, 그 밝음을 감추어 흐릿하게 한다는 말이다.

■ 張云 : 百家衆技, 各有所見, 而不能相通. 是非彼此殊塗, 百慮
而不可究詰. 譬則山林之遇風, 而聲則殊, 肢骸之具體,40) 而用各
異. 任其自然, 不與分辨, 則物論齊矣. 自六合之外, 至葆光, 以明
神聖之敎, 與諸家不同. 此其胷中大有分曉, 而但不明說破耳.

장사유 : 온갖 학파의 다양한 기술들은 각각 견해가 있고 서로 통할 수가 없
다. 시비에 저것과 이것이 길이 다르고, 아무리 생각해도 끝을 알아낼 수 없

---

40) '骸'는 《장자익》에는 '胲'로 되어 있다.

다. 비유하자면, 산림이 바람을 만나 소리가 다르고 사지와 골격이 몸체에 갖추어져 있지만 용도가 각기 다른 것과 같다. 그 자연에 맡겨두고 더불어 분변하지 않으면 물론이 가지런해질 것이다. '육합의 바깥(六合之外)'에서부터 '보광(葆光)'에 이르기까지는 신성(神聖)의 가르침이 제가(諸家)와 같지 않다는 것을 밝혔다. 이것은 그 흉중에 분명히 아는 것이 크게 있는데, 단지 분명하게 설파하지 않는 것일 뿐이다.

■ 品節 : 天府, 萬理之所會. 欲益之而不加益, 欲損之而不加損. 無終無始而不知其所由來, 則明而不用, 光而不耀, 謂之葆光也.

진심 : '천부'는 온갖 이치가 모인 곳이다. 더하고자 해도 더해지지 않고 덜어내고자 해도 덜어지지 않는다. 끝도 없고 처음도 없으며 그 유래를 알지 못하니, 밝아도 쓰이지 않고 빛이 있어도 반짝이지 않는다. 그것을 '보광'이라 한다.

■ 按 : 大辯若訥, 大道無方. 不言之辯, 不察察也. 不道之道, 不皎皎也. 注不滿, 酌不竭, 謂'體含衆妙而不爲侈, 用酬萬化而不爲費.'

박세당 : 큰 논변은 어눌한 듯하고, 큰 도는 방향이 없다. 말없는 논변은 자잘한 것까지 살피는 것이 아니며, 도라고 하지 않는 도는 환히 분명한 것이 아니다. 부어도 차지 않고 퍼내도 고갈되지 않음은, 본체가 많은 오묘함을 머금고 있으면서도 사치스럽지 않고 활용이 온갖 변화에 수응하면서도 소비되지 아니함을 이른다.

故昔者, 堯問於舜曰, "我欲伐宗, 膾, 胥敖. 南面而不釋然,[41] 其故何也?" 舜曰, "夫三子者, 猶存乎蓬艾之間. 若不釋然, 何哉? 昔者, 十日並出,[42] 萬物

---

41) '欲'의 범위를 '南面'까지 포함하는 것으로 보아서, "내가 종(宗), 회(膾), 서오(胥敖)를 쳐서 남면을 하고자 하는데, 마음이 편치 않다.", 또는 "……, 일이 시원히 풀리지 않는다."로 번역할 수도 있다. 종, 회, 서오는 국명 또는 종족명이다.
42) 《회남자(淮南子)》〈본경훈(本經訓)〉에 "요(堯) 때에 열 개의 태양이 한꺼번에 나와서

皆照, 而況德之進於日者乎!"

그래서 옛날에 요임금이 순에게 물었다. "내가 종(宗), 회(膾), 서오(胥敖)를 치려고 한다. 남면(南面)을 하고 있는데도 마음이 편치 않다. 그 까닭이 무엇일까?" 순이 답하였다. "저 세 나라 군주는 아직도 쑥대밭 속에 있습니다만, 마음이 편치 아니하시다니 무슨 말씀입니까? 옛날에 열 개의 태양이 함께 나와 만물이 모두 비추어진 적이 있습니다. 하물며 덕이 태양보다 더 나은 분인 경우이겠습니까!"

■ 郭云 : 不釋然, 聽朝不怡也. 日月雖無私于照, 猶有所不及, 德則無不得也. 物暢其性, 各安其所安, 遠近幽深, 付之自若, 皆得其極, 則彼無不當, 而我無不怡也.

곽상 : '불석연'은 조회를 보면서 기쁘지 않은 것이다. 해와 달은 비록 비추는 데에 사사로움이 없지만 그래도 미치지 못하는 데가 있는데, 덕은 얻지 못함이 없다. 사물이 그 천성을 펴서 각각 그 편안한 바에 안주하여, 멀거나 가깝거나 그윽하거나 깊거나 자연스러움에 맡겨져, 모두 그 지극함을 얻게 되면, 저들은 마땅하지 아니함이 없고 나는 기쁘지 아니함이 없을 것이다.

■ 林云 : 宗, 膾, 胥敖, 亦寓言. 蓬艾, 喩物慾障蔽. 我有不悅之心, 則亦彼我對立矣. 日於萬物無所不照, 況我之德勝於日, 而不能容此三子者乎? 此蓋喩'物我是非, 聖人所以置之不辯, 照之以天也.'

임희일 : 종, 회, 서오의 일은 또한 우언(寓言)이다. 봉애(蓬艾)는 물욕이 막아

농작물[禾稼]을 다 태우고 초목을 다 말려 죽여 백성들이 먹을 것이 없었다. …… 요(堯)가 예(羿)를 시켜 태양을 활로 쏘아 아홉 개를 떨어뜨리게 하였다." 하였다. 《회남자》에서는 '十日'이 재앙의 의미로 쓰였는데, 이곳에 인용한 《장자》 주해서에서는 대개 '十日'을 긍정적인 의미로 해석한 듯하다.

가림을 비유한다. 나에게 기쁘지 아니한 마음이 있다면 또한 저와 내가 대립하는 것이다. '태양도 만물에 대해 비추지 않는 것이 없다. 하물며 나의 덕이 태양보다 오히려 나은데 이 세 군주를 용납할 수 없단 말인가?'라는 말이다. 이것은 대개 '상대와 나 사이의 시비를 성인이 그냥 그대로 두고 변론하지 아니하는 까닭은 하늘로써 비추어보기 때문임'을 비유한 것이다.

■ 品節 : 言'三子者, 迷而不悟. 聖人至德, 如十日並照, 兼容之而不與較也.'

진심 : '세 나라의 군주는 혼미하여 깨닫지 못한다. 성인의 지극한 덕은, 마치 열 개의 태양이 함께 비추는 것과 같아서 모든 것을 받아들이고 더불어 계교하지 아니한다.' 는 말이다.

■ 按 : 若, 汝也.

박세당 : 약(若)은 '그대[汝]'이다.

2

齧缺問乎王倪曰, "子知物之所同是乎?" 曰, "吾惡乎知之?" "子知子之所不知耶?" 曰, "吾惡乎知之?" "然則物無知耶?" 曰, "吾惡乎知之? 雖然, 嘗試言之. 庸詎知吾所謂知之非不知耶? 庸詎知吾所謂不知之非知耶?

설결(齧缺)이 왕예(王倪)에게 물었다. "선생님께서는 사물이 다 같이 옳다고 여기는 것에 대해 아십니까?" (왕예가) 답하였다. "내가 어찌 그것을 알겠는가?" (설결이 물었다.) "선생님께서는 선생님께서 모른다는 사실을 아십니까?" (왕예가) 답하였다. "내가 어찌 그것을 알겠는가?" (설결이 물었다.) "그렇다면 사물은 알음이 없습니까?" (왕예가) 답하였다. "내가 어찌 그것을 알겠는가? 그렇지만, 한번 말해보겠다. 내가 이른바 안다는 것이 모르는 것이 아님을 어찌 알겠으며, 내가 이른바 모른다는 것이 아는 것이 아님을 어찌 알겠는가?

■ 郭云 : 彼我莫能相正, 故無所用其知. 若自知其所不知, 卽爲有知. 乃曠然無不任矣.⁴³⁾

곽상 : 저와 나는 아무도 서로를 바룰 수 없기 때문에 자기의 알음이 쓸모가 없다. 만약 그 알지 못한다는 사실을 스스로 안다면, 그것이 곧 알음이 있음이 된다. (완전히 몰라야) 텅 비어서 맡겨두지 아니함이 없게 된다.

■ 呂云 : 知之所以不知, 不知所以知之, 則道之爲體可見矣

여혜경 : 안다는 것이 모르는 까닭이고 모른다는 것이 아는 까닭이니, 도의 본체를 알 수 있다.

■ 林云 : 齧缺之問, 王倪之對, 是知止其所不知.

임희일 : 설결의 물음에 대한 왕예의 대답은, 곧 알음이 그 모르는 데에 이르러 멈춘 것이다.

■ 褚云 : 物各自是, 彼此偏見. 論殊而嫌隙生, 辨極而忿爭起. 其患實始於知之妄生分別, 故王倪三答吾惡乎知之, 欲齧缺反求其所不知, 而冥夫大通之理, 則近矣.

저백수 : 사물이 각각 자신을 옳다고 여김은 피차간에 치우친 견해이다. 의논이 달라서 혐극이 발생하며 분변이 극도에 가면 분쟁이 일어난다. 그 우환은 실로 '안다.'라는 것이 망녕되이 분별을 내는 데에서 비롯한다. 그러므로 왕예가 세 번을, "내가 어찌 그것을 알겠는가?"라고 하여, 설결로 하여금 돌이켜 그 모르는 바를 찾아서, 저 대통(大通)의 이치에 합하게 하고자 하였으니, 도에 가깝다.

---

43) 《장자익》에는 '乃' 앞에 '都不知'가 있다. 그 뜻을 보충하여 번역하였다.

■ 品節 : 庸詎知知之非不知, 不知之非知,[44] 明說不知便是眞知.
진심 : '알음이 모름이 아님과 모름이 알음이 아님을 어찌 알겠는가?'는 모름이 곧 진짜 알음임을 밝혀 말한 것이다.

■ 按 : 世之辨者, 皆欲一天下之人, 而同其所是. 此物論所以不齊. 故借齧缺發其端, 而又借王倪之說以破之. '子知物之所同是', 其意, 蓋已謂物無同是, 特設問以質王倪耳. 及其三問而三不知, 則其對落落, 若以深拒齧缺, 而不欲爲同異之辨者, 然其對以不知者, 已見其微指. 又恐齧缺之不及察也, 故卽復曰, '庸詎知知之非不知, 不知之非知?' 蓋謂 '認以爲同者, 是眞不知, 而不知其同者, 乃爲眞知.' 於是始微示其意, 而又不肯明言也. 及至於處味色三喩, 其指又彰著矣.

박세당 : 세상에 변론하는 자들은 모두 천하 사람들의 생각을 하나로 만들어 자기가 옳다고 여기는 바에 동조하게 하고자 한다. 이것이 물론(物論)이 가지런해지지 않는 까닭이다. 그러므로 설결의 말을 빌려서 그 단서를 꺼내고 또 왕예의 말을 빌려서 그것을 깨뜨렸다. '선생님께서는 사물들이 다 같이 옳다고 여기는 바를 아십니까?'라고 한 것은, 그 의도는 대개, 자기는 사물은 다 같이 옳다고 여기는 것이 없다고 여기면서, 단지 질문을 설정하여 왕예에게 물은 것일 뿐이다. 세 번을 물었는데 세 번을 모른다고 함에 이르러서는, 그 대답이 확고하여, 마치 설결을 엄하게 거절함으로써, 같으니 다르니 하는 변론을 하고 싶어 하지 않은 것 같지만, 그러나 그 '모른다.'고 대답한 것이 이미 그 은미한 뜻을 드러낸 것이다. 또 설결이 미처 살피지 못할까 염려하였기 때문에, 즉시 다시 말하기를, '안다는 것이 모르는 것이 아닌 줄과 모른다

---

44) '知之非不知, 不知之非知'는 《장자품절》에는 '不知之非知, 知之非不知'로 위치가 바뀌어 있다.

는 것이 아는 것이 아닌 줄을 어찌 알겠는가?라고 하였으니, 대개 '같다고 여기는 것이 바로 진짜로 모르는 것이며, 그 같음을 모르는 것이 바로 진짜로 아는 것이 된다.'는 말이다. 이에 비로소 그 뜻을 은미하게 제시했지만, 또한 분명하게 말하려 들지는 않았다. (아래에 나오는) 거처(居處), 맛[味], 미모[色] 세 가지 비유에 이르면 그 취지가 또한 분명하게 드러난다.

且吾嘗試問乎汝. 民溼寢則腰疾偏死, 鰌然乎哉? 木處則惴慄恂懼, 猨猴然乎哉? 三者孰知正處?

그리고 내가 너에게 한번 물어보마. 사람은 습한 데에서 자면 허리가 병이 나고 반신불수가 되는데, 미꾸라지도 그렇던가? 나무 위에 있으면 무서워서 벌벌 떠는데, 원숭이도 그렇던가? 세 가지 가운데, 올바른 거처[正處]를 누가 알까?

■ 林云 : 鰌安乎水, 猨猴安乎木, 人豈能處此! 旣各安其所安, 而不能安其所不安, 則是三者所處皆非正也.

임희일 : 미꾸라지는 물에서 편안하고 원숭이는 나무에서 편안하지만, 사람이 어찌 이런 곳에 거처할 수 있겠는가! 이미 각각 자기가 편히 여기는 데에서 편안하고, 자기가 불안한 데에서 편안할 수 없다면, 이 셋이 거처하는 곳은 모두 올바른 거처가 아니다.

■ 按 : 此下兩節, 皆明物無同是.

박세당 : 이 아래 두 구절은 모두, 사물은 다 같이 옳게 여기는 것이 없음을 밝힌 것이다.

民食芻豢, 麋鹿食薦, 蝍且甘帶,45) 鴟鴉嗜鼠. 四者孰知正味?

사람은 소나 돼지 같은 동물의 고기를 먹고, 큰사슴과 사슴은 풀을 먹고, 지네는 뱀을 맛있게 먹고, 올빼미와 갈까마귀는 쥐를 즐겨 먹는다. 네 가지 가운데, 올바른 맛[正味]을 누가 알까?

■ 林云 : 麋鹿食草, 蝍蛆食蛇, 鴟鴉食鼠, 人食芻豢, 所嗜好不同, 則孰爲正哉?
임희일 : 큰사슴과 사슴은 풀을 먹고, 지네는 뱀을 먹고, 올빼미와 갈까마귀는 쥐를 먹고, 사람은 소고기나 돼지고기를 먹어, 좋아하는 바가 같지 않으니, 어느 것이 올바른 맛이 되는가?

■ 羅云 : 薦, 稠草也.
나면도 : 천(薦)은 풀[稠草]이다.

■ 焦云 : 蝍且, 蜈蚣. 帶, 蛇也.
초횡 : 즉저(蝍且)는 지네[蜈蚣]이다. 대(帶)는 뱀[蛇]이다.

■ 按 : 草食爲芻, 穀食爲豢.
박세당 : 꼴[芻]을 먹는 동물이 추(芻)이고 곡식을 먹는 동물이 환(豢)이다.

猨, 猵狙以爲雌, 麋與鹿交, 鰌與魚游. 毛嬙麗姬,46) 人之所美也, 魚見之深入, 鳥見之高飛, 麋鹿見之決驟. 四者孰知天下之正色哉?
암원숭이는 편저가 짝을 삼고, 큰사슴은 사슴과 짝짓기를 하고, 미꾸라지는

---

45) '且'는 《구의교주》, 《장자집석》에는 '蛆'로 되어 있다.
46) 모장(毛嬙)은 월왕(越王)의 애첩이다. 리희(麗姬)는 리융(麗戎)나라 애(艾)땅의 국경 관문지기의 딸로서 진(晉)나라로 잡혀와 헌공(獻公)의 애첩이 되었다고 한다. 기원전 655년에 리희는 헌공의 총애를 믿고 자기의 아들 해제(奚齊)를 태자로 삼으려고 태자 신생(申生)을 모함하여 죽게 하였다.

물고기와 함께 헤엄치며 논다. 모장과 리희는 사람들이 아름답다고 하는 여인들이지만, 물고기는 그들을 보면 깊이 들어가고 새는 그들을 보면 높이 날아가며 큰사슴과 사슴은 그들을 보면 후다닥 달아난다. 네 가지 가운데, 천하의 올바른 미모[正色]를 누가 알까?

■ 郭云 : 舉民鰌猿三者, 以明萬物之異便. 次以明美惡之無主. 次以明天下所好之不同也.

곽상 : 사람, 미꾸라지, 원숭이, 이 셋을 들어서, 만물이 편하게 여기는 것이 다르다는 것을 밝혔다. 다음으로, 맛있는 것과 맛없는 것에 고정된 기준이 없음을 밝혔고, 다음으로, 천하에 좋아하는 대상들이 같지 아니함을 밝혔다.

■ 呂云 : 夫民, 以體知安佚爲正處, 口知芻豢爲正味, 目知好色爲正色, 如鰌猿之所安, 蛆鴉之所甘, 魚鳥麋鹿之相與爲偶者. 如彼各以其知爲知之正, 則民與物其所知者, 非正可知矣.

여혜경 : 대저 사람은, 몸은 안일을 바른 거처라 알고 입은 고기를 바른 맛이라 알고 눈은 이쁜 것을 바른 미모인 줄로 아니, 미꾸라지와 원숭이가 편안히 여기는 바와, 지네와 올빼미가 맛있게 여기는 바와 물고기와 새와 사슴들이 서로 짝을 이루는 것과 같다. 저들이 각기 자기들이 아는 것을 올바름이라 여긴다면, 사람과 사물이 각기 자기가 아는 것들이 올바른 것이 아님을 알 수 있다.

■ 林云 : 人之悅好色者, 其與禽魚何異. 我之視猿鹿, 亦猶猿鹿之視我, 然孰爲正乎?

임희일 : 사람이 좋은 색을 좋아하는 것이 새와 물고기들과 무엇이 다르랴. 내가 원숭이와 사슴을 보는 것이 또한 원숭이와 사슴이 나를 보는 것과 같다. 그러니 어느 것이 올바름이 될까?

■ 褚云 : 又恐未能心會, 繼以人鳥獸之異宜, 處味色之非正. 然則所謂知者, 豈眞知, 所謂不知者, 豈眞不知哉?

저백수 : 또 마음으로 이해하지 못할까 염려가 되어, 사람과 새와 짐승이 편의가 다르다는 것과 거처와 맛과 색이 올바름이 아니라는 것으로 이었다. 그렇다면, 이른바 안다는 것이 어찌 진짜 아는 것이겠으며, 이른바 모른다는 것이 어찌 진짜 모르는 것이겠는가?

■ 焦云 : 猵狙, 似猿狗頭. 其雄喜與雌猿爲牝牡.

초횡 : 편저는 원숭이와 비슷하게 생겼고 머리는 개와 같다. 그 수컷이 암원숭이와 짝이 되기를 좋아한다.

自我觀之, 仁義之端, 是非之塗, 樊然殽亂, 吾惡能知其辯!"

내가 보기에는, 인의(仁義)의 단서와 시비(是非)의 길이 이리저리 엉켜 어지러우니, 내가 그것이 어느 것이 옳고 어느 것이 그른지 어찌 알 수 있겠는가!"

■ 郭云 : 利于彼, 或害于此. 天下之彼我無窮, 則是非無常, 故唯莫之辨而任其自是, 然後蕩然俱得也.

곽상 : 저쪽에 이로운 것은 혹 이쪽에 해로울 수가 있다. 천하에는 저쪽과 내쪽이 끝이 없으니, 시비가 일정하게 정해진 것이 없다. 그러므로 오직 분변하지 말고 스스로 옳다고 여기는 대로 맡겨둔 뒤라야 시원히 양쪽이 모두 제대로 된다.

■ 疑獨云 : 是非仁義, 樊然殽亂, 孰從而正之? 故不知其辨, 乃所以辨也.

임의독 : 시비와 인의가 어수선하게 어지러우니, 어느 것을 따라 바루겠는가? 그러므로 그 분변을 하지 말고 저대로 내버려두는 것이 곧 분변하는 방법이다.

■ 林云 : 仁義之分, 是非之論, 紛然, 亦猶處味色之不同. 又安可得以辨!

임희일 : 인의의 분별과 시비의 논란이 분분하니, 또한 거처, 맛, 미모가 같지 않음과 같다. 또 어찌 분변할 수 있겠는가!

■ 品節 : 物固有所然, 物固有所可, 無物不然, 無物不可. 居處色味, 人物之性不同, 各自得也. 觀此, 則仁義之端, 是非之論, 莫不皆然.

진심 : 사물은 본디 그럴 수밖에 없이 맞는 이유가 있으며 사물은 본디 그럴 수밖에 없이 옳은 이유가 있다. 맞지 아니한 사물은 없고 옳지 아니한 사물은 없다. 거처와 색과 맛은 사람과 사물의 본성이 같지 않고 각각 저대로 기준이 있는 것이다. 이것을 보면, 인의의 단서와 시비의 논란이 모두 그렇지 않은 것이 없다.

■ 按 : 莊子之言, 可謂辯矣. 然卽其所言而究之, 亦有可以窮其說者. 彼以鰌猿麋鹿猵狙之不同好, 而欲明天下之無同是. 鰌猿麋鹿猵狙, 與人異性, 宜其所好之不同. 人與人, 亦如鰌猿麋鹿猵狙之異其性而不同好乎? 芻豢之味, 毛嬙麗姬之色, 天下之所同好, 則人固有同是者矣. 至於善惡, 奚獨無辨? 好善惡惡, 人之性也. 以善爲是, 而以惡爲非, 天下之所同也. 安得曰'天下無同是同非'哉? 率莊子之道, 則是以人而爲鰌猿麋鹿猵狙而後可也.

박세당 : 장자의 말은 달변이라 할 만하다. 그러나 그 말한 바에 나아가 끝까지 따져보면, 또한 그 말을 궁색하게 할 수 있는 것이 있다. 저이가 미꾸라지, 원숭이, 사슴, 편저의 좋아함이 같지 아니함으로써, 천하에는 다 같이 옳게 여기는 것이 없음을 밝히고자 하였다. 미꾸라지, 원숭이, 사슴, 편저가 사람과는 천성이 다르니, 그 좋아하는 바가 같지 아니함은 당연하지만, 사람과 사람끼리도 또한 미꾸라지, 원숭이, 사슴, 편저가 그 천성이 달라서 좋아함이 같지 아니한 것과 같은가? 소고기나 돼지고기의 맛과 모장이나 리희의 미색

은 천하가 다 같이 좋아하는 바이니, 사람은 본디 다 같이 옳게 여기는 것이 있다. 선과 악에 이르러도 어찌 차이가 없겠는가? 선을 좋아하고 악을 미워하는 것이 사람의 본성이다. 선을 옳게 여기고 악을 그르게 여기는 것은 천하 사람들이 동일한 것이다. 어찌 '천하에 다 같이 옳게 여기고 다 같이 그르게 여기는 것이 없다.'고 할 수 있겠는가? 장자의 도를 따르자면, 이는 사람으로서 미꾸라지, 원숭이, 사슴, 편저가 된 뒤라야 가능한 것이다.

齧缺曰, "子不知利害, 則至人固不知利害乎?" 王倪曰, "至人神矣! 大澤焚而不能熱, 河漢冱而不能寒, 疾雷破山, 風振海而不能驚. 若然者, 乘雲氣, 騎日月, 而游乎四海之外. 死生無變於己, 而況利害之端乎!"

설결이 말하였다. "선생님께서 이해(利害)를 따질 줄을 모르시니, 지인(至人)은 본디 이해를 모르는 것입니까?" 왕예가 말하였다. "지인은 신묘하다! 큰 수풀이 타올라도 뜨겁게 할 수 없고, 황하와 한수가 얼어붙어도 춥게 할 수 없고, 빠른 우레가 산을 깨뜨리거나 태풍이 바다를 뒤흔들어도 놀라게 할 수 없다. 그와 같은 자는 구름 기운을 타고 해와 달을 부리며 사해 바깥에 노닌다. 죽음과 삶이 자기에게 아무런 변화를 주지 못하는데, 하물며 이해의 단서 따위이랴!"

■ 郭云 : 至人, 無心而無不順. 不熱不寒不驚者, 體與物冥, 雖涉至變, 而蕩然無蠆介于胷中也. 乘雲氣者, 寄物而行, 非我動也. 騎日月者, 有晝夜而無死生也. 游四海之外者, 任天下之自爲, 故馳萬物而不窮也.

곽상 : 지인은 사심이 없어서 순조롭지 아니함이 없다. 뜨겁지 않고 춥지 않고 놀라지 않는 것은, 몸이 사물과 완전히 하나가 되어, 비록 아주 큰 변화를 만나더라도 흉중에 전혀 개의치 않는 것이다. 구름 기운을 타는 것은, 사물에

몸을 의탁해서 가는 것이지 내가 움직이는 것이 아니다. 해와 달을 부리는 것은, 낮과 밤이 있더라도 죽음과 삶은 없는 것이다. 사해 바깥에 노닌다는 것은, 천하의 사물들을 스스로 하는 대로 맡겨두기 때문에 만물을 내달리게 하여 끝이 없는 것이다.

■ 林云 : 神者, 妙萬物而無跡也.
임희일 : 신묘하다는 것은, 만물에 미묘하게 내재하여 자취가 없음을 말한다.
■ 按 : 上言惡知是非之辨, 此更以不知利害爲問者, 蓋以爲是非起於利害也.
박세당 : 위에서 '어찌 시비를 분변할 수 있으랴'라고 말했는데, 여기서 다시 '이해(利害)를 모름'으로 질문을 삼은 것은, 대개 시비가 이해에서 일어난다고 여긴 것이다.

3

瞿鵲子問乎長梧子曰,⁴⁷⁾ "吾聞諸夫子, '聖人不從事於務, 不就利, 不違害, 不喜求, 不緣道. 無謂有謂, 有謂無謂, 而游乎塵垢之外.' 夫子以爲孟浪之言, 而我以爲妙道之行也. 吾子以爲奚若?"
구작자(瞿鵲子)가 장오자(長梧子)에게 물었다. "제가 우리 스승님께 들으니, '성인은 세상일에 종사하지 않아서, 이익 쪽으로 나가지도 않고 손해를 피하지도 않으며, 추구하기를 좋아하지도 않고 도를 따르지도 않는다. 무어라 함이 없어도 무어라 함이 있고 무어라 함이 있어도 무어라 함이 없이, 속세 바깥에서 노닌다.'고 하셨습니다. 공자께서는 맹랑한 말이라 하셨습니다만, 저는

---

47) 구작자(瞿鵲子)는 '호들갑스러운 때까치'라는 뜻이고 장오자(長梧子)는 '오래 자란 오동나무'라는 뜻이다. 둘 다 가상의 인물이다.

오묘한 도의 실천이라 생각합니다. 당신께서는 어찌 생각하십니까?"

■ 向氏秀云48) : 孟浪, 與漫瀾同, 無所趣舍之謂.49)

상수(向秀) : 맹랑(孟浪)은 만란(漫瀾)과 같다. 취사(趣舍)할 바가 없음을 이른다.

■ 郭云 : 不從事於務者, 務來自應, 非從而事之也. 不就利違害, 無所避就也. 凡非眞性者, 皆塵垢.

곽상 : 세상일에 종사하지 아니한다는 것은, 일이 저절로 내게로 오면 저절로 반응하는 것이지 (내가) 따라가서 그 일을 하는 것이 아니라는 말이다. 이익을 따라가거나 손해를 피하거나 하지 아니한다는 것은, 피하거나 나아가거나 하는 바가 없다는 말이다. 무릇 진성(眞性)이 아닌 것은 모두 진구(塵垢)이다.

■ 呂云 : 聖人不知利害, 故無就違. 無不足, 故不喜求. 此瞿鵲子嘗聞夫子言之以爲孟浪,50) 而己則以爲妙道.

여혜경 : 성인은 이해를 모르기 때문에 나아감과 회피함이 없으며, 부족함이 없기 때문에 추구함을 좋아하지 않는다. (이것은) '구작자가 일찍이 부자가 그것을 말하는 것을 들었더니 (부자는) 맹랑하다고 하였는데, (구작자) 자기는 오묘한 도라 여긴다.'는 것이다.

■ 林云 : 不從事, 不以爲意也. 有就有違, 則知有利害矣. 利害不知, 何就違之有? 不緣道, 無跡也. 無謂有謂, 不言之言, 有謂無謂, 言而不言. 夫子, 指孔子.

임희일 : '불종사'는 염두에 두지 아니함이다. 나아감이 있고 회피함이 있으면, 이해가 있음을 인지하는 것이다. 이해를 알지 못하면 무슨 나아감과 회피

---

48) 당나라 육덕명(陸德明)의 《장자음의(莊子音義)》에 "向云, 孟浪音漫瀾, 無所趣舍之謂."라 하였다. 이것이 《장자익》과 《장자집석》 등에 인용되어 있다.
49) '趣'는 《장자집석》에는 '趨'로 되어 있다.
50) 《장자익》에는 '瞿鵲子' 앞 구절이 '唯無心者, 足以與此.'로 되어, '此'가 윗구절에 붙어 있다.

함이 있겠는가? 길을 따르지 아니한다는 것은 걸어간 자취가 없음이다. '무위유위'는 말하지 아니하는 말함이고, '유위무위'는 말을 했는데도 말하지 아니함이 됨이다. 부자는 공자(孔子)를 가리킨다.

■ 按 : 上下夫子, 疑非一人. 上夫子, 謂其師, 下夫子, 謂孔子. 因上文不知利害, 又發此一段.

박세당 : 위아래의 '부자(夫子)'는 아마 동일한 사람이 아닐 듯하다. 위의 부자는 자기의 스승을 이르고 아래의 부자는 공자(孔子)를 이른다. 윗글의 '이해를 모름'을 인하여, 또 이 한 단락을 말한 것이다.

長梧子曰, "是黃帝之所聽熒也,51) 而丘也何足以知之!

장오자가 말하였다. "이것은 황제도 잘 모르는 것인데, 공구(孔丘)가 어찌 그것을 알겠는가!

■ 林云 : 熒, 明也, 言必黃帝聽此而後能明之.

임희일 : 영(熒)은 밝다는 뜻이니, 반드시 황제라야 이것을 들은 뒤에 밝힐 수가 있다는 말이다.

■ 焦云 : 聽熒, 疑惑也. 崔譔云, 小明不大了也.

초횡 : 청영(聽熒)은 의혹(疑惑)스럽다는 뜻이다. 최선(崔譔)은 '조금만 밝아서 아주 명료하지는 못하다는 뜻이다.' 하였다.

■ 按 : 聽熒, 當從焦氏.

박세당 : 청영은 초횡의 학설을 따라야 한다.

---

51) '黃'은 대본에는 '皇'으로 되어 있으나 《장자익》, 《구의교주》 등에 의거하여 고쳤다.
'熒'은 《장자익》, 《장자집석》에는 '熒'으로 되어 있다.

且女亦大早計. 見卵而求時夜, 見彈而求鴞炙.

그리고 그대도 또한 생각이 너무 성급하다. 달걀을 보고 새벽에 울어 시간 알리기를 바라고, 탄환을 보고 부엉이구이를 바라는 것과 같다.

■ 郭云 : 方聞言而便以爲妙道之行, 無異見卵而責司晨之功, 見彈而求鴞炙之實. 夫探變求化, 執是以辯非, 皆逆計之徒也.

곽상 : (구작사가) 바야흐로 (맹랑한) 말을 듣고는 곧바로 묘도의 행실이라 여겼으니, 달걀을 보고 새벽 알리기를 요구하거나 탄환을 보고 부엉이구이를 찾는 것과 다름이 없다. 대저 변화를 탐구하고, 옳음을 고집하여 그름을 분변하는 것은 모두 미리 계산하기를 좋아하는 무리이다.

■ 林云 : 時夜, 度時而呼更也. 雞未出卵, 而求其呼更, 挾彈而未得鴞, 求之以爲炙, 此早計之喩也.

임희일 : '시야는 시각을 헤아려 시각에 맞춰 우는 것이다. 닭이 알에서 나오기도 전에 아침울기를 요구하거나 탄환을 쥐고 아직 새를 잡지도 못했는데 새 구이를 만들려는 것, 이것은 너무 일찍 헤아리는 것에 대한 비유이다.

■ 按 : 瞿鵲, 以己所聞聖人之事如此, 仲尼乃以爲漫瀾無實之言, 而己則謂爲妙道之行, 擧以質之長梧. 長梧卽謂 '此至道玄奧, 雖黃帝之聖, 亦所疑惑而未明, 則若仲尼者, 又何足以知之. 其謂孟浪固宜.' 又謂 '瞿鵲之知, 亦未及此, 聚語大道, 譬猶覵卵而傾耳乎時夜, 覵彈而流涎於鴞炙, 其爲計, 亦未免爲太早也.'

박세당 : 구작(瞿鵲)이, 자기가 들은 성인의 일이 이와 같았는데, 중니(仲尼)는 이에 허황되어 실상이 없는 말이라 하였지만 자기는 묘도의 실천이 된다고 여겼다. 그래서 이 일을 들어 장오(長梧)에게 질정하였다. 장오가 즉시 이르기를, '이것은 지극한 도의 현묘하고 심오함이라, 황제 같은 성인이실지라도 또한 의혹하여 잘 알지 못하는 것이니, 중니 같은 자야 또한 어찌 그것을 알겠

는가. 그가 맹랑한 말이라 한 것은 참으로 당연하다.' 하였다. 또 '구작의 알음도 또한 아직 여기에 미치지 못하니, 느닷없이 큰 도人道를 이야기하는 것은, 비유하자면, 달걀을 보고는 새벽 닭소리를 들으려고 귀를 기울이는 것과 같고 탄환을 보고는 부엉이구이를 생각하며 침을 흘리는 것과 같다. 그의 요량함도 또한 너무 성급함이 됨을 면하지 못한다.' 하였다.

予嘗爲女妄言之, 女以妄聽之.
내가 한번 그대에게 허튼소리를 해볼 터이니, 그대도 그냥 농담으로 들어보라.

■ 呂云 : 予言之而汝聽之, 皆妄而已, 欲其忘言而以心契之也.
여혜경 : '내가 말하고 그대가 듣는 것이 둘 다 망녕된 것일 따름이다.'라는 것이니, 말을 잊고 마음으로 깨닫게 하고자 한 것이다.
■ 品節 : 未可與言而與之言, 爲妄言.
진심 : 함께 말할 만하지 않은데도 함께 말하면, 망녕된 말이 된다.
■ 按 : 言'我第爲汝而言之, 汝之聽之, 不可認爲眞也.'
박세당 : '나는 단지 그대를 위해서 그저 그것을 말하는 것일 뿐이니, 그대가 그것을 듣고 진짜라고 인식해서는 안 된다.'고 말한 것이다.

奚?52) 旁日月, 挾宇宙, 爲其脗合, 置其滑涽, 以隷相尊.
무슨 말인가 하면, (성인은) 해와 달을 곁에 두고 우주를 끼고, 두 입술처럼 딱 맞아서, 그 천성을 어지럽히고 혼매하게 하여 노예처럼 상대를 높이는 것

---

52) '奚'는 《구의교주》에는 위 단락에 붙여 '汝以妄聽之奚'로 보고, '해(奚)는 하여(何如)이다. 이 한 글자가 기이한 쓰임이다.' 하였다.

은 버려두고 하지 않는다.

■ 郭云 : 以死生爲晝夜, 旁日月之譬也. 以萬物爲一體, 挾宇宙之譬也. 以有所賤, 故尊卑生, 而滑涽紛亂, 莫之能正, 莫若置之也.

곽상 : 죽음과 삶으로 낮과 밤을 삼는 것이 '방일월'의 비유이고, 만물로 한 몸을 삼는 것이 '협우주'의 비유이다. 천하게 여기는 바가 있기 때문에 높고 낮음이 생겨나는데, 어지러이 분란스러워 바룰 수가 없으니, 그냥 내버려두는 것 만한 것이 없다.

■ 呂云 : 知日月之所以爲日月, 而與之合其明, 則可旁矣. 知宇宙之所以爲宇宙, 而其機在乎手, 則可挾矣. 爲其脗合, 所以爲妙道之行, 非特聞之而已.

여혜경 : 해와 달이 해와 달이 된 까닭을 알아서 그것들과 더불어 그 밝음을 합치하면, 곁에 둘 수 있다. 우주가 우주가 된 까닭을 알아서 그 기틀이 손안에 있게 되면, 낄 수가 있다. 그것을 두 입술처럼 딱 맞게 하는 것은 묘도를 실천하는 방법이니, 단지 듣고만 마는 것이 아니다.

■ 王云 : 旁日月者, 一晝夜也. 挾宇宙者, 齊遠近也.

왕방(王雱) : 해와 달을 곁에 둔다는 것은, 낮과 밤을 하나로 본다는 것이다. 우주를 낀다는 것은, 멀고 가까움을 가지런히 함이다.

■ 林云 : 挾宇宙, 宇宙在其懷內也. 脗合, 渾然而無縫罅也. 滑, 汨也. 汨汨涽涽. 以隸而相尊者, 皆置之也.

임희일 : '협우주'는 우주가 그 품 안에 있음이다. '문합'이라는 것은 완전히 서로 합치하여 빈틈이 없음이다. '골(滑)'은 골(汨)이니, (인간 세상이) 혼란하고 혼매한 것이다. 노예처럼 상대를 높이는 것을 모두 그냥 버려둔다.

■ 按 : 此言'聖人之道, 與天地日月, 脗合其妙, 而捨置其滑涽天性, 以相役屬, 而相推尊者, 不爲之也.' 此卽所謂 '不事務, 不就違, 不求, 而遊乎塵垢之外'者. 特反覆而異其辭, 蓋其初雖若折其太早而實可其言也.
박세당 : 이것은 '성인의 도는 천지, 일월과 그 오묘함이 입술처럼 딱 맞아서, 그 천성을 어지럽히고 혼매하게 하여 서로 사역시키고 서로 추존을 하는 것을 버려두고, 하지 않는다.'는 말이다. 이것이 곧 이른바 '일에 종사하지 아니하며 나아가거나 피하지 아니하며 추구하지 아니하고, 속세의 밖에서 노닌다.'는 것이다. 단지 반복해 말하면서 그 말을 달리한 것이니, 대개 처음에는 비록 그 지나친 성급함을 꺾은 것 같지만 사실은 그 말을 인정한 것이다.

衆人役役, 聖人愚芚. 參萬歲而一成純.
일반 사람들은 허겁지겁 약빠르게 바쁘지만, 성인은 우둔하다. (그러나 성인은) 만세의 변화에 함께 참여하여 하나가 되어 순수를 이룬다.

■ 郭云 : 役役, 馳騖于是非之境也. 愚芚, 芚然無知之貌. 純者, 不雜也. 夫擧萬世而參其變, 衆人謂之雜矣. 唯大聖芚然一變化而常遊於獨者也.
곽상 : '역역'은 시비의 지경에 내달림이다. '우둔'은 멍청히 무지한 모양이다. '순(純)'은 섞이지 아니함이다. 대저 만세토록 온통 그 변화에 참여하면, 일반 사람들은 복잡하다고 여기지만, 오직 큰 성인만은 멍하게 변화와 하나가 되면서 항상 홀로 우뚝한 데에서 노닌다.
■ 呂云 : 衆人役役, 不見成功. 聖人則愚而無知, 芚而不散, 雖萬世之久, 參而一之, 則成純矣.
여혜경 : 일반 사람들은 허겁지겁 약빠르지만 성공을 보지 못한다. 성인은 어리석어 무지하고 한 덩어리가 되어 흩어지지 않아서, 비록 만세토록 오랜 세

월이라도 참여하여 하나가 되니, 순수함을 이룬다.

■ 陳氏景元云 : 參萬世而一成純者, 通古今如朝暮, 合萬變爲混成也.

진경원(陳景元) : 만세에 참여하여 하나로 순수를 이루는 자는 고금을 통하기를 마치 아침저녁과 같이 하고 오만 가지 변화를 통합하여 혼성을 만든다.

■ 王云 : 爲物所役, 故曰役役.

왕방 : 사물에 의해 사역이 되기 때문에 '역역'이라 한 것이다.

■ 林云 : 衆人迷於世, 故役役然. 聖人渾渾然猶愚芚也. 合萬歲而只此一理, 更無間雜, 故曰一成純.

임희일 : 일반 사람들은 세상에 미혹되었기 때문에 약빠르게 바쁘지만, 성인은 혼연하여 우둔한 것과 같아서, 만세를 통합해서 보아도, 단지 이 하나의 이치가 다시 섞임이 없기 때문에 '하나로 순수함을 이룬다.'고 한 것이다.

■ 按 : 衆人滑湣, 以隷相尊, 則常有所求矣. 害則違, 利則就矣, 日從事于務矣, 宜乎其役役也. 聖人與日月宇宙爲其胗合, 則於人之所求所違所就所事, 擧置而不取, 固亦似乎愚芚, 而無所知識矣. 然能參合萬世之變, 一而成純者, 亦豈外此也?

박세당 : 일반 사람들은 혼매하여 노예처럼 상대를 높이니, 항상 추구하는 바가 있다. 손해일 때에는 회피하고 이익일 때에는 나아가, 날마다 일에 종사하니, 허겁지겁 바쁜 것이 당연하다. 성인은 일월, 우주와 더불어 완전히 합치하니, 사람들이 추구하고 회피하고 나아가고 일삼는 것들에 대해 모두 그냥 버려두고 취하지 않는다. 참으로 또한 우둔하여 아는 것이 없는 듯하다. 그러나 만세의 변화에 함께하여 하나가 되어 순수를 이루는 것이 또한 어찌 이것을 벗어나겠는가?

萬物盡然, 而以是相蘊. 予惡乎知說生之非惑耶! 予惡乎知惡死之非弱喪而不知歸者耶!

만물이 모두 그러하여, 이것들로 (그 본성을) 덮어 가리고 있다. 내가 어찌 알겠나? 삶을 좋아하는 것이 미혹이 아닌 줄을! 내가 어찌 알겠나? 죽음을 싫어하는 것이, 어려서 집을 잃고 돌아갈 줄을 모르는 것이 아닌 줄을!

■ 郭云 : 死生一也, 而獨說生, 安知其非惑也? 少而失其故居, 名爲弱喪. 弱喪者, 遂安於所在而不知歸. 焉知生之非夫弱喪, 焉知死之非夫還歸而惡之哉?

곽상 : 죽음과 삶은 한 가지인데도 유독 삶을 좋아하니, 그것이 미혹이 아닌 줄을 어찌 알랴? 어려서 그 옛집을 잃은 것을 이름 하여 약상(弱喪)이라 한다. 어려서 옛집을 잃은 자는 드디어 현재 있는 곳에 안주하여 고향으로 돌아갈 줄을 모른다. 삶이라는 것이 저 약상이 아닌 줄을 어찌 알겠으며, 죽음이라는 것이 저 (고향으로) 돌아가는 것인데도 그것을 싫어하는 것이 아닌 줄을 어찌 알랴?

■ 林云 : 萬物盡然者, 言 '人人皆有私意.' 弱年而去其鄉, 久留而忘其故, 恐悅生而惡死者, 亦似此也.

임희일 : '만물이 모두 그러하다.'는 것은, '사람마다 모두 사사로운 뜻이 있음'을 말한다. 어린 나이에 그 고향을 떠나서 오래도록 타향에 머물러 살면서 그 고향을 잊은 것은, 어쩌면 삶을 좋아하고 죽음을 싫어하는 것이 또한 이와 흡사할 것이다.

■ 按 : 盡然, 謂'皆役役於有求有違有就有事也.' 以是相蘊, 謂'以此數者, 蘊蔽其本性也.'

박세당 : 진연(盡然)은 '추구함이 있고 회피함이 있고 나아감이 있고 일삼음이 있는 데에서 모두들 허겁지겁 애를 씀'을 이른다. 이시상온(以是相蘊)은 '이 몇

가지로 그 본성을 덮어 가림'을 이른다.

麗之姬, 艾封人之子也. 晉國之始得之也, 涕泣沾襟. 及其至於王所, 與王同
筐牀,53) 食芻豢而後, 悔其泣也. 予惡乎知夫死者不悔其始之蘄生乎!
리희(麗姬)는 애(艾)땅의 국경지기[封人]의 딸이다. 진(晉)나라가 처음 그녀
를 데려왔을 때에는, 눈물을 흘려 옷자락을 적셨는데, 왕의 처소에 이르러 왕
과 침상을 함께 쓰고 맛있는 고기를 먹어본 뒤에는, 그 눈물 흘렸던 것을 뉘
우쳤다. 내가 어찌 알겠나? 저 죽은 자가 그가 처음에 살기를 바랐었던 것을
뉘우치지 않으리라는 것을!

■ 郭云 : 觀於麗姬先泣後悔, 一生之內, 情變若此. 況夫死生之變,
惡能相知哉!
곽상 : 리희가 앞에서는 울었다가 뒤에는 뉘우친 것을 보면, 같은 삶 안에서
도 마음의 변화가 이와 같다. 하물며 저 죽음과 삶의 변화에서 어찌 서로(이
쪽에서 저쪽을) 알 수 있겠는가!

■ 呂云 : 以麗姬觀之, 則安知死者不悔其向之蘄生, 又何生之可悅,
死之可惡乎!
여혜경 : 리희로써 보자면, 죽은 자가 그 이전에 살기를 바랐던 것을 뉘우치
지 아니하리라는 것을 어찌 알겠으며, 또한 삶이라 해서 무슨 좋아할 것이
있고 죽음이라 해서 무슨 싫어할 것이 있겠는가!

■ 焦云 : 筐牀, 安牀也.
초횡 : 광상은 침상[安牀]이다.

---

53) '筐'은 '筺'으로도 쓴다.

夢飲酒者, 旦而哭泣. 夢哭泣者, 旦而田獵. 方其夢也, 不知其夢也. 夢之中, 又占其夢焉, 覺而後, 知其夢也.

꿈에 술을 마시던 사람이 아침이 되면 통곡을 하고, 꿈에 통곡을 하던 사람이 아침이 되면 사냥을 나간다. 꿈을 꿀 때에는 그것이 꿈인 줄을 모른다. 꿈속에서도 또 자기 꿈을 해몽하다가, 꿈을 깬 뒤에야 그것이 꿈이었음을 안다.

■ 郭云 : 寤寐之間, 事苟變, 情亦異, 則死生之願不得同矣. 故生時樂生, 死時樂死, 死生雖異, 其於各得其願一也. 方夢不知其夢, 則當死之時, 亦不知其死而自適其志也. 夢者, 夢中復占其夢, 則無以異於寤者也. 當所遇, 無不足也, 何爲而憂死哉!

곽상 : 잠과 깸 사이에서도 일이 정말 변하면 마음도 또한 달라지니, 죽음과 삶에서의 소원도 같을 수가 없다. 그러므로 살아 있을 때에 삶을 즐거워한다면 죽었을 때에는 죽음을 즐거워할 것이니, 죽음과 삶이 비록 다르지만, 그 각기 그때그때의 소원대로 되는 것에서는 한가지이다. 꿈꿀 때에 그것이 꿈인 줄을 모른다면, 죽었을 때에도 또한 그것이 죽음인 줄을 모르고 마음껏 유유자적할 것이다. 꿈꾸는 자가 꿈속에서 다시 그 꿈을 해몽한다면, 깨어 있는 자와 다름이 없다. 만나는 상황에서 부족함이 없는데, 무엇 때문에 죽음을 근심하겠는가!

■ 林云 : 夢覺之間, 變幻如此. 此皆曲盡人情之妙.

임희일 : 꿈꾸는 것과 깬 것의 사이에 변환이 이와 같다. 이것은 모두 인정의 오묘함을 곡진히 말한 것이다.

且有大覺而後, 知此其大夢也. 而愚者自以爲覺, 竊竊然知之, '君乎! 牧乎!' 固哉, 丘也! 與女皆夢也. 予謂女夢, 亦夢也.

또한 크게 깬 사람이 나온 뒤라야 이것이 큰 꿈이었음을 알게 될 것이다. 그런데 어리석은 자는 스스로 깨어 있다고 여겨, 작은 소견으로 아는 체하며, '군주여! 목자여!'라고 한다. 고루하구나, 공구(孔丘)여! 공구와 그대는 모두 꿈을 꾸고 있다. 내가 그대에게 꿈이라고 말하고 있는 것도 또한 꿈속이다.

■ 郭云 : 大覺者, 聖人也. 大覺者, 乃知患慮在懷者皆未寤也. 愚者, 大夢而自以爲寤, 故竊竊然, 信一家之偏見, 可謂固陋矣.
곽상 : 크게 깬 자는 성인이다. 크게 깬 자라야 마음에 있는 걱정 근심들이 모두 아직 깨지 않은 것임을 안다. 어리석은 자는 크게 꿈을 꾸고 있으면서 스스로는 깨었다고 여긴다. 그러므로 잗달게 살피며, 한 학파의 치우친 견해를 믿으니, 고루하다고 이를 만하다.

■ 林云 : 大覺, 見道者也. 君貴, 牧賤. 愚人處世, 方在夢中, 竊竊然自分貴賤,54) 豈非固蔽乎? 竊竊, 小見之貌. 丘與汝所言皆在夢中,55) 我今說汝爲夢, 亦夢中語耳. 蓋言人世皆是虛夢.
임희일 : 크게 깼다는 것은 도를 본 자를 말한다. 군주는 귀하고 목동은 천하다. 어리석은 사람이 세상을 살아가는 것은 바야흐로 꿈속에 있는 것인데 작은 소견으로 스스로 귀천을 나누니 어찌 고루하고 가리워진 것이 아니랴? '절절'은 소견이 작은 모양이다. 공구(孔丘)와 그대가 말한 바는 모두가 꿈속에서 하는 말이고, 내가 지금 그대에게 꿈꾸고 있다고 말해주는 것도 또한 꿈속에서 하는 말일 뿐이다. 대개 '인간세상은 모두 부질없는 꿈속이다.'라는 말이다.

■ 劉云 : 君乎牧乎, 卽夢爲人君夢爲人僕者. 謂'擧世盡夢, 方竊竊然有擇於此, 陋矣.' 到此漸說入夢境, 旣入夢境, 更問甚是非?

---

54) '竊竊然'은 《구의교주》에 '切切'로 되어 있다.
55) '丘'는 《구의교주》에 '某'로 되어 있다.

유신옹 : '군주여, 목동이여'라고 하는 것은, 곧 꿈속에서 군주가 되기도 하고 꿈속에서 노복이 되기도 하는 것이다. '온 세상이 모두 꿈인데 바야흐로 작은 소견으로 여기에서 선택을 하고 있으니 고루하다.'는 말이다. 여기에 이르러 차츰 꿈의 지경으로 들어가는 것을 말하고 있는데, 꿈의 지경으로 들어가고 나면, 다시 무슨 시비를 따지겠는가?

■ 按 : 此謂 '必待大覺悟之人, 能達陰陽夜晝之變, 超然無累, 而後知夫死生之際, 即爲大夢也. 世之愚昧者, 顧乃昏昏然尙在夢寐之間, 而自以爲覺, 有其知識, 呼君呼牧, 是何異於夢中而占其所夢者歟?' 蓋微指孔子. 牧, 猶長也. 言尊則卑在其中矣. '固哉, 丘也!', 亦譏孔子, 以爲陋也. 又言 '孔子與汝, 皆在夢中而未覺, 我雖謂汝在夢未覺, 而自亦未離於夢', 是智愚俱在夢也.

박세당 : 이것은 '반드시 크게 깨달은 사람을 기다려, 음양 주야의 변화에 통달하여 초연히 얽매임이 없은 뒤라야, 저 죽음과 삶의 즈음이 곧 큰 꿈이라는 사실을 알게 될 것이다. 세상의 우매한 자들은, 도리어 이에 몽매하게 아직도 꿈속에 있으면서도 스스로는 깨었다고 여겨 자기의 지식을 버리지 못하고 군주라 하기도 하고 목자(牧者)라 하기도 하니, 이것은, 꿈속에서 그 꿈꾼 바를 해몽하는 자와 무엇이 다를까?'라는 말이다. 대개 넌지시 공자를 가리킨 것이다. 목(牧)은 장(長)과 같다. 높은 것을 말하면 낮은 것은 그 안에 들어 있다. '고루하다, 공구여!'라는 것도 또한 공자를 기롱하여 고루하다고 한 것이다. 또 말하기를, '공자와 그대가 모두 꿈속에 있으면서 아직 깨지 않았으며, 내가 비록 그대를 보고 꿈속에 있으면서 아직 깨지 않았다고 말하고 있지만, 나 자신도 또한 아직 꿈을 벗어나지 못했다.' 하였으니, 이것은 지혜로운 자나 어리석은 자나 모두 꿈속에 있다는 것이다.

是其言也, 其名爲弔詭. 萬世之後而一遇大聖知其解者, 是旦暮遇之也.56)
이러한 말은 그 이름이 적궤(弔詭)이다. 만세 뒤에라도 그 해답을 아는 큰 성인을 한번 만난다면, 이는 아침저녁 사이에 만난 것처럼 일찍 만나는 것이다.

■ 郭云 : 非常之談, 非常人之所知. 朝暮遇之者, 言至希也.
곽상 : 일상적인 것이 아닌 이야기는 보통 사람들이 알 수 있는 바가 아니다. 아침저녁 사이에 만난다는 것은 아주 드물다는 것을 말한다.

■ 林云 : 弔, 至也, 言'我爲此言, 可謂至恠, 然至恠之中, 實存至妙之理, 使萬世之後, 苟有聖人出, 知我此意, 與我猶朝暮之遇也.'
임희일 : 적(弔)은 '매우[至]'의 뜻이다. '내가 이 말을 하는 것은 매우 괴이하다고 이를 만하다. 그러나 매우 괴이한 말 가운데 실제로 매우 오묘한 이치가 들어 있다. 만일 만 세대 뒤에 참으로 성인이 나와서 나의 이러한 의도를 알아준다면, 나와는 오히려 아침저녁 사이의 만남이다.'라는 말이다.

■ 焦云 : 朝暮遇之, 言'有知之者, 雖萬世之遠, 猶如朝夕', 甚言其難得也. 古云, '千里一聖, 猶比肩也.' 語意亦如此.
초횡 : '아침저녁에 만나는 것'이라 함은, '그것을 아는 자가 있다면 비록 먼 만세 뒤일지라도 오히려 아침저녁 사이와 같을 것이다.'라는 말이니, 그 얻기 어려운 것을 심하게 말한 것이다. 옛말에, '천 리 밖에 한 성인이 있더라도 오히려 어깨를 나란히 함과 같다.'고 하였는데, 말뜻이 또한 이와 같다.

■ 按 : 以天下之智愚, 爲擧在於一夢之中, 其言豈不爲恠而駭世哉? 然萬世之後, 若有大聖能知此理者, 欣然相契, 不翅若朝暮之遇也. 蓋言必待大聖而後知之也.

---

56) 《장자품절》에 '구작자와 장오자의 문답은 여기까지이다.' 하였다.

박세당 : 천하의 지혜로운 이와 어리석은 이를 모두 한바탕 꿈속에 있는 것으로 만들었으니, 그 말이 어찌 괴이해서 세상을 놀라게 하는 것이 아니겠는가? 그러나 만세 뒤에 만약 이 이치를 알 수 있는 큰 성인이 있어서 흔연히 서로 마음이 맞는다면, 아침저녁 사이에 만난 것과 같을 뿐만이 아닐 것이다. 대개 '반드시 큰 성인을 기다린 뒤라야 그것을 알 수 있다.'는 말이다.

旣使我與若辯矣, 若勝我, 我不若勝, 若果是也, 我果非也耶? 我勝若, 若不吾勝, 我果是也, 而果非也耶? 其或是也, 其或非也耶? 其俱是也, 其俱非也耶?
나와 그대가 변론을 하고 나서, 그대가 나를 이기고 내가 그대를 이기지 못했다면, 그대가 과연 옳고 내가 과연 그를까? 내가 그대를 이기고 그대가 나를 이기지 못했다면, 내가 과연 옳고 그대가 과연 그를까? 한쪽은 옳고 한쪽은 그를까? 둘 다 옳거나 둘 다 그를까?

■ 呂云 : 天下之所謂是非者, 不過我是若非, 若是我非, 或是或非, 俱是俱非. 四者, 皆出於我與若.
여혜경 : 천하의 이른바 시비라는 것은, 나는 옳고 그대는 그른 것, 그대가 옳고 내가 그른 것, 한 쪽은 옳고 한 쪽은 그른 것, 둘 다 옳거나 둘 다 그른 것, 이 넷에 지나지 않는다. 이 넷은 모두 '나와 그대'에서 나온다.
■ 陸云 : 上言'必待萬世之後, 遇大聖, 乃知其解.' 因此, 又作一重議論.
육서성 : 위에서 '반드시 만세의 뒤를 기다려 큰 성인을 만나야만 이에 그 해답을 알게 될 것이다.'라고 하고, 이것을 인하여 또 한 번 겹치는 의론을 만들었다.
■ 按 : 此謂'若勝而我不勝, 未必若是我非, 我勝而若不勝, 未必我

是若非. 或是或非, 既未可定, 俱是俱非, 亦無以斷也.'

박세당 : 이것은, '그대가 이기고 내가 이기지 못했다고 해서 반드시 그대가 옳고 내가 그른 것은 아니며, 내가 이기고 그대가 이기지 못했다고 해서 반드시 내가 옳고 그대가 그른 것이 아니다. 한 쪽이 옳고 한 쪽이 그른지를 이미 확정할 수 없고, 둘 다 옳거나 둘 다 그른지도 또한 단정할 수 없다.'는 말이다.

我與若不能相知也, 則人固受其黮闇, 吾誰使正之?

나와 그대가 알 수 없다. 그렇다면, 사람들도 참으로 갈피를 못잡을 터인데, 내가 누구를 시켜 그것을 바룰까?

■郭云 : 辯之而不足以自信, 以其與物對也. 辯對終日黮闇, 至竟莫能正之, 故當付之自正耳.

곽상 : 변론해도 자신할 수가 없는 것은 그것이 상대와 마주 서기 때문이다. 상대와 변론하기를 종일토록 해도 명확하지가 않아서, 결국 아무도 그것을 바룰 수가 없다. 그러므로 마땅히 스스로 바루어지도록 맡겨두어야 할 뿐이다.

■呂云 : 我若俱不能相知, 則所謂是非者, 卒不明矣. 誰與正之? 必正于人也.

여혜경 : 나와 그대가 둘 다 알 수 없다면, 이른바 시비라는 것은 끝내 분명해지지 않는다. 누구와 더불어 그것을 바룰까? 반드시 남에게서 바루어야 한다.

■林云 : 勝負不足爲是非, 則是我與若辨者, 彼此不能相知也.

임희일 : 이기거나 지거나 하는 것이 시비가 되기에 부족하다면, 이는 나와 그대가 변론하는 것이 피차간에 서로 알지 못하는 것이다.

■按 : 是非不決而人且爲之黮闇, 則理須正之, 但莫得其可正者也.

박세당 : 시비가 결정되지 않았는데 남들도 갈피를 못 잡는다면, 이치로 보아서는 반드시 바루어야 하겠지만, 다만, 바룰 수 있는 자를 만날 수가 없는 것이다.

使同乎若者正之? 旣與若同矣, 惡能正之! 使同乎我者正之? 旣同乎我矣, 惡能正之! 使異乎我與若者正之? 旣異乎我與若矣, 惡能正之! 使同乎我與若者正之? 旣同乎我與若矣, 惡能正之!

그대와 의견이 같은 자로 하여금 그것을 바루게 할까? 이미 그대와 의견이 같은데 어찌 바룰 수 있으랴! 나와 의견이 같은 자로 하여금 그것을 바루게 할까? 이미 나와 의견이 같은데 어찌 바룰 수 있으랴! 나와 그대 우리 둘과 의견이 다른 자로 하여금 바루게 할까? 이미 나와 그대 우리 둘과 의견이 다르니 어찌 바룰 수 있으랴! 나와 그대 우리 둘과 의견이 같은 자로 하여금 바루게 할까? 이미 나와 그대 우리 둘과 의견이 같으니 어떻게 바룰 수 있으랴!

■ 郭云 : 同故是之, 異故非之, 皆未足信.[57] 是若果是, 則不得復有非之者也. 非若信非, 則無緣復有是之者也. 今是其所同, 非其所異, 異同旣具而是非無主. 故夫是非者, 生乎好辯而休乎天均, 付之兩行而息乎自正.

곽상 : 같기 때문에 옳다고 하고 다르기 때문에 그르다고 할 것이니, 모두 믿을 수 없다. 옳다는 것이 만약 정말로 옳다면, 다시 그르다고 하는 자가 있을 수 없다. 그르다는 것이 만약 진짜로 그르다면, 다시 옳다고 하는 자가

---

[57] '同故是之, 異故非之, 皆未足信.'은 《장자집석》에는 '同故是之, 未足信也. 異故相非耳, 亦不足據.'로 되어 있다.

있을 수가 없다. 지금 나와 같은 대상을 옳게 여기고 나와 다른 대상을 그르게 여겨, 다름과 같음이 둘 다 갖추어져 옳고 그름에 중심이 없다. 그러므로 저 시비라는 것은 변론을 좋아하는 데에서 생기고 천균(天均)에서 멈추며, 양행(兩行)에 맡겨두면 절로 바루어지는 데에서 멈춘다.

■呂云 : 人, 非同己則同若, 非異己則異若, 非同乎我若, 則異乎我若, 亦不過四者, 而皆不能正.

여혜경 : 다른 사람은 나와 같지 않으면 그대와 같고, 나와 다르지 않으면 그대와 다르다. 나와 그대, 우리 둘과 같지 않으면 나와 그대, 우리 둘과 다르다. 또한 이 네 가지에 지나지 않는데, 모두 바룰 수 없다.

■按 : 今欲使人而正之, 人之所見, 亦不過於我於若有同有異而已, 同者之於是, 何異我若之各自是其所是, 異者之於非, 何異我若之各相非其所非! 其不足以相正也, 如此.

박세당 : 지금 다른 사람을 시켜서 그것을 바루고자 한다면, 그 사람의 소견도 또한 나에게나 그대에게 같음이 있거나 다름이 있거나에 지나지 않을 따름이니, 의견이 같은 자는 옳다는 것에 대해 취하는 태도가, 나와 그대가 각각 스스로 자기가 옳다고 여기는 바를 옳다고 하는 것과 무엇이 다르겠으며, 의견이 다른 자는 그르다는 것에 대해 취하는 태도가, 나와 그대가 각각 상대에 대해 자기가 그르다고 여기는 바를 그르다고 하는 것과 무엇이 다르겠는가. 그 서로 바루기에 부족하기가 이와 같다.

然則我與若與人, 俱不能相知也. 而待彼也耶?"

그렇다면, 나와 그대와 다른 사람이 모두 알 수가 없다. 그런데 저 사람을 기다리겠는가?"

■ 郭云 : 待彼不足以正此, 則天下莫能相正也. 故付之自正而至矣.
곽상 : 저것을 기다려도 이것을 바룰 수 없다면, 천하에는 서로 바룰 수 있는 것이 없다. 그러므로 스스로 바루어지도록 맡겨두어야 지극해진다.
■ 按 : 言'我若與人旣無以異, 則將待彼人者而決之耶? 明其不可也.'
박세당 : '나와 그대나 다른 사람이나 이미 다를 수가 없으니, 장차 저 사람彼시을 기다려서 결정할 것인가? 그것이 불가하다는 것이 분명하다.'는 말이다.

"何謂和之以天倪?" 曰, "是不是, 然不然. 是若果是也, 則是之異乎不是也, 亦無辯. 然若果然也, 則然之異乎不然也, 亦無辯."
"천예(天倪)로써 조화시킨다.'는 것이 무슨 말입니까?" 답하였다. "옳음이나 옳지 않음이나 같고, 맞음이나 맞지 않음이나 같다. 옳다는 것이 만약 정말로 옳은 것이라 하자면, 옳다는 것이 옳지 않다는 것과 다르다는 것을 또한 분변할 수 없다.(그러니 정말로 옳은 것이라고 장담할 수 없다.) 맞다는 것이 만약 정말로 맞는 것이라 하자면, 맞다는 것이 맞지 않다는 것과 다르다는 것을 또한 분변할 수 없다.(그러니 정말로 맞다고 장담할 수 없다.)"

■ 郭云 : 天倪者, 自然之分也. 是非然否, 彼我更對, 故無辨. 無辨, 故和之以天倪, 安其自然之分而已.
곽상 : 천예(天倪)라는 것은 원래부터 그러한自然 분수이다. 옳음과 그름, 맞음과 맞지 않음은 저와 내가 다시 대립하기 때문에 분변할 수 없다. 분변할 수 없기 때문에 천예로써 조화시켜 그 절로 그러함의 분수에 편안하게 할 따름이다.
■ 呂云 : 是不是, 然不然之無辨者, 知其同體而物物皆然也.
여혜경 : 옳음과 옳지 않음, 맞음과 맞지 않음을 분변하지 않는 것은, 그것이

동일한 몸통이고 만물이 모두 그러하다는 것을 알기 때문이다.

■ 林云 : 倪, 分也. 天倪之所以和者, 是與不是, 然與不然, 皆兩存之. 以爲是以爲然, 則又有不是不然, 便有是非之爭也.

임희일 : 예(倪)는 분수分이다. 천예가 조화를 이루는 방법은, 옳음과 옳지 않음, 맞음과 맞지 않음을 모두 둘 다 존치하는 것이다. 옳다고 하거나 맞다고 하면, 또 옳지 않다고 함과 맞지 않다고 함이 있게 되어 곧 옳으니 그르니 하는 다툼이 있게 된다.

■ 按 : 言'若欲以是爲是, 以然爲然, 則是與然之異於不是不然者, 亦不可以無辨, 而我若與人俱不能相知, 終無可辨之時, 不若付之兩行, 而忘之之爲愈也.' 呂氏以爲 '此一節, 當在下段之後窮年也之下.', 今當從之.

박세당 : '만약 옳음을 옳다고 하고 맞음을 맞다고 하고자 하면, 옳음과 맞음이 옳지 않음과 맞지 않음과 다르다는 것을 또한 분변하지 않을 수 없는데, 나와 그대와 타인이 모두 서로 알 수가 없어서 끝내 분변할 수 있는 때가 없으니, 차라리 양쪽 모두를 저대로 두고 잊어버리는 것이 더 낫다.'는 말이다. 여혜경(呂惠卿)은 "이 한 구절은 마땅히 하단의 뒷부분 '궁년야(窮年也)'의 아래에 있어야 한다."고 하였는데, 이제 그 말을 따라야 한다.

"化聲之相待, 若其不相待? 和之以天倪, 因之以曼衍, 所以窮年也."

"변환이 심한 주장들에 대해 (바로잡을 사람을) 기다리는 것이 (어찌) 기다리지 않는 것만 하랴? 그것을 천예(天倪)로 조화시키고 무궁한 변화에 맡겨두는 것이 천수를 누리는 방법이다."

■ 郭云 : 是非之辯爲化聲. 化聲之相待, 俱不足以相正. 和以自然之分, 任其無極之化, 尋斯以往, 則是非之境自泯, 而性命之致自窮也.

곽상 : 시비를 분변하는 것이 화성(化聲)이다. 화성을 서로 기다리는 것은 모두 서로 바룰 수가 없다. 자연의 분수로 조화시키고 그 끝없는 변화에 맡겨두어야 하니, 이렇게 해나가면, 시비의 경계가 절로 없어져서 성명(性命)의 극치를 스스로 끝까지 누리게 될 것이다.

■ 呂云 : '化聲之相待', 至'所以窮年也.', 合在'何謂和之以天倪'之上. 簡編誤脫, 觀文意可知. 言之是非, 非有實也. 聲之出於化而已. 我則和之以天倪, 而不爲之分辨, 因之以曼衍, 觸類而長之,58) 則萬物不累乎心矣.

여혜경 : 화성지상대(化聲之相待)에서 소이궁년야(所以窮年也)까지는 하위화지이천예(何謂和之以天倪)의 위에 있어야 한다. 간편(簡編)이 위치가 잘못된 것이니 글뜻을 보면 알 수 있다. '말의 시비는 실상이 있는 것이 아니라, 소리가 변화에서 나오는 것일 뿐이다. 나는 그것을 천예로 조화시키고 분변하지 아니하며, 변화에 맡겨두어 부류대로 길러주니, 만물이 마음을 얽매지 않는다.'는 말이다.

■ 陳云 : 天倪者, 性命之端. 曼衍者, 無窮之變. 和以天倪, 因以曼衍, 則物我不蔽于是非, 而各盡其性命之分. 此所以窮年也.

진상도(陳詳道) : 천예라는 것은 성명(性命)의 단서이다. 만연(曼衍)이라는 것은 무궁한 변화이다. 그것을 성명으로써 조화시키고 변화대로 따르면, 상대와 내가 시비에 가려지지 않고 각각 그 성명의 분수를 극진히 할 수 있다. 이것이 천수를 누리는 방법이다.

■ 林云 : 聲, 言也, 化聲, 以言語相化服也. 相待者, 相對也. 若以是

---

58) 《주역》〈계사전 상〉 제9장에 나오는 말이다. '부류에 따라 확장해나간다.'는 뜻이다.

非之爭, 強將言語相對敵, 而求以化服之, 何似因其所是而不相敵耶?

임희일 : 성(聲)은 말[言]이다. '화성'은 언어로 서로 상대를 변화시켜 감복하게 하는 것이다. 상대(相待)라는 것은 상대(相對)이다. 만약 시비의 논쟁으로 억지로 언어를 가지고 서로 맞서서 변화시켜 감복시키고자 한다면, 어찌 그 옳다고 여기는 바를 따라주고 맞서지 않는 것만하겠는가?/

■ 褚云 : 死生夢覺之分, 出於化者也. 彼我是非之辨, 出於聲者也. 夢覺依乎形, 是非生乎情.

저백수 : 죽음과 삶, 꿈과 깸의 나뉨은 변화에서 나오는 것이다. 저와 나의 옳음과 그름의 분변은 소리에서 나오는 것이다. 꿈과 깸은 형체에 의거하고, 옳으니 그르니 하는 판단은 마음에서 생긴다.

■ 陸云 : 天倪, 則是與不是, 然與不然, 泯然無迹.

육서성 : '천예'는 시와 불시, 연과 불연이 깨끗이 없어져서 흔적이 없는 것이다.

■ 按 : 化聲, 謂'言之是非幻易無主也.' 夫言之是非幻易如此, 而欲待彼以正, 又豈若不爲而直和之以天倪, 付之兩行, 任其無窮也? 此所以優游卒歲, 而自得於天也. 若, 豈若也. 天倪者, 天理之至分也.

박세당 : 화성(化聲)은 '말의 시비가 이리저리 바뀌어 핵심 기준이 없음'을 이른다. 대저 말의 시비가 변환이 이와 같은데도 저이를 기다려 바루고자 한다면, 또 어찌, 그렇게 하지 않고 단지 천예(天倪)로써 조화시키고 양행(兩行)에 붙여 그 무궁함에 그대로 맡겨두는 것만 하랴? 이것이 넉넉하게 천수를 마치면서 천연에서 자득하는 방법이다. 약(若)은 '어찌 ~만 하랴?[豈若]'의 뜻이다. '천예'라는 것은 '천리의 지극한 분수'이다.

"忘年忘義, 振於無竟. 故寓諸無竟."

"시간의 흐름을 잊고 옳다는 생각을 잊으면 무한세계에서 떨칠 것이다. 그래서 무한세계에 맡기는 것이다."

■ 郭云 : 忘年, 同死生. 忘義, 貫是非. 是非死生蕩而爲一, 斯至理也. 至理暢於無極.

곽상 : 나이 드는 것을 잊으므로 죽음과 삶을 동일하게 보며, 옳다는 생각을 잊으므로 옳음과 그름을 하나로 꿴다. 옳음과 그름, 죽음과 삶이 섞여서 하나가 되면, 이것이 곧 지극한 이치이다. 지극한 이치는 무극(無極)에까지 통창(通敞)한다.

■ 呂云 : 無是非, 則忘義.

여혜경 : 옳으니 그르니 따지는 것이 없으면 옳다는 생각을 잊는다.

■ 陳云 : 忘年則死生爲一條, 忘義則可不可爲一貫. 死生可不可, 固無竟矣, 而特寓之而已.

진상도 : 시간의 흐름을 잊으면 죽음과 삶이 같은 줄기가 되고, 옳다는 생각을 잊으면 옳음과 그름이 하나의 꿰미가 되어, 죽음과 삶, 옳음과 그름이 참으로 경계가 없어질 것이다. 단지 내맡겨둘 따름이다.

■ 陸云 : 振, 收也, 言'其終於無盡而已.'

육서성 : 진(振)은 '수렴한다(收)'의 뜻이다. 그 무진(無盡)에서 마칠 따름임을 말한 것이다.

■ 按 : 無竟, 卽所謂庸也. 庸則無竟矣.

박세당 : '무경(無竟)'은 곧 이른바 '용(庸)'이다. 상도(常道)는 궁극이 없다.

4

罔兩問景曰, "曩子行, 今子止. 曩子坐, 今子起. 何其無特操與?"
곁그림자가 그림자에게 물었다. "아까는 그대가 걸어가더니 이제 그대가 멈추었고, 아까는 그대가 앉아 있더니 이제 그대가 일어났다. 어찌 그리 자기만의 지조가 없는가?"

- 郭云 : 罔兩, 景外之微陰也. 彼我相因, 形景相生.
곽상 : 망량(罔兩)은 그림자 바깥쪽의 희미한 그림자이다. 저와 나는 서로 원인이 되고 형체와 그림자는 서로 상생한다.
- 呂云 : 景之行止坐起, 唯形是隨, 則無特操者也.
여혜경 : 그림자가 걸어가고 멈추고 앉고 일어나는 것은 오직 형체를 따르니, 자기만의 지조가 없는 것이다.
- 焦云 : 罔兩, 景之景也.
초횡 : 망량은 그림자의 그림자이다.

景曰, "吾有待而然者耶? 吾所待又有待而然者耶?
그림자가 말하였다. "내가 기대는 어떤 대상이 있어서 그러한 것일까? 내가 기대는 대상도 또 그 기대는 어떤 대상이 있어서 그러한 것일까?

- 郭云 : 從人之與由己, 莫不自爾.
곽상 : 남을 따르는 것이나 자기를 말미암는 것이나 모두 스스로 그러하지 않은 것이 없다.
- 林云 : 言 '景之所待者形, 而形又有所待者, 是待造物也.'

임희일 : '그림자가 기대는 대상은 형체이고, 형체는 또 기대는 대상이 있으니 이는 조물(造物)에 기대는 것이다.'라는 말이다.

吾待蛇蚹蜩翼耶? 惡識所以然! 惡識所以不然!"
내가 뱀의 비늘이나 매미의 날개 같은 것을 의지하는 것일까? 그러한 줄을 어찌 알겠는가! 그렇지 아니한 줄을 어찌 알겠는가!"

■ 呂云 : 景之待形, 非若蛇之待蚹而行, 蜩之待翼而飛也. 惡識所以然不然哉!
여혜경 : 그림자가 형체에 의지하는 것은 뱀이 비늘을 의지하여 앞으로 나아가고 매미가 날개를 의지하여 나는 것과는 같지 않다. 어찌 그러한지 그렇지 않은지를 알겠는가!

■ 林云 : 形之爲形, 亦猶蛇蚹蜩翼而已. 蜩蛇旣化, 蚹翼是蛻, 豈能自動!
임희일 : 형체가 형체가 됨도 또한 뱀의 비늘이나 매미의 날개와 같을 따름이다. 매미와 뱀이 이미 변화하고 나면 비늘과 날개는 허물일 뿐이니, 어찌 스스로 움직일 수 있으랴!

■ 按 : 蛇蚹蜩翼, 形之能動者, 而亦景之所待. 然蜩蛇旣蛻而化矣, 前之蚹翼便爲異物, 不屬於己. 是則形有變遷, 而不足保以爲己有也. 形非己有, 則必有所待而得之者, 卽無異景之有待也. 夫景之於行止坐起, 未嘗自爲也. 雖譏其無特操, 而亦不以爲恥者, 審乎動靜之由物而不由己故也. 人皆知景之有待, 不能自由, 獨不知形亦有待, 不可以自由者, 固未嘗有彼此之殊也. 是以終不免於自私, 而彼我是非樊然而起. 物論不齊, 皆由於此. 故莊子於此, 復取前之所謂'朝暮得此', '非彼無我'者, 而提醒之, 欲人深察而自悟, 蓋其反覆之意, 亦良勤矣. 惡識云者, 引而不發, 使人心契之也. 此一節, 郭呂以下, 俱以爲是非相待之喩者, 謬也.

박세당 : 뱀의 비늘과 매미의 날개는 움직일 수 있는 형체이고, 또한 그림자가 의지하는 대상이다. 그러나 매미와 뱀이 이미 허물을 벗고 변화하면, 앞서의 비늘과 날개는 곧 이물(異物)이 되어 자기에게 속하지 않는다. 이는 형체는 변천이 있으므로 자기 소유가 된다는 것을 보장할 수 없는 것이다. 형체가 자기의 소유가 아니라면, 반드시 의지하여 그 형체를 얻는 대상이 있을 터이니, 곧 그림자가 의지하는 대상이 있는 것과 다름이 없다. 대저 그림자가 움직이고 멈추고 앉고 일어나는 것은, 스스로 그렇게 하는 것이 전혀 아니다. 비록 그 자신만의 지조가 없음을 기롱하더라도 또한 부끄러움으로 여기지 않는 것은, 동정(動靜)이 외물을 말미암는 것이고 자기를 말미암는 것이 아님을 잘 알기 때문이다. 사람들은 모두들 그림자가 의지하는 것이 있어서 자유롭지 못하다는 것을 알면서도, 형체도 의지하는 바가 있어서 자유로울 수가 없는 것이어서 본디 저것과 이것이 다름이 없다는 것은 유독 모른다. 그래서 끝내 자신을 사사로이 함을 면치 못하여, 저와 나 사이에 옳으니 그르니 함이 분분히 일어난다. 물론(物論)이 가지런해지지 아니함이 모두 이것 때문에 생긴다. 그러므로 장자가 여기에서, 앞에 말한 '아침저녁 사이에 이것을 알면'과 '저것이 아니면 내가 없다.'를 다시 취하여 제기하여 각성시켜, 사람들로 하여금 깊이 살펴서 스스로 깨닫게 하고자 하였으니, 대개 그 거듭 말한 뜻이 또한 참으로 근실하다. '~을 어찌 알랴[惡識]'라고 한 것은 길만 인도해주고 답은 말하지 않아서, 사람들로 하여금 마음으로 깨닫도록 한 것이다. 이 한 구절은 곽상과 여혜경 이하로 모두 '옳음과 그름이 상대(相待)하는 것임을 비유한 것이다.' 하였으니, 잘못 본 것이다.

5

昔者, 莊周夢爲蝴蝶,59) 栩栩然蝴蝶也, 自喩適志與! 不知周也. 俄然覺, 則蘧蘧然周也. 不知周之夢爲蝴蝶與? 蝴蝶之夢爲周與? 周與蝴蝶, 則必有分矣. 此之謂'物化.'

예전에 장주가 꿈에 나비가 되었다. 나풀나풀 영락없는 나비였다. 스스로 '뜻에 이렇게 딱 맞을수가!'라고 생각하며, 자신이 장주인 줄도 몰랐다. 얼마 뒤에 꿈에서 깨니, 현실의 장주였다. 장주가 꿈에 나비가 되었던 것일까? 나비가 꿈에 장주가 된 것일까? 알 수 없었다. 장주와 나비는 틀림없이 구분이 있을 것이다. 이것을 '물화(物化)'라 이른다.

■ 郭云: 自喩適志, 自快得意. 夢爲蝴蝶而不知周, 則與死不異也. 自周而言, 故稱覺耳. 今之不知蝴蝶, 無異於夢之不知周也, 而各適一時之志, 則無以明蝴蝶之不夢爲周矣. 世有假寐而夢經百年者, 則今之百年非假寐之夢者耶? 覺夢之分, 無異於死生之辨. 夫時不暫停,60) 而今不遂存, 故昨日之夢, 於今化矣. 死生之變, 豈異於此? 而愚者竊竊然自以爲知生之可樂, 死之可苦, 未聞物化之謂也.

곽상 : '자유적지'는 뜻을 얻은 것을 스스로 유쾌하게 여기는 것이다. 꿈에 나비가 되어서 장주인 줄을 몰랐다면 죽은 것과 다르지 않다. 장주 쪽에서 말하기 때문에 '깬다.'라고 한 것이다. 지금 나비인 줄을 모르는 것은 꿈에 장주인 줄을 모르던 것과 다름이 없는데, 각기 한 때의 뜻에 흡족하였다면, 나비가 꿈에 장주가 된 것이 아니라는 것을 증명할 수가 없다. 세상에는 잠깐 조

---

59) '蝴'는 '胡'로도 쓴다.
60) '停'은 대본에는 '掉'로 되어 있는데,《장자익》,《장자집석》에 의거하여 '停'으로 고쳤다.

는 사이에 꿈에 백 년을 지낸 자도 있으니, 지금의 백 년이 졸면서 꾸는 꿈은 아닐까? 깸과 꿈의 구분이 죽음과 삶의 분변과 다름이 없다. 대저 시간은 잠시도 멈추지 않고 지금이 끝까지 존재하지도 않기 때문에 어제의 꿈이 지금은 변화하였다. 죽음과 삶의 변화가 어찌 이것과 다르랴? 그런데도 어리석은 자는 잗달게 따지며 스스로 삶이 즐거운 것이고 죽음은 괴로운 것임을 안다고 여기니, '물화'를 아직 알지 못한 것이라 하겠다.

■ 呂云 : 方其爲蝶也, 不知有周, 及其爲周也, 不知有蝶. 一身之變, 猶不自知, 則物之化而異形, 其能相知乎!

여혜경 : 바야흐로 나비가 되었을 때에는 장주가 있는 줄을 알지 못하였고 장주가 됨에 미쳐서는 나비가 있는 줄을 알지 못하였다. 같은 몸뚱이의 변화에도 오히려 알지 못했으니, 사물이 변화하여 형체가 달라지면 어찌 서로 알 수 있겠는가!

■ 林云 : 栩栩, 蝶飛之貌. 蘧蘧, 僵直之貌. 言'在莊周則以夜來之爲蝴蝶, 夢也. 恐蝴蝶又以我今者之覺爲夢, 夢覺須有分別處.'

임희일 : 후후(栩栩)는 나비가 나는 모양이다. 거거(蘧蘧)는 뻣뻣한 모양이다. '장주에게 있어서는 밤에 나비가 된 것을 꿈이었다고 여기겠지만, 아마도 나비는 또 내가 지금 깨어 있는 현재의 상태를 꿈이라고 여길 것이다. 꿈을 꾸는 것과 깨어 있는 것 사이에는 틀림없이 분별되는 것이 있다.'는 말이다.

■ 劉云 : 夢覺, 齊人物, 齊小大, 齊是非, 齊死生, 齊, 盡矣. 却冷轉一語, 曰'周與胡蝶必有分矣.', 正言若反.[61]

유신옹 : 꿈과 깸이 사람과 사물을 가지런히 하고 작은 것과 큰 것을 가지런히

---

61) 《노자》 제78장에 "성인(聖人)이 '온 나라의 굴욕적인 일을 받아들이는 자를 사직의 주인이라 이르고, 온 나라의 상서롭지 못한 일을 받아들이는 자가 천하의 왕이 되는 것이다.'하였다. 바른 말은 거꾸로 말하는 것처럼 들린다.[聖人云, 受國之垢, 是謂社稷主, 受國不祥, 是謂天下王, 正言若反.]"하였다.

하고 옳음과 그름을 가지런히 하고 죽음과 삶을 가지런히 하니, 가지런히 함이 극진하다. 그런데 도리어 한 마디를 차갑게 굴려서 '장주와 나비는 틀림없이 나뉨이 있을 것이다.'라고 하였으니, 바른 말은 반대로 말하는 것과 같다.

■ 陸云 : 以夢覺分彼我, 我是夢中之蝴蝶, 彼爲覺後之莊周, 所謂 一而二, 二而一者也.

육서성 : 꿈과 깸으로 저와 나를 구분하자면, 나는 꿈속의 나비이고 저는 꿈을 깬 뒤의 장주가 되니, 이른바 하나이면서 둘이고 둘이면서 하나인 것이다.

■ 按 : 此因上文蛇蚹蜩翼蛻易無常, 更就己身, 明形之遷化, 至於如此. 言死生, 則夢覺各一適也, 言彼是, 則周蝶同一身也. 周之與蝶有分矣, 而知其終不可分, 則死生彼是同異之辨, 有默而可喩, 不待齊而自齊者矣. 物化, 謂'物我變化無窮盡也.' 能知物我之變化無窮, 則亦當知是非無主, 而可以一空矣.

박세당 : 이것은 윗글의 '뱀의 비늘과 매미의 날개는 허물을 벗고 바뀌어 불변의 모습일 수 없다.'는 것을 인하여, 다시 자기의 몸에 나아가, 형체의 변화가 이와 같은 데에까지 이른다는 것을 밝혔다. 죽음과 삶을 말하면, 꿈과 깸이 각각 하나의 흡족함이고, 저것과 이것을 말하면, 장주와 나비가 같은 하나의 몸이다. 장주와 나비가 분별이 있으나, 끝내는 나눌 수 없는 것임을 안다면, 죽음과 삶, 저것과 이것이 같은지 다른지를 분변하는 일은 묵묵히 알 수 있는 것이 있어서, 가지런히 할 것도 없이 절로 가지런해질 것이다. '물화'는 '사물과 내가 변화하는 것이 끝이 없음'을 이른다. 사물과 나의 변화가 무궁하다는 것을 알 수 있으면, 또한 응당 옳음과 그름이 기준이 없어서 하나로 텅 비게 할 수 있음도 알 것이다.

■ 林云 : 此篇, 主於齊物論, 末後兩喩, 又奧妙, 人能悟此, 則又何是非之可爭! 卽所謂'死生無變於己, 而況利害之端'者也.

임희일 : 이 편은 물론(物論)을 가지런히 하는 것을 주제로 삼았는데, 끝에 있

는 두 개의 비유가 또 오묘하니, 사람이 이것을 깨달을 수 있다면, 또 무슨 다툴 만한 시비가 있겠는가! 이것은 곧 이른바 '죽거나 살거나 하는 것이 자기에게 변화를 줄 수 없는데, 하물며 이로우냐 해로우냐 하는 단서이랴!'라고 하는 것이다.

■ 褚氏總論云 : 詳論人籟地籟之不齊, 明天籟之自然, 非唯理不待齊, 亦非齊之所及, 故於其間旁證側引, 而不指言天籟, 欲人心契而自得之. 夫生物紛紛, 榮謝萬變, 自形自色, 自消自息, 卒歸天籟而止. 天籟無形無聲, 而形聲之所自出, 神化之所發見也. 倘能究夫人籟地籟之所由作, 則天籟可知也. 唯造乎未始有物, 注酌無窮, 以大覺而知大夢, 參萬歲而一成純, 所以橐天下之物, 而齊之之道也. 罔兩問景, 不知卽異而同, 南華夢蝶, 孰究非同非異? 蓋極論物我生死覺夢之不齊, 而終歸於物化. 所謂'化', 卽大易所謂'神', 潛於恍惚, 見於日用而不可以知.62) 由是悟萬物一形也, 萬形一化也, 萬化一神也. 神而明之, 變而通之, 孰爲物孰爲我? 夫是之謂大齊.

저백수 총론 : 인뢰(人籟)와 지뢰(地籟)가 가지런하지 않음을 상세하게 논하고, 천뢰의 절로 그러함을 밝혔는데, (천뢰는) 이치로 보아 가지런히 하기를 기다릴 필요가 없을 뿐만 아니라 또한 가지런히 할 수 있는 바도 아니기 때문에, 그 사이에 주변에서 증거를 끌어오고 인용하면서 천뢰를 직접 가리켜 말하지 않았으니, 사람들로 하여금 마음으로 깨달아서 스스로 터득하도록 한 것이다. 대저 생물은 복잡하게 어지러이 피었다가 지며 오만 가지로 변화하여 저대로 형형색색 사라졌다가 살아났다가 하다가 끝내는 천뢰로 귀결되어서 멈춘다. 천뢰는 형체도 없고 소리도 없지만 형체와 소리가 나오는 곳이며 신

---

62) 《주역》〈계사전 상〉본의(本義)에 "법(法)이라는 것은 성인이 수도하면서 실천하는 것이고 신(神)이라는 것은 백성이 자연스럽게 날마다 사용하는 것이다.[法者, 聖人修道之所爲, 而神者, 百姓自然之日用也.]"하였다.

화(神化)가 발현되는 곳이다. 만약 저 인뢰와 지뢰가 만들어지는 까닭을 탐구할 수 있다면, 천뢰를 알 수 있다. 오직 사물이 있기 이전, 부어도 떠내도 끝이 없는 데에 가서, 크게 깨어서 큰 꿈임을 알고 만세에 함께하여 하나로 순수함을 이루는 것이, 천하의 사물을 정돈하여 가지런히 하는 방도이다. 겉그림자가 그림자에게 물은 것은, 다른 것이면서 같은 것임을 몰라서였고, 장자가 꿈에 나비가 된 것은, 같은 것도 아니고 다른 것도 아님을 누가 끝까지 궁구하겠는가? 대개 사물과 나, 삶과 죽음, 깸과 꿈이 가지런하지 않음을 극론하여, 마침내 물화(物化)로 귀결시켰다. 이른바 '화(化)'는 《주역》에서 이른바 '신(神)'이니, 황홀한 데에 잠겨 있으면서 나날의 일상생활에 발현하지만 하나하나 알 수는 없다. 이로 말미암아, 만물이 하나의 형체이며, 만 가지 형체가 하나의 변화이며, 만 가지 변화가 하나의 신(神)임을 깨닫는다. 신묘하여 밝으며 변화하여 통하니, 어느 것이 외물이고 어느 것이 나인가? 대저 이것을 '크게 가지런함[大齊]'이라 한다.

■ 焦云 : 〈齊物篇〉, 始之以無彼我, 同是非, 合成毀, 一多少, 均小大而已, 及其言之至, 則以參古今, 一生死, 同夢覺, 千變萬化而歸於一致, 所謂明達而無礙者也.

又云 : 夢覺, 須臾之說耳, 其差殊乃至此. 況死生爲去來之大變, 苟非其人, 欲無溺, 得乎? 雖然, 苟能早悟於夢覺, 則死生之去來亦不足道也.

초횡 : 〈제물편〉은, 저와 내가 없고 옳음과 그름을 동일하게 보고 이루어짐과 허물어짐을 통합하고 많음과 적음을 한 가지로 여기고 작은 것과 큰 것을 균일하게 하는 것으로 시작했을 뿐인데, 그 말의 지극함에 미쳐서는, 고금에 함께하고 삶과 죽음을 하나로 보고 꿈과 깸을 같게 여겨서, 천 번 만 번 변화하더라도 하나의 극치로 귀결되니, 이른바 '밝게 통달하여 장애가 없는 것'이다. (초횡) 또 : 꿈과 깸에 대한 이야기는 잠깐 사이에 대한 이야기일 뿐인데도 그

차이가 이에 여기에 이른다. 하물며 죽음과 삶은 가고 옴의 큰 변화이니, 정말로 상응하는 수준의 사람이 아니면, 함닉하지 않고자 하더라도 가능하겠는가? 비록 그러나 정말이지 꿈과 깸에서 일찍 깨달을 수 있다면, 죽음과 삶이 가고 오는 것도 또한 말할 것이 없다.

養生主 第三

이치를 따라야 천수를 누린다

제3편 양생주

養生主 第三

제3편 양생주 : 이치를 따라야 천수를 누린다

■ 郭云 : 生, 以養存, 養生者, 理之極也.

곽상 : 삶은 기름[養]으로써 보존되니, 삶을 기르는 것이 이치의 지극함이다.

■ 林云 : 到此, 做自己工夫.[1]

임희일 : 여기에 이르러서는, 자기 공부를 하는 것이다.

1

吾生也有涯, 而知也無涯. 以有涯隨無涯, 殆已. 已而爲知者, 殆而已矣.

우리의 삶은 한계가 있고 지식은 한계가 없다. 한계가 있는 것으로 한계가 없는 것을 따라가는 것은 위태하다. 그런데도 지식을 추구하는 것은 위태할 따름이다.

■ 郭云 : 生也有涯, 所稟之分, 各有極也. 以有限之性, 尋無極之知, 安得而不困哉! 困於知而不知止, 眞大殆也.

곽상 : 삶이 한계가 있다는 것은, 받은 분수가 각각 끝이 있다는 말이다. 유한한 품성으로 끝이 없는 지식을 탐구하면, 어찌 곤고하지 않을 수 있겠는가! 지식에서 곤고한데도 멈출 줄을 모른다면 참으로 매우 위태하다.

---

1) 《구의교주》에 "〈소요유〉는 '逍遙之樂'을 말하였고 〈제물론〉은 '無是無非'를 말하였다." 하였다.

■ 呂云 : 生隨形而有盡, 知逐物而無窮. 以生隨知, 則有殆而已. 已而繼之以知, 卒於殆而已.

여혜경 : 삶은 형체를 따라서 다함이 있고 지식은 사물을 쫓아서 끝이 없다. 삶으로 지식을 따르면 위태함이 있을 따름이다. 그런데도 그것을 지식으로써 계속하면, 위태함에서 끝날 따름이다.

■ 林云 : 殆已, 言其可畏也. 申言之, 所以儆世者深矣.[2]

임희일 : '태이'는 그 두려워할 만함을 말한 것이다. 거듭 그것을 말하였으니, 세상을 깊이 경계한 것이다.

■ 品節 : 人生百年, 會有涯盡, 而心之思慮, 千變萬化. 以有盡之身, 隨無盡之智, 相刃相靡於是非利害之場, 豈不殆哉! 濱於危亡而不自覺也. 馳騁不休, 亦終於殆而已.

진심(陳深) : 인생 백 년은 단지 다함이 있는데 마음의 생각은 천 가지 만 가지로 변화한다. 다함이 있는 몸으로서 다함이 없는 지식을 추구하여, 옳고 그름, 이롭고 해로움의 마당에서 서로 공격하니, 어찌 위태롭지 않으랴! 위망에 가까이 있으면서도 깨닫지 못하는 것이다. 쉬지 않고 내달리면, 또한 위태함에서 마치게 될 따름이다.

■ 按 : 知其殆而猶且爲知, 宜乎其卒於殆耳.

박세당 : 그 위태함을 알고도 오히려 또 지식을 추구한다면, 위태함에서 마치게 됨은 당연한 일이다.

爲善無近名, 爲惡無近刑. 緣督以爲經, 可以保身, 可以全生, 可以養親, 可以盡年.

---

[2] '儆世者'는 《구의교주》에는 '警後世者'로 되어 있다.

선을 행해서 명예에 가까워지는 일이 없어야 하고 악을 행해서 형벌에 가까워지는 일이 없어야 한다. 중도를 따라서 법도를 삼으면, 몸을 보전할 수 있고 삶을 온전히 할 수 있고 어버이를 봉양할 수 있고 천수를 누릴 수 있다.

■ 郭云 : 忘善惡而居中, 故刑名遠己而全理在身也. 緣督以爲經者, 順中以爲常. 苟得中, 則保身, 全生, 養親, 盡年, 事事無不可者. 夫養生非求過分, 全理盡年而已矣.

곽상 : 선과 악을 잊고 중도에 거처하기 때문에 형벌과 명예가 자기에게서 멀고 온전한 이치가 몸에 있다. '연독이위경'이라는 것은 중도를 따라서 상법(常法)을 삼는다는 말이다. 정말이지 중도를 얻는다면, 몸을 보전하고 삶을 온전히 하고 어버이를 봉양하고 천수를 누리는 것 등, 일마다 안 되는 것이 없다. 대저 양생이라는 것은 분수 넘는 것을 추구하는 것이 아니라, 이치를 온전히 하여 천수를 다 누리는 것일 따름이다.

■ 呂云 : 唯上不爲仁義之操以近名, 下不爲淫僻之行以近刑.3) 善惡兩遺而緣於不得已以爲常. 是乃劀心去知之道也.4) 保身, 全生, 養親, 盡年, 何以加此!

여혜경 : 오직 위로는 인의(仁義)의 지조를 지켜 명예에 가까워지는 것을 아니하고 아래로는 분수 넘고 지나친 행동을 하여 형벌에 가까워지는 것을 아니한다. 선과 악을 둘 다 버리고 부득이함을 따라서 상도를 삼는다. 이것이 곧 마음을 파내고 지식을 제거하는 방법이다. 몸을 보전하고 삶을 온전히 하고 어버이를 봉양하고 천수를 다 누리는 것, 무엇을 여기에 더하랴!

■ 疑獨云 : 善惡立而有名刑. 唯順性命之情而不損不加, 於萬物混

---

3) 〈변무(騈拇)〉에 "위로는 감히 인의를 붙드는 일을 하지 아니하고 아래로는 감히 넘치고 지나친 행위를 하지 아니한다.[上不敢爲仁義之操, 而下不敢爲淫僻之行也.]"라는 구절이 있다.
4) 과심(劀心)은 지각(知覺)하는 마음을 발라낸다는 뜻이다.

同而無譽無毀, 則刑名之所不能及也. 或輕生趨義以要一時之名, 或貪生趨利以陷中道之夭,5) 皆所謂近名近刑之善惡, 非順性命之情而去其已甚者也.

임의독 : 선과 악이 성립하고 나서 명예와 형벌이 생겼다. 오직 성명(性命)의 실정을 따르고 덜지도 않고 더하지도 않으며, 만물에 섞여 하나가 되어 칭송도 없고 헐뜯음도 없다면, 형벌과 명예가 미칠 수 없는 것이다. 혹 삶을 가벼이 하고 정의를 쫓아서 일시의 명성을 얻으려 하거나 혹 삶을 탐하고 이익을 쫓다가 중간에 죽거나 하는 것은, 모두 이른바 '명예에 가깝고 형벌에 가까운 선과 악'이니, 성명의 실정을 따르고 그 너무 심한 것을 제거하는 것이 아니다.

■ 林云 : 此莊子所以自受用者. 謂若以爲善, 又無近名之事可稱, 若以爲惡, 又無近刑之事可指也. 督者, 迫也. 游心斯世, 無善惡可名之跡, 但順天理自然, 迫而後應, 應以無心, 以此爲常而已.

임희일 : 이것은 장자 자신이 사용한 방법이었다. 만약 선이라 하자면 또 명예에 가까운 일로서 일컬을 만한 것이 없고, 만약 악이라 하자면 또 형벌에 가까운 일로서 가리킬 만한 것이 없다는 것을 이른다. 독(督)은 눈앞에 닥쳐서 피할 수 없는 것이다. 이 세상에 마음을 노닐면서, 이름 붙일 만한 선과 악의 흔적이 없이 다만 천리의 자연을 따르고, 부득이한 뒤에 반응하되 반응을 무심으로써 하여, 이것으로 상도를 삼을 따름이다.

■ 焦云 : 督, 中也. 趙氏謂 '奇經八脈, 中脈爲督.'6) 衣背當中之縫, 亦謂之督, 見《禮記》〈深衣〉注.

---

5) '趨'는 《장자익》에는 '逐'으로 되어 있다.
6) 인체의 맥(脈)은 경(經)이 12개, 락(絡)이 15개가 있는데, 경맥(經脈)에 구애받지 않는 특별한 맥이 8개가 있다고 한다. 이것을 기경팔맥(奇經八脈)이라 하는데, 양유(陽維), 음유(陰維), 양교(陽蹻), 음교(陰蹻), 충(沖), 독(督), 임(任), 대(帶)가 그것이다. 그중 독맥(督脈)은 하극(下極)의 유(俞)에서부터 척리(脊里)와 나란히 위로 올라가 풍부(風府)에 이르러 뇌(腦)로 들어간다고 한다.

초횡 : 독(督)은 중(中)이다. 조이부(趙以夫)는 '기경(奇經) 팔맥에서 중맥(中脈)이 독(督)이다.' 하였다. 옷의 등쪽 가운데의 재봉선을 또한 독이라 하니, 《예기》〈심의(深衣)〉주석에 나온다.

■ 品節：無近名, 內修也, 無近刑, 外保也. 緣督, 無名無刑, 無是無非, 執中也. 此正說養, 下是譬喻.

진심 : 무근명(無近名)은 안을 수양함이고 무근형(無近刑)은 밖을 보전함이다. 연독(緣督)은 명성도 없고 형벌도 없으며 옳다는 것도 없고 그르다는 것도 없이 중도를 잡음이다. 이것은 바로 양생(養生)을 설명한 것이며, 아래의 글은 비유이다.

■ 按：爲善無近名則可, 爲惡無近刑則不可. 夫欲循於善惡之中, 以爲處己應物之常, 其所謂中者, 殆異於聖人時中之道乎?[7] 曰非也. 此之爲言也, 蓋曰 '無或爲善而近乎名, 無或爲惡而近乎刑.', 特言之如此, 使讀者易失其意耳. 莊子之意, 蓋謂'爲惡者固近於刑, 人皆知其不可, 若夫爲善而近於名, 則人未有知其不可者也.' 夫所貴乎善者, 爲其率性也. 爲其誠己也. 善而爲名, 是離性而不誠, 不誠則僞, 僞之與惡相去幾何? 名之與利只一間耳. 世之人役知傷生, 莫能自反者, 不過爲此名與利而已. 苟能去名與利, 循道率性, 則所謂無以故滅命,[8] 而緣督之妙, 不外此矣. 下文曰, '官知止而依乎天理', 正與此相發揮也.

박세당 : 선(善)을 행하면서 명예에 가까워짐이 없는 것은 옳지만 악(惡)을 행하면서 형벌에 가까워짐이 없는 것은 옳지 않다. 대저 선과 악의 '중간'을 따라서 자기의 처신과 외물에 대한 대응의 상도(常道)를 삼고자 한다면, 그 이른

---

7) 시중(時中)은 처해진 상황에 따라 시의(時宜)에 합당하게 처신함을 말한다.
8) '無以故滅命'은 〈추수(秋水)〉에 나온다.

바 '중간'이라는 것은, 성인(聖人)의 시중(時中)의 도(道)와 상당히 다른가? 아니다. 이 말은, 대개, '혹시라도 선을 행해서 명예에 가까워지는 일이 없어야 하고 혹시라도 악을 행해서 형벌에 가까워지는 일이 없어야 한다.'는 말인데, 단지 이렇게 말하여, 독자로 하여금 그 뜻을 쉽게 놓치게 하였을 뿐이다. 장자의 의도는, 대개 '악행을 저지르는 자는 본디 형벌에 가까워지니 사람들이 모두 그것이 옳지 못하다는 것을 알지만, 선을 행해서 명예에 가까워지는 것은 사람들이 그것이 옳지 못한 줄을 아는 이가 없다.'는 것이다. 대저 선을 귀하게 여기는 것은, 그 본성을 따르는 것[率性]이기 때문이며 자신을 진실하게 하는 것[誠己]이기 때문이다. 선을 행하는데 명예를 추구한다면, 이는 본성을 벗어나 진실하지 아니함이고, 진실하지 아니하면 거짓이니, 거짓이라면 악과의 거리가 얼마나 되겠는가? 명예를 추구하는 마음과 이익을 추구하는 마음은 단지 한 칸 사이일 뿐이다. 세상 사람들이 지식에 노예가 되어 삶을 해치면서도 아무도 스스로 반성하지 못하는 것은 이 명예와 이익을 추구하기 때문일 뿐이다. 정말이지 명예와 이익을 추구하는 마음을 제거하여 도를 따르고 본성을 따를 수 있다면, 이른바 '인위적인 연고로 천명을 소멸시키지 아니함'이며, 중도를 따르는 묘리가 이것을 벗어나지 않는다. 아래 글에 '오관(五官)의 인지능력이 멈추고 하늘의 이치에 의거한다.'라고 한 것이 바로 이것과 더불어 서로 뜻을 밝혀준다.

2

庖丁爲文惠君解牛,9) 手之所觸, 肩之所倚, 足之所履, 膝之所踦, 砉然, 嚮然, 奏刀騞然, 莫不中音. 合於桑林之舞,10) 乃中經首之會.

---

9) 포정(庖丁)은 주방에서 요리를 담당하는 사람인데, '丁'을 '사람'이라는 뜻으로 보기도 하고 인명으로 보기도 한다. 해우(解牛)는 '소를 해체한다.'는 뜻이다.

포정(庖丁)이 문혜군(文惠君)을 위해서 소를 잡았다. 손이 잡는 데와 어깨가 받치는 데와 발이 밟는 데와 무릎이 누르는 데에 쓰윽쓰윽 사강사강, 칼 놀리는 소리가 휘익휘익 나는데, 음률에 맞지 않는 것이 없었다. 상림(桑林)의 가무에 합치하고, 이에 경수(經首)의 가락에 맞았다.

■ 郭云 : 自手之所觸至經首之會, 言'其因便施巧, 無不閑解, 旣適牛理,11) 又合音節也.'

곽상 : 수지소촉(手之所觸)에서 경수지회(經首之會)까지는, '임의대로 솜씨를 부려, 익숙하게 해체하지 않음이 없어서, 이미 소의 결에 딱 맞고 또 음절에 합치하였음'을 말하였다.

■ 林云 : 用刀則肩斜, 就牛則膝曲. 砉嚮騞, 皆用刀之聲. 奏刀, 進刀也.

임희일 : 손으로 칼을 사용하면 어깨가 비스듬히 기울고 몸을 소에게 가까이 붙이면 무릎이 (조금) 굽혀진다. 획(砉), 향(嚮), 획(騞)은 모두 칼을 쓰는 소리이다. 주도(奏刀)는 칼을 사용하는 것이다.

■ 焦云 : 經首, 咸池樂章.12)

초횡 : 경수(經首)는 함지(咸池)의 악장(樂章)이다.

文惠君曰, "譆, 善哉! 技蓋至此乎?" 庖丁釋刀對曰, "臣之所好者道也, 進乎技矣.

문혜군이 말하였다. "아, 좋구나! 기술이 이러한 경지에 이르렀단 말인가?" 포

---

10) 상림지무(桑林之舞)는 중국 고대 은(殷)나라 탕왕(湯王)의 가무(歌舞)라고 한다.
11) '旣'는 《장자익》에는 없고 《장자집석》에는 있다.
12) 함지(咸池)는 중국 고대의 요임금의 음악이라 한다.

정이 칼을 내려놓고 대답하였다. "신이 좋아하는 것은 도입니다. 기술에서 더 나아간 것입니다.

■ 郭云 : 進乎技, 言'直寄道理於技耳, 所好者非技也.'
곽상 : 진호기(進乎技)는, '단지 도리를 기술에다 붙인 것일 뿐이지 좋아하는 것은 기술이 아니다.'라는 말이다.
■ 林云 : 至此,13) 言'如此其妙也.'
임희일 : 지차(至此)는, '이와 같이 신묘하다.'는 말이다.
■ 按 : 進於技, 言'己所好者道, 不止於一技之末而已.'
박세당 : 진어기(進於技)는, '자기가 좋아하는 것은 도이니, 한 기술의 지엽적인 것에 그치고 마는 것이 아니다.'라는 말이다.

始臣之解牛之時, 所見無非牛者. 三年之後, 未嘗見全牛也.
처음 신이 소를 잡던 때에는 보이는 것이 소 아닌 것이 없었습니다. 3년 뒤에는 온전한 소를 아예 볼 수 없었습니다.

■ 郭云 : 所見無非牛, 未能見其理間也. 未嘗見全牛, 但見其理間也.
곽상 : 보이는 것이 소 아닌 것이 없었다는 것은, 그 결의 틈새를 볼 수 없었다는 말이다. 온전한 소를 본 적이 없었다는 것은, 단지 그 결의 틈새만 보았다는 말이다.
■ 呂云 : 物以有而礙, 道以虛而通. 人未聞道, 則所見無非物, 旣聞道, 則所見無非道.

---

13) '至此'는 《구의교주》에는 '技蓋至此'로 되어 있다.

여혜경 : 물(物)은 '있음' 때문에 막히고 도(道)는 비었기 때문에 통한다. 사람이 도를 듣기 전에는 보는 바가 물이 아닌 것이 없고, 도를 듣고 나면 보는 것이 도 아닌 것이 없다.

■ 李氏元卓云 : 離物冥心, 未嘗見牛.

이원탁(李元卓) : (소를 '해체'한다는 것은) 사물에서 벗어나 마음을 고요히 하여 아예 소가 보이지 않는 것이다.

方今之時, 臣以神遇而不以目視, 官知止而神欲行. 依乎天理, 批大郤,14) 導大窾.15) 因其固然, 技經肯綮之未嘗, 而況大軱乎?

이제는 신이 소를 정신으로 접촉하고 눈으로 보지 않습니다. 감각기관의 인식작용이 멈추고 정신이 움직입니다. 원래의 결을 따라서 큰 틈새에 칼을 넣어 큰 공간으로 칼을 옮겨갑니다. 본래 생긴대로 따라가는 것이므로, 제 손기술이 힘줄도 지나간 적이 없는데, 하물며 큰 뼈를 건드리겠습니까?

■ 郭云 : 以神遇不以目視, 闇與理會也. 官知止神欲行, 司察之官廢, 縱心而順理也. 依天理者, 不橫截也. 批大郤者, 有際之處, 因而批之令離也. 導大窾者, 節解窾空, 就導令殊也. 因其固然, 刀不妄加也. 遊刃於空, 未嘗經礙於微礙, 技之妙也.

곽상 : '정신으로 접촉하고 눈으로 보지 않는다.'는 것은 속으로 아는 것이다. '감각기관이 인식작용을 멈추고 정신이 활동한다.'는 것은 사찰하는 기관이

---

14) '郤'은 대본에 '卻(물리칠 각)'으로 되어 있으나 '郤(틈 극)'으로 바로잡았다. 아래에도 모두 이러하다.
15) '窾'은 대본에 '竅'으로 되어 있으나 《장자익》,《구의교주》,《장자집석》에 의거하여 '窾'으로 고쳤다. 아래에도 이러하다.

폐해지고 마음에 맡겨 결을 따라간다는 말이다. '하늘의 결을 따른다.'는 것은 살을 가로질러 자르지 않는다는 말이다. '큰 틈을 친다.'는 것은 사이가 뜬 곳에서 그 틈을 인하여 쳐서 분리되게 한다는 말이다. '큰 공간으로 인도한다.'는 것은 빈 공간에서 마디마디 분해하여 단절되도록 유도해 간다는 말이다. '그 본래 생긴 대로 따른다.'는 것은 칼을 함부로 대지 아니함을 말한다. 칼날을 빈 공간에서 놀려, 아주 작은 장애에도 전혀 걸리지 않음은, 기술의 신묘함이다.

■ 呂云 : 神遇不目視, 以心契而不以知知也. 依乎天理, 未嘗見全牛也. 天下無物非道, 而無適不通, 亦若是而已.

여혜경 : '정신으로 접촉하고 눈으로 보지 않는다.'는 것은 마음으로 합치하는 것이지 지혜로 아는 것이 아니라는 말이다. '하늘의 결에 의거한다. 운운.'한 것은 '온전한 소가 전혀 보이지 않음'을 말한다. 천하에 도 아닌 물건이 없고 어디를 가도 통하지 않는 곳이 없는 것도 또한 이와 같을 따름이다.

■ 林云 : 神遇, 心與之會也. 官知止者, 言'凝然而立, 耳目皆無所見聞也.' 耳目之所知者皆止, 而神自行. 天理者, 天然之腠理. 依者, 依其自然之腠理而解之.16) 骨肉之交際, 骨節之空窾, 皆固然者, 我但因而解之.

임희일 : '정신으로 접촉한다.'는 것은 마음이 그것과 만난다는 말이다. '감각기관이 인식작용을 멈춘다.'는 것은 '소를 응시하고 섰을 때에 귀와 눈이 모두 듣고 보는 바가 없다.'는 말이다. 귀와 눈의 인식작용이 모두 멈추고 정신이 절로 활동하는 것이다. '하늘의 결'이라는 것은 소의 몸뚱이가 본래 타고 난 살결이다. '의거한다.'는 것은 그 자연의 살결을 따라서 해체한다는 말이다. 뼈와 살이 만나는 곳, 뼈의 마디 사이의 빈 공간이 모두 본래 그러한 것

---

16) '腠'는 대본에 '節'로 되어 있으나 《구의교주》에 근거하여 고쳤다.

이니, 나는 단지 그대로 따라서 해체할 뿐이다.

■ 李云 : 乘虛順理, 而未嘗經刃.

이원탁 : 빈 곳을 타고 결대로 따를 뿐이고, 전혀 칼날을 써서 자르지 않는다.

■ 焦云 : 郤, 間也. 窾, 空也. 肯, 着骨肉也.17) 綮, 猶結也. 軱, 大骨也.

초횡 : 극(郤)은 사이이다. 관(窾)은 빈 공간이다. 긍(肯)은 뼈에 붙은 근육이다. 경(綮)은 맺힌 곳이다. 고(軱)는 큰 뼈이다.

■ 品節 : 肯綮, 骨肉聯絡之處, 筋節所在也.

진심 : 긍경(肯綮)은 뼈와 살이 연결된 곳이니 힘줄과 마디가 있는 데이다.

■ 按 : 郤, 隙通.

박세당 : 극(郤)은 극(隙)과 통용한다.

良庖歲更刀, 割也. 族庖月更刀, 折也. 今臣之刀十九年矣, 所解數千牛矣, 而刀刃若新發於硎.

아주 실력이 좋은 백정은 1년에 한 번 칼을 바꿉니다. 살을 베기 때문입니다. 보통의 백정은 한 달에 한 번 칼을 바꿉니다. 뼈를 자르기 때문입니다. 지금 신의 칼은 19년이 되었고, 잡은 소가 수천 마리입니다. 그런데도 칼날은 마치 새로 숫돌에서 갈아낸 것과 같습니다.

■ 呂云 : 更刀, 傷生之譬. 若新發硎, 不以傷其生之譬.

여혜경 : 칼을 바꾼다는 것은 삶을 해치는 것에 대한 비유이다. 마치 새로 숫돌에서 갈아낸 것과 같다는 것은 그 삶을 손상하지 아니함의 비유이다.

■ 林云 : 良庖, 庖之善者. 族庖, 衆人之爲庖, 劣者也. 庖之劣者, 月一

---

17) '着'은 《장자익》에는 '著'으로 되어 있다.

更刀, 以其斫而刀或折也. 庖之良者, 歲一更刀, 以其割而刀易損也.
임희일 : 양포(良庖)는 백정 가운데 실력이 좋은 자이다. 족포(族庖)는 보통 사람으로서 백정 일을 하는 자인데 열등한 자이다. 백정 가운데에서 열등한 자는 한 달에 한 번 칼을 바꾸는데, 뼈를 찍어서 칼이 (손상되며) 더러는 부러지기 때문이다. 백정 가운데에서 실력이 좋은 자는 한 해에 한 번 칼을 바꾸는데, 힘줄을 베다가 칼이 쉽게 손상되기 때문이다.

■ 李云 : 十九年, 則歷陰陽之數, 不爲不久, 所解數千牛, 則應世故之變, 不爲不多, 而刃若新發硎.
이원탁 : 19년이면 세월을 보낸 것이 오래지 않은 것이 아니며, 해체한 소가 수천 마리라면 세상의 변고에 대응한 것이 많지 않은 것이 아닌데, 그런데도 칼날이 마치 새로 숫돌에서 갈아낸 것과 같다.

■ 按 : 順理無私, 刀亦不損, 生亦不傷.
박세당 : 결을 따르고 사사로움이 없으면 칼도 손상되지 않고 삶도 손상되지 않는다.

彼節者有間, 而刀刃者無厚. 以無厚入有間, 恢恢乎其於遊刃必有餘地矣. 是以十九年而刀刃若新發於硎.

저 마디라는 것에는 틈새가 있고 칼날이라는 것에는 두께가 없습니다. 두께 없는 것을 틈새 있는 곳에 넣으면, 널찍이, 그 칼날을 놀리는 데에 반드시 남는 공간이 있습니다. 이 때문에 19년이 되었는데도 칼날은 마치 숫돌에서 새로 갈아낸 것과 같습니다.

■ 呂云 : 其於游刃, 恢有餘地, 似體道而游萬物之間.
여혜경 : 칼을 놀리는 데에 널찍이 남는 공간이 있는 것은, 마치 도를 체득하

여 만물 사이에서 노니는 것과 흡사하다.

■ 林云 : 言'牛之骨節自有間縫, 刀又甚薄, 以甚薄之刀隨其間縫而解之, 可以游刃於其間, 而無滯礙也.' 蓋世事之難易, 皆有自然之理, 但順而行之, 無所攖拂, 故其心泰然, 而物皆不能傷. 此所以爲養生之法也.

임희일 : '소의 뼈마디는 원래 틈새가 있고 칼은 또 매우 얇으니, 매우 얇은 칼로 그 틈새를 따라 해체하면, 그 사이에서 칼날을 놀릴 수 있고 막히는 것이 없다.'는 말이다. 대개 세상일은 어려운 일이거나 쉬운 일이거나 간에 모두 자연의 결이 있는데, (나는) 다만 순조롭게 따라서 행하면서, 촉범(觸犯)함이 없기 때문에, 그 마음이 태연하여 외물이 모두 (내 삶을) 손상할 수가 없는 것이다. 이것이 양생(養生)을 하는 방법이다.

■ 按 : 此言'物則有理, 道則有妙, 以道妙而處物理, 所以行之綽然而神不勞也.'

박세당 : 이것은 '사물은 결이 있고 도는 오묘함이 있는데, 도의 오묘함으로 사물의 결에 대처하니, 그 때문에 시행이 여유로워서 정신이 수고롭지 아니하다.'라는 말이다.

雖然, 每至於族, 吾見其難爲, 怵然爲戒, 視爲止, 行爲遲, 動刀甚微. 謋然已解, 如土委地, 提刀而立, 爲之四顧, 爲之躊躇, 滿志, 善刀而藏之." 文惠君曰, "善哉! 吾聞庖丁之言, 得養生焉."

비록 그러나, 매양 얽히고설킨 곳에 이르면, 저는 어려운 일인 것을 알고, 조심스럽게 경계하며 시선을 집중하고 행동을 늦추어 아주 조심조심 칼을 움직입니다. 스르륵 뼈와 살이 해체되어 마치 흙덩이가 땅에 떨어지듯이 털썩 떨어지면, 칼을 잡고 서서 사방을 둘러보고 머뭇머뭇 하다가, 흐뭇한 마음으로 칼을 잘 닦아서 보관합니다." 문혜군이 말하였다. "훌륭하도다! 내가 포정의 말을 듣고, 삶을 기르는 법을 알았다."

■ 郭云 : 交錯結聚爲族. 視爲止者, 不復屬目於他物也. 行爲遲, 徐其手也. 如土委地, 理解而無刀跡, 若聚土也. 善刀而藏之, 拭刀而弢之也. 以刀可養, 故知生亦可養.

곽상 : 서로 엉켜 뭉쳐진 것이 족(族)이다. '시선을 집중한다.'는 것은 다시 다른 물건에 눈길을 주지 않는 것이다. '행동을 늦춘다.'는 것은 그 손놀림을 늦추는 것이다. '흙덩이가 땅에 털썩 떨어지는 것과 같다.'는 것은, 결이 해체되었는데도 칼이 닿은 자취가 없어서 마치 흙덩이 같다는 것이다. '칼을 좋게 하여 보관한다.'는 것은 칼을 닦아서 칼집에 넣는다는 말이다. 칼을 양생(養生)할 수 있기 때문에, 삶도 또한 양생할 수 있다는 것을 알 수 있다.

■ 呂云 : 怵然爲戒, 視止, 行遲, 以至善刀而藏, 則愼終如始, 無敗事矣.

여혜경 : 조심스럽게 경계하고 시선을 고정하고 행동을 늦추어, 칼을 닦아서 보관하는 데에까지 이르면, 끝을 삼감이 처음과 같아서, 실패하는 일이 없다.

■ 林云 : 蓋人之處世, 亦有逆境當前之時, 又當委曲以處之. 人到境逆處,[18] 多是手脚忙亂, 自至喪失, 安有不動其心者乎! 所以添此一轉. 言'用刀雖皆在於窾郤之間,[19] 而至於筋骨盤結處, 亦見其難.' 怵然者, 變動之意. 視爲止者, 言'目視, 未免少停, 而後遲遲焉行其刀.' 甚微, 言'輕輕然, 不敢甚着力也.' 謋, 忽然, 言'其骨肉忽然已自解散也.'[20] 滿志者, 如意也, 言'乃滿我之志也.'[21] 善刀, 言'好

---

18) '境逆'은 《구의교주》에는 '逆境'으로 되어 있다.
19) '用刀雖皆'는 《구의교주》에는 '雖用刀皆'로 되어 있다.

收其刀也.' 蓋喩'人處逆境, 能順以應之, 事過而身安於無爲之中, 一似全無事時也.'

임희일 : 대개 사람이 세상을 살아갈 때에는 또한 역경이 눈앞에 닥칠 때도 있는데, 그럴 때에도 또 마땅히 조심스럽게 대처해야 한다. 사람이 역경을 만나면 대부분 손발을 어디다 둘지 몰라서 당황하여 스스로 자신을 잃기까지 하니, 어찌 그 마음을 동요치 아니할 자가 있겠는가! 그러므로 이 구절을 덧붙여 한 번 전환한 것이다. '칼을 쓰는 것이 비록 모두 공간과 틈새 사이에 있더라도, 힘줄과 뼈가 엉겨 있는 곳에 이르면 또한 그 어려움을 본다.'는 말이다. 출연(怵然)이라는 것은 마음이 바뀌고 흔들린다는 뜻이다. '시선을 고정한다.'는 것은 '눈으로 보는 것을 잠시 멈추고 그런 뒤에 천천히 그 칼을 놀린다.'는 말이다. 심미(甚微)는 '사뿐사뿐하여 감히 힘을 많이 들이지 아니한다.'는 말이다. 획(謋)은 홀연(忽然)의 뜻이니, '그 뼈와 살이 문득 절로 해체되어 흩어진다.'는 말이다. 만지(滿志)라는 것은 뜻대로 되었다는 것이니, '바로 나의 뜻을 꽉 채웠다.'는 말이다. 선도(善刀)는 '그 칼을 잘 거두어들인다.'는 말이다. 대개 '사람이 역경에 처해도 순리에 따라 잘 대응하면, 일이 지나가고 나면 몸이 무위(無爲) 가운데에서 편안하여, 한결같이 전연 일이 없을 때와 흡사하다.'는 것을 비유하였다.

■ 李云 : 以是道而游乎萬物之表, 彼且惡乎礙哉!

이원탁 : 이 도로써 만물의 바깥에서 노닌다면, 저것이 장차 어찌 장애가 되겠는가!

■ 品節 : 事到盤錯, 不敢率意而行, 防檢少疎, 恐有虞失.

진심 : 일이 얽힌 곳에 이르면 감히 경솔히 행동하지 않으니, 조심함이 조금이라도 소홀하면 차질이 생길 것이다.

---

20) '已自'는 《구의교주》에는 '自已'로 되어 있다.
21) '志'는 《구의교주》에는 '意'로 되어 있다.

■按 : 視止, 行遲, 動刀甚微, 謹之至也. 謋然已解, 如土委地, 事之得也. 提刀而立, 躊躇四顧者, 事旣得矣, 又慮其或有未盡於理者, 謹之又謹也. 滿志之後, 善刀而藏之者, 不居於寵利也. 蓋不敢負其能而輕其事, 享其利而忘其害者, 如此, 可見其達於道矣.

박세당 : 시선을 고정하고 행동을 늦추고 칼을 아주 조심스럽게 움직이는 것은, 매우 삼가는 것이다. 스르륵 해체되어서 흙덩이가 땅에 떨어지듯 떨어지는 것은, 일이 제대로 이루어진 것이다. 칼을 잡고 서서 머뭇머뭇 사방을 돌아보는 것은, 일이 이미 제대로 이루어졌지만 또 혹시라도 이치에 미진함이 있지나 않을까 염려하는 것이니, 삼가고 또 삼가는 것이다. 뜻대로 다 된 뒤에 칼을 잘 닦아서 보관하는 것은, 은총과 이익을 차지하고 앉아 있지 않는 것이다. 대개 감히 그 능력을 자부하여 그 일을 가벼이 여기거나 그 이익을 누리면서 그 재앙을 잊거나 하는 것을 하지 아니함이 이와 같으니, 그가 도에 통달했음을 알 수 있다.

3

公文軒見右師而驚曰, "是何人也? 惡乎介也? 天與, 其人與?" 曰,22) "天也, 非人也, 天之生是, 使獨也. 人之貌, 有與也, 以是知其天也, 非人也."

공문헌(公文軒)이 우사(右師)를 만나보고 놀라며 말하였다. "이 어찌된 사람인가? 어찌 발이 하나인가? (이러한 모습이 된 것이) 하늘의 이치일까, 사람의 참모습일까?" (공문헌이) 말하였다. "하늘의 이치이다. 사람의 참모습이 아니다. 하늘이 이 사람을 발 하나만 남도록 한 것이다. 사람의 모양이라면 짝이 있는

---

22) '曰' 이하를 일반적으로 '우사의 말'로 번역하나, 여기서는 박세당의 해석에 따라 '공문헌의 말'로 번역하였다.

법이다. 이로써, 하늘의 이치이지 사람의 참모습이 아니라는 것을 알겠다."

■ 郭云 : 介, 偏刖. 偏刖曰獨, 兩足共行曰有與.
곽상 : 개(介)는 한쪽 발뒤꿈치가 잘린 것이다. 한쪽 발뒤꿈치가 잘린 것을 '독(獨)'이라 하고, 두 발이 함께 걸을 수 있는 것을 '유여(有與)'라 한다.

■ 呂云 : 右師, 蓋人貌而天者也. 介然獨立, 故公文軒見而疑其非人.
여혜경 : 우사는 대개 사람의 모습이지만 자연과 일체가 된 자일 것이다. 따로 우뚝 홀로 섰기 때문에 공문헌이 보고 사람이 아닐 것이라고 의심한 것이다.

■ 林云 : 公文, 姓. 右師, 刖而存一足. 言'天要他獨有一足也.' 凡人之形, 皆有兩足相並而行, 此於衆人之中, 獨異如此, 便是天使之, 非人使之.
임희일 : 공문(公文)이 성(姓)이다. 우사는 발뒤꿈치를 제거하는 형벌을 받아서 한 발만 보존하였다. ('천지생시사독'이라는 것은,) '하늘이 그에게 한 발만 있게 하고자 했다.'는 말이다. 무릇 사람의 형체는 모두 두 발을 가지고 나란히 하여 걸어 다니는데, 이 자는 뭇 사람들 가운데에서 유독 특이하기가 이러하니, 이는 바로 하늘이 그렇게 만든 것이지 사람이 그렇게 만든 것이 아니다.

■ 焦云 : 介, 獨也. 有與則非獨矣. 右師知識俱忘而澹然遊心於獨, 公文軒已望而知之, 故驚問'其天耶, 人耶?' 何以致此也?
초횡 : 개(介)는 단독이라는 뜻이다. 유여(有與)는 단독이 아니다. 우사는 지식을 모두 잊고 담담하게 홀로 우뚝한 경지에 마음을 노닐었는데, 공문헌이 이미 바라보고 그것을 알았다. 그 때문에 놀라서 묻기를 '하늘인가, 사람인가?' 하였으니, 어떻게 이 경지가 되었느냐는 말이다.

■ 按 : 此, 解者不同. 公文軒之意, 以爲 '爲惡而刑, 天之道也. 生有兩足, 人之性也. 右師不善養其生以自取夫刑禍, 則於天道而不舛, 在人理則有虧.' 故曰 '知其天也, 非人也.' 非人, 謂'非夫人之所以爲人也.' 言'人能保身全生, 而不失其性命之正, 方可謂能得人之 所以爲人之理, 而右師刖足, 未可謂得其理也.' 蓋人有兩足者, 天 之理也. 爲惡而戮者, 人之事也. 而今公文軒之言, 以使獨者爲天, 而有與者爲人, 則又以明'天討之不可逭, 而人性之無不全.' 其辭反 而其旨深, 所以警人之失養生之道者, 可謂切矣.

박세당 : 이곳은 풀이한 자들의 견해가 같지 않다. 공문헌의 뜻은, '악행을 저지르면 형벌을 받는 것은 하늘의 도이며, 태어날 때에 두 발이 있는 것은 사람의 본성이다. 우사가 그 삶을 잘 기르지 못해서 저러한 형벌을 자초했다면, 하늘의 도에 어그러지지 않지만 사람의 이치에 있어서는 이지러짐이 있다.'라고 여긴 것이다. 그러므로 '그것이 하늘의 이치이지 사람의 참모습이 아님을 알겠다.'라고 한 것이다. 비인(非人)은, '사람이 사람이 되는 까닭이 아님'을 이르니, '사람이 제대로 몸을 보전하고 삶을 온전하게 하여 그 성명(性命)의 올바름을 잃지 아니해야 바야흐로, 사람이 왜 사람일 수 있는지의 이치를 제대로 얻었다고 할 수 있는데, 우사는 발이 잘렸으니 그 이치를 얻었다고 이를 수 없다.'는 말이다. 대개 사람이 두 발이 있는 것은 하늘의 이치이고, 악행을 저질러 형벌을 받는 것은 사람의 일이다. 그런데 지금 공문헌의 말은, 하나가 되게 한 것을 하늘에 속한 것이라 하고 둘이 있는 것을 사람에 속하는 것이라 했으니, 또 '하늘의 처벌은 피할 수가 없고 사람의 본성은 온전하지 아니함이 없음'을 밝힌 것이다. 그 말이 반대여서 그 뜻이 깊으니, 양생의 도를 잃는 것에 대해 사람을 경책한 방법이 매우 친절하다고 하겠다.

澤雉十步一啄, 百步一飮, 不蘄畜乎樊中. 神, 雖王, 不善也.
늪에 사는 꿩은 열 걸음에 한 번 쪼고 백 걸음에 한 번 마시지만 새장 속에서 길러지기를 바라지 않는다. 정신이, 형체가 비록 왕성하더라도, 즐겁지 않기 때문이다.

■ 郭云 : 蘄, 求也. 樊, 所以籠雉也. 俯仰乎天地之間, 逍遙乎自得之場, 固養生之妙處也. 又何求於入籠而服養哉!

곽상 : 기(蘄)는 추구한다는 뜻이다. 번(樊)은 꿩을 가두는 대나무 통이다. 천지 사이에서 숙였다가 들었다가 하면서 자득(自得)의 마당에서 소요하는 것이 본디 오묘한 양생의 방법이다. 또 어찌 새장에 들어가서 길러지기를 바라겠는가!

■ 呂云 : 澤雉飮啄自如, 適性命也. 樊中之養, 雖至于神王, 非其所善, 不若澤中飮啄之希而自得也.

여혜경 : 늪의 꿩이 마시고 쪼면서 자유로운 것은 타고난 천성대로 사는 것이다. 새장 속에서 길러지는 것은 비록 정신이 왕성한 데에 이르더라도 그 좋아하는 바가 아니니, 늪에서 부족한 먹이로 살면서 자득한 것만 못한 것이다.

■ 林云 : 十步一啄, 百步一飮, 言 '其飮啄之難也.' 若養於籠中, 則飮啄皆足, 而爲雉者不願如此. 蓋籠中之飮啄雖飽, 雉之精神雖若暢旺, 而終不樂. 人能自愛其身, 不入世俗汨沒之中, 更自好也.

임희일 : 열 걸음에 한 번 쪼고 백 걸음에 한 번 마신다는 것은, '마시고 쪼는 것이 부족하다.'는 말이다. 만약 새장 속에서 길러진다면, 마실 것과 쪼을 것이 모두 충분할 것인데도 꿩이란 놈이 원하지 아니하는 것이 이와 같다. 대개 새장 속의 마실 것과 쪼을 것이 비록 충분하여 꿩의 정신이 비록 왕성할 것 같은데도, 끝내 즐거워하지 않는다. 사람이 스스로 자기 몸을 아낄 줄을 알면, 세속의 구렁텅이에 들어가지 않고 더욱 스스로 자부심을 가진다는 뜻이다.

■ 焦云 : 澤雉以樊中爲苦, 思以善其神耳.

초횡 : 늪에 사는 꿩은 새장 속을 괴롭게 여긴다. 그 정신을 좋게 할 생각을 할 뿐이다.

■ 品節 : 澤雉, 求食之難, 然不願畜於人.23) 今右師不及澤雉多矣, 不可謂
善養生矣.

진심 : 늪의 꿩은 먹거리를 구하기가 어렵지만, 그러나 사람에게 길러지기를
원하지 않는다. 지금 우사는 꿩에게도 훨씬 못 미치니, 양생을 잘했다고 이를
수 없다.

■ 按 : 雉不求養於樊籠之中者, 形雖旺澤, 而神固不以爲善故也. 況
如右師, 身困世網, 至爲重戮, 則形且不旺者乎?

박세당 : 꿩이 새장 속에서 길러지기를 바라지 않는 것은, 형체가 비록 왕성
하고 윤택하더라도 정신이 본디 좋다고 여기지 않기 때문이다. 하물며 우사
처럼 몸이 속세의 그물에 곤액을 당해 심지어 무거운 형벌까지 받았다면, 형
체조차도 왕성치 않은 것이니, 그런 자야 말할 것이 무엇이 있으랴?

4

老聃死, 秦失吊之, 三號而出. 弟子曰, "非夫子之友耶?"24) 曰, "然." "然則
吊焉若此, 可乎?" 曰, "然. 始也吾以爲其人也, 而今非也.

노담(老聃)이 죽었다. 진일(秦失)이 조문을 가서, 세 번 호곡만 하고 나왔다.
제자가 말하였다. "선생님의 친구가 아니십니까?" 답하였다. "그렇다." "그렇
다면 조문을 이와 같이 하면 되겠습니까?" 답하였다. "된다. 처음에는 내가 그
를 도를 지닌 사람이라 여겼는데, 지금은 아니다.

---

23) '畜'은 《장자품절》에는 '受畜'으로 되어 있다.
24) 부자(夫子)를 '진일'로 보는 학설과 '노담'으로 보는 학설이 있는데, 박세당은 '진일'
로 본 듯하다.

■ 呂云 : 三號則哭死爲不哀. 此弟子所以疑也.

여혜경 : 세 번 호곡하는 것은 죽은 사람을 곡하는 것으로는 별로 애통해하지 않음이 된다. 이것이 제자가 의문을 품은 까닭이다.

■ 林云 : 謂'老子於秦失本朋友也, 何其吊之如此?'

임희일 : (제자의 질문은) '노자는 진일에게는 본래 친구인데, 어찌 그 조문하기를 이와 같이 하는가?'라는 말이다.

■ 按 : 以爲其人, 言'始以老子爲有道之人也.'

박세당 : '이위기인'은, '처음에는 노자를 도를 지닌 사람으로 여겼다.'는 말이다.

向吾入而吊焉, 有老者哭之, 如哭其子, 少者哭之, 如哭其母. 彼其所以會之, 必有不蘄言而言, 不蘄哭而哭者. 是遁天倍情, 忘其所受, 古者謂之遁天之刑.

앞서 내가 들어가서 조문을 할 때에, 어떤 늙은이가 그를 곡하는데 마치 자기 아들이 죽은 것처럼 통곡하였고, 어떤 젊은이가 그를 곡하는데 마치 자기 어머니가 죽은 것처럼 통곡하였다. 저들이 모이게 된 것에는, 필시 말을 하려고 한 것이 아닌데도 말을 하고 곡을 하려고 한 것이 아닌데도 곡을 하게 한 까닭이 무언가 있어서였을 것이다. 이는 천성을 배반하고 인정을 어기고, 하늘로부터 받은 바를 망각한 것이니, 옛날에는 이것을 '천성을 저버린 죄인'이라고 하였다.

■ 郭云 : 如哭子, 如哭母, 先物施惠, 故致此甚愛也. 感物太深, 不止於當, 遁天者也. 馳騖於憂樂之境, 雖楚戮未加, 而性情已困, 庸非刑哉!

곽상 : 마치 아들을 곡하는 것처럼 하고 마치 어머니를 곡하는 것처럼 한 것

은, 타인에게 먼저 은혜를 베풀었기 때문에 이러한 깊은 사랑을 있게 한 것이다. 타인을 너무 깊이 감동시켜, 합당함에서 그치게 하지 않은 것은, 자연의 이치를 위반한 것이다. 근심과 즐거움의 지경에 내달리면, 비록 형벌이 아직 가해지지 않았더라도, 성정(性情)이 이미 곤고해지니, 어찌 형벌이 아니랴!

■ 呂云：不蘄言而言, 不蘄哭而哭者, 內外相成, 此所以會之也.

여혜경：말해주기를 바라지 않았는데 말을 하고 곡해주기를 바라지 않았는데 곡을 한 것은, 안팎이 서로 이루어준 것이니, 이것이 모여들게 한 까닭이다.

■ 林云：老少如此其悲哀, 此必老子有以感會其心, 故哀且慕者, 有不期然而然也.

임희일：늙은이나 젊은이나 이와 같이 슬퍼하니, 이것은 필시 노자가 그들의 마음을 감동시킨 것이 있어서일 것이다. 그러므로 슬퍼하고 사모하는 것이, 그리되기를 기약하지 않아도 그러함이 있었던 것이다.

■ 品節：老幼盡哀, 必其所以會人心者, 有深於情. 以有情相感, 則是忘其始之所受而得罪於天也.

진심：늙은이와 젊은이가 매우 슬퍼했으니, 필시 사람의 마음을 감동시킨 무언가가 인정에 깊이 들어간 것이다. 인정을 두어 서로 감동시켰으니, 이는 그 처음에 하늘에서 받은 바를 잊고 하늘에 죄를 얻은 것이다.

■ 按：言'生死去來, 天道之常也. 安而順之, 人性之分也. 今於其死而哭之者盡哀, 則是老子平日, 必有惜生畏死之心, 形於不言, 使哭者不期於哭而自哭. 此其反天道之常, 而倍性情之眞, 未免爲戮人也.'

박세당：'나고 죽고 가고 오는 것은 천도(天道)의 상법(常法)이며, 편안히 그것에 따르는 것은 인성(人性)의 본분이다. 지금 그가 죽은 것에 대해 그를 곡하는 자가 슬픔을 극진히 했다면, 이는 노자가 평소에 필시 삶을 아끼고 죽음을 두려워하는 마음을 지녀 그 마음이 말없는 가운데 드러나, 곡하는 자들로 하여금 꼭 곡을 하려고 한 것은 아닌데도 저절로 곡이 나오게 한 것이다. 이것이,

그 천도의 상법을 배반하고 성정의 참됨을 배반하여 죄인이 됨을 면치 못하는 까닭이다.'라는 말이다.

適來, 夫子時也. 適去, 夫子順也. 安時而處順, 哀樂不能入也. 古者, 謂是帝之縣解."25)
마침 온 것은 선생께서 올 때여서 온 것이고, 마침 간 것은 선생께서 자연의 이치를 따른 것이다. 때를 편안히 여기고 순리에 따라 처신하면 슬픔과 즐거움이 끼어들 수 없다. 옛날에는 이것을 '하늘에 매인 것이 풀렸다.'라고 하였다."

■ 郭云 : 適來, 時自生也. 適去, 理當死也. 夫哀樂生於失得也. 今無時而不安, 無順而不處, 冥然與造化爲一, 則將何得何失, 孰死孰生哉? 故任其所受, 而哀樂無所錯其間矣. 以有係者爲縣, 則無係者縣解也. 縣解而性命之情得矣. 此養生之要.
곽상 : '마침 왔다.'는 것은 때맞춰 저절로 생겨났다는 뜻이고, '마침 갔다.'는 것은 이치로 보아 죽을 때가 되었다는 말이다. 대저 슬픔과 즐거움은 잃느냐 얻느냐에서 생기는 것이다. 이제 편안하지 아니한 때가 없고 어디에 처해도 순응하지 아니하는 곳이 없어서, 혼합되어 조화(造化)와 하나가 된다면, 장차 무엇을 얻고 무엇을 잃을 것이며, 무엇이 죽음이고 무엇이 삶이겠는가? 그러므로 그 하늘로부터 받은 바에 맡겨서 슬픔과 즐거움이 그 사이에 섞여드는 바가 없는 것이다. 매임이 있음을 '현(縣)'이라 한다면, 매임이 없음이 '현에서 풀림[縣解]'이다. 매임에서 풀려서 성명(性命)의 본정이 제대로 되는 것, 이것이

---

25) '帝'는 일반적으로 '天' 또는 '天帝'로 해석하며 박세당도 이러한 주해를 따랐다. '帝'를 '蒂'의 뜻으로 보는 해석도 있다. 이렇게 보면, '(꽃이) 꼭지에서 떨어졌다.' 또는 '(과일이) 완전히 익어서 저절로 꼭지가 빠져 떨어졌다.'쯤의 의미가 된다.

양생의 핵심이다.

■ 林云 : 就此發明死生之理, 欲人於死生無所動其心, 而後可以養生也. 其來也, 亦適然而來, 其去也, 亦適然而去, 但當隨其時而順之. 旣知其來去之適然, 則來亦不足爲樂, 去亦不足爲哀. 不能入者, 言 '不能動其心也.' 縣者, 心有係着也. 帝者, 天也. 知理之自然, 則不能以死生係着我矣.

임희일 : 이것으로 죽음과 삶의 이치를 밝혔으니, 사람들로 하여금 죽음과 삶에 대해서 그 마음을 동요시킴이 없게 한 뒤에 양생을 할 수 있도록 한 것이다. 그 오는 것도 또한 마침 때가 맞아서 오는 것이고 그 가는 것도 또한 마침 때가 맞아서 가는 것이니, 다만, 그때를 따라서 그것에 순응해야 할 뿐이다. 이미 그 오고 가는 것이 마침 때가 맞아서 그러한 것임을 안다면, 오는 것도 또한 즐거움이 될 수 없고 가는 것도 또한 슬픔이 될 수 없다. '불능입(不能入)'이라는 것은 '그 마음을 동요시킬 수 없다.'는 말이다. '현(縣)'이라는 것은 마음에 얽임이 있음이다. '제(帝)'라는 것은 하늘이다. 이치[理]가 절로 그러하다는 것을 알면, (하늘도) 죽음과 삶으로 나를 얽어맬 수가 없다.

■ 焦云 : 前言生之當養, 此言死生如一, 豈故相反哉? 知死生之一者, 乃爲善養生者耳.

초횡 : 앞에서는 삶을 마땅히 길러야 한다고 말했고 여기서는 죽음과 삶이 한 가지라 했으니, 무엇 때문에 서로 반대인가? 죽음과 삶이 하나라는 것을 아는 자라야 이에 양생을 잘 하는 자가 되는 것이다.

■ 品節 : 縣, 如倒懸之懸,[26] 困縛也. 帝亦未嘗以死生縛人, 人自縛

---

26) 도현(倒懸)은 사람이나 사물이 거꾸로 매달려 있는 것을 말하니, 매우 고생스러움을 비유하는 말이다. 《맹자》〈공손추상〉제1장에 "오늘날 같은 때에 만승(萬乘)의 나라에서 인정(仁政)을 시행하면, 백성들이 기뻐하기를 마치 거꾸로 매달린 것을 풀어주는 것[解倒懸]처럼 여길 것이다." 하였다.

之. 死生無變於己, 帝之縣自解矣.

진심 : '현(縣)'은 '도현(倒懸)'의 '현(懸)'과 같으니, 괴롭게 묶이는 것이다. 천제(天帝)도 죽음과 삶으로 사람을 묶은 적이 없는데, 사람이 스스로를 거기에 묶은 것이다. 죽음과 삶이 자기에게 변화를 줄 수 없으면, 천제의 속박이 절로 풀릴 것이다.

■ 按 : 此言 '生, 人之時也, 死, 人之順也. 來則安其時而非可戀, 去則處其順而非可厭. 厭戀不生於心, 則哀樂不累於情. 己於死生旣無哀樂之感, 則人之於己, 亦有不蘄乎忘哀而自忘者矣.' 蓋秦失之哭老子, 本不欲爲怛化,[27] 而弟子疑其薄於友, 故不自辨其所以然, 而爲若不悅於老子之所以處化者, 有所未盡善, 不能安時處順, 而使人係乎哀樂之情也. 蓋苟能契哭子哭母之爲, 出於遁天倍情, 則己之所以哭之不哀者, 非薄於友, 可知也.

박세당 : 이것은, '태어남은 사람이 때맞춰 오는 것이고 죽음은 사람이 때에 따르는 것이다. 오는 것은 그때를 편안히 여길 뿐이지 연모할 수 있는 것이 아니고, 가는 것은 그 순응으로 처신해야 싫어할 수 있는 것이 아니다. 싫어함과 연모함이 마음에 생기지 아니하면, 슬픔과 즐거움이 마음을 얽매지 않는다. 자기가 죽음과 삶에 대해서 이미 슬픔과 즐거움을 느끼지 않는다면, 남이 자기에 대해서도 또한 슬픔을 잊기를 바라지 않더라도 절로 잊혀지는 것이 있다.'는 것을 말하였다. 대개 진일(秦失)이 노자(老子)를 곡할 때에 본래 변화(죽음)하는 그를 놀라게 하지 않으려는 것이었는데, 제자가, 친구에게 박하게 하는 것이 아닌가 하고 의심을 품었다. 그 때문에, 그렇게 한 까닭을 자신의 처신을 위주로 논변하지 아니하고, 마치, 노자가 죽음에 대처하는 방법

---

27) 《장자》〈대종사〉에 "자래(子來)가 병이 들어 죽어갈 때에 그 가족들이 빙 둘러싸고 울고 있었는데 자리(子犁)가 문병을 가서 말하기를, '쉿! 물러들 가시오. 변화하는 이를 놀라게 하지 마시오[叱! 避! 無怛化!].' 하였다."하였다.

이 진선하지 아니한 바가 있어서 때를 편히 여기고 이치에 순응하는 일을 하지 못하여 사람들로 하여금 슬픔과 즐거움의 감정에 연계되도록 했음에 대해, 좋아하지 아니하는 듯이 한 것이다. 대개 아들을 곡하듯이 하고 어머니를 곡하듯이 한 행위가 하늘을 어기고 인정을 위반하는 것임을 잘 안다면 자기가 애통하게 곡하지 아니한 것이 친구에게 박하게 한 것이 아님을 알 수 있다는 말이다.

指窮於爲薪,[28] 火傳也, 不知其盡也.
저렇게 땔감은 땔감으로서의 역할을 하여 다 타서 없어지지만, 불이 전해지는 것은 그 끝을 모른다.

■ 呂云 : 火之所託者薪, 而火非薪. 其爲薪也, 雖窮於指, 而火傳不知其盡. 何則? 火之在此薪, 猶彼薪也, 其傳豈有盡哉? 火以喩生, 薪以喩形, 達此則知生之所以爲生者, 何哀樂之能入哉!
여혜경 : 불이 의탁하는 대상이 땔감이지 불은 땔감이 아니다. 그 땔감으로서의 역할은 비록 저기에서 끝나지만 불이 전해지는 것은 그 끝을 알 수가 없다. 왜냐하면, 불은 이 땔감에 있는 것이 저 땔감에 있는 것과 마찬가지이니, 그 전해짐이 어찌 끝이 있겠는가? 불은 생명을 비유하고 땔감은 형체를 비유한 것이니, 이것을 통달하면, 생명의 참모습을 알 것이다. 무슨 슬픔이나 즐

---

28) '指'를 진고응의 《장자금주금역》에서는 '脂'의 뜻으로 보았다. 진고응은, 주계요(朱桂曜)의 "지(指)는 지(脂)의 오류이거나 가차할 글자이다."라고 한 주석과 문일다(聞一多)의 "옛날에는 신(薪)이 두 가지가 있었는데 하나는 찬신(爨薪)이고 하나는 촉신(燭薪)이다. 찬신은 열을 취하는 데에 쓰였고 촉신은 빛을 취하는 데에 쓰였다. 옛날에는 밀랍 촛불이 없었기 때문에 섶으로 동물의 지방 덩어리를 싸서 불을 밝혔는데 그것을 촉(燭)이라고도 하고 신(薪)이라고도 하였다. 촉(燭)이라는 말은 조(照)라는 뜻이다. 그것으로 사물을 비추기 때문에 촉(燭)이라 한다. 이곳의 지(脂)는 촉신(燭薪)이다."라고 한 주석을 소개하였다.

거움 따위가 끼어들 수 있겠는가!

■ 劉氏槩云:薪火之論, 以譬神舍于形而屢移者也. 古之至人所以視形骸爲逆旅者, 以此. 況肯喪其尊形者乎!

유개(劉槩): 땔감과 불에 대한 논의는, 그것으로 정신이 형체에 깃들고 누차 이동하는 것임을 비유한 것이다. 옛 지인(至人)이 몸뚱이를 보기를 여관과 같다고 본 까닭은 이 때문이었다. 하물며 기꺼이 그 형체를 버리려 하는 자이랴!

■ 林云: 此, 死生之喩也. 謂'如以薪熾火, 指其薪而觀之, 則薪有窮盡之時, 而世間之火, 自古及今, 傳而不絶, 未嘗見其盡.' 死生之理, 固非可以言語盡.

임희일: 이것은 죽음과 삶에 대한 비유이다. '이를테면, 땔감으로 불을 사를 때에 그 땔감을 가리키며 보자면 땔감은 바닥이 나는 때가 있지만, 세간에 있는 불이라는 존재는 예로부터 지금까지 전해져서 끊어지지 않아 그 끝남을 보인 적이 없다.'라는 말이다. 죽음과 삶의 이치는 본디 언어로 다 표현할 수 있는 것이 아니다.

■ 焦云: 佛典解此, "火之傳於薪, 猶神之傳于形. 火之傳異薪, 猶神之傳異形. 惑者見形朽於一生, 便謂神情共喪, 猶睹火窮於一木, 便謂終期都盡, 可乎?" 此其說亦甚精矣.

초횡: 불전(佛典)에서는 이것을 풀이하기를, "불이 땔감에서 전해지는 것은 정신이 형체에서 전해지는 것과 같다. 불이 다른 땔감으로 옮겨 붙는 것은 정신이 다른 형체로 옮겨가는 것과 같다. 미혹된 자는 형체가 일생을 살고 썩는 것을 보고는 곧 정신과 마음도 함께 없어지는 것이라 여기니, 이것은 불이 하나의 나무에서 없어지는 것을 보고는 곧 기한이 끝나서 모두 다 없어졌다고 여기는 것과 같다. 이것이 될 말인가?" 라고 하였다. 이 학설도 또한 매우 정밀하다.

■ 品節:萬物無所不滅. 然一滅一生, 生生之理無窮, 如薪有盡而火無盡也.

진심 : 만물은 불멸하는 것이 없다. 그러나 하나가 멸하면 하나가 생겨, 생생의 이치가 무궁하여, 마치 땔감은 다 타도 불은 다함이 없는 것과 같다.

■ 按 : 薪火, 一人之說耳, 道者以爲形解之喩,29) 佛者以爲輪回之譬.30) 彼漆園老叟, 豈復知有二家者談哉? 蓋謂 '一理之賦萬形, 猶一火之傳萬薪. 理無窮而形有窮, 亦猶火不盡而薪則盡.' 人不可忘其所受於天者, 而不循夫理, 自私自有其適稟之形, 其意亦曰'火傳也, 不知其盡也. 指窮於爲薪而已.' 然直倒說如此者, 欲人深察火傳之理, 而薪窮之指, 可以默契也. 指者, 蓋指薪而云今所指者如彼也.

박세당 : '땔감과 불'로 비유한 말은 한 사람의 말인데, 도가(道家)에서는 형해(形解)의 비유로 여기고 불가(佛家)에서는 윤회(輪回)의 비유로 여긴다. 저 칠원(漆園)의 노인장이 어찌 다시 두 학파의 담론이 있을 줄을 알았겠는가? 대개 '하나의 이치가 만 개의 형체에 부여되는 것은 하나의 불이 만 개의 땔감에 전해지는 것과 같다. 이치는 무궁하고 형체는 유궁한 것도 또한 불은 다함이 없는데 땔감은 타 없어지는 것과 같다.' 는 말이다. 사람은 하늘로부터 받은 바를 잊어서는 안 되는데도, 저 이치를 따르지 않고, 그때 마침 받을 때가 되었기 때문에 받았을 뿐인 형체를 사사로이 자기 소유로 간주하니, 그 뜻은 또한 '불이 전해지는 것이야 그 다함을 알 수 없지만, 저렇게 땔감은 다 타서 없어질 따름이다.'라고 한 것이다. 그러나 그냥 이와 같이 뒤집어서 말한 것은, 사람들이 불이 전해지는 이치를 깊이 살펴 땔감이 다 타는 저러한 현상의 의미를 묵묵히 깨달을 수 있기를 바란 것이다. 지(指)라는 것은, 대개 땔감

---

29) 형해(形解)는 형체에서 분리된다는 뜻인데, 도가에서는, 수양을 하여 신선이 되면 영혼이 육체에서 분리된다고 한다.
30) 윤회(輪回)는 수레바퀴처럼 돌고 돈다는 뜻인데, 불가에서는, 중생들은 천도(天道), 인도(人道), 아수라도(阿修羅道), 지옥도(地獄道), 아귀도(餓鬼道), 축생도(畜生道) 등 육도(六道)를 돌면서, 태어남과 죽음을 반복한다고 한다.

을 가리키며, '지금 가리키는 대상이 저러하다.'라고 하는 것이다.

■ 褚氏總論云 : 達養形之理者, 勿傷, 得養神之道者, 無爲. 順中而不失其常, 保身盡年之理, 有在於是. 十九年而刀若新發硎, 則剚繁治劇, 不知其幾, 而吾之精明者, 愈久而不弊. 至于善刀而藏,31) 則應物餘暇, 斂知韜光, 物遂其適, 事盡其理, 吾之利用未嘗或虧. 是以學道之要, 虛靜爲先. 非虛, 無以全神, 非靜, 無以復命. 性全命復, 養生之能事, 畢矣.

저백수 총론 : 형체를 기르는 이치에 통달한 자는 손상하지 않으며, 정신을 기르는 방법을 얻은 자는 인위(人爲)를 함이 없다. 중도를 따라서 그 상법을 잃지 않으니, 몸을 보전하여 천수를 누리는 이치가 여기에 있다. 19년이 지났는데도 칼이 마치 숫돌에서 새로 갈아낸 듯하다면, 복잡한 곳을 처리한 것이 얼마나 되는지 모를 정도로 많지만, 나의 밝은 정신은 오랠수록 폐해지지 않은 것이다. 칼을 잘 닦아서 보관하는 단계에 이르면, 사물에 대응하는 것이 여유가 있어, 지식을 거두고 빛을 감추어, 사물은 그 적절함을 이루고 일은 그 이치를 극진히 하여, 나의 이용(利用)이 조금도 이지러지지 않은 것이다. 이런 까닭에 도를 배우는 핵심은 허정(虛靜)을 우선으로 삼아야 한다. 허(虛)가 아니면 정신을 온전히 할 수 없고, 정(靜)이 아니면 천명(天命)을 회복할 수 없다. 천성(天性)이 온전해지고 천명이 회복되면, '삶을 기르는 일'이 마무리된다.

---

31) '刀'는 대본에 '道'로 되어 있으나 《남화진경의해찬미》, 《장자익》에 근거하여 고쳤다.

人間世 第四

제4편 인간세

마음을 비우고 재능을 감추어라

人間世 第四

제4편 인간세 : 마음을 비우고 재능을 감추어라

■ 郭云 : 與人羣者, 不得離人. 然人間之變故, 異宜, 唯無心而不自用者, 爲能隨變而不荷其累也.

곽상 : 사람과 더불어 무리를 이루는 자는 사람을 떠날 수 없다. 그러나 인간 세상의 변고는 시대마다 마땅함이 다르니, 오직 마음을 비우고 자기를 쓰지 않는 자만이 변화를 잘 따를 수 있어서 그 얽매임에서 벗어난다.

■ 林云 : 前言養生, 蓋有身而處此世, 豈能盡絶人事? 但要處得好, 便是所謂物莫足爲也而不可以不爲.[1]

임희일 : 앞에서 양생(養生)을 말하였으니, 대개 몸을 지니고서 이 세상에서 살아간다면, 어찌 인사(人事)를 모두 끊을 수 있겠는가. 단지 대처를 잘하고자 하는 것이니, 이것이 바로 이른바 '사물은 일삼을 가치가 없지만 일삼지 아니할 수도 없다.'는 것이다.

■ 品節 : 至人無爲而無不爲, 聖人爲之而無以爲, 故以仲尼伯玉爲之折衷.

진심 : 지인(至人)은 함이 없으면서도 아니함이 없고, 성인(聖人)은 하면서도 일삼아 하는 것이 없다. 그러므로 중니(仲尼)와 백옥(伯玉)으로 그것을 절충하였다.

---

1) 《장자》〈재유(在宥)〉에 "인간사는 일삼을 가치가 없지만 일삼지 아니할 수도 없다. [物者, 莫足爲也, 而不可不爲.]"라고 하였다.

1

顔回見仲尼, 請行. 曰, "奚之?" 曰, "將之衛." 曰, "奚爲焉?" 曰, "回聞衛君, 其年壯, 其行獨, 輕用其國, 而不見其過. 輕用民死, 死者以國量乎澤若蕉, 民其無如矣.

안회(顔回)가 중니(仲尼)를 만나서, 떠나겠다고 말씀을 드렸다. (중니가) 묻기를, "어디로 가는가?" 하니, 답하기를, "위(衛)나라로 가려고 합니다." 하였다. 묻기를, "그곳에서 무엇을 하려고?" 하니, 답하기를, "제가 들으니, 위나라 군주는 그 나이가 한창 때이고 그 행위가 독단적이어서, 그 나라를 가벼이 운용하면서 자기의 허물을 모르고 있다고 합니다. 백성을 가벼이 써서 죽게 하여, 나라 안의 죽은 자들을 헤아려 보자면 마치 못에 갈대가 있는 것처럼 많아서, 백성들이 대책이 없는 상태라고 합니다.

■ 郭云 : 行獨, 不與民同欲也. 輕用其國者, 怒則伏屍流血, 喜則軒冕塞路. 不見其過, 莫敢諫也. 輕用民死, 輕用之於死也. 民其無如矣, 無所依歸也.

곽상 : 행위가 독단적이라는 것은 백성과 더불어 소망을 함께하지 아니함이다. 그 나라를 가벼이 쓰는 자는, 노여워하면 죽은 시체에 유혈이 낭자하고, 기뻐하면 찾아오는 벼슬아치가 길을 메운다. 자기 허물을 보지 못한다는 것은 아무도 감히 간언을 하는 자가 없다는 뜻이다. 백성을 가벼이 써서 죽게 한다는 것은 백성을 죽을 곳에 가벼이 사용한다는 뜻이다. 백성이 갈 데가 없다는 것은 의지하여 돌아갈 곳이 없다는 말이다.

■ 趙云 : 若蕉, 刈民如草菅也.

조이부(趙以夫) : 풀과 같다는 것은, 백성을 마치 풀대 베듯이 벤다는 말이다.

■ 林云 : 年壯, 行獨, 少年自用, 不恤衆議也. 輕用其國而不自知其過失, 輕民之生而戕賊之, 量其國中前後見殺者, 若澤中之蕉, 謂輕民如草芥也.

임희일 : 나이가 장년이고 행위가 독단적이라는 것은 소년이 제멋대로 하고 사람들의 의견을 돌아보지 아니한다는 뜻이다. 그 나라를 가벼이 쓰면서 스스로 자기의 과실을 알지 못하고, 백성의 생명을 가벼이 여겨 그들을 해쳐서, 그 나라 안에서 전후로 죽음을 당한 자들을 헤아려 보자면 마치 못에 있는 풀과 같다는 것이니, 백성을 초개처럼 가볍게 여김을 이른다.

■ 按 : 輕用其國, 言驕汰無度傷財害民也. 蕉, 蒲葦之屬. 澤若蕉, 言比之於澤, 若其有蕉, 積死之多也. 無如, 無如之何也, 言不可救也.

박세당 : 그 나라를 가벼이 쓴다[輕用其國]는 것은 '교만하고 방만함이 절도가 없어서 재물을 손상하고 백성을 해친다.'는 말이다. 초(蕉)는 부들이나 갈대 따위이다. 못에 갈대가 있는 것과 같다[澤若蕉]는 것은, 못에 견주어 보자면 마치 그곳에 갈대가 있는 것과 같다는 말이니, 죽은 사람이 많이 쌓여 있다는 뜻이다. 무여(無如)는 무여지하(無如之何)와 같으니, 구제할 수 없다는 말이다.

回嘗聞之夫子曰, '治國去之, 亂國就之, 醫門多疾.' 願以所聞思其則. 庶幾其國有瘳乎!"

제가 일찍이 선생님께 들었습니다. 선생님께서 '다스려진 나라는 떠나고 어지러운 나라로 들어가라. 의원의 집 문 앞에 병자들이 많이 모인다.'라고 하셨습니다. 들은 바를 그대로 행하려고 합니다. 그러면 거의 그 나라가 병이 나을 것입니다."

■ 林云 : 有道則見, 無道則隱,2) 莊子反說, 言'若是已治之國, 又何

用我? 欲以所聞於夫子, 而告衛君, 使之知改悔, 庶幾其國可安也.'
임희일 : 도가 있으면 나오고 도가 없으면 숨는다는 것을 장자가 뒤집어 말하였으니, '만약 이 나라가 이미 잘 다스려지는 나라라면 또 무엇 때문에 나를 쓰겠습니까. 선생님께 들은 말을 위나라 군주에게 말해주어 그로 하여금 고치고 뉘우칠 줄을 알게 하면 거의 그 나라가 안정될 수 있을 것입니다.'라는 말이다.

■ 按 : 就亂國, 欲以救民, 猶醫之聚疾以治. 醫固不治無疾之人也, 蓋亦以微譏儒者. '願以前所聞者推之, 而思其所以救之之道, 庶幾衛國之復安, 如病人之遇醫而獲瘳也.'
박세당 : 혼란한 나라에 가는 것은 백성을 구제하려는 것이니 마치 의원이 환자를 모아서 치료하는 것과 같다. 의원은 본디 병 없는 사람을 치료하지는 않으니, 대개 또한 유자(儒者)를 은근히 기롱한 것이다. '바라건대 이전에 들은 바를 미루어서 그들을 구제할 방법을 생각하고자 하니, 그러면 거의 위나라가 다시 안정될 것이다. 마치 병든 사람이 의원을 만나 치료되는 것과 같다.'라는 말이다.

仲尼曰, "譆, 若殆往而刑耳! 夫道不欲雜. 雜則多, 多則擾, 擾則憂, 憂而不救.
중니가 말하였다. "아! 너는 아마 가자마자 형벌을 받을 것이다. 대저 도는 섞이려 하지 않는다. 섞이면 많아지고 많아지면 소요스럽고 소요스러우면 근심이 생긴다. 근심이 생기고 나면 구제할 수 없다.

---

2) 《논어》〈태백(泰伯)〉에 "위태한 나라에는 들어가지 않고 어지러운 나라에는 살지 않는다. 천하에 도가 있으면 나오고 천하에 도가 없으면 숨는다.[危邦不入, 亂邦不居, 天下有道則見, 無道則隱.]" 하였다.

■ 呂云 : 顔回欲屈己伸道, 夫子不許, 惡雜多之爲擾而不救也.

여혜경 : 안회가 몸을 굽혀 도를 펴려고 하자 부자가 허락하지 않았으니, 섞이고 번다하면 소란스럽기만 하고 구제하지 못하는 것을 미워한 것이다.

■ 林云 : 若, 汝也. 殆, 將也. 言汝往將爲彼所刑戮而已. 多, 多端也. 擾, 亂也. 憂, 自苦也. 言'汝且自苦, 何能救人!'

임희일 : 약(若)은 너(汝)라는 뜻이고 태(殆)는 '장차'라는 뜻이다. '네가 간다면, 장차 저이에 의해서 형륙만 당할 따름이다.'라는 말이다. 다(多)는 다단(多端)이다. 요(擾)는 어지럽다(亂)는 뜻이다. 우(憂)는 자신을 괴롭힌다(自苦)는 뜻이다. '너는 장차 자신을 괴롭히게 될 것이니 어찌 남을 구제할 수 있겠는가.'라는 말이다.

■ 按 : 道雜而多端, 則事煩擾, 而人心憂方且益亂, 刑禍及身, 何能以救.

박세당 : 도가 번잡하여 단서가 많아지면 일이 번거롭고 소요스러워서, 사람 마음의 근심이 바야흐로 더욱 어지러워지고 형벌의 재앙이 몸에 미칠 텐데, 어찌 구제할 수 있겠는가.

古之至人, 先存諸己而後存諸人, 所存於己者未定, 何暇至於暴人之所行!

옛날의 지인(至人)은 먼저 자기 몸에 보존하고 그런 뒤에 그것을 남에게 보존하게 하였다. 자기 몸에 보존할 바가 안정되지 않았는데 어느 겨를에 포악한 사람의 소행에까지 참견할 수 있겠는가.

■ 郭云 : 有其具, 然後可以接物. 不虛心以應物, 而役思以犯難, 故知其所存於己者未定也. 夫唯外其知以養眞, 功名歸物, 而患慮遠身, 然後可以至於暴人之所行也.

곽상 : 자기가 갖추어야 할 것을 지닌 뒤라야 외물을 접할 수 있다. 마음을 비워 외물에 대응하지 않고 생각을 사역시켜서 어려운 일을 범하려 하니, 그래서 그 자신에게 보존할 바가 아직 안정되지 않았음을 알 수 있다. 오직 그 지식을 배척하여 참모습을 기르고, 공로와 명예를 외물에 돌리고 우환과 근심을 몸에서 멀어지게 한 뒤라야 난폭한 사람의 소행에 참견할 수가 있다.
■ 呂云 : 今回, 存諸己者未定.
여혜경 : 지금 안회는 자기 몸에 보존할 것이 아직 안정되지 않았다.
■ 林云 : 苟存於我者未定, 何暇及他人乎!
임희일 : 정말이지 내 몸에 보존할 것이 아직 안정되지 않았다면 어느 겨를에 타인에게까지 미치겠는가.
■ 按 : 雜多而擾, 則其存於己者未定, 可知矣. 欲以此而至於暴人之前, 矯其所行之非, 固有所不暇也.
박세당 : 뒤섞이고 번다해서 소요스러우면, 그 자기 몸에 보존할 것이 아직 안정되지 않았음을 알 수 있다. 이것으로 포악한 사람 앞에 나서서 그 소행의 그릇됨을 바로잡고자 하는 것은, 참으로 그럴 겨를이 없는 것이다.

且若亦知夫德之所蕩而知之所爲出乎哉? 德蕩乎名, 知出乎爭. 名也者, 相軋也. 知也者, 爭之器也. 二者凶器, 非所以盡行也.
그리고 너는 또한 덕(德)이 동탕하는 까닭과 알음[知]이 무엇 때문에 나오는지를 아는가? 덕은 명예심에서 동탕하고 알음은 경쟁에서 나온다. 명예라는 것은 서로 알력을 일으키는 것이며 알음이라는 것은 다투는 도구이다. 이 둘은 흉기이니, 행위를 다할 수 있는 것이 아니다.

■ 郭云 : 德之所以流蕩者, 矜名故也. 知之所以橫出者, 爭善故也.

名知者, 世之所用也, 而名起則相軋. 知用則爭興, 故遣名知而後行可盡也.

곽상 : 덕이 유탕되는 까닭은 이름을 뽐내기 때문이다. 꾀가 멋대로 나오는 것은 선을 다투기 때문이다. 명예와 꾀는 세상에 쓸모 있는 것이지만, 명예가 일어나면 서로 아웅다웅 하고 꾀가 쓰이면 다툼이 일어난다. 그러므로 명예와 꾀를 버린 뒤라야 행위를 다할 수가 있다.

■ 林云 : 求名, 則自然之德, 蕩矣. 用知, 則爭競所由起也. 曰名曰知, 皆天下之凶事.

임희일 : 명예를 추구하면 자연의 덕이 동탕한다. 꾀를 쓰면 다툼이 그로 말미암아 일어난다. 명예니 꾀니 하는 것은 모두 천하의 흉한 것들이다.

■ 按 : 好名而純德喪, 好爭而巧知生. 爲知與名者, 爭軋而已, 則其信厚不足, 而存於己者, 已疎矣. 豈能以盡吾之行乎?

박세당 : 명예를 좋아하여 순수한 덕이 상실되고 경쟁을 좋아하여 교묘한 꾀가 생겨난다. 꾀와 명예를 추구하는 것은 경쟁과 알력을 낳을 뿐이니, 그 신뢰와 후덕함이 부족하여 자기에게 보존할 것이 이미 엉성한 것이다. 어찌 나의 행위를 다할 수 있겠는가.

且德厚信矼, 未達人氣, 名聞不爭, 未達人心, 而彊以仁義繩墨之言術暴人之前者, 是以人惡有其美也, 命之曰菑人. 菑人者, 人必反菑之, 若殆爲人菑夫!3)

그리고 덕이 두텁고 신의가 단단하여도 아직 타인의 기분에까지 도달하지 못하였고 명예를 차지하려고 다투지 않지만 아직 타인의 마음에까지 스며들지 못하였다. 그런데도 억지로 인의(仁義)와 승묵(繩墨)의 말을 포악한 사람 앞

---

3) '夫'는 《구의교주》에는 아래단락의 첫 글자로 되어 있다.

에서 진술하는 것은, 타인의 악을 이용하여 자기가 아름다움을 차지하는 것이니, 그것을 '타인에게 재앙을 주는 것'이라고 한다. 타인에게 재앙을 주는 자는 타인도 반드시 돌이켜 그에게 재앙을 주니, 너는 아마도 타인에게 재앙을 당할 것이다!

■ 郭云 : 夫投人夜光, 鮮不按劒者,[4] 未達故耳. 回之德信, 與其不爭之名, 彼所未達也, 而强以仁義, 準繩於彼, 彼將謂回欲毀人以自成也. 是故至人不役志以經世, 而虛心以應物. 誠信著於天地, 不爭暢於萬物, 然後萬物歸懷, 天地不逆. 人必反蓄之, 適不信受, 則謂與己爭名, 而反害之也.

곽상 : 사람에게 야광주를 던져주면 칼을 잡으려 들지 않는 자가 드문 것은, 잘 알지 못하기 때문이다. 안회의 덕과 신의와 그 다투지 않는 명성은 저들이 알지 못하는 바인데, 억지로 인의(仁義)로써 저들을 바로잡고자 한다면, 저들은 장차 안회가 타인을 헐뜯어서 자신의 명성을 이루려 한다고 여길 것이다. 그러므로 지인(至人)은 뜻을 사역시켜서 세상을 경륜하지 아니하고 마음을 비워서 만물에 대응한다. 진실과 신뢰가 천지에 드러나고 다투지 않음이 만물에 널리 퍼진 뒤라야 만물이 귀의하고 천지가 거스르지 않는다. 타인이 반드시 도리어 해친다는 것은, 신임을 받지 못하면, 자기와 명예를 다툰다고 여겨서 도리어 해칠 것이라는 말이다.

■ 呂云 : 德厚信矼, 足以達人氣, 而使不至於鄙倍, 名聞不爭, 足以達人心, 而使不至於忌疑, 而後可與有言也. 今回未及此, 而强以仁

---

[4] 《사기(史記)》〈추양열전(鄒陽列傳)〉에 "명월주나 야광주라도 밤길에서 몰래 타인에게 던지면 사람들 중에 칼을 빼려면서 눈을 두리번거리지 않는 자가 없다. 왜일까? 까닭 없이 앞에 이르렀기 때문이다.[明月之珠, 夜光之璧, 以闇投人於道路, 人無不按劍相眄者. 何則? 無因而至前也.]" 하였다.

義繩墨之言, 開導於暴人之前, 彼好名而己軋之以名, 彼好知而己出之以知, 使之由乎凶器, 是菑之也. 觀其所出, 知其所反, 則回之往殆爲菑耳.

여혜경 : 덕이 두텁고 신의가 단단함이 충분히 사람들의 기분에 도달하여 그들로 하여금 비패(鄙倍)에 이르지 않게 하고, 명성을 다투지 아니함이 충분히 사람들의 마음에 도달하여 그들로 하여금 꺼리고 의심하는 데에 이르지 않게 한 뒤라야 함께 말을 할 수가 있다. 지금 안회가 여기에 미치지 못했는데도 억지로 인의와 승묵의 말로써 포악한 사람 앞에서 개진하여 인도한다면, 저이가 명예를 좋아하는데 자기가 명예로써 따지고 저이가 꾀를 좋아하는데 자기가 꾀로써 말을 꺼내어, 그로 하여금 흉기를 사용하게 하는 것이니, 이는 그를 해치는 것이다. 그 나가는 바를 관찰하면 그 되돌아올 바를 알 수 있으니, 안회가 가면 거의 재앙을 당할 뿐이다.

■焦云 : 術, 與述同. 古藏本, 作衒.

초횡 : 술(術)은 술(述)과 같다. 고장본(古藏本)에는 현(衒)으로 되어 있다.

■品節 : 矼, 慤實之貌.

진심 : 강(矼)은 성실(慤實)한 모양이다.

■按 : 達, 謂交孚而相入也. 蓋德信旣厚, 則頑悖者, 自然悅服, 不爭有聞, 則猜暴者, 不生疑忌. 以人惡有其美, 謂以人之惡而自成其美也. 菑人, 謂害人也. 害人者, 人必反害之, 故知其不能化人而爲人所害也.

박세당 : 달(達)은 서로서로 미더워서 상대에게 신뢰를 주는 것이다. 대개 덕과 신뢰가 이미 두터우면 완악하고 패려한 자도 저절로 기쁘게 복종하고, 명성을 차지하려고 다투지 않으면 시기심 많고 난폭한 자가 의심하거나 꺼리는 마음을 내지 않는다. 타인의 악으로 그 아름다움을 차지한다는 것은, 타인의 악을 이용하여 자기의 아름다움을 이룬다는 말이다. 재인(菑人)은 남을 해

친다는 말이다. 남을 해치는 자는, 남도 반드시 돌이켜 그를 해치므로, 타인을 변화시키지도 못하고 타인에 의해 재앙을 당할 것임을 알 수 있다.

且苟爲悅賢而惡不肖, 惡用而求有以異? 若唯無詔, 王公必將乘人而鬪其捷, 而目將熒之, 而色將平之, 口將營之, 容將形之, 心且成之. 是以火救火, 以水救水, 名之曰益多. 順始無窮. 若殆以不信厚言, 必死於暴人之前矣!
그리고 정말로 현인을 좋아하고 불초한 이를 미워한다면, 어찌 특별한 것이 있기를 추구하는 너를 쓰겠는가. 만약 끝내 간언을 고해줄 수 없는 자라면, 그는 왕공의 신분으로 사람을 능멸하며 그 민첩함을 다툴 것이니, 너의 눈은 장차 아찔하여 흐려질 것이고 너의 안색은 장차 무안하여 굳을 것이고 입은 장차 변명하느라 허둥댈 것이고 용모는 장차 내면을 드러낼 것이고 마음까지 또한 그렇게 이루어질 것이다. 이는 불로 불을 끄고 물로 물난리를 막는 것과 같으니, 그것을 이름하여, '더 보태는 짓[益多]'이라 한다. 처음부터 따라가면 끝이 없을 것이다. 너는 아마 신뢰받지 못하면서 진실한 말을 하여, 포악한 사람 앞에서 틀림없이 죽게 될 것이다.

■ 郭云 : 苟能悅賢惡愚, 聞義而服, 便爲明君, 不苦無賢臣, 汝往亦不足復奇. 如其不爾, 往必受害. 汝唯有寂然不言耳. 言則王公必乘人以勢而角其捷辯, 以拒諫飾非. 目將熒之, 使人眼眩也. 色將平之, 不能復自異於彼也. 口將營之, 自救解不暇也. 容形心成, 乃且釋己以從彼也. 名之曰益多, 適不能救, 乃更足以成彼之盛也. 順始無窮, 守故未肯變也. 不信厚言, 未信而諫, 雖厚爲害也.
곽상 : 정말로 현능한 이를 좋아하고 우둔한 이를 미워하며 정의를 듣고 승

복한다면 이는 곧 밝은 군주이니, 현능한 신하 없는 것이 고민거리가 아니다. 네가 가더라도 또한 다시 특별할 것이 없다. 만약 그렇지 않다면 가면 반드시 재앙을 당할 것이다. 너는 오직 조용히 하고 말을 말아야 할 뿐이다. 말을 하면, 왕공의 신분으로 반드시 사람을 누르려 들고 군주의 형세로 말솜씨를 다투어 간언을 거절하고 잘못을 합리화할 것이다. 눈이 어질거릴 것이라 함은, 사람으로 하여금 눈이 아찔하게 한다는 말이다. 안색이 균평해질 것이라 함은, 다시 자기를 저이와 다르게 할 수 없다는 말이다. 입이 장차 논변하느라 허둥댈 것이라 함은, 자기를 해명하기에도 겨를이 없을 것이라는 말이다. 용모가 드러내고 마음이 이룰 것이라 함은, 이에 자기를 버리고 저이를 따르게 된다는 말이다. 그것을 '더 보태주는 짓'이라 한다 함은, 구제하지도 못할 뿐더러 이에 다시 저이를 더욱 치성하게 해준다는 말이다. 처음을 따라 끝이 없다 함은, 옛것을 지키며 변화하려 하지 않는다는 말이다. 믿지 않는데 말을 성실히 한다 함은, 신뢰받지 못하면서 바른 말을 하면 비록 진심으로 하는 말일지라도 재앙을 당한다는 뜻이다.

■ 呂云 : 苟人君悅賢惡不肖, 則與汝同矣, 汝惡用求異哉? 汝與之言, 徒唯諾而無詔告, 彼必乘人而鬪其捷辯, 氣色拂厲, 而目熒心成, 求解免順從之不暇. 是猶以火救火, 以水救水, 則順始無窮矣. 彼不以信厚期我, 而與之言, 必死於暴人矣.

여혜경 : 정말로 군주가 현인을 좋아하고 불초한 이를 미워한다면 너와 같을 것인데, 네가 무엇 때문에 남다른 것을 추구할 것인가. 네가 더불어 대화하는 것이 한갓 동의하는 말만 하고 고해주는 것이 없다면, 저이는 필시 사람을 능멸하며 그 말솜씨를 다투어, 기색이 사나워질 것이고, 너는 눈이 어질거리고 마음이 굳어져, 해명하여 처벌을 면하고 순종하기를 추구하기에도 겨를이 없을 것이다. 이는 불로 불을 끄고 물로 물난리를 구제하는 것과 같을 것이니, 처음부터 따라가면 끝이 없을 것이다. 저이가 신뢰와 진실함을 바탕으로 나를

기다리지 않는데 그에게 말을 해주면 반드시 포악한 사람에게 죽을 것이다.
■ 林云 : 彼若知賢而悅之, 知不肖而惡之, 則何用我, 更別有所求? 惟其不知賢, 所以如此. 旣不知賢, 則安知汝賢而信汝之言乎? 必將乘汝言語之間, 而爭欲求勝. 汝到此, 爲其所困, 屈服顔色, 以求自解, 他本凶暴, 又得勝汝, 其氣愈旺, 則是以火救火, 以水救水. 益, 增也, 言增多其惡也. 順此而往, 則其爲惡愈無窮極, 暴戾益甚矣. 厚言者, 猶深言也. 汝未有以信於人, 而深言於暴人之前, 必爲其所殺也.

임희일 : 저이가 만약 현인을 알아서 그를 좋아하고 불초한 이를 알아서 그를 미워한다면 무엇 때문에 나를 써서 다시 별도로 추구하는 바가 있겠는가. 오직 현인을 알지 못하기 때문에 이와 같이 하는 것이다. 현인을 알지 못한다면 어떻게 네가 현능한 줄을 알아서 너의 말을 믿겠는가. 틀림없이 너의 말을 트집잡아 이기려고 다툴 것이다. 너는 여기에 이르면, 그에게 속박 당해서 안색을 굴복시켜 스스로 해명하려 할 것이고, 저이는 본래 흉포하고 또 너를 이겼기에 그 기운이 더욱 왕성할 것이니, 이는 불로 불을 끄고 물로 물난리를 구제하는 것과 같다. 익(益)은 더한다는 뜻이니, 그 악을 더 많게 한다는 말이다. 이것을 따라서 가면, 그 악행이 더욱 끝이 없어서 포악함이 더 심해질 것이다. 후언(厚言)이라는 것은 '깊은 말[深言]'과 같다. 네가 아직 사람들에게 신임을 받지 못하는데 포악한 사람 앞에서 깊은 말을 하면 반드시 그에 의해 죽임을 당할 것이다.

■ 劉云 : 目將熒之, 色將平之, 兩語, 極一時流遁之狀. 此時方遷就求退之不能, 況暇與之辯. 口將營之, 欲出口而不能, 但經營吻間, 正是苦處. 容將形之, 雖未言而依違俯仰, 固已屈矣. 皆人情展轉所必至.

유신옹(劉辰翁) : 눈은 아찔할 것이고 안색은 무표정해질 것이라는 두 구절은,

한때의 도망하는 형상을 극도로 표현한 것이다. 이러한 때에는 아첨을 하려 해도 물러나고자 해도 불가능할 것인데 하물며 그와 변론할 겨를이 있겠는 가. 입이 장차 허둥댈 것이라 함은, 입에서 내고자 하더라도 할 수 없고 단지 입 안에서 우물거릴 것이라는 말이니, 바로 이것이 괴로운 것이다. 용모를 장차 형상화할 것이라 함은, 비록 말을 하지 않더라도 머뭇머뭇 눈치보며 행동한다는 말이니, 참으로 이미 굽힌 것이다. 모두 인정이 변하면 반드시 이르는 바이다.

■ 品節 : 淺交深言, 死於暴人矣.

진심 : 사귐이 얕은데 말을 깊게 하면 포악한 사람에게 죽게 될 것이다.

■ 按 : 若唯無詔, 郭呂林焦所解不同, 而皆不免於失, 可見注釋之難. 蓋謂'彼誠能悅賢而惡不肖, 則其國固已治矣, 又安用汝之求異而見能. 若其狠戾之性, 終不可以詔告諫誡, 則汝雖往, 彼將恃其貴而凌人, 鬪其捷而不下也.'

박세당 : 약유무조(若唯無詔)는 곽상, 여혜경, 임희일, 초순의 해석이 같지 않은 데다 모두 제대로 해석하지 못하였으니, 주석(注釋)하는 일이 얼마나 어려운지를 알 수 있다. 대개 '저이가 정말 현인을 좋아하고 불초한 이를 미워한다면, 그 나라는 참으로 이미 잘 다스려지고 있을 것이다. 또 어찌 남다름을 추구하여 현능함을 드러내려는 너를 쓰겠는가. 만약 그의 사나운 성품이, 끝내 충고하고 간언해 줄 수 없는 것이라면, 네가 비록 가더라도 저이는 장차 자기의 귀한 신분을 믿고 남을 능멸할 것이며, 자기의 민첩함을 내세워 다투며 지지 않으려 할 것이다.'라는 말이다.

且昔者, 桀殺關龍逢,5) 紂殺王子比干,6) 是皆修其身, 以下傴拊人之民, 以

---

5) 관룡방(關龍逢)은 하(夏)나라의 충신으로 걸(桀) 왕에게 충언으로 간하다가 죽임을 당하였다.

下拂其上者也. 故其君因其修以擠之. 是好名者也.

그리고 옛날에 걸왕(桀王)은 관룡방(關龍逄)을 죽였고 주왕(紂王)은 왕자 비간(比干)을 죽였다. 이들은 모두 자기 몸을 수양해서, 낮은 사람으로서 타인의 백성을 어루만지고 낮은 사람으로서 자기의 윗사람을 거스른 자들이었다. 그러므로 그들의 군주가 그 수양한 것 때문에 그들을 쳐냈다. 이들은 명예를 좋아한 자들이다.

■ 郭云 : 龍逄·比干, 居下而任上之憂, 非其事也. 故其君擠之, 不欲令臣有勝君之名也.
곽상 : 용방(龍逄)과 비간(比干)은 낮은 지위에 있으면서 윗사람의 근심을 떠맡았으니, 자기들의 신분에 맞는 일이 아니었다. 그러므로 그 군주가 물리쳤으니, 신하로 하여금 군주보다 낫다는 명예를 가지게 하려 하지 않은 것이다.

■ 呂云 : 龍逄·比干, 修身拊民, 疑於斂恩, 故其君擠之, 亦好名而已.
여혜경 : 용방과 비간은 몸을 수양하여 백성을 어루만졌으니 은혜를 베푼다는 명성을 거두어들인다는 의심을 샀다. 그러므로 그 군주가 쳐냈으니, 또한 명예를 좋아했기 때문일 뿐이다.

■ 林云 : 因其好善, 反以擠怒之, 謂此皆好名之過也.
임희일 : 그들이 선(善)을 좋아한다는 것 때문에 도리어 배척당하고 노여움을 당했으니, 이것이 모두 명예를 좋아해서 생긴 허물이라는 말이다.

■ 按 : 此, 言 '爲下而俯就, 以拊其君之民, 强諫, 以拂其上之意, 故其君殺之. 是因其所修而擠之, 是皆好名而反害其身者也.'
박세당 : 이것은, '아랫사람으로 있으면서, 굽혀서 나아가 그 군주의 백성을

---

6) 비간(比干)은 은(殷)나라 주(紂)왕의 숙부인데 주왕의 폭정에 충언으로 간하다가 죽임을 당하였다.

어루만지고, 억지로 간하여 그 윗사람의 뜻을 어겼기 때문에 그 군주가 그를 죽였다. 이는 그가 수양한 것 때문에 배척한 것이니, 이는 모두 명예를 좋아하여 도리어 그 몸에 재앙을 당한 자들이다.'라는 말이다.

昔者, 堯攻叢・枝・胥敖, 禹攻有扈, 國爲虛厲, 身爲刑戮, 其用兵不止, 其求實無已. 是皆求名實者也, 而獨不聞之乎? 名實者, 聖人之所不能勝也, 而況若乎!

옛날에 요(堯)임금은 총(叢)과 지(枝)와 서오(胥敖)를 공격했고 우(禹)임금은 유호(有扈)를 공격했다. 나라는 폐허가 되었고 그 군주의 몸은 형륙을 당했으니, 그들이 전쟁을 멈추지 않고 실리를 추구하여 끝이 없었기 때문이다. 이는 모두 명예와 실리를 추구한 자들이다. 너만 유독 못 들었단 말이냐? 명예와 실리를 추구하는 자는 성인도 교화를 감당치 못하는데, 하물며 너 같은 자이랴!

■ 郭云 : 暴君若叢枝胥敖有扈, 非徒恣欲, 乃復求名. 惜名貪欲之君, 雖復堯禹, 不能勝化也, 故與衆攻之. 而汝乃欲空手而往, 化之以道哉?

곽상 : 폭군으로서 이를테면 총지와 서오와 유호 같은 이들은 욕심을 방자하게 부렸을 뿐만 아니라 이에 다시 명예를 추구하기까지 하였다. 명예를 아끼며 탐욕을 부리는 군주는 비록 요임금이나 우임금이 다시 살아나더라도 교화시킬 수가 없다. 그러므로 대중들과 함께 공격하였다. 그런데 너는 이에 빈손으로 가서 도로써 교화하고자 하는가?

■ 呂云 : 堯禹之於蕃國, 猶不能化, 必至於滅之, 是名實者, 聖人不能勝, 而況若乎?

여혜경 : 요임금과 우임금도 변방 국가에 대해서 오히려 교화하지 못하여, 반

드시 멸망시키는 데에 이르렀다. 이들 명실을 추구하는 자들은 성인도 이기지 못했는데, 하물며 네가 이기겠는가?

■ 林云 : 所以禍至此者, 皆用兵不止, 以求名實也.

임희일 : 재앙이 여기에 이른 까닭은 모두 끊임없이 전쟁을 하여 명예와 실리를 추구했기 때문이었다.

■ 焦云 : 居宅無人曰虛. 死而無後爲厲.

초횡 : 집에 사람이 없는 것을 허(虛)라 한다. 죽었는데 후사가 없는 것이 려(厲)이다.

雖然, 若必有以也. 嘗以語我來!" 顔回曰, "端而虛, 勉而一, 則可乎?"
비록 그러나, 너는 반드시 방도가 있을 것이다. 나에게 한번 말해 보아라." 안회가 말하였다. "단정히 하고 마음을 비우며, 힘써 노력하고 전일하게 하면 되겠습니까?"

■ 郭云 : 端而虛, 正其形而虛其心也. 勉而一, 言遜而不二也.
곽상 : 단이허(端而虛)는 그 외형을 단정하게 하고 그 마음을 비우는 것이다. 면이일(勉而一)은 말이 공손하고 두 마음을 갖지 아니함을 말한다.

■ 呂云 : 端而虛, 非至虛, 勉而一, 非至一也.
여혜경 : 단이허(端而虛)는 아주 텅 빈 것이 아니고, 면이일(勉而一)은 완전히 전일한 것이 아니다.

■ 林云 : 言'汝之欲往, 必有所以, 且試以語我也.' 來, 助語. 勉而一, 謹終如始也.
임희일 : '네가 가고자 함에는 반드시 까닭이 있을 것이니, 우선 그것을 나에게 말해 보라.'는 말이다. 래(來)는 조어(助語)이다. 면이일(勉而一)은 끝을 삼가

기를 처음과 같게 한다는 말이다.

■ 按 : 必有以, 言 '汝之所以爲此者, 必內自揆度, 得其所以化之之術, 欲聞之也.'

박세당 : 필유이(必有以)는 '네가 이렇게 하는 까닭은 틀림없이 마음속에 스스로 요량해서 어떻게 그를 설득시킬 것인지에 대한 방술을 알아냈기 때문일 것이다. 그것을 듣고 싶다.'라는 말이다.

曰, "惡! 惡可! 夫以陽爲充, 孔揚, 采色不定, 常人之所不能違, 因案人之所感, 以求容與其心. 名之曰'日漸之德不成', 而況大德乎! 將執而不化, 外合而內不訾, 其庸詎可乎!"

(공자가) 말하였다. "오! 어찌 되겠는가! 대저 저이는 강퍅함이 가득 차 크게 밖으로 드러나고 안색이 불안정하니, 항상 사람들이 거스를 수 없는 대상이며, 사람들의 감정을 억눌러 자기의 마음과 같게 하고자 하니, 그러한 자를 이름 하여, '날마다 조금씩 성취하는 덕도 이루지 못할 자'라고 한다. 하물며 큰 덕을 이루랴. 장차 고집을 지키며 변화하지 않고, 겉으로는 합치하는 듯이 하지만 안으로는 헤아리지 않을 것이니, 어찌 감화시킬 수 있겠는가."

■ 郭云 : 衛君亢陽之性, 充於內而揚於外, 强禦之至也. 采色不定, 喜怒無常也. 陵藉挫抑, 以求自放而遂其侈心. 雖小德, 且不能成, 將守其本意, 而不化. 卽汝之端虛勉一, 外合而內不訾. 此未足以化之也.

곽상 : 위나라 군주의 기고만장한 성품이 안에 가득 차서 겉으로 드러났으니 강어(强禦)의 궁극이다. 안색이 안정되지 않았다는 것은 기뻐함과 노여워함이

일정하지 않다는 말이다. 능멸하고 짓밟아서 상대를 억제하여 은연중에 멋대로 하여 그 방자한 마음을 실현한다. 비록 작은 덕이더라도 이룰 수 없을 것이고, 장차 그 본의를 지키면서 변화하지 아니할 것이다. 너의 단정함과 비움과 힘씀과 전일함에 대해 겉으로는 화합하는 듯이 하지만 안으로는 반성하지 아니할 것이다. 이것이 변화시킬 수 없는 까닭이다.

■ 呂云 : 驕滿於中, 發見於外, 抑人所感, 求快其心, 小德猶不成, 況大德乎. 以之格其君, 不過外合內不訾而已, 又何足以化彼.

여혜경 : 교만이 마음에 가득하여 밖으로 발현하여, 타인이 느끼는 바를 눌러서 자기 마음에 유쾌하기를 추구하니, 작은 덕도 이루지 못할 텐데 하물며 큰 덕이랴. 이것으로 그 군주를 바로잡는 것은, 겉으로만 영합하고 안으로는 헤아리지 못함에 지나지 않으니, 또 어찌 저이를 변화시킬 수 있으랴.

■ 林云 : 言得志之人, 陽氣充滿, 揚揚自得. 其驕矜之色不常, 人不敢違. 而汝欲以言語感動之, 彼將求欲案服汝心, 以快其意.

임희일 : '뜻을 얻은 사람은 양기가 충만하여 의기양양하다. 그 교만한 안색이 일정하지 않아서, 사람들이 감히 거스르지 못한다. 그런데 네가 언어로 그를 감동시키려 한다면, 저이는 장차 너의 마음을 굴복시켜 그 뜻을 통쾌하게 하고자 할 것이다.'라는 말이다.

■ 品節 : 端而虛・勉而一, 正形於謙虛, 遜志於純一, 欲以盛德感之也. 夫子謂'彼其志得而意滿, 色取而無恒, 人畏之而莫敢違. 因以小智案人之所感, 以求快其意. 此漸漸之小德, 尚不能成, 子乃欲以盛德感之, 彼將執己見而不化, 外雖合而內無訾量, 恣睢其心, 庸詎可乎?'

진심 : 단이허(端而虛)・면이일(勉而一)은 겸허(謙虛)에서 형체를 바루고 순일(純一)에서 뜻을 낮춤이니, 성대한 덕으로 그를 감화시키고자 함이다. 부자가 '저이는 뜻대로 이루고 의지가 충만하고 겉으로는 취하지만 항심이 없어서, 사람

들이 두려워하여 감히 아무도 어기지 못한다. 게다가 작은 지혜로 사람들의 감정을 눌러서 자기의 뜻을 유쾌하게 하고자 한다. 이것은 조금씩 성취하는 작은 덕도 오히려 이루지 못하는데, 그대는 이에 성대한 덕으로 그를 감화시키려고 하니, 저이는 장차 자기의 소견을 고집하여 변화하지 아니할 것이며, 겉으로는 비록 화합하는 듯이 하지만 안으로는 헤아리지 않을 것이고, 그 마음을 방자하게 가질 것이니, 어찌 감화시킬 수 있겠는가.'라고 한 것이다.

■ 按 : 夫子旣言道不可雜, 故欲以端虛勉一而說之, 夫子又言其未可, 非以虛與一爲不可, 但曰端曰勉, 則大而未化,[7] 猶不免於有迹, 未足以化剛戾之人. 必若下文所謂'無感其名 入則鳴 不入則止, 一宅而寓於不得已'而後可也. 但此段, 自以陽爲充至容與其心, 文義難通, 有不可以强解者. 呂氏所說, 又與諸家不同, 未知孰是.

박세당 : 부자께서 이미 '도는 섞이면 안 된다.'고 말하였기 때문에 '단정한 용모와 비운 마음, 힘씀과 전일함'으로 유세하고자 한 것인데, 부자께서 또 '아직 안 된다.'고 하셨으니, 비운 마음과 전일함을 불가하다고 한 것이 아니라, 다만 단정한 용모라 하고 힘씀이라고 하면, 크지만 아직 동화한 것이 아니어서, 아직 자취가 있음을 면하지 못하여, 강퍅하고 패려한 사람을 변화시키기에 충분하지 않다는 것이다. 반드시 아래 글에 이른바 '그 명예에 감응하지 말아서, 받아들이면 말해주고 받아들이지 않으면 멈추어서, 전일함으로 집을 삼아 부득이한 데에 우거함'과 같은 뒤라야 가능하다. 다만 이 단락은 이양위충(以陽爲充)에서 용여기심(容與其心)까지 글뜻이 통하기 어려워서, 억지로 풀이할 수 없는 것이 있다. 여혜경이 말한 것은 또 다른 주석가들의 해석과

---

7) 《맹자》〈진심(盡心) 하(下)〉에, "욕심을 낼 만한 것을 선(善)이라 하고, 선을 자기 몸에 간직함을 신(信)이라 하고, 알차게 채워진 것을 미(美)라 하고, 채워져 빛이 나는 것을 대(大)라 하고, 크게 되어 동화한 것을 성(聖)이라 하고, 성스럽고 알 수가 없게 된 것을 신(神)이라 한다.[可欲之謂善, 有諸己之謂信, 充實之謂美, 充實而有光輝之謂大, 大而化之之謂聖, 聖而不可知之之謂神.]" 하였다.

같지 않으니, 어느 것이 옳은지 모르겠다.

"然則我內直而外曲, 成而上比.
"그렇다면, 저는 안은 곧고 겉은 굽히며, 저의 말을 하되 위로 견주겠습니다.

■ 按 : 顔回聞夫子以爲不可, 又欲以此術而施之, 則猶有所未深契
於夫子之旨者.
박세당 : 안회가 부자께서 불가하다고 하는 것을 듣고, 또 이러한 방법으로
그에게 적용하고자 하였으니, 그렇다면 아직도 부자의 뜻에 대해 깊이 이해
하지 못한 바가 있다.

內直者, 與天爲徒. 與天爲徒者, 知天子之與己皆天之所子, 而獨以己言蘄
乎而人善之, 蘄乎而人不善之耶? 若然者, 人謂之童子. 是之謂與天爲徒.
안이 곧은 자는 하늘과 무리가 됩니다. 하늘과 무리가 되는 자는 천자(天子)와
자기가 함께 모두 하늘이 낳아 기르는 아들임을 아는데, 어찌 자기 말을 남이
칭찬하는지 따지겠으며 남이 칭찬하지 않는지를 따지겠습니까. 그러한 자를
사람들이 어린이[童子]라고 합니다. 이것을 '하늘과 무리가 된다.'고 합니다.

■ 郭云 : 言'無貴賤一也, 故善與不善, 一無所求於人. 依乎天理, 若
嬰兒之直往也.'
곽상 : '귀하고 천함이 없이 동일하기 때문에 선(善)이든 불선(不善)이든 하나
도 남에게 바라는 바가 없다. 천리(天理)에 따르니, 마치 어린이가 곧장 앞으
로만 가는 것과 같다.'라는 말이다.

■ 呂云 : 以己之言而蘄人之善不善, 以己賤而人貴故也. 自道觀之, 天子之與己, 皆天之所子, 何分別於其間.

여혜경 : 자기의 말에 대해 상대가 칭찬을 하거나 비판을 하거나 하기를 바라는 것은 자기가 천하고 상대가 귀하기 때문이다. 도로써 보자면, 천자도 자기와 함께 모두 하늘이 낳아 기르는 아들이니, 그 사이에 무슨 분별이 있겠는가.

■ 林云 : 內直者, 內以理自守也. 其渾渾若童子然, 則與天合矣.

임희일 : 안이 곧은 자는 안으로 이치[理]로써 스스로 지킨다. 그 사심 없음이 마치 어린이와 같으면 하늘과 합치한다.

■ 品節 : 與天爲徒者, 任其自然, 如童子之無知.

진심 : 하늘과 무리가 된 자는, 그 자연에 맡겨서 마치 무지한 어린이와 같다.

■ 按 : 蘄, 計較也. 言'己與天子, 雖有貴賤之殊, 而同是天之所生, 則吾獨何懼於彼, 而先計較其聞吾言而善之乎不善之乎? 如此則能直往不顧, 如嬰兒之純質而不失其天也.'

박세당 : 기(蘄)는 계교(計較)이다. '자기와 천자가 비록 귀천의 차이는 있지만 다 같이 하늘이 낳은 바이니, 그렇다면 내가 유독 저이에 대해 무엇이 두려워서, 그가 나의 말을 듣고서 칭찬을 할지 비판을 할지를 미리 계교하겠는가. 이와 같으면, 돌아보지 않고 곧장 앞으로 갈 수 있으니, 마치 순수한 바탕을 지닌 어린이가 그 천성을 잃지 아니하는 것과 같다.'라는 말이다.

外曲者, 與人爲徒也. 擎跽曲拳, 人臣之禮也. 人皆爲之, 吾敢不爲耶! 爲人之所爲者, 人亦無疵焉. 是之謂與人爲徒.

겉을 굽히는 자는 사람과 무리가 됩니다. 홀(笏)을 들거나 무릎을 꿇거나 허리를 굽혀 절하는 것은 신하의 예절입니다. 사람들이 모두 그렇게 하는데, 제가 감히 하지 않겠습니까. 남들이 하는 것을 하면 남들도 탈을 잡지 않을 것입니다. 이것을 일러 '사람과 무리가 된다.'고 합니다.

■ 郭云 : 外曲, 言 '外形委曲, 隨人事之所當爲也.'
곽상 : 외곡(外曲)은 '외형을 굽혀서, 마땅히 해야 할 인사(人事)를 따른다.'는 말이다.

■ 林云 : 外盡臣禮, 人於我亦無疵. 此則與人合, 故曰與人爲徒.
임희일 : 나의 외형이 신하의 예를 극진히 다하면, 남들이 나에 대해서도 또한 흠을 잡지 않을 것이다. 이렇게 하면 남들과 화합한다. 그러므로 '사람들과 무리가 된다.'고 한 것이다.

■ 品節 : 小心敬愼, 盡人臣之禮也.
진심 : 조심하고 신중히 처신함은 신하로서의 예절을 극진히 다하는 것이다.

成而上比者, 與古爲徒. 其言雖敎, 謫之實也. 古之有也, 非吾有也. 若然者, 雖直而不爲病. 是之謂與古爲徒. 若是則可乎?"
자기 말을 하되 위로 견주는 자는 옛사람과 무리가 됩니다. 그 말은 비록 가르침이지만 실제로는 꾸짖는 것입니다. 그러나 옛사람의 말이지 저의 말이 아닙니다. 이와 같은 자는 비록 강직하지만 해롭지 않습니다. 이것을 일러 '옛사람과 무리가 된다.'고 합니다. 이와 같으면 되겠습니까?"

■ 郭云 : 上比, 言成於今而比於古. 雖是常敎, 有諷責之旨, 然寄直於古, 故無以病我也.
곽상 : 위로 견준다는 것은 '오늘날에 이루지만 옛날에 견준다.'는 말이다. 비록 통상적인 가르침이기는 하지만 풍간으로 책망하는 뜻이 있다. 그러나 옛일에다 강직함을 붙였기 때문에 나를 탓할 수가 없다.

■ 林云 : 以己成說, 上合於古, 引而爲證. 雖敎誨之言, 乃是陳說是非, 皆有遣謫之實. 蓋我之所言, 非出於我, 古人已有之言也. 如此則雖訐直, 而人亦不以爲罪.

임희일 : 자기의 언설을 위로 옛사람의 말에 합치시킨다는 것은 옛사람을 끌어다 증거를 삼는다는 말이다. 비록 가르치고 깨우쳐주는 말이지만, 이것은 곧 시비를 진설하니, 모두 실제로는 꾸짖는 것이다. 대개 내가 하는 말은 나에게서 나오는 말이 아니라 옛사람이 이미 했던 말이다. 이와 같으면 비록 허물을 들추어 강직하게 말하더라도 사람들이 또한 잘못이라 여기지 않는다.

■ 品節 : 借古人之言以諷諫, 而欲人之信之也. 以此三者則可乎?

진심 : 옛사람의 말을 빌려서 풍간을 하여 남들이 그것을 믿도록 하고자 하는 것이다. (안연이) '이 세 가지로써 (위군을 섬기면) 되겠습니까?'(라고 물었다.)

仲尼曰, "惡! 惡可! 太多政法而不諜, 雖固亦無罪, 雖然, 止是耳矣, 夫惡可以及化!8) 猶師心者也."

중니가 말하였다. "오! 어찌 되겠는가! 지나치게 방술이 많아서 신뢰받지 못하니, 비록 본디 벌받을 일은 없겠지만, 비록 그렇지만, 여기에 그칠 따름이다. 대저 어찌 변화시키는 데에 미칠 수 있겠는가. (변화시킬 수 있으려면) 오히려 순수한 마음을 따르는 것이어야 한다."

■ 郭云 : 當理無二, 挾三術以適彼, 非無心而付之天下也.9) 雖不見咎責, 然於化則未.

---

8) '惡'는 《장자익》과 《구의교주》에 '胡'로 되어 있다.
9) '無'는 대본에는 '經'으로 되어 있으나 《장자익》과 《구의교주》에 의거하여 고쳤다.

곽상 : 이치를 놓고 보자면 두 가지가 있을 수 없다. 세 가지 방술을 지니고 저이에게 가는 것은 마음을 비우고 천하에 맡겨두는 것이 아니다. 비록 책망을 듣지는 않겠지만 그러나 변화를 시키는 데에 있어서는 아직 부족하다.

■ 呂云 : 回謂以三者趨變, 庶乎其可, 然以此應物, 非得一而無心. 此所以爲太多也. 雖亦無罪, 惡可以及化? 以其師心而未能無心.

여혜경 : 안회는, 이 세 가지로 변화에 따르면 거의 가능할 것이라 여겼다. 그러나 이것으로 외물을 대응하는 것은 전일함을 얻어서 마음을 비운 것이 아니다. 너무 많다고 한 까닭이 이것이다. 비록 죄를 받지는 않더라도, 어찌 변화를 시키는 데에 이를 수 있겠는가. 그 사심(師心) 때문에 마음을 비우지 못하였다.

■ 林云 : 政, 事也. 法, 方法也. 如此, 亦止於自免而已, 安可以化人! 蓋三者, 皆非自然之道也.

임희일 : 정(政)은 일[事]이다. 법(法)은 방법(方法)이다. 이와 같더라도 또한 자신이 죄를 면하는 데에 그칠 따름이니 어찌 타인을 변화시킬 수 있겠는가. 대개 그 세 가지는 모두 자연의 도가 아니다.

■ 按 : 諜, 信也. 顔碑作譜諜, 與此義同. 言'此三者, 爲術太多, 人必不信. 雖其純質盡禮陳說古訓, 固無得罪之端, 亦僅能止此而已, 何足以化彼也. 若其能化, 則猶必待乎師心者也.' 師心者, 率其眞性而虛一不雜之謂也.

박세당 : 첩(諜)은 믿음이다. 안진경(顔眞卿)의 〈안씨가묘비(顔氏家廟碑)〉에 보첩(譜諜)이라 한 것의 첩이 이것과 뜻이 같다. '이 세 가지는 방술이 너무 많아서 사람들이 반드시 불신할 것이다. 비록 그가 바탕이 순수하거나 예법을 극진히 다하거나 옛사람의 가르침을 진설하거나 하여, 참으로 득죄할 단서가 없더라도, 역시 겨우 여기에 그칠 수 있을 따름이지, 저이를 어찌 변화시킬 수 있겠는가. 변화시킬 수 있으려면, 오히려 반드시 사심(師心)을 기다려야 할

것이다.'라는 말이다. 사심(師心)이란, 그 진성(眞性)을 따라서 비우고 전일하여 다른 것이 섞여들지 아니함을 이른다.

顔回曰, "吾無以進矣. 敢問其方." 仲尼曰, "齋! 吾將語若. 有而爲之, 其易耶? 易之者, 皞天不宜."

안회가 말하기를, "저는 더 나아갈 수가 없습니다. 감히 그 방법을 여쭙니다." 하니, 중니가 말하였다. "재계하라. 내가 너에게 말해주겠다. 무언가 일을 하려고 하면서, 쉽게 여길 수 있겠는가. 그것을 쉽게 여기는 사람을 하늘은 마땅찮게 여길 것이다."

■陳云 : 有而爲者, 古人嘗難之, 有思必齋, 有爲必戒. 故欲神明其德者, 必齋心焉.

진상도 : 무언가 인위적으로 하는 것을 옛사람이 일찍이 어렵게 여겨, 생각을 할 때에는 반드시 재계하고 실천할 때에는 반드시 경계하였다. 그러므로 그 덕(德)을 신명(神明)하게 하고자 하는 자는 반드시 마음을 재계해야 한다.

■品節 : 纔萌輕易之心, 便與皞天不相宜矣.

진심 : 가벼이 여기는 마음이 조금이라도 싹트면, 곧 하늘과는 서로 맞지 않게 된다.

■按 : 無以進, 言吾無以復加於此也. 回又未契師心之旨, 故仲尼謂之曰, '汝歸而齋戒, 虛心一志, 以聽所敎. 吾將告汝以其方. 夫將有所爲而爲之者, 其可以易其事歟? 如或易之, 則天不宜之.' 蓋將告以至道之要, 授受之際, 其事甚難, 必待其齋絜薰沐專心以聽而後, 方可以告之也.

박세당 : 무이진(無以進)은 '내가 여기에 다시 무엇을 더할 수가 없다.'라는 말

이다. 안회가 또 사심(師心)의 뜻을 깨닫지 못했기 때문에 중니가 그에게 말하기를, '너는 돌아가서 재계하여 마음을 비우고 뜻을 전일하게 하여 가르침을 들으라. 내가 장차 너에게 그 방법을 일러 주리라. 대체 장차 목적하는 바를 품고 그것을 하려는 자가 그 일을 쉽게 여겨서야 되겠는가. 만약 그것을 쉽게 여긴다면, 하늘이 그를 마땅치 않게 여길 것이다.'라고 하였다. 대개 장차 지극한 도의 핵심을 일러주려는데, 주고받는 즈음에 그 일이 매우 어렵기 때문에, 반드시 재계하여 정결하게 하고 향풀 향기를 쐬고 머리를 감고서 마음을 전일하게 하여 들을 자세가 되어 있어야만 바야흐로 일러줄 수 있는 것이다.

顔回曰, "回之家貧, 唯不飮酒, 不茹葷者, 數月矣. 若此, 則可以爲齋乎?" 曰, "是祭祀之齋, 非心齋也."

안회가 말하기를, "저는 집이 가난하여, 술을 마시지 않고 냄새나는 채소를 먹지 않은 지가 여러 달이 되었습니다. 이와 같으면 재계(齋戒)라고 할 수 있겠습니까?" 하니, (중니가) 말하였다. "이는 제사의 재계이지 마음의 재계가 아니다."

■ 林云 : 祭祀之齋, 在外, 心齋, 在內.
임희일 : 제사의 재계는 바깥에 있고 마음의 재계는 안에 있다.

回曰, "敢問心齋." 仲尼曰, "若一志. 無聽之以耳而聽之以心, 無聽之以心而聽之以氣. 聽止於耳, 心止於符. 氣也者, 虛而待物者也. 惟道集虛, 虛者, 心齋也."

안회가 말하기를, "감히 마음의 재계가 무엇인지 여쭙니다." 하니, 중니가 말하였다. "너는 뜻을 전일하게 하라. 귀로 듣지 말고 마음으로 듣고, 마음으로 듣지 말고 기(氣)로 들어라. 귀로 듣는 것은 귀에서 그치고, 마음으로 듣는 것은 부합에서 그친다. 기(氣)라는 것은 나를 비워놓고 외물을 기다리는 것이다. 오직 도(道)는 빈 곳에 모인다. 비움이 마음의 재계이다."

■ 郭云 : 一志, 謂去異端而任獨也. 遺耳目去心意, 此虛以待物者也. 唯道集虛, 虛其心, 則至道集於懷也.

곽상 : 일지(一志)는 다른 단서를 제거하고 하나에 맡김을 이른다. 귀와 눈을 버리고 마음과 뜻을 제거하니, 이것이 비우고 외물을 기다리는 것이다. 오직 도는 빈 곳에 모이니, 그 마음을 비우면 지극한 도가 품에 모인다.

■ 陳云 : 《文子》曰, "上學以神聽, 中學以心聽, 下學以耳聽." 聽止於耳, 則極於耳之所聞, 心止於符, 則極於心之所合而已. 聽之以氣, 則虛而無礙, 應而不藏, 故一志所以全氣, 全氣所以致虛, 致虛所以集道.

진상도 : 《문자(文子)》에, "상학(上學)은 신(神)으로 듣고 중학(中學)은 심(心)으로 듣고 하학(下學)은 귀[耳]로 듣는다." 하였다. 들음이 귀에서 그치면 귀가 듣는 데가 궁극이며, 마음이 부(符)에서 그치면 마음이 부합하는 데가 궁극일 뿐이다. 듣기를 기(氣)로써 들으면, 비어서 걸림이 없으며 대응하되 담아둠이 없다. 그러므로 뜻을 전일하게 함은 기를 온전하게 하는 방법이고, 기를 온전하게 함은 비우기를 이루는 방법이고, 비우기를 완전히 이룸은 도를 응집시키는 방법이다.

■ 林云 : 一志, 一其心而不雜也. 聽之以耳, 則止於耳而不入於心. 氣者, 順自然而待物以虛.

임희일 : 일지(一志)는 그 마음을 전일하게 하여 잡되지 아니함이다. 듣는 데에 귀를 사용하면, 귀에서 그치고 마음으로 들어가지 않는다. 기(氣)는 자연

(自然)을 따라서, 비워놓고 상대를 기다린다.
■ 按 : 無但聽以耳, 聽以心. 無但聽以心, 聽以氣. 聽以心則心專矣, 聽以氣則氣虛矣. 心專氣虛者, 一志之謂也. 蓋心雖專而氣或不能虛, 則猶未能盡於無我, 道所以不集.

박세당 : 귀로만 듣지 말고 마음으로 들어야 하며, 마음으로만 듣지 말고 기로써 들어야 한다. 마음으로 들으면 마음이 전일해지고, 기로써 들으면 기가 비워진다. 마음이 전일하고 기가 비워진다는 것은 일지(一志)를 이른다. 대개 마음이 비록 전일하더라도 기가 혹시 비워지지 못하면, 오히려 무아(無我)에 극진한 것이 아니어서, 도가 그 때문에 응집되지 않는다.

顔回曰, "回之未始得使, 實自回也. 得使之也, 未始有回也. 可謂虛乎?"
안회가 말하였다. "제가 선생님께서 시키는 대로 하기 전에는 실로 저 자신이 었는데, 선생님께서 시키는 대로 하고 나서는 전혀 저는 없습니다. 비었다고 할 수 있겠습니까?"

■ 林云 : 此謂未得敎誨之時, 猶自有我, 及得敎誨之後, 未始有我矣.
임희일 : 이 단락은, 가르침을 받기 전에는 여전히 스스로 '나'라는 인식이 있었는데 가르침을 받은 뒤에는 '나'라는 인식이 없다는 말이다.
■ 按 : 此, 回言'己初未從夫子而受服役也, 實嘗自有其身, 及得及門而服役, 則未嘗自有其身, 而唯夫子之爲聽.'
박세당 : 이 단락은, 안회가 '자기가 처음에 부자를 따라서 복역하기 전에는 실로 일찍이 스스로 자기 몸을 소유하고 있었는데, 부자의 문하에 와서 복역하게 되어서는 아예 자기의 몸을 소유한 적이 없고 오직 부자의 말씀대로만 따랐을 뿐임'을 말한 것이다.

夫子曰, "盡矣! 吾語若! 若能入遊其樊, 而無感其名, 入則鳴, 不入則止. 無門無毒, 一宅而寓於不得已, 則幾矣.

부자가 말하였다. "다 비웠구나! 내가 너에게 말해주마! 네가 그 울타리에 들어가서 노닐되, 그 명예에 감응하지 말아서, 받아들이면 말해주고 받아들이지 않으면 멈추고, 문(門)을 없애고 독(毒)을 없애며, 전일함으로 집을 삼아 부득이함에 우거할 수 있으면, 거의 도에 가까울 것이다.

■ 郭云 : 無感其名者, 當於實而止也. 不得已者, 理之必然也. 體至一之宅, 而會乎必然, 則理盡於斯也.

곽상 : 그 명예에 감응하지 말라는 것은, 실제에 합당하게 하고 멈추라는 말이다. 부득이라는 것은, 이치로 보아 반드시 그러해야 한다는 말이다. 지일(至一)의 집을 몸으로 삼고 필연을 이해하면, 이치가 여기에서 극진하다.

■ 林云 : 盡之所言, 盡其理也. 不爲虛名所感, 可與言而言, 不可與言而不言. 無方所則無門矣. 無臭味則無毒矣. 以一爲居, 而寓此心於不得已, 則盡矣.

임희일 : 진(盡)이라는 말은 그 이치를 극진히 한다는 말이다. 헛된 명예에 의해서 감동되지 말고, 더불어 말을 할 만하면 말을 하고 더불어 말을 해서는 안 될 때에는 말을 하지 말아야 한다. 방소(方所)가 없으면 문이 없고 냄새와 맛이 없으면 독이 없다. 전일함을 거처로 삼아서 이 마음을 부득이한 데에다 붙이면, 극진할 것이다.

■ 劉云 : 未有一門無毒者. 一入其中, 如過客寓于逆旅, 悶然而應, 無安排也.

유신옹 : 독이 없는 문은 하나도 없다. 한번 그 안에 들어가면, 마치 지나가는 나그네가 여관에 드는 것과 같이 하여 무덤덤히 대응하고 인위적인 안배가

없어야 한다.

■ 焦云 : 汝能游其樊而無動乎名, 意合則言, 不合則止, 廣大而無門, 澹泊而無毒, 一處之以不得已, 則幾矣

초횡 : 네가 그 울타리에서 노닐면서, 명예에 감동되지 않아서, 뜻이 맞으면 말을 해주고 뜻이 맞지 않으면 멈추며, 광대하여 문이 없고 담박하여 독이 없으며, 한결같이 부득이함으로써 대처할 수 있으면, 거의 가까울 것이다.

■ 品節 : 一虛, 盡之矣, 故夫子然而告之. 常人游於世網之中, 易爲浮名感動, 往往不量而入, 自取殆辱.

진심 : 전일하고 비웠으면 극진한 것이다. 그러므로 부자께서 수긍을 하고 일러주었다. 보통 사람들은 세상 그물 속에 노닐면 부질없는 명예에 감응하여 움직이기 쉬우니, 왕왕 헤아리지 못하고 들어가서 스스로 위태함과 치욕을 초래하기도 한다.

■ 按 : 盡者, 謂於虛之道能盡也. 我能虛, 則彼不拒, 始可以入其樊而遊之矣. 然旣入而或不能謹, 則亦敗, 故戒之. 上言名之相軋, 中引龍逢·比干, 見擠於好名, 至此又謂無感其名, 此實一章之要旨. 蓋心之不能虛者, 好名好知之私累之, 而眞性失焉故也. 夫子使回心齋, 則已示以虛一之方, 而所謂率其眞性者,10) 固在於此. 其所以進回於道, 亦無他說矣. 今回旣能及此, 則夫子之告之, 但曰'無感其名, 不入則止, 一宅而寓於不得已', 終始所言, 不過虛其心而已. 無門則關鍵不設而無所阻, 無毒則臭味不作而不見厭, 如此而後, 方可以及於化也.

박세당 : 진(盡)이라는 것은 비우는 도(道)를 제대로 다하였다는 말이다. 내가

---

10) 《중용(中庸)》 제1장에 "하늘이 명한 것을 성(性)이라 하고 성을 따르는 것을 도(道)라 하고 도를 닦는 것을 교(敎)라 한다.[天命之謂性, 率性之謂道, 修道之謂敎.]" 하였다.

비울 수 있으면 저이가 거절하지 않으니, 비로소 그 울타리에 들어가 노닐 수가 있다. 그러나 이미 들어갔더라도 혹 신중하지 못하면 역시 실패한다. 그래서 그것을 경계하였다. 위에서 '명예라는 것은 상대와 알력을 만드는 것임'을 말하고, 중간에 '용방(龍逄)과 비간(比干)이 명예를 좋아하다가 내쳐졌음'을 인용하였고, 여기에 이르러 또 '그 명예에 감응하지 말아야 함'을 말하였으니, 이는 실로 이 한 장(章)의 요지이다. 대개 마음을 비우지 못한 자는, 명예를 좋아하고 지식을 좋아하는 사사로움이 자기를 얽매어, 진성(眞性)을 잃기 때문이다. 부자가 안회(顔回)에게 심재(心齋)를 하라고 하였으니, 이미 비우고 한결같이 하는 방법을 제시한 것이고, 이른바 '그 진성을 따른다.'는 것이 참으로 여기에 있다. 안회를 도(道)에 나아가게 하는 방법에 또한 다른 말씀이 없었다. 지금 안회가 이미 이 경지에 이르고 나서는, 부자께서 일러준 것은 단지 '그 명예에 감응하지 말아서, 받아들이지 않으면 멈추고, 전일함으로 집을 삼아 부득이함에 우거하라.'고만 하였으니, 처음부터 끝까지 말한 것은 그 마음을 비우라는 것에 지나지 않았다. 문이 없으면 관건(關鍵)을 설치하지 않아서 막는 바가 없고 독(毒)이 없으면 냄새와 맛을 내지 않아서 남들이 싫어하지 않는다. 이와 같은 뒤라야 상대를 변화시킬 수 있다.

絶跡易, 無行地難. 爲人使易以僞, 爲天使難以僞.
자취를 없애기는 쉬워도 땅을 디디지 않기는 어렵다. 사람에게 부림을 당하는 것은 거짓으로 하기 쉽고 하늘에게 부림을 당하는 것은 거짓으로 하기 어렵다.

■ 郭云 : 不行則易, 欲行而不踐地, 不可能也. 無爲則易, 欲爲而不傷性, 不可得也. 視聽之所得者, 易欺也. 自然之報, 難僞也. 欲違天爲僞, 不亦難乎!
곽상 : 걸어 다니지 않기는 쉽지만, 걸어가면서 땅을 디디지 않고자 하는 것

은 불가능하다. 아무것도 아니하기는 쉽지만, 무언가를 하면서 본성을 해치지 않고자 하는 것은 불가능하다. 눈으로 보고 귀가 들어서 얻는 바는 속이기가 쉽고, 자연의 보답은 거짓으로 하기 어렵다. 하늘을 어기고 거짓을 행하고자 한들 또한 어렵지 않겠는가!

■ 林云 : 止而不行, 絶無足跡, 此爲易事. 然必行於地而無行地之迹, 則難耳.11)

임희일 : 멈추고 걷지 않으면 발자국이 전혀 없으니 이는 쉬운 일이다. 그러나 반드시 땅을 걸어 다녀야 하는 상황에서 땅에 흔적을 남기지 않기는 어려운 일이다.

■ 品節 : 人之處世, 若欲一切屛去不行, 直易易耳. 但貴處之以無心, 應之以無情. 如人行地而不見其有迹, 則甚難也. 爲人使則矯情飾貌, 易以僞爲, 天使則一毫智力, 皆不得以與乎其間.

진심 : 사람이 세상을 살아가면서, 모든 것을 버리고 행하지 아니하고자 한다면 그것은 아주 쉽다. 다만 대처하기를 무심(無心)으로 하고 반응하기를 무정(無情)으로 하는 것이 귀하다. 사람이 땅을 걸어가면서 그 자취를 드러내지 않기가 매우 어려운 것과 같다. 사람의 심부름꾼은 마음을 속이고 외모를 꾸미며 거짓으로 행위하기가 쉽지만, 하늘의 심부름꾼은 터럭만큼의 지력(智力)도 모두 그 사이에 끼어들 수가 없다.

■ 按 : 此言'人行隱暗, 或有能絶其蹤跡而不使人知者, 此人之易僞而可欺於外也. 然終亦未有不踐地而能行者, 此天之難僞而不可欺於內也.' 諸家所解, 恐皆未當.

박세당 : 이 단락은, '사람이 어두운 곳을 남몰래 걸어가면, 혹시 그 종적을 없애서 남들로 하여금 알지 못하게 할 수 있는 자도 있으니, 이것이, 사람에

---

11) '難耳'는 《구의교주》에는 '爲難'으로 되어 있다.

대해서는 거짓을 행하기 쉬워서 밖을 속일 수가 있는 것이다. 그러나 결국은 역시 땅을 디디지 않고서 걸어갈 수 있는 자는 없으니, 이것이, 하늘에 대해서는 거짓을 행하기 어려워서 안을 속일 수는 없는 것이다.'라는 말이다. 여러 주석가의 해석이 모두 합당하지 않은 듯하다.

聞以有翼飛者矣, 未聞以無翼飛者也. 聞以有知知者矣, 未聞以無知知者也.
날개가 있어서 난다는 말을 들었지만 날개 없이 난다는 말은 못 들었다. 알음이 있어서 안다는 말은 들었지만 알음 없이 안다는 말은 못 들었다.

■ 郭云 : 有翼有知, 言必有其具, 乃能其事. 今無至虛之宅, 無由有化物之實也.
곽상 : 날개가 있다느니 지혜가 있다느니 하는 비유는, '반드시 그 도구가 있어야만 그 일을 해낼 수가 있다.'는 말이다. 지금 지허(至虛)의 집이 없으면 만물을 변화시킬 실체가 있을 길이 없다.
■ 按 : 上言天難以僞者, 正所以發此段. 此又承上文而反覆之, 以明其趣. 有翼然後能飛, 未有無翼而飛者矣. 有知然後能知, 未有無知而知者矣. 有其實然後能化人, 未有無其實而化人者, 亦猶踐地而後乃能行, 未有不踐地而能行者. 夫至虛之實, 不可以容僞, 此天之難誣. 前旣告之以宅一之方, 而又恐其未能一去私意爲道之難, 故所戒如此, 而復申以虛室生白之喩.
박세당 : 위에서 '하늘은 속이기가 어렵다.'고 말한 것은 바로 이 단락을 말하기 위한 것이다. 여기서 또 윗글을 이어받아 거듭 말하여 그 취지를 밝혔다. 날개가 있은 뒤라야 날 수 있으니 날개 없이 나는 자는 없었다. 지혜가 있은 뒤라야 알 수 있으니 지혜 없이 아는 자는 없었다. 그 실제가 있은 뒤라야 남

을 변화시킬 수 있으니 그 실제도 없이 남을 변화시킨 자는 없었다. 이것은 또한 땅을 디딘 뒤라야 걸어갈 수 있으니 땅을 디디지 않고 걸어갈 수 있는 자가 없는 것과 같다. 지허(至虛)의 실체는 거짓을 용납할 수 없으니 이것이 하늘을 속이기 어려운 까닭이다. 앞에서 이미 전일함을 집으로 삼는 방법을 고해주었으나, 또 사사로운 뜻으로 도를 행하는 난잡함을 일체 제거하지 못할까 염려스러웠기 때문에, 경계한 바가 이와 같고, 다시 '빈 방에 햇살이 든다.'는 비유를 들어 설명하였다.

瞻彼闋者! 虛室生白. 吉祥止止. 夫且不止, 是之謂坐馳.

저 닫힌 방을 보아라! 빈 방에 흰 햇살이 퍼진다. 길상(吉祥)은 멈춰 있는 곳에 모인다. 대체 멈추지 않는 것, 이것을 일러 좌치(坐馳)라 한다.

■ 郭云: 室虛而純白獨生矣. 吉祥之所集者, 至虛, 至靜也. 馳騖不息, 內已困矣, 豈能化物哉!

곽상: 방이 비어서 순백(純白)이 홀로 생긴다. 길상(吉祥)이 집결하는 데는 아주 비었고 아주 고요하다. 내달려 그치지 않기 때문에 안이 이미 곤고하니 어찌 외물을 변화시킬 수 있으랴!

■ 林云: 視彼密室, 纔有空缺, 必有光入來. 以彼之闋喩我之虛, 則見虛中生明. 虛明之地, 卽萬福之所萃.

임희일: 저 밀실을 보자면, 빈틈이 있기만 하면 반드시 빛이 들어온다. 저 닫힌 방으로 나의 허심을 비유하였으니, 빈 곳에 밝음이 생김을 알 수 있다. 비어 있고 밝은 곳이 바로 만복(萬福)이 모이는 곳이다.

■ 焦云: 心虛則道集, 蓋吉祥莫大焉. 人之安身棲志, 釋此無歸矣, 而猶然不止, 非坐馳而何? 是猶馬伏槽櫪而意騖千里, 卽拱默山林,祗滋其擾耳.

초횡 : 마음이 비면 도가 집결되니, 대개 길상이 이보다 클 수가 없다. 사람이 몸을 편안히 하고 뜻을 둘 데가 여기 말고는 갈 곳이 없는데, 그런데도 멈추지 못하면, 좌치(坐馳)가 아니고 무엇이랴. 대개 이는 말이 구유 앞에 엎드려 있으면서도 뜻은 천리를 내달리는 것과 같으니, 이것이 곧 산림(山林)에 공묵(拱默)하고 있으면서도 그 동요(動擾)는 더 불어나는 것이다.

■品節 : 虛而生明, 卽閟而生白. 上止, 萃也, 下止, 虛處. 坐於此, 心逐於彼, 凶害悔吝, 皆生於動.

진심 : 비어서 밝음이 생기는 것이 곧 닫혀서 흰빛이 생기는 것과 같다. 위의 지(止)는 집결함이고 아래의 지(止)는 빈 장소이다. 이곳에 앉아 있는데 마음은 저곳으로 따라가니, 흉해회린(凶害悔吝)이 모두 움직임에서 생긴다.

■按 : 室由閟而白生, 心以止而祥集. 止則靜, 靜則虛, 虛靜者, 萬化之根而百祥之所萃也. 心之不止, 是名坐馳, 乃所謂德蕩而知出, 反吉祥而爲凶莫過於此.

박세당 : 방은 닫혀 있기 때문에 흰 빛이 생긴다. 마음은 멈춰 있기 때문에 상서가 집결한다. 멈추면 고요하고 고요하면 빈다. 비고 고요한 것이 온갖 변화의 근원이고 온갖 길상(吉祥)이 집결하는 곳이다. 마음이 멈추지 않는 것, 이것을 좌치(坐馳)라 하니, 이것이 바로 이른바 덕이 동탕하고 꾀가 나온다는 것이다. 길상과 반대가 되어 흉(凶)하기가 이보다 더한 것이 없다.

夫徇耳目內通, 而外於心知, 鬼神將來舍, 而況人乎! 是萬物之化也. 禹舜之所紐也, 伏羲·几蘧之所行終, 而況散焉者乎!"

대저 귀가 듣고 눈이 보는 것을 그대로 안으로 통하게 하여, 마음의 지각에서 벗어나면, 귀신도 장차 와서 머물 것인데, 하물며 사람이랴! 이것이 만물을 변화시킬 수 있는 것이다. 우임금과 순임금이 지켰던 바이고 복희와 궤거가 죽을 때까지 실천했던 바인데, 하물며 보통 사람들이랴!"

■ 郭云 : 使耳目閉而自然得者, 將任性直通, 無往不冥, 尙無幽昧之責, 而況人間之累乎? 心神奔馳於內, 耳目竭喪於外, 而能合乎人間之變者, 未之有也.
곽상 : 귀와 눈을 닫고 저절로 깨닫는 자는 장차 천성에 맡겨 곧바로 통하여 어디를 가도 융합되지 않음이 없어서, 오히려 귀신세계의 질책도 없을 터인데, 하물며 인간세계의 장애가 있으랴. 심신(心神)이 안에서 내달리고 이목은 밖에서 다 잃고서도 인간세상의 변화에 융합할 수 있는 자는 아직 없었다.

■ 崔氏譔云 : 耳目本外而徇之于內, 心知本內而黜之于外, 虛也.
최선 : 귀와 눈은 본래 밖을 듣고 보는 것인데 안을 따르게 하고, 마음의 지각은 본래 안에 있는 것인데 밖으로 내쳐버리면, 빈 공간만 남을 뿐이다.

■ 林云 : 聞見雖通於內, 而實外於心知, 蓋言心不動而外物不能入. 如此則此心之虛與鬼神通, 方能感化人也. 伏羲·几蘧以此行而終其身, 況其下者乎! 散者, 言尋常之人也.
임희일 : 듣고 보는 것이 비록 안으로 통하더라도 실제로는 마음의 지각 밖에 둔다는 것은, 대개 마음이 동요하지 않아서 외물이 들어오지 못함을 말한다. 이와 같으면, 이 마음의 허명(虛明)함이 귀신과도 통하니, 바야흐로 사람을 감화시킬 수 있다. 복희(伏羲)와 궤거(几蘧)가 이것을 행하며 평생을 살았는데, 하물며 그보다 못한 사람들이랴! 산(散)이라는 것은 보통 사람들을 말한다.

■ 焦云 : 如此則可以言虛, 而鬼神來舍矣. 此所以命萬物之化, 而古聖人所爲服行終身者也.
초횡 : 이와 같이 하면 '비웠다'고 말할 수 있고, 귀신이 와서 깃들 것이다. 이것이 만물의 변화를 명할 수 있는 까닭이며, 옛 성인(聖人)이 그대로 실천하면

서 평생을 살았던 방법이다.

■ 品節 : 常使聰明斂藏於內, 如是, 將見靈明洞煥, 鬼神來舍. 是則虛心無我, 萬化之所由以化也.

진심 : 듣는 것과 보는 것을 항상 안으로 수렴하여 담아두는 것이니, 이렇게 하면, 장차 영명(靈明)함이 트이고 환해져서 귀신이 와서 깃들 것이다. 이것은 마음을 비워 '나'가 없는 것이어서, 만물의 변화가 이로 말미암아 생기는 것이다.

■ 按 : 此蓋言'斂耳目而內通於心, 心不妄動爲其所誘, 則世間物累, 皆外於吾之心知, 而此心虛明, 澹如止水, 鬼神之所不違', 正與坐馳者相反矣. 吉祥之止, 鬼神之舍, 言似異而意則一也. 所紐, 言所執, 以爲要道者也.

박세당 : 이것은 대개 '귀와 눈의 작용을 거두어 안으로 마음에 통하게 하여, 마음이 귀와 눈의 유혹을 받아 함부로 동요하는 일이 없으면, 세간에서 일어나는 외물에 의한 얽매임들이 모두 내 마음의 지각 바깥에 있게 되고 이 마음의 허명하기가 멈춘 물처럼 고요하여, 귀신도 그냥 가지 않는 대상이 될 것이다.'라는 말이니, 좌치(坐馳)하는 자와 딱 반대가 된다. '길상(吉祥)이 모인다.'와 '귀신이 깃든다.'는 것은 말은 다른 듯하지만 뜻은 마찬가지이다. 소뉴(所紐)는 '잡아서 요도(要道)를 삼은 것'이라는 말이다.

2

葉公子高將使於齊, 問於仲尼曰, "王使諸梁也甚重, 齊之待使者, 蓋將甚敬而不急. 匹夫猶未可動也, 而況諸侯乎! 吾甚慄之.

섭공(葉公) 자고(子高)가 제(齊)나라에 사신으로 가게 되자, 중니(仲尼)에게 물었다. "왕이 저량(諸梁)에게 맡긴 임무는 매우 무겁고, 제나라가 사신을 대우하는 것은 대개 매우 공경하면서도 일을 서둘지 않을 것입니다. 필부(匹夫)의 마음도 움직이게 하지 못하는데, 하물며 제후이겠습니까! 저는 매우 두렵습니다.

■ 郭云 : 甚重者, 重其使, 欲有所求也. 不急者, 不肯急應其求也.
곽상 : 매우 무겁게 여긴 것은, 그 임무를 중대하게 여긴 것이니, 요구하는 바를 이루고 싶어서이다. 서둘지 않는다는 것은, 그 요구에 급히 응하려 들지는 않는다는 말이다.
■ 林云 : 言'使齊之行甚難, 待雖有禮, 而所扣之事, 其應常緩. 匹夫相扣, 應之不酬, 且無如之何, 況諸侯乎! 所以懼也.'
임희일 : '제(齊)나라에 가서 사신의 임무를 수행하는 것은 매우 어려운 일이고, 사신 대우를 비록 예법을 갖추어 해주지만 타진하는 일에 대해서는 그 응답이 항상 느긋하다. 필부와의 관계에서도 타진하는 바에 응답이 없으면 또한 어찌할 수 없는데, 하물며 제후랴! 그래서 두렵다.'라는 말이다.
■ 品節 : 葉公之齊, 疑有兵革之事. 謀於夫子曰, "今王之使我也, 其事甚重, 齊之待使者, 貌雖隆重, 而情實疎慢. 吾恐其不能辦大事, 故甚慄."
진심 : 초나라가 섭공을 제나라에 보냈으니, 병혁(兵革)의 일이 있었던 것 같다. 그래서 부자에게 의논하기를, "지금 왕이 나에게 사신의 임무를 맡긴 것은 그 일이 매우 중대하고, 제나라가 사신을 접대하는 것은 겉모습이 비록 융중하나 속마음은 사실 소루하고 태만합니다. 나는 큰일을 제대로 이루지 못할까 염려되어, 매우 두렵습니다." 하였다.

子嘗語諸梁也, 曰, '凡事若小若大, 寡不道以懽成. 事若不成, 則必有人道之患, 事若成, 則必有陰陽之患. 若成若不成, 而後無患者, 惟有德者能之.'
선생께서 예전에 저량에게 말씀하시기를, '무릇 일이란 작은 일이든 큰일이든, 정당한 방법이 아닌데도 양쪽의 환심을 사서 성사시키는 경우는 적다. 일이 만약 이루어지지 않는다면 인도(人道)의 우환이 있을 것이고, 일이 만약 이루어진다면 필시 음양(陰陽)의 우환이 있을 것이다. 이루어지든 이루어지지 않든 뒤에 우환이 없을 수 있는 것은 오직 덕(德)을 지닌 자만이 가능한 일이다.' 하셨습니다.

■ 郭云 : 不成則怒矣. 成則人患雖去, 然喜懼戰於胷中, 固已結冰炭於五臟矣. 成敗任之於彼, 而莫足以患心者, 唯有德者能之.
곽상 : 이루지 못하면 제나라 왕이 노여워할 것이다. 이루어지면 사람에게서 받을 우환은 비록 없어지나 그러나 기쁨과 두려움이 가슴속에서 전쟁을 하여 참으로 이미 오장(五臟)에서 빙탄(冰炭)이 응결되었을 것이다. 성공과 실패를 저이에게 맡겨버리고 마음에 아무 우환도 없는 것은, 오직 덕을 지닌 자만이 가능한 일이다.

■ 林云 : 爲國謀事, 不成則必有刑責, 若勞心成事, 多以致疾. 成與不成, 其後皆無患者, 惟有德之人方可. 此皆孔子語也.
임희일 : 나라를 위해 일을 계획함에, 이루지 못하면 필시 형벌로 책임을 져야 할 것이고, 만약 마음을 수고롭혀서 일을 이루면 이루더라도 대부분 질병을 초래한다. 이루든 이루지 못하든 그 뒤에 모두 우환이 없는 것은 오직 덕을 지닌 사람이라야 가능하다. 이것은 모두 공자의 말이다.

■ 劉云 : 未有不依於道, 而能使美滿成就, 無後悔者.
유신옹 : 도(道)에 의거하지 아니하고서도 훌륭하고 만족스럽게 성취시켜 후

회가 없을 수 있는 자는 아직 없었다.

■ 品節 : 事無大小, 鮮不道以懽而成者. 若不能得其懽心, 則事故不成, 不成則使不稱職, 而人道之患, 將及其身. 成則思慮煩勞, 將使氣欝而不暢, 故陰陽之患隨之.

진심 : 일이 크거나 작거나 간에, 정당한 방법이 아니면서도 환심을 얻어 일을 이루는 자는 드물다. 만약 그의 환심을 얻지 못하면 일이 이루어지지 않고, 이루어지지 않으면 사신이 직무를 제대로 수행치 못한 것이어서 사람에게서 받는 우환이 장차 그 몸에 미칠 것이며, 이루려면 사려가 번잡하고 수고로워서 장차 기(氣)를 막혀서 펴지지 못하게 할 것이므로 음양(陰陽)의 우환이 뒤따를 것이다.

■ 按 : 事無大小, 鮮有不得其道而可以能使兩懽而成者, 如此. 成與不成, 皆未免於有患. 其成不成, 皆無患, 必有德者而後能也, 以得其道故耳. 蓋孔子與己甞論使事也.

박세당 : 큰일이든 작은 일이든, 그 정당한 방법을 터득하지 못한 채로 양쪽을 기쁘게 하면서 성사시키기는 어렵기가 이와 같다. 이루어지든 이루어지지 않든 모두 우환이 있음을 면치 못한다. 이루어지든 이루어지지 않든 모두 우환이 없는 것은, 반드시 덕을 지닌 자라야만 가능하니, 그 정당한 방법을 얻었기 때문이다. 대개 공자가 자기와 함께 일찍이 사신의 일을 논한 적이 있다.

吾食也, 執粗而不臧, 爨無欲淸之人. 今吾朝受命而夕飮氷, 我其內熱歟!

저는 밥을 먹는 것이, 소략하게 먹고 맛있게 해먹지 않으므로, 불을 때서 밥짓는 이들 중에 시원한 바람을 쐬기를 바라는 사람이 없습니다. 그런데 지금 저는 아침에 왕명을 받고 저녁에는 얼음물을 마시니, 저는 어쩌면 몸속에 열이 나나 봅니다.

■ 郭云 : 對火而不思涼, 明其所饌儉薄. 而內熱飮冰者, 誠憂事之難, 非美食之爲也.

곽상 : 아궁이 불을 마주해서도 시원해지기를 생각지 아니하니, 차리는 음식이 검소하고 간략함이 분명하다. 그런데도 안에 열이 나서 얼음물을 마시는 것은 정말 일의 어려움을 근심해서이지 맛있는 음식 때문이 아니다.

■ 林云 : 我自受命以來, 飮食寡少, 則竈常淸矣.

임희일 : 내가 사신의 임무를 명령받은 뒤로 마시고 먹는 것이 적으니 부엌이 항상 서늘하다.

■ 劉云 : 自謂服勞攻苦, 何至內熱飮冰, 則憂思之爲也. 說得甚苦切.

유신옹 : 스스로, '수고로운 일을 하면서 고생을 하는데 어찌하여 속에 열이 나서 얼음물을 마시게 되었을까? 그것은 근심이 너무 깊은 탓이었다.'라고 하였으니, 말이 매우 절박하다.

■ 品節 : 我平日自奉甚薄, 所食者粗而不善, 爨下司火之人, 無苦於熱而欲淸者.

진심 : 나는 평소 자신을 봉양함이 매우 검소하므로, 먹는 것이 거칠고 나쁜 것이어서, 부엌에서 불을 때는 사람이 열이 괴로워서 시원한 바람을 쐬고자 하는 자가 없다.

吾未至乎事之情, 而旣有陰陽之患矣, 事若不成, 必有人道之患, 是兩也. 爲人臣者不足以任之. 子其有以語我來."

저는 아직 일의 실제에 이르지 않았는데도 이미 음양(陰陽)의 우환이 있는데, 일이 만약 이루어지지 않는다면 틀림없이 인도(人道)의 우환이 있을 것이니, 이는 두 가지 우환입니다. 신하된 자가 감당할 수가 없습니다. 그대가 나에게 방법을 말해주십시오."

■ 郭云 : 恐懼結於內, 而刑網羅於外, 故曰是兩也.
곽상 : 두려움이 안에서 응어리지고 형벌 그물이 밖에서 얽어오므로, '이는 양쪽으로 당하는 재앙이다.'라고 하였다.
■ 林云 : 情者, 實也. 方受命, 已成此病, 萬一不成, 則又有刑責, 是兩受患也.
임희일 : 정(情)은 실제이다. 바야흐로 왕명을 받았을 때에 이미 이러한 병이 생겼고, 만에 하나 일을 이루지 못하면 또 형벌로 문책을 당할 것이니, 이는 양쪽으로 재앙을 당하는 것이다.
■ 按 : 不足以任, 言不能堪此兩患也.
박세당 : 맡을 수가 없다는 것은, 이 두 가지 우환을 감당할 수 없다는 말이다.

仲尼曰, "天下有大戒二. 其一, 命也, 其一, 義也. 子之愛親, 命也, 不可解於心. 臣之事君, 義也, 無適而非君也. 無所逃於天地之間, 是之謂大戒.
중니가 말하였다. "천하에는 반드시 지켜야 할 큰 법도가 둘이 있습니다. 그 하나는 명(命)이고 또 하나는 의(義)입니다. 아들이 어버이를 사랑하는 것은 명이라서 마음에서 풀어 없앨 수가 없고, 신하가 군주를 섬기는 것은 의라서 어디를 간들 군신관계가 없는 곳이 없습니다. 천지 사이에 도망할 데가 없습니다. 이것을 '큰 법도'라 이릅니다.

■ 郭云 : 不可解者, 自然固結. 無所逃者, 必至之宜也.
곽상 : 풀어버릴 수가 없다는 것은, 원래부터 그렇게 단단하게 맺어져 있다는 말이고, 도망할 데가 없다는 것은, 그런 상황이 반드시 오게 되어 있다는 말이다.
■ 林云 : 大戒者, 大法也. 命, 得於天者. 子之事親, 與生俱生, 此

心豈得一日去! 義, 人之當爲者. 名曰君臣, 何處可逃!
임희일 : 대계(大戒)는 대법(大法)이다. 명(命)은 하늘에서 받은 것이다. 아들이 어버이를 섬기는 것은 태어날 때에 함께 생겨난 것이니, 이 마음을 어찌 하루인들 제거할 수 있겠는가! 의(義)는 사람이 마땅히 실천해야 하는 것이다. 명칭이 임금과 신하라 한다면, 도망할 데가 어디에 있겠는가!

是以夫事其親者, 不擇地而安之, 孝之至也. 夫事其君者, 不擇事而安之, 忠之盛也.
그러므로 어버이를 섬기는 자는, 처지를 가리지 않고 편안하게 여기니, 효도의 지극함이고, 군주를 섬기는 자는, 일을 가리지 않고 편안하게 여기니, 충성의 성대함입니다.

■ 按 : 左右無方,12) 則不擇地矣. 鞠躬盡瘁,13) 則不擇事矣. 心能安之, 則勸怠不萌矣. 夫能安之而後, 方可謂之至謂之盛.
박세당 : 좌우에서 봉양하며 어디든 나아가면, 처지를 가리지 않음이고, 몸과 마음을 다 바쳐 일하면, 일을 가리지 않음이다. 마음이 그 상황을 편안히 여길 수 있다면 권태가 싹트지 않는다. 능히 편안히 여긴 뒤라야 바야흐로 지극하다 할 수 있고 성대하다 할 수 있다.

---

12) 《예기(禮記)》〈단궁(檀弓) 상(上)〉에 "어버이를 섬기는 일에는, 은미하게 간하고 거스르지 않으며, 좌우로 나아가 봉양하고 어디든 나아가며, 있는 힘을 다하여 부지런히 노동하며, 3년 동안 치상(致喪)한다.[事親, 有隱而無犯, 左右就養無方, 服勤至死, 致喪三年.]" 하였다.

13) 촉한(蜀漢) 제갈공명(諸葛孔明)의 〈후출사표(後出師表)〉에 "신은 마음과 몸을 다하여 봉사하여, 죽은 뒤에야 그만둘 것입니다. 성공할지 실패할지 유리할지 불리할지는 신이 미리 알 수 있는 바가 아닙니다.[臣鞠躬盡瘁, 死而後已. 至於成敗利鈍, 非臣之明所能逆覩也.]" 하였다.

自事其心者, 哀樂, 不易施乎前, 知其不可奈何, 而安之若命, 德之至也.
스스로 자기의 마음을 섬기는 자는, 슬픔과 즐거움이 있어도 앞에서 마음이 쉽게 바뀌지 않으며, 그 어찌할 수 없음을 알아서 편안히 여겨 천명을 따르니, 덕의 지극함입니다.

■ 郭云: 知不可奈何而安之, 則無哀無樂, 何易施之有哉!
곽상 : 어찌할 수 없음을 알고 편안히 여기면 슬픔도 없고 즐거움도 없으니, 어찌 쉽게 베풀어짐이 있으랴!

■ 林云: 心主於忠, 則哀樂雖施於前, 而不能變易, 蓋事有難易, 又可奈何, 止得安而順之. 能如此, 則爲至德.
임희일 : 마음이 충성을 주인 삼으면, 슬픔과 즐거움이 비록 앞에서 베풀어지더라도 변역시킬 수가 없다. 대개 일에는 어려운 것도 있고 쉬운 것도 있지만, 또한 어찌할 수가 있겠는가. 단지 편안하게 따를 뿐이다. 이와 같을 수 있으면, 지극한 덕이 된다.

■ 劉云: 只此一語, 慷慨明達, 談笑有餘.
유신옹 : 단지 이 한 마디가 강개하고 명쾌하여 담소에 넉넉함이 있다.

■ 焦云: 事心而哀樂無所錯矣.
초횡 : 마음을 섬기면 슬픔과 즐거움이 섞일 데가 없다.

■ 按: 此因上文, 又明安之之義. 自事其心者, 能盡己之所當爲, 而不失乎天性之分焉者也. 是其於禍福, 知不可以避就而得, 故一無足以動其慮, 而唯勉吾之行而已. 平居遇事猶且如此, 而況受命君親, 又豈可臨利害而輒變其心哉?
박세당 : 이것은 윗글을 인하여 또 편안히 여긴다는 것의 의미를 밝힌 것이다. 스스로 그 마음을 섬기는 자는, 자기가 마땅히 해야 할 바를 다하여, 천성

으로 받은 본분을 잃지 않는 자이다. 이는 화복(禍福)에 대해서, 피하거나 나아간다고 해서 될 수 있는 것이 아님을 아는 것이다. 그러므로 그 생각을 동요시킬 만한 것이 하나도 없고 오직 자신의 행실을 면려할 따름이다. 평소에 일을 당해도 오히려 이와 같은데, 하물며 군주나 어버이로부터 명령을 받고서 또 어찌 이해(利害) 앞에서 문득 그 마음을 변역시킬 수 있겠는가.

爲人臣子者, 固有所不得已. 行事之情而忘其身, 何暇至於悅生而惡死! 夫子其行可矣!

남의 신하가 되거나 아들이 된 자는 본디 부득이한 바가 있습니다. 일의 실제를 실천하고 자기 몸을 잊어야 하니, 어느 겨를에 삶을 좋아하고 죽음을 싫어하겠습니까! 선생은 가야 합니다!

- 郭云: 事有必至, 理固常通, 爲人臣子者, 任之則事濟. 若乃悅惡存懷, 謀生慮死, 未見能成其事者也.

곽상: 일에는 반드시 오는 것이 있고 이치는 본디 항상 통하니, 신하가 되거나 아들이 된 자가 그 일을 맡으면 일이 이루어진다. 만약 이에 좋아함과 싫어함이 가슴속에 있어서 살기를 꾀하고 죽을까 염려한다면, (그런 경우에는,) 그 일을 이룰 수 있는 자를 보지 못했다.

- 林云: 爲臣子, 不幸而遇其難, 亦所不得已, 但行其事之實而已, 豈得復顧其身哉! 雖其禍至於死生之異, 亦無可奈何.

임희일: 신하가 되고 아들이 된 자는, 불행히 그 어려움을 만나더라도 또한 그만둘 수 없는 것이고, 단지 그 일의 실제를 행할 따름이다. 어찌 다시 자기 몸을 돌아볼 수 있겠는가. 비록 그 재앙이 죽음과 삶을 갈라놓더라도 또한 어찌할 수가 없는 것이다.

■焦云 : 葉公之憂在利害, 然害之極, 不過死亡而已. 故夫子以死生決之. 悅生惡死, 卽所謂哀樂者也.

초횡 : 섭공의 근심은 이해(利害)에 있었다. 그러나 손해의 극단은 죽는 것에 지나지 않는다. 그러므로 부자가 삶과 죽음을 들어 결론지었다. 삶을 기뻐하고 죽음을 싫어하는 것이 바로 이른바 '슬퍼하는 것과 기뻐하는 것'이다.

■按 : 行事情而忘身, 則能盡吾心而不爲禍福所移矣. 莊子之學至此, 亦不可謂不明於人倫矣.

박세당 : 일의 실제를 행하고 몸을 잊으면, 내 마음을 극진히 할 수 있어서, 화복(禍福)에 따라 마음이 동요하지 않는다. 장자(莊子)의 학문이 여기에 이르렀으니, 또한 인륜(人倫)에 밝지 아니했다고 할 수가 없다.

丘請復以所聞. 凡交, 近則必相靡以信, 遠則必忠之以言, 言必或傳之. 夫傳兩喜兩怒之言, 天下之難者也.

들은 바를 내가 일러주겠습니다. 무릇 교제란, 가까우면 반드시 서로 신뢰로써 따르고 멀면 반드시 언어를 사용해서 정성을 보이는데, 언어는 반드시 누군가가 전달해야 합니다. 대저 양쪽 모두 기뻐하거나 양쪽 모두 노여워하는 말을 전하는 것이 천하에서 가장 어려운 것입니다.

■郭云 : 近者, 以信驗親相靡服, 遠則遙以言傳意也. 喜怒之言, 傳者宜使兩不失中, 故未易也.

곽상 : 가까운 자에 대해서는 신험(信驗)으로 직접 서로 따르고, 먼 나라에 대해서는 멀리서 언어로 뜻을 전달한다. 기뻐하는 말과 노여워하는 말은 전하는 자가 마땅히 양쪽 모두를 중도를 잃지 않게 해야 하기 때문에 쉽지 않다.

■林云 : 其交遠, 則必以言語盡其情. 然其言必有人傳道之. 傳言之間, 其兩喜兩怒者最難.

임희일 : 그 교제하는 대상이 멀리 있으면 반드시 언어를 사용해서 그 진정을 다한다. 그러나 그 언어는 반드시 그것을 전달해주는 사람이 있어야 한다. 언어를 전달하는 데에는, 양쪽이 모두 기뻐하거나 양쪽이 모두 노여워하는 언어를 전달하는 것이 가장 어렵다.

■品節 : 上言臣子義命, 以解其兩病之憂, 此則敎以爲使之道, 曲盡人情, 熟於世故者, 方知有味.

진심 : 위에서는 신자(臣子)의 의(義)와 명(命)을 말하여 두 가지 우환의 근심을 풀어주었고, 여기서는 사신 노릇 하는 방도를 가르침에 인간의 정상을 곡진히 다하였으니, 세상일에 익숙한 자라야 바야흐로 맛이 있음을 알 것이다.

■按 : 復, 告也. 靡以信, 則周旋有素, 忠以言, 則情欸無阻. 近親遠疎, 所交之道不同也.

박세당 : 복(復)은 고(告)한다는 뜻이다. 신뢰로 따른다는 것은 평소 주선(周旋)을 잘해왔다는 뜻이고, 언어로 진정을 보인다는 것은 정성에 막힘이 없다는 뜻이다. 가깝고 친근한 자와 멀고 소원한 자는, 교제하는 방도가 같지 않다.

夫兩喜, 必多溢美之言, 兩怒, 必多溢惡之言. 凡溢之類也, 妄. 妄則其信之也, 莫. 莫則傳言者, 殃. 故法言曰, '傳其常情, 無傳其溢言, 則幾乎全.'

대저 양쪽이 모두 기쁘면 반드시 칭찬이 넘치는 말이 많고, 양쪽이 모두 노여우면 반드시 악담이 넘치는 말이 많습니다. 무릇 넘치는 말들은 진실성이 없고, 진실하지 않으면 신뢰받지 못하고, 신뢰받지 못하면 말을 전한 자가 재앙을 당합니다. 그러므로 법언(法言)에 이르기를, '떳떳한 실제의 사정을 전하고 그 넘치는 말을 전하지 않으면 몸이 온전할 수 있을 것이다.'라고 하였습니다.

■ 郭云 : 妄, 嫌傳者妄作也. 莫者, 莫然疑之也. 就傳過言, 似於誕妄, 受者有疑, 則傳言者, 橫以輕重爲罪也. 引法言, 言'雖聞過言而勿傳, 必稱其常情, 而要其誠致, 則近於全.'
곽상 : 망(妄)은, 전하는 자가 멋대로 지어낸 말이 아닐까 하고 혐의를 품는다는 말이다. 막(莫)은 미심쩍게 여겨 의심을 하는 것이다. 지나친 말을 전하는 것을, 허탄하고 망녕된 듯하게 여겨, 받는 자가 의심을 품으면, 말을 전하는 자는 함부로 말을 변경했다는 이유로 처벌을 받는다. 법언(法言)을 인용하여, '비록 지나친 말을 듣더라도 전하지 말고, 반드시 떳떳한 진실만을 말하여 그 정성을 다하고자 애쓰면 몸을 온전하게 하는 데에 가까울 것이다.'라고 하였다.
■ 林云 : 彼此喜怒, 其說多過. 過則不實, 不實則聽之者疑, 疑則兩惡皆歸於傳言之人. 故以此爲戒.
임희일 : 저쪽과 이쪽이 둘 다 기뻐하거나 둘 다 노여워하면 그 말에 지나침이 많다. 지나치면 진실하지 않고, 진실하지 않으면 듣는 자가 의심을 하고, 의심을 하면 양쪽의 악(惡)이 모두 말을 전하는 사람에게로 돌아가게 된다. 그러므로 이것을 경계한 것이다.
■ 品節 : 凡溢言過實, 多近於妄, 傳言者必受其怒.
진심 : 무릇 넘치는 말은 실상을 지나쳐 대개 망녕됨에 가까우니, 말을 전한 자가 반드시 그 노여움을 받는다.
■ 按 : 言'喜怒之言, 美惡常過, 所以聽者莫信, 而傳者有咎. 若謹其辭, 致令必可復, 庶乎其全矣.'
박세당 : '기쁠 때에 하는 말과 노여울 때에 하는 말은 칭찬과 비난이 항상 지나치니, 그래서 듣는 이는 믿지 않고 전하는 이는 재앙을 당한다. 만약 그 말을 삼가면, 왕명에 반드시 복명할 수 있으니, 거의 온전할 수 있을 것이다.'라는 말이다.

且以巧鬪力者, 始乎陽, 常卒乎陰, 泰至則多奇巧. 以禮飮酒者, 始乎治, 常卒乎亂, 泰至則多奇樂. 凡事亦然. 始乎諒, 常卒乎鄙. 其作始也簡, 其將畢也必巨.

그리고 기교로 힘을 겨루는 자는 처음에는 기쁜 마음으로 시작하지만 항상 미워하는 마음으로 끝이 납니다. 너무 지나치면, 많이들 기교를 쓰게 됩니다. 예법에 따라 술을 마시는 자는 처음에는 단정하게 시작하지만 항상 난장판을 만들며 끝이 납니다. 너무 지나치면, 많이들 이상한 즐거움을 추구합니다. 무릇 일도 그렇습니다. 진실한 데에서 시작하지만 항상 비루한 데에서 끝이 납니다. 시작할 때에는 간략하지만 끝날 즈음에는 반드시 커집니다.

■郭云 : 以巧鬪力者, 本共好戲, 欲勝情至, 潛興害彼, 則不復循理也. 以禮飮酒者, 尊卑有別, 旅酬有次,14) 湛湎淫液, 則無所不至也. 夫煩生於簡, 事起於微, 此必至之勢也.

곽상 : 공교함을 써서 힘을 겨루는 자는 본래 좋은 놀이를 함께한 것이지만, 이기고자 하는 마음이 커져서 차츰 상대를 해치는 데에 흥이 나면 다시 이치를 따르지 않는다. 예법을 지키며 술을 마시는 자는 신분의 높낮이에 따라 분별이 있고 제례(祭禮) 뒤의 음복(飮福)에 차례가 있지만 술에 취해 고주망태가 되면 못하는 짓이 없게 된다. 대저 번잡함은 간소한 데에서 생기고 큰일은 미세한 데에서 일어나니, 이것은 형세로 보아 틀림없이 그렇게 된다.

■林云 : 陽, 喜也. 陰, 惡也. 戲太甚, 則多過用巧. 飮至過, 則爲樂異常, 故或成爭競. 始與同事, 未嘗不誠信, 及至其後, 鄙詐生焉. 始有所作, 止爲苟簡之謀, 弄到末後, 或成大事.

---

14) 여수(旅酬)는 제례(祭禮)를 마친 뒤에 제사에 참여한 여러 친족과 빈객들이 함께 술을 마시는 행사이다.

임희일 : 양(陽)은 기뻐함이고, 음(陰)은 미워함이다. 장난이 너무 심하면, 지나침이 많아, 기교를 사용한다. 음주가 지나치면, 즐기는 것이 정상과 다르게 되므로 더러 다툼이 생긴다. 처음에 더불어 일을 함께할 때에는 아주 성실하게 하고 신의로 하지만, 뒤로 가게 되면, 비루함과 속임이 생겨난다. 처음에 시작할 때에는 단지 간략하게 계획을 세우지만, 장난스럽게 해나가서 끝에 이르면 혹 큰 사건이 되기도 한다.

■ 焦云 : 傳言而不敢溢者, 謹其始耳. 觀鬪力者, 始陽卒陰, 飮酒者, 始治卒亂, 則知人之相與, 始乎信, 卒乎鄙, 事之在人, 始乎細, 卒乎大.

초횡 : 말을 전하는데 감히 넘치게 하지 않는 것은 그 처음을 삼가는 것이다. 힘으로 다투는 자를 보면 처음에는 좋게 시작해서 끝내 안 좋게 되고, 술을 마시는 자를 보면 처음에는 질서있게 시작하지만 끝내는 어지러워지니, 사람이 서로 사귈 때에는 처음에는 신뢰하다가도 끝내 비열해지며 일이 사람에게 있어서 처음에는 미세하지만 끝내는 큰 사건이 된다는 것을 알 수 있다.

■ 品節 : 始焉善者, 其後卒以不善繼之,15) 況始不善乎!

진심 : 시작이 선(善)한 자도 나중에는 끝내 불선(不善)으로 잇는다. 하물며 처음부터 불선한 경우이랴!

■ 按 : 始陽卒陰, 以奇巧多故, 始治卒亂, 以奇樂多故. 諒而至於鄙, 情之不可保, 簡而至於巨, 勢之所必然. 此四者, 皆所以言過溢之害, 而處夫交際之甚難也.

박세당 : 처음에 좋게 시작해도 끝내 안 좋게 되는 것은 기교가 많기 때문이고, 처음에 질서 있게 시작해도 끝내 어지러워지는 것은 별난 즐거움이 많기 때문이다. 진실했는데도 비열한 데에 이르니 마음은 보장할 수 없는 것이고,

---

15) '卒'은 《장자품절》에는 '率'로 되어 있다.

간단히 시작했지만 큰 사건에 이르니 형세상 반드시 그러한 것이다. 이 네 가지는 모두 지나치고 넘치는 것의 재앙을 말하여, 매우 어려운 교제에 대처하게 한 것이다.

言者, 風波也. 行者, 實喪也. 夫風波易以動, 實喪易以危. 故忿設無由, 巧言偏辭.
말은 바람과 파도와 같고 행동은 성실과 허위가 있습니다. 대저 바람이 불면 파도는 쉽게 요동치고 성실과 허위는 쉽게 위태해집니다. 그러므로 분노가 생기는 것은 다른 까닭이 없고 공교한 말과 치우친 문사 때문입니다.

- 郭云 : 忿怒之作, 無他由也. 常由巧言過實, 偏辭失當.
  곽상 : 분노가 일어나는 것은 다른 이유가 없다. 항상 교묘한 말이 실상을 지나치고 치우친 문사가 합당함을 잃기 때문이다.
- 林云 : 人之相與涉, 言語, 則風波之所由起.
  임희일 : 사람들이 서로 더불어 지낼 때에, 언어는 풍파가 일어나는 원인이다.
- 焦云 : 一言之發, 激怒于人, 非風波乎!
  초횡 : 말 한 마디 한 것이 상대의 노여움을 격발하게 하니, 풍파가 아니겠는가!
- 按 : 此蓋謂 '言者, 如風如波, 風作則波生. 行者, 有實有喪, 實誠而喪僞. 風與波, 勢激而易於動, 誠與僞, 情變而易於危. 巧言偏辭, 乃行之喪而言之爲風波者也.' 夫兩國相與, 恒由於偏巧之人逞其詐謊, 以誑間之, 則聽者不察, 輒生忿恨. 此歡之所以難成, 而交惡者之常多也. 林本, 設作說, 云 '忿怒之言, 多是造說,[16] 初無端由',

---

16) '說'은 문연각 사고전서본 《장자구의》에는 '設'로 되어 있다. 박세당이 읽은 《장자구의》

恐未是.

박세당 : 이것은 대개 '말이란 바람과 파도와 같다. 바람이 불면 파도가 생긴다. 행동은 실(實)도 있고 상(喪)도 있다. 실은 성실이고 상은 허위이다. 바람과 파도는 형세가 격렬해지면 쉽게 요동치고, 성실과 허위는 사정이 변하면 쉽게 위태해진다. 공교한 말과 치우친 문사가 곧 행동의 허위이고 말의 풍파가 되는 것이다.'라는 말이다. 대저 두 나라가 서로 교유함에, 항상 치우치고 교묘한 사람이 그 속임수를 부려서 사이를 가르는 것으로 말미암아, 듣는 자는 살피지 않고 문득 분한을 품게 된다. 이것이 우호가 이루어지기 어려워서 서로 미워하는 자가 항상 많은 까닭이다. 임희일 주해본에, 설(設)을 설(說) 보아서, '분노하는 말은 대부분 만들어낸 말이니 처음부터 그 근거가 없다.'라고 하였는데, 옳지 않은 듯하다.

獸死不擇音, 氣息茀然, 於是並生心厲. 剋核太至, 則必有不肖之心應之. 而不知其然也. 苟爲不知其然也, 孰知其所終!

짐승이 죽을 때에는 소리를 가리지 않으며 숨이 씩씩거리고, 이에 모진 마음이 함께 생깁니다. 핍박함이 극도에 이르면, 반드시 불초한 마음이 일어나 반응을 하게 됩니다. 그런데도 그러한 줄을 모릅니다. 정말로 그것이 그러한 줄을 모른다면, 그 끝나는 데를 누가 알겠습니까.

■ 郭云 : 譬之野獸, 蹴之窮地, 意急情盡, 則和聲不至, 而氣息不理, 茀然暴怒, 但生瘕疵以對之也. 夫寬以容物, 物必歸焉. 不苦人之能, 不竭人之歡, 故四海之交, 可全也.

판본에는 '說'로 되어 있었을 것으로 보인다.

곽상 : 비유하자면, 야수를 궁지로 몰아, 생각이 다급하고 마음이 다하면, 화평한 소리가 나오지 않고 호흡이 불규칙하며, 거칠게 포악을 부리니, 다만 미워하는 마음이 함께 생겨서 대응하는 것이다. 대저 너그럽게 외물을 포용하면 외물이 반드시 귀의한다. 상대의 능력을 쥐어짜지 않고 상대의 즐거움을 바닥나게 하지 않기 때문에 사방 먼 나라들과의 교제도 온전할 수 있다.

■ 林云 : 怒則狠戾之心並生. 我旣如此, 其應我者, 以我之尅核太至, 必生不肖之心, 亦爲怒所使, 而不知其然. 旣爲怒所使而不自知, 又何暇計其終.

임희일 : 노여움이 일어나면 사나운 마음이 함께 생긴다. 내가 이미 이와 같으면, 나에게 대응하는 자도 나의 핍박이 극도에 이른 것 때문에 반드시 불초한 마음이 생겨서 또한 노여움의 부림을 받으면서도 그러한 줄을 모른다. 이미 노여움의 부림을 받으면서도 그러한 줄을 모른다면, 또 어느 겨를에 그 결말을 헤아리겠는가.

■ 焦云 : 尅者, 責人太切. 核者, 認眞太甚. 本以望人之美也, 而人或以不肖之心應之. 于是而知止焉可也, 而不知其然, 則積忿成患, 將不知其所終矣. 卽前所謂卒乎鄙卒乎巨者也.

초횡 : 극(尅)은 상대에게 책임을 지우는 것이 너무 각박하다는 뜻이고, 핵(核)은 진실을 확인하는 것이 너무 심하다는 뜻이다. 본래는 사람이 훌륭하게 되기를 희망하는 것인데, 사람이 혹 불초한 마음으로 반응을 한다. 여기에서는 멈출 줄을 알아야 한다. 그런데도 그렇게 할 줄을 모르면, 분노가 쌓이고 우환이 이루어져, 장차 그것이 끝날 데를 알 수 없다. 이것이 바로 앞에서 말한, '결국은 비루해지고, 결국은 큰 사건이 된다.'는 것이다.

■ 品節 : 忿怒之設無端, 皆由巧言偏辭. 一入其耳, 怒氣苶然, 如獸死之時, 不擇聲音也.

진심 : 분노가 생기는 것은 다른 까닭이 없고 모두 공교한 말과 치우친 문사

때문이다. 한번 그 귀에 들어가면 노여운 기운이 치솟게 되니, 마치 짐승이 죽을 때에 음성을 가리지 아니하는 것과 같다.

■ 按 : 上言巧偏之爲患, 此又言尅核之害. 蓋兩國相與, 唯信與義而已. 巧偏旣足以敗信, 而尅核又甚於傷義, 故於此戒之. 必如郭氏所云 '不苦能, 不竭歡' 然後, 交乃可全. 夫蹴獸死地, 獸窮則茀然有狠厲之心, 思以觸人. 其於與國亦然. 若求之無厭, 責之無已, 則彼將不堪於我, 而爭鬪之端興焉. 此所謂尅核之至而應之以不肖之心者也. 此段, 郭氏以下皆通上文忿設無由爲一, 故所解舐牾, 至不可曉. 觀者當取下文所云 '遷令勸成', 詳玩其意, 則可知也.

박세당 : 위에서 공교한 말과 치우친 문사의 우환을 말하였고, 여기서 또 핍박해서 생기는 재앙을 말하였다. 대개 두 나라가 서로 교제하는 데에는 오직 신뢰와 의리가 중요할 따름이다. 공교한 말과 치우친 문사가 이미 신뢰를 무너뜨리기에 충분한데, 핍박함이 또 의리를 심하게 손상시키므로, 여기에서 그것을 경계하였다. 반드시 곽상이 말한 것처럼 '능력을 쥐어짜지 않고 즐거움을 바닥나게 하지 않은' 뒤라야 교제가 이에 온전할 수 있다. 대저 짐승을 죽을 곳으로 몰아넣어, 짐승이 궁지에 몰리면, 거칠게 사나운 마음이 생겨 사람을 들이받을 생각을 한다. 교제하는 나라에 대해서도 또한 그러하다. 만약 요구하는 것이 만족이 없고 책임지우는 것이 끝이 없으면, 저쪽이 장차 나를 감당하지 못해서 쟁투의 단서가 생긴다. 이것이 이른바 '핍박이 너무 심해서, 불초한 마음으로 대응한다.'는 것이다. 이 단락은, 곽상 이하가 모두, 윗글 '분노가 생기는 것이 다른 까닭이 없다[忿設無由].'는 것을 통합하여 하나의 문단으로 삼았기 때문에, 풀이가 조리가 맞지 않아서 무슨 말인지 모르게 되었다. 보는 자는, 마땅히 아래 글 '명령을 옮기고[遷令], 성공을 권면한다[勸成].'는 것을 갖다가 그 뜻을 자세히 따져봐야 하니, 그렇게 하면 알 수 있다.

故法言曰, '無遷令, 無勸成, 過度益也.' 遷令勸成殆事, 美成在久, 惡成不及改, 可不慎與!

그러므로 법언(法言)에 '명령을 바꾸지 말며 이룸을 권면하지 말라. 정도를 지나쳐, 증익하는 것이다.'라고 하였습니다. 명령을 바꾸고 이룸을 권면하면 일을 위태롭게 합니다. 훌륭한 이룸은 오랜 시간이 걸리며 나쁜 이룸은 미처 고치지 못합니다. 삼가지 아니할 수 있겠습니까.

■ 郭云 : 無遷令者, 傳彼實也. 無勸成者, 任其自成也. 益則非任實矣, 悔敗尋至. 故曰'不及改'也.

곽상 : 명령을 바꿈이 없다는 것은 저쪽에 실상을 전함이다. 성공을 권면함이 없다는 것은 절로 이루어지도록 맡겨둠이다. 더해줌은 맡겨둠도 아니고 실상도 아니니, 실패해서 후회하는 일이 조만간 이른다. 그래서 '미처 고치지 못한다.'고 하였다.

■ 林云 : 令, 君命也. 若受命而私改其說, 則不可. 益, 求多也. 過度者, 過常度也. 人之相好, 非一日可成, 必須久而後定, 故曰'美成在久'. 一言之不相投, 有不轉步而便成惡者, 故曰'惡成不及改'. 蓋相惡甚易, 相好甚難, 所以尤當慎也.

임희일 : 령(令)은 군주의 명령이다. 명령을 받은 뒤에 사사로이 그 말을 고치는 것은 아니 될 일이다. 익(益)은 많아지기를 추구함이다. 정도를 지나친다는 것은 떳떳한 도수를 넘는다는 말이다. 사람이 서로 좋은 사이가 되는 것은 하루에 이룰 수 있는 것이 아니라, 반드시 오래 사귄 뒤에 정해진다. 그러므로 '아름다운 이룸은 오랜 시간이 걸린다.'고 하였다. 말 한 마디가 투합하지 않으면 걸음을 옮기기도 전에 문득 나쁜 사이가 되기도 한다. 그러므로 '나쁜 이룸은 미처 고칠 수가 없다.'고 하였다. 대개 미워하는 사이가 되기는

매우 쉽고 좋아하는 사이가 되기는 매우 어려우므로 마땅히 더욱 조심해야 한다는 말이다.

■ 焦云 : 君命之將, 率意遷改, 事之未成, 勉强以勸, 此卽溢美溢惡之言, 故曰過度益也. 溢則傳言者殃, 能無殆乎?

초횡 : 군주의 명령을 받들어서 경솔하게 변경시키거나 일이 이루어지기 전에 억지로 권면하면, 이것이 바로 칭찬이 넘치거나 비난이 넘치는 말이다. 그러므로 '정도를 지나쳐서 보탠다.'고 하였다. 넘치면 말을 전한 자가 재앙을 당한다. 위태함이 없을 수 있겠는가.

■ 品節 : 過其常度, 其終也必危.

진심 : 그 떳떳한 법도를 지나치면 결국에는 반드시 위태하다.

■ 按 : 此總結前兩段, 欲其以偏巧爲戒, 而無輕改君之受命, 唯尅核是懲, 而無必强人以好我. 二者皆不免於越分踰度, 爲其有所妄自增益. 如此者, 事必殆矣. 夫天下之事, 其美之成也, 常苦於難而必待乎持久, 惡之成也, 常苦於易而有不可及改者. 凡兩國之交好交惡, 其事機難易之間, 亦智者所甚懼而深愼焉者也.

박세당 : 이 단락은 앞의 두 단락을 총괄하여 매듭지어, 치우침과 공교함을 경계하여 경솔하게 임금으로부터 받은 명령을 고치지 않고, 오직 핍박함을 경계하여 반드시 상대에게 나를 좋아하도록 강요하지 않도록 하고자 한 것이다. 이 두 가지는 모두 분수와 법도를 넘는 것을 면치 못하니, 망녕되이 스스로 증익하는 바가 있기 때문이다. 이와 같이 하는 자는 일이 반드시 위태해진다. 대저 천하의 일은 그 아름다움이 이루어지는 것은 항상 너무 어려워서 반드시 오랜 기간을 기다려야 하는 것이 문제이며, 추악함이 이루어지는 것은 항상 너무 쉬워서 미처 고칠 수 없는 것이 있어서 문제이다. 무릇 두 나라가 우호를 맺거나 악연을 맺거나 함에 그 사기(事機)의 어렵고 쉬운 사이는 또한 지자(智者)가 매우 두려워하며 깊이 조심하는 바인 것이다.

且夫乘物以遊心, 託不得已以養中, 至矣. 何作爲報也! 莫若爲致命. 此其難者."

또한 외물을 타고 마음을 노닐며, 부득이함에 의탁하여 심중을 기르면, 지극할 것입니다. 어찌 작위하여 보고하겠습니까! 목숨을 바쳐 최선을 다하는 것만한 것이 없습니다. 이것이 그 어려운 것입니다."

- 郭云 : 寄物任理, 中庸之符, 全矣.

곽상 : 외물에 붙여두고 이치에 맡기면 중용(中庸)에 온전하게 부합할 것이다.

- 林云 : 作爲, 過度以求益也. 致命者, 以眞實而致君命而已, 不可過爲思慮, 論其成與不成也. 卽此便是難能之事.

임희일 : 작위는 정도를 넘어가서 이익을 추구함이다. 명령을 전하는 자는 진실하게 군주의 명령을 전달할 따름이요, 지나치게 사려하여, 그 일이 성공할지 성공하지 못할지를 논해서는 안 된다. 이것이 바로 해내기가 어려운 일이다.

- 焦云 : 喜爲溢言者, 不能虛故耳. 乘物游心, 則忘己, 託不得已, 則忘物. 斯則因其命而致之, 我無心也.

초횡 : 넘치는 말을 하기를 좋아하는 것은 생각을 비우지 못했기 때문이다. 외물을 타고 마음을 노닐면 자기를 잊고, 부득이함에 의탁하면 외물을 잊는다. 이것은 그 명령대로 그것을 이루는 것이고, 나는 마음이 없는 것이다.

- 品節 : 夫乘事物之自然以遊心, 託於義命之不得已者以養其中, 斯其至矣, 何必更有所作而報命也. 卽此以致命, 已足爲難, 可不愼歟!

진심 : 대저 사물의 절로 그러함을 타고서 마음을 노닐며, 의리와 천명의 부득이함에 의탁하여 그 심중을 기르면, 곧 지극한 것이다. 어찌 굳이 다시 작위를 하여 왕명을 보고하겠는가. 여기에 나아가 목숨을 거는 것은 이미 충분

히 어려운 일이니, 삼가지 않을 수 있겠는가.

■ 按 : 作爲者, 妄自增益, 越分踰度, 非乘物游心, 而託不得已. 蓋無傳溢言, 無遷令, 無勸成, 三者得而使之職盡矣. 乘物游心, 則行乎事之情而已. 托不得已, 則安乎臣子之分矣. 致命,[17] 則忘乎其身矣. 此三者, 又以申結第五節之意. 能如此然後, 悅惡不萌, 內熱無所作, 乃可以保養吾之中而不憂夫陰陽之爲患. 況其所爲又足以全其身而不殆於事, 則人道之患, 亦無足慮者乎! 葉公之意, 本在憂死, 故其問于夫子也, 亦欲示己以求免之術, 而夫子之告之也, 不過曰'行事之情而忘其身', 曰'何暇悅生而惡死', 曰'莫若爲致命', 其所以丁寧反覆勉子高以盡人臣之節者, 可謂至矣. 而其卒也乃云'此其難者', 雖聖人, 又未嘗遽以是爲易而不用心加愼焉者, 可見矣. 莊子有得乎此, 殆非徒爲過高無用之學者矣.

박세당 : 작위(作爲)라는 것은, 망녕되이 증익하여 분수를 넘고 정도를 넘는 것이니, 외물을 타고 마음을 노닐거나 부득이함에 의탁하는 것이 아니다. 대개 넘치는 말을 전하지 않으며 명령을 바꾸지 않으며 완성을 권면하지 않는 것, 이 세 가지가 제대로 되면 사신으로서의 직분을 다하는 것이다. 외물을 타고 마음을 노닐면 일의 실정을 행할 따름일 것이며, 부득이함에 의탁하면 신자의 분수를 편안히 여길 것이며, 목숨을 바쳐 최선을 다하면 자기 몸을 잊을 것이다. 이 세 가지는 또 제5절의 뜻을 거듭 매듭지은 것이다. 이와 같을 수 있은 뒤라야 삶을 좋아하고 죽음을 싫어하는 마음이 싹트지 않아서, 내부에 열기가 생기지 않으니, 이에 나의 심중을 보전하여 기를 수가 있어서

---

17) 《논어》〈자장(子張)〉에, "사(士)가 위태함을 보면 목숨을 바치며, 얻음을 보면 정의로움을 생각하며, 제사에는 공경하기를 생각하며, 초상에는 슬퍼하기를 생각하면, 그런대로 괜찮다.[士見危致命, 見得思義, 祭思敬, 喪思哀, 其可已矣.]" 하였다. 치명(致命)에 대한 박세당의 풀이는 아마도 《논어》의 이 구절을 염두에 둔 것인 듯하다.

저 음양(陰陽)의 우환을 근심하지 아니할 수 있다. 더구나 그 행위가 또 충분히 그 몸을 온전히 하고 일을 위태롭게 하지 않으면 인도(人道)의 우환도 염려할 것이 없음에랴! 섭공의 의도는, 본래 죽음을 근심하는 데에 있었다. 그래서 그가 부자께 여쭌 것이 또한 자기에게 죽음을 모면할 방술을 보여주기를 바란 것이었는데, 부자가 그에게 일러준 것은, '일의 실정을 행하고 자기 몸을 잊어라.' 하고, '어느 겨를에 삶을 좋아하고 죽음을 싫어하랴!' 하고, '목숨을 바쳐 최선을 다하는 것 만한 것이 없다.' 한 것에 불과하였다. 그 정녕하게 반복하여, 자고(子高)에게 신하의 절조를 다해야 한다는 말로 면려한 것이, 지극하다고 이를 만하다. 그러나 그 끝에서 이에 '이것이 그 어려운 것이다.'라고 하였으니, 비록 성인일지라도, 갑자기 이것을 쉽게 여겨 신중을 더하는 마음을 쓰지 않은 적이 없다는 것을 알 수 있다. 장자가 여기에서 터득한 바가 있었으니, 지나치게 높아서 쓸모가 없는 학문을 부질없이 한 자는 아마도 아니었을 것이다.

3

顔闔將傳衛靈公太子,18) 而問於蘧伯玉曰,19) "有人於此, 其德天殺. 與之爲無方, 則危吾國, 與之爲有方, 則危吾身. 其知適足以知人之過, 而不知其所以過. 若然者, 吾奈之何?"

안합(顔闔)이 위(衛)나라 영공의 태자의 스승으로 갈 때에 거백옥(蘧伯玉)에게 물었다. "여기에 어떤 사람이 있습니다. 그의 덕을 하늘이 없앴습니다. 그와 더불어 무도한 짓을 하게 되면 우리나라를 위태롭게 하고, 그와 더불어 올

---

18) 안합(顔闔)은 노(魯)나라의 현인(賢人)이다. 위나라 영공(靈公)의 태자는 괴외(蒯聵)이다.
19) 거백옥(蘧伯玉)은 위(衛)나라 대부로, 이름은 원(瑗)이다.

바른 일을 하자면 내 몸을 위태롭게 합니다. 그의 인식 능력은 단지 남의 허물을 알 수 있을 뿐이고, 그 허물의 원인을 알지 못합니다. 이러한 자를 제가 어찌하면 좋겠습니까?"

■ 郭云 : 引之軌制則憎己, 縱其無度則亂邦. 不知民過之由己, 故罪責於民而不自改也.

곽상 : 법도로 인도하면 자기를 미워할 것이고 그 무도함을 내버려두면 나라를 어지럽힌다. 백성의 허물이 자기로 말미암은 것임을 알지 못하기 때문에 백성에게 죄를 돌려 책임지우고 스스로는 고치지 않는다.

■ 林云 : 有人, 指太子也. 殺, 銷鑠也. 言彼爲敗度, 縱而不問, 則將危吾國, 欲救正之, 則禍必及我. 智能知人之過, 而自爲過惡則不知改, 吾無如之何也.

임희일 : '어떤 사람'은, 태자를 가리킨다. 쇄(殺)는 녹여 없앴다는 뜻이다. '저이가 법도를 어기는 짓을 하는데도 내버려두고 따지지 아니하면 장차 우리나라를 위태롭게 할 것이고, 그것을 바로잡고자 한다면 재앙이 틀림없이 나에게 미쳐올 것이다. 지혜가 능히 남의 허물을 알 수 있으나 스스로 저지르는 악행은 고칠 줄을 모르니, 내가 어떻게 해볼 수가 없다.'는 말이다.

■ 劉云 : 天殺, 天生刻薄人也.

유수계 : 천쇄(天殺)는 하늘이 낸 각박한 사람이라는 뜻이다.

■ 陸云 : 殺, 降殺, 言天薄之, 使無德也.

육서성(陸西星) : 쇄(殺)는 강쇄(降殺)니, 하늘이 그에게 야박해서 그로 하여금 덕이 없게 한 것이다.

蘧伯玉曰, "善哉, 問乎! 戒之, 愼之, 正汝身哉! 形莫若就, 心莫若和.
거백옥이 말하였다. "정말 좋은 질문입니다. 경계하고 조심하십시오. 그대의
몸가짐을 바르게 하십시오. 겉모습은 상대를 따르는 것보다 좋은 것이 없고,
마음은 상대와 조화를 이루는 것보다 좋은 것이 없습니다.

- 郭云 : 就, 形不乖迕. 和, 和而不同也.20)
곽상 : 나아가 따른다는 것은 겉모습이 어그러지거나 거스르지 않는다는 뜻이고, 조화를 이룬다는 것은 화합하되 부화뇌동하지는 않는다는 뜻이다.
- 林云 : 就, 隨順. 和, 調和. 外爲恭敬隨順之形, 內盡調和誘導之心.
임희일 : 취(就)는 따라서 순종하는 것이고 화(和)는 조율하여 화합하는 것이다. 겉은 공경하고 순종하는 모습을 하고, 안으로는 조화하고 유도하는 마음을 다한다.
- 按 : 言'欲救彼失當, 先自正其身. 其救之之術, 則不過曰就曰和而已.'
박세당 : '저이의 과실을 바로잡아 주고자 한다면 먼저 스스로 자기 자신을 바르게 해야 한다. 그 바로잡는 방법은, 내가 상대에게 나아가 따르고 내가 상대와 조화를 이루는 것에 불과할 따름이다.'라는 말이다.

雖然, 之二者有患. 就不欲入, 和不欲出. 形就而入, 且爲顚爲滅, 爲崩爲蹶.
心和而出, 且爲聲爲名, 爲妖爲孼.

---

20) 《논어》〈자로(子路)〉에 "군자는 화합하고, 뇌동하지 아니하며, 소인은 뇌동하고, 화합하지 아니한다.[君子和而不同, 小人同而不和.]" 하였고, 그 집주(集註)에 "화(和)라는 것은 괴려(乖戾)한 마음이 없음을 말하고, 동(同)이라는 것은 아비(阿比)의 뜻이 있음을 말한다." 하였다.

비록 그렇지만, 이 두 가지에도 걱정거리가 있습니다. 상대를 따르더라도 들어가지 말아야 하며, 상대와 조화를 이루더라도 드러나지 않아야 합니다. 형체가 상대를 따르다가 상대에게 들어가면, 또한 엎어지고 멸망하며 무너지고 자빠집니다. 마음이 상대와 조화를 이루다가 내 마음이 드러나면, 또한 소문이 나고 이름이 나며 요망이 되고 재앙이 됩니다.

■ 郭云 : 入者, 遂與同也.21) 出者, 自顯伐也. 與同, 是顚危而不扶持, 與彼俱亡矣. 故當不立小異耳. 自顯, 且有含垢之聲, 濟彼之名, 彼將惡其勝己, 妄生妖孼. 故當悶然若晦. 然後不可得以親, 不可得以疏, 不可得以利, 不可得以害也.

곽상 : 들어간다는 것은, 결국 더불어 같아진다는 뜻이다. 나온다는 것은, 스스로 드러내어 자랑한다는 뜻이다. 더불어 같아지면, 이는 엎어지고 위태한데도 붙들어줄 수가 없어서 저이와 다같이 멸망한다. 그러므로 작은 이론(異論)이라도 내세우지 않아야 한다는 뜻일 뿐이다.(완전히 동조하라는 뜻이 아니다.) 자신을 드러내면, 또한 수치를 참아낸다는 소문과 저이를 구제한다는 명성이 있게 되어, 저이가 그대가 자기보다 나은 것을 미워하여, 망녕되이 요망한 재앙을 만들 것이다. 그러므로 어리숙하게 바보처럼 행동해야 한다. 그런 뒤라야 가까이할 수도 없고 멀리할 수도 없고 이롭게 해줄 수도 없고 해코지를 할 수도 없는 것이다.

■ 呂云 : 就之失在入, 入則與之同. 和之失在出, 出則與之異. 故爲顚滅崩蹶, 爲聲名妖孼者, 以其與之同而不知所以扶持, 與之異而不知所以將順故也.

여혜경 : 그를 따르다가 지나쳐서 잘못되면 빠져들어 가고, 빠져들어 가면 그

---

21) '遂'는 《장자익》에는 '還'으로 되어 있다.

와 같아진다. 그와 화합하다가 지나쳐서 잘못되면 나의 잘난 것이 표출되고 표출되면 그와 차별화된다. 그러므로 엎어지고 멸망하며 무너지고 자빠지거나 소문나고 이름나고 요망해지고 재앙이 되는 것은, 그와 더불어 같아져서 붙들어줄 줄을 알지 못하거나 그와 더불어 차별화되어 순종할 줄을 알지 못하기 때문이다.

■ 林云 : 隨順而與之爲一, 則是就而入也. 導誘而圭角太露,22) 則是和而出也.

임희일 : 뒤따라 순종하다가 그와 하나가 되면, 이는 그에게 나아가 따르다가 그에게로 들어간 것이다. 상대를 잘 유도하다가 모서리가 너무 드러나면, 이는 상대와 조화를 이루다가 명성이 표출되는 것이다.

■ 品節 : 依阿淟涊, 相入無間, 則連身放倒, 而爲顚滅崩蹶. 揚己之能, 彰人之過, 則自取嫉害, 而爲聲名妖孼. 此其病也.

진심 : 아첨하여 더러움에 빠져 상대에게 들어가 일체가 되면, 자기 몸까지 넘어져서, 엎어지고 멸망하고 무너지고 자빠진다. 자기의 유능함을 내세워 상대의 허물을 드러내면, 스스로 질투와 해코지를 자초하여, 소문나고 이름나서 요망이 되고 재앙이 된다. 이것이 그 병통이다.

■ 按 : 二患, 入與出也. 顚滅崩蹶, 下陷君於惡也. 聲名妖孼, 上害己之能也.

박세당 : 두 가지 걱정거리는 상대에게 빠져들어 가는 것과 나의 마음이 드러나는 것이다. 엎어지고[顚] 멸망하고[滅] 무너지고[崩] 자빠지는 것[蹶]은 아래에서 군주를 악에 빠뜨리는 것이고, 소문나고[聲] 이름나서[名] 요망이 되고[妖] 재앙이 되는 것[孼]은 위에서 나의 능력을 해치는 것이다.

---

22) '太'는 《구의교주》에는 '稍'로 되어 있다.

彼且爲嬰兒, 亦與之爲嬰兒. 彼且爲無町畦, 亦與之爲無町畦. 彼且爲無崖, 亦與之爲無崖. 達之, 入於無疵.

저이가 아기처럼 군다면 또한 그와 더불어 아기처럼 되고, 저이가 절도 없이 행동하면 또한 그와 더불어 절도 없이 행동하고, 저이가 분수없이 방탕하면 또한 그와 더불어 분수없이 방탕하면서, 그를 잘 인도하면, 하자 없는 데에로 들어갑니다.

■ 郭云 : 彼且爲嬰兒七句, 不少立圭角以逆其鱗也.
곽상 : '저이가 또 아기처럼 굴면[彼且爲嬰兒]'으로 시작하는 일곱 구절은, 조금이라도 규각(圭角)을 세워서 그 비늘을 거스르는 일이 없어야 한다는 말이다.
■ 呂云 : 與之爲嬰兒, 以至達之入於無疵, 則雖與之無方, 不至於危國, 雖與之有方, 不至於危身. 蓋因其性之所有而通之, 如宣王好勇好貨而孟子導之以王道, 是也.23)
여혜경 : '그와 더불어 아기처럼 굴고[與之爲嬰兒]'에서부터 '그를 깨우쳐 하자 없는 데에 들어간다[達之入於無疵].'에 이르기까지는, 그와 더불어 원칙 없이 정치를 하더라도 나라를 위태롭게 하는 데에 이르지 않고, 그와 더불어 원칙에 맞게 정치를 하더라도 몸을 위태롭게 하는 데에 이르지 않는다는 말이다. 대개 그 타고난 천성대로 따라 깨닫게 해주는 것이니, 이를테면, 선왕(宣王)이 용기를 좋아하고 재물을 좋아하자 맹자가 그를 왕도(王道)로 인도한 것이 이것이다.

---

23) 《맹자》〈양혜왕(梁惠王) 하(下)〉에, 제(齊)나라 선왕(宣王)이 '과인에게는 병통이 있으니, 과인은 용맹을 좋아합니다.'라고 하니, 맹자가 문왕과 무왕의 큰 용기를 예로 들어 설명하며, 왕에게 큰 용기를 가지라고 설득하는 내용이 실려 있고, 또 선왕이 '재물'을 좋아하고 '여색'을 좋아한다고 한 것에 대해서도, 맹자가, 그 좋아함을 백성과 함께하면 그것이 바로 왕도정치가 된다고 설득하는 내용이 실려 있다.

■ 林云 : 皆形容無知妄爲. 如此無知妄爲, 我且順之, 到其有可覺悟處, 就加點化, 使之醒悟, 或可以入於無疵.

임희일 : 모두 무지하고 망녕된 사람을 형용한 것이다. 이와 같이 무지하고 망녕되이 행동하는데도 내가 우선 그를 따르다가, 깨달을 만한 단서가 있을 때에 그에게 나아가 조금씩 변화시켜 그를 깨닫게 해주면, 혹 하자가 없는 경지에 들어갈 수 있을 것이다.

■ 評莊 : 彼且爲嬰兒六句, 應形就而不欲入. 達之入於無疵, 應心和而不欲出.

평장(評莊) : '저이가 또한 아기처럼 굴면[彼且爲嬰兒]'으로 시작하는 여섯 구절은, '형체가 그에게로 나아가되 그에게로 들어가지 않는다.'에 상응하고, '그를 깨우쳐 하자 없는 데에로 들어간다[達之入於無疵].'는 '마음이 그와 조화를 이루되 내 재능을 표출시키지 않는다.'에 상응한다.

■ 焦云 : 嬰兒, 無知也. 町畦, 猶疆界, 言無收拾也. 崖, 猶崖岸, 言無容止也.

초횡 : 영아(嬰兒)는 무지(無知)하다는 뜻이다. 정휴(町畦)는 강계(疆界)와 같으니, 수습(收拾)이 없다는 말이다. 애(崖)는 애안(崖岸)과 같으니, 행동거지에 위의가 없다는 말이다.

■ 品節 : 無町畦, 無準繩. 無崖, 無畔岸. 言彼放蕩不檢, 我且不拂其意. 其與之爲者, 非故縱之也, 正欲得其可達之便, 從而達之也.

진심 : 무정휴(無町畦)는 무준승(無準繩)의 뜻이고, 무애(無崖)는 무반안(無畔岸)의 뜻이니, '저이가 방탕하여 검속을 아니 해도 내가 우선 그의 뜻을 거스르지 않는다.'는 말이다. 그와 더불어 행동을 함께하는 것은, 그냥 그를 내버려두는 것이 아니라, 그를 깨우쳐줄 적합한 시기를 얻어서 그를 깨우쳐주고자 하는 것이다.

■ 按 : 此示形就心和之道. 嬰兒, 猶有童心也.

박세당 : 이것은 겉 행동은 그에게 나아가 따르고 속마음은 그와 조화를 이루는 방도를 제시한 것이다. '영아(嬰兒)'는 동심(童心)을 지녔다는 말과 같다.

汝不知夫螳螂乎? 怒其臂以當車轍, 不知其不勝任也. 是其才之美者也. 戒之! 愼之! 積伐而美者以犯之, 幾矣!

그대는 저 사마귀를 모르십니까? 당차게 앞다리를 들고 수레바퀴를 막아서서, 자신이 감당할 수 없는 줄을 알지 못합니다. 이것은 사마귀의 훌륭한 재능입니다. 경계하고 조심하십시오. 자신의 훌륭한 재능을 너무 많이 내세우며 상대를 범하면, 사마귀와 거의 같은 것입니다.

■ 郭云 : 螳螂之怒臂, 非不美也, 以當車轍, 顧非敵耳. 今知之所無奈何, 而欲彊當其任, 卽螳螂之怒臂也. 積伐才美以犯人, 此危殆之道, 故戒之.

곽상 : 사마귀가 앞다리를 치켜드는 것은 아름답지 않은 것이 아니다. 그것으로 수레바퀴를 막아서는 것이 다만 합당한 맞수가 아닐 뿐이다. 지금 어찌할 수 없는 바를 알고도 억지로 그 임무를 맡고자 하는 것은 바로 사마귀가 앞다리를 치켜드는 것과 같다. 재주의 아름다움을 너무 자랑하며 타인을 범하면, 이는 위태한 방법이므로, 그것을 경계하였다.

■ 林云 : 螳螂欲以其臂當車, 此小才自矜以當大事, 鮮不敗者. 積, 屢也. 伐, 誇也. 幾, 危也. 屢誇其才美以犯世之忌者,[24] 必危其身.

임희일 : 사마귀가 자신의 앞다리로 수레를 막아서려 한다는 것은, 이는 작은 재능을 지닌 이가 스스로 뽐내며 큰일을 담당하는 것을 비유한 것이니, 이런

---

24) '忌'는 대본에는 '患'으로 되어 있으나 《구의교주》에 의거하여 고쳤다.

경우에는 실패하지 아니할 자가 드물다. 적(積)은 '자주'라는 뜻이고, 벌(伐)을 뽐낸다는 뜻이고, 기(幾)는 위태하다는 뜻이다. 자기 재능의 훌륭함을 많이 내세우며 세상이 꺼리는 것을 범하는 자는 틀림없이 자기 몸을 위태롭게 한다.

■ 按 : 此言'螳螂怒臂當轍, 是其剛勇之才, 爲可美矣. 然顧不自量其力之不堪任, 終至於糜碎其身而後已, 則宜戒此而自愼. 若夫以其負伐之心與其剛果之行, 强爭不已, 積忤暴君, 自取其禍, 則是幾於螳螂矣.' 又告以不能就不能和之矣.

박세당 : 이 문장은 '사마귀가 앞다리를 들고 수레를 막아서는 것은, 그 굳세고 용감한 재능이니, 칭찬할 만하다. 그러나 도리어 자기의 능력으로는 감당할 수 없다는 것을 스스로 헤아리지 못해서, 끝내 자기 몸이 완전히 뭉개져 부서지는 데에 이른 뒤에 그치는 것이라면, 의당 이것을 경계하고 스스로 조심해야 한다. 자부하고 자랑하는 마음과 굳세고 과감한 행동으로 강하게 다투어 마지않아서, 포악한 군주의 비위를 자주 거슬러 스스로 그 재앙을 초래한다면, 이는 거의 사마귀와 같다.'는 말이다. 또 몸이 그에게 가서 순종할 수도 없고 마음이 조율하여 화합할 수도 없는 경우를 고해준 것이다.

汝不知夫養虎者乎? 不敢以生物與之, 爲其殺之之怒也. 不敢以全物與之, 爲其決之之怒也. 時其饑飽, 達其怒心. 虎之與人異類而媚養己者, 順也. 故其殺者, 逆也.

그대는 저 범 기르는 자를 모릅니까? 살아 있는 동물을 함부로 범에게 주지 않으니, 죽이려는 노여움이 생길까 염려해서입니다. 온전한 동물을 범에게 함부로 주지 않으니, 찢으려는 노여움이 생길까 염려해서입니다. 주림과 배부름의 시기를 잘 살펴 그 노여워하는 마음을 제어합니다. 범이 사람과는 다른 부류인데도 자기를 길러주는 자에게 아양을 떠는 것은, 성질을 순조롭게 따라주기 때문입니다. 그러므로 사람을 물어 죽이는 것은 성질을 거스르기 때문입니다.

■ 郭云 : 爲其殺之之怒者, 恐其因殺而遂怒, 爲其決之之怒者, 使自齧分, 因用力而怒. 順理則異類生愛, 逆節則至親交兵. 此虎之所以媚於養己也.

곽상 : 죽이려는 노여움을 염려해서라는 것은, 범이 죽이려는 마음을 인하여 노여움이 발생할까 염려한다는 뜻이며, 찢으려는 노여움을 염려해서라는 것은, 스스로 물어뜯어 찢게 하면 힘을 쓰는 것을 인하여 노여움이 생길까 염려한다는 뜻이다. 이치를 따르면 종족이 달라도 사랑이 생기며, 절도를 거스르면 지친(至親) 사이에도 칼싸움이 일어난다. 이것이 범이 자기를 길러주는 이에게 아양을 떠는 까닭이다.

■ 林云 : 以虎而於養己者亦有媚愛之意, 此無他, 只是順之而已. 若逆之, 則必爲所傷矣.

임희일 : 범으로서도 자기를 길러주는 자에게는 또한 아양을 떨고 사랑하는 생각이 있으니, 이것은 다른 까닭이 없고, 단지 범의 뜻에 따라주기 때문일 뿐이다. 만약 거스른다면, 필시 범에 의해 다치게 될 것이다.

■ 按 : 此申第四節 '達之可以無疵.'

박세당 : 이것은 제4절의 '그를 잘 인도하면 하자가 없을 수 있다.'는 것을 부연설명한 것이다.

夫愛馬者, 以筐盛矢, 以蜄盛溺. 適有蚊虻僕緣, 而拊之不時, 則缺銜毁首碎胸. 意有所至, 而愛有所亡, 可不愼耶?"

말을 사랑하는 자는 대광주리로 똥을 받아내고 조개껍질로 오줌을 받아냅니다. 그러나 마침 모기나 등에가 붙을 때에 그것을 잡으려고 불시에 내리치면, 재갈을 물어뜯고 머리 장식을 부수고 가슴 장식을 깨뜨리며 날뜁니다. 의도는 매우 좋았지만 사랑하는 방법에 잘못이 있기 때문입니다. 조심하지 않을 수 있겠습니까?"

■ 郭云: 矢溺至賤, 而以寶器盛之, 愛馬之至也. 毁首碎胷, 掩馬之不意故驚而至此也. 愛有所亡, 言率然拊之以致毁碎, 失其所以愛矣. 故當世接物, 逆順之際, 不可不愼也.

곽상 : 똥과 오줌이 아주 더러운 것인데도 보배로운 그릇으로 그것을 담아내는 것은, 말을 지극히 사랑해서이다. 머리 장식을 부수고 가슴 장식을 깨뜨리는 것은, 말이 생각지도 못한 상황에서 쳤기 때문에 말이 놀라서 이 지경에 이르는 것이다. 사랑에 잃은 바가 있다는 것은, '갑자기 쳐서, 머리 장식을 부수고 가슴 장식을 깨뜨리는 상황을 초래하였으니, 그 사랑하는 방법을 잃었다.'는 말이다. 그러므로 세상을 살면서 사람들을 만날 때에, 거스름과 따름의 즈음을 삼가지 아니할 수 없다.

■ 林云: 僕緣, 僕僕然緣聚. 馬至決去銜勒, 毁碎轡絡, 此其中心之怒忽然而至, 則前日之愛皆忘之矣. 人之相處, 有終身從遊而一語至於爲仇者.

임희일 : 복연(僕緣)은, 많이들 모여든다는 말이다. 말이 재갈을 물어뜯고 멍에를 벗어던지고 고삐와 끈들을 끊어버리는 것은, 이것은 그 마음속에 노여움이 갑자기 일어나면 지난날의 사랑은 모두 잊기 때문이다. 사람들이 함께 지내는 데에도, 종신토록 사귀다가 말 한 마디에 원수가 되는 자가 있다.

■ 張云: 拊之不時, 言'愛馬之甚, 見有蚊䖟, 卒然搏之, 出馬不意, 故致驚怒也.' 虎至暴而順之則馴, 馬易馴而驚之則暴, 故與惡人處, 不可不愼也. 若不審幾不量力, 徒欲以有方救其無方, 則螳蜋之怒臂當轍耳.

장사유(張四維) : '불시에 내리친다.'는 것은, '말을 너무나 사랑하다 보니, 모기나 등에가 있는 것을 보면 갑자기 내리치는데, 말로서는 뜻밖의 일이기 때문에 놀라서 노엽게 된다.'는 말이다. 범은 매우 난폭하지만 그 천성에 따르면 온순하고, 말은 길들이기 쉽지만 놀라게 하면 난폭해진다. 그러므로 악인(惡人)과 함께 지낼 때에는 조심하지 않아서는 안 된다. 만약 그 기미를 살피지 않고 자기의 역량을 헤아리지 않고서, 한갓 자기의 정당한 방법으로서 상대의 부당함을 바로잡고자 한다면, 사마귀가 앞다리를 치켜들고 수레바퀴에 맞서는 것과 같을 뿐이다.

■ 按 : 筐盛矢, 蜄盛溺, 可謂愛爲矣. 有蚊蝱而拊之固, 亦以愛之之故. 但以爲之無漸, 遂至於缺銜碎胷, 則雖其本意出於勤至, 而卒之反失所以愛之之意. 凡爲人臣, 忠愛雖著於平日, 而一時之所以規君者, 或不中幾而致失其意, 則未有不以忠爲罪而反取其禍者, 所以不可不愼也. 此申第五節'犯之不免有患'. 焦氏云, '僕, 僕御. 舊注, 作蚊蝱僕僕飛着馬者謬.'25) 未知是否.

박세당 : 대광주리로 똥을 받아내고 조개껍질로 오줌을 받아내니, 말을 사랑한다고 이를 만하다. 모기나 등에가 붙었을 때에 세게 내리치는 것도 또한 사랑하기 때문이다. 다만 그것을 점차적으로 하지 않아서, 결국 재갈을 물어뜯고 가슴 장식을 부수는 지경에까지 이른다면, 비록 그 본의가 매우 부지런한 데에서 나왔더라도 끝에서는 도리어 사랑하는 바의 뜻을 잃게 된다. 무릇 남의 신하가 되어 충성과 사랑이 평소에 드러났더라도, 한때 군주를 바로잡는 방법이 혹 기미에 맞지 않아서 그 본의를 잃으면, 누구나 할 것 없이, 충

---

25) '着'은 《장자익》에는 '著'로 되어 있다. '適有蚊蝱, 僕緣而拊之不時'를 초횡의 주석대로 풀이하면, '마침 모기나 등에가 붙을 때에 마부가 그것을 잡으려고 불시에 내리치면'이 된다.

성을 하려다가 죄를 짓게 되어 도리어 그 재앙을 자초하니, 이것이 삼가지 않아서는 아니 되는 까닭이다. 이 구절은 제5절의 '비위를 건드리면 재앙을 면치 못한다.'의 뜻을 다시 부연설명한 것이다. 초횡은 '복(僕)은 복어(僕御)이다. 이전의 주석에, 모기나 등에가 떼지어 날아 말 등에 붙은 것이라 한 것은 오류이다.' 하였는데, 옳은지 그른지 모르겠다.

4

匠石之齊, 至乎曲轅, 見櫟社樹. 其大蔽牛, 絜之百圍, 其高臨山, 十仞而後有枝, 其可以爲舟者旁十數.

장석(匠石)이 제(齊)나라로 가는 길에 곡원(曲轅)에 이르러 사(社)에 서 있는 역(櫟)나무를 보았다. 그 크기는 (수천 마리의) 소를 다 가릴 만하였고 둘레를 재보니 백 아름이었으며, 그 높이는 산을 내려다보며 열 길이나 솟은 뒤에 가지를 뻗었는데, 배를 만들 만한 것이 곁가지로도 십여 개나 되었다.

■ 林云 : 櫟, 木名. 古者社必以大木爲主.[26] 絜, 以手量之也. 兩手合爲一圍. 枝可爲舟則其身可知矣.

임희일 : 역(櫟)은 나무 이름이다. 옛날에는 사(社)에는 반드시 큰 나무로 사주(社主)를 삼았다. 혈(絜)은 팔로 헤아리는 것이다. 두 팔을 합하여 맞닿게 한 것이 한 아름이다. 가지로도 배를 만들 수 있으니, 그 몸통이 얼마나 큰지 알 수가 있다.

---

26) '以'는 대본에는 '有'로 되어 있으나 《구의교주》에 근거하여 고쳤다.

觀者如市, 匠伯不顧, 遂行不輟. 弟子厭觀之, 走及匠石曰, "自吾執斧斤以隨夫子, 未嘗見材如此其美也. 先生不肯視, 行不輟, 何耶?"
구경하는 자들이 저잣거리 같이 많았는데 장백(匠伯)은 돌아보지 않고 걸음을 멈추지 않았다. 제자가 실컷 구경하고서 장석에게 달려가 말하였다. "제가 도끼와 자귀를 들고 선생님을 따라다닌 이래로 일찍이 이렇게 훌륭한 재목은 본 적이 없습니다. 선생님께서는 살펴보려 하지도 않으시고 걸음을 멈추지 않으시니, 까닭이 무엇입니까?"

■ 林云 : 厭觀, 言觀至於厭足而後已.
임희일 : 물리도록 구경했다(厭觀)는 것은, 구경을 실컷 한 뒤에 그쳤음을 말한다.
■ 按 : 伯, 一作石. 耶, 一作也.
박세당 : 백(伯)은 다른 어떤 판본에는 석(石)으로 되어 있고, 야(耶)는 다른 어떤 판본에는 야(也)로 되어 있다.

曰, "已矣! 勿言之矣! 散木也. 以爲舟則沉, 以爲棺槨則速腐, 以爲器則速毁, 以爲門戶則液構, 以爲樹則蠹, 是不材之木也. 無所可用, 故能若是之壽."
(장석이) 말하였다. "관두어라! 말을 하지 말거라! 쓸모없는 나무이다. 그것으로 배를 만들면 가라앉고 그것으로 널을 짜면 일찍 썩고 그것으로 그릇을 만들면 빨리 부서지고 그것으로 문짝을 만들면 진물이 흐르고 그것으로 기둥을 만들면 좀이 먹으니, 이는 재목으로 쓸 수 없는 나무이다. 갖다 쓸 만한 데가 없기 때문에 이렇게 오래 살 수 있었다."

■ 郭云 : 不在可用之數曰, 散.

곽상 : 쓸 만한 나무를 꼽는 데에 들어 있지 아니한 것을 '산목(散木)'이라 한다.

■ 司馬云 : 液, 津液也.

사마표(司馬彪) : 액(液)은 진액(津液)이다.

■ 林云 : 液樠, 其液出而樠樠然也. 樹, 柱也. 立木以爲柱, 故曰樹.

임희일 : 액만(液樠)은, 그 진물(液)이 나와서 찐득찐득하다는 뜻이다. 수(樹)는 기둥(柱)이다. 나무를 세워서 기둥을 삼기 때문에 '수(樹)'라고 한다.

■ 按 : 樹, 一作柱.

박세당 : '수(樹)'는 다른 어떤 판본에는 '주(柱)'로 되어 있다.

匠石歸, 櫟社見夢曰, "汝將惡乎比予哉? 若將比予於文木耶?

장석이 집에 돌아왔는데, 사(社)의 역(櫟)나무가 꿈에 나타나서 말하기를, "그대는 장차 나를 어디에 견주려는가? 그대는 장차 나를 문목(文木)에 견주려는가?

■ 林云 : 文木, 木之可觀而可爲用者. 言以文木比量我也.[27]

임희일 : 문목(文木)은 나무가 볼 만하고 쓸모가 있는 것이다. '(그대가) 문목을 기준으로 나를 견주어 헤아린다.'는 말이다.

夫柤梨橘柚果蓏之屬, 實熟, 則剝則辱, 大枝折, 小枝泄. 此以其能苦其生者也,[28] 故不終其天年而中道夭, 自掊擊於世俗者也. 物莫不若是.

---

27) '言以文木比量我也.'는 축약하기 이전의 원문은 '櫟社見於匠石之夢曰, 汝以我爲散木, 則是以文木而比量我也.'이다.
28) '以其'는 《구의교주》에는 '其以'로 되어 있다.

저 능금나무, 배나무, 귤나무, 유자나무 등의 과일나무는 열매가 익으면 빼앗기고 능욕을 당하여 큰 가지는 꺾이고 작은 가지는 찢어진다. 이는 그 유능함 때문에 그 삶을 고통스럽게 하는 것이다. 그러므로 그 천수를 누리지 못하고 중도에 요절한다. 세속으로부터 스스로 공격을 당하는 것이다. 만물은 이와 같지 않은 것이 없다.

■ 郭云 : 莫不若是者, 物皆以用自傷也.
곽상 : '이와 같지 않은 것이 없다.'는 것은, 만물은 모두가 유용함 때문에 자신을 손상한다는 말이다.
■ 林云 : 柤梨橘柚果蓏, 皆可食者, 故爲人摧折, 是以其能而害其生. 能者, 可用之才也
임희일 : 능금, 배, 귤, 유자 등의 과일은 모두 먹을 수 있는 것들이므로 사람에 의해서 꺾이니, 이는 그 유능함[能] 때문에 그 삶을 해치는 것이다. 능(能)이란 쓸 만한 재주를 말한다.
■ 按 : 上言文木, 乃匠石之所求, 材美而可用者. 此言柤梨之屬, 又皆草木之有實而味美可食者. 剝辱折泄, 柤梨橘柚果蓏之以能而苦生者如此, 則彼文木之苦於斧斤而自取翦殘者, 亦猶是耳. 此櫟之所以不願爲彼也. 林氏以柤梨果蓏爲文木, 今不取.
박세당 : 위에서 말한 문목(文木)은, 바로 장석(匠石)이 찾는 재목으로서 재질이 아름다워서 쓸모있는 나무이고, 여기서 말한 능금나무, 배나무 등속은 또 모두 먹을 수 있는 맛있는 열매를 맺는 초목이다. 빼앗기고 능욕당하고 꺾이고 찢어진다는 것은, 능금나무, 배나무, 귤나무, 유자나무 등의 과일나무가 자신의 유능함 때문에 삶을 고달프게 함이 이러하다는 것이니, 저 문목(文木)이 도끼와 자귀에게 고난을 당하여 스스로 잘려지는 재앙을 초래하는 것도 또한 이것과 같을 뿐이다. 이것이 역(櫟)나무가 저러한 문목이 되기를 원치

아니하는 까닭이다. 임희일은, 능금나무, 배나무 같은 과일나무를 문목이라 하였는데, 지금 그 학설을 취하지 않는다.

且予求無所可用, 久矣. 幾死, 乃今得之, 爲予大用. 使予也而有用, 且得有此大也耶?
그리고 나는 유용한 바가 없기를 추구해온 지가 오래인데, 거의 죽을 뻔하다가 이제야 그렇게 되어, 나를 큰 쓰임이 되게 하였다. 만약 내가 유용했다면 또한 이렇게 클 수가 있었겠는가?

■ 郭云 : 幾死乃今得之, 言數有睥睨己者, 今匠石明之耳. 爲予大用, 言無用爲濟生之大用, 若有用, 久見伐矣.29)
곽상 : '거의 죽을 뻔하다가 이제야 그것을 얻었다.'는, '자기를 힐끔힐끔 보는 자가 자주 있었는데, 이제 장석(匠石)이 증명해주었다.'라는 말이다. '나를 큰 쓰임이 되게 하였다.'는 '쓸모없음이, 생명을 구제하는 큰 쓰임이니, 만약 쓸모가 있었다면 오래전에 베어졌을 것이다.'라는 말이다.
■ 林云 : 我若有用, 則人伐之久矣, 又安能至此大乎!
임희일 : 내가 만약 유용하였다면 사람들이 오래전에 베어갔을 것이니, 또 어찌 이렇게 클 수 있었겠는가.

且也若與予也皆物也, 奈何哉其相物也而幾死之? 散人又惡知散木?"
그리고 그대나 나나 모두가 사물인데, 어찌하여 사물을 관찰하여 거의 죽일 뻔

---

29) '久'는 《장자익》에는 '必'로 되어 있다.

하였는가? 쓸모없는 인간[散人]이 또 어찌 쓸모없는 나무[散木]를 알았는가?"

■ 林云 : 雖人雖樹, 皆天地間一物. 汝亦無用之人, 何譏我無用之木!
임희일 : 사람이든 나무든 모두 천지 사이의 하나의 사물이다. 너도 또한 쓸모없는 인간인데 어찌 나를 쓸모없는 나무라고 놀리는가!

■ 按 : 此社櫟責匠石謂'人與木俱是物耳. 汝何獨以予爲物而令我幾死乎? 且汝亦一散人, 又安能知吾之爲散木乎?' 蓋木之伐, 常由於匠之求材, 而今匠石又與其弟子論美論散, 初非無意於求材者, 故以爲相物而幾死之.
박세당 : 이것은 사(社)의 역(櫟)나무가 장석을 책망하여, '사람이나 나무나 다 같이 사물일 뿐이다. 그대는 어찌 유독 나를 사물로 여겨 나를 거의 죽게 할 뻔하였는가? 그리고 그대도 또한 한 쓸모없는 인간[散人]인데, 또 어찌 내가 쓸모없는 나무[散木]인 줄을 알 수 있었는가?'라고 한 것이다. 대개 나무가 베어지는 것은 항상 목수가 재목을 구하기 때문인데, 지금 장석이 또 그의 제자와 더불어 나무를 두고 아름답다느니 쓸모없다느니 논하였으니, 애당초 재목을 구하는 데에 뜻이 없었던 것이 아니다. 그 때문에, '사물을 관찰하여 거의 죽일 뻔하였다.'라고 한 것이다.

匠石覺而診其夢. 弟子曰, "趣取無用, 則爲社何耶?"
장석이 잠에서 깨어 그 꿈을 점쳤다. 제자가 말하였다. "지향하는 바가 '쓸모없음'을 취하는 것이라면, 사(社)의 나무가 된 것은 어째서입니까?"

■ 向云 : 診, 占夢也.
상수(向秀) : 진(診)은, 꿈의 길흉을 점친다는 뜻이다.

■ 郭云 : 弟子猶嫌其以爲社自榮.

곽상 : 제자는 오히려, 그 나무가 사(社)의 나무가 되어 자신을 영광스럽게 한 것을 혐의하였다.

■ 林云 : 此木之趣, 若取於無用, 則何必用而爲社!

임희일 : 이 나무의 지취(志趣)가 만약 '쓸모없음'을 취하는 것이라면, 어찌 굳이 쓰여서 사(社)의 나무가 되었단 말인가!

曰, "密! 若無言! 彼亦直寄焉. 以爲不知己者詬厲也. 不爲社者, 且幾有翦乎!
(장석이) 말하였다. "쉿! 너는 말을 하지 말아라. 저 나무는 또한 그곳에 몸을 의탁하고 있을 뿐이다. (나무는) 자기를 모르는 자가 자기를 치욕스럽게 할 것이라고 여긴 것이다. 사(社)의 나무가 되지 않았더라면, 또한 몇이나 와서 베어갔을까!

■ 林云 : 言汝閉口勿言也. 櫟所以爲社者, 亦直寄寓而已, 今爲汝不知之人以爲社而詬厲也.

임희일 : '너는 입을 닫고 말을 말라.'라는 말이다. 역(櫟)이 사(社)의 나무가 된 까닭은, 또한 단지 그곳에 몸을 붙인 것일 뿐인데, 지금 그것을 모르는 너 같은 사람에게, 사(社)의 나무가 되었다고 하여 욕을 먹는 처지가 되었다.

■ 按 : 弟子謂, "櫟意取於無用, 則又何必爲社而見用於世?" 匠石戒之云, "汝默而勿言. 非汝所知也. 彼之所以爲社者, 亦直有所寄焉耳. 彼固以爲不如是, 則世或有不知己之無用如汝之比者, 妄以斧斤見加, 爲己之恥辱也. 使彼而不爲社者, 且有幾人來翦伐乎!"

박세당 : 제자가 "역(櫟)의 의도가 '쓸모없음'을 취하는 것이었다면, 또 어찌 굳이 사(社)의 나무가 되어서 세상에 쓰입니까?" 라고 하니, 장석이 경계하여

이르기를, "너는 입을 닫고 말을 하지 말라. 네가 알 수 있는 바가 아니다. 저 나무가 사(社)의 나무가 된 까닭은, 또한 단지 그곳에 의탁한 바가 있는 것일 뿐이다. 저 나무는 참으로 '이렇게 하지 않으면, 세상에 혹시 자기의 쓸모없음을 이해하지 못하는 너와 같은 자들이 있어서, 망녕되이 자기에게 도끼질을 해서 자기에게 치욕을 줄 것이다.'라고 여긴 것이다. 가령 저 나무가 사(社)의 나무가 되지 않았더라면, 또한 몇 사람이나 와서 베어갔을까!" 하였다.

且也彼其所保與衆異, 而以義譽之, 不亦遠乎!"
그리고 저것은 그 보존하는 바가 다른 것들과 다른데, 세속의 의리로 따져서 그것을 영예로운 일이라고 여긴다면, 또한 본래의 의도와 멀지 않겠는가!"

■ 郭云 : 此無用之所以全也.
곽상 : 이것이 '쓸모없음[無用]'이 온전함이 되는 까닭이다.
■ 林云 : 所保, 猶言所守也.
임희일 : '보전하는 바'라는 것은, '지키는 바'라는 말과 같다.
■ 按 : 言'彼之所保, 本以求全而已, 其亦異乎衆也. 而今乃以爲爲 社而求榮, 其於彼意, 不亦相遠乎哉?'
박세당 : '저 나무가 보존하는 바는 본래 온전함을 추구함일 뿐이니 그 또한 다른 것들과는 다르다. 그런데 지금 이에, 사(社)의 나무가 되어 영화를 추구했다고 한다면, 저 나무의 의도와는 또한 서로 동떨어진 것이 아니겠는가?'라는 말이다.

5

南伯子綦遊乎商之丘, 見大木焉. 有異. 結駟千乘隱, 將芘其所藾.
남백자기(南伯子綦)가 상구(商丘)에 노닐다가 큰 나무를 보았다. 특별하였다. 네 마리의 말이 끄는 수레 1천 대 분의 말을 매어 숨겨놓아도 필요한 그늘을 만들어 그 말들을 다 가려줄 정도였다.

- 郭云: 其枝所蔭, 可以隱芘千乘也.
  곽상: 그 가지가 만든 그늘이 1천 승을 덮어 가릴 만하였다.
- 林云: 言'其大異於尋常, 雖有千乘之駟隱於此樹之下, 而求其所蔭藾, 亦能芘之.'
  임희일: '그 크기가 보통의 나무보다 특별했다. 비록 1천 승의 말들을 이 나무 아래에 숨겨서 그늘로 덮어주기를 바라더라도 또한 그것을 충분히 가려줄 수가 있었다.'라는 말이다.

子綦曰, "此何木也哉? 此必有異材夫!" 仰而視其細枝, 則拳曲而不可以爲棟樑, 俯而視其大根, 則軸解而不可以爲棺槨, 咶其葉, 則口爛而爲傷, 嗅之, 則使人狂酲, 三日而不已.
자기(子綦)가 말하기를 "이것이 대체 무슨 나무인가? 여기에는 틀림없이 특별한 재목이 있을 것이다." 하고, 우러러 그 가지들을 살펴보니 구불구불 뒤틀려서 마룻대나 들보를 만들 수 없고, 숙여 그 큰 밑동을 살펴보니 속이 비어 널을 만들 수 없으며, 그 잎을 맛보니 입이 부르터 상처가 났으며, 냄새를 맡아보니 사람을 미치고 취하게 만들어 사흘이 지나도 깨지 못하였다.

■ 林云 : 軸解, 如今芋莖然. 以舌咶則爛人之口, 以鼻嗅則着人如醉.
임희일 : 축해(軸解)는 오늘날의 토란 줄기와 같은 것이다. 혀로 핥으면 사람의 입을 문드러지게 하고, 코로 맡으면 사람을 술 취한 것처럼 만든다.
■ 焦云 : 軸解, 謂木文旋散也.30) 病酒曰 '酲'.
초횡 : 축해(軸解)는 나무의 무늬가 휘어지고 산만한 것이다. 술로 병이 든 것을 '정(酲)'이라 한다.
■ 按 : 咶, 舐也.
박세당 : 시(咶)는 핥는다(舐)는 뜻이다.

子綦曰, "此果不材之木也, 以至於此其大也.31) 嗟夫!32) 神人以此不材!"
자기가 말하였다. "이것은 과연 재목감이 안 되는 나무이다. 그래서 그 크기가 이렇게까지 되었다. 아! 신인은 이 때문에 재목감이 되지 않은 것이로구나!"

■ 郭云 : 夫王不材, 玄默而已. 故天下樂推而不厭, 乘萬物而無害也.
곽상 : 대저 왕(王)은 재목으로 노릇하지 않고 그윽이 침묵할 따름이다. 그러므로 천하가 즐거이 추종하며 싫증내지 않으니, 만물을 타고서 해침을 당함이 없다.
■ 林云 : 惟其不材, 所以能全其生, 至於如此其大. 神人所以全其生者, 亦以此不材而已.
임희일 : 오직 그 재목감 안 되는 것 그것이, 그 생명을 온전하게 하여 이와 같이 큰 데에 이를 수 있었던 까닭이다. 신인(神人)이 그 생명을 온전히 지킬

---

30) '文'은 '紋'으로도 쓴다.
31) '於'는 《구의교주》에는 '如'로 되어 있다.
32) '夫'는 《장자익》, 《구의교주》에는 '乎'로 되어 있다.

수 있었던 것도 또한 이렇게 재목감이 아니었기 때문일 뿐이다.
- 按 : 神人, 以此之故, 亦不材而求全其生也.

박세당 : 신인(神人)은 이러한 까닭으로, 또한 재목감이 되지 않고 그 생명을 온전히 지키기를 추구하였다.

宋有荊氏者, 宜楸栢桑. 其拱把而上者, 求狙猴之杙者斬之. 三圍四圍, 求高名之麗者斬之. 七圍八圍, 貴人富商之家求樿傍者斬之. 故未終其天年, 而中道夭於斧斤, 此材之患也.

송나라에 형씨(荊氏)라는 지역이 있는데, 가래나무, 측백나무, 뽕나무가 잘 자랐다. 그중 두 손에 잡히거나 한 손에 잡힐 굵기 이상이 된 것들은 원숭이 말뚝감을 찾는 사람이 베어가고, 세 아름 네 아름 굵기의 나무들은 대갓집의 들보감을 찾는 사람이 베어가고, 일곱 아름 여덟 아름이 되는 나무들은 신분이 높은 귀족이거나 재산이 많은 상인의 집에서 널 덧판감을 찾는 자들이 베어갔다. 그러므로 하늘로부터 받은 수명을 다 누리기도 전에 도끼와 자귀에 의해 중간에 죽게 되니, 이것이 재목감 나무들이 당하는 재앙이다.

- 呂云 : 大木, 以不材終天年. 荊氏楸栢, 以材爲之患. 是以神人之於用, 致之爲尤深, 藏之爲尤密.

여혜경 : 큰 나무는 '재목감이 안됨'으로써 천수를 누리고, 형씨 지역의 가래나무와 측백나무는 '재목감이 됨'으로써 재앙을 당한다. 그러므로 신인은 '쓰임'에 대해서, 더욱 깊은 곳에 갖다 두고 더욱 비밀스러운 곳에 감추어 둔다.

- 林云 : 荊氏, 地名. 杙, 椿也. 樿傍,33) 爲棺用也. 惟其有可用, 所

---

33) '樿'은 대본에 '禪'으로 되어 있다. 《구의교주》에 도장본(道藏本)을 근거로 하여 '樿'으로

以自禍如此.

임희일 : 형씨(荊氏)는 땅이름이다. 익(杙)은 말뚝(楠)이다. 선방(櫸傍)은 널에 쓰이는 것이다. 오직 쓸모가 있다는 것, 그것 때문에 자신에게 재앙을 초래하는 것이 이와 같다.

■ 焦云 : 麗, 棟梁也, 當作欐. 高名, 卽高明大家也.

초횡 : 려(麗)는 용마루와 들보이니, 려(欐)가 되어야 한다. 고명(高名)은 바로 고명(高明)한 대가(大家)이다.

故解之以牛之白顙者, 與豚之亢鼻者, 與人有痔病者, 不可以適河. 此皆巫祝以知之矣, 所以爲不祥也. 此乃神人之所以爲大祥也.

그러므로 해(解)라는 제사에, 소가 이마가 허연 것, 돼지가 코가 들린 것, 사람이 치질이 있는 자는 황하(黃河)에 희생으로 가져가지 못하니, 이것들은 모두 무축(巫祝)이 그렇게 알고 있어서, 상서롭지 못하다고 여기는 것들인데, 이것이 바로 신인(神人)이 큰 상서로움이라고 여기는 것들이다.

■ 郭云 : 巫祝解除, 棄此三者, 以爲不祥而弗用. 彼乃以不祥全生, 乃大祥也. 故天下之所謂大祥, 神人不逆.

곽상 : 무축이 해제(解除)에서 이 세 가지를 버리는 것은, 상서롭지 못하다고 해서 쓰지 않는 것이지만, 저것들은 곧 상서롭지 못하기 때문에 삶을 온전하게 지키니 그것이 바로 큰 상서로움이다. 그러므로 천하의 큰 상서로움이라는 것을 신인(神人)은 거스르지 않는다.

교감해 놓았으니, 임희일의 《장자권재구의》 원본에는 '禪'으로 되어 있었음을 알 수 있다. 이에 근거하여 고쳤다.

- 司馬云 : 適河, 謂沈人於河, 如西門豹之事.34)

사마표(司馬彪) : 적하(適河)는 사람을 황하에 넣어 제사하는 것을 이르니, 서문표(西門豹)의 일과 같다.

- 疑獨云 : 解, 祭祀, 解賽也.

임의독(林疑獨) : 해(解)는 제사(祭祀)니, 살풀이굿이다.

- 林云 : 牛白顙者, 豚鼻高者, 皆不可以祭河. 適, 往也, 言不可以之往祭. 此三者, 巫祝皆以爲不祥, 所以免殺身之禍. 在神人觀之, 則此乃大祥也. 此二段, 皆言求以自見於世, 必招禍患.

임희일 : 소가 이마가 허연 것, 돼지가 코가 들린 것은 모두 황하 제사에 희

---

34) 《사기(史記)》〈골계열전(滑稽列傳) 서문표(西門豹)〉에, "위(魏)나라 문후(文侯) 때에, 서문표가 업(鄴) 고을 수령으로 부임해서 보니, 그곳에는 처녀를 제물로 황하에 빠뜨려 황하의 수신(水神) 하백(河伯)에게 시집보내는 풍습이 있었다. 무당이 살피고 다니다가 예쁘장한 처녀를 보고 지명하면 그 처녀는 하백의 부인이 되어야 했다. 삼로(三老)와 아전들이 무축과 공모하여, 처녀를 치장하는 비용 명목으로 수백만 전(錢)을 백성에게서 거두어 이삼십만 전을 쓰고 나머지를 자기들이 나누어 가졌다. 사람들은, 하백에게 여자를 바치지 않으면 파도가 쳐서 사람들을 익사시킨다는 미신을 믿고 있었다. 서문표가 말하기를, '하백에게 시집보내는 날이 되거든 삼로와 무당과 부로(父老)가 황하 가에서 처녀를 보내되, 나도 가서 처녀를 함께 보낼 터이니, 내게도 알리도록 하라.' 하였다. 때가 되자, 황하 가에 삼로와 관속(官屬)과 호장(豪長)과 마을의 부로들이 모두 모였고 구경꾼도 수천 명이었다. 대무(大巫)는 나이 70이 넘은 늙은 여자였고 제자 10명이 그 뒤를 따랐다. 서문표가 말하기를, '하백부(河伯婦)를 불러오너라. 예쁜지 못났는지 보자.' 하였다. 처녀를 장막 안에서 데리고 나오자 서문표가 살펴보고는 '이 아이는 못생겼다. 대무가 하백에게 가서, 다시 좋은 처녀를 찾으면 나중에 보내겠다고 보고하고 오라.' 하고, 이졸(吏卒)을 시켜서 대무 무당을 황하로 던져 넣었다. 얼마 있다가, '이 노파가 왜 이리 늦는가? 제자가 뒤따라가서 확인하라.' 하고는 제자 한 사람을 던져 넣었다. 얼마 있다가, '제자까지 왜 이리 늦는가? 또 따라가서 확인하라.' 하고, 두 번째, 세 번째 제자까지 던져 넣었다. 또 말하기를, '무당 노파와 그 제자들은 모두 여자들이어서 일을 아뢸 줄 모르나 보다. 삼로가 들어가서 보고하라.' 하고, 삼로를 황하로 던져 넣었다. 주변에 있던 사람들이 대경실색하였다. 서문표가 말하기를, '대무 노파와 삼로가 돌아오지 않으니 어찌해야 하는가?' 하고, 아전과 호장을 한 사람씩 던지려고 하였다. 이에 모두 엎드려 머리를 찧으며 잘못을 빌었다. 그 후로는 아무도 감히 '하백부'라는 말을 꺼내지 못하였다." 하였다.

생으로 쓸 수 없다. 적(適)은 간다는 뜻이니, '이러한 것들을 가지고 제사 지내러 갈 수 없다.'는 말이다. 이 세 가지는 무축이 모두 상서롭지 못하다고 여기니, 그래서 자신을 죽이는 재앙을 면하는 것이다. 신인(神人)의 처지에서 보자면, 이것이 곧 큰 상서로움이다. 이 두 단락은 모두 '세상에 자기를 드러내기를 추구하면 반드시 재앙을 불러온다.'는 것을 말하였다.

■羅云 : 古者, 春有解祠. 言解罪求福也.

나면도(羅勉道) : 옛날에 봄에 해사(解祠)라는 제사가 있었다. 죄를 풀고 복을 구한다는 의미이다.

■按 : 當解之時而三者之不可以適于河, 此皆巫祝之所知, 見以爲不祥者, 而神人之所善以爲大祥者也.

박세당 : 해(解) 제사를 지낼 때에 이 세 가지는 황하에 가지고 갈 수 없는데, 이들은 모두 무축(巫祝)의 소견에는 상서롭지 못하다고 여겨지는 것들이고, 신인(神人)이 좋게 보아서 큰 상서로움이라 여기는 것들이다.

6

支離疏者, 頤隱於齊, 肩高於頂, 會撮指天, 五管在上, 兩髀爲脇. 挫鍼治繲, 足以餬口. 鼓筴播精, 足以食十人.

지리소(支離疏)라는 자는 턱이 배꼽에 가려지고 어깨가 정수리보다 높고 상투가 하늘을 찌르고 오장이 위에 있고 두 넓적다리가 옆구리가 되었다. 바느질과 빨래로 입에 풀칠을 하고, 키질 품삯으로 열 식구를 먹일 수 있었다.

■林云 : 支離, 無收拾之貌. 疏, 其名. 頤至臍, 其身曲也. 五臟之管,[35]

---

35) '臟'은 대본에 '藏'으로 되어 있으나 《구의교주》에 근거하여 고쳤다.

皆屬背, 背曲則管在上.[36] 餬口, 寄食也.

임희일 : 지리(支離)는 수습되지 못한 모습이고, 소(疏)는 그의 이름이다. 턱이 배꼽에까지 내려온 것은 그의 몸이 굽었음을 말한다. 오장의 기관이 모두 등에 붙어 있으니, 등이 굽으면 기관이 위에 있게 된다. 호구(餬口)는 붙어살며 밥을 얻어먹는다는 말이다.

■ 羅云 : 齊與臍同. 傴者不見其頤, 隱于臍間也. 肩高於頂, 頭低也. 會撮, 會合其髮而撮爲髻. 古者, 髻近項, 脊曲而頭低, 故髻指天也. 脊在髀裏故以兩髀爲脅也. 挫鍼, 縫衣. 治繲, 浣衣. 鼓筴播精, 以箕簸米也.

나면도 : 제(齊)는 제(臍)와 같다. 곱사등이는 그 턱이 보이지 않으니 배꼽 사이에 가려졌기 때문이다. 어깨가 정수리보다 높은 것은 머리가 낮은 것이다. 회최(會撮)는 그 머리카락을 모아 합쳐서 묶어 상투를 만드는 것이다. 옛날에는 상투가 목덜미 가까이 있었는데, 등이 굽어 머리가 낮기 때문에 상투가 하늘을 향한 것이다. 척추가 허벅지 사이에 있기에 양 허벅지가 옆구리가 되는 것이다. 좌침(挫鍼)은 바느질이고 치해(治繲)는 빨래한다는 말이다. 고협파정(鼓筴播精)은 키로 쌀을 까분다는 뜻이다.

■ 按 : 爲脅以上, 以狀其容, 挫鍼以下, 以形其能. 挫鍼治繲, 與夫鼓筴, 皆傴者之所便. 此承上文病痔, 復言病傴. 蓋前則說不材之木, 後則言不材之人, 其以喩神人之所以得全者, 益親矣.

박세당 : 위협(爲脅) 이상은 그 모습을 형상한 것이고, 좌침(挫鍼) 이하는 그 능력을 형용한 것이다. 좌침, 치해(治繲)는 고협(鼓筴)과 함께 모두 곱사등이에게 잘 맞는 일들이다. 이것은 윗글 '치질 앓는 자'를 이어서 다시 '곱사병 앓는 이'를 말한 것이다. 대개 앞에서는 재목감이 안 되는 나무를 말하였고, 뒤에

---

36) '在'는 《구의교주》에는 '向'으로 되어 있다.

서는 재목감이 안 되는 사람을 말하였으니, 그것으로 신인(神人)이 온전할 수 있는 까닭을 설명한 것이 더욱 친절하다.

上徵武士, 則支離攘臂於其間, 上有大役, 則支離以有常疾不受功, 上與病者粟, 則受三鍾與十束薪.
위에서 무사(武士)를 징발하면 지리소는 그 사이를 팔을 휘저으며 다니고, 위에 큰 부역이 있으면 지리소는 질병이 있다는 이유로 일 몫을 받지 않고, 위에서 병자(病者)에게 곡식을 주면 3종(鍾)의 곡식을 10속(束)의 땔나무와 함께 받았다.

■ 郭云 : 攘臂者, 恃其無用故也. 不受功者, 不任徭役故也. 役則不與, 賜則受之.
곽상 : 팔을 휘젓고 다니는 것은 자기가 쓸모가 없다는 것을 믿기 때문이다. 일 몫을 받지 아니하는 것은 부역을 담당하지 않기 때문이다. 부역은 부과받지 않고, 하사하는 곡식은 받았다.

■ 林云 : 徵武士, 選戰者. 功, 如《左傳》'城杞賦功'. 戰役之事, 旣皆得免, 而又以病得粟與薪, 此亦以不材自全.
임희일 : 무사(武士)를 징발함은 전쟁에 나갈 자를 선발함이다. 공(功)은 《좌전(左傳)》에 '기(杞)에 성(城)을 쌓는데 공역을 부과하였다[城杞賦功].'의 공(功)과 같다. 전쟁에 나가거나 공역을 담당하는 일을 이미 모두 면제받은 데다 또 질병으로 곡식과 땔나무까지 받게 되었으니, 이 또한 '재목감이 못 됨' 덕분에 자신을 온전하게 보존한 것이다.

夫支離其形者, 猶足以養其身, 終其天年, 又況支離其德者乎!

대저 그 형체를 지리(支離)하게 한 자도 오히려 그 몸을 봉양하고 그 천수를 끝까지 누릴 수 있는데, 또 하물며 그 덕(德)을 지리하게 한 자이랴!

■ 郭云: 支離其形者, 猶能如此. 神人無用於物, 而免人間之害, 處常美之實, 此支離其德也.

곽상: 그 형체를 지리하게 한 자도 오히려 이와 같을 수 있다. 신인(神人)은 외물에게 쓰임이 없어서, 인간의 해코지를 벗어나고 변함없이 아름다운 실제에 거처하니, 이는 그 덕을 지리하게 했기 때문이다.

■ 林云: 至人德亦支離, 以無用爲大用也.

임희일: 지인(至人)의 덕(德)이 또한 지리한 것은, 쓸모없음[無用]을 큰 쓸모[大用]로 삼았기 때문이다.

7

孔子適楚, 楚狂接輿遊其門曰, "鳳兮鳳兮! 何如德之衰也! 來世不可待, 往世不可追也.

공자(孔子)가 초(楚)나라에 가니, 초나라 광인 접여(接輿)가 그 문 앞에 노닐면서 노래했다. "봉새야, 봉새야! 어찌 덕이 그리 쇠퇴하였느냐? 오는 세상도 기대할 수 없고 가버린 세상도 바로잡을 수 없네.

■ 林云: 此, 借以譏聖門.[37] 來旣不可待, 往又不可追, 生斯世而爲

---

[37] 《논어》〈미자(微子)〉에, "초(楚)나라 광인(狂人) 접여(接輿)가 노래를 하며 공자 앞을 지나갔다. '봉새야, 봉새야! 어찌 덕이 쇠퇴하였느냐? 지나간 것은 간할 수 없지만, 오는 것은

斯人, 時不可爲, 則當自晦而已. 强懷救世之意, 非知時者也, 故曰
德衰.

임희일 : 이 단락은 논어의 글을 빌려와서 성인을 조롱한 것이다. 오는 세상을 이미 기대할 수 없고 지난 세상을 또한 바로잡을 수 없으며, 현재의 세상에 태어나서 현재의 사람이 되었는데 시대가 어찌해볼 수 없는 시대라면, 응당 스스로 몸을 숨기고 지낼 따름이어야 한다. 굳이 세상을 구제하겠다는 뜻을 품는 것은 때를 아는 자가 아니다. 그러므로 '덕이 쇠퇴하였다.'고 하였다.

天下有道, 聖人成焉, 天下無道, 聖人生焉. 方今之時, 僅免刑焉.
천하에 도가 있으면 성인이 완성하고, 천하에 도가 없으면 성인은 삶을 보전한다. 지금의 시대는 겨우 형벌을 면한다.

■ 林云 : 有道則成其功, 無道則全其生. 方今, 亂世, 但以苟免於刑
爲幸耳, 又何求乎!
임희일 : 도가 있으면 그 일을 완성하고, 도가 없으면 자기 생명을 보전한다. 현재는 어지러운 시대이다. 단지 그럭저럭 형벌이나 면하는 것을 다행으로 여겨야 할 뿐이니, 또 무엇을 추구하겠는가!

福輕乎羽, 莫之知載, 禍重於地, 莫之知避. 已乎已乎, 臨人以德! 殆乎殆乎,
畵地而趨!

그래도 바로잡을 수 있다네. 말아라, 말아라! 오늘날 정치하는 자는 위태하다네.' 공자가 수레에서 내려서 그와 대화를 하고자 했으나, 종종걸음으로 피하였으므로, 대화를 하지 못하였다.[楚狂接輿歌而過孔子曰, '鳳兮鳳兮! 何德之衰? 往者不可諫, 來者猶可追. 已而已而! 今之從政者殆而!' 孔子下, 欲與之言. 趨而辟之, 不得與之言.]"하였다.

복(福)은 깃[羽]보다 가벼운데 실을 줄 아는 이가 없고, 화(禍)는 땅[地]보다 무거운데 피할 줄 아는 이가 없다. 그만두어라, 그만두어라, 덕(德)으로 타인에게 임하는 것을! 위태하다, 위태하다, 땅에 금을 그어놓고 종종걸음을 치는 것은!

■ 郭云 : 福者, 卽向之所謂全, 天下之至易也. 棄夫至輕而取夫至重, 此世之常患也.

곽상 : 복(福)이라는 것은 바로 앞에서 이른바 '온전함'이니, 천하에서 아주 쉬운 것이다. 저 아주 가벼운 것을 버리고 아주 무거운 것을 취하니, 이것이 세상의 변함없는 우환거리이다.

■ 疑獨云 : 臨人以德, 則未能冥乎道. 畫地而趨, 則未能滅其跡.

임의독 : 타인에게 덕으로써 임하면 도(道)와 하나가 될 수 없고, 금을 그어놓고 종종걸음을 치면 그 자취를 없앨 수 없다.

■ 林云 : 處亂世而僅免, 此特一羽之福, 而亦不知有之. 禍苟及身, 常至殺戮, 是重於地也, 而亦不知避之. 畫地而趨, 言其拘束以自苦, 如畫地而行焉.

임희일 : 난세에 처하여 형벌을 간신히 면하는 것은, 이는 단지 하나의 깃과 같이 지니기 쉬운 복인데도, 또한 그것을 지닐 줄 모르고, 재앙이 정말이지 몸에 미치면 항상 살육에 이르니 이는 땅보다도 무거운 것인데, 또한 그것을 피할 줄을 모른다. 땅에 금을 그어놓고 종종걸음을 친다는 것은, '구속하여 자신을 괴롭게 하는 것이 마치 땅에 금을 그어놓고 그에 맞추어 걸어가는 것과 같다.'는 말이다.

■ 按 : 免刑, 福之輕, 喪身, 禍之重. 人莫知輕福之堪惜而易持, 重禍之可畏而難犯, 此擧世之通患. 已, 勸其止也. 殆, 戒其危也. 矜德美而臨人, 蹈繩墨以律身, 皆所以自危, 不如其已也.

박세당 : 형벌을 면하는 것은 복 중에서 가벼운 것이고, 몸을 잃는 것은 재앙 중에서 무거운 것이다. 사람들이 아무도 가벼운 복이 아까워할 만한 것이고 지키기 쉬우며 무거운 재앙이 두려워할 만한 것이고 범하면 안 된다는 것을 모른다. 이것이 온 세상의 공통된 병통이다. 이(已)는 멈추기를 권장하는 것이고, 태(殆)는 위태함을 경계하는 것이다. 덕(德)의 훌륭함을 뽐내면서 타인에게 임하거나 승묵(繩墨)을 디디고서 몸을 규율하는 것은 모두 자신을 위태롭게 하는 것이니, 멈추는 것만 못하다.

迷陽迷陽, 無傷吾行. 吾行卻曲, 無傷吾足."
덕을 감추고 덕을 감추어서, 나의 걸음을 다치게 하지 말라. 나의 걸음을 조심하고 조심해서, 나의 발을 다치게 하지 말라."

■ 郭云 : 迷陽, 猶亡陽也. 亡陽任獨, 不蕩於外, 則吾行全矣. 曲成其行, 各自足矣.
곽상 : 미양(迷陽)은 무양(亡陽)과 같다. 밝음을 없애고 독화(獨化)에 맡겨두어 밖으로 동탕하지 않으면 나의 걸음이 온전할 것이다. 굽히고 순종하여 그 걸음을 이루어주면 각자 스스로 만족할 것이다.
■ 疑獨云 : 迷陽, 言自晦其明. 卻曲,38) 言退身曲全.
임의독 : 미양(迷陽)은 스스로 그 밝음을 감춘다는 말이고, 각곡(卻曲)은 몸을 물리어 굽혀서 온전해진다는 말이다.
■ 林云 : 人性光明, 迷而失之, 則必至於行世而有傷. 不能直道, 回互避就,39) 則必至於傷足.

---

38) '卻'은 대본에는 '郤'으로 되어 있으나 문리로 보아 오류일 것으로 판단하여 고쳤다.
39) '互'는 《구의교주》에는 '護'로 되어 있다.

임희일 : 사람의 본성은 광명하지만, 미혹하여 그것을 잃으면, 반드시 세상을 살아가다가 몸을 다치는 데에 이른다. 길을 똑바르게 걷지 못하고 피할지 나아갈지 주저하면 반드시 발을 다치는 데에 이른다.

■ 按 : 迷陽, 所以救臨人以德之失. 卻曲, 所以矯畫地而趨之非. 德不耀而行全, 行不方而身全矣. 焦氏云, "吾行卻曲, 當從碧虛作卻曲卻曲",40) 未知是否.

박세당 : 미양(迷陽)은 '남들에게 덕으로써 임하는 실책'을 바로잡는 방법이고, 각곡(卻曲)은 '땅에 금을 그어놓고 종종걸음을 치는 잘못'을 바로잡는 방법이다. 덕(德)이 빛나지 않아야 걸음이 온전하고, 걸음이 모나지 않아야 몸이 온전하다. 초횡(焦竑)은 "오행각곡(吾行卻曲)은 마땅히 벽허(碧虛)가 '각곡각곡(卻曲卻曲)이 되어야 한다.'고 한 것을 따라야 한다." 하였는데, 옳은지 모르겠다.

山木自寇也, 膏火自煎也. 桂可食, 故伐之, 漆可用, 故割之. 人皆知有用之用, 而莫知無用之用也.

산의 나무는 스스로 자신을 해치고 기름불은 스스로 자신을 태운다. 계피나무는 먹을 수 있기 때문에 사람들이 베어가며 옻나무는 쓰임새가 있기 때문에 사람들이 생채기를 낸다. 사람들은 '쓸모있음'의 쓰임은 모두들 알지만 '쓸모없음'의 쓰임은 아는 이가 없다.

■ 郭云 : 有用則與彼爲功, 無用則自全其生.

---

40) 벽허(碧虛)는 북송(北宋)의 진경원(陳景元, 1024?~1094년)이다. 초횡(焦竑)의 《초씨필승(焦氏筆乘)》에 "오행각곡(吾行卻曲)은 마땅히 벽허(碧虛)가 '각곡각곡(卻曲卻曲) 무상오족(無傷吾足)이 되어야 한다.'고 한 것을 따라야, 윗글과 조화를 이룬다. 대개 베껴 쓰는 자가 잘못하여 '오행(吾行)'이라는 두 글자를 거듭 써넣은 것이다." 하였고, 이것이 다시 《장자익》에 인용되었다.

곽상 : 쓸모가 있으면 저들과 더불어 공로를 이루고, 쓸모가 없으면 스스로 그 생명을 온전히 지킨다.

■ 林云 : 山木, 以用而自取寇傷. 膏火, 以明而自取煎熬. 桂, 因可食而後人伐之. 漆, 因可用而後人割之. 此皆不能自隱, 求名於世, 以招禍患者之譬也.

임희일 : 산의 나무는 쓰임새가 있기 때문에 스스로 해코지를 초래하고, 기름불은 밝기 때문에 스스로 졸여짐을 당한다. 계피나무는 먹을 수 있기 때문에 사람들이 베어가고, 옻나무는 쓰임새가 있기 때문에 사람들이 생채기를 낸다. 이것은 모두 자신을 감추지 못하고 세상에 명성을 추구하여 재앙을 초래하는 자를 비유한 것이다.

■ 褚氏總論云 : 夫處世者, 君臣之分不可不盡. 然當度可否, 謹出處, 超悔吝而獨全, 斯爲善矣. 顔子之衛, 夫子備言事君之多患, 名知之相軋, 心氣未達, 譽終毀至. 告之以虛心, 則化物也無難矣. 子高使齊, 誨以行事情而忘其身, 察風波而戒實喪. 顔闔傅衛, 誨以就不入而和不出, 達虎怒而通馬情. 皆所以明世患之多端, 外物之難必, 在高識之士, 洞燭幾微, 進退以義, 可也. 至於曲轅櫟社, 商丘異材, 又言材之爲累, 而世人不悟, 往往恃材求用, 名顯而害生, 利鍾而患至, 雖欲擁腫自全, 不可得矣. 故是篇大意, 在乎外應世而內全眞, 道不離而物自化. 古之聖賢不得已而有世俗之償, 罔不密由斯道. 篇末又引接輿之歌, 以袪聖賢經世有爲之跡, 以杜衆人逐物無厭之心. 結以山木膏火桂漆之患, 警世尤切. 唯其知涉世之難, 可以處世而無難矣. 聖人猶難之, 故終無難.

저백수(褚伯秀) 총론 : 대저 세상을 살아가는 자는 군신관계의 분수를 다하지 아니해서는 안 된다. 그러나 마땅히 가부(可否)를 헤아리고 출처(出處)를 조심해서 후회할 일을 벗어나서 유독 온전해야만, 이것이 훌륭한 것이다. 안자(顏子)가 위(衛)나라에 갈 때에 부자께서, 군주를 섬기는 일에 우환이 많으니 명예와 지식은 상대와 알력을 일으키고 상대의 마음과 기분을 통달하지 못하면 칭찬이 끝나면 비방이 온다는 것을 갖추어 말해주고, 마음을 비우면 상대를 변화시키는 데에 어려움이 없다고 일러주었다. 자고(子高)가 제(齊)나라에 사신으로 갈 때에는, 일의 실정대로 실천하고 자기 몸을 잊어야 하며 바람과 파도를 잘 살피고 실상과 잃음을 경계해야 한다고 가르쳐주었고, 안합(顏闔)이 위(衛)나라 태자의 스승으로 갈 때에는, 겉모습은 그를 따르되 빠져 들어가지 말며 마음은 화합하되 표출하지 말며 범의 노여움을 잘 알고 말의 마음을 통달해야 한다고 가르쳐주었다. 모두 세상에는 우환거리가 많고 외물은 기필하기 어렵다는 것을 밝힌 것이니, 높은 식견을 가진 선비는 기미를 통촉하여 진퇴를 정의에 맞게 해야 옳다. 곡원(曲轅)에서 본 역(櫟)나무와 상구(商丘)에서 본 특별한 나무 이야기도 또 '재목감이 되면 자신을 얽어매는데도 세상 사람들은 깨닫지 못하고 왕왕 자기의 재능을 믿고 쓰이기를 추구하니, 이름이 드러나 질투의 해코지가 생기고 이익이 집중되어 재앙이 이르면, 비록 울퉁불퉁 못생긴 나무가 되어 자신을 온전히 보전하고자 하더라도 뜻대로 이룰 수 없다.'는 것을 말하였다. 그러므로 이 편의 대의(大意)는, 겉으로는 세상에 대응하되 안으로는 참모습(眞)을 온전히 보전하며, 도(道)에서 떠나지 않고 만물이 저절로 변화하게 하는 데에 있다. 옛 성현(聖賢)들도 부득이 세속에 대해 대응하지 아니할 수 없었으나 이 도(道)를 정밀하게 말미암지 않은 것이 없다. 편말에 또 접여(接輿)의 노래를 인용하여, 성현이 세상을 경영하여 유위(有爲)한 자취를 털어냈고 중인(衆人)이 끝없이 외물을 쫓는 마음을 막았다. 매듭을, 산목(山木), 고화(膏火), 계피나무, 옻나무의 환난으로 지었으니, 세상을 경계한 것이 더욱 친절하다. 세상을 헤쳐나가기가 어렵다는 것을 알아야 세상을 사는 데에 어려움이 없을 수 있다. 성인도 오히려 그것을 어렵게 여겼기 때문에 결국에는 어려움이 없었던 것이다.

■ 張云 : 此篇, 首以孔顔問答, 繼以子高顔闔之喩, 其論守身行義 應物審幾以處人間世之道, 備矣. 而復繼以櫟社商丘支離之說者, 見當世禍亂, 畢竟不可措手. 故末又以接輿之歌結之.

장사유(張四維) : 이 편은 첫머리에 공자와 안회(顔回)의 문답을 싣고 이어서 자고(子高), 안합(顔闔)의 비유를 실었으니, 그 몸을 지키고 정의를 실천하며 외물에 대응함에 기미를 살펴 인간 세상에서 살아가는 방도를 논한 것이 잘 갖추어졌다. 그런데 다시 역사(櫟社), 상구(商丘), 지리(支離)의 이야기로 이은 것은 당대의 화란이 끝내 손을 댈 수도 없는 것임을 보인 것이다. 그러므로 끝에서 또 접여(接輿)의 노래로 매듭을 지었다.

■ 按 : 此篇, 言處物保身之術.

박세당 : 이 편은 외물에 대처하고 자기 몸을 보전하는 방술을 말하였다.

德充符 第五 · 제5편 덕충부

덕이 가득 찬 자는 사람을 변화시킨다

德充符 第五

제5편 덕충부 : 덕이 가득 찬 자는 사람을 변화시킨다

■郭云 : 德充於內, 應於外, 外內玄合, 信若符命, 而遺其形骸也.

곽상 : 덕(德)이 안에 가득 차면 밖으로 반응하니, 밖과 안이 오묘하게 합쳐짐이 참으로 부험처럼 딱 맞아서 그 형해(形骸)를 버린다.

■張云 : 德充於內, 自徵於外, 非形所能爲損益.

장사유(張四維) : 덕(德)이 안에 가득 차면 절로 밖에 징험이 나타나니, 외형이 덜거나 더하거나 할 수 있는 바가 아니다.

1

魯有兀者王駘, 從之遊者與仲尼相若.

노(魯)나라에 발뒤꿈치를 잘린 왕태(王駘)라는 사람이 있었는데, 그를 따르는 학생의 숫자가 중니(仲尼)와 서로 비슷했다.

■品節 : 兀與刖同, 斷足也.

진심 : 올(兀)은 월(刖)과 같으니, 발뒤꿈치를 자른다는 뜻이다.

常季問於仲尼曰, "王駘, 兀者也, 從之遊者與夫子中分魯. 立不敎, 坐不議, 虛而往, 實而歸. 固有不言之敎, 無形而心成者耶? 是何人也?"

상계(常季)가 중니(仲尼)에게 물었다. "왕태(王駘)는 죄를 지어 발뒤꿈치를

잘린 사람인데, 그를 따르는 학생이 선생님과 노나라를 반분(半分)합니다. 서 있을 때에도 가르치지 않고 앉아 있을 때에도 토론하지 않는데, 학생들이 빈 채로 갔다가 채워서 돌아옵니다. 말하지 않는 가르침이 정말 있으며, 행위가 없어도 마음이 이루도록 해주는 자가 정말 있단 말입니까? 이 사람은 어떤 사람입니까?"

■ 郭云 : 虛往實歸, 各得而足也.
곽상 : 빈 채로 갔다가 채워 돌아온다는 것은, 각자 얻어서 만족한다는 말이다.
■ 林云 : 中分魯, 言'魯人之從夫子者半, 而從駘者半也.' 虛往實歸, 言'往從之者, 皆空虛未有所見, 一見以歸, 卽充然而有得.' 心成, 心感之而自化也.
임희일 : 노나라를 중분(中分)한다는 것은, '노나라 사람들 중에 부자를 따르는 자가 절반이고 왕태를 따르는 자가 절반이다.'라는 말이다. 빈 마음으로 갔다가 채워서 돌아온다는 것은, '가서 그를 따르는 자들이 모두 텅 비어 소견이 없다가, 한번 보고 돌아오면 가득히 얻은 것이 있다.'라는 말이다. 심성(心成)은, 마음이 감동하여 저절로 변화한다는 뜻이다.
■ 按 : 曰不言曰無形, 以言不教不議, 曰教曰心成, 以言虛往實歸. 蓋外未見所爲, 而內足以化人也.
박세당 : '말하지 않는다.'라든지 '행위가 없다.'라는 것은, 가르치지 않고 토론하지 않음을 말하고, '가르친다.'라든지 '마음이 이룬다.'라는 것은, 빈 채로 갔다가 채워서 돌아옴을 말한다. 대개 겉은 행위를 보이지 않고 안은 충분히 사람을 감화시키는 것이다.

仲尼曰, "夫子, 聖人也, 丘也直後而未往耳. 丘將以爲師, 而況不若丘者乎! 奚假魯國! 丘將引天下而與從之."
중니가 말하였다. "그 선생은 성인이시다. 나는 다만 늦어져서 아직 못갔을 뿐이다. 내가 장차 그를 스승으로 삼을 것인데, 하물며 나만 못한 사람들이랴! 어찌 다만 노나라 사람들만이랴! 내가 장차 천하 사람들을 이끌고 가서 함께 그를 따를 것이다."

■ 郭云 : 神全而與物冥者, 天下之所不能違, 奚但一國而已哉.
곽상 : 정신이 온전하여 만물과 섞여 일체가 된 자는 천하의 어느 누구도 어길 수 없는 대상이니, 어찌 다만 한 나라만 해당할 뿐이겠는가.

■ 林云 : 夫子, 指王駘. 直後, 言我欲往見, 特尙遲耳. 奚假, 豈特也. 言欲率天下之人皆師之也.
임희일 : 부자(夫子)는 왕태를 가리킨다. 직후(直後)는 '내가 가서 만나고자 하는데 다만 늦어져서 아직 못가고 있을 뿐이다.'라는 말이다. 해가(奚假)는 '어찌 다만(豈特)'이라는 뜻이다. '천하 사람들을 이끌고 가서 모두가 그를 스승으로 삼게 하고 싶다.'는 말이다.

常季曰, "彼兀者也而王先生, 其與庸亦遠矣. 若然者, 其用心獨若之何?"
상계가 말하였다. "저이가 뒤꿈치 잘린 자인데도 선생님보다 훌륭하다면, 보통 사람과 견준다면 또한 훨씬 더 훌륭할 것입니다. 저러한 자는 그 마음 씀이 대체 어떠합니까?"

■ 林云 : 王, 勝也, 言勝於先生則與常人遠矣. 先生, 指孔子.
임희일 : 왕(王)은 낫다(勝)는 뜻이니, '선생님보다 낫다면 보통 사람들과 견주

면 훨씬 낫다.'는 말이다. 선생(先生)은 공자를 가리킨다.

仲尼曰, "死生亦大矣, 而不得與之變. 雖天地覆墜, 亦將不與之遺. 審乎無假而不與物遷, 命物之化而守其宗也."
중니가 말하였다. "죽고 사는 것이 큰일이기는 하나 그것과 더불어 변화시키지 못하며, 비록 하늘과 땅이 엎어지고 내려앉더라도 또한 그것과 더불어 추락하지 않으며, 거짓 없음을 분명하게 알아서 만물과 더불어 옮겨가지 않으며, 만물의 변화를 명령하고 그 종주 자리를 지킨다."

■ 郭云 : 死生之變, 變之大也, 彼與變俱, 故生死不變. 雖天地覆墜, 斯順之也. 審乎無假者, 明性命之固當也. 不與物遷者, 任物之自遷也. 守其宗者, 不離至當之極也.
곽상 : 죽고 사는 변화는 변화 중에 큰 것이지만, 저이는 변화와 함께하기 때문에 살거나 죽거나 달라지지 않는다. 비록 하늘과 땅이 엎어지고 내려앉더라도 그대로 그것을 따른다. 거짓 없음을 잘 안다는 것은 성명(性命)의 마땅함을 잘 아는 것이고, 만물의 옮겨감에 함께하지 않는다는 것은 만물이 스스로 변하도록 내맡겨둠이고, 그 종주를 지킨다는 것은 지당함의 표준에서 벗어나지 아니함이다.

■ 呂云 : 孰爲死生而與之變, 孰爲覆墜而與之遺乎? 審乎無假, 則知其所得者眞, 不與物遷, 則死生覆墜而不變. 命物化而己不化, 守其宗而本不離也.
여혜경 : 죽거나 산다고 해서 무엇이 그것과 더불어 변화하겠으며, 엎어지고 내려앉는다고 해서 무엇이 그것과 더불어 추락하겠는가? 거짓 없음을 잘 안다면 그 얻은 바가 참(眞)임을 알겠고, 만물의 변화에 함께하지 않으면 죽거

나 살거나 하늘이 엎어지거나 땅이 내려앉거나 간에 변화하지 않는다. 만물의 변화를 명령하고 자기는 변화하지 않으며, 그 종주 자리를 지키며 근본에서 이탈하지 않는다.

■ 林云 : 言死生之變雖大, 而此心不動, 亦不能使我隨之而變也. 遺, 落也, 言雖天地覆墜, 而亦不隨之而落.[1] 審者, 明也. 無假者, 實也. 不與物遷, 與不變不遺同. 命物之化, 言萬物變化皆受命於我.

임희일 : '죽고 사는 변화가 비록 큰 변화이더라도 이 마음이 동요하지 아니하니 또한 나로 하여금 그것을 따라 변화하게 할 수가 없다.'는 말이다. 유(遺)는 떨어진다는 뜻이니, '비록 하늘과 땅이 엎어지고 내려앉더라도 또한 그것을 따라서 떨어지지 않는다.'는 말이다. 심(審)이라는 것은 밝다는 뜻이고, 무가(無假)라는 것은 실제라는 뜻이다. '사물과 더불어 옮겨가지 않는다.'는 것은, '함께 변하게 하지 못한다.', '함께 떨어지지 않는다.'와 같다. '만물의 변화를 명한다.'는 것은 '만물의 변화가 모두 나에게서 명령을 받는다.'는 말이다.

■ 劉云 : 無假, 無所待也. 坐視萬物之變, 獨與先天地者俱, 所謂宗也.

유신옹(劉辰翁) : 무가(無假)는 의지하는 바가 없다는 뜻이다. 만물의 변화를 좌시하며 홀로 천지보다 앞서는 것과 함께하는 것이 이른바 종(宗)이다.

■ 品節 : 明乎眞實之理, 而不與外物同遷. 主張萬化, 而執其宗.

진심 : 진실(眞實)의 이치에 밝아서 외물과 더불어 변화하지 않고, 만물의 변화를 주장하면서 그 종주 자리를 잡고 지킨다.

■ 按 : 命物化而守其宗, 言'任物之變化而我獨守其宗.' 上下文義俱明此意, 此特一章之關鍵耳. 死生不變, 覆墜不遺, 不與物遷, 視物皆一固無二義也.

---

[1] '天地覆墜, 而亦不隨之而落'은 《구의교주》에는 '天地雖墜, 而我亦不與之墜落'으로 되어 있다.

박세당 : '만물의 변화를 명하며 그 종주를 지킨다.'는 것은, '만물의 변화를 저대로 맡겨두고 나는 홀로 그 종주 자리를 지킨다.'는 말이다. 위아래 문장의 뜻이 모두 이 뜻을 밝혔으니, 이것이 다만 이 한 장(章)의 관건(關鍵)이다. 죽고 사는 것에도 변화하지 않고 엎어지고 내려앉아도 떨어지지 않으며 만물의 변화에 함께하지 않는 것은, 만물을, 모두 동일하여 본디 두 가지 의리가 없다고 보는 것이다.

常季曰, "何謂也?" 仲尼曰, "自其異者視之, 肝膽楚越也. 自其同者視之, 萬物皆一也.
상계가 말하였다. "무엇을 말씀하시는 것입니까?" 중니가 말하였다. "다르다고 보자면 간과 쓸개도 초(楚)나라와 월(越)나라 사이처럼 멀고, 같다고 보자면 만물은 모두 동일하다.

■ 郭云 : 異而肝膽楚越者, 恬苦之性殊, 則美惡之情背也. 同而萬物皆一者, 各美其所美, 則萬物一美, 各是其所是, 則天下一是也. 夫因其所異而異之, 則天下莫不異. 因其所同而同之, 則天下莫不同.
곽상 : 다르다는 관점에서 보면 간과 쓸개가 초나라와 월나라 만큼이나 멀다는 것은, 달거나 쓴 속성이 다르면 아름답게 여기거나 추하게 여기거나 하는 감정이 판이하다는 뜻이다. 같다는 관점에서 보면 만물이 모두 동일하다는 것은, 각자가 자기가 아름답다고 여기는 것을 아름답다고 하면 만물이 하나같이 아름답고, 각자가 자기가 옳다고 여기는 것을 옳다고 하면 천하가 하나같이 옳다는 뜻이다. 대저 그 다르게 여기는 것을 인하여 다르다고 하면 천하에 다르지 아니한 것이 없고, 그 같다고 여기는 바를 인하여 같다고 하면 천하에 같지 않은 것이 없다.

■ 林云 : 不知萬物之同出於一初, 則雖其肝膽, 亦自分楚越. 知其同出於一初, 則萬物皆與我爲一也.

임희일 : 만물이 동일한 시초에서 함께 나왔다는 것을 모르면, 비록 그것이 간과 쓸개처럼 가까이 있더라도 또한 절로 초나라와 월나라처럼 먼 거리로 나뉜다. 동일한 시초에서 나왔다는 것을 알면, 만물이 모두 나와 더불어 한 가지가 된다.

■ 按 : 肝膽之異, 各有殊分. 萬物之同, 共禀一理.

박세당 : 간과 쓸개가 다르다는 것은 각각 분수가 다르다는 말이고, 만물이 동일하다는 것은 다 함께 하나의 이치를 품부받았다는 말이다.

夫若然者, 且不知耳目之所宜, 而遊心乎德之和. 物視其所一而不見其所喪, 視喪其足猶遺土也."

그러한 사람은 또한 귀와 눈의 각기 적합한 기능을 따지지 않고, 덕(德)의 조화로움에 마음을 노닐게 한다. 만물을 그 동일하다는 관점에서 보고 그 잃은 것은 보지 않으니, 자기 발 하나 잃은 것을 마치 흙덩이 하나 떨어져 나간 것과 같이 본다."

■ 郭云 : 無美無惡則無不宜, 故亡其宜也.2) 亡宜而不和者, 亦未聞也. 故放心於天地之間, 而無不適也. 能無物而不同, 則死生變化, 無往而非我. 脫然無係,3) 以死生爲寤寐, 以形骸爲逆旅. 去生如脫屣, 斷足如遺土, 未見足以攖茀其心也.

---

2) '亡'은 '忘'으로도 쓴다. 아래에도 동일하다.
3) '脫'은 '蛻'로도 쓴다.

곽상 : 아름답게 여기거나 추하게 여김이 없다면 마땅치 아니함이 없기 때문에 그 마땅함을 잊는다. 마땅함을 잊었는데도 조화를 이루지 못하는 자가 있다는 말은 또한 듣지 못하였다. 그러므로 천지 사이 어디에 마음을 놓아도 적당치 아니함이 없다. 만물을 모두 동일하게 볼 수 있으면, 죽거나 살거나 하는 변화가 어디서도 '나'가 아닌 것이 없다. 모두 벗어던지고 연계됨이 없어서, 죽음과 삶을 자고 깨고 하는 것으로 여기고 몸뚱이를 나그네가 머무는 여관으로 여긴다. 삶을 버리는 것이 마치 짚신을 벗는 것과 같고 발 하나 잘리는 것이 마치 흙덩이 하나 버리는 것과 같으니, 그 마음을 어지럽힐 만한 것이 보이지 않는다.

■ 林云 : 耳於聽, 宜, 目於視, 宜. 和者, 與天地四時同也. 物視其所一, 夔蚿,4) 便是此意. 遺土, 言如土之自遺墜而不知也.

임희일 : 귀는 듣는 데에 적합하고 눈은 보는 데에 적합하다. 화(和)라는 것은 하늘, 땅, 사시(四時)와 한 가지임을 뜻한다. 만물을 그 동일하다는 관점으로 본다는 것은, 기현(夔蚿)이 바로 이러한 뜻이다. 유토(遺土)는 '흙덩이가 저절로 툭 떨어져나갔는데 개의치 않는 것과 같다.'는 말이다.

■ 品節 : 六用一原,5) 五官互相爲用.6) 忘一身之得喪, 視喪足猶遺土.

---

4) 기(夔)는 발이 하나인 짐승 이름이고 현(蚿)은 지네이다. 《장자》〈추수(秋水)〉에 "기(夔)는 지네를 부러워하고 지네는 뱀을 부러워하고 뱀은 바람을 부러워하고 바람은 눈[目]을 부러워하고 눈은 마음을 부러워한다." 하였고, '기가 지네에게, 나는 발이 하나여서 뜻대로 다니지를 못하는데 그대는 수많은 발을 쓰니 어떠냐고 물으니, 지네가, 나는 나의 천기(天機)를 움직일 뿐이고 그것이 왜 그렇게 움직이는지는 모른다고 답하였다.' 하였다. 여기서 임희일은, 발이 하나거나 많거나 간에 각자 천성대로 살아간다는 뜻으로 인용하였다.
5) 육용(六用)은 불교용어로서, 육근(六根)과 같은 말인데, 눈[眼], 귀[耳], 코[鼻], 혀[舌], 몸[身], 뜻[意]의 뿌리, 즉 그 감각기관과 감각능력을 뜻한다. 앞의 다섯 가지를 색근(色根)이라 하고 의근(意根)을 무색근(無色根)이라 한다.
6) 오관(五官)은 다섯 종류의 감각기관이다. 시각(視覺), 청각(聽覺), 후각(嗅覺), 미각(味覺), 촉각(觸覺)을 담당하는 눈, 귀, 코, 혀, 몸을 말한다. 혀 대신 입, 몸 대신 마음이 들어가기도 하며, 코, 눈, 입술, 혀, 귀를 말하기도 한다.

진심 : 육용(六用)이 하나의 근원이니 오관(五官)이 상호 쓰임이 된다. 한 몸의 얻음과 잃음을 잊어서, 발 하나 잃은 것을 마치 흙덩이 하나 떨어져 나간 것처럼 본다.

■ 按 : 此言'人有肝膽, 猶天有萬物, 苟知肝膽之用雖異而同爲一體, 則亦當知萬物之變無窮而理則不殊. 若然者, 不自知夫一身耳目之所偏宜. 夫耳不宜視而目不宜聽, 目昏則與耳何分, 耳聾則與目何別? 人未有惡目之不能聽, 而耳之不能視者. 今何獨惡於聾耳瞽目哉? 是知其所宜而不知其有不宜, 知其用異而不知夫體之同者也. 故至人, 一成虧忘去取, 則心德旣全而哀樂不入, 熙然自得乎物之變. 但見其所一而不見其有得喪之分, 故雖喪其足, 而不以爲意也.'

박세당 : 이 단락은 '사람에게 간과 쓸개가 있음은 하늘이 낸 것에 만물이 있는 것과 같으니, 정말이지 간과 쓸개의 쓰임이 비록 다르지만 다 같이 하나의 몸이 됨을 안다면, 또한 응당 만물의 변화는 끝이 없지만 이치는 다르지 않다는 것을 알 것이다. 그러한 자라면, 일신의 귀와 눈이 어느 특정 용도에만 적합하다고 인식하지 않는다. 귀는 보는 데에 적합하지 않고 눈은 듣는 데에 적합하지 않지만, 눈이 어둡다면 귀와 무슨 차이가 있겠으며, 귀가 들리지 않는다면 눈과 무슨 구별이 있겠는가. 사람들 중에 눈이 듣지 못하거나 귀가 보지 못하는 것을 미워하는 자는 없다. 지금 어찌 유독 귀가 먹었거나 눈이 봉사인 것에 대해서만 미워하는 것일까. 이것은 그 적합한 바는 알면서도 그 적합하지 않음이 있는 줄을 알지 못하고 그 쓰임이 다르다는 것은 알면서도 그 본체가 동일하다는 것은 모르는 것이다. 그러므로 지인(至人)은, 이루어짐과 이지러짐을 한 가지로 보고, 버린다거나 취한다는 생각을 잊으니, 마음의 덕이 이미 온전하고 슬픔과 즐거움이 개입하지 못하여, 흐뭇하게 만물의 변화에 자득한다. 단지 그 일체인 것만을 보고 얻음과 잃음의 나뉨이 있다는 것을 보지 않으므로, 비록 그 발을 하나 잃더라도 염두에 두지 않는다.'는 말이다.

常季曰, "彼爲己, 以其知得其心, 以其心得其常心, 物何爲最之哉?"
상계가 말하였다. "저이는 자기 내면을 수양하는 공부를 하여, 자기 지식을 써서 그 마음을 터득했고, 그 마음을 써서 그 본연의 상심(常心)을 터득했는데, 사람들이 무엇 때문에 그에게로 몰려드는 것입니까?"

■ 郭云 : 爲己以其知者, 嫌未能忘知而自存也. 得其心以其心者, 嫌未能遺心而自得也.
곽상 : 자기를 위하는 데에 자기 지식을 썼다는 것은, '지식을 잊고 절로 존재함'을 아직 못 한 것인 듯싶고, 그 마음을 얻는 데에 자기 마음을 썼다는 것은, '마음을 버리고 자득함'을 아직 못한 것인 듯싶다.

■ 呂云 : 常季謂'駘懷內聖之道, 則爲己而已. 以其知得其心, 以其心得其常心, 物何爲最之而推爲君師耶?'
여혜경 : 상계(常季)가 '왕태가 안으로 성스러운 도를 품은 것은 자신을 위하는 것일 따름입니다. 자기 지식을 써서 자기 마음을 터득하고, 자기 마음을 써서 자기 상심(常心)을 터득했는데, 사람들이 무엇 때문에 그에게로 모여서 그를 추대하여 스승(君師)으로 삼는 것입니까?'라고 한 것이다.

■ 林云 : 爲己, 修身也. 言'有此識知, 則能修此身, 有此知覺之心, 則能得其本然之心.' 蓋謂'人皆有知, 人皆有心, 苟能盡之, 則可以爲己, 可以得心, 亦是常事耳.' 最者, 尊之也.
임희일 : 위기(爲己)는 몸을 수양함이다. '이러한 식지(識知)가 있으면 이 몸을 수양할 수 있고, 이러한 지각(知覺)의 마음이 있으면 그 본연(本然)의 마음을 얻을 수 있다.'는 말이니, 대개 '사람은 모두 지각이 있고 사람은 모두 마음이 있으니, 정말로 그것을 극진히 하면, 몸을 수양할 수 있고 마음을 얻을 수 있다. 이 또한 보통 일일 따름이다.'라는 뜻이다. 최(最)라는 것은 높인다는 뜻이다.

■ 朱氏得之云 : 彼爲己, 言其學非爲人. 以其知得其心, 言反觀而得見其天君也. 得其常心, 言其以天德良知得見此心, 如游子到家, 乃是固有之業也. 此只言爲己何與於人而人乃尊之如此.

주득지(朱得之) : 저이가 위기지학(爲己之學)을 했다는 것은, '그의 학문이 위인지학(爲人之學)이 아니다.'라는 말이다. 자기 지식을 써서 그 마음을 터득했다는 것은, '돌이켜 관찰해서 그 천군(天君)을 볼 수 있었다.'는 말이다. 그 상심(常心)을 얻었다는 것은, '그가 하늘로부터 타고난 덕성[天德]과 타고난 참다운 지혜[良知]로 이 마음을 볼 수 있었다.'는 말이다, 마치 유학 갔던 아들이 집에 도착하는 것과 같으니, 바로 이것이 고유의 학업이다. 이것은 단지 '위기지학이 남과 무슨 관련이 있기에 남들이 이에 그를 존경하기를 이와 같이 하는가.'라고 말한 것이다.

■品節 : 彼之修己, 不過得其本然之常心耳. 衆人皆有之, 何爲獨尊之哉?

진심 : 저이가 몸을 수양한 것은, 그 본연(本然)의 상심(常心)을 얻은 것에 불과할 따름이다. 보통 사람도 모두들 지니고 있는데, 무엇 때문에 유독 그를 존경하는가?

■按 : 常心猶云常性. 蓋謂'王駘爲己者也. 彼但以其知識而能內求乎心, 以其內求于心者而能得夫天理本然之常性. 蓋其心唯以自足乎己而已, 初未嘗有及物之意, 則物又何爲而尊之耶?' 郭林以爲己以其知爲句者, 未是.

박세당 : 상심(常心)은 상성(常性)이라 하는 것과 같다. 대개 '왕태는 자신의 내면을 수양하는 자이다. 저이는 단지 자기의 지식을 써서 안으로 마음에서 찾을 수 있었고, 그 안으로 마음에서 찾은 것을 써서 저 천리(天理) 본연(本然)의 상성(常性)을 터득할 수 있었다. 대개 그 마음이 오직 스스로 자족하는 것일 따름이었고 애당초 외물에 미쳐갈 의도가 없었다. 그렇다면 외물이 또 어찌하여 그를 존경하는 것인가?'라는 말이다. 곽상과 임희일이 '위기이기지(爲己

以其知'로 구두를 끊은 것은 옳지 않다.

仲尼曰, "人莫鑑於流水而鑑於止水, 惟止能止衆止.
중니가 말하였다. "사람들은 흐르는 물에는 아무도 거울삼아 비추어보지 않고 멈추어 있는 물에 비추어본다. 오직 멈춘 것만이, 멈추고자 하는 많은 것들을 멈추게 할 수 있다.

■ 郭云 : 夫止水之致鑑者, 非爲止以求鑑也. 故王駘之聚衆, 衆自歸之, 豈引物使從己哉. 唯止止止, 動而爲之則不能居衆物之止也.
곽상 : 대저 멈춘 물이 자기에게 비춰볼 자들을 오게 하는 것은, 일부러 멈춰서 거울이 되어 만물이 와서 비추기를 추구해서가 아니다. 그러므로 왕태에게 대중이 모여드는 것은 대중들이 스스로 그에게로 모이는 것이지, 어찌 사람을 끌어서 자기를 따르게 시키는 것이겠는가. 오직 멈춰야만, 멈추고자 하는 것들을 멈추게 할 수 있다. 움직이면서 그렇게 하려 하면, 많은 사물들이 멈추는 곳에 자리 잡고 있을 수가 없다.
■ 呂云 : 唯止止止, 此人所以從之求鑑也.
여혜경 : 오직 멈춤으로써 다른 멈출 것들을 멈추게 하였으니, 이것이 사람들이 그에게로 와서 비추기를 추구한 까닭이다.
■ 林云 : 流水, 止水, 皆以喩心. 能止其心, 所以衆人以欲止之心就求止焉.
임희일 : '흐르는 물'이니 '멈춘 물'이니 하는 것은 모두 비유하여 마음을 말한 것이다. 그 마음을 멈출 수 있었던 것이, 많은 사람들이, 멈추고자 하는 마음으로 그에게로 와서 멈추기를 추구하게 된 까닭이다.
■ 按 : 此言'唯其爲己而無求於人, 故人樂就之. 若其有求則人亦不

肯就矣. 正猶不鑒流水而鑒於止水也.' 能止衆止, 言'以己之止, 故能止人之欲止者.'

박세당 : 이것은 '오직 자신의 내면을 수양할 뿐, 타인에게 바라는 것이 없기 때문에 남들이 즐거이 그에게로 온 것이다. 만약 그가 추구하는 것이 있었다면 사람들도 또한 그에게로 가려 하지 않았을 것이다. 그것은 바로, 흐르는 물을 거울삼지 않고 멈춘 물을 거울삼는 것과 같다.'는 말이다. '많은 외물들의 멈춤을 멈추게 할 수 있다(能止衆止).'는 것은, '자기가 멈추어 있기 때문에, 멈추고자 하는 타인을 멈추게 할 수 있다.'는 말이다.

受命於地, 惟松栢獨也在, 冬夏靑靑. 受命於天, 惟舜獨也正, 幸能正生, 以正衆生.

땅에서 생명을 받은 것들 가운데 오직 소나무와 측백나무만이 홀로 남아서 겨울이나 여름이나 푸르다. 하늘에서 생명을 받은 자들 가운데 오직 순(舜)임금만이 홀로 순정하여, 다행히도 본성을 바르게 타고나 그것으로 뭇 사람들의 본성을 바르게 할 수 있었다.

■ 郭云 : 言'特受自然之正氣者, 唯有聖人. 故凡不正者, 皆來求正耳. 若物皆有靑, 則無貴於松栢, 人各自正, 則無美於大聖而趨之也.' 幸能正生以正衆生者, 幸能自正耳, 非爲正以正之也.

곽상 : '특별히 자연(自然)의 올바른 기운(正氣)을 받은 자는 오직 성인(聖人)이 있을 뿐이다. 그러므로 무릇 올바르지 아니한 자들이 모두 와서 바르게 되기를 추구한다. 만약 만물이 모두 푸르름을 지녔다면 소나무와 측백나무가 귀할 것이 없다. 사람들이 각자가 올바르다면 큰 성인을 훌륭하게 여겨 그를 추종할 것이 없다.'는 말이다. 다행히도 생명을 바르게 해서 그것으로 뭇 생명들을

바르게 할 수 있었다는 것은, '다행히도 스스로 올발랐던 것이지 바르게 되려고 노력해 바르게 되어서 그들을 바르게 한 것이 아니다.'라는 뜻이다.

■ 呂云 : 木莫不受命於地, 唯松栢獨全. 人莫不受命於天, 唯舜也獨正. 則舜豈不以正生爲幸而正衆生哉?

여혜경 : 어느 나무이든 땅에서 생명을 받지 않은 나무가 없지만 오직 소나무와 측백나무만이 유독 온전하다. 사람은 누구든 하늘에서 생명을 받지 않은 자가 없지만 오직 순(舜)임금만이 유독 올발랐다. 그러니, 순임금이 어찌 올바르게 받은 생명을 다행으로 여겨 뭇 생명들을 올바르게 해주지 아니하겠는가.

■ 林云 : 以松栢比舜, 以舜比王駘, 但言 '其得於天者獨異於衆人, 故能正其生, 以正衆人之生.'

임희일 : 소나무와 측백나무로 순임금을 견주고, 순임금으로 왕태를 견주었으니, 단지 '하늘에서 타고난 것이 유독 일반 사람들보다 특별했기 때문에 자기의 타고난 본성을 바르게 지닐 수 있어서 그것으로 일반 사람들의 본성을 바르게 하였다.'라는 말이다.

■ 陸云 : 正, 如各正性命之正.[7] 正生, 卽正性也. 正性, 卽守宗也. 守宗, 卽保始也.

육서성(陸西星) : 정(正)은 '각기 올바른 성명(性命)을 타고 났다[各正性命].'의 '정(正)'과 같다. 정생(正生)은 성명을 바르게 타고난 것[正性]이고, 정성은 그 종주 자리를 지키는 것[守宗]이고, 수종은 처음의 마음을 보전해 지키는 것[保始]이다.

■ 焦云 : 受命於地至唯舜獨也正, 文句不齊. 張君房校本, 作 '受命

---

[7] 각정성명(各正性命)은 각각 올바른 성명을 타고났다는 뜻이다. 《주역》〈건괘(乾卦) 단사(彖辭)〉에 "건도(乾道)가 변(變)하고 화(化)하여, 각기 올바른 성명을 타고나 큰 화합에 보존하여 합치하니, 이것이 바로 리(利)이고 정(貞)이다.[乾道變化, 各正性命, 保合大和, 乃利貞.]"하였다.

於地, 唯松栢獨也正, 在冬夏靑靑. 受命於天, 唯堯舜獨也正, 在萬物之首.'

초횡 : '땅에서 생명을 받은 것 중에'에서 '오직 순(舜)임금만이 홀로 순정해서'까지는 문구(文句)가 가지런하지 않다. 장군방(張君房)의 교정본에 '땅에서 생명을 받은 것 가운데 오직 소나무와 측백나무만이 유독 순정(純正)하여 겨울이나 여름이나 푸르디푸르고, 하늘에서 생명을 받은 것 가운데 오직 요(堯)임금과 순(舜)임금만이 유독 순정하여 만물의 최고 윗자리에 있다.'로 되어 있다.

■ 品節 : 人莫鑒於流水而鑒於止水, 以水定焉故也. 水定則能鑒衆形, 心定則能止衆止. 此松栢之獨異於衆木, 舜之獨異於衆生. 兀者, 何爲不最也.

진심 : 사람들이 아무도 흐르는 물을 거울삼지 않고 멈춘 물을 거울삼으니, 물이 안정되어 있기 때문이다. 물이 안정되면 많은 형상들을 비추어 줄 수 있고, 마음이 안정되면 많은 멈추고자 하는 것들을 멈추게 할 수 있다. 이것이 소나무와 측백나무가 유독 일반 나무들보다 특별하고 순임금이 유독 일반 사람들보다 특별한 것이다. 뒤꿈치 잘린 왕태에게 어찌 모여들지 않겠는가.

■ 按 : 正生以正衆生, 應上唯止能止衆止, 上文正爲此而發.

박세당 : '본성을 바르게 타고나서 다른 많은 사람들의 본성을 바르게 하였다'는 것은, 윗글에 나오는 '오직 멈춘 것만이 멈추고자 하는 많은 자들을 멈추게 할 수 있다.'에 호응한다. 윗글은 바로 이것을 위하여 꺼낸 말이다.

夫保始之徵, 不懼之實. 勇士一人, 雄入於九軍.[8] 將求名而能自要者, 而猶若是. 而況官天地, 府萬物, 直寓六骸,[9] 象耳目, 一知之所知, 而心未嘗死

---

[8] 구군(九軍)은 성현영(成玄英)의 《장자주소(莊子注疏)》에 "천자가 6군(軍)이고 제후가 3군이어서 통칭하여 9군이라 한다." 하였다.

者乎!

대저 처음 받은 마음을 보존하고 있다는 징험은, 두려워 아니하는 실상으로 드러난다. 용맹한 무사 한 사람도 당당하게 구군(九軍) 사이로 들어간다. 장차 명성을 얻으려고 스스로 다짐하는 자도 오히려 이와 같다. 하물며 하늘과 땅을 자신의 기관(器官)으로 삼고 만물을 자신의 창고로 삼고, 단지 육체를 잠시 붙여두고 귀와 눈을 그저 달아놓기만 하며, 앎이 아는 바를 모두 동일하게 보며 마음이 일찍이 죽은 적이 없는 자이랴!

■ 郭云 : 求名自要, 非能遺名而無不任也. 官天地府萬物者, 冥然無不體也. 寓六骸者, 所謂逆旅也. 象耳目者, 非須耳目也. 知與變化俱則無往而不冥, 此知之一者也. 心與死生順則無時而非生, 此心之未嘗死也.

곽상 : 명성을 얻으려고 스스로 다짐하는 것은, 명성을 버림으로써 모든 것을 맡을 수 있는 것이 아니다. 하늘과 땅을 자신의 기관으로 삼고 만물을 자신의 창고로 삼는 것은, 혼융하여 몸으로 삼지 아니함이 없는 것이다. 육해(六骸)를 붙여두었다는 것은 이른바 '역려(逆旅)'라는 것이다. 귀와 눈을 형상한다는 것은 귀와 눈이 필수가 아니라는 뜻이다. 지혜가 변화와 함께하면 어디를 가도 섞여 일체가 되지 않음이 없으니, 이것이 지혜가 하나로 됨이다. 마음이, 죽고사는 일과 더불어 순조로우면 어느 때인들 사는 것이 아닌 때가 없으니, 이것이 마음이 죽은 적이 없음이다.

■ 呂云 : 今夫士之以勇自名者, 猶能雄入九軍, 而況官天地, 府萬物, 死生不得與之變者, 非求名自要之比也.

---

9) 육해(六骸)는 몸통, 머리, 팔, 다리를 말한다.

여혜경 : 지금 저 무사로서 스스로 용맹하다는 이름을 내세우는 자도 오히려 당당하게 구군(九軍)에 들어가는데, 더구나 하늘과 땅을 자기 기관으로 삼고 만물을 자기 창고로 삼고 죽음과 삶도 그를 함께 변화시킬 수 없는 자는 명성을 얻으려고 스스로 다짐한 자와 견줄 바가 아니다.

■ 疑獨云 : 司曰官, 藏曰府. 寓者, 寄而無畜. 象者, 存而不用. 一知而不爲物貳, 心存而不與形偕.

임의독 : 맡아서 담당함[司]을 관(官)이라 하고, 갈무리해 둠[藏]을 부(府)라 한다. 우(寓)라는 것은 붙여두기만 하고 기르지 아니함이고, 상(象)이라는 것은 존재시키기만 하고 쓰지 아니함이다. 지혜를 하나로 해서 외물에 의해 나뉘지 않고, 마음을 보존하여 형체와 더불어 하지 않는다.

■ 林云 : 保, 守也. 徵, 驗也. 自要, 自信也. 荊·聶之徒,10) 求名而自信者也. 彼且能不變於死生, 而況有道者乎! 官天地, 天覆地載, 天生地成, 各職其職而已. 府萬物, 孟子曰'萬物皆備於我'.11) 象耳目, 不知耳目之所宜也.12) 智者得之於性, 以其得於天者而無所不知. 心無所見曰死.

임희일 : 보(保)는 지킨대[守]는 뜻이고, 징(徵)은 징험[驗]이라는 뜻이고, 자요(自要)는 자신(自信)이라는 뜻이다. 형가(荊軻), 섭정(攝政) 같은 무리들이 명성

---

10) 형섭(荊聶)은 형가(荊軻)와 섭정(攝政)이다. 형가는 전국시대 자객이다. 연(燕)나라 태자(太子) 단(丹)을 위해 진시황(秦始皇)을 죽이려고 번오기(樊於期)의 머리와 연나라 독항(督亢) 지방의 지도를 가지고 역수(易水)를 건너 진나라로 들어갔으나, 실패하고 잡혀 죽었다. 섭정은 전국시대 한(韓)나라의 자객으로 자기를 알아준 엄수(嚴遂)를 위해 한(韓)나라 재상(宰相) 협루(俠累)를 죽이고는 자신의 신분을 숨기기 위해 스스로 몸을 많이 훼손하고 자살했다.
11) 《맹자》〈진심(盡心) 상(上)〉에, "만물의 이치가 모두 나에게 갖추어져 있으니, 내 몸에 돌이켜 그 이치가 정말 진실하게 나와 일체가 되면 즐거움이 더없이 클 것이고, 노력하여 상대의 처지에서 생각하며 실천하면 인을 찾는 것이 이보다 가까운 것이 없을 것이다.[萬物皆備於我矣. 反身而誠, 樂莫大焉. 強恕而行, 求仁莫近焉.]" 하였다.
12) '不知耳目之所宜也'는 《구의교주》에는 '與不知耳目之所宜同意'로 되어 있다.

을 추구하여 스스로 신념을 지녔던 자들이다. 저들도 또한 죽거나 살거나 변하지 않을 수 있었으니, 하물며 도를 지닌 자의 경우이랴! 관천지(官天地)는, 하늘이 덮어주고 땅이 실어주며, 하늘이 낳고 땅이 이루어주어, 각기 그 직분을 담당할 따름임을 말한다. 부만물(府萬物)은, 맹자가 말한, '만물이 모두 나에게 갖추어져 있다.'라는 뜻이다. 상이목(象耳目)은, 귀와 눈에 적합한 바를 괘념치 않는 것이다. 지(智)는 성(性)에서 얻는 것이니, 그것이 하늘에서 얻는 것이기 때문에 모르는 바가 없다. 마음에 견해가 없는 것을 '죽음(死)'이라고 한다.

■ 陸云 : 夫保始之徵, 如人養勇, 一以無懼爲主而不動心. 故以一士而雄入于九軍, 況守宗正性之人, 能保其始者, 其徵也, 將不能一生死而命物化哉. 人唯執象失心, 故心生于物而死于物. 今一其知之所知, 則心固未嘗死也, 而死生何足以懼之.

육서성 : 대저 시초를 보존해 지키는 증거는, 이를테면, 사람이 용기를 기른다고 치면, 한결같이 '두려움 없기'를 위주로 하여 마음을 동요시키지 않기 때문에 일개 무사로서도 당당하게 구군(九軍)으로 들어가는 것과 같다. 하물며 종주 자리를 지키고 천성을 올바르게 타고난 사람으로서 그 시초를 보존할 수 있는 자라면, 그 징험이, 장차 삶과 죽음을 하나로 보고 만물의 변화를 명령할 수 있지 않겠는가. 사람들이 오직 물상(物象)에 집착하여 마음을 잃기 때문에 마음이 외물에서 생기고 외물에서 죽는다. 지금 그 지혜가 아는 바를 하나로 여겼으니, 마음이 본디 죽은 적이 없다. 죽음과 삶을 어찌 두려워하겠는가.

■ 品節 : 言'能命物之化, 而生死利害不變於己, 與勇士無異.'

진심 : '(올자가) 만물의 변화를 명할 수 있고 삶과 죽음, 이익과 손해가 자기에게 변화를 주지 못하니, 용맹한 무사와 다름이 없다.'는 말이다.

■ 按 : 始, 始初所禀, 卽上文所謂常心, 乃受於天而獨正者. 保, 保守而不失也. 夫保始之所以可徵者, 以其有不懼之實. 勇士求名, 且能不懼而雄入九軍, 而況主張造化而持其橐籥, 涵囿動植而任乎注酌!13) 雖假人貌, 而實一天耳. 彼於其知之所知, 但視其所一, 而不見其所喪, 心不爲之少變, 則其可徵之實, 又如何哉! 心未嘗死, 謂未嘗亡也. 若以喪爲喪, 則心隨而亡而失其所保矣.

박세당 : 시(始)는 맨 처음에 품부받은 바이니, 바로 윗글에 이른바 '상심(常心)'이라는 것으로, 하늘에서 받아서 홀로 순정(純正)한 그것이다. 보(保)는 보호해 지켜서 잃지 않음이다. 대저 시초를 잘 보호해 지키고 있음을 징험할 수 있는 까닭은, 두려워 아니하는 실상이 있기 때문이다. 용맹한 무사가 명예를 추구하는 경우에도 또한 두려워 아니하고 당당하게 구군(九軍)에 들어갈 수 있는데, 하물며 조화(造化)를 주장(主張)해서 그 풀무[橐籥]를 잡고서, 동물과 식물을 모두 감싸 안아 그 조정 역할을 맡은 경우이랴! 비록 사람의 모습을 빌리기는 했지만 사실은 한 하늘일 뿐이다. 저이는 그의 알음이 아는 바에 대해 다만 하나가 되는 바를 볼 뿐이고 그 잃은 바는 보지 않아서 마음이 그 일로 인해 조금도 변하지 않았으니, 그 징험할 만한 실제가 또 어떠한가! 마음이 죽은 적이 없다는 것은, 없어진 적이 없다는 뜻이다. 만약 잃음을 잃음으로 여겼다면, 마음이 따라서 없어져서 그 보존해 지키던 것을 잃었을 것이다.

彼且擇日而登假. 人則從是也, 彼且何肯以物爲事乎!"
저이는 또한 날을 가려서 하늘에 이를 것이다. 사람들이야 저이를 따르겠지만, 저이가 또한 어찌 외물로 일을 삼으려 하겠는가!"

---

13) 《장자》〈제물론(齊物論)〉에서 천부(天府)를 설명하면서, 〈천지(天地)〉에서 대학(大壑)을 설명하면서, "아무리 부어도 가득 차지 않고 아무리 떠내도 마르지 않는다.[注焉而不滿, 酌焉而不竭.]"하였다. 서계(西溪)는 여기에서 이 주작(注酌)을 '조절하다, 운용하다.'의 뜻으로 사용한 듯하다.

■ 呂云 : 其去來容與如此, 人安得不從而最之? 遐, 言去留無礙而升于玄遠之域也.《列子》假讀同遐.14)

여혜경 : 그 가고 옴이 넉넉하기가 이와 같으니, 사람들이 어찌 그를 따라서 그에게 모이지 아니할 수 있겠는가. 하(遐)는 '가거나 머물거나 걸릴 것이 없어서 아득히 먼 곳으로 올라간다.'는 말이다. 《열자(列子)》에 가(假)는 하(遐)와 같게 읽었다.

■ 疑獨云 : 制命在內而不在外, 所以能擇日登假也.

임의독 : 생명을 제어하는 것이 안에 있지 밖에 있지 않다. 그러므로 날을 가려서 멀리 올라갈 수 있다.

■ 林云 : 假, 至也. 物者, 人也. 人自求學於彼, 彼何嘗求以敎人!

임희일 : 격(假)은 이른다[至]의 뜻이다. 물(物)은 사람[人]이다. 사람들이 스스로 저이에게 배우기를 바란 것이지, 저이가 어찌 사람들을 가르치고자 한 적이 있겠는가.

■ 品節 : 應首章從遊之多.15)

진심 : 장(章) 첫머리에 '종유(從遊)하는 자가 많았다.'라고 한 것에 호응한다.

■ 按 : 此言'彼且厭世之混濁, 擇吉日而至帝鄕, 又豈肯以物爲事, 而欲人之從己乎? 特人之樂從於是耳.' 是猶彼, 變其文也.

---

14) '遐, 言去留無礙而升于玄遠之域也. 列子假讀同遐.'는《장자익》에는 없다. 저백수(褚伯秀)의《남화진경의해찬미(南華眞經義海纂微)》에, "登遐, 謂得此道者, 去留無礙, 而昇於玄遠之域也. 續考列子周穆王篇'登假'字, 並讀同遐, 可證."이라 하였는데, 이 글은 저백수의 의견을 적은 글에 들어 있다. 이 구절 바로 앞에 '呂氏以假音遐'가 역시 저백수의 말로 기록되어 있는데, 이 때문에 인용과정에서 착각이 있었던 것으로 보인다.《남화진경의해찬미》는 저백수가《장자》주해자 13명의 주해를 간추려 나열하고 그 뒤에 자신의 의견을 '용재운(庸齋云)'이라 하여 덧붙인 주해서이다.

15) 장(章) 첫머리에 "노(魯)나라에 발뒤꿈치를 잘린 왕태(王駘)라는 사람이 있었는데, 그를 따르는 학생의 숫자가 중니(仲尼)와 서로 비슷했다.[魯有兀者王駘, 從之遊者與仲尼相若.]"하였다.

박세당 : 이것은 '저이는 또한 세상의 혼탁함을 싫어하여 길일을 가려서 상제(上帝)가 있는 곳으로 갈 것이니, 또 어찌 기꺼이 외물로 일을 삼아 사람들로 하여금 자기를 따르도록 하고자 하겠는가? 다만 사람들이 즐거이 저이를 따르는 것일 뿐이다.'라는 말이다. 시(是)는 피(彼)와 같으니, 그 글을 변화시킨 것이다.

2

申徒嘉, 兀者也. 而與鄭子産同師於伯昏無人. 子産謂申徒嘉曰, "我先出則子止, 子先出則我止."

신도가(申徒嘉)는 죄를 지어 발뒤꿈치를 잘린 자[兀者]였다. 그런데도 정자산(鄭子産)과 함께 백혼무인(伯昏無人)을 스승으로 삼았다. 자산이 신도가에게 말하였다. "내가 먼저 나가면 그대는 남게. 그대가 먼저 나가면 내가 남겠네."

- 郭云 : 我出子止, 羞與刖者並行也.

곽상 : 내가 나가면 그대가 남으라는 것은, 뒤꿈치 베인 자와 나란히 나가는 것을 수치로 여긴 것이다.

- 林云 : 欲其相避也.

임희일 : 서로 피하고자 한 것이다.

其明日, 又與合堂同席而坐. 子産謂申徒嘉曰, "我先出則子止, 子先出則我止. 今我將出, 子可以止乎? 其未耶? 且子見執政而不違, 子齊執政乎?"

그 이튿날, 또 더불어 같은 당(堂)에 자리를 함께하여 앉아 있었다. 자산이 신도가에게 말하였다. "내가 먼저 나가면 그대는 남게. 그대가 먼저 나가면 내가 남겠네. 지금 내가 나갈 참인데, 그대는 남겠는가? 그리 아니할 텐가? 그리고 그대는 집정(執政)을 보고도 피하지 않으니, 그대가 집정과 대등한가?"

■ 郭云 : 其明日, 又質而問之, 欲使必不並己也. 子齊執政者, 以執政自多, 謂其不遜也.
곽상 : 그 이튿날 또 따져 물은 까닭은, 반드시 자기와 나란히 행동하지 못하게 하려고 한 것이다. '그대가 집정과 대등한가?'라고 한 것은, 집정의 신분을 스스로 대단하다고 여겨, 그를 불손하다고 한 것이다.

■ 林云 : 違, 避也. 齊, 同也. 執政, 自謂也. 言子與我同出入, 則與執政同矣.
임희일 : 위(違)는 피한다(避)는 뜻이고, 제(齊)는 같다(同)는 뜻이고, 집정(執政)은 자기 자신을 말한다. '그대가 나와 더불어 출입을 함께하면, 집정인 나와 같은 것이다.'라는 말이다.

■ 按 : 子産恥與嘉並, 欲其出入相避. 旣前與之約, 至其將出, 又告之使止, 謂'己爲執政, 嘉不可以不避也.'
박세당 : 자산이 신도가와 나란히 행동하는 것을 수치로 여겨, 출입할 때에 서로 피하고자 하였다. 이미 이전에 그에게 다짐을 하였고, 자기가 장차 나가려는 참에 또 그에게 일러 그를 남아 있게 하면서, '자기가 집정으로 있으니 신도가는 피하지 않아서는 안 된다.'고 한 것이다.

申徒嘉曰, "先生之門, 固有執政焉如此哉? 子而說子之執政, 而後人(見)者也.
신도가가 말하였다. "선생의 문하에 이와 같이 집정이라는 것이 본래 있었던가? 그대 같은 사람도 그대의 집정 벼슬을 흐뭇하게 여기고 그런 뒤에 남들이 보게 되는 자로구나.

■ 郭云 : 言此論德之處, 非計位也, 而說子之執政而後人, 笑其矜說在位, 欲處物先也.

곽상 : '이곳은 덕(德)을 논하는 곳이니 지위를 따지는 데가 아닌데, 집정이라는 그대의 신분을 흐뭇하게 여기며 남을 업신여기는구나.'라는 말이니, '자기가 지위에 있음을 자랑스럽게 여기며 남보다 앞자리에 있고자 함'을 비웃은 것이다.

■ 林云 : 先己而後人, 是貴我而賤物也.

임희일 : 자기를 앞세우고 남을 뒤로 하면, 자기를 귀하게 여기고 상대를 천하게 여기는 것이다.

■ 按 : 焦氏本, 人下加有一見字.16) 蓋謂'自喜其貴然後, 人乃見其貴, 非忘己之貴而使人亦忘其貴者也.' 其義甚備, 正與'先生之門, 固有執政若此哉'者相應, 今當從之.

박세당 : 초횡 판본에는, '인(人)' 아래에 '견(見)'자 하나가 더 있다. 대개 '그 귀함을 스스로 기쁘게 여긴 뒤에 남들이 이에 그 귀함을 보게 되니, 자기의 귀함을 잊고 상대로 하여금 또한 그 귀함을 잊도록 하는 자가 아니다.'라는 말이다. 그 뜻이 아주 잘 갖추어져서, 바로 '선생의 문하에 본디 이와 같이 집정이라는 것이 있었던가.'라는 말과 호응하니, 지금 그것을 따르는 것이 타당하다.

聞之, 曰'鑑明則塵垢不止, 止則不明也.' 久與賢人處則無過. 今子之所取大者, 先生也. 而猶出言若是, 不亦過乎!"

들으니, '거울이 밝으면 티끌이나 때가 앉지 않고, 때가 앉으면 밝지 않다.' 하였다. 오래도록 현인과 함께 지내면 허물이 없어진다. 지금 그대가 큰 도를 취

---

16) 문연각 사고전서 《장자익(莊子翼)》에 '人者'가 '人見者'로 되어 있다.

하는 대상이 선생님이시다. 그런데도 오히려 말을 하는 것이 이러하니, 또한 잘못이 아닌가."

■ 郭云 : 言'其事明師, 而鄙吝之心猶未去, 乃眞過也.'
곽상 : '밝은 스승을 섬기면서도 비루하고 인색한 마음이 아직도 제거되지 않았으니, 그것이 바로 진짜 허물이다.'라는 말이다.
■ 林云 : 取者, 求也. 言'子學於先生, 將求以廣其見識, 乃淺狹如此乎!'
임희일 : 취(取)한다는 것은 추구한다는 뜻이다. '그대가 선생에게 배우는 것은 장차 그 식견을 넓히기 위함인데, 그런데도 얕고 좁기가 이와 같단 말인가!'라는 말이다.

子産曰, "子旣若是矣, 猶與堯爭善. 計子之德, 不足以自反耶?"
자산이 말하였다. "그대가 이미 그렇게 말했으니, 오히려 요(堯)임금과 선(善)을 다투는 것이다. 그대의 덕(德)을 헤아려 보건대, 자신에게 돌이켜볼 만하지 아니한가?"

■ 郭云 : 若是, 形殘也. 言不自顧省而輕蔑在位, 與有德者並計子之德, 故不足以補形殘之過.
곽상 : 이와 같다(若是)는 것은 형체가 손상되었음을 뜻한다. '자신을 돌아보고 반성하지 않고, 지위에 있는 이를 경멸하고 덕을 지닌 이와 나란히 그대의 덕을 헤아리니, 몸이 손상된 허물을 보완하기에 충분하지 않다.'는 말이다.
■ 林云 : 子旣兀矣, 縱能爲善, 得如堯乎! 言其不自量也.
임희일 : '그대는 이미 죄를 지어 뒤꿈치를 잘린 자이다. 비록 선을 행할 수

있더라도 요임금과 같을 수 있겠는가!'라는 말이다. 자반(自反) 운운은 '자신을 헤아릴 줄 모른다.'는 말이다.

■ 按 : 嘉意, 蓋若自重其德而輕子産之位者, 故子産以爲'子之所言, 旣若是矣, 則是自比於賢聖. 量子之德, 豈能及是? 子胡不反己自省乎!' 微有以譏嘉之不能謹身而犯刑戮也.

박세당 : 신도가의 의중이 대개 스스로 자기의 덕을 중시하고 자산의 지위를 경시하는 듯한 것이었기 때문에, 자산이 '그대의 말이 이미 이러하니, 이는 스스로를 현성(賢聖)에 견준 것이다. 그대의 덕을 헤아려 보건대, 어찌 이 경지에 미칠 수 있겠는가? 그대는 어찌 자기에게 돌이켜 스스로 반성하지 않는가?'라고 하였으니, 몸을 삼가지 못하여 형륙의 법에 저촉된 신도가를 은근히 기롱한 것이다.

申徒嘉曰, "自狀其過, 以不當亡者衆, 不狀其過, 以不當存者寡. 知不可奈何而安之若命, 惟有德者能之.

신도가가 말하였다. "스스로 자기의 허물을 변명하여, 발꿈치가 없어진 것이 부당하다고 하는 자는 많고, 자기의 허물을 변명하지 않고, 발꿈치가 그대로 있는 것이 부당하다고 하는 자는 적다. 어찌할 수 없다는 것을 알아서 그것을 편안히 운명처럼 여기는 것은 오직 덕을 지닌 자라야 그렇게 할 수 있다.

■ 郭云 : 自陳其過, 以己爲不當亡者衆, 默然知過, 自以爲應死者少也.

곽상 : 스스로 자기의 허물을 변명하여, 자기가 죽으면 부당하다고 하는 자는 많고, 묵묵히 허물을 알고, 죽어 마땅하다고 스스로 여기는 자는 적다.

■ 林云 : 狀, 述也. 聲述其過, 以爲足不當亡者, 衆人皆然. 唯有德者知事事有命, 豈人之所能奈何哉!

임희일 : 상(狀)은 진술함[述]이다. 자기의 허물을 말로 진술하면서, '발이 없어진 것은 부당하다.'고 하는 자는, 많은 일반 사람들이 모두 그러하다. 오직 덕을 지닌 자라야 일마다 천명이 있음을 안다. 어찌 사람이 어찌할 수 있는 바이겠는가.

■ 褚云 : 申徒安命而忘兀, 德充於內者, 無戚於外也. 子産矜位而鄙兀, 心徇乎外者, 不明乎內也. 不當亡・不當存, 此蓋論足之存亡, 言人之處兀, 知己過而安之者少, 有幸不幸, 一歸之於命耳.

저백수 : 신도가는 천명을 편안히 여기고 뒤꿈치 없음을 잊었으니, 덕이 안에 가득 차 있는 자는 외형에 대해 슬퍼함이 없다. 자산은 지위를 뽐내며 올자를 비루하게 여겼으니, 마음이 외형을 따르는 자는 안이 밝지 못하다. 없는 것이 부당하다느니 있는 것이 부당하다느니 한 것은, 여기서는 대개 발의 보존과 잃음을 논하여, '사람이 올자가 되었을 때에, 자기 허물을 알고 편안히 여기는 자가 적다. (그러나) 행운과 불행이 있음을 한결같이 천명으로 돌려야 할 뿐이다.'라고 한 것이다.

■ 品節 : 不當亡者, 不自知其過, 不能悔過之人也. 不當存者, 悔過遷善之人也. 安之若命者, 上智之人, 知命而忘物者也.

진심 : 없어진 것이 부당하다고 하는 자는 스스로 자기의 허물을 알지 못하니, 허물을 뉘우칠 줄 모르는 사람이다. 보존되어 있는 것이 부당하다고 하는 자는 허물을 뉘우치고 선행을 하는 쪽으로 옮겨갈 사람이다. 편안히 여겨 마치 천명처럼 여기는 자는 상지(上智)의 사람으로서 천명을 알고 물상을 잊은 자이다.

■ 按 : 狀, 文飾也. 此言 '文飾己過, 必以己所爲爲本善, 謂己未有可亡之事者多, 不自文飾己過, 能以己所爲爲不善, 謂己未得可存之理者少也.'

박세당 : 상(狀)은 문식(文飾)함이다. 이 단락은, '자기 허물을 문식하여, 반드시 자기 소행을 본래 선하다고 하여, 자기에게는 뒤꿈치가 잘릴 만한 일이 없다고 하는 자가 많고, 자기의 허물을 스스로 문식하지 않고, 자기의 소행을 불선하다고 여길 줄을 알아서, 자기에게는 뒤꿈치를 보존할 만한 이치가 없다고 하는 자가 적다.'는 말이다.

游於羿之彀中, 中央者, 中地也. 然而不中者, 命也. 人以其全足笑吾不全足者衆矣. 我怫然而怒. 而適先生之所, 則廢然而反. 不知先生之洗我以善耶?
예(羿)의 화살이 미치는 곳에서 노닐면, 중앙은 명중하는 자리이다. 그런데도 맞지 않는 것은 운명이다. 사람들 가운데 자기 발이 온전하다고 해서 나의 온전치 못한 발을 보고 비웃는 자가 많다. 나는 얼굴이 붉어질 정도로 화가 난다. 그런데 선생님이 계시는 곳에 가면 화를 냈던 마음이 완전히 가라앉아서 돌아온다. 모르겠다만, 선생님께서 나를 선(善)으로 씻어주신 것일까?

■ 郭云 : 羿, 古之善射者. 弓矢所及, 爲彀中.17) 夫利害相攻, 則天下皆羿也. 自不遺身忘知者, 皆游於羿之彀中耳. 未免於中地, 則中與不中, 唯在命耳, 而區區者各有其所遇, 而不知命. 免乎弓矢之害, 自以爲巧, 欣然多己. 及至不免則自恨其謬, 而志傷神辱. 斯未能達命之情, 而橫生休戚乎其中. 以全笑不全者, 皆不知命, 而怫然而怒者, 斯又未知命也. 見至人之知命遺形, 故廢向者之怒, 不知先生洗我以善道故耶, 我爲能自反耶? 斯自忘形而遺累也.
곽상 : 예(羿)는 옛날 활을 잘 쏘던 사람이다. 화살이 도달할 수 있는 곳이 구

---

17) '彀'는 대본에 '殼'로 되어 있으나 문리로 보아 '彀'가 타당하므로 고쳤다.

중(彀中)이다. 대저 이익과 손해가 서로를 공격하니, 천하가 모두 예(羿)이다. 스스로 몸을 버리지 못하고 지식을 잊지 못하는 자는 모두 예의 화살이 명중하는 곳에서 노니는 것이다. 화살이 명중하는 영역을 벗어날 수 없고 보면, 명중을 당하거나 아니거나 오직 운명에 달렸을 뿐인데, 하찮은 인간들은 각기 그 마주치는 상황이 운명인 줄을 모른다. 화살의 재앙을 벗어나면 스스로 용하다고 여겨서 흐뭇해하면서 자신을 자부하다가, 면치 못하게 되어서는 스스로 그것이 잘못된 일이라고 유감을 품어서 의지가 손상되고 정신이 치욕스러워한다. 이는 운명의 실정을 제대로 알지 못하고서 그 운명 안에서 멋대로 기뻐하기도 하고 슬퍼하기도 하는 것이다. 자기가 온전하다고 해서 온전치 못한 나를 비웃는 것은 모두 운명을 알지 못하는 것인데, (운명을 모른다고 해서) 발끈 성을 내는 것은 이 또한 운명을 모르는 것이다. 운명을 알고 형체를 도외시하는 지인(至人)을 만났기 때문에 이전의 노여움을 없앴다. 선생님이 나를 선도(善道)로 씻어주셨기 때문인지, 내가 스스로 돌이킬 수 있어서였는지 몰랐으니, 이는 스스로 외형을 잊고 얽매임을 벗은 것이다.

■ 林云 : 彀中者, 張弓而射, 箭端所直之地. 善射莫如羿, 彀中乃其必中之地, 喩世之危如此. 幸而不中者, 命也. 廢然, 自失之意. 一見先生而歸, 皆失其所以怒矣. 洗, 言'以善道告我, 如洗滌我也.'

임희일 : 구중(彀中)이란 활을 당겨 쏠 때에 화살 끝이 날아가서 닿는 목적지이다. 활쏘기를 잘 하기로는 예(羿)만한 이가 없으니, 구중은 곧 반드시 명중하는 지역이다. 이것으로 세상살이의 위태함이 이와 같음을 깨우쳐주었다. 다행히 명중당하지 않은 것은 운명이다. 폐연(廢然)은 저절로 없어졌다는 뜻이다. 선생을 한 번 만나고 돌아오면, 왜 화를 냈었는지를 모두 잊는다는 말이다. 세(洗)는, '선도(善道)를 나에게 일러준 것이 마치 나를 씻어준 것과 같다.'는 말이다.

■ 褚云 : 游羿彀中, 莫非中地, 設有不中, 幸耳. 人處世間, 莫非憂患, 苟得免患, 亦幸耳. 而人因以其幸笑吾之不幸. 我猶有怒, 未忘己也. 廢然 而反, 己亦忘矣. 不知先生洗我以善耶, 吾之自悟耶? 則彼己俱忘, 物我 交化, 何喜怒之可動, 形骸之可索哉!

저백수 : 예(羿)의 화살이 닿는 곳에 노닐면 명중하는 곳이 아닌 데가 없으니, 설령 명중하지 않았더라도 그것은 요행의 결과일 뿐이다. 사람이 세상에서 살아가자면 우환이 아닌 것이 없으니, 어쩌다 우환을 면했더라도 또한 요행의 결과일 뿐이다. 그런데도 사람들은 그것을 인하여, 자기의 요행으로 나의 불행을 비웃는다. 내가 아직도 노여워하는 것은 나 자신을 잊지 못한 것이고, 다 잊고 돌아온 것은 나 자신까지도 잊은 것이다. 선생님이 나를 선(善)으로써 씻어주신 것인지, 내가 스스로 깨달은 것인지 모르겠다. 그렇다면, 저이와 나를 다 잊었고, 외물과 내가 함께 변화한 것이니, 무슨 기쁨이니 노여움이니 하는 것이 일어나겠으며, 무슨 형해(形骸)를 찾겠는가.

■ 品節 : 羿, 命中之人, 幸而不中, 眞是命也. 幸亦命, 不幸亦命. 人以幸而全, 我以不幸而不全, 有命存焉, 奈何其相笑哉!

진심 : 예(羿)는 명중시키는 사람이니, 요행히 명중당하지 않았다면 참으로 이것은 운명이다. 다행도 운명이고 불행도 운명이다. 다른 사람들은 다행히 온전하고 나는 불행하여 온전치 못하니, 운명이 있는 것인데, 어찌 상대를 비웃는단 말인가!

■ 按 : 適先生之所, 廢然而反, 是不言之敎也.

박세당 : 선생님이 계신 곳에 갔다가 완전히 가라앉히고 돌아오는 것, 이것이 말없는 가르침이다.

吾與夫子遊十九年矣, 而未嘗知吾兀者也. 今子與我遊於形骸之內, 而子索 我於形骸之外, 不亦過乎!" 子産蹵然改容更貌曰, "子無乃稱!"

내가 선생님을 따라 노닌 지가 19년이 되었는데도 내가 뒤꿈치 잘린 자[兀者]인 줄을 의식해본 적이 없다. 지금 그대와 나는 육신의 내면에서 노니는데, 그대는 육신의 겉모습에서 나를 찾고 있으니, 또한 잘못이 아니겠는가!" 자산이 부끄러워하며 용모를 바꾸고 말하였다. "그대는 말하지 말게!"

■ 郭云 : 未嘗知兀, 忘形故也. 形骸, 外矣, 其德, 內也. 今子與我德游耳. 非與我形交, 而索我外好, 豈不過哉! 子無乃稱, 已悟則厭其多言也.

곽상 : 일찍이 올자로 인식한 적이 없는 것은 형체를 잊었기 때문이다. 형해(形骸)는 외면이고 그 덕(德)이 내면이다. 지금 그대는 나와 덕으로 교유하는 것일 뿐이다. 나와 외형으로 사귀는 것이 아닌데도, 나에게서 좋은 외형을 찾으니, 어찌 잘못이 아니랴! '그대는 말하지 말게.'라는 것은, 이미 깨닫고 나면 말이 많음을 싫어하는 것이다.

■ 焦云 : 言我已知, 不必更言也.

초횡 : '내가 이미 알았으니, 다시 말할 필요가 없다.'는 말이다.

■ 品節 : 蓋服善之辭. 18)

진심 : 대개 (상대의) 선(善)에 감복한다는 뜻으로 쓰는 말이다.

3

魯有兀者叔山無趾, 踵見仲尼. 仲尼曰, "子不謹, 前旣犯患若是矣. 雖今來, 何及矣!"

---

18) '辭'는 《장자품절》에는 '詞'로 되어 있다.

노(魯)나라에 발뒤꿈치가 잘린 숙산무지(叔山無趾)라는 자가 있었다. 자기 발로 중니를 찾아갔다. 중니가 말하였다. "그대는 삼가지 못하여, 전에 이미 죄를 지은 것이 이와 같으니, 비록 지금 나에게 온들 어찌할 수 있겠는가!"

■ 郭云 : 踵, 頻也.
곽상 : 종(踵)은 자주(頻)라는 뜻이다.
■ 林云 : 踵見, 繼見也.
임희일 : 종견(踵見)은 잇달아 만났다는 뜻이다.
■ 按 : 踵, 踵門也, 猶'許行踵門而告'.19) 下言'胡不入'則知非頻見者.
박세당 : 종(踵)은 종문(踵門)이라는 뜻이니, '허행이 걸어서 문 앞에 이르러 고하기를……'의 종(踵)과 같다. 아래에 '어서 들어오십시오.'라고 말했으니, 자주 만나는 자가 아님을 알 수 있다.

無趾曰, "吾惟不知務而輕用吾身, 吾是以亡足. 今吾來也, 猶有尊足者存, 吾是以務全之也.
무지가 말하였다. "제가 무엇을 힘써야 할지 모르고서 제 몸을 가볍게 써서, 제가 그래서 발 하나를 잃었습니다. 지금 제가 온 것은, 그래도 발보다 중요한 것이 남아 있어서, 제가 그래서 그것을 온전하게 하는 데에 힘쓰고자 해서입니다.

■ 郭云 : 尊足者存, 言刖一足, 未足以虧其德.

---

19) 《맹자》〈등문공(滕文公) 상(上)〉에, "신농(神農)의 말을 실천하는 허행(許行)이라는 자가 초(楚)나라에서 등(滕)나라로 와서, 걸어서 도성 문 앞에 이르러 문공에게 고하기를……[有爲神農之言者許行, 自楚之滕, 踵門而告文公曰……]." 하였다.

곽상 : '발보다 높은 것이 남아 있다.'는 것은 '한쪽 발뒤꿈치가 잘렸어도 그 덕을 훼손하지 못한다.'는 말이다.

■ 林云 : 不知務, 猶言不曉事也. 尊足者, 性也, 所貴者, 不在形骸也.
임희일 : '무엇을 힘써야 할지를 몰랐다.'는 것은 '일을 제대로 몰랐다.'고 말하는 것과 같다. 발보다 높은 것은 성(性)이고, 귀하게 여길 바는 형해(形骸)에 있지 않다.

■ 陸云 : 知有尊足者存, 故求以全之. 尊足者全, 則視棄其足猶棄土耳.
육서성 : 발보다 높은 것이 남아 있음을 알기에, 그것을 온전하게 보존하기를 추구한다. 발보다 높은 것이 온전하면, 그 발을 버리는 것을 마치 흙덩이를 버리는 것과 같게 볼 뿐이다.

■ 按 : 此言 '全生者, 乃吾所當務, 而唯不知, 故輕用吾身. 今吾所以來者, 以吾足雖已亡, 而其尊於足者, 猶幸不亡, 是以求欲全之也.' 求全其心德者, 蓋悔其前之不知務以至於亡足也.
박세당 : 이는 '생명을 온전하게 하는 것이 바로 내가 마땅히 힘써야 할 일이었는데 다만 그것을 알지 못하였기 때문에 제 몸을 가볍게 썼습니다. 지금 제가 온 까닭은, 제 발이 비록 이미 뒤꿈치가 잘렸지만, 발보다 중요한 것이 아직 다행히도 없어지지 않아서, 그것을 온전하게 보존하고자 하기 때문입니다.'라는 말이다. 그 마음의 덕을 온전하게 하고자 함은, 대개 자기가 이전에 무엇을 힘써야 할지를 몰라서 발뒤꿈치를 잘리는 지경에 이르게 된 것을 후회하는 것이다.

夫天無不覆, 地無不載. 吾以夫子爲天地, 安知夫子之猶若是也!"
하늘은 모든 것을 덮어주고 땅은 모든 것을 실어줍니다. 저는 선생님을 하늘과 땅이라고 여겼습니다. 선생님도 도리어 이와 같으실 줄을 어찌 알았겠습니까!"

■ 按 : 此言'天地覆載於物, 善惡無不曲成. 吾以夫子同乎天地, 故從夫子而求全其所欲全者. 豈知夫子之拒我, 其德之不廣若是哉!'

박세당 : 이는 '하늘과 땅이 만물을 덮어주고 실어줌에 선인이든 악인이든 자상하게 이루어주지 아니함이 없습니다. 제가 선생님을 천지와 같다고 여기기 때문에 선생님께 와서 제가 온전하게 하고 싶은 것을 온전하게 보전할 수 있기를 바라는 것입니다. 선생님께서 저를 거절하실 줄을, 선생님의 덕이 넓지 못하기가 이러할 줄을 어찌 알았겠습니까.'라는 말이다.

孔子曰, "丘則陋矣. 夫子胡不入乎? 請講以所聞!" 無趾出, 孔子曰, "弟子勉之! 夫無趾, 兀者也, 猶務學以復補前行之惡, 而況全德之人乎!"

공자가 말하였다. "내가 못난 생각을 했습니다. 선생께서는 어서 들어오십시오. 들은 바를 설명하겠습니다." 무지가 나가자, 공자가 말하였다. "얘들아! 힘쓰도록 해라! 저 무지는 뒤꿈치를 잘린 자인데도 배움에 힘써서 다시 이전 행실의 허물을 보완하고자 하는데, 하물며 덕이 온전한 사람이랴!"

■ 按 : 言'兀者猶知務學求補前愆, 則學爲可貴而人之所當勉者.'

박세당 : '올자도 오히려 배움에 힘써서 이전의 허물을 보완하고자 할 줄을 아니, 배움이라는 것은 귀히 여길 만하고 사람이 마땅히 힘써야 할 바이다.'라는 말이다.

無趾語老聃曰, "孔丘之於至人, 其未耶? 彼何賓賓以學子爲? 彼且蘄以諔詭幻怪之名聞, 不知至人之以是爲己桎梏耶?"

무지(無趾)가 노담(老聃)에게 말하였다. "공구(孔丘)는 지인(至人)에는 아직 이르지 못하였습니까? 저이는 어찌 저렇게 외형에 치중하며 학생들을 가르칠까요? 저이는 또한 허황된 이름이 세상에 알려지기를 바라니, 저이는 지인이 이런 것들을 자기의 질곡(桎梏)이라 여긴다는 사실을 모르는 것입니까?"

■ 郭云 : 自得者, 率其常然者也. 舍己而逐物者, 求乎非常之名者也. 學者, 非爲幻怪也, 幻怪之生, 必由於學. 故以爲桎梏也.

곽상 : 자득하는 자는 그 상연(常然)을 따르고, 자기를 버리고 외물을 쫓는 자는 비상(非常)의 명성을 추구하는 자이다. 배움이란 환괴(幻怪)한 짓을 익히려고 하는 것이 아니지만, 환괴가 생기는 것은 반드시 배움을 말미암는다. 그러므로 질곡이라고 여긴다.

■ 林云 : 賓賓, 恭敬貌. 桎梏者, 名爲己之累也.

임희일 : 빈빈(賓賓)은 공경하는 모양이다. 질곡(桎梏)이라는 것은, 명성은 자기를 얽어매는 것이라는 말이다.

■ 陸云 : 汲汲焉求以善名聞于世, 而不知至人方以是爲己之桎梏. 蓋自縛之耳.

육서성 : 허둥지둥 좋은 이름으로 세상에 소문나기를 추구하면서, 지인이 이것을 자기의 질곡이라 여긴다는 사실을 알지 못한다. 대개 스스로 얽어매는 것이다.

■ 按 : 賓賓, 務外徇人之貌. 以學子爲者, 言聚徒講學也. 舊云學于老子者, 非是. 徇人好名, 是猶以桎梏自困也.

박세당 : 빈빈(賓賓)은 외형에 힘쓰고 타인의 평가에 연연하는 모양이다. 이학자위(以學子爲)라는 것은 학생을 모아서 학문을 강습한다는 말이다. 이전의 해석에 '노자(老子)에게 배웠다.'라고 한 것은 옳지 않다. 타인의 평가에 연연하고 명성을 좋아하니, 이는 질곡을 자신에게 채운 것과 같다.

老聃曰, "胡不直使彼以死生爲一條, 以可不可爲一貫者? 解其桎梏, 其可乎?" 無趾曰, "天刑之, 安可解!"

노담이 말하였다. "다만 그로 하여금 죽음과 삶을 동일한 가지로 여기고 가(可)와 불가(不可)를 동일한 꿰미로 여기게 하면 되는데, 그렇게 해 볼까요? 그러면 그의 질곡을 풀어주는 것이 어쩌면 가능하겠지요?" 무지가 말하였다. "하늘이 그에게 벌을 내렸으니, 어찌 풀어줄 수 있겠습니까!"

■ 郭云: 解其桎梏, 欲以直理冥之. 安可解者, 終不免乎名, 則孰能解之哉! 故名者, 影響也, 形聲之桎梏也. 明斯理也, 則名迹可遺, 而性命可全矣.

곽상 : 그 질곡을 풀어주자는 것은, 곧은 이치로써 그를 고요하게 해주고자 하는 것이다. 어찌 풀어줄 수 있겠느냐는 것은, 끝내 명성에서 벗어날 수 없으니 누가 풀어줄 수 있겠느냐는 뜻이다. 그러므로 명성이라는 것은 그림자와 메아리와 같은 것이니 (그림자와 메아리는) 형체와 소리의 질곡이다. 이 이치를 잘 알면, 명성의 자취를 버릴 수 있어서 성명(性命)을 온전하게 할 수가 있다.

■ 林云: 天刑之, 猶天罰之, 不與之以道也.

임희일 : 천형지(天刑之)는 '하늘이 그에게 벌을 내렸다.'는 말과 같으니, 그에게 도(道)를 주지 않았다는 말이다.

■ 陸云: 欲解桎梏, 必反而還之于一, 以死生爲一條, 以可不可爲一貫然後可耳. 解粘去縛, 莫要于此. 但天刑之人, 懸而不解耳. 天刑, 甚絶之之辭也.[20]

육서성 : 질곡을 풀고자 하면 반드시 돌이켜 하나로 돌아가서, 죽음과 삶을

---

20) '辭'는 《장자익》에는 '詞'로 되어 있다.

하나의 가지로 보고 가(可)와 불가(不可)를 하나의 꿰미로 본 뒤라야 가능하다. 집착을 풀고 속박을 제거하는 일은 이것보다 중요한 것이 없다. 다만 하늘의 형벌을 받은 사람은 거꾸로 매달려서 풀지 못할 뿐이다. 하늘의 형벌이라는 말은, 완전히 끊어버리는 말이다.

4

魯哀公問於仲尼曰, "衛有惡人焉, 曰哀駘它. 丈夫與之處者, 思而不能去也. 婦人見之, 請於父母曰'與爲人妻, 寧爲夫子妾'者, 十數而未止也.21) 未嘗有聞其唱者也, 常和人而已矣.

노(魯)나라 애공(哀公)이 중니(仲尼)에게 물었다. "위(衛)나라에 추하게 생긴 사람이 있는데, 이름이 애태타(哀駘它)입니다. 장부(丈夫)로서 그와 함께 지내는 자는 사모하여 떠나지를 못하고, 부인(婦人)으로서 그를 본 자는 자기 부모에게 말하기를, '타인의 처(妻)가 되느니 차라리 선생의 첩(妾)이 되겠습니다.'라고 하는 자들이 수십 명인데도 계속 나오고 있습니다. 그가 앞장서서 창도하는 것을 들은 적이 없습니다. 항상 남과 조화롭게 지낼 뿐입니다.

■ 李氏頤云 : 哀駘, 醜貌. 它, 其名.
이이(李頤) : 애태(哀駘)는 추(醜)한 모습이고, 타(它)는 그의 이름이다.
■ 按 : 與爲人妻, 焦氏本作'與人爲妻'.
박세당 : '여위인처(與爲人妻)'는 초횡(焦竑)의 판본에는 '여인위처(與人爲妻)'로 되어 있다.

---

21) '十數'는 《구의교주》에는 '數十'으로 되어 있다.

無君人之位以濟乎人之死, 無聚祿以望人之腹, 又以惡駭天下. 和而不唱, 知不出乎四域. 且而雌雄合乎前. 是必有異乎人者也.

사람들의 죽음을 구제해줄 군주의 지위도 없고, 사람들의 배를 채워줄 많은 재산도 없으며, 또한 추한 모습으로 천하를 놀라게 합니다. 화응만 하고 먼저 창도하지 않으며, 지식도 사역(四域)을 벗어나지 않습니다. 그런데도 암컷과 수컷들이 앞에 모여듭니다. 이는 필시 남들과는 다른 특이함이 있는 것입니다.

■ 郭云:無君位, 明不由權勢而往也. 無聚祿, 非求食而往也. 以惡駭, 不以形美故往也. 和而不唱者, 非招而致之也. 知不出乎四域者, 不役思於分外也. 雌雄合乎前者, 與物無害故也.

곽상:군주의 지위가 없다(無君位)는 것은 (외물이) 권세를 따라 그에게 간 것이 아님을 밝힌 것이고, 재물을 모은 것이 없다(無聚祿)는 것은 먹을 것을 구하러 간 것이 아님을 밝힌 것이다. 추한 모습으로 놀라게 하였다(以惡駭)는 것은 외모가 아름답기 때문에 간 것이 아님을 말한다. 화응만 하지 먼저 창도하지 않는다(和而不唱)는 것은 불러서 오게 하는 것이 아님을 말한다. 지혜가 사역을 벗어나지 않는다(知不出乎四域)는 것은 분수를 벗어나는 생각을 하지 아니함을 말한다. 암컷과 수컷이 앞에 모여든다(雌雄合乎前)는 것은 만물에 피해를 주지 아니하기 때문이다.

■ 林云:君位, 貴也. 聚祿, 富也. 望, 飽也. 月盈曰望. 不唱, 言其無所作爲也. 不出四域, 言其所知, 非出於世外也. 雌雄合乎前, 言與物狎也.

임희일:군주의 지위는 귀함이고 재물을 모음은 부유함이다. 망(望)은 배부름이다. 달이 가득찬 것을 망(望)이라 한다. 창도하지 아니한다(不唱)는 것은 작위(作爲)함이 없음을 말한다. 사역을 나가지 않았다(不出四域)는 것은 '그가

아는 바가 세상 밖으로 벗어나지 않았음'을 말한다. 암컷과 수컷이 앞에 모여
들었다[雌雄合乎前]는 것은 '만물과 더불어 아주 가까웠음'을 말한다.

■ 褚云:雌雄之義, 或以爲禽獸者, 本於《列子》'雌雄在前, 孳尾成
羣'之說.22) 竊考'丈夫與之處, 婦人願爲妾'之語, 則雌雄合乎前, 言
丈夫·婦人歸之者衆也.

저백수 : 자웅(雌雄)의 뜻을 혹 '금수(禽獸)'라고 하는 것은 《열자》의 '자웅이
앞에 모여 교미하고 새끼쳐서 무리를 이루었다.[雌雄在前, 孳尾成羣.]'는 말에 뿌
리를 둔 것이다. 삼가 '장부가 더불어 지낸다.'든지 '부인이 첩이 되기를 원한
다.'는 말을 상고해보니, 자웅합호전(雌雄合乎前)은 그에게로 모여드는 장부와
부인이 많다는 말이다.

■ 焦云:和而不唱, 不見其能首事也. 不出四域, 不見其有遠略也.
祿位才貌, 擧皆無之, 而致雌雄交歸焉, 非使物保而物自保之也.

초횡 : 화응만 하고 창도하지 않았다는 것은 일을 앞장서서 할 수 있음을 드
러내지 않은 것이다. 사역을 벗어나지 않았다는 것은 원대한 전략이 있음을
드러내지 아니한 것이다. 재산, 지위, 재능, 외모가 모두 없는데도 암수[雌雄]
가 서로들 그에게로 모여드니, 만물을 시켜 보전하게 한 것이 아니라 만물이
스스로 그를 보전한 것이다.

■ 按:且而, 猶言然而.

박세당 : '차이(且而)'는 '그러한데도[然而]'라는 말과 같다.

寡人召而觀之, 果以惡駭天下. 與寡人處, 不至以月數, 而寡人有意乎其爲
人也. 不至乎朞年, 而寡人信之. 國無宰, 寡人傳國焉. 悶然而後應, 汜而若

---

22) 《列子》〈황제편(黃帝篇)〉에 나온다.

辭. 寡人醜乎, 卒授之國. 無幾何也, 去寡人而行, 寡人卹焉若有亡也, 若無與樂是國也. 是何人者也?"

과인이 불러서 살펴보았더니, 과연 추한 모습이 천하를 놀라게 할 만하였습니다. 과인과 함께 지낸 지 한 달도 되지 않아 과인이 그 사람됨에 마음을 두었고, 한 해가 되기도 전에 과인이 그를 믿었습니다. 나라에 재상이 없어서 과인이 그에게 국정을 전해주었습니다. 마뜩찮게 여기는 듯한 뒤에 반응하였는데 무관심한 듯이 마치 사양하는 것과 같았습니다. 과인은 부끄러웠지만, 결국 그에게 국정을 맡겼습니다. 그런데 얼마 안 되어 과인을 버리고 떠났습니다. 과인은 마치 무언가를 잃은 것처럼 근심이 되고, 이 나라를 즐거이 함께 다스릴 자가 없는 것 같았습니다. 이 사람은 어떠한 사람입니까?"

■ 郭云 : 悶然而後應者, 寵辱不足以驚其神也.
곽상 : 민망해 한 뒤에 반응했다는 것은, 총애와 치욕이 그 정신을 놀라게 할 수 없음을 말한다.

■ 林云 : 悶然, 無意而答之意. 汜, 無係着之意. 醜者, 愧也. 授之國, 授以國政也.
임희일 : 민연(悶然)은 대수롭지 않게 대답했다는 뜻이다. 사(汜)는 매여서 집착함이 없다는 뜻이다. 추(醜)라는 것은 부끄러워함이다. 수지국(授之國)은 국정을 맡겼다는 뜻이다.

■ 焦云 : 是何人也, 疑其所以動人者何在.
초횡 : 시하인야(是何人也)는 '어떻게 사람들을 감동시켰는지 궁금하다.'는 말이다.

■ 按 : 有意, 心悅之之辭. 傳國, 亦謂授以政也. 悶然, 顰蹙不得已之貌. 醜者, 自慙其陋也. 卹者, 心有所憂也.
박세당 : 유의(有意)는 마음으로 흐뭇하게 여김을 표현한 말이다. 전국(傳國)도

또한 정사(政事)를 준다는 말이다. 민연(悶然)은 얼굴을 찡그리며 마지못해서 하는 모습이다. 추(醜)라는 것은 스스로 자기가 못난 것을 부끄러워함이다. 휼(卹)이라는 것은 마음에 근심하는 바가 있음이다.

仲尼曰, "丘也嘗使於楚矣, 適見㹠子食於其死母者, 少焉眴若, 皆棄之而走. 不見己焉爾, 不得類焉爾. 所愛其母者, 非愛其形也, 愛使其形者也.
중니가 말하였다. "내가 일찍이 초(楚)나라에 사신으로 간 적이 있는데, 가는 길에 마침 이런 광경을 보았습니다. 새끼돼지들이 그 죽어가는 어미에게서 젖을 빨고 있었습니다. 조금 있다가 어미가 눈을 감으니, 모두들 어미를 버리고 도망갔습니다. 자기들이 사랑했던 것을 볼 수 없었고 어미와 흡사함을 느낄 수 없었기 때문입니다. 그 어미를 사랑한 것은, 그 형체를 사랑한 것이 아니라, 그 형체를 부리는 자를 사랑한 것입니다.

■ 郭云 : 食, 食乳也. 生者以才德爲類, 死而才德去矣, 故失類而走. 情類苟亡, 則雖形同母子而不足以固其志矣. 使其形者, 才德是也.
곽상 : 식(食)은 젖을 먹는다는 뜻이다. 살아 있는 자는 재능과 덕으로 동질성을 삼는데, 죽어서 재능과 덕이 없어졌으므로 동질성을 잃고 도망간 것이다. 감정의 동질성이 없어져버리면, 비록 형체로는 어미와 새끼의 관계가 동일하더라도 그 뜻을 견고하게 할 수가 없다. 그 형체를 부리는 것은 재능과 덕이 이것이다.
■ 林云 : 言愛惡不在於形骸之美惡也. 不得類者, 不似始者也. 眴, 亦作瞬.[23]
임희일 : '사랑함과 미워함이 형체가 아름다우냐 추하냐에 달려 있는 것이 아

---

[23] '眴亦作瞬'은 《구의교주》에는 없고, 육덕명(陸德明)의 《장자음의》에 '又作瞬'이라 하였다.

니다.'라는 말이다. 부득류(不得類)라는 것은 처음과 같지 아니한 것이다. 순(眴)은 또한 순(瞬)으로 쓰기도 한다.

■ 焦云 : 言'形不足愛, 而使其形者可愛也.'

초횡 : '형체는 사랑할 만하지 못하고 그 형체를 부리는 것이 사랑할 만한 대상이다.'라는 말이다.

■ 品節 : 不見母生時之身耳, 不類生時之形耳. 故形似矣而君形不在焉, 不能使之愛也. 愛使其形者, 愛其形之神也.

진심 : 어미가 살았을 때의 몸을 볼 수 없고 살았을 때의 형체를 닮지 않았기 때문일 뿐이다. 그러므로 형체가 흡사하더라도 형체를 부리는 주군이 그곳에 있지 않으면 사랑하도록 하지 못한다. 그 형체를 부리는 자를 사랑한다는 것은 그 형체의 정신을 사랑한다는 뜻이다.

■ 按 : 眴, 瞑也. 言'㹠子食乳於其將死之母, 俄而已死而目瞑, 則子皆棄走. 如此者, 非無其母之形, 但不見己之所以愛, 不得似於其母者故耳. 已焉而母之者, 生之德, 而今亡之矣.' 林氏以眴爲子驚之貌, 未是.

박세당 : 현(眴)은 눈을 감는다[瞑]는 뜻이다. '새끼돼지가 그 죽어가는 어미에게서 젖을 빨아먹다가, 조금 뒤에 어미가 죽어서 눈을 감으니, 새끼들이 모두 버리고 도망갔다. 이러한 것은, 그 어미의 형체가 없어서가 아니라, 다만 자기들이 사랑할 이유가 되었던 것을 볼 수 없었고 그 어미와 흡사함을 느낄 수 없었기 때문일 뿐이다. 앞에서 어미로 여겼던 것은 살아있는 덕(德)이었는데 지금은 그것이 없어졌다.'라는 말이다. 임희일은 현(眴)을 '새끼가 놀라는 모양'이라고 하였는데, 옳지 않다.

戰而死者, 其人之葬也, 不以翣資. 刖者之屨, 無爲愛之. 皆無其本矣.

전쟁터에서 죽은 자는, 그 혼령을 장사지낼 때에 운삽(雲翣)을 써서 보내지 않고, 뒤꿈치 잘린 자는 신발을 아낄 이유가 없습니다. 모두 그 근본이 없기 때문입니다.

■ 郭云: 翣者, 武所資也. 戰死則無武, 翣將安施? 屨者, 爲足故耳. 刖者, 何爲愛之?

곽상 : 삽(翣)은 무인이 바탕 삼는 것이다. 전쟁에서 죽었다면 용맹이 없으니, 삽을 어디다 쓰겠는가. 신발[屨]은 발을 위해서 필요한 것이다. 발을 잘린 자라면 무엇 하려고 그것을 아끼겠는가.

■ 林云: 形容德在內不在外.

임희일 : 덕(德)이 안에 있고 밖에 있지 아니함을 형용하였다.

■ 褚云: 范無隱從翣絶句.24) 翣者, 飾武之具,25) 據古者喪禮通用翣,26) 非特爲飾武設. 送死, 飾以柳翣, 所以愼終也. 若戰而死, 則非正命, 故其葬也, 不以翣. 形且不得全歸, 何望儀物之備哉! 亦猶刖者之不愛屨也. 從上文獨子起喩至此, 不過形容充於內者, 無假於外, 餕於中者, 外飾無益也.

저백수 : 범무은(范無隱)은 삽(翣)에서 구절을 끊었다. '삽(翣)은 무(武)를 꾸미는 도구이다.'라고 하였으나, 옛날 상례(喪禮)에 삽을 통용했던 것에 근거하면, 단지 무를 꾸미기 위해 설치한 것만은 아니다. 죽은 이를 보낼 때에 유삽(柳翣)으로 꾸미는 것은 장례를 신중하게 하기 위함이다. 만약 전쟁에서 죽었다면, 정명(正命)이 아니기 때문에 그를 장사지낼 때에 삽을 쓰지 않는다. 형체

---

24) 범무은(范無隱)은 송(宋)나라 때의 범응원(范應元)이다. 무은(無隱)은 그의 호이다.
25) '飾'은 대본에는 '飾'로 되어 있으나 《남화진경의해찬미》에 의거하여 고쳤다.
26) '據'는 산보(刪補) 과정에서 산삭되어야 할 글자가 산삭되지 않고 남은 것으로 보이므로 번역하지 않았다.

도 온전히 보존하여 돌아오지 못했는데, 어찌 의물(儀物)이 갖추어지기를 바라겠는가! 역시 뒤꿈치 잘린 자가 신발을 아까워하지 않는 것과 같다. 윗글 새끼돼지로 비유를 든 것에서부터 여기에 이르기까지는, 안이 충만한 자는 밖에 가식이 없으며 안이 쭈그러든 자는 밖을 꾸며도 이익이 없음을 형용한 것에 불과하다.

■ 焦云 : 母愛以使其形者爲本, 戰以武爲本, 行以足爲本. 哀駘所以存而見任, 去而見思者, 有本故耳.

초횡 : 어미를 사랑하는 데에는 그 형체를 부리는 자로 근본을 삼고, 전쟁에는 용감함으로 근본을 삼고, 걸어다님에는 발로 근본을 삼는다. 애태타가 함께 있을 때에 신임을 받은 것과 떠나갔을 때에 사모의 대상이 된 것은 근본이 있었기 때문이다.

■ 按 : 戰死者之於翣, 與刖者之於屨同喩, 則豈以戰死者不獲其尸, 如後世招魂之葬歟?

박세당 : 전쟁에서 죽은 자에게 삽(翣)을 쓰지 않는다는 것이, 뒤꿈치 잘린 자가 신을 아까워하지 않는다는 것과 동일한 비유라면, 어쩌면 전쟁에서 죽은 자에 대해 그 시신을 찾지 못하여 마치 후세에 영혼만 불러서[招魂] 장사지내는 것과 같기 때문일 것이다.

爲天子之諸御, 不爪翦, 不穿耳. 取妻者止於外, 不得復使. 形全猶足以爲爾, 而況全德之人乎!

천자의 후궁이 되려면 손톱을 깎지 않고 귀를 뚫지 않습니다. 아내를 취한 자는 궁궐 밖에 머물며, 다시 일을 시킬 수 없습니다. 형체가 온전하기 위해서도 오히려 그렇게 하는데, 하물며 덕을 온전히 할 사람이겠습니까.

■ 郭云 : 不翦·不穿, 全其形也. 不得復使, 恐傷其形也. 探擇嬪御及燕爾新婚, 本以形好爲意者也. 德全而物愛之, 宜矣.

곽상 : 손톱을 깎지 않고 귀를 뚫지 않는 것은 그 형체를 온전히 유지하기 위함이다. 다시 일을 시키지 않는 것은 그 형체를 손상할까 염려해서이다. 후궁을 뽑거나 처음 혼인하는 때에는 본래 외형의 훌륭함을 고려한다. 덕이 온전해서 만물이 그를 사랑하는 것은 당연한 일이다.

■ 林云 : 不爪翦, 不穿耳, 不修飾而全其形.27) 新娶妻者免役.28) 此借全形以形容全德.

임희일 : 손톱을 깎지 않고 귀를 뚫지 않는 것은, 꾸미지 않아서 그 형체를 온전하게 한다는 뜻이다. 처음 아내를 취한 자에게는 부역을 면제한다. 이는 온전한 형체를 예로 들어 온전한 덕을 형용한 것이다.

■ 羅云 : 禮, 新有昏者, 期不使.

나면도 : 예(禮)에 의하면, 처음 혼인을 한 자는 1년 동안 부역을 시키지 않는다.

■ 按 : 止於外, 言出居私室, 不復入役於公也. 豚子食母, 喩愛之在德而不在形, 形爲外而德爲本, 德亡而形不足賴, 以明有德者不以形. 葬翣刖屨, 又反以形爲本而以飾爲外, 重闡其意. 不翦·不穿, 取妻不使, 又以形之全而喩德之全. 蓋因論醜貌之人, 其終始所言, 不離於形, 其反覆親切如此.

박세당 : 지어외(止於外)는 '사실(私室)로 나가서 지내고 다시 공가(公家)에 들어가 부역하지 않는다.'는 말이다. 새끼돼지가 어미젖을 먹는 얘기는, 사랑은

---

27) '飾'은 대본에는 '餙'로 되어 있으나 《구의교주》에 의거하여 고쳤다.
28) '新娶妻者'는 《구의교주》에는 '新娶者'로 되어 있다. 《예기》〈예운(禮運)〉에 "국가에 벼슬하는 것을 신(臣)이라 하고 사가(私家)에 벼슬하는 것을 복(僕)이라 한다. 삼년상을 당한 자와 처음 혼인한 자는 1년 동안 일을 시키지 않는다.[仕於公曰臣, 仕於家曰僕, 三年之喪與新有昏者, 期不仕.]" 하였다.

덕(德)에 있지 형체에 있지 아니하여 형체는 밖이 되고 덕이 근본이 되니 덕이 없어지면 형체는 의지할 수 없다는 것을 비유로 들어, 덕이 있는 자는 형체를 중시하지 아니함을 밝혔다. 장례에 삽(翣)을 쓰지 않는다는 것과 올자가 신발을 아까워하지 않는다는 것은, 또 도리어 형체를 근본으로 삼고 꾸밈을 바깥으로 삼아서 그 뜻을 거듭 드러냈다. 손톱을 깎지 않고 귀를 뚫지 않으며 아내를 취한 자는 일을 시키지 않는다는 것은, 또 형체의 온전함으로 덕의 온전함을 비유하였다. 대개 외모가 추한 사람에 대해 토론하면서, 그 처음부터 끝까지 말한 것이 형체 이야기를 벗어나지 않았으니, 그 간곡하고 친절하기가 이와 같다.

今哀駘它, 未言而信, 無功而親, 使人授己國, 惟恐其不受也, 是必才全而德不形者也.

지금 애태타(哀駘它)는, 말을 하기도 전에 믿고, 공로가 없는데도 친애하여, 사람으로 하여금 자기에게 국정을 맡기면서도 오직 받지 아니할까만을 염려하게 하였으니, 이는 필시 재능이 온전하고[才全] 덕이 드러나지 아니하는[德不形] 자일 것입니다."

■ 林云 : 結在才全德不形.

임희일 : 결론은 '재능이 온전하고 덕이 드러나지 아니함'에 있다.

■ 焦云 : 才, 卽降才之才.29) 才全則德內足, 奚形之有?

---

29) 《맹자》〈고자(告子) 상(上)〉에 "풍년이 든 해에는 젊은이들이 생활이 풍족하여 선행을 많이 하고 흉년이 든 해에는 생활이 궁핍하여 행실이 난폭해진다. 하늘이 내린 재질이 그렇게 다른 것이 아니라, 그 마음이 함닉되어서 그러한 것이다.[富歲, 子弟多賴, 凶歲, 子弟多暴. 非天之降才爾殊也, 其所以陷溺其心者然也.]" 하였다.

초횡 : 재(才)는 하늘이 내린 재능[降才]의 재(才)이다. 재능이 온전하면 덕이
안으로 충분하니 무슨 드러낼 일이 있겠는가?
■ 按 : 形猶所謂蕩也. 德不蕩則性全矣.
박세당 : 형(形)은 이른바 탕(蕩)이라는 것과 같다. 덕이 동탕하지 않으면 성
(性)이 온전할 것이다.

哀公曰, "何謂才全?" 仲尼曰, "死生存亡, 窮達貧富, 賢與不肖毁譽, 飢渴寒
暑, 是事之變, 命之行也. 日夜相代乎前, 而知不能規乎其始者也. 故不足以
滑和, 不可入於靈府. 使之和豫通而不失於兌, 使日夜無郤, 而與物爲春, 是
接而生時於心者也. 是之謂才全."
애공이 물었다. "무엇을 '재능이 온전하다[才全]'라고 합니까?" 중니가 답하였
다. "죽음과 삶, 존재함과 없어짐, 곤궁함과 영달함, 가난함과 부유함, 현능함
과 불초함, 헐뜯음과 칭송함, 주림과 목마름, 추위와 더위 등은 일의 변화이고
천명의 유행입니다. 밤낮으로 눈앞에서 번갈아 변화하지만 인간의 지적 역량
으로는 그 시초를 찾아낼 수 없는 것입니다. 그러므로 화평을 어지럽게 할 만
하지 못하며, 마음에 들어오게 할 만한 것이 아닙니다. 마음을 화평하고 즐겁
고 유통하게 하여 기쁨을 잃지 않으면, 밤낮으로 틈이 없이 변화가 들어와도
만물과 더불어 봄이 될 것이니, 이는 만물과 접촉하여 마음에 사시(四時)를
만들어내는 것입니다. 이것을 '재능이 온전하다.'라고 합니다."

■ 郭云 : 死生存亡以至飢渴寒暑, 其理固當,30) 不可逃也. 故吾之所

---

30) '固'는 대본에 '故'로 되어 있으나 《장자익》에 의거하여 고쳤다.

遇, 適在於是, 則雖絶力至知, 而不能違也, 付之而自當矣. 命行事變, 不舍晝夜, 推之不去, 留之不停. 故才全者, 隨所遇而任之. 是以知命之必行, 事之必變者, 雖死生窮達千變萬化, 澹然自若,31) 而和理在身矣. 故曰不足滑和. 靈府者, 精神之宅也. 不以憂患驚神, 故曰不可入. 和性不滑, 靈府閒豫, 則雖涉乎至變, 不失其兌然也. 日夜無郤者, 泯然常任之也. 與物爲春者, 羣生之所賴也. 接而生時於心者, 順四時而俱化也.

곽상 : 죽음과 삶, 존재함과 없어짐에서부터 주림과 목마름, 추위와 더위에 이르기까지는 그 이치가 본래 마땅한 것이어서 도망할 수 없다. 그러므로 내가 만나는 바가 마침 여기에 있으면, 비록 절대적인 능력과 지극한 지혜가 있더라도 벗어날 수 없으니, 그것에 맡겨서 스스로 감당해야 한다. 천명의 운행과 사물의 변화는 밤낮으로 멈추지 않아서, 밀어내도 떠나지 않고 만류해도 멈추지 않는다. 그래서 재능이 온전한 자는 만나는 바의 상황대로 그대로 맡겨둔다. 그러므로 천명이 반드시 운행되고 사물이 반드시 변화한다는 것을 아는 자는 비록 죽음과 삶, 곤궁함과 영달함 등이 무수히 변화하더라도 마음이 담담하게 자연스러워서 화평의 이치가 몸에 있다. 그래서 '화평을 어지럽힐 만하지 못하다.'고 한 것이다. 영부(靈府)는 정신(精神)의 집이다. 우환으로 정신을 놀라게 하지 않는다. 그러므로 '들일 만한 것이 아니다.'라고 한 것이다. 화평한 천성이 어지럽지 않고 마음이 한가롭고 기쁘면 비록 지극한 변화를 겪더라도 그 즐거움을 잃지 않는다. 밤낮으로 틈이 없다는 것은 섞여들어가서 항상 내맡겨 둔다는 뜻이다. 만물과 더불어 봄이 된다는 것은 온갖 생명체들이 의지하는 대상이라는 뜻이다. 접촉하여 마음에 때를 생기게 한다는 것은 사시(四時)를 따라서 함께 변화한다는 뜻이다.

---

31) '澹'은 《장자익》에는 '淡'으로 되어 있다.

■ 林云 : 前言死生不與變, 此又紬繹. 規, 求也. 事變命行, 更迭目前, 雖有知者, 亦不能求其始. 不足滑和, 不能滑胷中之和也. 不可入靈府,32) 不動其心也. 心旣不動, 則和順悅豫流通而不失其兌.33) 兌, 悅也. 和豫通, 猶曰周徧咸也.34) 日夜無郤, 言日新而不已. 郤, 止也. 與物爲春者, 隨所遇而皆樂也. 接猶感也. 隨事之所感而應之, 不偏不滯, 故曰生時於心. 才全, 言全其質性也.

임희일 : 죽음과 삶이 그를 함께 변화시킬 수 없음을 앞에서 말하였는데, 여기서 또 부연설명을 하였다. 규(規)는 찾아냄[求]이다. 일의 변화와 천명의 운행이 눈앞에서 순환하지만, 비록 지혜로운 자일지라도 또한 그 처음을 찾아낼 수 없다. 화평을 어지럽힐 만하지 못하다[不足滑和]는 것은 흉중의 화평을 어지럽힐 수 없다는 말이다. 영부에 들어올 수 없다[不可入靈府]는 것은 그 마음을 흔들지 아니한다는 말이다. 마음이 흔들리지 않으면, 화평하고 기쁘고 유통하여 그 기쁨을 잃지 않는다. 열(兌)은 기뻐함[悅]이다. 화예통(和豫通)은 주편함(周徧咸)이라고 한 것과 같다. 밤낮 틈이 없다[日夜無郤]는 것은 날로 새로워져서 그치지 아니함을 말한다. 극(郤)은 멈춤[止]이다. 외물과 더불어 봄이 된다는 것은, 만나는 바에 따라 모두 즐거워하는 것이다. 접(接)은 느낌[感]과 같다. 일에 느끼는 대로 대응하여 치우치지도 않고 응체되지도 않기 때문에 '마음에 때를 만들어 낸다[生時於心].'라고 한다. 재능이 온전하다[才全]는 것은 그 재질과 천성[質性]을 온전히 함을 말한다.

■ 羅云 : 與物爲春, 此見日與物接, 而生時於吾心者也. 言'時不生於陰陽之氣, 而生於吾心也.'

---

32) '不可入靈府'는 《구의교주》에는 '不入於靈府'로 되어 있다.
33) '悅豫'는 《구의교주》에는 '豫悅'로 되어 있다.
34) 《장자》〈지북유(知北遊)〉에 "두루, 곳곳에, 모두, 이 세 가지는 이름은 다르지만 내용은 같아서, 그 가리키는 것이 한가지이다.[周徧咸三者, 異名同實, 其指一也.]" 하였다.

나면도 : 만물과 더불어 봄이 되니, 이는 날마다 만물과 접촉하되 내 마음에 때를 생성함을 보여준다. '때가 음양(陰陽)의 기(氣)에서 생기지 아니하고 내 마음에서 생긴다.'는 말이다.

■ 焦云 : 雖其變如彼, 然求其所以爲之者而不得, 故謂之命也. 又何至滑吾之太和, 干吾之靈府耶? 兌, 如塞兌之兌.35) 如此, 雖日接萬變, 皆動而不失其時矣.

초횡 : 비록 그 변화가 저와 같더라도, 그러나 그렇게 되는 까닭을 탐구해도 알 수가 없다. 그러므로 그것을 천명이라 한다. 또 어찌 나의 태화(太和)를 어지럽히고 나의 영부(靈府)를 간범(干犯)하게 하는 데에 이르겠는가. 태(兌)는 색태(塞兌)의 태(兌)와 같다. 이와 같으면 비록 날마다 수많은 변화를 만나더라도 모두 움직이되 그 때를 잃지 않는다.

■ 品節 : 十六者, 人事之變, 命運之定, 一毫智巧規畫之私, 不得容於其初者. 故不足以汨其自然之和, 不可入於靈明之府. 無處而不悅, 無時而不樂, 隨所應接而無意必也.36)

진심 : 이 16가지는 인사(人事)의 변화이고 천명 운행의 정칙(定則)이니, 사심에서 나온 터럭만한 지모와 규획도 그 시초에 용납될 수 없다. 그러므로 그 자연의 화평을 없앨 만한 것이 아니며, 영험하고 밝은 마음속에 들여놓을 만한 것이 아니다. 어느 곳에서든 기뻐하지 아니함이 없고 어느 때이든 즐거워하지 아니함이 없어서, 응접하는 곳마다 의도함이 없고 기필함이 없다.

---

35) 《노자》 제52에 "통로를 막고 문을 닫으면 종신토록 수고롭지 않고, 통로를 열고 일을 구제하면 종신토록 해도 구제하지 못한다.[塞其兌, 閉其門, 終身不勤. 開其兌, 濟其事, 終身不救.]"라 하였고, 제56장에 "아는 자는 말하지 않고 말하는 자는 모른다. 통로를 막고 문을 닫으며 예리함을 꺾고 분쟁을 해소하며 빛을 감추고 세속과 함께하니, 이것을 현동이라고 한다.[知者不言, 言者不知. 塞其兌, 閉其門, 挫其銳, 解其分, 和其光, 同其塵, 是謂玄同.]" 하였다.

36) 《논어》 〈자한(子罕)〉에 "공자께는 네 가지가 전혀 없었다. 사사로운 뜻이 없었고, 기필함이 없었고, 고집이 없었고, 이기심이 없었다.[子絶四. 毋意, 毋必, 毋固, 毋我.]" 하였다.

■按: 言'使此心旣和且豫, 又能應機流通, 而終不失於悅兌, 雖其事
變之來, 日夜相代而無隙, 吾之方寸, 卽常熙然而如春, 是心與物接
而能生四時者也.' 接, 應上無郤. 時, 應上爲春.
박세당 : '이 마음으로 하여금 이미 화평하고 기쁜 데다 또 기미에 감응하여
유통하도록 하여, 끝내 즐거움을 잃지 않으면, 비록 그 사물의 변화가 닥쳐와
밤낮으로 교대하여 틈이 없더라도, 나의 속마음은 항상 흐뭇해서 봄날과 같
을 것이니, 이것이 마음이 만물과 접촉하여 능히 사시(四時)를 만들어낼 수 있
는 것이다.'라는 말이다. 접(接)은 위에 있는 무극(無郤)에 호응하고, 시(時)는
위에 있는 위춘(爲春)에 호응한다.

"何謂德不形?" 曰, "平者, 水停之盛也. 其可以爲法也, 內保之而外不蕩也.
德者, 成和之修也. 德不形者, 物不能離也."

(물었다.) "무엇을 '덕이 드러나지 않는다[德不形]'라고 합니까?" 중니가 답하
였다. "평(平)이라는 것은 물이 완전하게 정지한 것입니다. 그것이 준칙이 될
수 있는 것은 안에는 보존하고 밖에는 동탕하지 않기 때문입니다. 덕(德)이라
는 것은 수양하여 화평을 이룬 것입니다. 덕이 겉으로 드러나지 않는 자는 만
물이 이탈할 수가 없습니다."

■郭云: 天下之平, 莫盛於停水, 無情至平, 故天下取正焉. 內保其
明, 外無情僞,37) 玄鑒洞照, 與物無私, 故能全其平而行其法, 事得
以成, 物得以和, 謂之德也.
곽상 : 천하의 평평한 것 가운데 멈춘 물보다 더 완전한 것은 없다. 감정이

---

37) '僞'는 대본에 '爲'로 되어 있으나 《장자익》에 의거하여 고쳤다.

없고 지극히 평평하기 때문에 천하가 물에서 올바름을 취한다. 안에 그 밝음을 보존하고 밖에는 감정과 행위가 없어서 그윽하게 비춰주고 환하게 비쳐주어서 만물에 대해 사사로움이 없기 때문에 그 평평함을 온전하게 지니고 그 준칙을 행하니, 일이 이것으로 이루어지고 만물이 이것으로 화평해진다. 그것을 덕(德)이라 한다.

▪ 林云 : 水停則平, 可以爲準則也. 成者, 全也. 全此和,38) 是德之修也. 隨事物而見, 無所往而非德, 故曰不能離.

임희일 : 물이 정지하면 평평하니, 준칙이 될 수 있다. 성(成)이라는 것은 온전히 함이다. 이 화(和)를 온전히 하는 것이 바로 덕을 닦는 것이다. 사물을 따라서 드러나니 어딘들 덕이 아님이 없다. 그러므로 '이탈할 수 없다.'고 한 것이다.

▪ 焦云 : 平則內能自保, 停則外不搖蕩. 水之平, 猶德之和也. 是和也, 修之己而成, 故曰成和之修. 物不能離, 卽一而不分, 死生無變之謂也.

초횡 : 수평을 이루면 안이 스스로 보존할 수 있고, 정지하면 밖이 요동치지 않는다. 물이 수평을 이루는 것은 덕이 화평한 것과 같다. 이 화평은 자기에게 닦아서 이루는 것이기 때문에 '화평을 완성하는 수양[成和之修]'이라 하였다. 만물이 이탈하지 못한다는 것은, 바로 '하나여서 나뉘지 않으니 죽거나 살거나 변함이 없는 것'을 이른다.

▪ 品節 : 德不形者, 無跡可見也.

진심 : 덕이 드러나지 않는다는 것은 볼 수 있는 자취가 없다는 말이다.

▪ 按 : 水平可法者, 以內保而外不蕩故也. 和者, 是爲豫也, 爲兌也, 爲春也, 若水之平也, 內保之而外不蕩者也. 德者, 所以成此

---

38) 화(和)는 중화(中和)의 화(和)이다.

和而修於己者也. 旣能保之於內而不蕩於外, 則在內者無所形, 而在外者不能離也.

박세당 : 물의 평평함이 준칙이 될 수 있는 것은, 안에는 보존하고 밖에는 동탕하지 않기 때문이다. 화(和)라는 것은 곧, 기뻐함이 되고 즐거워함이 되고 봄이 되는 것으로서, 마치 물의 평평함과 같이, 안에 보존하고 밖에 동탕하지 않는 것이다. 덕(德)이란 이 화(和)를 이루어 자기 내면에 수양된 것이다. 이미 안에 보존하고 밖에 동탕하지 않을 수 있고 나면, 안에 있는 것은 드러나지 않고 밖에 있는 것은 이탈할 수 없다.

哀公異日以告閔子曰, "始也吾以南面而君天下, 執民之紀而憂其死, 吾自以爲至通矣. 今吾聞至人之言, 恐吾無其實, 輕用吾身而亡吾國. 吾與孔丘, 非君臣也, 德友而已矣."

애공(哀公)이 다른 날에 그것을 민자(閔子)에게 말하였다. "처음에 나는 남쪽을 향해 앉아 천하에 군림하여, 백성들의 기강을 잡고 다스리며 그들의 죽음을 걱정하였소. 나는 스스로 이것을 지극한 도(道)라고 생각했소. 지금 내가 지인(至人)에 대한 이야기를 듣고는, 내가 그 실상이 없어서 내 몸을 가벼이 써서 우리나라를 멸망시킬까봐 두려워졌소. 나와 공구(孔丘)는 군주와 신하의 관계가 아니라 덕으로 사귀는 벗일 따름이오."

■ 林云 : 憂其死, 言愛民也.
임희일 : 그들의 죽음을 걱정한다(憂其死)는 것은 백성을 사랑한다는 말이다.

■ 按 : 德友, 猶云千乘以友士.39)

박세당 : 덕으로 사귀는 벗[德友]이라는 것은 '천승(千乘)의 제후가 사(士)를 벗 삼는다.'라는 것과 같다.

5

闉跂支離無脤說衛靈公, 靈公悅之, 而視全人, 其脰肩肩. 甕瓮大癭說齊桓公, 桓公悅之, 而視全人, 其脰肩肩.

인기지리무순(闉跂支離無脤)이 위(衛)나라 영공(靈公)에게 유세하니, 영공이 그를 좋아하여, 온전한 사람을 보면 그 목이 어깻죽지 속으로 움츠러들었다. 옹앙대영(甕瓮大癭)이 제(齊)나라 환공(桓公)에게 유세하니, 환공이 그를 좋아하여, 온전한 사람을 보면 그 목이 어깻죽지 속으로 움츠러들었다.

■ 郭云 : 言偏情一往, 則醜者更好而好者更醜也.

곽상 : 치우친 감정이 한번 가서 작용하면, 추인(醜人)이 도리어 호인(好人)이 되고 호인이 도리어 추인이 된다.

■ 林云 : 脤, 脣也. 脰, 頸也.40) 癭, 頸瘤也.41) 肩肩, 細長貌. 言人之好惡不在於形骸之外.42)

---

39) 《맹자》〈만장 하〉에 "옛날 노(魯)나라 목공(穆公)이 자사(子思)에게 말하기를, '옛날에 천승(千乘)의 제후국 군주가 사(士)를 벗삼았다고 하는데, 어떻습니까?' 하니, 자사가 불쾌한 표정으로 말하기를, '옛사람 말이, 섬긴다고 했을 것입니다. 어찌 벗을 삼았다고 했겠습니까?' 하였다. 자사가 불쾌하게 여긴 까닭은, 아마도 '지위로 말하자면 당신은 군주이고 나는 신하이니 어찌 감히 군주를 벗삼을 수 있겠으며, 덕(德)으로 말하자면 당신은 나를 섬겨야 할 자이니 어찌 나를 벗삼을 수 있겠는가.'라고 생각해서였을 것이다." 하였다.
40) '脰, 頸也.'는 《구의교주》에는 없다.
41) '頸'은 《구의교주》에는 '項'으로 되어 있다.

임희일 : 순(脤)은 입술[脣]이다. 두(脰)는 목[頸]이다. 영(癭)은 목에 난 혹[頸瘤]이다. 견견(肩肩)은 가늘고 긴 모양이다. '사람이 잘나고 못난 것[好惡]이 형체의 외모에 달려 있지 않다.'는 말이다.
■ 羅云 : 悅無脤, 而視全人, 反覺醜不足觀也. 肩, 與顅同, 長脰貌.
나면도 : 무순(無脤)을 좋아하고서 온전한 사람을 보니 도리어 추해서 볼 만한 것이 없다는 것을 알았다. 견(肩)은 간(顅)과 같으니, 목을 길게 늘이는 모양이다.
■ 陸云 : 二子醜惡, 能使齊衛之君悅之, 而視全人之不如.
육서성 : 아주 못생긴 두 사람이 제나라와 위나라 군주로 하여금 자기들을 좋아하게 하여, 온전한 사람을 보고 자기들만 못하다고 여기게 하였다.
■ 按 : 闉跂, 解者不同, 俱未見經據, 姑闕之可也. 肩肩, 諸家皆以爲脰細長之貌, 竊恐未然. 悅大癭而嫌細脰, 理之有也, 悅無脤而嫌細脰, 甚無意義. 意肩肩, 是畏懼縮頸之貌. 頸縮則入於肩. 蓋二君所悅, 旣是極醜, 見全人而畏之, 反縮其頸肩肩然也. 甕㼜, 其大如甕㼜也.
박세당 : 인기(闉跂)는 풀이한 것들이 같지 않은데 모두 경전(經典)에 근거가 보이지 않으니 우선 빼놓는 것이 옳다. 견견(肩肩)은 여러 주석가들이 모두 '목이 가늘고 긴 모양이다.'라고 하였으나, 나는 그렇지 않을 것이라고 생각한다. 큰 혹을 좋아하여, 가는 목을 혐의스러워하는 것은 있을 법한 이치이지만, 언청이를 좋아하여, 가는 목을 혐의스러워하는 것은 전혀 의의(意義)가 없다. 생각건대, 견견(肩肩)은 두려워하며 목을 움츠리는 모양이다. 목이 움츠러들면 어깻죽지로 들어간다. 대개 두 군주가 좋아한 대상이 이미 아주 추한 인물들이었는지라 온전한 사람을 보고 두려워하여 도리어 그 목을 움츠리어 어깻죽지 속으로 집어넣은 것이다. 옹앙(甕㼜)은 그 크기가 동이만큼 크다는 말이다.

---

42) '言'은 《구의교주》에는 '喩'로 되어 있다.

故德有所長而形有所忘. 人不忘其所忘, 而忘其所不忘, 此謂誠忘.

그러므로 덕(德)에 훌륭한 바가 있으면 형체에는 잊는 바가 있다. 사람들은 그 잊어야 할 것은 잊지 않고 잊지 않아야 할 것을 잊으니, 이것을 '참말로 잊었다[誠忘]'라고 한다.

■ 郭云 : 其德長於順, 物忘其醜.

곽상 : 그 덕(德)이 외물에 따르기를 잘하면 외물이 그 추함을 잊는다.

■ 呂云 : 無脤大癭, 以德長而見美于二君, 形有所忘也. 人不知存其神, 是所忘, 役于視聽思慮, 所不忘.

여혜경 : 무순(無脤)과 대영(大癭)이 덕성의 훌륭함으로 두 군주에게 아름답게 보였으니 형체에 잊은 바가 있었다. 사람들이 그 정신을 보존할 줄 모르니 이는 (잊지 말아야 할 것을) 잊은 것이고, 보고 듣고 생각하는 데에 사역을 당하니 이는 (잊어야 할 것을) 잊지 않은 것이다.

■ 林云 : 有長有忘, 言愛其德而忘其形. 所可忘者, 形也. 所不可忘者, 德也.

임희일 : 훌륭한 바가 있으면 잊는 바가 있다는 것은, '그 덕을 아끼고 그 형체를 잊는다.'는 말이다. 잊어도 되는 것은 형체이고, 잊어서는 안 되는 것은 덕이다.

■ 陸云 : 愛其德, 忘其形. 是知形有所短, 德有所長.

육서성 : 그 덕을 사랑하고 그 형체를 잊는다. 이는 형체에는 부족한 바가 있고 덕에는 훌륭한 바가 있음을 아는 것이다.

■ 按 : 此言'兩人之德, 蓋有所長, 故能使二君忘其形之所短. 夫形全者, 人之所熟見而安之者, 其不全者, 人之所罕見而駭之者, 忘其所安而不忘其所駭, 常人之情. 今二君非止於其所不忘者而忘之, 又於其所忘者而不忘, 是有以見眞忘其形之所短. 非二人之長於德, 何以得此?' 此謂充於內者無事於外也. 呂陸說此各異, 林又用郭說, 至引孟子以證之,43) 皆未見其當.

박세당 : 이것은 '두 사람의 덕이 대개 훌륭한 바가 있었기 때문에 두 군주로 하여금 그 형체의 부족한 바를 잊게 할 수 있었다. 대저 형체가 온전한 자는 사람들이 익히 보아서 편안히 여기는 대상이고, 그 온전치 못한 자는 사람들이 드물게 보아서 해괴하게 여기는 대상인데, 편안히 여기는 대상은 잊고 그 해괴히 여기는 대상은 잊지 못하는 것이 보통 사람들의 마음이다. 지금 두 군주는 그 잊지 못할 대상에 대해서 잊었을 뿐만 아니라, 또 그 잊을 대상에 대해서 잊지 않았으니, 여기에서 그 형체의 부족한 바를 참으로 잊었음을 볼 수 있다. 두 사람이 덕에 훌륭함을 지니지 않았다면 어떻게 이럴 수 있겠는가.'라는 말이다. 이것을 일러, '내면이 충실한 자는 외면에 일삼음이 없다.'고 하는 것이다. 여혜경과 육서성의 해설이 이렇게 각기 다르고 임희일이 또한 곽상의 해설을 갖다 쓰면서 맹자를 끌어다 증거를 대기까지 했지만, 모두 합당함을 볼 수 없다.

故聖人有所遊, 而知爲孼, 約爲膠, 德爲接, 工爲商. 聖人不謀, 惡用知? 不斲, 惡用膠? 無喪, 惡用德? 不貨, 惡用商? 四者, 天鬻也. 天鬻也者, 天食

---

43) 임희일의 《장자권재구의》에 "사람들이 그 잊을 것은 잊지 않고 잊지 않아야 할 것은 잊는다. 이 두 구절이 매우 좋으니, 곧 《맹자》의 '손가락 하나가 남만 못하면'이라는 비유와 같다." 하였다. 《맹자》〈고자(告子) 상(上)〉에 "여기 무명지가 굽어서 펴지지 않는 사람이 있다고 치자. 통증이 있는 것도 아니고 일을 하는 데에 지장이 있는 것도 아니지만, 그것을 치료해서 펼 수 있는 자가 있다고 하면, 멀고먼 진(秦)나라나 초(楚)나라일지라도 멀다 아니하고 찾아간다. 손가락이 남들과 같지 않기 때문이다. 손가락이 남만 못하면 그것을 싫어할 줄 알면서 마음이 남만 못한 것은 싫어할 줄 모른다. 이것을 일러, 분류할 줄을 모른다고 한다." 하였다.

也. 旣受食於天, 又惡用人?

그러므로 성인은 노니는 바가 있어서, 알음을 곁움으로 여기며 규약을 아교로 여기며 덕(德)을 접촉을 위한 것으로 여기며 기능(技能)을 장사를 위한 것으로 여긴다. 성인은 도모하지 않으니 어디에 알음을 쓰겠는가? 깎지 않으니 어디에 아교를 쓰겠는가? 잃음이 없으니 어디에 얻음[德]을 쓰겠는가? 재화를 다루지 않으니 어디에 사고파는 행위를 쓰겠는가? 이 네 가지는 하늘이 주는 식록(食祿)이다. 하늘이 주는 식록이라는 것은 하늘이 주는 먹을거리이다. 이미 하늘에서 먹을거리를 받는데 또 어디에 인위(人爲)를 쓰겠는가?

■郭云 : 聖人遊於自得之場者, 才德全也. 四者皆非我也, 又奚爲哉?
곽상 : 성인이 자득(自得)의 마당에서 노니는 것은 재능과 덕성이 온전해서이다. 네 가지는 모두 내가 할 일의 영역이 아니니, 또 무엇 때문에 그것을 하겠는가?

■呂云 : 聖人之所游, 物不得遯, 而皆存者也. 孼, 非本榦也. 膠, 所以約散也.
여혜경 : 성인이 노니는 곳에는 만물이 도망할 수 없고 모두 존재한다. 얼(孼)은 뿌리와 줄기[本榦]가 아니다. 교(膠)는 흩어진 것을 붙이는 재료이다.

■景元云 : 聖人遊於忘形忘德之外, 雖日用德而不自矜. 故膠孼等事, 無由萌兆. 不謀利害, 何用智? 不斵性情, 何用膠? 無喪於物, 何用德? 不殖貨財, 何用商? 四事皆天然而養者. 蛣蜣轉丸, 蜘蛛結網, 不謀之知也. 雲龍風虎, 松栢女蘿, 不斵之膠也. 禽獸林藪, 魚鼈江湖, 無喪之德也. 物物自利, 各各營生, 不貨之商也. 此乃天之所養.

진경원(陳景元) : 성인은 형체를 잊고 덕을 잊고 그 바깥에서 노니니, 비록 날마다 덕을 쓰더라도 자신을 뽐내지 않는다. 그러므로 아교로 붙인다든지 움이 튼다든지 하는 따위의 일이 싹터 나올 길이 없다. 이익이냐 손해냐를 계교하지 않으니 지혜를 어디다 쓰겠는가? 성정(性情)을 깎지 않으니 아교를 어디다 쓰겠는가? 외물에 대해 잃음이 없으니 얻음(德)을 어디다 쓰겠는가? 화재(貨財)를 증식하지 않으니 장사를 어디다 쓰겠는가? 이 네 가지 일은 모두 하늘이 절로 길러주는 것이다. 쇠똥구리가 쇠똥을 둥글게 굴리거나 거미가 거미줄을 치는 것은 도모하지 않고도 나오는 지혜이다. 구름이 용을 따르고 바람이 범을 따르며 소나무와 측백나무에 덩굴이 어울리는 것은 깎고 붙인 것이 아닌 아교이다. 새와 짐승이 숲에 모이고 물고기와 자라가 강호에 모이는 것은 잃거나 얻거나 하는 것이 있어서 얻는 것이 아닌 덕이다. 만물이 저마다 자기를 이롭게 하고 각각 생명을 영위하는 것은 재화로 장사를 하지 않는 장사이다. 이것이 바로 하늘이 길러주는 것이다.

■ 林云 : 游者, 心有天游, 是也. 知, 以智處事. 約, 以禮自檢. 工, 藝能. 孼, 菑. 膠, 泥. 接, 接於外而忘其內. 商, 賈也. 心有天游, 則知此四者皆吾之累也. 無所謀於世, 則不用知矣. 不鄒削而自合於理, 則不用約矣. 守其內而無事於外, 則不用德矣. 不求售也, 則不用藝能矣. 天鬻, 天祿也. 惡用人, 猶言有天爵而不求人爵也.

임희일 : 유(游)라는 것은 '마음에 천유가 있다(心有天游).'라는 것이 이것이다. 지(知)는 지혜로 일을 처리함이다. 약(約)은 예법으로 자신을 검속함이다. 공(工)은 예능(藝能)이다. 얼(孼)은 재이(災異)이다. 교(膠)는 들러붙음(泥)이다. 접(接)은 외물에 접촉하여 그 내면을 잊음이다. 상(商)은 판매함(賈)이다. 마음에 천유(天游)가 있으면, 이 네 가지들이 모두 나에게 얽맴이 된다는 것을 안다. 세상에 도모하는 것이 없으니 지혜를 쓰지 않는다. 깎지 않아도 절로 이치에 합치하니 약속을 쓰지 않는다. 그 안을 지키고 밖에서 일삼는 것이 없으니 덕(德)을 쓰지 않는다. 팔리기를 추구하지 않으니 예능을 쓰지 않는다. 천육

(天鬻)은 하늘이 주는 녹봉(天祿)이다. 오용인(惡用人)은 천작(天爵)이 있어서 인작(人爵)을 추구하지 않는다는 말과 같다.

■陸云 : 以誓約爲膠固而不用, 以技能爲行貨而不居. 又曰,[44] 聖人何思何慮, 惡用知? 未雕未斲, 惡用膠? 本無失也, 惡有于德? 深藏不售, 惡用夫商? 蓋有用人也, 無所用, 則游以天矣.

육서성 : 서약(誓約)을 아교로 붙이는 것과 같다고 여겨 쓰지 않으며, 기능(技能)을 재화를 운용하는 것과 같다고 여겨 차지하지 않는다. 또 말하였다. 성인은 사려(思慮)함이 없으니 지혜를 어디에 쓰겠는가? 조각하거나 깎지 아니하니 아교를 어디에 쓰겠는가? 본래 잃음이 없으니 어찌 덕을 소유하겠는가? 깊이 감추어 저장하고 팔지 않으니 장사를 어디에 쓰겠는가? 대개 사용함이 있는 것은 인위이다. 사용하는 바가 없으면, 천연에 노닌다.

■按 : 此承上文言, 聖人爲此之故, 不爲形所役, 而能游心於德之和, 卽下所謂有人之形而無人之情者. 知則是非利害之交鬪, 爲枝爲孽, 約則信諾盟誓之相固, 爲膠爲粘. 德則施恩惠以親於物. 工則衒技能以售于人. 此皆形之爲使而殉乎外者也. 就避不謀, 好惡不形, 無所用知. 淳樸不斲, 巧僞不齒, 無所用膠. 才全物歸, 何待於施. 懷寶韜光, 何勞於衒. 此皆聖人之自養以天祿者也. 鬻, 祿也. 聲相近, 故謂祿爲鬻.

박세당 : 여기서는 윗글을 이어 받아, '성인(聖人)은 이러한 까닭으로, 형체에 부림을 당하지 아니하고 덕의 화평에 마음을 노닐 수 있다.'고 말하였으니, 곧 아래에 이른바 '사람의 형체는 가지고 있지만 사람의 감정은 없다.'는 것이다. 지식은 옳으니 그르니 서로 다투고 이익이냐 손실이냐를 서로 따지는 원인이니 가지가 되고 곁 움이 된다. 규약(規約)은 신의로 승낙한다든지 맹서

---

44) '又曰'은 《장자익》에는 없다.

를 하여 서로 단단하게 맺어주는 것이니 아교가 되고 풀이 된다. 덕(德)은 은혜를 베풀어 외물과 친해지는 것이고, 예(禮)은 기능(技能)을 자랑하여 남에게 파는 것이다. 이것들은 모두 형체의 부림을 당하여 외물에 끌려가는 것이다. 나아감과 피함을 도모하지 않고 좋아함과 미워함을 드러내지 않으니 지식이 쓸 데가 없고, 순수하고 질박함을 다듬지 않아 공교함과 거짓됨이 끼어들지 않으니 아교를 쓸 데가 없다. 재능이 온전하여 만물이 모여드니 무슨 베풀기를 기다릴 것이며, 보물을 품고 빛을 감추니 무슨 장사하는 수고로움이 있으랴. 이것은 모두 성인(聖人)이 자신을 천록(天祿)으로써 기르는 것이다. 육(鬻)은 녹(祿)이다. 소리가 서로 비슷하기 때문에 녹을 육이라 한 것이다.

有人之形, 無人之情. 有人之形, 故群於人. 無人之情, 故是非不得於身. 眇乎小哉, 所以屬於人也! 謷乎大哉, 獨成其天!

사람의 형체는 있지만 사람의 감정은 없다. 사람의 형체가 있기 때문에 사람들과 무리가 되며, 사람의 감정이 없기 때문에 시비가 몸에 일어날 수가 없다. 참으로 작구나, 사람에게 속한 것이! 정말 크구나, 홀로 그 천연(天然)을 완성함이!

■ 郭云: 有人之形者, 視其形貌, 若人也. 無人之情者, 掘若槁木之枝也.45) 羣於人者, 自然之道也. 是非不得於身者, 浩然無不任, 無不任者, 有情之所未能也. 故形貌若人, 而獨成其天也.

곽상 : 사람의 형체가 있다는 것은 그 겉모습을 보면 사람과 같다는 뜻이다. 사람의 감정이 없다는 것은 우뚝이 마른 나무의 가지와 같다는 뜻이다. 사람

---

45) 《장자》〈전자방(田子方)〉에 "(공자가 노자를 보고 말하였다.) 조금 전에 선생께서는 형체가 우뚝이 마른 나무와 같아서 마치 사물을 버리고 속세를 초월하여 홀로 서 있는 듯하였습니다.[向者, 先生形體掘若槁木, 似遺物離人而立於獨也.]" 하였다.

과 무리가 된다는 것은 자연의 도이다. 시비가 몸에서 일어날 수 없다는 것은 호연히 맡기지 아니함이 없는 것이니, 맡기지 아니함이 없는 것은 감정이 있으면 불가능하다. 그러므로 겉모습은 사람과 같지만 홀로 그 천연(天然)을 이룬다.

■ 呂云 : 無情, 以其忘故也. 羣人則游乎世俗, 是非不得則休乎天均.46)
여혜경 : 감정이 없는 것은 잊었기 때문이다. 사람과 무리가 되면 세속에서 노닐고, 시비가 생기지 않으면 천균(天均)에서 쉰다.

■ 景元云 : 有形無情, 望之似木鷄矣.47)
진경원 : 형체만 있고 감정이 없다는 것은, 바라보면 마치 나무닭과 같다는 말이다.

■ 林云 : 此, 與惠子問辨之言. 羣於人者, 與人同類也. 不得於身者, 超出於是非之外也. 獨成其天者,48) 與天爲徒也. 能外於是非, 無入而不自得, 則與天爲徒, 而所造者大矣.
임희일 : 이 단락은 혜자(惠子)와 더불어 묻고 논변하는 말이다. 사람들과 무리가 된다는 것은 사람들과 같은 부류라는 말이다. (시비가) 몸에 일어나지 못한다는 것은 시비의 밖으로 초월하여 벗어났다는 말이다. 홀로 그 천연(天然)을 완성한다는 것은 하늘과 더불어 무리가 된다는 말이다. 시비를 벗어나서 어디를 가도 자득하지 아니함이 없으면, 하늘과 더불어 무리가 되어, 나아가는 바

---

46) 《장자》〈제물론〉에 "성인은 옳음과 그름을 조화시켜 천균(天均)에서 쉰다. 이것을 일러 양행(兩行)이라 한다.[聖人和之以是非, 而休乎天均. 是之謂兩行.]"하였다.
47) 《장자》〈달생(達生)〉에 "기성자가 왕을 위해서 싸움닭을 길렀다……. 열흘이 지난 뒤에 또 물으니, 답하기를, '거의 되었습니다. 상대 닭이 우는 놈이 있어도 이미 아무 변화가 없습니다. 바라보면 마치 나무를 깎아 만든 닭과 같습니다. 그 덕이 온전해져서, 다른 닭이 감히 대응하지 못하고 도리어 도망갈 것입니다.[紀渻子爲王養鬪鷄……. 十日又問, 曰, "幾矣. 鷄雖有鳴者, 已無變矣. 望之似木鷄矣. 其德全矣, 異鷄無敢應者, 反走矣.]"하였다.
48) '者'는 《구의교주》에는 없다. 《구의교주》에는 '不得於身者'에 대한 술어부가 아래의 '與天爲徒也'까지이다.

가 원대할 것이다.

■ 陸云 : 無是非之情, 其天則大矣.

육서성 : 시비하는 감정이 없으면 그 천성이 광대하다.

■ 按 : 此言'聖人旣受命於天而無所用人, 則形雖類人, 而心實同天. 此其所以爲屬人者甚小, 屬天者甚大也.' 眇, 小貌. 謷, 大貌. 羣於人, 與物無迕. 是非不得, 不役於物也.

박세당 : 이 단락은 '성인이 이미 하늘로부터 명령을 받아, 인위적인 것을 쓸 데가 없다면, 형체는 비록 사람과 같으나 마음은 실로 하늘과 같다. 이것이 그 사람에게 속한 것은 매우 작고 하늘에 속한 것은 매우 큰 까닭이다.'라는 말이다. 묘(眇)는 작은 모양이고, 오(謷)는 큰 모양이다. 사람들과 무리가 되면 외물과 거스름이 없고, 시비가 일어나지 않으면 외물에 부림을 당하지 않는다.

惠子謂莊子曰, "人故無情乎?" 莊子曰, "然." 惠子曰, "人而無情, 何以謂之人?" 莊子曰, "道與之貌, 天與之形, 惡得不謂之人!"

혜자가 장자에게 물었다. "사람이 본래 감정이 없는가?" 장자가 답하였다. "그렇다." 혜자가 물었다. "사람인데도 감정이 없으면, 무엇으로써 사람이라고 할 것인가?" 장자가 답하였다. "도(道)가 그에게 모습을 주었고 하늘이 그에게 형체를 주었으니, 어찌 사람이라 아니할 수 있겠는가!"

■ 呂云 : 貌則動作威儀無非道, 形則六骸九竅天而生, 所以爲人者足矣, 奚爲疑其不可以無情乎?

여혜경 : 모습은 동작(動作)과 위의(威儀)가 도(道)가 아닌 것이 없고, 형체는 육해(六骸)와 구규(九竅)가 하늘에서 타고난 것이니, 사람이 되기에 충분하다. 무엇 때문에 감정이 없을 수 없는 것을 의심하겠는가.

■ 景元云 : 一尺之面, 容貌不同者, 道與之也. 六尺之體, 空竅無殊者, 天與之也. 皆非情之所有.

진경원 : 한 자의 얼굴에 용모가 같지 않은 것은 도가 그렇게 부여한 것이고, 육 척의 몸에 구멍이 다름이 없는 것은 하늘이 그렇게 부여한 것이다. 모두 감정을 가진 것이 아니다.

■ 林云 : 道與之貌, 有則也. 天與之形, 有物也.49)

임희일 : 도(道)가 그에게 모습을 주었다는 것은, 법칙이 있음을 말하고, 하늘이 그에게 형체를 주었다는 것은, 사물이 있음을 말한다.

惠子曰, "旣謂之人, 惡得無情?" 莊子曰, "是非吾所謂情也50). 吾所謂無情者, 言人之不以好惡內傷其身, 常因自然而不益生也."

혜자가 말하였다. "이미 사람이라고 했다면, 어찌 감정이 없을 수 있겠는가." 장자가 말하였다. "시비(是非)가 내가 말하는 감정이라는 것이다. 내가 이른 바 '감정이 없다.'는 것은, '사람이 호오(好惡)로써 안으로 그 몸을 손상시키지 아니하고, 항상 자연을 따르고, 생명을 연장하려 하지 않는 것'을 말한다."

■ 郭云 : 無是無非無好無惡者, 雖有形貌, 情將安寄? 因自然而不益生者, 止於當也.

곽상 : 옳음도 없고 그름도 없고 좋아함도 없고 미워함도 없는 자는 비록 형체가 있더라도 감정이 어디에 붙겠는가? 자연을 따르고, 생명을 늘리려고 하

---

49) 《시경》〈증민(烝民)〉에 "하늘이 백성 무리를 내시니 사물이 있으면 법칙이 있도다. 백성이 떳떳함을 잡았는지라 이 아름다운 덕을 좋아하는도다.[天生烝民, 有物有則. 民之秉彝, 好是懿德.]" 하였고, 《맹자》〈고자(告子) 상(上)〉에 이 구절이 인용되어 있다.
50) '이것은 내가 말하는 감정이 아니다.'라고 번역하기도 한다.

지 아니하는 자는 합당한 데에 머문다.

■ 呂云 : 惠子直謂無情若木石, 不可以爲人. 莊子謂吾所謂無情, 不以好惡內傷其身也. 若是則足以有身, 何必益生哉?

여혜경 : 혜자가 곧바로 '감정이 없어서 마치 나무나 돌과 같다면 사람이라 할 수 없다.'고 하니, 장자가 '내가 말하는 무정(無情)이라는 것은, 호오(好惡)로 안으로 그 몸을 손상하지 아니하는 것을 말한다. 이와 같으면 몸을 잘 유지하기에 충분한데 무엇 때문에 굳이 생명을 늘리려 하겠는가?'라고 하였다.

■ 林云 : 有益則有損. 好惡出於自然而無所着, 則無所損益矣.

임희일 : 이익이 있으면 손실도 있다. 호오(好惡)가 자연(自然)에서 나와서, 집착하는 바가 없으면, 손실도 없고 이익도 없다.

■ 陸云 : 不以好惡內傷, 常因其生之自然而不益之. 老子曰 '益生曰祥.'51)

육서성 : 호오(好惡)로 안을 손상하지 않고, 항상 그 삶의 자연스러움을 따르고 그것을 늘리려고 하지 않는 것이다. 노자(老子)가 '생명을 늘리는 것을 상(祥)이라 한다.' 하였다.

■ 按 : 惠子疑無情非人, 故莊子言 '凡吾所謂情者, 乃向者是非之謂也. 所謂無情, 乃不以其好惡妄生是非, 而內傷其身, 於死生存亡窮達貧富, 一循天命之自然, 而未嘗求益乎其生而已. 如此則可謂是非不得乎身而無人之情者也. 非必棄形絶羣, 冥然如木石然後, 謂之無情也.' 蓋益生者, 本出於人情之自私, 欲以求益而不知反害其身也.

박세당 : 혜자가, 감정이 없으면 사람이 아니라고 의문을 품었다. 그 때문에 장자가 '무릇 내가 이른바 감정이라는 것은, 곧 이전에 말한 시비(是非)를 이

---

51) 《노자》 제55장에 "화(和)를 아는 것을 상(常)이라 하고, 상을 아는 것을 명(明)이라 한다. 생명을 늘리려는 것을 요망이라 하고, 마음이 기운을 부리려는 것을 강(强)이라 한다.[知和曰常, 知常曰明, 益生曰祥, 心使氣曰强.]" 하였다.

른다. 이른바 무정(無情)이라는 것은, 곧 자기 호오(好惡)로써 망녕되이 시비를 내서 안으로 자기 몸을 손상하는 짓을 아니함이니, 사생(死生), 존망(存亡), 궁달(窮達), 빈부(貧富)에 대해서, 한결같이 천명(天命)의 자연(自然)을 따르고, 그 생명을 늘리려고 전혀 추구하지 아니하는 것일 따름이다. 이와 같으면, 시비가 몸에서 일어날 수가 없어서 사람으로서의 감정이 없다고 할 수 있는 것이다. 반드시 형체를 버리고 무리를 떠나서 아득히 나무나 돌과 같아진 뒤라야 무정이라고 하는 것은 아니다.'라는 말이다. 대개 생명을 늘리려는 것은, 본래 사사로이 자기를 챙기려는 사람의 감정에서 나오는데, 생명을 늘리고자 하면서 도리어 그것이 자기 몸에 손해가 된다는 것을 모른다.

惠子曰, "不益生, 何以有其身?" 莊子曰, "道與之貌, 天與之形, 無以好惡內傷其身. 今子外乎子之神, 勞乎子之精, 倚樹而吟, 據槁梧而瞑. 天選子之形, 子以堅白鳴!"

혜자가 말하였다. "생명을 늘리려 하지 않으면, 어떻게 그 몸이 있을 수 있겠는가?" 장자가 말하였다. "도(道)가 모습을 주었고 하늘이 형체를 주었으니, 호오(好惡)로써 안으로 그 몸을 손상하지 말아야 한다. 지금 그대는 그대의 정신을 밖에다 두고 그대의 정력을 수고롭히며, 나무에 기대어 앓는 소리를 내거나 마른 오동나무에 의지해 늘어져 있다. 하늘이 그대의 형체를 선정해 주었는데 그대는 견백론(堅白論)으로 세상에서 떠들고 있다."

■ 郭云: 不益生何以有其身者, 未明生之自生, 理之自足也. 莊子又謂'生理已自足於形貌之中, 但任之則身存, 好惡之情, 非所以益生, 祇足以傷身, 以其生之有分也. 夫神不休於性分之內, 則外矣. 精不止於自生之極, 則勞矣. 故行則倚樹而吟, 坐則據梧而眠', 言有情者之自困.

곽상 : '생명을 늘리려고 하지 않으면 어떻게 그 몸이 있을 수 있겠는가.'라는 것은, 생명이 스스로 살고 이치는 스스로 충분하다는 것을 잘 모른 것이다. 장자가 또 '생명과 이치가 이미 형체 안에 스스로 충분하니, 다만 맡겨두기만 하면 몸은 존재한다. 좋아하고 미워하는 감정은 생명을 늘릴 수 있는 것이 아니고 단지 몸을 손상할 뿐이니, 그 생명에 분수가 있기 때문이다. 대저 정신이 천성의 분수 안에서 쉬지 않으면 밖으로 나가고, 정력이 스스로 살아가는 궁극에 멈추지 않으면 수고로운 것이다. 그러므로 움직이면 나무에 기대어 끙끙대고 앉으면 오동나무에 기대어 존다.'라고 하였으니, '감정이 있는 자는 자신을 얽어맨다.'는 말이다.

■ 呂云 : 惠子唯不得其所爲使, 形爲天之所選, 而以堅白鳴也.

여혜경 : 혜자는 누구에 의해서 부림을 당하는지를 알지 못하고, 형체를 하늘이 정해 주었는데도 견백의 이론으로 울었다.

■ 景元云 : 天任子之形者, 豈有情哉? 今子有人之形, 與衆無別, 而强以堅白同異之辯鳴噪於衆人之前而自謂賢者, 猶躍冶之金,52) 何得不怪哉?

진경원 : 하늘이 그대에게 형체를 맡긴 것이 어찌 사사로운 마음이 있었겠는가. 지금 그대가 사람의 형체를 지닌 것이 대중들과 차별이 없는데, 억지로 견백동이(堅白同異)의 궤변으로 사람들 앞에서 떠들면서 스스로 현능하다고 하는 것은, 마치 대장간에서 뛰어오르는 쇳물과 같으니, 어찌 괴이하지 않을 수 있겠는가.

---

52) 《장자》〈대종사(大宗師)〉에 "지금 대장장이가 쇠를 녹여 물건을 만들고 있는데, 쇳물이 뛰어오르며 외치기를 '나는 반드시 막야검이 되겠다.'고 한다면, 대장장이는 필시 상서롭지 못한 쇳물이라고 여길 것이다.[今大冶鑄金, 金踊躍曰, 我且必爲鏌鎁, 大冶必以爲不祥之金.]" 하였다.

■ 林云 : 惠子博學而好辯, 故莊子以外神勞精譏之. 外神者, 神用於外也. 槁梧, 枯木爲几. 瞑, 倦也. 選, 授也. 言'天授子形, 而子乃自苦如此.'

임희일 : 혜자는 널리 배우고 변설을 좋아하였다. 그래서 장자가, 정신을 밖에다 두고 정력을 수고롭힌다고 비판하였다. 외신(外神)이란 정신을 밖에다 쓰는 것이다. 고오(槁梧)는 마른 나무로 궤안(几案)을 만든 것이다. 명(瞑)은 게으르다(倦)는 뜻이다. 선(選)은 준다(授)는 뜻이다. '하늘이 그대의 형체를 주었는데, 그대는 이에 자신을 이와 같이 괴롭힌다.'는 말이다.

■ 陸云 : 此惠子猶不悟,53) 不知生不必益也. '道與貌, 天與形, 生理本足. 不能因其自然, 橫起好惡, 非徒無益, 而又害之. 今子乃外其神, 勞其精, 倚樹據梧而吟而眠, 是天選子形, 本無不足, 却乃不能因之, 徒以堅白之說曉曉然立是非同異于天下, 秖爲情之所累而已.'

육서성 : 이것은 혜자가 아직도 깨닫지 못해서, 생명을 굳이 늘리려고 할 필요가 없다는 것을 모른 것이다. '도가 모습을 부여하고 하늘이 형체를 부여했으니, 생명의 이치가 본래 충분하거늘, 그 자연(自然)을 따르지 못하고 호오(好惡)를 함부로 일으키니, 한갓 무익할 뿐만 아니라 또 손해를 끼친다. 지금 그대가 이에 그 정신을 밖에다 두고 그 정력을 수고롭히며, 나무에 기대거나 오동나무에 의지해서 신음하기도 하고 졸기도 하니, 이는 하늘이 그대의 형체를 선정해주어 본래 부족함이 없는데도 도리어 그것을 따르지 못하고 부질없이 견백(堅白)의 이론으로, 옳으니 그르니 같으니 다르니 하는 학설을 천하에 시끄럽게 세운 것이니, 단지 감정에 얽매인 바가 될 따름이다.'라는 말이다.

■ 按 : 選, 言選其形使好也. 莊子與惠施辨, 多在篇末, 其著書大意,

---

53) '此'는 《장자익》에 의하면, 앞 문장 '莊文本此'의 끝 글자이므로 산삭되어야 하니, 남아 있는 것은 오류이다. 우선 글자대로 번역하였다.

可知也.

박세당 : 선(選)은 '그 형체를 선정하여 좋게 해주었다.'는 말이다. 장자가 혜시와 변론한 것이 대부분 편말(篇末)에 있으니, 글을 저술한 대의(大意)를 알 수 있다.

■ 褚氏總論云:物得以生之謂德. 由是而充之, 性與天道, 可得而聞也.54) 夫德本乎天, 而充之在人. 其成功大業, 則有相天地贊化育者焉. 故王駘足以起敬於夫子, 必有大過人者. 且不教不議, 而學者虛往實歸, 自非命物守宗, 而化由己出, 其能至是乎? 視所一, 遺所喪, 以見得道者忘形. 唯止能止衆止, 明夫以虛而來鑒. 德充而爲物所歸, 豈特以正生? 在能正衆生. 申徒視兀猶全, 無趾所存重足, 一安之命而與全人無異矣. 哀駘使哀公忘其惡, 愛使其形者也. 故泰和內運, 疵癘外消, 德與日新, 道通神化, 事成而不以功自處, 無往而不爲物所歸矣. 哀公以仲尼爲德友, 德尊而位可忘也. 靈公視無脤爲全人, 德尊而形可忘也. 聖人所游, 與物無際. 粹美所歸, 有不得而辭者. 惠子厚於才而薄於德, 所以深救其失, 使道貌天形不傷於好惡, 有形無情, 常因乎自然. 至是則德充物符, 彼己兩盡, 是非好惡, 化於忘言, 何在乎外神勞精而以堅白鳴哉? 取殘兀厲惡,55) 蓋所以爲尙形骸外德性者之戒.

저백수 총론 : 만물이 얻어서 살아가는 근원을 덕(德)이라 한다. 이것을 말미암아 채워나가면, 성(性)과 천도(天道)를 들을 수 있다. 대저 덕은 바탕이 하늘

---

54) 《논어》〈공야장(公冶長)〉에 "자공이 말하기를, '부자의 문장은 들을 수가 있었지만, 부자께서 성과 천도에 대해 말씀하시는 것은 들을 수가 없었다.'하였다.[子貢曰, 夫子之文章, 可得而聞也. 夫子之言性與天道, 不可得而聞也.]" 하였다.
55) '殘'은 《장자익》에는 '賤'으로 되어 있다.

에 있고 그것을 채우는 것은 사람에게 달렸다. 그 대업(大業)을 성공하는 것은, 천지(天地)를 보좌하여 화육(化育)을 돕는 자가 따로 있다. 그러므로 왕태(王駘)가 부자(夫子)에게 공경을 받았으니, 필시 타인보다 훨씬 뛰어난 바가 있었을 것이다. 또한 가르치지 않고 토론하지 않는데도, 배우는 자들이 비우고 가서 채워서 돌아오니, 본래 만물을 명령하고 종주(宗主)를 지켜 변화가 자기로부터 나오는 것이 아니라면, 이런 경지에 이를 수 있겠는가. '동일하다는 관점으로 보고 잃은 바는 도외시했다.'는 것은, '득도한 자는 형체를 잊는다.'는 사실을 보여준 것이다. '오직 멈춰야만 뭇 멈추고자 하는 것들을 멈추게 할 수 있다.'는 것은, '비웠기 때문에 와서 비춰보게 할 수 있다.'는 것을 밝힌 것이다. 덕이 가득 차서 만물이 모여드는 대상이 되는 것이, 어찌 단지 자기 생명을 바르게 할 뿐이겠는가. 여러 많은 생명을 바르게 할 수 있다. 신도가(申徒嘉)는 뒤꿈치 잘린 것을 온전한 것과 같게 보았고, 무지(無趾)가 보존한 바는 발보다 중요한 것이었으니, 한결같이 천명을 편안히 받아들여 온전한 사람과 차이가 없었다. 애태타(哀駘它)는 애공(哀公)으로 하여금 그 추한 모습을 잊게 하였으니, 그 형체를 부리는 정신을 사랑한 것이다. 그러므로 화기[泰和]가 안에서 운행되고 질병[疵癘]이 밖에서 소멸하여 덕(德)이 나날이 새롭고 도(道)가 신명(神明)과 통하여 융화하여, 일을 이루고도 공적을 차지하지 않으니 어디를 가도 만물이 모여들지 않는 데가 없었다. 애공이 중니(仲尼)를 덕우(德友)로 삼았으니, 덕이 높아서 지위를 잊을 수 있었고, 영공(靈公)이 무순(無脤)을 온전한 사람으로 보았으니, 덕이 높아서 형체를 잊을 수 있었다. 성인이 노니는 바는 만물과 더불어 무한하며, 순수와 아름다움이 모여드는 것을 사양할 수 없는 것이 있다. 혜자는 재능이 뛰어났지만 덕성이 부족했다. 그래서 그의 단점을 깊이 바로잡아주어, 도가 부여해준 얼굴과 하늘이 부여해준 형체를 호오에 의해 손상되지 않도록 하고, 형체만 지니고 감정을 없애서 항상 자연(自然)에 따르도록 하였다. 여기에 이르면, 덕이 가득 차서 만물이 부험이 되고 상대와 자기가 모두 극진해져서, 옳으니 그르니 좋으니 미우니

하는 것이 말을 잊음에 융화될 것이니, 정신을 밖에 두고 정력을 수고롭히며 견백론(堅白論)으로 떠들 일이 어디에 있겠는가. 발뒤꿈치 잘린 올자와 아주 못생긴 사람을 들어 이야기한 것은, 대개 형체를 높이고 덕성을 경시하는 자를 경계하기 위해서이다.

大宗師 第六 · 제6편 대종사

도를 깨달은 사람이 천하의 큰 스승이다

大宗師 第六

제6편 대종사 : 도를 깨달은 사람이 천하의 큰 스승이다

■ 郭云：雖天地之大, 萬物之富, 其所宗而師者, 無心也.

곽상(郭象) : 천지가 크고 만물이 많더라도 그 종주로 삼고 스승으로 삼을 대상은 무심(無心)이다.

■ 品節：大宗師者, 道也. 莊子嘗曰, '吾師乎! 吾師乎!'1)

진심(陳深) : 대종사(大宗師)라는 것은 도(道)이다. 장자가 일찍이 '나의 스승이여! 나의 스승이여!'라고 하였다.

■ 按：大宗師者, 言有道之人爲天下之所宗師也. 所謂眞人, 是也.

박세당(朴世堂) : 대종사(大宗師)라는 것은 '도를 지닌 사람이 천하 사람들이 종사(宗師)로 삼는 대상이 된다.'는 말이니, 이른바 '진인(眞人)'이 이것이다.

1

知天之所爲, 知人之所爲者, 至矣.

하늘이 하는 일을 알며 사람이 할 일을 아는 자는 지극한 경지에 든 자이다.

■ 郭云：知天人之所爲者皆自然也, 則任之而無不至矣. 天者, 自然之

---

1) 〈대종사〉에 "나의 스승이여! 나의 스승이여! 만물을 잘게 부수어도 의(義)가 되지 아니하고, 은택이 만세(萬世)에 미쳐도 인(仁)이 되지 아니하고, 상고(上古)보다 오래되었어도 늙음[老]이 되지 아니하고, 하늘과 땅으로 덮어주고 실어주며 온갖 형체들을 깎아 만들어도 좋은 솜씨[巧]가 되지 아니한다.[吾師乎! 吾師乎! 萬物而不爲義, 澤及萬世而不爲仁, 長於上古而不爲老, 覆載天地刻雕衆形而不爲巧.]" 하였다.

謂也.

곽상 : 하늘의 일과 사람의 일이 모두 자연(自然)이라는 것을 알면 그대로 맡겨두어서 지극하지 아니함이 없을 것이다. 천(天)이라는 것은 자연을 말한다.

■ 王云 : 天人皆道, 而盡道者, 能知天人之所爲.

왕방(王雱) : 하늘과 사람은 모두 도이고, 도를 극진히 다하는 자는 하늘과 사람이 해야 할 바를 제대로 알 수 있다.

■ 按 : 知天之所爲者, 猶所謂性之者,2) 猶所謂自誠明者,3) 故能盡天理. 知人之所爲者, 猶所謂反之者, 猶所謂自明誠者, 故能明人事.

박세당 : 하늘이 하는 일을 아는 자는 이른바 '성품을 타고난 자'와 같고 이른바 '성(誠)을 말미암아 밝아지는[明] 자'와 같다. 그러므로 천리(天理)를 다할 수가 있다. 사람이 할 일을 아는 자는 이른바 '회복한 자'와 같고 이른바 '명(明)을 말미암아 진실해진[誠] 자'와 같다. 그러므로 인사(人事)를 잘 알 수 있다.

知天之所爲者, 天而生也. 知人之所爲者, 以其知之所知以養其知之所不知, 終其天年而不中道夭者, 是知之盛也.

하늘이 하는 일을 아는 자는 천성대로 살아간다. 사람이 할 일을 아는 자는 자기의 알음이 아는 바로써 자기의 알음이 알지 못하는 바를 기르니, 하늘에서 부여받은 햇수를 마쳐, 중도에 요절하지 않는다. 이것이 최고의 알음이다.

---

2) 《맹자》〈진심(盡心) 상(上)〉에 "요임금과 순임금은 천성으로 타고났고, 탕임금과 무왕은 몸을 닦아서 천성을 회복했고, 오패(五霸)의 왕들은 인의(仁義)의 명분을 빌렸다.[堯舜, 性之也. 湯武, 身之也. 五霸, 假之也.]"하였고, 〈진심(盡心) 하(下)〉에 "요임금과 순임금은 천성으로 타고난 자이고, 탕임금과 무왕은 천성을 회복했다.[堯舜, 性者也. 湯武, 反之也.]"하였다.
3) 《중용》제21장에 "성(誠)을 말미암아 밝아지는 것을 성(性)이라 하고, 명(明)을 말미암아 진실해지는 것을 교(敎)라 한다. 진실하면 밝아지고 밝으면 진실해진다.[自誠明, 謂之性. 自明誠, 謂之敎. 誠則明矣, 明則誠矣.]"하였다.

■郭云：人之生也, 形雖七尺, 而五常必具, 故雖區區之身, 乃擧天地以奉之. 天地萬物, 凡所有者, 不可一日而相無也. 一物不具, 則生者無由得生, 一理不至, 則天年無緣得終. 然身之所有者, 知或不知也. 理之所存者, 爲或不爲也. 故知之所知者寡, 而身之所有者衆, 爲之所爲者少, 而理之所存者博. 或好知不倦以困其百體, 所好不過一枝而擧根俱弊, 斯以其所知而害其所不知也. 若夫知之盛者, 知人之所爲有分, 故任而不强也. 知人之所知有極, 故用而不蕩也. 不以無涯自困, 則一體之中, 知與不知闇相與會而俱全矣. 斯以其所知養其所不知也.

곽상 : 사람의 생명에는, 형체는 비록 7척이지만 오상(五常)이 반드시 갖추어져 있다. 그래서 비록 조그마한 몸뚱이지만 천지(天地)를 들어서 몸을 받든다. 천지 만물에 있는 것들은 하루라도 서로에 대해서 없어서는 안 된다. 하나의 사물이라도 갖추어지지 않으면 생활하는 것들이 살아갈 길이 없고, 하나의 이치라도 지극하지 않으면 천수를 누릴 수가 없다. 그러나 몸에 있는 것을 지식이 혹시 모르기도 하고, 이치에 존재하는 것을 실천에서 혹시 안 하기도 한다. 그러므로 지식이 아는 바는 적고 몸에 있는 바는 많으며, 실천이 하는 바는 적고 이치에 존재하는 바는 넓다. 혹 지식을 좋아하여 쉬지 않아서 그 백체(百體)를 곤고하게 하기도 하니, 좋아하는 바는 하나의 가지에 지나지 않는데 뿌리까지 들어서 함께 피폐해지는 것이라, 이는 그 아는 바로써 그 모르는 바를 해치는 것이다. 저 최고의 지혜를 지닌 자는 사람이 할 바에는 분수가 있음을 알기 때문에 맡겨두고 억지로 하려 들지 않으며, 사람이 아는 바에는 궁극이 있음을 알기 때문에 지식을 쓰되 한없이 쓰지 않는다. 가이없는 지식을 추구하느라 자신을 고생시키지 않으면, 한 몸뚱이 가운데 앎과 모름이 은연중 서로 합쳐져서 둘 다 온전할 것이다. 이것이 바로, 그 아는 바로써 그 모르는 바를 기르는 것이다.

■ 呂云 : 知天之所爲, 則知吾之所自生者天也. 莫之爲而人無與焉, 知之所不能知也. 知之所能知者, 人之所爲. 則以其所知養其所不知, 言'以知養生, 非以生隨知, 所以能盡年而不中夭也.' 世所謂知之盛, 無過於此.

여혜경 : 하늘이 하는 바를 알면, 내가 처음 생겨난 데가 하늘임을 안다. 행위가 없고 사람이 참여하지 못하니, 지혜로 알 수 없는 대상이다. 지혜로 알 수 있는 것이 사람이 해야 할 일들이다. 그렇다면, '그 아는 바로써 그 모르는 바를 기른다.'는 것은, '지혜로 생명을 기르고, 생명으로서 지혜를 따르지 않는 것이, 천수를 다 누리고 중도에 요절하지 아니할 수 있는 방법이다.'라는 말이다. 세상에 이른바 '최고의 지혜'라는 것은 여기에 지나지 않는다.

■ 王云 : 知天則達于無爲之妙理, 知人則盡于有爲之極致. 此卽老子'無欲觀妙, 有欲觀徼.'[4] 至此不可謂非知之盛矣.

왕방 : 하늘을 알면 무위(無爲)의 묘리(妙理)에 통달하고 사람을 알면 유위(有爲)의 극치(極致)를 다할 수 있다. 이것이 바로 노자(老子)의 '없음은 오묘함을 보고자 함이고, 있음은 궁극을 보고자 함이다.'라는 것이다. 여기에 이르면, '최고의 지혜'가 아니라고 할 수 없다.

■ 林云 : 人事盡而天理見, 是以智之所知養其知之所不知也. 不役役以傷生, 故曰終其天年. 旣知人又知天,[5] 故曰知之盛也. 此數語甚正.

임희일 : 인사(人事)가 극진하여 천리(天理)가 드러나면, 이것이, 지혜가 아는

---

4) 《노자》 제1장에 "도(道)는 말할 수 있으면 불변의 도가 아니다. 이름은 이름 붙여 부를 수 있으면 불변의 이름이 아니다. 무명(無名)은 천지의 처음이고 유명(有名)은 만물의 어머니이다. 그러므로 불변의 무(無)는 그 오묘함을 보고자 함이고 불변의 유(有)는 그 궁극을 보고자 함이다. 이 두 가지는 나온 곳은 같은데 이름이 다르다. 다 같이 현(玄)이라 한다. 아득하고 또 아득한 곳이 중묘(衆妙)의 문이다.[道可道, 非常道, 名可名, 非常名. 無名, 天地之始, 有名, 萬物之母. 故常無, 欲以觀其妙, 常有, 欲以觀其徼. 此兩者, 同出而異名, 同謂之玄. 玄之又玄, 衆妙之門.]" 하였다.

5) '旣知人又知天'은 《구의교주》에는 '旣知天又知人'으로 되어 있다.

바로써 그 지혜가 모르는 바를 기르는 것이다. 힘들게 시달려서 생명을 손상하는 짓을 하지 않기 때문에 '그 천 년(天年)을 마친다.'고 하였다. 이미 사람을 알고 또 하늘을 알기 때문에 '최고의 지혜이다.'라고 하였다. 이 몇 마디 말은 매우 올바르다.

■ 按 : 天而生者, 卽性之之謂也. 以所知養其所不知, 則又能因其已知而益致其知. 如是則亦可以知天之所爲, 而與天而生者, 無以異矣. 此又反之之謂也. 終其天年而不中道夭, 則斯盡其性矣. 及其知之則一也. 故同謂之至, 又同謂之盛也.

박세당 : 천성대로 살아간다는 것은 바로 '성지(性之)'를 이른다. 아는 바로써 그 모르는 바를 기르면, 또 그 이미 아는 것을 바탕으로 그 지식을 더욱 이룰 수가 있다. 이와 같으면, 또한 하늘이 하는 바를 알 수가 있어서, 천성대로 살아가는 것과 차이가 없게 된다. 이것은 또 '반지(反之)'를 이른다. 그 천수를 다 누려서 중도에 요절하지 않으면, 이것이 바로 그 천성을 극진히 하는 것이다. 알게 되면, 마찬가지이다. 그러므로 다 같이 지극하다[至]고 하였고 다 같이 성대하다[盛]고 하였다.

雖然, 有患. 夫知有所待而後當, 其所待者特未定也. 庸詎知吾所謂天之非人乎? 所謂人之非天乎? 且有眞人而後有眞知.

비록 그러나 근심거리가 있다. 앎이라는 것은 기다리는 바가 있은 뒤에 합당하게 되는데, 그 기다리는 바가 다만 미정 상태이다. 내가 이른바 '하늘'이라는 것이 '사람'이 아닌 줄을 어찌 알겠으며, 이른바 '사람'이라는 것이 '하늘'이 아닌 줄을 어찌 알겠는가. 또한 진인(眞人)이 있은 뒤라야 진지(眞知)가 있는 것이다.

■ 郭云: 有患, 言'知雖盛, 未若遺知任天之無患也.' 夫知者, 未能無可不可, 故必有待也. 若乃任天, 則遇物而當矣. 所待未定, 言有待則無定也. 吾生有涯, 天也. 必欲益之, 人也. 天者, 自然也, 非人爲也. 有眞人而後, 天下之知, 皆得其眞而不可亂也.

곽상 : 근심거리가 있다는 것은, 알음이 비록 성대하더라도 알음을 버리고 하늘에 맡겨두어 근심거리가 없는 것만은 못하다는 말이다. 알음이라는 것은 가(可)와 불가(不可)가 없을 수 없기 때문에 반드시 기다리는 대상이 있다. 만약 그대로 하늘에 맡겨두면, 만나는 사물마다 합당할 것이다. 기다리는 바가 확정되지 않았다는 것은, 기다리는 것이 있으면 정해짐이 없다는 말이다. 나의 생명이 유한한 것은 하늘이 정한 것이고, 반드시 생명을 늘리려고 하는 것은 사람의 뜻이다. 하늘은 자연(自然)이고 인위(人爲)가 아니다. 진인(眞人)이 있은 뒤라야 천하의 알음이 모두 그 참(眞)을 얻어서 어지럽힐 수 없게 된다.

■ 呂云: 不免有患, 蓋所謂知天知人, 必待知而後當, 知非道之眞而待以爲當, 所待固未定也. 唯眞人有眞知, 則無所待也.

여혜경 : 근심거리가 있음을 면치 못한다는 것은, 대개 이른바 지천(知天)이니 지인(知人)이니 하는 것이 반드시 지(知)를 기다린 뒤에 합당해지는 것인데, 지(知)가 참다운 도(道)가 아닌데도 기다려서 합당함을 삼으려 하면 기다리는 바가 참으로 아직 정해진 것이 아니어서 불가능하다는 말이다. 오직 진인만이 진지가 있으니 기다리는 바가 없다.

■ 王云: 知之盛而猶有患者, 知天人之二, 不知其一也. 達觀者, 知天人大同渾然無別, 則所謂'同出而異名, 同謂之玄'矣. 故曰'庸詎知天之非人, 人之非天乎?'

왕방 : 지(知)가 성대한데도 오히려 근심거리가 있는 것은, 하늘과 사람을 둘로 알고 그것이 한 가지인 줄을 모르기 때문이다. 달관한 자는 하늘과 사람이 동일하여 구별이 없이 섞여 있다는 것을 아니, 노자가 말한 '나온 곳은 같고 명

칭만 다르니, 다 같이 현(玄)이라 한다.'는 것이다. 그러므로 '하늘이 사람이 아닌 줄을 어찌 알며, 사람이 하늘이 아닌 줄을 어찌 알랴!'라고 한 것이다.

■ 林云 : 知在我, 所待者在外. 或無所求而自得, 或必有求而後得, 皆不可定. 若以爲出於天, 又必求而後得, 若以爲出於人, 又有求而不得者. 如壽夭, 莫非命也, 而知命者不立乎巖墻之下,[6] 便見天所爲與人所爲不定.

임희일 : 아는 능력은 나에게 있고 기다리는 대상은 바깥에 있다. 혹은 추구하는 바가 없는데도 자득하고, 혹은 반드시 추구하는 바가 있은 뒤에 얻으니, 모두 확정할 수가 없다. 만약 하늘에서 나왔다고 하면, 또 반드시 추구한 뒤에 얻고, 만약 사람에게서 나왔다고 하면, 또 추구했는데도 얻지 못하는 것이 있다. 이를테면, 장수하거나 요절하거나 모두 천명이 아닌 것이 없는데, 천명을 아는 자는 무너질 듯한 담장 아래에 서지 않으니, 하늘이 하는 일과 사람이 할 일이 일정하지 않음을 볼 수 있다.

■ 按 : 有患, 言知之難也. 夫知必待物而後得其可否之當, 物之可否蓋未易定, 則吾所謂可者, 未必不爲否, 吾所謂否者, 未必不爲可. 此其所待之未定, 而知之所患者也. 天, 天之自然, 人, 人之妄作. 可則天, 不可則人. 苟無眞知, 則未嘗不以人爲天, 以天爲人. 唯眞人然後, 能眞知天人之定, 必合乎至當之歸, 而爲知之盛.

박세당 : 유환(有患)은, 제대로 알기가 어렵다는 말이다. 지식은 반드시 사물을 기다린 뒤에 그 가부(可否)의 합당함을 얻는데, 사물의 가부가 정하기가 쉽지 않으니, 내가 가(可)라고 한 것이 부(否)가 아니라고 단정할 수가 없고 내가 부

---

6) 《맹자》〈진심(盡心) 상(上)〉에 "장수하거나 요절하거나에 의문을 품지 않고 몸을 수양하여 기다리는 것이 천명을 세우는 방법이다. 천명 아닌 것이 없으니 그 올바름을 순순히 받아야 한다. 그러므로 천명을 아는 자는 위태한 담장 아래에 서지 아니한다.[夭壽不貳, 修身以俟之, 所以立命也. 莫非命也, 順受其正. 是故知命者, 不立乎巖牆之下.]" 하였다.

(否)라고 한 것이 가(可)가 아니라고 단정할 수 없다. 이것이 그 기다리는 바가 확정되지 않아서 지식의 근심거리가 되는 것이다. 천(天)은 하늘의 자연이고, 인(人)은 사람의 망녕된 작위이다. 가(可)는 하늘이고 불가(不可)는 사람이다. 정말이지 진지(眞知)가 없으면 애당초 사람을 하늘이라 하고 하늘을 사람이라 하지 않을 수가 없다. 오직 진인(眞人)이라야 하늘과 사람의 정해짐을 진짜로 알 수가 있어서, 반드시 지당한 귀결에 합치하여 지식의 성대함이 될 수 있다.

何謂眞人? 古之眞人, 不逆寡, 不雄成, 不謩士.
어떠함을 진인(眞人)이라 하는가? 옛날의 진인은, 약한 자를 거스르지 않았으며 성공을 자랑하지 않았으며 일을 인위적으로 꾀하지 않았다.

■ 郭云: 不逆寡則所順者衆. 不雄成則不恃其成而處物先. 不謩士則非謀謩以致之.
곽상 : 약한 자를 거스르지 않으면 따르는 자가 많다. 성공을 자랑하지 않는다는 것은 그 성공을 믿고서 상대의 앞에 자리 잡지 않는 것이며, 사(士)를 꾀하지 않는다는 것은 인위적으로 도모해서 불러오는 것이 아니라는 말이다.
■ 王云: 能持其順以待少, 守其雌而若缺. 眞人如此, 安有于過歟?
왕방 : 그 순종함을 지니고서 젊은이를 대우하고 그 여성스러움을 지키면서 마치 부족함이 있는 듯이 한다. 진인은 이와 같으니, 무슨 허물이 있겠는가.
■ 林云: 不雄成, 功雖成, 不以爲誇也. 士與事同, 古字通用. 如詩曰'勿士行枚'7) 謩, 謀也. 無心而爲之, 故曰不謀事.
임희일 : 불웅성(不雄成)은 공적이 비록 이루어졌더라도 그것을 자랑하지 않

---

7) 《시경》〈빈풍(豳風) 동산(東山)〉에 "저렇게 옷을 지으니 행군(行軍)하며 함매(銜枚)할 일 없겠구나.[制彼裳衣, 勿士行枚.]" 하였다. 여기서 사(士)가 사(事)의 뜻으로 쓰였다.

는다는 말이다. 사(士)는 사(事)와 같다. 옛 글자는 통용하였다. 시(詩)에 '행진(行陣)하며 함매(銜枚)할 일 없겠구나勿士行枚.'라고 한 것과 같다. 모(瞀)는 모(謀)이다. 인위적인 마음을 두지 않고 하기 때문에 '일을 도모하지 않는다.'라고 한 것이다.

■ 褚云 : 寡謂貧約之時, 成謂盛大之時. 處約當以順, 逆則害生. 處盛當以謙, 雄則禍至. 不瞀士, 不思慮, 不豫謀,8) 是也.

저백수 : 과(寡)는 가난할 때를 이른다. 성(成)은 성대한 때를 이른다. 가난하게 살 때에는 순종하며 살아야 하니 거스르면 해로움이 생긴다. 성대하게 살 때에는 겸손하게 살아야 하니 자만심을 가지면 재앙이 이른다. 일을 도모하지 않는다는 것은, '너무 깊이 사려하지 않고 미리 도모하지 않는다.'는 것이 이것이다.

■ 按 : 寡, 寡弱. 人之寡弱者, 不侮而逆之也.

박세당 : 과(寡)는 과약(寡弱)이니, 사람중에 약(弱)한 자를 업신여기지 않고 거스르지 않았다.

若然者, 過而不悔, 當而不自得也. 若然者, 登高不慄, 入水不濡, 入火不熱. 是知之能登假於道也若此.

그러한 자는 허물이 있어도 뉘우치지 않으며, 마땅하게 되어도 잘된 일이라 여기지 않는다. 그러한 자는 높은 곳에 올라도 떨지 않으며 물에 들어가도 젖지 않으며 불에 들어가도 뜨겁지 않다. 이것은 알음이 도(道)에 오를 수 있는

---

8) 《장자》〈각의(刻意)〉에 "(성인의 덕은) 깊이 사려하지 않고 미리 계획하지 않는다. 빛이 있지만 빛나지 않으며 신의가 있지만 기약하지 않는다. 잘 때에는 꿈꾸지 않고 깨었을 때에는 근심하지 않는다. 그 정신은 순수하고 그 영혼은 지치지 않는다. 허무하고 담담하여서 이에 하늘의 덕에 합치한다.[不思慮, 不豫謀. 光矣而不燿, 信矣而不期. 其寢不夢, 其覺无憂. 其神純粹. 其魂不罷. 虛无恬惔, 乃合天德.]"라고 하였다.

것이 이와 같은 것이다.

■ 郭云 : 自當而無過耳, 非以得失經心也. 理固自全, 非畏死也. 故不以熱爲熱, 不以濡爲濡, 不以死爲死, 任之而無不至也. 豈槩意於所遇哉? 夫知之登至於道者, 若此之遠也.

곽상 : 절로 합당하여 허물이 없는 것일 뿐이지, 득실(得失)을 마음에 담아두는 것이 아니다. 이치로 보아 본디 스스로 온전하니, 죽음을 두려워해서가 아니다. 그러므로 뜨거움을 뜨거워하지 않으며 젖음을 젖음이라 생각하지 않으며 죽음을 죽음으로 여기지 않고, 맡겨두어서, 이르지 아니하는 데가 없다. 어찌 만나는 바에 대해 개의하겠는가. 알음이 올라가서 도(道)에 이르는 것이 이처럼 원대하다.

■ 呂云 : 眞人體純素而無我, 則登高我所爲也, 將誰慄? 水火亦我所爲也, 將誰濡且熱? 知固非道而眞人眞知, 能登假于道也若此.

여혜경 : 진인(眞人)은 순수하고 소박함을 일체화하며 '나'가 없으니, 높은 곳에 오르는 것이 나의 행위인데 누가 두렵게 할 것이며, 물이나 불도 또한 나의 행위인데 누가 젖게 할 것이며 뜨겁게 할 것인가. 지(知)가 본디 도(道)는 아니지만, 진인(眞人)의 진지(眞知)가 올라가서 도(道)에 이를 수 있는 것이 이와 같다.

■ 王云 : 眞人不以得失介于心, 則與物不迕, 而物亦不傷之矣. 此非眞人之有異乎人, 蓋由以眞知而入道故也.

왕방 : 진인은 득실을 개의치 않으니 사물을 거스르지 않으며 사물도 또한 그를 손상하지 않는다. 이것은 진인이 일반 사람들과 달라서가 아니라, 대개 진지(眞知)로써 도(道)에 들어갔기 때문이다.

■ 林云 : 過, 失也. 自得, 自多也. 凡事或失或成, 皆委之自然, 不以失爲悔, 成爲喜也. 不慄不濡不熱, 卽無入而不自得也. 假, 至也, 言其深造於道也.

임희일 : 과(過)는 실패이다. 자득(自得)은 스스로 자랑스럽게 여기는 것이다. 무릇 일이란 실패할 수도 있고 성공할 수도 있는데, 모두를 자연에 돌리고, 실패했다고 후회하지도 않고 성공했다고 기뻐하지도 않는 것이다. 두려워하지 않고 젖지 않고 뜨거워하지 않는 것이 바로, 어디를 가도 자득치 아니함이 없는 것이다. 격(假)은 이른다(至)는 뜻이니, '그가 도에 깊이 나아갔다.'는 말이다.

■ 褚云 : 過蓋適然耳, 何悔之有? 當亦適然耳, 何自得之有? 譬夫飄瓦·虛舟,9) 無心迕物, 何者爲慄, 何者爲濡與熱哉? 因知而升至於道, 猶若此, 況忘知者乎!

저백수 : 허물은 대개 마침 그러한 것일 뿐이니, 무슨 후회가 있겠는가. 합당함도 또한 마침 그러한 것일 뿐이니, 무슨 자득함이 있겠는가. 비유하자면, 저 바람에 날린 기왓장이나 비어 있는 배와 같아서, 마음을 비운 채 외물을 만나니, 무엇을 두려워하겠으며, 무엇을 축축하다 여길 것이며 무엇을 뜨거워하겠는가. 알음을 인하여 올라가 도에 이르는 것도 오히려 이와 같은데, 하물며 알음을 잊은 자이랴!

■ 品節 : 登高不慄, 高而不危也. 不熱, 常淸也.

진심 : 높은 곳에 올라도 두려워하지 않는다는 것은, 높아도 위태하지 않다는 말이다. 뜨겁지 않다는 것은, 항상 서늘하다는 말이다.

---

9) 《장자》〈달생(達生)〉에 "원수를 갚는 사람일지라도 상대의 좋은 칼을 꺾어버리지는 않으며, 비록 성격이 못된 인간일지라도 바람에 날려온 기왓장을 원망하지는 않는다.[復讎者不折鏌干, 雖有忮心者不怨飄瓦.]"하였다. 칼과 기왓장은 무심(無心)한 물건이기 때문에, 세상에서 피해를 당하지 않는다는 말이다. 《장자》〈산목(山木)〉에 "배를 나란히 하여 황하를 건너는데, 어떤 빈 배 하나가 와서 내 배에 부딪치면, 비록 속이 좁은 인간일지라도 화를 내지 않는다.[方舟而濟於河, 有虛船來觸舟, 雖有惼心之人, 不怒.]"하였다.

古之眞人, 其寢不夢, 其覺無憂, 其食不甘, 其息深深.
옛날의 진인(眞人)은 잘 때에 꿈을 꾸지 않고, 깨어 있을 때에 근심이 없고, 먹을 때에 맛있게 여기지 않고, 숨 쉴 때에 깊게 쉬었다.

■ 郭云 : 寢不夢, 無意想也. 覺無憂, 遇卽安也.
곽상 : 잠잘 때에 꿈을 꾸지 않는다는 것은 의상(意想)이 없다는 말이다. 깨어 있을 때에 근심이 없다는 것은 만나는 상황을 편안히 받아들인다는 말이다.

■ 呂云 : 無思慮則寢不夢, 無嗜欲則食不甘, 然後其息深深而以踵矣.
여혜경 : 사려(思慮)가 없으면 잠잘 때 꿈을 꾸지 않는다. 기욕(嗜欲)이 없으면 먹을 때에 맛있다고 여기지 않는다. 그런 뒤에 그 숨이 깊고 깊어서 발뒤꿈치로 숨을 쉰다.

■ 疑獨云 : 心無思者, 魂不遊于物, 其寢所以無夢. 形無爲者, 神不役於物, 其覺所以無憂. 味無味者, 不味于味, 其食所以不甘.
임의독 : 마음에 사려가 없는 자는 혼(魂)이 사물에서 노닐지 않기 때문에 잠잘 때에 꿈을 꾸지 않는다. 형체가 인위적인 일을 하지 않는 자는 정신이 외물에 부림을 받지 않기 때문에 깨어 있을 때에 근심이 없다. 무미(無味)를 맛있게 여기는 자는 맛있는 것을 맛있게 여기지 않기 때문에 먹는 음식이 달지 않다.

■ 林云 : 不夢, 神定也, 至人無夢. 無憂, 與接而不以心鬪也.10) 不甘, 無求飽也.11)

---

10) 《장자》〈제물론(齊物論)〉에 "(깨어 있을 때에는) 접촉하는 것과 뒤엉켜 날마다 마음으로 전투를 한다.[與接爲搆, 日以心鬪.]"하였다.
11) 《논어》〈학이(學而)〉에 "군자는 먹음에 배부르기를 추구하지 않으며, 거처함에 편안하기를 추구하지 않으며, 일에는 민첩하고 말에는 신중하며, 도를 지닌 이에게 나아가서 자기를 바로잡는다. 그러니 배우기를 좋아한다고 이를 만하다.[君子食無求飽, 居無求安, 敏於事而愼於言, 就有道而正焉, 可謂好學也已.]"하였다.

임희일 : 꿈꾸지 아니함不夢은 정신이 안정되었다는 말이다. 지인(至人)은 꿈을 꾸지 않는다. 근심이 없음無憂은 접촉하는 외물과 더불어 마음으로 싸우지 않는다는 말이다. 달지 않음不甘은 배부르기를 추구함이 없다는 말이다.

■ 品節 : 寢不夢, 覺無憂, 起居皆適也.

진심 : 잘 때에 꿈꾸지 않고 깨어 있을 때에 근심하지 않는 것은 기거(起居)가 모두 알맞다는 말이다.

■ 按 : 有道之人, 審於知人知天, 故得失禍福, 無以動其心. 所以能淸靜恬澹, 魂閑而神不撓. 神安則息定, 故深深然而如不出也.

박세당 : 도(道)를 지닌 사람은 사람을 잘 알고 하늘을 잘 알기 때문에 얻거나 잃거나 재앙을 당하거나 복을 받거나 간에 그 마음을 동요시키지 않는다. 그래서 청정(淸靜)하고 염담(恬澹)하여, 혼(魂)이 한가하고 정신이 동요하지 않을 수 있다. 정신이 안정되면 호흡이 안정된다. 그러므로 숨이 깊숙하여 마치 내쉬지 않는 것과 같다.

眞人之息以踵, 衆人之息以喉. 屈服者, 其嗌言若哇. 其嗜欲深者,12) 其天機淺.

진인(眞人)은 숨을 발꿈치로 쉬고 일반 사람들은 숨을 목구멍으로 쉰다. 굴복하는 자는 그 목멘 말이 목에 걸린 음식물을 토하는 것 같다. 기욕(嗜欲)이 깊은 자는 그 천기(天機)가 얕다.

■ 郭云 : 眞人之息以踵, 乃在根本中來. 若哇, 氣不平暢也. 深根寧極,13)

---

12) '嗜'는 '耆'로도 쓴다.
13) 《장자》〈선성(繕性)〉에 "시대와 운명을 만나지 못하여 천하에서 크게 곤궁한 상황이 된다면, 근본을 깊이 잘 간직하며 지극한 천성을 편안히 보전하고 기다린다. 이것이 몸을 보존하는 방법이다.[不當時命而大窮乎天下, 則深根寧極而待. 此存身之道也.]" 하였다.

然後反一無欲. 故嗜欲深者, 天機淺也.

곽상 : 진인(眞人)이 숨을 발뒤꿈치로 쉬는 것은, 근본 안에서 나오는 것이다. 와(哇)와 같다는 것은 기운이 고르지 않고 펴지지 않았다는 말이다. 근본을 깊이 간직하며 지극함을 편안히 보전한 뒤에 하나로 돌이켜서 인욕을 없게 한다. 그러므로 기욕(嗜欲)이 깊은 자는 천기(天機)가 얕다.

■ 呂云 : 踵者, 息之所自起, 猶身之足, 皆以至下言之. 深之又深, 則至於無息矣. 衆人失守者, 其嗌言若哇, 求息以踵, 得乎? 其天機淺, 物觸則發也. 其息以踵, 則去物遠矣.

여혜경 : 뒤꿈치는 숨이 처음 일어나는 데이니, 몸으로 말하자면 발과 같다. 모두 아주 낮은 것으로 말한 것이다. 깊게 하고 또 깊게 하면, 숨을 쉬지 아니하는 데에까지 이른다. 지키는 바를 잃은 보통 사람들은 그 목멘 말이 마치 토하는 것과 같으니, 숨을 뒤꿈치로 쉬려고 한들 가능하겠는가? 그 천기가 얕으면 사물이 닿기만 하면 반응한다. 그 숨을 뒤꿈치로 쉬면 사물과는 아주 멀리 떨어지게 된다.

■ 林云 : 道書修養之論, 其原在此. 神定則其出入之息深深, 皆自踵而上, 至於口鼻. 神無所養, 則其出入之息, 止於喉間而已. 靜躁不同, 體於身者見之. 嗌, 咽也. 哇, 吐也. 言語只在口頭. 深淺者, 天理人欲隨分數消長也.

임희일 : 도가서(道家書)에 나오는 수양(修養)의 이론들은 그 근원이 여기에 있다. 정신이 안정되면 그 들고나는 숨이 깊어서 모두 발꿈치에서 올라와서 입과 코에 이른다. 정신에 수양이 없으면 그 들고나는 숨이 단지 목구멍에서 이루어지고 말 뿐이다. 고요함과 조급함이 같지 않으니, 몸과 일체가 된 자는 그것을 안다. 익(嗌)은 목구멍[咽]이고, 와(哇)는 토해냄[吐]이니, 언어가 단지 입에만 있다는 말이다. 얕다거나 깊다거나 하는 것은, 천리(天理)와 인욕(人欲)이 분수(分數)에 따라 줄어들거나 늘어나거나 한다는 말이다.

■ 羅云: 息之深者, 如藏于足, 息之淺者, 如出于喉. 天機者, 天然之機. 嗜欲深則息淺矣, 如屈服者, 嗜欲深也. 嗑言若哇者, 天機淺也.
나면도: 숨이 깊은 자는 마치 발에 담아두는 것과 같고 숨이 얕은 자는 마치 목구멍에서 나오는 것과 같다. 천기(天機)는 천연(天然)의 기틀(機)이다. 기욕이 깊으면 숨이 얕다. 이를테면, 굴복하는 자는 기욕(嗜欲)이 깊으며, 목멘 말을 마치 토하듯이 하는 자는 천기(天機)가 얕다.

■ 品節: 心有靜躁, 則氣之出入, 因之而有淺深. 性定則息常歸根. 踵卽根也. 所謂心息相依, 神氣相守者也.
진심: 마음에 고요함과 조급함이 있으면, 기운이 나가고 들어옴이 그것을 인하여 얕음과 깊음이 있다. 성정이 안정되면 숨이 항상 뿌리로 돌아간다. 종(踵)이 곧 뿌리이다. 이른바 '마음과 숨이 서로 기대고, 정신과 기운이 서로 지킨다.'는 것이다.

■ 按: 此言'神安而氣平, 則其息徐以深, 若自踵而起. 神疲氣亂, 則其息急而淺, 若由喉而出也.' 非眞謂以踵而息. 凡人屈抑壓伏, 則其言之出於口, 若嗑間有物而嘔哇者. 此其神疲氣亂而喘息茀逆之明驗也. 夫嗜欲之深者, 爲物所役, 其神常疲, 其氣常亂, 則天機日汨而所發彌淺, 不但其息之不能深而已. 此蓋以息之淺深而明天機之消長, 非如道家所言. 彼乃妄爲傅會耳.
박세당: 이것은 '정신이 안정되고 기운이 고르면 그 숨이 느리고 깊어서 마치 뒤꿈치에서 일어나는 것 같고, 정신이 피로하고 기운이 어지러우면 그 숨이 급하고 얕아서 마치 목구멍에서 나오는 것 같다.'는 말이다. 진짜로 뒤꿈치로 숨을 쉰다고 하는 것이 아니다. 무릇 사람이 눌려 억압을 당하면 그 말이 입에서 나오는 것이 마치 목구멍에 음식물이 걸려서 토해내는 것과 같다. 이것은 정신이 피로하고 기운이 어지러워서 숨을 제대로 쉴 수가 없는 분명한 증험이다. 기욕(嗜欲)이 깊은 자는 사물에 부림을 당해서 그 정신이 항상

피로하고 그 기운이 항상 어지러우니, 천기(天機)가 날로 줄어들어 발현하는 바가 더욱 얕아진다. 그 숨이 깊을 수 없을 뿐만이 아니다. 이것은 대개 숨의 얕고 깊음으로써 천기(天機)의 줄어듦과 늘어남을 밝힌 것이니, 도가(道家)에서 하는 말과는 같지 않다. 저 도가에서 하는 말은 곧 망녕되이 견강부회한 것일 뿐이다.

古之眞人, 不知悅生, 不知惡死, 其出不訢, 其入不距. 翛然而往, 翛然而來而已矣.

옛날의 진인(眞人)은 삶을 좋아할 줄도 몰랐고 죽음을 싫어할 줄도 몰랐으며, 나오는 것을 기뻐하지도 않았고 들어가는 것을 버티지도 않았다. 훌쩍 가고 훌쩍 올 따름이었다.

■ 郭云 : 不知悅生惡死者, 與化爲體. 不訢不距者, 泰然而任之也. 翛然往來者, 寄之至理故往來而不難也.

곽상 : 삶을 좋아할 줄도 죽음을 싫어할 줄도 몰랐다는 것은, 조화와 더불어 한 몸이 되었다는 뜻이다. 기뻐하지도 않고 버티지도 않았다는 것은, 태연히 맡겨두었다는 뜻이다. 훌쩍 가고 훌쩍 왔다는 것은, 지극한 이치에 의탁했기 때문에 가고 오는 것을 어려워하지 않았다는 뜻이다.

■ 呂云 : 生而悅, 死而惡, 出而訢, 入而距, 以棄其所謂翛然者, 則是以心捐道.

여혜경 : 태어나면 좋아하고 죽으면 싫어하며 나오는 것을 기뻐하고 들어가는 것을 버텨서, 그 이른바 자연스레 훌쩍 움직이는(翛然) 것을 버리면, 이는 사사로운 마음으로 도를 버리는 것이다.

■ 林云 : 出, 生也. 入, 死也. 往來始終受復, 卽是生死. 距, 逆也. 翛然, 隨之之意.

임희일 : 출(出)은 태어남(生)이고 입(入)은 죽음(死)이다. 감과 옴, 시작과 마침, 받음과 돌아감은 바로 태어남과 죽음이다. 거(距)는 거스른다(逆)는 뜻이다. 소연(翛然)은 뒤따른다는 뜻이다.

■ 焦云 : 出卽生也, 來也, 始與受也. 入卽死也, 往也, 終與復也.

초횡 : 나옴은 곧 태어남이고 옴이고 시작이고 받음이다. 들어감은 곧 죽음이고 감이고 마침이고 돌아감이다.

不忘其所始[14], 不求其所終. 受而喜之, 忘而復之, 是之謂不以心捐道, 不以人助天, 是之謂眞人.

그 시작한 데를 잊지 않고 그 끝나는 데를 탐구하지 않았다. 받아서는 기뻐하고 잊고서 돌아갔다. 이것을 일러, '사심으로 도를 등지지 않으며 인위로 하늘을 돕지 않는다.'고 한다. 이것을 진인(眞人)이라 한다.

■ 郭云 : 終始變化, 皆忘之矣. 豈直逆忘其生, 而猶復探求死意耶? 夫人生而靜, 天之性也. 感物而動, 性之欲也. 物之感人無窮, 人之逐物無節, 則天理滅矣.[15] 眞人知用心則背道, 助天則傷生, 故不爲也.

곽상 : 끝과 처음의 변화를 모두 잊는다. 어찌 단지 그 태어남만을 거슬러 잊고 오히려 죽음의 의미를 다시 탐구하겠는가? 대저 사람이 태어나서 고요한

---

14) '忘'을 '志'의 오류로 보는 주해도 있다.
15) 《예기(禮記)》〈악기(樂記)〉에 "사람이 태어나 고요한 것은 하늘이 준 성품이다. 외물에 감응하여 동요하는 것은 그 성품의 욕구이다. 외물이 오면 하나하나 알게 된 뒤에 호오가 생겨난다. 호오가 안에서 절도가 없고 지각이 외물에 유혹을 당할 때에, 자기에게 돌이킬 수 없으면 천리가 소멸한다.[人生而靜, 天之性也. 感于物而動, 性之欲也. 物至知知, 然後好惡形焉. 好惡無節於內, 知誘於外, 不能反躬, 天理滅矣.]"하였다.

것은 하늘이 준 성품이고, 외물에 감응하여 동요하는 것은 그 성품의 욕구이다. 외물이 사람을 감응시키는 것이 무궁하고 사람이 외물을 따라가는 것이 절도가 없으면, 천리(天理)가 소멸한다. 진인(眞人)은, 마음을 쓰면 도를 등지게 되고 인위로 하늘을 도우면 생명을 해치게 된다는 것을 알기 때문에 그런 일을 하지 않는다.

■ 呂云 : 愛生而求其生之所始, 畏死而求其死之所終, 不能喜而受之, 忘而復之, 昧于自然而益生焉, 是以人助天也.

여혜경 : 삶을 아까워하여 그 삶이 처음 시작된 데를 탐구하고, 죽음을 두려워하여 그 죽음의 종착지를 탐구하며, 기쁘게 받지 못하고 잊은 채 돌아가지 못하여, 자연(自然)에 어두워 생명을 늘리려고 하면, 이것은 인위로 하늘을 돕는 것이다.

■ 林云 : 不忘所始, 不求所終, 卽所謂原始要終, 故知生死之說也.[16] 受, 受其形也. 得之於天, 安得不喜! 復, 歸也. 全而歸之, 無所係念. 不以人助天, 壽夭有命, 人力無所加也. 不捐, 不離.

임희일 : 시작한 데를 잊지 않고 끝나는 데를 찾지 않는다는 것은 바로 이른바 '처음을 거슬러 올라가서 끝을 찾아낸다. 그러므로 삶과 죽음에 대한 설명을 안다.'는 것이다. 수(受)는 그 형체를 받는다는 뜻이다. 하늘에서 얻었으니 어찌 기뻐하지 않으랴! 복(復)은 돌아간다는 뜻이다. 온전하게 돌아가니 괘념하는 바가 없다. 인위로써 하늘을 돕지 않는다는 것은, 장수하거나 요절하는 것이 천명이 있는 것이어서 인력으로는 어찌할 수 없다는 뜻이다. 불연(不捐)은 떨어지지 아니한다는 뜻이다.

---

16) '生死'는 《구의교주》에는 '死生'으로 되어 있다. 《주역》〈계사전 상〉에 "우러러 천문(天文)을 관찰하고 굽어 지리(地理)를 살핀다. 이 때문에, 유명(幽明)의 일을 안다. 사물의 시초를 궁구하고 사물의 종말을 돌이킨다. 그래서 사생(死生)의 이론을 안다.[仰以觀於天文, 俯以察於地理. 是故, 知幽明之故. 原始反終, 故知死生之說.]" 하였다.

■ 焦云 : 出入造化, 遊戲死生, 奚悅與惡之有? 心一有所變, 卽捐道矣. 人助天者, 狹其所居, 厭其所生,[17] 求益于有生之外者也.

초횡 : 조화(造化)에 출입함으로써 사생(死生)에 놀며 희롱할 수 있는데, 어찌 기뻐하거나 싫어하거나 함이 있겠는가? 마음이 한 번이라도 변화함이 있으면 곧 도를 버리는 것이다. 인위로 하늘을 돕는다는 것은, 그 거처를 좁게 여기고 그 삶에 싫증을 내어, 인생의 바깥에서 이익을 추구하는 것이다.

■ 按 : 此言'不悅不惡, 不訢不距, 儵然往來, 無忘所始, 而忘其所終, 受而復之, 則爲能不以私意背道之眞, 不以妄作逆天之常, 順理安命, 盡其性而全其德也.'

박세당 : 이 단락은, '좋아하지도 않고 싫어하지도 않으며 기뻐하지도 않고 버티지도 않으며 훌쩍 가고 오며, 처음 온 곳을 잊지도 않고 마지막 갈 곳을 생각하지도 않으며, 그대로 받고 그대로 돌아간다면, 사사로운 뜻으로 참된 도를 등지지 않고 망녕된 작위(作爲)로 하늘의 상도(常道)를 억측하지 아니할 수 있게 되어, 이치에 따르고 천명을 편안히 받아들여, 그 천성을 극진히 다 하고 그 덕을 온전히 갖추게 된다.'는 것을 말하였다.

若然者, 其心志, 其容寂, 其顙頯. 凄然似秋, 煖然似春, 喜怒通四時, 與物有宜而莫知其極.

그와 같은 자는 그 마음이 안정되고 그 용모가 고요하고 그 이마가 널찍하다. 서늘하여 가을과 같고 따뜻하여 봄과 같다. 기쁨과 노여움이 사시(四時)와 통하여, 만물과 더불어 잘 어울려 그 궁극을 아무도 모른다.

---

17) 《노자》 제72장에 "백성이 위엄을 두려워 아니하면 큰 위엄이 이른다. 그 거처를 좁게 여기지 말며 그 삶에 싫증을 내지 말라.[民不畏威, 則大威至. 無狹其所居, 無厭其所生.]" 하였다.

■ 郭云 : 殺物, 非爲威也. 生物, 非爲仁也. 體道合變, 與寒暑同其溫嚴, 而未嘗有心也. 無心於物, 故不奪物宜, 無物不宜, 故莫知其極.
곽상 : 만물을 죽여도 위엄이 되지 않고, 만물을 살려도 사랑이 되지 않는다. 도(道)와 한 몸이 되고 변화와 합치하여, 한서(寒暑)와 그 따뜻함과 냉엄함을 함께하고 사사로운 마음을 전혀 두지 않는다. 만물에 마음을 두지 않기 때문에 만물의 마땅함을 빼앗지 않고, 마땅치 아니한 만물이 없기 때문에 그 궁극을 아무도 모른다.

■ 呂云 : 志者, 志于道也. 容寂則神凝不動, 顙頯則反朴無態. 凄然似秋, 非有所惡, 煖然似春, 非有所愛. 喜怒通四時, 則同乎天和, 所以與物宜也.
여혜경 : 지(志)라는 것은 도에 뜻을 둔다는 뜻이다. 모습이 고요하면 정신이 응결되어 동요치 아니하고, 이마가 널찍하면 순박함을 회복하여 꾸미는 태도가 없다. 서늘하여 가을과 같은 것은 미워하는 대상이 있어서가 아니고, 따뜻하여 봄과 같은 것은 사랑하는 대상이 있어서가 아니다. 기쁨과 노여움이 사시(四時)와 통하면 자연의 조화와 한 가지가 되니, 그래서 만물과 더불어 합당하게 된다.

■ 林云 : 志者, 有所主而定. 寂, 靜也. 凄然, 怒也. 煖然, 喜也. 喜怒, 猶四時之春秋也. 隨事而處, 各得其宜, 無一定, 卽所謂'接而生時乎心'者也.
임희일 : 지(志)라는 것은 주인 삼은 바가 있어서 안정적이라는 뜻이다. 적(寂)은 고요하다(靜)는 뜻이다. 처연(凄然)은 노여움의 뜻이고 난연(煖然)은 기쁨의 뜻이다. 희로(喜怒)는 사시(四時)의 춘추(春秋)와 같다. 일에 따라 대처하는 것이 각각 그 마땅함을 얻어, 하나로 고정되지 않으니, 이것이 바로 이른바 '접촉해서 마음에 때가 생긴다[接而生時乎心].'는 것이다.

■ 品節 : 志者, 終始如一, 心有所主. 顙, 廣大貌, 不蹙蹙也. 凄然如秋,滋味冷淡也. 煖然如春, 神氣冲和也.

진심 : 지(志)는 처음부터 끝까지 한결같아서 마음에 주인삼는 바가 있다는 뜻이다. 규(頯)는 넓고 큰 모양이니, 근심걱정을 아니한다는 뜻이다. 서늘히 가을과 같다는 것은 기상(滋味)이 냉담(冷淡)하다는 뜻이고, 따뜻이 봄과 같다는 것은 신기(神氣)가 조화롭다는 뜻이다.

■ 按 : 焦註云, '志, 趙氏正爲忘, 似當.' 未知是否.

박세당 : 초횡의 주석에 '지(志)자는 조이부(趙以夫)가 망(忘)자로 바로잡았는데, 그것이 합당한 듯하다.'고 하였는데, 옳은지 그른지 모르겠다.

故聖人之用兵也, 亡國而不失人心. 利澤施乎萬世, 不爲愛人.

그러므로 성인(聖人)이 군대를 운용하는 방법은, 나라를 멸망시켜도 인심을 잃지 않는다. 이익과 은택이 만세에 베풀어 퍼지더라도 사람을 사랑한 것이 되지 않는다.

■ 郭云 : 因人之所欲亡而亡之, 故不失人心也. 聖人之在天下, 煖然若陽春之自和, 故蒙澤者不謝. 凄然若秋霜之自降, 故凋落者不怨.

곽상 : 사람들이 망하기를 원하는 것을 인하여 망하게 하기 때문에 인심을 잃지 않는다. 성인(聖人)이 천하에 있는 것이, 따뜻이 봄날이 온화한 것과 같기 때문에 은택을 입은 자들이 고마워하지 않고, 싸늘하게 마치 가을 서리가 내리는 것과 같기 때문에 낙엽지듯 떨어져도 원망하지 않는다.

■ 呂云 : 亡國不失人心, 吾無心乎惡之也. 澤萬世不爲愛, 吾無心乎愛之也.

여혜경 : 나라를 망하게 해도 인심을 잃지 아니하는 것은, 미워하는 데에 내가 무심하기 때문이다. 만세토록 은택을 남겨도 사랑이 되지 않는 것은, 사랑

하는 데에 내가 무심하기 때문이다.

■ 品節 : 處物無心. 則無恩怨矣.

진심 : 외물에 대처함에 무심하면, 은혜로 여기지도 않고 원망하지도 않는다.

故樂通物, 非聖人也. 有親, 非仁也. 天時, 非賢也. 利害不通, 非君子也. 行名失己, 非士也. 亡身不眞, 非役人也. 若狐不偕, 務光, 伯夷, 叔齊, 箕子, 胥餘, 紀他, 申徒狄, 是役人之役, 適人之適, 而不自適其適者也.

그러므로 만물을 통하게 하는 것을 즐거워하면 성인이 아니다. 친애함이 있으면 인(仁)이 아니다. 천시(天時)를 따지는 것은 현(賢)이 아니다. 이익과 손해가 통합되지 않으면 군자(君子)가 아니다. 명성을 추구하여 자기 자신을 잃으면 사(士)가 아니다. 몸을 망치고 참되지 않으면 남을 부리는 사람이 아니다. 이를테면, 호불해(狐不偕), 무광(務光), 백이(伯夷), 숙제(叔齊), 기자(箕子), 서여(胥餘), 기타(紀他), 신도적(申徒狄)은 부림을 받아 남의 일을 하고, 남의 길을 가면서 자기가 갈 길을 가지 않은 자들이다.

■ 郭云 : 聖人無樂也, 物自通耳. 無親也, 物自存耳. 天時者, 未若忘時而自合之賢也. 不能一是非之塗而就利違害, 則傷德矣. 善爲士者, 遺名而自得, 故名當其實而福應其身. 自失其性而矯以從物, 受役多矣, 安能役人? 若狐不偕之徒, 斯皆舍己徇人者也.

곽상 : 성인은 즐기는 것이 없다. 만물이 스스로 통할 따름이다. 친애하는 것이 없다. 만물이 스스로 존재할 뿐이다. 천시(天時)라는 것은 때를 잊고 스스로 합치하는 것만 못하다. 시비(是非)의 길을 하나로 할 줄을 모르고 이익을 추구하고 손해를 피한다면, 덕을 손상한다. 사(士) 노릇을 잘하는 자는 명성

을 버리고 자득하므로 명성이 그 실제에 합당하고 복(福)이 그 몸에 호응한다. 그 천성을 스스로 잃고 왜곡시켜 외물을 따르면, 부림을 당하는 일이 많으니, 어떻게 남을 부릴 수 있겠는가. 호불해(狐不偕) 같은 자들이 바로 모두 자기를 버리고 남을 따른 자들이다.

■呂云 : 其于物也, 因其自通. 其于仁也, 天下兼忘. 其于時也, 行藏在我. 困而不失其所守者, 君子. 所守異乎凡民者, 士也. 要皆有所謂眞然後, 足以充其名. 若狐不偕之徒, 皆役人之役, 而不自適其適者也. 唯無所爲而爲之, 乃所以自適其適也.

여혜경 : 만물에 대해서는 그들이 스스로 통하게 내버려 두고 그대로 따른다. 인(仁)에 대해서는 천하가 모두 잊는다. 때에 대해서는 나가거나 들어앉거나 나에게 달려 있다. 곤궁해도 그 지키는 바를 잃지 아니하는 자는 군자이고, 지키는 바가 보통 사람과 다른 자는 사(士)이다. 요컨대, 모두 이른바 진(眞)이라는 것이 있은 뒤에 그 이름을 충분히 채울 수가 있다. 호불해 같은 자들은 모두 남이 해야 할 일을 하고, 자기가 가야 할 길을 스스로 가지 아니한 자들이다. 오직 하는 바가 없이 하는 것이라야 바로 스스로 자기 길을 즐거이 가는 방법이다.

■林云 : 樂通物者, 以物得其所爲樂也. 有疎有親, 有心矣. 天時, 順時而動也. 眞, 自然也. 不知自然而勞苦以喪其身, 是役於人者, 非役人者也.

임희일 : 낙통물(樂通物)이라는 것은 '만물이 득기소(得其所)하는 것'으로 즐거움을 삼는다는 뜻이다. 소원함이 있고 친애함이 있으면 사사로운 마음이 있는 것이다. 천시(天時)라는 것은 때에 순종하여 움직인다는 뜻이다. 진(眞)은 자연(自然)이다. 자연을 알지 못하고 노고하여 그 몸을 잃으면, 이는 타인에게 부림을 당하는 자이지 타인을 부리는 자가 아니다.

■品節 : 此譏切賢者, 以形容眞人之不可及. 言'八人者, 樂與羣衆相通也, 親親以示仁也, 以天時爲賢也, 就利而違害, 好名而忘己也, 忘身以役人也.' 此八人者, 其爲人多, 其自爲少, 終於辱殆也.

진심 : 이 구절은, 현자를 비판하여 진인에 미칠 수 없음을 형용하였다. '8인은 군중(群衆)과 서로 통하는 것을 즐거워하였고, 가까운 이를 친애하여 인(仁)을 보였고, 천시(天時)를 낫다고 여겼고, 이익을 추구하고 손해를 피하며 명예를 좋아하여 자기를 잊었으며, 몸을 잊고 남에게 부림을 당했다.'는 말이다. 이 8인은 남의 이목을 의식하는 것이 많고 자신의 내면을 위하는 것이 적어서 마침내 치욕을 당하고 위태하였다.

■ 按 : 以通物爲樂, 則澤施而愛形, 爲有親矣. 必相時而動, 則工於避就而不安命, 爲利害不通矣. 動以爲名而不知失己, 則騖外而喪其本性, 爲亡身不眞矣. 役人之役, 人役之而己受其役也. 適人之適, 人所適而己以爲適也. 此皆以一意而輒分爲兩端, 乃其辭之所以爲參差諔詭, 而亦以致其反覆之意也.

박세당 : 만물을 통하게 하는 것으로 즐거움을 삼으면, 은택이 베풀어지고 사랑이 드러나니, 친애함이 있어서이다. 반드시 때를 살펴서 움직이면, 피하고 나아감에 공교하여 천명을 편안히 여기는 것이 아니니, 이익과 손해가 융통해지지 않아서이다. 움직여 명성을 추구하여, 자기를 잃는다는 사실을 모르면, 밖으로 치달아서 그 본성(本性)을 잃으니, 자기 몸을 죽이고 참되지 않아서이다. 역인지역(役人之役)은, 타인이 부리고 자기는 그 공역을 부과받는다는 뜻이다. 적인지적(適人之適)은, 타인이 갈 곳인데 그곳을 자기가 갈 곳으로 삼는다는 뜻이다. 이것은 모두 하나의 뜻을 나누어서 양단(兩端)을 만들었으니, 이것이 바로, 그 말이 들쭉날쭉 기이하게 된 까닭이며 또한 반복하는 뜻이 된 까닭이다.

古之眞人, 其狀義而不朋, 若不足而不承. 與乎其觚而不堅也, 張乎其虛而不華也. 邴邴乎其似喜乎, 崔乎其不得已乎! 滀乎進我色也, 與乎止我德也. 厲乎其似世乎! 謷乎其未可制也. 連乎其似好閉也, 悗乎忘其言也.18)

옛날의 진인(眞人)은 그 형상이 중립을 지키며 붕당을 짓지 않고, 부족한 듯하면서도 아첨하지 않았다. 머뭇머뭇 모서리가 있으면서도 고집스럽지는 않고, 툭 트여 비었으면서도 화려하지 않았다. 흡사 기쁜 일이 있는 듯이 환하였고, 아주 마지못하게 되어서야 대응하였다. 미적미적 나의 안색을 나타내고, 머뭇머뭇 나의 덕(德)을 멈추었다. 엄하여 세상과 흡사하였고, 거대하여 제어할 수가 없었다. 치밀하여 마치 닫기를 좋아하는 듯하였고, 다소곳이 그 말을 잊었다.

■ 郭云 : 義而不朋, 與物同宜而非朋黨也. 沖虛無餘, 若不足也. 虛而不華, 曠然無懷, 乃至於實也. 邴邴似喜, 暢然和適故也. 崔乎不得已者, 動靜行止, 常居必然之極也. 謷乎未可制者, 高放而自得也. 連乎似好閉者, 綿邈深遠, 莫見其門也.

곽상 : 의이불붕(義而不朋)은 만물과 더불어 마땅함을 함께하면서도 붕당이 되지 않았다는 뜻이다. 속이 텅 비어 남음이 없어서 마치 부족한 듯하였다는 뜻이다. 허이불화(虛而不華)는 텅 비어서 품은 것이 없으므로 이에 실(實)에 이르렀다는 뜻이다. 환하게 기쁜 듯한[邴邴似喜] 것은 통창하여 온화하고 적합하기 때문이다. 촉급하여 부득이한[崔乎不得已] 것은 행동거지가 항상 필연(必然)의 궁극에 있기 때문이다. 우뚝하여 제어할 수 없다는[謷乎未可制] 것은 고원하게 구속을 벗어나 자득한다는 뜻이다. 아득히 닫힌 것을 좋아하는 듯하다는 [連乎似好閉] 것은 아득히 깊고 멀어서 그 문을 볼 수 없다는 뜻이다.

---

18) '悗'은 대본에는 '悦'로 되어 있으나 여타 판본에 모두 '悗'으로 되어 있으므로 고쳤다.

■陳云 : 不可得而親疎, 不可得而貴賤, 行雖不圓而非固守, 文雖弗實而非滅質. 暢然自適也, 迫而後應也. 嗇精於內, 發神於外也. 利用于外, 不蕩於內也.

진상도(陳詳道) : 친소(親疎)를 따질 수 없고, 귀천(貴賤)을 따질 수 없고, 행실이 비록 둥글지 않지만 고집스럽게 지키는 것이 아니며, 꾸밈이 비록 실제가 아니지만 바탕을 소멸시키는 것이 아니다. 통창히 유유자적하는 것이며, 급박한 이후에 반응하는 것이다. 안에서 정(精)을 아끼고 밖으로 신(神)을 발출하는 것이다. 밖으로 쓰임이 이롭지만 안에서 동탕하지 아니하는 것이다.

■林云 : 狀, 容也. 義而不朋, 中立而不倚也. 若不足而不承, 慊然而不自卑. 承, 奉承自卑之意. 與, 容與也. 張, 舒暢貌. 邴邴, 喜貌. 崔乎, 猶悶然. 滀, 聚也, 充悅之貌. 見於面, 故曰進我色. 厲, 嚴毅. 謷, 大. 無所屈於世, 故曰未可制. 好閉, 不欲開口也. 悗, 俯下之貌.

임희일 : 상(狀)은 모습(容)이다. 의이불붕(義而不朋)은, 가운데에 서서 한 쪽으로 기울지 아니한다는 뜻이다. 약부족이불승(若不足而不承)은, 만족스럽지 않지만 자신을 낮추지 않는다는 뜻이다. 승(承)은 상대를 받들고 자신을 낮춘다는 뜻이다. 여(與)는 여유롭다(容與)는 뜻이다. 장(張)은 펴지고 통창한 모양이다. 병병(邴邴)은 기뻐하는 모양이다. 최호(崔乎)는 겸연쩍어한다(悶然)는 것과 같다. 축(滀)은 모인다(聚)는 뜻이니, 매우 기뻐하는 모양이다. 얼굴에 드러나기 때문에 '나의 안색에 나아온다.'고 하였다. 려(厲)는 엄하고 굳세다(嚴毅)는 뜻이다. 오(謷)는 크다(大)는 뜻이다. 세상에 굽히는 바가 없기 때문에 '제어할 수 없다.'고 하였다. 호폐(好閉)는 입을 열려고 하지 않는다는 뜻이다. 만(悗)은 아래로 굽히는 모양이다.

■品節 : 不苟同也. 謙而不卑也. 有廉隅而無圭角也. 雖舒暢而不浮靡也. 似喜而和光也. 不得已而後應也. 時進而進, 色不諂也. 時止而止, 德不屈也. 厲乎似涉世而不可犯. 謷乎似寬大而不可制也. 連乎愼密而不出諸口.

진심 : 구차스럽게 부화뇌동하지 아니한다. 겸양하되 낮추지는 않는다. 엄격함은 있지만 모나지 않다. 비록 펴지더라도 화려하지는 않다. 기쁜 듯하면서도 빛을 감춘다. 부득이한 뒤에 반응한다. 때가 나아갈 때라서 나아가니 안색에 아첨하는 기색이 없다. 때가 멈출 때라서 멈추니 덕(德)이 굽히는 것이 아니다. 널리 세상일에 관여하는 듯하여 범할 수 없다. 우뚝하게 넓고 큰 듯하여 제어할 수 없다. 매우 신중하고 치밀하여 입에서 내지 않는다.

■ 按 : 潃, 淹潃也. 潃乎進, 則不在必進. 與乎止, 則不在固止. 進止之間, 安時順命, 而意無固必也. 好閉則不衒鬻, 忘言則去是非矣. 曰似世, 曰連乎, 義皆未詳.

박세당 : 축(潃)은 머물러 모인다(淹潃)는 뜻이다. 나아가기를 미적거린다면, 나아가기를 기필하는 데에 뜻이 있지 않다. 멈추기를 머뭇거린다면, 멈추기를 고집하는 데에 뜻이 있지 않다. 나아가거나 멈추거나 하는 때에 시운의 흐름을 편안하게 여기며 천명에 순종하여, 뜻에 고집하거나 기필함이 없다. 닫기를 좋아하면 자랑하여 팔지 아니하고, 말을 잊으면 시비(是非)를 떠난다. 사세(似世)라느니 연호(連乎)라느니 하는 것은 뜻이 모두 미상이다.

以刑爲體, 以禮爲翼, 以知爲時, 以德爲循. 以刑爲體者, 綽乎其殺也. 以禮爲翼者, 所以行於世也. 以知爲時者, 不得已於事也. 以德爲循者, 言其與有足者至於丘也, 而人眞以爲勤行者也.

형정(刑政)으로 몸을 삼고 예(禮)로 날개를 삼고 지(知)로 때를 삼고 덕(德)으로 준칙을 삼았다. 형정으로 몸을 삼는다는 것은 그 죽임을 관대한 마음으로 한다는 말이고, 예로 날개를 삼는다는 것은 세상에 행하는 수단이라는 말이고, 지(知)로 때를 삼는다는 것은 일이 닥쳤을 때에 마지못하는 시의적절한 때를 잘 파악해서 처리한다는 말이고, 덕(德)으로 준칙을 삼는다는 것은, 발이 있는 자와 함께 걸어서 언덕에 도달했는데, 부지런히 걸은 것이라고 사람들은 정말 그렇게 여기는 것을 말한다.

■ 郭云 : 凡此皆自彼而成, 成不在己, 則雖處萬機, 常閑暇自適. 忽然不覺事之經身, 人之大迷, 眞謂至人之爲勤行者也.

곽상 : 무릇 이것들은 모두 저쪽에서 완성되는 것이고 완성이 나에게 있지 아니하니, 비록 만기(萬機)를 처리하더라도 항상 한가하고 자유롭다. 홀쩍 일이 몸을 거쳐가는 것을 자각하지 못하니, 사람의 큰 미혹은, 지인(至人)이 부지런히 행한다고 진짜로 그렇게 생각하는 것이다.

■ 陳云 : 以刑禮知德爲本而已矣. 眞人之道, 用之不勤, 而人眞以爲勤行者. 是覩萬物之衆, 而疑天地雕斲之勤也.

진상도(陳詳道) : 형(刑), 예(禮), 지(知), 덕(德)으로 근본을 삼을 따름이다. 진인(眞人)의 도(道)는 그것을 씀에 애쓰지 않는데, 사람들은 부지런히 행한다고 진짜로 그렇게 생각한다. 이것은 수많은 만물을 보고서, 천지가 부지런히 깎아서 만든 것이 아닐까 하고 생각하는 것과 같다.

■ 林云 : 體, 本也. 綽乎殺, 雖殺之, 而綽綽也. 行於世, 以徇俗也. 時乎用知, 則用知不得已而應事也. 循德者, 循天德之自然也, 循乎自然而無所容力. 如人登小山, 有足者皆自至, 人以爲勤勞而後至, 言不必勞心而行亦自至也.

임희일 : 체(體)는 근본이다. 작호살(綽乎殺)은, 비록 죽이더라도 마음에 걸리는 것이 없다는 뜻이다. 행어세(行於世)는, 예로써 세속을 따른다는 뜻이다. 때에 따라 지(知)를 쓴다면, 지를 쓰는 것은 마지못해서 일에 대응하는 것이다. 순덕(循德)이라는 것은 천덕(天德)의 자연(自然)을 따르는 것이니, 자연을 따르고 인위적인 힘을 쓰는 바가 없다는 뜻이다. 비유하자면, 사람이 작은 산을 오르

는 일은 발이 있는 자는 모두 절로 이르는데 사람들은 부지런히 노력한 뒤에 이르렀다고 여기는 것과 같으니, '굳이 마음을 수고롭히지 않고 걸어도 또한 절로 이르른다.'는 말이다.

■ 品節 : 刑, 法也. 綽乎其殺, 以身爲律, 威而不猛也. 此節意雖有主, 詞頗不粹.

진심 : 형(形)은 법(法)이다. 작호기살(綽乎其殺)은, 몸으로 법률을 삼아, 위엄이 있으면서도 사납지 아니하다는 뜻이다. 이 구절은 뜻은 비록 주장하는 바가 있으나, 말은 자못 순수하지 못하다.

■ 按 : 體者, 恕之以身也. 用刑而恕, 則雖殺人, 而有寬綽之意也. 禮, 所以行故曰翼. 禮之於人, 如鳥之有翼也. 以知爲時者, 事來當前, 辨物處義, 非知不得, 乃所以適時之宜者. 德, 吾之所當循, 循德而德崇, 非如刻勵勤勉以得之者. 順理安行, 沛然自放, 登假于道. 人之不知者, 見以爲眞有銖縷積累之功. 此如與人升丘, 人自以勤行而得至, 意其與己不異, 殊不知豎亥夸父自與跛 牂而不同也.19)

---

19) 수해(豎亥)는 걸음을 빠르게 걷던 사람의 이름이다. 《산해경(山海經)》〈해외동경(海外東經)〉에 "황제가 수해를 시켜 동극(東極)에서 서극(西極)까지 걷게 하였더니 그 거리가 5억 10만 9천 8백 보였다." 하였고, 《회남자(淮南子)》〈추형훈(墜形訓)〉에는 "우(禹) 임금이 수해를 시켜 북극에서 남극까지 걷게 하였더니 2억 2만 3천 5백리 75보였다." 하였다. 《초학기(初學記)》〈지부(地部)〉에는 《산해경》을 인용하여 "황제가 수해를 시켜 동극에서 서극까지 걷게 하였더니 5억 10만 9천 8백 8보였다." 하였고, 《오잡조(五雜俎)》에는 "우 임금이 태장(太章)을 시켜 동극에서 서극까지 걷게 하였더니 2억 3만 3천 5백 리였고, 수해를 시켜 북극에서 남극까지 걷게 하였더니 마찬가지였다." 하였다. 과보(夸父)는 중국 고대 신화에 나오는 달리기 잘하는 사람의 이름이다. 《산해경》〈해외북경(海外北經)〉에 "과보(夸父)가 해와 달리기를 하여 해를 따라 뛰었다. 목이 말라 하수(河水)와 위수(渭水)를 다 마시고, 부족하여 북쪽으로 가서 대택(大澤)을 마시고자 하였는데, 가는 도중에 목이 말라서 죽었다. 그가 버린 지팡이가 변하여 등림(鄧林)이 되었다." 하였고, 《열자(列子)》〈탕문(湯問)〉에는 "과보가 자신의 힘을 요량하지 못하고서 해 그림자를 뒤따르고자 하여 우곡(隅谷)에까지 따라갔는데 목이 마르자 하수와 위수를 다 마셨다. 그러고도 부족하여 장차 북쪽으로 달려 대택(大澤)의 물을 마시고자 했는데 도중에서 목이 말라 죽었다."

박세당 : 체(體)라는 것은, 자기 몸으로 헤아려서 충분히 이해하는 것이다. 형벌을 쓰되 몸으로 헤아리면, 비록 사람을 죽이더라도, 너그러운 마음이 있게 된다. 예(禮)는 행하는 수단이기 때문에 날개[翼]라고 하였다. 예는 사람에게 있어서는 마치 새에게 날개가 있는 것과 같다. 지(知)로 때[時]를 삼는 것은, 일이 눈앞에 닥쳐왔을 때에 사물을 분변하여 정의롭게 처리하자면 지(知)가 아니면 불가능하니, 지가 바로 시의(時宜)에 맞게 하는 도구이다. 덕(德)은 내가 마땅히 따라야 할 대상이어서, 덕을 따르면 덕이 높아지는 것이니, 각고면려하여 얻는 것과 같은 것이 아니다. 이치에 순응하고 편안히 실천하여 물 흐르듯 마음껏 가서 도(道)에 오르는 것이다. 그 사실을 모르는 사람들은 그것을 보고는, 조금씩 오래도록 쌓은 공부가 진짜로 있다고 여긴다. 이것은 마치, 사람들과 언덕을 오를 때에, 사람들이 스스로 부지런히 걸어서 도달해서는, 그도 자기들과 다르지 않을 것이라고 여기면서, 수해(堅亥)와 과보(夸父)는 본래 절뚝발이 암양[跛牂]과는 같지 않다는 사실을 전혀 모르는 것과 같다.

故其好之也一, 其弗好之也一. 其一也一, 其不一也一. 其一與天爲徒, 其不一與人爲徒. 天與人不相勝也, 是之謂眞人.

그러므로 그 좋아하는 것도 '하나'이며 그 좋아하지 않는 것도 '하나'이다. 그 '하나'도 '하나'이며, 그 '하나 아님'도 '하나'이다. 그 '하나'는 하늘과 더불어 무리가 되며 그 '하나 아님'은 사람과 더불어 무리가 된다. 하늘과 사람이 서로 상대를 이기지 않는다. 이렇게 하는 이를 일러 진인(眞人)이라 한다.

―――――――――――

하였다. '牂'은 대본에는 牂으로 되어 있다. 파장(跛牂)은 절뚝발이 암양이다. 《한비자(韓非子)》〈오두(五蠹)〉에, "천 길의 높은 산에서도 절뚝발이 암양을 목축하기 쉬운 것은 위가 평탄하기 때문이다."라고 하였다.

■ 郭云 : 好與不好, 所善所惡, 無二也. 夫眞人同天人, 均彼我, 不以其一異乎不一. 無有不一者, 天也. 彼彼而我我者, 人也. 天人不相勝故冥然無不任也.

곽상 : 좋아함과 좋아하지 아니함, 좋은 대상과 미운 대상이 (상대와 내가) 두 갈래가 아니다. 대저 진인은 하늘과 사람을 동일하게 여기고 저이와 나를 균등하게 여기며, 그 동일함으로써 동일하지 않음을 다르게 여기지 않는다. 동일하지 않음이 없다고 여기는 자는 하늘이고, 저이는 저이이고 나는 나다라고 여기는 자는 사람이다. 하늘과 사람이 서로 상대를 이기지 아니하기 때문에 하나로 섞여 맡겨두지 아니함이 없다.

■ 呂云 : 物視其所一而不見其所異. 好之者美與善而出于此, 不好之者惡與不善而出于此, 則好與不好一也. 一猶水之湛然, 不一猶水之波流, 亦水而已. 與天爲徒, 退藏于密也. 與人爲徒, 吉凶與民同患也.[20]

여혜경 : 만물을 그 하나 되는 바를 보며 그 다른 바를 보지 않는다. 좋아하는 것은 아름다운 것[美]과 선한 것[善]인데 여기서 나왔고, 좋아하지 않는 것은 추한 것[惡]과 불선한 것[不善]인데 여기서 나왔으니, 좋아함과 좋아하지 아니함이 한 가지이다. '하나'는 물이 고요히 맑은 것과 같고 '하나 아님'은 물이 물결치며 흐르는 것과 같은데 또한 물일 따름이다. 하늘과 무리가 됨은 은밀한 곳에 물러나 은둔하는 것이고, 사람과 무리가 됨은 길흉을 백성과 더불어 근심하는 것이다.

■ 王云 : 眞人無心, 其好惡所以一也. 任自然, 故曰與天爲徒. 或使然, 故曰與人爲徒. 毁譽者, 世情之變. 若遺世情而特以兼忘爲是,

---

[20] 《주역》〈계사전 상〉에 "성인은 이로써 마음을 씻어 은밀한 곳에 감추어두며 길흉에 백성과 근심을 함께한다.[聖人以此洗心, 退藏於密, 吉凶與民同患.]" 하였다. 퇴장우밀(退藏于密)은 재능을 감추고 은둔하여 수양, 공부를 한다는 뜻이다.

則何以與人爲徒? 此莊子之所非, 而世反以非莊子也.

왕방 : 진인(眞人)은 사심이 없으니, 그 호오가 그래서 한가지이다. 자연(自然)에 맡기기 때문에 '하늘과 무리가 된다.'고 하였고, 혹 그리되도록 시키기 때문에 '사람과 무리가 된다.'고 하였다. 헐뜯거나 칭찬하는 것은 세상 인정의 변화이다. 만약 세상 인정을 버리고 단지 양쪽을 모두 잊는 것을 옳다고 한다면, 어떻게 사람과 무리가 되겠는가. 이것은 장자가 그르게 여긴 바인데, 세상에서는 도리어 이것으로 장자를 비난하였다.

■ 林云 : 其一, 同也. 其不一, 異也. 以好惡爲同, 則知天, 以好惡爲異, 則知人. 以人勝天, 不可也. 以天勝人, 亦不可也. 眞人則無好無惡, 無異無同, 無分於天人, 但循自然而已. 此乃一與不一皆一也.

임희일 : 기일(其一)은 같음이고 기불일(其不一)은 다름이다. 좋아함[好]과 미워함[惡]을 같게 여기면 하늘을 아는 것이고, 좋아함과 미워함을 다르게 여기면 사람을 아는 것이다. 사람으로 하늘을 이기는 것도 불가하고 하늘로 사람을 이기는 것도 불가하다. 진인(眞人)은 좋아함도 없고 미워함도 없으며 다름도 없고 같음도 없어서, 하늘과 사람을 나누지 않고 단지 자연을 따를 뿐이다. 이것이 바로 '하나'와 '하나 아님'이 모두 '하나'인 것이다.

■ 陸云 : 到此方發出不悅生不惡死之故. 好卽悅也, 不好卽惡也.

육서성 : 여기에 이르러 바야흐로, 삶을 기뻐하지도 않고 죽음을 싫어하지도 않는 까닭을 꺼냈다. 좋아함[好]은 기뻐함이고 좋아하지 않음[不好]은 미워함이다.

■ 品節 : 眞人無好無惡, 無異無同, 無分於天人, 但循自然而已.

진심 : 진인은 좋아함도 없고 미워함도 없으며, 다름도 없고 같음도 없으며, 하늘과 사람에 구분이 없으며 단지 자연을 따를 뿐이다.

■ 按 : 言 '好不好分而不一者, 人之情也. 好與不好而一, 不好與好而一者, 天之理也. 眞人於此, 視一而同好惡者, 亦同於不一而分好惡者, 視不一而分好惡者, 亦同於一而同好惡者, 使天理人情並行而不偏. 其一之也則觀於天理之大全而本乎天, 其不一也則順於人情之各當而依乎人, 蓋以天理人情交相爲用而不能獨勝故也.'
박세당 : '호(好)와 불호(不好)가 나뉘어서 하나가 되지 않는 것은 사람의 마음[人情]이고, 호(好)가 불호(不好)와 하나가 되고 불호가 호와 하나가 되는 것은 하늘의 이치[天理]이다. 진인(眞人)은 여기에서, 하나로 보아서 호(好)와 오(惡)를 같이 여기는 자를 보기를, 하나로 보지 않아서 호와 오를 나누는 자와 같게 보고, 하나로 안 보아서 호와 오를 나누는 자를 보기를, 또한 하나로 보아서 호와 오를 같게 여기는 자와 같게 보아, 천리(天理)와 인정(人情)이 나란히 행해져서 치우치지 않게 한다. 하나로 보는 것은 천리의 큰 온전함을 관찰하여 하늘에 근본하고, 다르게 보는 것은 인정의 각각 합당함을 따라서 사람에 의존하니, 대개 천리와 인정이 서로 쓰임이 되어 어느 하나가 우세할 수 없기 때문이다.'라는 말이다.

死生, 命也. 其有夜旦之常, 天也. 人之有所不得與, 皆物之情也.
죽고 사는 것은 운명이다. 밤과 낮이 변함없이 오는 것은 하늘의 뜻이다. 사람이 간여할 수 없는 바가 있으니, 모두 사물의 실정이다.

■郭云 : 其有夜旦之常, 天之道也. 故知死生若夜旦耳, 奚所係哉? 在晝得晝, 在夜得夜, 人之有所不得而憂虞在懷, 皆物情耳, 非理也.
곽상 : 밤과 낮이 변함없이 오는 것은 하늘의 도(道)이다. 그러므로 죽음과 삶이 밤과 낮과 같을 뿐임을 안다면 무슨 연연할 것이 있겠는가. 낮에는 낮을 얻고 밤에는 밤을 얻는다. 일반 사람들이 얻지 못하는 바가 있어서 근심걱정이 가슴에 있는 것은 모두 사물의 실정일 뿐이지 이치가 아니다.

■ 呂云 : 莫之致而致者命, 莫之爲而爲者天, 則人之有所不得與.[21] 此物之情也. 吾何爲哀樂於其間哉!

여혜경 : 오게 하지 않았는데도 오는 것은 운명이고 하는 일이 없는데도 하는 것은 하늘이니, 사람이 참여할 수 없는 바가 있다. 이것이 만물의 실정이다. 내가 무엇 때문에 그 사이에서 슬퍼하거나 즐거워하겠는가!

■ 林云 : 死生, 猶夜旦也. 《易》曰'通乎晝夜之道而知',[22] 是也. 情, 實也, 人力所不得而預, 此則物之實理也.

임희일 : 죽음과 삶은 밤과 낮과 같다. 《주역》에 '낮과 밤의 도를 달통하여 안다.'라고 한 것이 이것이다. 정(情)은 실정(實)이니, 인력이 간여할 수 없는 것이다. 이것은 만물의 실리(實理)이다.

■ 品節 : 人徒悅生惡死, 而死生有命, 天不可違.

진심 : 사람들이 부질없이 삶을 기뻐하고 죽음을 싫어하지만, 죽음과 삶에는 운명이 있고 하늘의 뜻은 어길 수 없다.

彼特以天爲父, 而身猶愛之, 而況其卓乎! 人特以有君爲愈乎己, 而身猶死之, 而況其眞乎!

저들은 단지 하늘로 아비를 삼아서 몸으로도 그를 사랑하는데, 하물며 탁월한 것에 대해서이랴! 사람들은 단지 군주를 자기보다 낫다고 여겨서 몸으로도 그를 위해 죽는데, 하물며 진군(眞君)이랴!

---

21) '有所不得'은 대본에 '有所得'으로 되어 있으나 《장자익》에 의거하여 고쳤다.
22) 《주역》〈계사전 상〉에 "(성인은) 천지의 조화를 제어하여 지나치지 않게 하며, 만물을 하나하나 완성시켜서 빠뜨리지 아니하며, 낮과 밤의 도를 달통하여 안다. 그러므로 신묘함에 방소가 없고 역(易)의 변화에 형체가 없다.[範圍天地之化而不過, 曲成萬物而不遺, 通乎晝夜之道而知. 故神无方而易无體.]" 하였다.

■郭云 : 人皆以天爲父, 故晝夜寒暑, 猶安之而不敢惡. 況卓爾獨化, 至於玄冥之竟, 又安得而不任之哉? 眞者不假於物而自然也. 夫自然之不可違, 豈直君命而已哉?

곽상 : 사람들이 모두 하늘로 아버지를 삼기 때문에 밤과 낮의 변화라든지 겨울과 여름의 절서를 오히려 편안히 여겨 감히 싫어하지 않는다. 하물며 우뚝 홀로 변화하여 현명(玄冥)의 경지에 이른 경우라면 또 어찌 맡겨두지 않을 수 있겠는가. 진(眞)이라는 것은 외물에서 빌리지 않는, 자연(自然)이다. 자연은 어길 수 없는 것이니 어찌 다만 군명(君命)과 같을 뿐이겠는가.

■呂云 : 苟知其眞者而聽之, 則死無足距, 明矣.

여혜경 : 정말이지 그 진(眞)을 알고 그 명령을 듣는다면, 죽음도 거역할 것이 없음이 분명하다.

■品節 : 人徒知君父之爲尊大, 而不知天之可畏又非君父之可比也. 知此則知以君父事天而不敢棄, 不敢褻, 聽其自然矣.

진심 : 사람들이 한갓 군부(君父)가 높고 크다는 것만 알고, 하늘이 두려워해야 할 존재라서 또 군부에 견줄 바가 아니라는 것을 모른다. 이것을 알면, 군부를 섬기는 자세로 하늘을 섬길 줄을 알아서, 감히 버리지 않으며 감히 함부로 대하지 않고 그 자연의 명령을 따른다.

■按 : 此言 '子之於父, 死生之唯命, 不可自愛其身而有所違也. 天之在人, 獨非父乎? 人皆知天之爲父矣, 而至其爲身, 獨有所私, 死生利害, 輒存悅惡, 妄爲避就, 殊不知天之終不可違也, 初不止子之於父. 此卓然知道者之所以安時處順, 而哀樂不能入焉者也. 且如人知君之尊於己, 尙能以身徇其命, 唯恐失爲臣之節, 雖赴湯蹈火, 亦所不辭, 況乎天之於人, 其爲眞君也已信, 又安可不念無所逃之義哉!' 蓋以君父之不可違其命, 而反覆乎其說, 明夫天命之不可違也, 其意切矣.

박세당 : 이 단락은 '아들이 아버지에 대해서는 죽고 사는 것을 오직 그 명령을 따르고, 자기 몸을 스스로 아껴서 어기는 바가 있어서는 안 된다. 하늘이 사람에게 있어서 어찌 아버지가 아니겠는가. 사람들은 모두 하늘이 아버지가 된다는 것을 안다. 그런데도 자기 몸을 위하는 데에 이르면 유독 사사로이 챙기는 바가 있어서, 죽고 사는 문제라든지 이익과 손해가 관련된 문제에 문득 좋아하거나 싫어하는 마음을 두어서 망녕되이 피하거나 나아가거나 하니, 하늘을 끝내 어길 수 없는 것은 애당초 아들이 아버지에 대해서의 경우와 같은 정도에서 그치는 것이 아님을 전혀 모르는 것이다. 이것이 우뚝 도를 아는 자가 때를 편안히 여기고 순리를 따라 대처해서, 슬픔과 즐거움이 개입할 수 없게 하는 까닭이다. 또한 만약 사람이 임금이 자기보다 존귀하다는 것만 알아도 오히려 자기 몸을 바쳐서라도 그의 명령을 따르며, 오직 신하로서의 절개를 잃을까 염려하여 비록 끓는 물속에 뛰어들거나 불 속에 들어가는 일일지라도 사양하지 않는데. 하물며 하늘은 사람에게 있어서는 그것이 진군이 됨이 이미 분명하니, 또 어찌 도망할 데가 없다는 의리를 유념치 아니할 수 있겠는가!'라는 말이다. 대개 임금과 아버지에 대해서는 그 명령을 어길 수 없다는 것으로써 그 논설을 반복하여, 천명은 어길 수 없다는 것을 밝혔으니, 그 뜻이 친절하다.

泉涸, 魚相與處於陸, 相呴以濕, 相濡以沫, 不如相忘於江湖. 與其譽堯而非桀也, 不如兩忘而化其道.

샘이 마르면 물고기들이 물 없는 맨땅에 함께 모여 있으면서 서로 습기로 불어주고 서로 거품으로 적셔준다. 그러나 강물이나 호수에서 서로를 잊고 지내는 것만 못하다. 요임금을 칭송하고 걸임금을 비난하는 것은, 양쪽을 잊고 도

(道)와 일체가 되는 것만 못하다.

■郭云 : 與其不足而相愛, 豈若有餘而相忘! 至足者忘善惡, 遺死生, 與變化爲一, 曠然無不適矣, 又安知堯桀之所在邪!

곽상 : 부족한 상황에서 서로 아껴주는 것이, 어찌 넉넉한 상황에서 서로를 잊는 것만 하랴! 지극히 만족하는 자는 선과 악을 잊고 죽음과 삶을 버리고 변화(變化)와 더불어 하나가 되어, 광대무변하여 가지 아니하는 곳이 없으니, 또 어찌 요임금이나 걸임금이 있는 곳을 따지랴!

■呂云 : 性命之源涸, 處乎人僞之陸而呴濡以仁義之濕沫, 不若相忘于道術之江湖, 而不知死生聚散也. 蓋悅生惡死者情, 譽堯非桀亦情而已. 知兩忘非譽而化其道, 則所以忘死生者, 未始不同也.

여혜경 : 성명(性命)의 근원이 고갈되어 인위(人僞)의 육지에서 인의(仁義)의 습기와 물거품으로 불어주고 적셔주는 것은, 도술(道術)의 강호(江湖)에서 서로를 잊고 죽음과 삶, 모임과 흩어짐을 모르는 것만 못하다. 대개 삶을 기뻐하고 죽음을 싫어하는 것은 정(情)이고, 요임금을 칭송하고 걸임금을 비난하는 것도 또한 정일 따름이다. 비난과 칭송을 둘 다 잊고 그 도와 융화할 줄을 알면, 죽음과 삶을 잊는 방법이 같지 않은 적이 없다.

■林云 : 呴濡, 相向而濡潤也. 處陸之相濡, 不如江湖之相忘, 人處世而有爲, 不若體道而無爲也. 無桀亦無堯, 無毀亦無譽, 毀譽善惡, 皆相待而生. 與其分別於此, 不若兩忘而付之自然. 是化之以道也.

임희일 : 후(呴)와 유(濡)는 서로를 향해서 촉촉하게 해주는 것이다. 육지에 있으면서 서로를 적셔주는 것이 강물과 호수에 있으면서 서로를 잊고 있는 것만 못하니, 사람이 세상에 처하면서 유위(有爲)하는 것은 도를 체득해서 무위(無爲)하는 것만 못하다. 걸임금이 없으면 요임금도 없고 헐뜯음이 없으면 칭

송함도 없으니, 헐뜯음과 칭송함, 선함과 악함은 모두 상대적으로 생기는 것이다. 이런 것들을 분별하는 것은, 양쪽을 잊고 자연에 맡겨두는 것만 못하다. 이것이 도(道)로써 변화시키는 것이다.

■ 品節 : 魚相濡於陸, 不如相忘於水. 譽堯而非桀, 不如毀譽之兩忘. 悅生而惡死, 不如生死之兩善.

진심 : 물고기가 육지에서 서로 적셔주는 것은 물속에서 서로를 잊고 사는 것만 못하고, 요임금을 칭송하고 걸임금을 비난하는 것은 비난과 칭송을 둘 다 잊는 것만 못하고, 삶을 기뻐하고 죽음을 싫어하는 것은 삶과 죽음을 둘 다 좋게 하는 것만 못하다.

■ 按 : 泉涸矣, 魚處于陸, 欲以濕沫而相呴濡, 終於困極其生而已, 未若游於水而交忘, 洋洋焉各得其樂之爲愈也. 道失矣, 人陷于邪, 欲以好惡而相毀譽, 終於汩溷其性而已, 未若化於道而兩忘, 循循然各得其正之爲愈也. 堯與桀, 善惡之至分而是非之極致, 擧之以明有是非而涉毀譽, 則雖至如堯桀之辨, 亦不如其且置而唯道之是適也. 蓋謂所急在道, 非以堯未足爲聖而桀未足爲暴也.

박세당 : 샘이 마르면, 물고기가 물 없는 땅에 있게 되어, 습기와 거품으로 서로에게 불어주고 적셔주려고 하지만, 끝내 그 삶을 고달프게 마치게 될 따름이니, 물속에서 헤엄치면서 서로 잊고 한없이 자유롭게 각각 그 즐거움을 누리는 것이 훨씬 더 낫다. 도(道)가 상실되면, 사람이 간사함에 빠져서, 좋아함과 미워함으로써 서로를 헐뜯으려 하고 칭찬하려 하지만, 끝내 그 본성을 잃게 될 따름이니, 도(道)에 동화되어 양쪽을 잊고 순조롭게 각각 그 올바름을 얻는 것이 훨씬 낫다. 요임금과 걸임금은 선과 악의 양쪽 극단이고 옳음과 그름의 궁극에 있는 사람들이다. 그러나 그들을 들어서 한 쪽은 옳고 한 쪽은 그르고 한 쪽은 비판해야 하고 한 쪽은 칭송해야 함을 밝히려 한다면, 비록 요임금과 걸임금 같이 아주 분명한 경우일지라도, 또한 우선 놓아두고 오

직 도(道)에 나아가는 것만 못하다. 대개 시급한 바가 도에 있음을 말한 것이지, 요임금을 성인이라 하기에 부족하고 걸임금을 폭군이라 하기에 부족하다는 것은 아니다.

夫大塊載我以形, 勞我以生, 佚我以老, 息我以死, 故善吾生者, 乃所以善吾死也.
저 자연이 나를 형체로 실어주고, 나를 생활로 수고롭히고, 나를 늙음으로 편안하게 해주고, 나를 죽음으로 쉬게 해준다. 그러므로 나의 생활을 좋게 하는 것은 곧 나의 죽음을 좋게 하는 방법이다.

■ 郭云 : 夫形生老死, 皆我也. 故形爲我載, 生爲我勞, 老爲我佚, 死爲我息, 四者雖變, 未始非我, 我奚惜哉! 死與生, 皆命也. 無善則已, 有善則生不獨善也. 故若以吾生爲善乎? 則吾死亦善也.
곽상 : 대저 형체, 탄생, 늙음, 사망은 모두 나이다. 그러므로 형체가 나를 실어주고, 태어남이 나를 수고롭히고 늙음이 나를 편안하게 해주고 죽음이 나를 쉬게 해준다. 네 가지가 비록 변하더라도 내가 아닌 적이 없으니, 내가 무엇을 애석하게 여기겠는가. 사망과 탄생은 모두가 운명이다. 선(善)이 없으면 그만이지만, 선이 있다면 탄생만 홀로 선한 것은 아니다. 그러므로 만약 나의 탄생을 선이라 여긴다면 나의 사망도 또한 선이다.

■ 呂云 : 大塊之於我, 固無情也. 苟爲善吾生, 則善吾死必矣, 吾何悅惡哉!
여혜경 : 대자연이 나에게 대해서는 본디 사사로운 감정이 없다. 정말이지 나의 탄생을 좋게 해주었다면 나의 죽음도 좋게 해줄 것이 틀림없다. 내가 어찌 기뻐하거나 싫어하겠는가.

■ 林云 : 有形而後有生, 生則不能無勞. 息, 休止也. 善吾生者, 全吾身也, 所謂'朝聞道夕死可矣',23) 是也.

임희일 : 형체가 있은 뒤에 삶이 있고, 삶이 있으면 수고로움이 없을 수 없다. 식(息)은 쉰다는 뜻이다. 나의 삶을 좋게 하는 것은 나의 몸을 온전히 보존하는 것이니, 이른바 '아침에 도를 들으면 저녁에 죽어도 좋다.'는 것이 이것이다.

■ 按 : 形, 我之所守持, 故曰載. 有生則必有事, 故常勞. 旣老則無所事, 故得佚. 至於死而後, 吾之生乃息, 而反乎其眞矣. 方其生之時, 而能盡乎其所以生之理, 而無累吾之眞性, 則可謂能全而歸之而善其死矣.

박세당 : 형체는 나를 지켜주고 지탱해주는 것이다. 그러므로 '실어준다[載]'고 하였다. 생활이 있으면 반드시 일이 있다. 그러므로 항상 수고롭다. 늙은 뒤에는 일삼을 바가 없다. 그러므로 편안해질 수 있다. 죽음에 이른 뒤에는 나의 생활이 이에 멈추고 그 참모습으로 돌아간다. 바야흐로 살고 있을 때에 삶의 이치를 다해서 나의 진성(眞性)에 누를 끼치지 않을 수 있으면, 제대로 온전함을 갖춘 채 돌아가서 훌륭하게 죽는 것이라고 할 수 있다.

夫藏舟於壑, 藏山於澤, 謂之固矣. 然而夜半有力者負之而走, 昧者不知也. 藏小大有宜, 猶有所遯. 若夫藏天下於天下而不得所遯, 是恒物之大情也.

배를 골짜기에 감추고 산을 늪에 감추면, 단단히 감추었다고 한다. 그렇지만 한밤중에 힘센 자가 짊어지고 도망가면, 잠들어 있는 자는 모른다. 크고 작은 사물을 감추는 데에 적합한 방법이 있지만, 그래도 훔쳐 도망할 수 있다. 저

---

23) 《논어》〈이인(里仁)〉에 "아침에 도를 들으면 저녁에 죽어도 좋다.[朝聞道, 夕死可矣.]" 하였다.

천하를 천하에 감춘 경우라면 훔쳐갈 수 없으니, 이것이 불변하는 사물의 큰 정상이다.

■ 郭云: 方言生死變化之不可逃, 故先擧無逃之極, 然後明之以必變之符, 將任化而無係也. 夫故不暫停, 忽已涉新, 則天地萬物無時而不移也. 世皆新矣, 而自以爲故, 舟山日易, 而視之若前. 交一臂而失之矣,24) 故向者之我, 非復今我也. 我與今俱往, 豈常守故哉? 而世莫之覺, 謂今之所遇, 可係而在, 豈不昧哉? 不知與化爲體, 而思藏之使不化, 則雖至深至固, 各得其所宜, 而無以禁其日變也. 故夫藏而有之者, 不能止其遯也. 無藏而任化者, 變不能變也. 無所藏而都任之, 則無內外, 無死生, 體天地, 合變化, 索所遯而不得矣.

곽상: 바야흐로 삶과 죽음의 변화에서 도망할 수 없음을 말하고 있기 때문에, 먼저 도망할 수 없는 극단의 이야기를 들었고, 그런 뒤에, 반드시 변화하는 것은 장차 변화에 맡기고 자기는 관여하지 않아야 함을 밝혔다. 대저 옛것은 잠시도 멈추지 않고 문득 이미 새로운 것을 만나게 되니, 천지와 만물은 변화하지 아니하는 때가 없다. 세상이 모두 새로워졌는데도 자기는 옛것이라 여기고, 배와 산은 날로 바뀌는데도 그것을 마치 이전의 것인양 본다. 서로 한 팔씩 붙잡고 있어도 멈추게 할 수가 없다. 그러므로 이전의 나는 다시 지금의 내가 아니다. 나와 지금이 모두 가버리니, 어찌 항상 옛것을 지키겠는가? 그런데도 세상 사람들은 깨닫지 못하고 지금 만난 상황을 붙들어 맬 수 있다고 여긴다. 어찌 우매함이 아니랴! 변화와 더불어 한 몸이 될 줄을 모르고, 감추어서 변화하지 않게 할 것을 생각하니, 비록 매우 깊고 매우 견고하여 각기 그

---

24) 《장자》〈전자방(田子方)〉에 "내가 종신토록 너와 함께 붙잡고 있어도 변화를 멈추게 할 수 없다. 슬퍼하지 아니할 수 있겠는가! [吾終身與汝交一臂, 而失之, 可不哀與!]" 하였다.

마땅함을 얻었더라도 날마다 변화하는 것을 막을 수 없다. 그러므로 감추어 소유하려는 자는 그 훔쳐 도망가는 것을 막지 못하고, 감추지 않고 변화에 맡기는 자는 변화가 변화시킬 수가 없다. 감추는 것이 없이 모두를 맡겨버리면, 안과 밖도 없고 죽음과 삶도 없고 천지와 한 몸이 되어 변화와 합치하니, 훔쳐 도망할 곳을 찾아도 찾지 못할 것이다.

■ 肇論云 : 莊生藏舟,25) 仲尼逝川,26) 斯皆感往者之難留也. 何者? 人則謂少壯同體, 百齡一質, 徒知年往, 不覺形隨, 所謂有力者負之而趨, 昧者不覺, 其斯之謂歟!

조론(肇論) : 장자가 배 감추는 것을 예로 든 것과 중니(仲尼)가 흐르는 물을 보고 탄식한 것은 이것은 모두 가는 것을 잡아두기 어렵다는 것에 느낌이 있었던 것이다. 어째서인가? 사람은 어릴 때와 장성했을 때가 같은 몸이라 여기고 나이가 백 살이 되어도 같은 바탕이라 여기며, 한갓 해가 가는 것만 알고 형체가 따라가는 것은 깨닫지 못하니, 이른바 '힘센 자가 짊어지고 도망해도 멍청한 자는 알지 못한다.'는 것이 바로 이것을 두고 한 말이리라.

■ 呂云 : 以有涯之生, 藏無窮之宇宙, 而欲其無遯, 豈常物之情哉! 天下者萬物之所一, 得所一而藏于所一, 則彼有力者雖欲負之而走, 將安之哉! 非眞知, 不足以與此.

여혜경 : 한계가 있는 인생을 무궁한 우주에 감추고서, 훔쳐 도망하는 일이 없기를 바란다면, 어찌 보통의 사물의 실정이겠는가. 천하(天下)라는 것은 만물이 하나로 삼는 대상인데, 하나가 되는 것을 얻어서 하나가 되는 데에 감춘다면, 저 힘센 자가 비록 짊어지고 도망하고자 한들 장차 어디로 갈 것인가. 진지(眞知)가 아니면 여기에 참여할 수 없다.

---

25) '莊'은 대본에는 '藏'으로 되어 있으나 《장자익》에 의거하여 고쳤다.
26) 《논어》〈자한(子罕)〉에 "부자께서 냇가에 계시면서 말씀하시기를 '가는 것이 이와 같구나. 낮과 밤을 그치지 않는다.'라고 하셨다.[子在川上, 曰, 逝者如斯夫! 不舍晝夜.]" 하였다.

■ 林云 : 壑舟澤山, 藏之固密, 而有時乎失之. 言人之爲計雖至深密, 而時有不得自由者, 所謂打鐵作門限, 鬼見拍手笑,27) 便是昧者不知也. 小大, 舟壑・山澤也. 壑藏舟・澤藏山, 是有宜也. 遯, 失也.
임희일 : 골짜기에 감춰진 배와 늪에 감춰진 산이라면 감추기를 단단하고 비밀스럽게 한 것인데도 때로는 잃는다. '사람의 요량이 비록 지극히 깊고 치밀하더라도 때로는 자기 마음대로 할 수 없는 경우가 있다.'는 말이니, 이른바, '쇠를 때려 문지방을 만들지만 귀신이 보고서 손뼉을 치며 웃는다.'는 것이다. 이것이 바로 '어리석은 자는 알지 못한다.'는 것이다. '작다'느니 '크다'느니 한 것은, 배와 골짜기, 산과 늪을 말한다. 큰 골짜기에 작은 배를 감추고 큰 늪에 작은 산을 감춘 것은, 적합하게 감춘 것이다. 둔(遯)은 잃는다는 뜻이다.

■ 褚云 : 藏舟藏山, 喩人處造化中, 欲逃造化之變遷, 不可得也. 凡物有藏有遯, 遯則不存矣. 唯其無所藏, 故物不得遯而皆存.
저백수 : 배를 감춘다든지 산을 감춘다든지 하는 말은, 사람이 조화(造化) 속에서 살아가니 조화의 변화에서 도망하고자 해도 도망할 수 없음을 비유한 것이다. 무릇 만물은 감춤이 있으면 훔쳐 도망함이 있으니, 훔쳐 가버리면 존재하지 않는다. 오직 감추는 바가 없기 때문에, 만물이, 훔쳐 도망할 수가 없어서 모두 존재한다.

■ 江氏遹云 : 物與化爲體, 體隨化而遷. 百年之中, 大化有四, 復于其間, 時變歲遷, 日改月化, 雖一息之頃, 新故不同, 俛仰之間, 已形萬變. 昧者但覩陳跡, 不知造化之默運. 求之百年, 顔色智態, 皮膚瓜髮, 無日不異, 亦已明甚, 奈何其不自悟邪? 此莊子論藏舟之義也.

---

27) 당(唐)나라 초기의 시인(詩人) 왕범지(王梵志)의 시에 "세상에 백 년 사는 사람이 없는데, 애써 천 년 살듯 계획을 세우네. 쇠를 두드려 문지방을 만들지만, 귀신이 손뼉치며 웃고 있구나.[世無百年人, 强作千歲調. 打鐵作門限, 鬼見拍手笑.]" 하였다. 수명은 짧은데 장구한 계획을 세우는 세상 사람들을 기롱하고 풍자하는 내용이다.

강휼(江遹) : 사물이 조화와 더불어 한 몸이 되며 몸이 조화를 따라 변화한다. 백년 안에 큰 변화가 네 번이 있고, 다시 그 사이에 시절에 따라 변하고 해에 따라 변하며 날마다 바뀌고 달마다 변화하여, 비록 한 번 숨쉬는 사이라도 새 것과 옛것이 같지 않고 내려 보고 올려보는 사이에도 형체는 만 번 바뀐다. 어리석은 자는 단지 묵은 자취만을 보고, 조화가 묵묵히 운행하는 것을 알지 못한다. 백년의 인생에서 찾아보자면, 안색과 지혜와 자태와 피부와 손톱과 털이 달라지지 아니하는 날이 없다는 것이 또한 이미 매우 분명하다. 어찌 스스로 깨닫지 못하는 것일까? 이것이 장자가 '배를 감춤'을 논한 뜻이다.

■ 按 : 此言'人以舟而藏於壑, 蓋自以爲藏之之固, 而得夫宜矣. 然苟有力能濫之者, 私於夜半, 潛負而走, 彼昧昧焉尙在昏睡之中者, 竟不知所藏之已失矣. 凡物小大, 其藏也皆有所宜, 而猶不免於遯失之如此, 亦非他故, 以其有可遯之理也. 至若藏天下之物於天下之中, 則又安所往乎? 此其雖有絶力, 終莫能移之矣, 以其無可遯之理故也.' 言此者, 蓋所以引發下段之意也. 藏山, 義未詳, 恐字誤. 諸家皆謂舟山爲造化所遷, 今不敢取. 蓋山非澤之可藏, 如舟之爲物宜於藏壑, 明甚. 且謂造化負山而走, 尙近於理致, 若謂其負舟而走, 此其可笑之甚, 童子之所能知. 況謂造化能負山而走, 則獨不可以負天下而走乎? 而乃云不得所遯乎? 若但能負山而不能負天下, 則其爲造化, 亦小矣哉.

박세당 : 이 단락은, '사람이 배를 골짜기에 감춰두면 대개 스스로는 감추기를 단단히 해서 제대로 잘 감춘 것이라고 여긴다. 그러나 만약 그것을 끌 수 있는 힘 있는 자가 한밤중에 기회를 보아 몰래 지고 가버리면, 저 아무것도 모르고 아직도 잠에 푹 빠져 있는 자는 끝내 자기가 감춰뒀던 것이 이미 없어진 줄을 알지 못한다. 무릇 사물은 크거나 작거나 크기에 따라 그 감추기를 모두 합당하게 하여도 오히려 잃어버림을 면치 못하는 것이 이와 같으니, 또한 다른 까

닭이 아니라, 훔쳐갈 수 있는 이치가 있기 때문이다. 천하라는 사물을 천하에다가 감추는 것이라면, 또 어디로 가겠는가. 이렇게 하면 비록 아주 특출한 힘이 있더라도 끝내 그것을 옮길 수 없을 것이니, 훔쳐갈 수 있는 이치가 없기 때문이다.'라는 말이다. 이것을 말한 것은, 대개 아랫단락의 뜻을 끌어내기 위해서이다. 장산(藏山)은 뜻이 미상이니, 글자에 오류가 있는 듯하다. 여러 주석가들이 모두 '배와 산은 조화(造化)에 의해서 옮겨진다.'고 하였으나, 지금은 감히 취하지 않는다. 대개 산은, 마치 배라는 물건이 골짜기에 감추기에 적합한 것처럼, 그렇게 늪에 감출 수 있는 것이 아님이 매우 분명하다. 그리고 조화(造化)가 산을 지고 도망간다는 것은 그래도 이치에 그럴 듯하지만, 만약 배를 지고 도망간다고 한다면, 그것이 참으로 우스운 말이라는 것은 어린 아이들도 알 수 있는 것이다. 하물며 '조화가 산을 지고 도망갈 수 있다.'고 한다면, 어찌 천하를 지고 도망하는 것을 못하겠는가? 그런데도 이에 '도망할 데가 없다.'고 한단 말인가? 만약 단지 산만 짊어질 수 있고 천하를 짊어질 수는 없다면, '조화(造化)'가 되기에는 또한 역량이 작은 것이다.

特犯人之形而猶喜之. 若人之形者, 萬化而未始有極也, 其爲樂可勝計耶! 故聖人將遊於物之所不得遯而皆存.

한 번 사람의 형체를 타고난 것인데 오히려 그것을 기뻐한다. 만약 사람의 형체가 만 번을 변하여 궁극이 없는 것이라면, 그 즐거움을 이루 헤아릴 수 있겠는가. 그러므로 성인(聖人)은 사물을 훔쳐 도망할 수 없는 곳에 노닐어 모두를 보존한다.

■ 郭云: 人形, 乃萬化之一遇耳, 豈特形可喜而餘無樂耶? 變化無窮, 所遇而樂, 樂豈有極乎? 夫聖人遊於變化之途, 放於日新之流, 化者無極,亦與之無極, 誰得遯之哉!

곽상 : 사람의 형체는 곧 만화(萬化) 가운데 우연히 받은 한 가지일 뿐이다. 어찌 특별히 받은 그 형체만 기뻐할 만하고 나머지 사물은 즐거움이 없겠는가. 변화가 무궁한데 만나는 것마다 즐거워한다면 즐거움이 어찌 끝이 있겠는가. 대저 성인은 변화의 길에서 노닐며, 날로 새로워지는 흐름에 내맡겨서, 변화가 끝이 없으면 또한 그것과 더불어 끝이 없으니, 누가 훔쳐 도망할 수 있겠는가.

■ 林云 : 人皆以有形自喜, 而不知人之一身, 千變萬化, 安知其所止. 苟能知之, 則天地與我爲一, 其樂可勝計哉! 聖人遊心於自然, 則無得無喪, 故不得遯而皆存.

임희일 : 사람은 모두 형체를 지닌 것을 스스로 기뻐하고, 사람의 몸뚱이가 천 번 만 번 변하여 그 궁극을 알 수 없다는 사실을 알지 못한다. 참으로 그것을 알 수 있다면, 천지가 나와 하나의 몸이 되니, 그 즐거움을 이루 헤아릴 수 있겠는가! 성인은 자연에 마음을 노니니, 얻음도 없고 잃음도 없다. 그러므로 잃을 수가 없어서 모두를 보존한다.

■ 褚云 : 曠然達觀, 無往不存, 此藏天下于天下之道也. 死生變化,[28] 見其日新耳, 物安所逃哉? 世人執于私見, 往往認物以爲己有, 謂舟山爲不遯之物, 壑澤爲可藏之地, 形質有不化之方, 不悟夫冥樞潛運, 寸晷不停, 物與形俱化而不自知也. 然則無藏無執, 心與天遊, 欲求見在, 猶不可得, 又惡知所謂遯哉!

저백수 : 광활하게 달관을 하면 어디를 가도 존재치 아니하는 데가 없으니, 이것이 천하를 천하에 감추는 방법이다. 죽거나 살거나 변화하더라도 날로 새로워지는 것을 볼 뿐이니, 사물이 도망할 데가 어디에 있겠는가. 세상 사람

---

28) '死生變化'는 《장자익》에는 '生化萬變'으로 되어 있다.

들은 사사로운 소견에 집착하여 더러 사물을 자기 소유라고 인식하여, 배와 산을 훔쳐갈 수 없는 물건이라 여기고 골짜기와 늪을 감출 만한 땅이라 여기고 형질(形質)에 변화하지 않을 방법이 있다고 여기며, 저 오묘한 이치의 추기(樞機)가 은연중에 운행하여 짧은 시간도 멈추지 않아서 사물과 형체가 함께 변화하는데도 자신이 알지 못한다는 사실을 깨닫지 못한다. 그렇다면 감춤도 없고 집착도 없이 마음이 하늘과 더불어 노니는 것을 현재에서 추구하고자 해도 얻을 수 없는데, 또 어찌 이른바 '훔쳐 도망함'을 알겠는가.

■ 按 : 人徒以其適來所受之形, 而猶不免於自喜, 婉戀顧惜嘆老憫死, 顒顒焉唯恐一朝之失此而不存, 曾不悟惜之而終不得不失, 喜之而終不可常存, 眞無異於藏舟夜壑, 而忽爲有力之所潛移也. 今若使此形隨化萬變, 未嘗見其窮極之時, 則其爲樂固不可勝量, 何獨不爲, 而顧爲是區區哉! 夫善生善死, 安時處順, 而無吝化之心, 則形雖萬化, 而不化者常存, 亦猶藏物於天下, 其在彼在此, 擧不出六合之內, 而終不得其所遯者也. 故聖人將遊於此也.

박세당 : 사람은 한갓 그 마침 받은 바의 형체를 가지고 오히려 스스로 기뻐함을 면치 못하여, 연연하고 아까워하고 늙어 감을 한탄하고 죽음을 근심하며, 항상 조심조심 오직 하루아침에 잃어 이것을 보존하지 못할까 염려하면서, 아끼더라도 끝내는 잃지 않을 수 없고 기뻐하더라도 끝내는 항상 보존할 수는 없어서, 배를 밤에 골짜기에 감추더라도 문득 힘센 자가 몰래 훔쳐가버리는 것과 정말 차이가 없다는 것을 전혀 깨닫지 못한다. 지금 만약 이 형체가 조화를 따라서 만 번을 변화하여 애당초 그 궁극에 이르는 때를 볼 수 없는 것이라면, 그 즐거움이 참으로 이루 헤아릴 수 없을텐데, 왜 그렇게 하지 않고 도리어 이렇게 잗달게 구는 것인가. 삶도 좋게 여기고 죽음도 좋게 여기며 오는 때를 편안히 여기고 가는 순리에 따라 처신하여, 변화를 싫어하는 마음이 없으면, 형체가 비록 만 번을 변화하더라도 변화하지 않는 것이 항상

존재하니, 또한 마치 사물을 천하에 감추면 그것이 저기에 있거나 여기에 있거나 모두 육합(六合) 안을 벗어나지 않아서 끝내 그 도망갈 데를 찾지 못하는 것과 같다. 그러므로 성인은 장차 여기에 노닌다.

善夭善老, 善始善終, 人猶效之. 又況萬物之所係, 而一化之所待乎!
요절도 좋게 여기고 장수도 좋게 여기며 태어남도 좋게 여기고 죽음도 좋게 여긴다면, 사람들이 오히려 그것도 본받는다. 또 하물며 만물이 매인 대상이고 조화가 의지하는 대상인 경우이랴!

■ 郭云 : 夫自均於百年之內, 不善少而否老, 猶足以師人也. 況玄同萬物而與化爲體, 爲天下所宗乎!
곽상 : 대저 인생 백 년 안에 스스로를 균등하게 여겨, 젊음을 좋게 여기고 늙음을 안 좋게 여기는 것만 아니해도 오히려 충분히 사람들의 스승이 될 수 있다. 하물며 만물과 오묘하게 동화하여 조화와 더불어 한 몸이 되어 천하가 종주로 삼는 대상이 된 경우이랴.

■ 林云 : 萬物所係, 一化所待者, 道也. 此謂大宗師也.
임희일 : 만물이 매인 대상이고 조화가 의지하는 대상은 도(道)이다. 이것을 대종사(大宗師)라고 한다.

■ 品節 : 惟聖人遊於物之所不得遯而皆存. 善夭善老, 善始善終, 一付之自然, 已非恒情之可及矣. 又況道也者, 固萬物之所係而一化之所待, 又聖神之所寶者乎!
진심 : 오직 성인은 만물을 훔쳐 도망할 수 없는 데에 노닐어 모두 보존한다. 요절도 좋게 여기고 장수도 좋게 여기며 처음도 좋게 여기고 끝도 좋게 여겨, 한결같이 자연에 맡기니, 이미 일반 사람들의 실정이 미칠 수 있는 것이 아

니다. 또 하물며 도(道)라는 것이 본디 만물이 매인 대상이자 큰 조화가 의지하는 대상이며 또한 성신(聖神)이 보배로 여기는 것임에랴.

■ 按 : 言'人有能齊夭壽一始終, 心咸善之者, 則爲能得不遯之理, 而可以爲人之效法矣. 況聖人與道合體, 逍遙自樂, 命物之化, 而守其宗, 則是物之所係而化之所待, 固未嘗有意於善之, 而自不得其所遯. 此其所以爲遊也.'

박세당 : '사람 중에 요절과 장수를 같게 여기고 처음과 끝을 한 가지로 여겨 마음이 모두를 좋게 여기는 자가 있다면, 훔쳐 도망할 수 없는 이치를 얻은 것이 되어서 사람들의 본보기가 될 수 있다. 하물며 성인은 도(道)와 한 몸이 되어 소요하며 스스로 즐기며, 만물의 변화를 명령하고 그 종주 자리를 지키니, 이는 만물이 매인 대상이고 조화가 의지하는 대상으로서, 본디 그것들을 좋게 할 의도를 둔 적이 없는데도 절로 그 도망할 데를 얻지 못하는 것이다. 이것이 그가 노닐 수 있는 까닭이다.'라는 말이다.

夫道, 有情有信, 無爲無形. 可傳而不可受, 可得而不可見.

대저 도는 정(情)이 있고 신(信)이 있지만 행위가 없고 형체가 없다. 전할 수는 있지만 받을 수는 없고 체득할 수는 있지만 볼 수는 없다.

■ 呂云 : 耳目得之而視聽, 手足得之而運動, 豈不有情乎? 寒暑得之而往來, 萬物得之而生育, 豈不有信乎? 或不言而喩, 或目擊而存, 是可傳也, 而莫得而有之, 不可受也. 以心契之, 脗然而合, 是可得也, 而莫得其朕, 不可見也.

여혜경 : 귀와 눈이 그것을 얻어서 보고 들으며 손과 발이 그것을 얻어서 운동하니 어찌 정(情)이 있지 않겠는가? 추위와 더위가 그것을 얻어서 가고 오

며 만물이 그것을 얻어서 나고 자라니 어찌 신(信)이 있지 않겠는가? 혹 말이 없이도 깨우쳐주고 혹 눈으로 보아서 존재하니 이것은 전할 수 있는 것이지만, 그것을 얻어 소유할 수가 없으니 받을 수는 없으며, 마음으로 깨달으면 꼭 맞아 합치하니 이것은 터득할 수 있는 것이지만, 그 조짐을 찾을 수 없으니 볼 수는 없다.

■ 焦云 : 至此方說道. 情, 靜之動. 信者, 動之符.

초횡 : 여기에 이르러 바야흐로 도를 설명하였다. 정(情)은 정(靜)의 움직임[動]이고, 신(信)은 동(動)의 부험이다.

■ 按 : 此亦猶《易》所謂'形而上者'之意,29) 而《老子》所謂'道之爲物, 有精有信',30) 〈齊物論〉所謂'可行已信而不見其形, 有情而無形'者.31) 有情有信, 故可傳可得, 無爲無形, 故不可受不可見.

박세당 : 이것은 또한 《주역》에 이른바 '형이상자(形而上者)'의 뜻과 같으며, 《노자》에 이른바 '도(道)라는 물건은 정(精)이 있고 신(信)이 있다.'라고 한 것과 〈제물론〉에 이른바 '운행하고 있음은 이미 확실하지만[信] 그 형상[形]을 볼 수 없다. 실정[情]은 있는데 형상이 없다.'라고 한 것과 같다. 정(情)이 있고 신(信)이 있기 때문에 전할[傳] 수 있고 얻을[得] 수 있으며, 행위[爲]가 없고 형체[形]가 없기 때문에 받을[受] 수 없고 볼[見] 수가 없다.

---

29) 《주역(周易)》〈계사전 상〉에 "형체로부터 위쪽을 도(道)라고 하고, 형체로부터 아래쪽을 기(器)라고 한다.[形而上者, 謂之道. 形而下者, 謂之器.]"하였다. '형이상자'는 사람이 오감(五感)을 통해서 감각할 수 없는 무형의 영역을 말한다.
30) 《노자(老子)》제21장에 "큰 덕(德)의 모습은 오직 도(道)를 따르는 것이다. 도라는 것은 있는 듯 없는 듯 흐릿하다. 없는 듯 있는 듯하니 그 안에 상(象)이 있고, 있는 듯 없는 듯하니 그 안에 물(物)이 있다. 그윽하고 깊숙하니 그 안에 정(精)이 있고, 그 정이 매우 참되니 그 안에 신(信)이 있다.[孔德之容, 惟道是從. 道之爲物, 惟恍惟惚. 惚兮恍兮, 其中有象. 恍兮惚兮, 其中有物. 窈兮冥兮, 其中有精. 其精甚眞, 其中有信.]"하였다.
31) 《장자(莊子)》〈제물론(齊物論)〉에 "참 주재자가 있는 것 같은데 다만 그 조짐을 찾을 수 없다. 운행하고 있음은 이미 확실하지만 그 형상을 볼 수 없다. 실정은 있는데 형상이 없다.[若有眞宰, 而特不得其眹. 可行已信, 而不見其形. 有情而無形.]"하였다.

自本自根, 未有天地, 自古以固存. 神鬼神帝, 生天生地.

자신을 바탕으로 삼고 자신을 뿌리로 삼아, 천지가 있기 이전에 예로부터 본디 존재했다. 귀신을 신령하게 하고 상제를 신령하게 하며, 하늘을 낳고 땅을 낳았다.

- 郭云 : 不神鬼帝而鬼帝自神, 斯乃不神之神也. 不生天地而天地自生, 斯乃不生之生也. 故夫人而不神則神矣.32) 功何足有, 事何足恃哉!

곽상 : 귀신과 상제를 신령하게 하지 않았는데 귀신과 상제가 스스로 신령해졌으니, 이것이 바로 신령하게 하지 아니함의 신령함이다. 하늘과 땅을 낳지 않았는데 하늘과 땅이 스스로 생겼으니, 이것이 바로 낳지 아니함의 낳음이다. 그러므로 사람이 신령스럽지 않아야 신령한 것이다. 공로가 무엇이 있을 것이 있겠으며, 일이 무엇이 믿을 것이 있겠는가.

- 呂云 : 物未嘗無本根, 此則自本自根. 物因天地而有, 此則未有天地, 自古固存. 鬼帝得我以神, 天地得我以生.

여혜경 : 만물은 바탕과 뿌리가 없는 것이 없지만 이것은 자신을 바탕으로 삼고 자신을 뿌리로 삼는다. 만물은 하늘과 땅이 있음으로써 존재하지만 이것은 하늘과 땅이 있기 이전부터 옛날부터 본디 존재하였다. 귀신과 상제가 나를 얻어서 신령해지고, 하늘과 땅이 나를 얻어서 생겨났다.

- 林云 : 自古未有天地之時, 此道已存矣. 生天生地, 太極是生兩儀.33)

---

32) '夫人'은 《장자익》과 《장자집석》에는 '夫神'으로 되어 있다. 《장자집석》에는 '세덕당(世德堂) 판본에는 신(神)이 인(人)으로 되어 있다.'라는 교감기가 달려 있다. 이 구절은 뜻이 분명치 않다

33) 《주역(周易)》〈계사전 상〉에, "역(易)에 태극(太極)이 있으니 이것이 양의(兩儀)를 낳고 양의가 사상(四象)을 낳고 사상이 팔괘(八卦)를 낳는다. 팔괘가 길흉(吉凶)을 정하고 길흉이 대업(大業)을 낳는다.[易有太極, 是生兩儀, 兩儀生四象, 四象生八卦. 八卦定吉凶, 吉凶

임희일 : 옛날에 천지가 있기 이전의 시기에 이 도(道)는 이미 존재하였다. 하늘을 낳고 땅을 낳았다는 것은 '태극이 양의(兩儀)를 낳았다.'는 것이다.

■ 按 : 言'是道也, 自本自根, 其體渾然, 自古固存, 其來無始. 爲物所資而不資於物, 在物之先而不後於物. 故鬼帝得之所以神, 天地得之所以生.'

박세당 : '이 도(道)는 자신을 바탕으로 삼고 자신을 뿌리로 삼으니 그 본체가 혼연하며, 예로부터 본래 존재했으니 그 유래가 처음이 없다. 만물의 바탕이 되지만 만물을 바탕삼지 않으며, 만물의 앞에 있지 만물보다 뒤에 있지 않다. 그러므로 귀신과 상제가 그것을 얻어 그래서 신령해졌고 하늘과 땅이 그것을 얻어 그래서 생겨났다.'는 말이다.

在太極之先而不爲高, 在六極之下而不爲深, 先天地生而不爲久, 長於上古而不爲老.

태극보다 앞에 있었지만 높음이 되지 않고 육극 아래에 있었지만 깊음이 되지 않고 하늘과 땅보다 먼저 생겼지만 오래됨이 되지 않고 상고(上古)보다 어른이지만 늙음이 되지 않는다.

■ 郭云 : 夫道在高爲無高, 在深爲無深, 在久爲無久, 在老爲無老. 且上下無不格者, 不得以高卑稱也. 內外無不至者, 不得以表裏名也. 與化俱移者, 不得言久也. 終始常無者, 不得謂老也.

곽상 : 대저 도(道)는 높은 곳에 있어도 높음이 없으며, 깊은 곳에 있어도 깊

生大業.]"하였다. 본의(本義)에 "역(易)은 음양(陰陽)의 변화이고, 태극은 그 이치이다.[易者, 陰陽之變. 太極者, 其理也.]"하였다.

음이 없으며, 오래됨에 있어도 오래됨이 없으며, 늙음에 있어도 늙음이 없다. 또한 위아래로 이르지 아니하는 데가 없는 것은 높다거나 낮다거나라고 일컬을 수 없고, 안팎으로 이르지 아니하는 데가 없는 것은 겉이니 안이니 하는 이름을 붙일 수 없고, 조화와 더불어 변화하는 것은 오래되었다고 말할 수 없고, 끝도 처음도 항상 무(無)인 것은 늙었다고 할 수가 없다.

■ 呂云 : 久老言其時. 我則無形無時.

여혜경 : 오래되었다느니 늙었다느니 하는 것은 그 시간적인 길이를 말한다. 나는 형체도 없고 시간적 길이도 없다.

■ 按 : 太極以言至高, 六極以言至下. 不爲高不爲深, 則自本自根, 而無範圍之可見矣. 不爲久不爲老, 則自古固存, 而無始終之可言矣. 此申結上文, 明道之無物不包無時不存也. 此所云太極與易不同.

박세당 : 태극(太極)으로 지극히 높은 것을 말하였고, 육극(六極)으로 지극히 낮은 것을 말하였다. 높음이 되지 않고 깊음이 되지 않으니, 자신을 바탕으로 삼고 자신을 뿌리로 삼아, 눈에 보이는 범위(範圍)가 없다. 오래됨이 되지 않고 늙음이 되지 않으니, 예로부터 본디 존재하여, 말할 수 있는 처음과 끝이 없다. 이 단락은 윗글을 거듭 매듭지어서, 도는 포함하지 않는 사물이 없고 존재하지 아니하는 때가 없음을 밝혔다. 여기서 말하는 태극(太極)은 《주역》에서 말하는 태극과는 같지 않다.

狶韋氏得之,34) 以挈天地. 伏羲得之,35) 以襲氣母. 維斗得之, 終古不忒. 日月得之, 終古不息. 堪坏得之, 以襲崑崙. 馮夷得之, 以游大川. 肩吾得之, 以處太山. 黃帝得之, 以登雲天. 顓頊得之, 以處玄宮. 禺强得之, 立乎北極.

---

34) '狶'는 '豨'로도 쓴다.
35) '羲'는 '戲'로도 쓴다.

西王母得之, 坐乎少廣. 莫知其始, 莫知其終. 彭祖得之, 上及有虞, 下及五霸.36) 傅說得之, 以相武丁, 奄有天下, 乘東維, 騎箕尾, 而比於列星.

희위씨(豨韋氏)가 그것을 얻어서 천지를 장악하였으며, 복희(伏羲)가 그것을 얻어서 기(氣)의 모체를 얻었으며, 두성(斗星)이 그것을 얻어 영원히 어긋나지 않으며, 일월(日月)이 그것을 얻어 영원히 쉬지 않으며, 감배(堪坏)가 그것을 얻어 곤륜(崑崙)을 차지했으며, 풍이(馮夷)가 그것을 얻어 대천(大川)에서 노닐며, 견오(肩吾)가 그것을 얻어 태산(太山)에 들어 앉았으며, 황제(黃帝)가 그것을 얻어 운천(雲天)에 올랐으며, 전욱(顓頊)이 그것을 얻어 현궁(玄宮)에 거처하였으며, 우강(禺强)이 그것을 얻어 북극(北極)에 섰다. 서왕모(西王母)가 그것을 얻어 소광(少廣)에 앉았다. 아무도 그 처음을 알지 못하고 아무도 그 마침을 알지 못한다. 팽조(彭祖)가 그것을 얻어 위로 유우씨(有虞氏)에 미치고 아래로 오패(五霸)에 미쳤으며, 부열(傅說)이 그것을 얻어 무정(武丁)을 도와 천하를 모두 차지하게 하였으며 동유(東維)를 타고 기미(箕尾)를 몰아 열성(列星)의 대열에 참여했다.

■ 郭云 : 自豨韋得之至比列星, 皆言得道.
곽상 : '희위씨가 얻어서[豨韋得之]'에서부터 '열성의 대열에 참여했다.[比列星]'에 이르기까지는 모두 도(道)를 얻었다는 사실을 말하였다.
■ 呂云 : 未有不得而聖者, 非特豨韋傅說而已. 未有不得道而立者, 非特維斗日月而已. 此其所以爲太宗師也.
여혜경 : 도(道)를 얻지 않고 성인(聖人)이 된 자는 없었으니, 희위(豨韋)와 부열(傅說)만 그러한 것이 아니다. 도를 얻지 않고 선 자는 없었으니, 북두(北斗)와

---

36) '霸'는 '伯'으로도 쓴다.

일월(日月)만 그러한 것이 아니다. 이것이 그 태종사(太宗師)가 된 까닭이다.

■ 林云: 自豨韋以下, 皆言得此道而後能如此也. 豨韋, 古帝. 挈, 猶言整齊. 氣母, 元氣. 襲, 合陰陽之氣而在我也. 堪坏, 山神. 襲, 有也. 馮夷, 水神. 禺强, 北方之神. 少廣, 神仙之居也.

임희일 : 희위(豨韋)로부터 아래로는 모두 이 도(道)를 얻은 뒤라야 이와 같을 수 있음을 말하였다. 희위(豨韋)는 고대의 제왕(帝王)이다. 계(挈)는 정돈하고 가지런히 한다는 말과 같다. 기모(氣母)는 원기(元氣)이다. 습(襲)은 음양(陰陽)의 기(氣)를 합하여 나에게 있게 한다는 뜻이다. 감배(堪坏)는 산신(山神)이다. 습곤륜(襲崑崙)의 습(襲)은 유(有)의 뜻이다. 풍이(馮夷)는 수신(水神)이다. 우강(禺强)은 북방(北方)의 신이다. 소광(少廣)은 신선이 사는 곳이다.

■ 焦云: 未見氣爲父, 則氣者母也. 北斗, 天之綱維, 故曰維斗. 玄宮, 北方之宮. 少廣, 山名. 箕斗, 爲天漢之東維.

초횡 : 기(氣)를 아비[父]라 하는 것을 보지 못했으니, 기(氣)라는 것은 어미[母]이다. 북두(北斗)는 하늘의 벼리이다. 그러므로 유두(維斗)라 하였다. 현궁(玄宮)은 북방의 궁(宮)이다. 소광(少廣)은 산 이름이다. 기두(箕斗)는 은하수의 동쪽 영역이다.

■ 按: 此言挈天地, 襲氣母, 日月, 星辰, 大山, 大川, 雲天,37) 玄宮, 崑崙, 少廣, 北極, 東維, 皆所以明神鬼神帝, 生天生地之意. 但其文錯綜不齊, 所以人未易曉. 蓋自篇首反覆言知道者之可尊與夫昧者之可憫, 至此復先形容道體, 因歷數得之以神明其德者, 雖天地鬼神伏羲黃帝, 亦其一也. 此下方擧有道之人, 南伯子葵以下, 是也.

박세당 : 여기에, 천지를 장악함, 기(氣)의 모체를 얻음, 일월(日月), 성신(星辰), 대산(大山), 대천(大川), 운천(雲天), 현궁(玄宮), 곤륜(崑崙), 소광(少廣), 북극(北極),

---

37) '天'은 대본에 '川'으로 되어 있으나 '天'의 오류이므로 고쳤다.

동유(東維)를 말한 것은, 모두 도(道)가 귀신을 신령하게 하고 상제를 신령하게 하며 하늘을 낳고 땅을 낳았다는 뜻을 밝힌 것이다. 다만 그 글이 이리저리 꼬이고 가지런하지 않기 때문에 사람들이 쉽게 이해하지 못한다. 대개 편수(篇首)에서부터, 도(道)를 아는 자는 존경해야 할 대상이라는 것과 우매한 자는 불쌍히 여겨야 할 대상이라는 것을 반복하여 말하였고, 여기에 이르러 다시, 먼저 도체(道體)를 형용하고 인하여, 도(道)를 얻어서 그 덕(德)을 신명(神明)하게 한 자를 하나하나 들었다. 비록 천지(天地), 귀신(鬼神), 복희(伏羲), 황제(黃帝)일지라도 또한 그 가운데 하나이다. 이 아래에서 바야흐로 도를 지닌 이를 거론하였으니, 남백자규(南伯子葵) 이하가 이것이다.

2

南伯子葵問乎女偊曰, "子之年長矣, 而色若孺子, 何也?" 曰, "吾聞道矣." 南伯子葵曰, "道可得學耶?" 曰, "惡! 惡可! 子非其人也.
남백자규(南伯子葵)가 여우(女偊)에게 물었다. "그대가 어른의 나이인데, 안색이 어린이와 같으니, 어찌된 것이오?" 대답하였다. "나는 도(道)를 들었소." 남백자규가 물었다. "도라는 것이 배울 수 있는 것이오?" 대답하였다. "아니오, 어찌 배울 수가 있겠소. 그대는 배울 수 있는 사람이 아니오.

■ 郭云: 聞道故氣色全也.
곽상: 도를 들었기 때문에 기색(氣色)이 온전하였다.
■ 呂云: 人聞道則憂患不能入, 所以年長而色稚.
여혜경: 사람이 도를 들으면 우환이 개입할 수 없기 때문에 나이가 들어도 안색이 어린이와 같다.
■ 林云: 年長而有孺子之色, 今修煉家之說.

임희일 : 나이가 들었는데도 어린이의 안색이 있다는 것은, 오늘날의 수련가(修鍊家)의 언설과 같다.

■陸云 : 上旣言得道, 此則言道不易聞不易傳也.

육서성 : 위에서 이미 도를 얻는 것을 말하였고, 여기서는 도는 쉽게 들을 수 없고 쉽게 전할 수 없음을 말하였다.

■按 : 子非其人, 言'道必待人而後可傳, 固未可易以言', 以起下文之意.

박세당 : '그대는 그 사람이 아니다[子非其人].'라는 것은 '도(道)는 반드시 합당한 사람을 기다린 뒤에 전해질 수 있으니 본디 쉽게 말할 수 있는 것이 아니다.'라는 말이니, 아래 글의 뜻을 일으킨 것이다.

夫卜梁倚有聖人之才而無聖人之道, 我有聖人之道而無聖人之才, 吾欲以敎之, 庶幾其果爲聖人乎?

저 복량의(卜梁倚)는 성인(聖人)의 재질(才質)은 있지만 성인의 도(道)가 없고, 나는 성인의 도는 있지만 성인의 재질이 없소. 내가 그를 가르치고자 한다면, 글쎄요, 그가 과연 성인이 될 수 있을까요?

■呂云 : 有聖人之道者, 得其大本大宗. 有聖人之才者, 以是道推之.

여혜경 : 성인의 도를 지닌 자는 그 대본(大本)과 대종(大宗)을 얻었고, 성인의 재질을 지닌 자는 이 도(道)로써 (천하 국가에) 미루어나간다.

■按 : 庶幾者, 言其有望於得而亦未敢必也, 蓋難之之意.

박세당 : 서기(庶幾)라는 것은 '그렇게 되기를 희망하지만 또한 감히 기필하지는 않음'을 말하니, 대개 어렵게 여기는 뜻이다.

不然, 以聖人之道告聖人之才, 亦易矣. 吾猶守而告之. 三日而後能外天下.
已外天下矣, 吾又守之, 七日而後能外物. 已外物矣, 吾又守之, 九日而後能
外生. 已外生, 而後能朝徹. 朝徹而後能見獨. 見獨而後能無古今. 無古今而
後能入於不死不生.

그러한 것이 아니라면, 성인(聖人)의 도를 성인의 재질을 갖춘 자에게 일러주
는 것은 또한 쉬운 일이오. 나는 그래도 지켜보면서, 그에게 일러주었소. 3일
뒤에는 천하를 잊었고, 천하를 잊고 나서 내가 또 지켜보았더니, 7일 뒤에는
만물을 잊었고, 만물을 잊고 나서 내가 또 지켜보았더니, 9일 뒤에는 삶을 잊
었소. 삶을 잊고 나니, 그 뒤에는 아침 햇살처럼 환해졌고, 아침 햇살처럼 환
해진 뒤에는 유일한 것을 보았고, 유일한 것을 본 뒤에는 고금이 없어졌고, 고
금이 없어진 뒤에는 죽지도 않고 살지도 않는 경지에 들어갔소.

■郭云 : 外猶遺也. 物者, 朝夕所須, 切己難忘. 外則都遺之也. 遺
生則不惡死, 故所遇卽安, 豁然無滯, 斯朝徹也. 忘先後之所接,
斯見獨也. 無古今, 與獨俱往也. 無係無惡, 則無死無生矣.
곽상 : 외(外)는 버린다遺는 뜻과 같다. 만물은 아침저녁으로 필요한 것이며
몸에 절실해서 잊기 어렵다. (삶을) 버리면 그것을 모두 버린다. 삶을 버리면
죽음을 싫어하지 않는다. 그러므로 만나는 상황에 편안하여 탁 트이어 막힘
이 없으니, 이것이 바로 조철(朝徹)이다. 선후(先後)의 연결됨을 잊는 것이 바
로 견독(見獨)이다. 고금이 없다는 것은 독(獨)과 더불어 간다는 뜻이다. 얽매
임도 없고 싫어함도 없으면 죽음도 없고 삶도 없다.
■呂云 : 卜梁倚有其才而無其道, 故守而告之, 由粗以至精. 已外
天下而後外物, 而後外生, 而後朝徹, 言自省至是徹而爲朝也. 見
獨, 彼是莫得其偶.38) 無古今, 參萬歲而一成純.39)

여혜경 : 복량의(卜梁倚)는 그 재질은 있지만 그 도(道)가 없었다. 그러므로 지켜보면서 일러주었으니, 거친 곳으로부터 말미암아 정밀한 곳에 이른 것이다. 이미 천하를 버린 뒤에 만물을 버리며, 그런 뒤에 삶을 버리며, 그런 뒤에 조철(朝徹)이 된다는 것은, '자신을 반성하여 여기에 이르러 통철해져서 아침 햇살처럼 환해졌다.'는 말이다. 견독(見獨)은 '저것과 이것이 그 짝을 얻지 못한다.'는 것이다. 무고금(無古今)은 '만세의 변화에 참여하여 하나가 되어 순수를 이룬다.'는 것이다.

■ 林云 : 三日七日九日, 一節高一節. 朝徹, 胷中朗然如在平朝澄徹也. 見獨者, 自見而人不見也. 無古今, 則無死生.

임희일 : 3일, 7일, 9일이라는 것은 한 단계씩 높아졌다는 뜻이다. 조철(朝徹)은 가슴속이 맑아서 마치 이른 아침의 맑은 기운과 같다는 뜻이다. 견독(見獨)이라는 것은 자신만 볼 수 있고 남들은 못 본다는 뜻이다. 고금(古今)이 없으면 사생(死生)이 없다.

■ 羅云 : 朝徹, 一朝而透徹, 不俟七日與九日也.[40]

나면도 : 조철(朝徹)은, 하루아침에 투철(透徹)해져서 7일이나 9일을 기다리지 않는다는 뜻이다.

■ 陸云 : 外天下與外物異, 天下遠而疎故易, 物近而親故難. 外生者, 忘我也. 獨者, 與物無匹也. 見獨則無古今, 無去來, 而可以言道矣.

육서성 : 천하를 버리는 것과 만물을 버리는 것이 다르니, 천하는 소원하기

---

38) 《장자》〈제물론(齊物論)〉에 "저것과 이것이 상대적 대립구조를 이룰 수 없음을 도추(道樞)라 한다. 도추가 비로소 그 고리의 중앙이 되어 무궁(無窮)에 대응한다.[彼是莫得其偶, 謂之道樞. 樞始得其環中, 以應無窮.]"하였다.
39) 《장자》〈제물론(齊物論)〉에 "보통 사람들은 허둥지둥 바쁘지만 성인은 우둔하다. (그러나 성인은) 만세의 변화에 함께 참여하여 하나가 되어 순수를 이룬다.[衆人役役, 聖人愚芚. 參萬歲而一成純.]"하였다.
40) '俟'는 '竢'로 쓰기도 한다.

때문에 쉽고 만물은 친근하기 때문에 어렵다. 삶을 버린다는 것은 나를 잊는다는 뜻이다. 독(獨)이라는 것은 만물 중에 짝이 될 사물이 없다는 뜻이다. 유일함[獨]을 보면, 고금도 없고 거래(去來)도 없어서 도(道)를 말할 수 있다.

■ 按 : 承上文難之者而言, '若非然也, 則以此道告此才似亦易矣. 而吾猶守而告之, 至於三日, 至於七日, 又至於九日而後, 乃能次第契悟, 入於不生不死.' 如此而後爲能得此道矣, 蓋授受之難如此. 外物則不役於物而自適其適, 外生則不私於己而忘生忘死. 死生不變而夜朝有常, 超然獨見, 至理洞明, 參萬歲而成純, 則與道體合而爲一. 至是而能事畢矣. 外生與不死不生異者, 有跡無跡之間耳. 不死不生, 道之體也.

박세당 : 윗글 '어렵게 여긴 것'을 이어받아 말하기를, '만약 그렇지 않다면, 이러한 도(道)를 이러한 재질을 지닌 자에게 고해주는 것은 또한 쉬울 듯하였다. 그래서 나는 그래도 지켜보면서 그에게 일러주었는데, 3일째에 이르고, 7일째에 이르고, 또 9일째에 이른 뒤에는 이에 차례대로 깨달아서, 살지도 죽지도 않는 경지에 들어갔다.' 하였다. 이와 같은 뒤라야 이 도를 터득할 수 있었다고 하였으니, 대개 주고받기가 이와 같이 어렵다. 사물을 버리면, 사물에게 부림을 당하지 않고 스스로 자기에게 적합한 길을 갈 수 있으며, 삶을 버리면 자기를 사사로이 챙기지 않아서 삶도 잊고 죽음도 잊는다. 죽음과 삶에도 변함이 없고 밤이나 낮이나 변함이 없으며, 우뚝 홀로 깨달아 지극한 이치가 통명(洞明)해지고, 만세에 참여해서 순수함을 이루면, 도(道)의 본체와 합쳐져서 하나가 된다. 여기에 이르러 할 수 있는 일[能事]이 마무리된다. 외생(外生)과 불사불생(不死不生)의 차이는 자취가 있으냐 자취가 없느냐에서 나뉜다. 불사불생이 도의 본체이다.

殺生者不死, 生生者不生. 其爲物, 無不將也, 無不迎也. 無不毁也, 無不成也. 其名爲攖寧. 攖寧也者, 攖而後成者也."

생명을 죽이는 자는 죽지 않으며 생명을 내는 자는 태어나지 아니하오. 그것은 만물에 대해서, 보내지 않음이 없고 맞이하지 않음이 없으며, 허물지 않음이 없고 이루지 않음이 없소. 그 이름은 영녕(攖寧)이오. 영녕이라는 것은 휘감아 엉킨 뒤에 이루는 것이오."

■郭云 : 任其自毁故無不毁, 任其自成故無不成. 與物冥者, 物縈而未始不寧也. 故縈而任之, 則莫不曲成也.
곽상 : 스스로 허무는 대로 맡겨두기 때문에 허물지 아니함이 없고, 스스로 이루는 대로 맡겨두기 때문에 이루지 않음이 없다. 만물과 더불어 일체가 된 자는 만물이 둘러 감더라도 애당초 안녕하지 아니함이 없다. 그러므로 둘러 감은 채로 맡겨두면 하나하나가 이루지 아니하는 것이 없다.

■呂云 : 死者我殺之而我未嘗死, 生者我生之而我未嘗生. 將迎成毁雖皆攖之, 而我未嘗殆, 故曰攖寧.
여혜경 : 죽을 자를 내가 죽이지만 나는 죽은 적이 없고, 살 자를 내가 살리지만 나는 살아난 적이 없다. 보내고 맞이하고 이루고 허무는 것에 비록 모두에게 휘감기지만 나는 위태해진 적이 없다. 그러므로 '휘감아 얽힌 채 편안하다(攖寧).'고 하였다.

■羅云 : 將, 送也. 攖, 觸也.
나면도 : 장(將)은 보낸다는 뜻이고, 영(攖)은 접촉한다는 뜻이다.

■陸云 : 攖寧, 謂于世棼擾擾之中而成大定.
육서성 : 영녕(攖寧)은 세상의 어지러움 속에서 큰 안정이 이루어진다는 말이다.

■按 : 秋冬以殺, 春夏以生, 一陰一陽, 所以爲道, 而道無生死, 卽

'自本自根, 自古以固存'之謂也. 其往而將, 其來而迎, 時毀畢毀, 時成畢成, 物之去來盛衰, 無非妙用之運. 其生殺於物者如此, 而物亦莫不資之以爲始終, 若相攖然而後乃各得安其性而盡其理, 故曰'攖寧', 曰'攖而後成'也. 此又言道之體用, 以明入於不死不生者, 其全體妙用, 亦與道合, 而爲可以命物化而守其宗也.

박세당 : 가을과 겨울에는 죽이고 봄과 여름에는 살려서, 한 번은 음(陰)이 되고 한 번은 양(陽)이 되므로 그것이 도(道)인데, 도는 생사(生死)가 없으니, 이것이 바로 '자신을 바탕으로 삼고 자신을 뿌리로 삼아 예로부터 본디 존재했다.'고 하는 것이다. 가면 보내고 오면 맞이하며 허물 때에는 끝까지 허물고 이룰 때에는 끝까지 이루니, 만물이 가고 오고 왕성하고 쇠퇴하는 것이 묘용(妙用)의 운행이 아닌 것이 없다. 그가 만물을 살리고 죽이는 것이 이와 같고, 만물도 또한 그것을 바탕으로 시종(始終)을 삼지 않는 것이 없어서, 마치 서로 얽힌 뒤에야 각기 그 천성을 안정시키고 그 이치를 극진히 할 수 있는 것같기 때문에, '영녕(攖寧)'이라 하였고, '얽힌 뒤에 이루어진다(攖而後成).'고 하였다. 여기에서 또 도(道)의 체용(體用)을 말하여, '죽지도 않고 살지도 않는 경지에 들어간 자는 그 온전한 체(體)와 오묘한 용(用)이 또한 도(道)와 통합되어, 만물의 변화를 명령하고 그 종주 자리를 지킬 수 있게 됨'을 밝힌 것이다.

南伯子葵曰, "子獨惡乎聞之?" 曰, "聞諸副墨之子, 副墨之子聞諸洛誦之孫, 洛誦之孫聞諸瞻明, 瞻明聞之聶許, 聶許聞之需役, 需役聞之於謳, 於謳聞之玄冥, 玄冥聞之參寥, 參寥聞之疑始."

남백자규가 물었다. "그대는 그것을 어디서 들었소?" 답하였다. "부묵(副墨)의 아들한테서 들었소. 부묵의 아들은 낙송(洛誦)의 손자한테 들었고, 낙송의 손자는 첨명(瞻明)한테 들었고, 첨명은 섭허(聶許)한테 들었고, 섭허는 수역(需

役)한테 들었고, 수역은 오구(於謳)한테 들었고, 오구는 현명(玄冥)한테 들었고, 현명은 참료(參寥)한테 들었고, 참료는 의시(疑始)한테 들었소."

■ 郭云 : 雖玄冥猶未極, 而又推寄於參寥, 玄之又玄.41) 蓋階近以至遠, 研粗以至精.

곽상 : 비록 현명(玄冥)일지라도 오히려 지극하지 못하여 또 참료(參寥)에게 미루어 붙였으니, 현묘하고 또 현묘한 것이다. 대개 가까운 데를 딛고 먼 곳에 이르고 거친 데에서 연마하여 정교한 데에 이른다.

■ 呂云 : 瞻明, 見理之明. 於謳, 歌詠以樂也.42) 自副墨至瞻明, 學而有所見. 自聶許至於謳, 行而至於樂.

여혜경 : 첨명(瞻明)은 이치를 분명하게 보았다는 뜻이다. 오구(於謳)는 노래하고 읊으며 즐긴다는 뜻이다. 부묵(副墨)에서 첨명까지는 배워서 소견이 있다는 뜻이고, 섭허(聶許)에서 오구까지는 실천하여 즐기는 데에 이르렀다는 뜻이다.

■ 林云 : 書之簡冊, 故曰副墨.43) 於, 嗟嘆, 謳, 詠歌,44) 言其自得之樂也. 此意蓋言道雖得之於文字, 實吾性天之所自有者也.

임희일 : 간책(簡冊)에 적기 때문에 부묵(副墨)이라 하였다. 오(於)는 차탄(嗟嘆)이고 구(謳)는 영가(詠歌)이니, 그 자득(自得)의 즐거움을 말한다. 이 단락의 뜻은 대개 '도(道)가 비록 문자에서 얻는 것이기는 하나 사실은 나의 천성이 본래 지니고 있던 것이다.'라는 말이다.

---

41) 《노자》 제1장에 "현묘하고 또 현묘하니, 뭇 오묘함의 문이다.[玄之又玄, 衆妙之門.]"하였다.
42) '歌詠'은 《장자익》에는 '詠歌'로 되어 있다.
43) 《구의교주》에 "부묵(副墨)은 문자(文字)이다. 말[言]이 있은 뒤에는 간책에 적는다. 말로 형상화하는 것이 정(正)이고 먹[墨]으로 쓰는 것이 부(副)이다." 하였다.
44) '詠'은 《구의교주》에는 '咏'으로 되어 있다.

■ 羅云: 副墨洛誦, 假文墨之名. 瞻明聶許, 假耳目之名. 需役於謳, 假役夫歌謠之名.

나면도 : 부묵(副墨)과 낙송(洛誦)은 문묵(文墨)의 이름을 빌렸고, 첨명(瞻明)과 섭허(聶許)는 이목(耳目)의 이름을 빌렸고, 수역(需役)과 오구(於謳)는 역부(役夫)와 가요(歌謠)의 이름을 빌렸다.

■ 陸云 : 副墨, 書也. 洛誦, 言也. 瞻明, 視也. 聶許, 聽也. 需役, 行也. 於謳, 歌也. 玄冥, 深沉. 參寥, 空廓. 疑始, 疑其始而未有始也. 言'道得之言語文字, 而領之以心, 會之以神, 則朝徹而獨見也.'

육서성 : 부묵(副墨)은 글[書]이고 낙송(洛誦)은 말이며, 첨명(瞻明)은 봄[視]이고 섭허(聶許)는 들음[聽]이며, 수역(需役)은 행함[行]이고 오구(於謳)는 노래함[歌]이다. 현명(玄冥)은 깊이 잠김[深沉]이고, 참료(參寥)는 비어 널찍함[空廓]이고, 의시(疑始)는 시작인가 싶으면서도 아직 시작이 없는 것이다. '도는 언어와 문자에서 얻지만 마음으로 알고 정신으로 이해하면 아침 햇살처럼 환해져서 홀로 보게 된다.'는 말이다.

■ 按 : 洛誦, 疑猶云洛下詠.[45] 道之所傳, 在簡冊誦習之間, 初不過聞見所得而已. 然聞見不如行之, 行之不如樂之, 樂之者不如汹然獨契於渾融微妙之體, 所以示其有階級也.

박세당 : 낙송(洛誦)은 아마 낙하영(洛下詠)이라 하는 것과 같을 듯싶다. 도(道)가 전해지는 것은 간책(簡冊)을 읽고 송습(誦習)하는 데에 있으니, 처음에는 듣고 보면서 얻는 것에 불과할 따름이다. 그러나 듣고 보는 것은 그것을 실천하

---

[45] 낙하영(洛下詠)은 중국 진(晉)나라 때에 낙수(洛水) 주변의 서생(書生)들 사이에 유행하던 콧소리 음영(吟詠) 방법을 말한다. 후대에는 시문(詩文)을 짓거나 읊는 것을 비유하는 말로 쓰였다. 《세설신어전소(世說新語箋疏)》〈아량(雅量)〉에 "사안(謝安, 320~385년)이 낙하서생(洛下書生)들의 풍성(諷聲)으로 시를 읊었는데, 사안이 어릴 적부터 콧병이 있었는지라, 코 막힌 소리를 냈다. 그 뒤로 명류(名流)들이 사안의 음영 방법을 모방하여 시를 읊으면서, 일부러 손으로 코를 막고 읊어 콧소리가 나게 하였다." 하였다.

는 것만 못하고, 실천하는 것은 그것을 즐기는 것만 못하며, 그것을 즐기는 것은 혼융하고 미묘한 본체에 완전히 계합하는 것만 못하다. 그래서 단계가 있음을 보여준 것이다.

3

子祀,子輿,子犂,子來四人相與語曰, "孰能以無爲首, 以生爲脊, 以死爲尻. 孰知死生存亡之一體者, 吾與之友矣." 四人相視而笑, 莫逆於心, 遂相與爲友.
자사(子祀), 자여(子輿), 자리(子犂), 자래(子來) 네 사람이 서로들 말하기를, "누가 없음[無]으로 머리를 삼고 삶[生]으로 등뼈를 삼고 죽음[死]으로 꽁무니를 삼을 수 있을까. 누가 죽음과 삶, 존재와 소멸이 한 몸이라는 것을 알 수 있을까. 내가 그와 더불어 벗을 하리라." 하였다. 네 사람이 서로를 보며 웃고, 마음에 거슬림이 없어서, 드디어 서로 벗을 삼았다.

■朱云 : 凡物始於無, 終於無, 其生其死, 一氣之往來耳. 苟入於不死不生, 其所存豈在七尺之軀哉?
주득지(朱得之) : 무릇 만물은 없음[無]에서 시작하고 없음에서 끝나니 그 탄생과 그 사망은 동일한 기(氣)가 가고 오는 것일 따름이다. 정말이지 죽지도 않고 살지도 않는 경지에 들어가면, 그 보존하는 바가 어찌 7척 몸뚱이에 불과하겠는가.

■按 : 無爲始, 若身之有首, 生爲中, 若身之有脊, 死爲終, 若身之有尻. 此死生存亡之所以爲一體者. 語之而同契其理, 故曰莫逆於心.
박세당 : 없음[無]이 처음이 됨은 마치 몸에 머리가 있는 것과 같고, 삶이 중간이 됨은 마치 몸에 등뼈가 있는 것과 같고, 죽음이 끝이 됨은 마치 몸에

꽁무니가 있는 것과 같다. 이것이 죽음과 삶, 존재와 소멸이 하나의 몸이 되는 까닭이다. 그것을 얘기하다가 다 같이 그 이치를 깨달았다. 그래서 '마음에 거슬림이 없었다.'고 한 것이다.

俄而子輿有病, 子祀往問之. 曰, "偉哉! 夫造物者, 將以予爲此拘拘也!" 曲僂發背,[46] 上有五管, 頤隱於齊, 肩高於頂, 句贅指天. 陰陽之氣有沴, 其心閒而無事. 跰𨇤而鑑於井, 曰, "嗟乎! 夫造物者, 又將以予爲此拘拘也!"
얼마 뒤에 자여(子輿)가 병이 들자 자사(子祀)가 가서 문병하였다. (자여가) 말하기를, "훌륭하구나! 저 조물주는 나를 이렇게 오그라지게 만들었구나!" 하였다. 굽은 등뼈가 등에 튀어나왔고, 위에 오관(五管)이 있고, 턱은 배꼽에 묻혔고, 어깨가 이마보다 높고, 상투는 하늘을 가리켰다. 음양의 기운이 헝클어졌지만 그 마음은 한가로워서 일이 없었다. 애를 써서 걸어가 우물에 비춰보고 말하기를, "아아! 저 조물주는 또 나를 이렇게 오그라지게 만들었구나!" 하였다.

■ 郭云 : 沴, 陵亂也.
곽상 : 려(沴)는 혼란함이다.
■ 呂云 : 曲僂發背, 至句贅指天, 言病之拘攣而可惡.
여혜경 : '굽은 등뼈가 튀어나옴[曲僂發背]'에서 '상투가 하늘을 가리킴[句贅指天]'에 이르기까지는 '병든 모습이 오그라져서 추하게 여길 만함'을 말한 것이다.
■ 林云 : 拘拘者, 病之狀也. 句贅, 髻也. 陰陽之氣不和而後成病, 故曰有沴. 心閒無事, 不以病爲憂也. 跰𨇤, 扶曳而行之貌.
임희일 : 구구(拘拘)라는 것은 병든 형상이다. 구췌(句贅)는 상투이다. 음양의

---

46) '背'는 대본에는 '輩'로 되어 있으나 틀린 글자이므로 고쳤다.

기운이 조화롭지 못한 뒤에 병이 든다. 그러므로 헝클어졌다고 한 것이다. 마음이 한가롭고 일이 없다는 것은 병을 근심하지 않는다는 뜻이다. 변선(跰躔)은 몸을 부지하며 이끌고 가는 모양이다.

■ 焦云 : 句贅, 項堆也. 句, 猶言節也. 贅, 言其形如贅瘤也. 跰躚, 病不能行貌. 拘拘, 攣曲之甚.

초횡 : 구췌(句贅)는 목덜미이다. 구(句)는 마디[節]라는 말과 같고, 췌(贅)는 그 형상이 혹과 같다는 말이다. 변선(跰躔)은 병이 들어서 걸을 수 없는 모양이다. 구구(拘拘)는 많이 오그라진 것이다.

■ 按 : 拘拘, 僂之狀. 曲僂發背, 僂在背也. 此與支離疏語有詳略異同,47) 而意則一也. 跰躚, 猶蹩躠.48) 偉哉者, 蓋所以見其不惡之之意.

박세당 : 구구(拘拘)는 구부정한 형상이다. 곡루발배(曲僂發背)는 구부정한 것이 등에 있다는 뜻이다. 이것은 지리소(支離疏)를 표현한 말과는 상세하고 소략한 차이가 있지만 뜻은 마찬가지이다. 변선(跰躔)은 억지로 애써 걷는다는 뜻의 별설(蹩躠)과 같다. 위재(偉哉)라는 것은 대개 싫어하지 아니하는 뜻을 보인 것이다.

---

47) 《장자》〈인간세(人間世)〉에 "지리소(支離疏)라는 자는 턱이 배꼽에 가려지고 어깨가 정수리보다 높고 상투가 하늘을 찌르고 오장이 위에 있고 두 넙적다리가 옆구리가 되었다. 바느질과 빨래로 입에 풀칠을 하고, 키질 품삯으로 열 식구를 먹일 수 있었다.[支離疏者, 頤隱於齊, 肩高於頂, 會撮指天, 五管在上, 兩髀爲脇. 挫鍼治繲, 足以餬口. 鼓筴播精, 足以食十人.]"하였다.
48) 《장자》〈마제(馬蹄)〉에 "성인(聖人)이 나온 시대에 이르러, 억지로 애써서 인(仁)을 행하고 발돋음을 하여 의(義)를 행하여, 천하가 비로소 의심을 하게 되었고, 질펀하게 풍류[樂]를 연주하고 까다롭게 예(禮)를 시행하여, 천하가 비로소 나뉘게 되었다.[及至聖人, 蹩躠爲仁, 踶跂爲義, 而天下始疑矣. 澶漫爲樂, 摘僻爲禮, 而天下始分矣.]"하였다.

子祀曰, "女惡之乎?" 曰, "亡, 予何惡! 浸假而化予之左臂以爲鷄,49) 予因以求時夜. 浸假而化予之右臂以爲彈, 予因以求鴞炙.50) 浸假而化予之尻以爲輪, 以神爲馬, 予因以乘之, 豈更駕哉!

자사가 물었다. "그대는 그것을 싫어하는가?" (자여가) 답하였다. "아니네. 내가 어찌 싫어하겠는가. 차츰 나의 왼팔을 변화시켜서 닭으로 만든다면, 나는 그대로 그것으로써 밤에 시간을 알려주려 할 것이며, 차츰 나의 오른팔을 변화시켜 탄환을 만든다면, 나는 그대로 그것으로써 부엉이구이를 만들려 할 것이네. 차츰 나의 꽁무니를 변화시켜 바퀴를 만들고 나의 정신을 변화시켜 말[馬]을 만든다면, 나는 그대로 그것을 탈 것이니 어찌 다시 다른 데에 멍에를 걸겠는가.

■ 郭云 : 浸, 漸也. 體化合變, 則無往而不因, 無因而不可.
곽상 : 침(浸)은 차츰(漸)이라는 뜻이다. 변화와 한 몸이 되어 합쳐지면, 어디를 가도 인하지 않음이 없고 무엇을 인해도 안 될 것이 없다.
■ 呂云 : 浸假而化者三, 而予之所體者一. 此所謂萬化而未始有極也.
여혜경 : 차츰 변화하는 것은 셋이지만 내가 몸으로 삼는 것은 하나이다. 이것이 이른바 '오만 가지로 변화하여 일찍이 궁극이 있은 적이 없다.'는 것이다.
■ 林云 : 言假使造物漸以予之身化而爲他物, 吾亦將因而用之, 卽順造化而無好惡之意.
임희일 : '가령 조물주가 조금씩 나의 몸을 변화시켜 다른 사물을 만든다면, 나도 또한 그대로 그것을 쓸 것이다.'라는 말이니, 이것이 바로 '조화(造化)에 순응하여, 좋아하거나 싫어함이 없다.'라는 뜻이다.

---

49) '鷄'는 '雞'로도 쓴다.
50) '炙'는 대본에 '灸'로 되어 있으나 틀린 글자이므로 고쳤다.

■ 按 : 因化以求用, 則不但不惡之而已. 此所謂遊於物之所不得遯而皆存者也.

박세당 : 변화하는 대로 그에 맞추어 쓰이기를 추구하니, 그것을 싫어하지 아니할 뿐만이 아니다. 이것이 이른바 '사물이 도망할 수 없는 곳에 노닐어 모두를 보존한다.'는 것이다.

且夫得者, 時也, 失者, 順也. 安時而處順, 哀樂不能入也. 此古之所謂懸解也, 而不能自解者, 物有結之. 且夫物不勝天久矣, 吾又何惡焉!"

그리고 저 생명을 얻는 것도 때가 되었기 때문이며 생명을 잃는 것도 자연의 순리이다. 때가 오면 편안히 받아들이고 때가 갈 때에는 순리를 따르면, 슬픔과 즐거움이 개입할 수 없다. 이것이 옛날에 이른바 '매달린 것이 풀림[懸解]'이라는 것인데, 스스로 풀지 못하는 것은 사물이 묶고 있기 때문이다. 또한 저 사물이 하늘을 이기지 못한 지가 오래이니, 내가 또 무엇을 싫어하겠는가."

■ 郭云 : 天不能無晝夜, 我安能無死生而惡之哉!

곽상 : 하늘이 낮과 밤이 없을 수 없으니, 내가 어찌 죽음과 삶이 없을 수 있겠으며 그것을 싫어할 수 있겠는가.

■ 呂云 : 哀樂不能入, 則無所懸, 此所以爲解也. 若非時而求, 當順而逆, 則是物有結之而不能自解者也. 來不能却, 去不可禦, 則知不勝天矣.

여혜경 : 슬픔과 즐거움이 들어올 수 없으면 매달린 바가 없으니, 이것이 풀림이 되는 까닭이다. 때가 아닌데도 바라거나 순리를 따라야 하는데도 거역하면, 이는 사물이 얽어매서 스스로 풀 수 없는 것이다. 오는 것을 물리치지 못하고 가는 것을 막지 못하니, 사물이 하늘을 이길 수 없다는 사실을 알 수 있다.

■ 林云 : 懸解者, 言其心無所繫着也. 苟爲物所着, 則不能自釋.
임희일 : 현해(懸解)라는 것은, 그 마음이 얽매여 있는 데가 없다는 말이다. 정말이지 사물이 마음에 달라붙어 있으면 스스로 풀 수가 없다.
■ 按 : 生而存故曰得, 死而亡故曰失. 言'人能安時處順, 則譬猶倒懸之得解, 而其不能然者, 以私智自困而纏縛於死生之累故也.'
박세당 : 태어나 존재하기 때문에 득(得)이라 하였고 죽어서 없어지기 때문에 실(失)이라 하였다. '사람이 때가 오면 편안히 맞이하고 때가 가면 순리를 따를 수 있으면, 비유하자면 거꾸로 매달렸다가 풀리는 것과 같다. 그런데도 그렇게 하지 못하는 것은, 사사로운 지혜로 자신을 곤고하게 해서 사생(死生)에 대한 고민에 휘감겨 묶였기 때문이다.'라는 말이다.

俄而子來有病, 喘喘然將死, 其妻子環而泣之. 子犂往問之, 曰, "叱! 避! 無怛化!"
얼마 있다가 자래(子來)가 병이 들어, 헐떡헐떡 죽게 되어, 그의 아내와 자녀들이 빙 둘러싸고 곡(哭)하며 울고 있었다. 자리(子犂)가 가서 문병하며 말하였다. "쉿! 물러나시오! 변화하는 것을 놀라게 하지 마시오!"

■ 郭云 : 死生, 猶寤寐耳. 於理當寐, 不願人驚之, 將化而叱, 無爲怛之也.
곽상 : 죽고 사는 것은 잠을 깨고 자고 하는 것과 같을 뿐이다. 이치로 보아 잠을 잘 때에는 타인이 놀라게 하는 것을 원치 않으니, 변화를 할 때에 조용히 하게 한 것은 변화하는 것을 놀라게 하는 일이 없게 한 것이다.
■ 林云 : 叱者, 呵止之聲. 避者, 使其遠去. 謂無以哭泣驚怛將化之人.
임희일 : 질(叱)이라는 것은 말로 멈추게 하는 소리이고, 피(避)라는 것은 그들

을 멀리 떨어지게 하는 것이다. '장차 변하려는 사람을 곡읍(哭泣)으로 놀라게 하지 말라.'는 말이다.

■ 按 : 喘喘, 奄奄垂盡之貌.

박세당 : 천천(喘喘)은 숨을 헐떡이며 죽어가는 모양이다.

倚其戶與之語曰, "偉哉造化! 又將奚以汝爲? 將奚以汝適? 以汝爲鼠肝乎? 以汝爲蟲臂乎?"

그 문에 기대어 그에게 말하였다. "대단하구나, 조화는! 또 그대를 써서 무엇을 만들려는 것일까? 장차 그대를 어디로 보내려는 것일까? 그대를 써서 쥐의 간을 만들려는 것일까? 그대를 써서 벌레의 다리를 만들려는 것일까?"

■ 呂云 : 鼠蟲, 人之所甚賤. 問其所賤惡, 蓋以考子來之所安.

여혜경 : 쥐와 곤충은 사람들이 매우 천하게 여기는 대상이다. 그 천시하고 싫어하는 것을 물은 것은 대개 자래(子來)가 편안히 여기는 바가 무엇인지를 고찰한 것이다.

■ 林云 : 鼠肝蟲臂, 言至小之物.

임희일 : 쥐의 간과 곤충의 다리는, 아주 작은 사물을 말한 것이다.

■ 褚云 : 此釋其滯念而開其曠懷也.

서백수 : 이것은 그 막힌 생각을 풀어주고 그 넓은 마음을 열어준 것이다.

■ 按 : 此亦鷄彈輪馬之意.

박세당 : 이것도 또한 '닭, 탄환, 수레바퀴, 말'의 비유와 같은 뜻이다.

子來曰, "父母於子, 東西南北, 唯命之從. 陰陽於人, 不翅於父母. 彼近吾死而我不聽, 我則捍矣, 彼何罪焉!

자래(子來)가 말하였다. "부모는 자식에게 있어서는 동서남북 어디든 오직 그 명령대로 따라야 할 대상이다. 음양(陰陽)은 사람에게 있어서 부모와 같을 뿐만이 아니다. 저이가 나를 죽음에 가까워지게 하는데 내가 듣지 않는다면, 나는 거역하는 놈이 될 것이다. 저이가 무슨 잘못이 있겠는가.

■ 郭云 : 自古或有能違父母之命者, 未有能違陰陽之變. 時當死, 亦非所禁, 而橫有不聽之心, 適足捍逆於理.

곽상 : 예로부터 부모의 명령을 어길 수 있는 자는 간혹 있었지만, 음양의 변화를 어길 수 있는 자는 없었다. 때가 죽을 때에 해당하면 또한 막을 수 있는 것이 아닌데, 건방지게 듣지 아니하려는 마음을 품는다면, 이치를 거역하는 것이 될 뿐이다.

■ 林云 : 不聽, 則捍, 亦前段物不能勝天之意.

임희일 : 따르지 않으면, 버티는 것이니, 또한 앞 단락의 '사물이 하늘을 이길 수 없다.'는 뜻이다.

■ 按 : 彼, 謂造化. 陰陽, 所以爲造化者. 近吾死, 言使吾近於死也. 以天爲父而身猶愛之者, 其指蓋與此同. 子捍父母之命, 則罪在子, 非父母之罪也.

박세당 : 피(彼)는 조화(造化)를 이른다. 음양(陰陽)이 조화를 부리는 원동력이다. 근오사(近吾死)는 '나를 죽음에 가까워지게 한다.'는 말이다. '하늘로 아버지를 삼아, 몸을 바쳐서라도 그를 사랑한다.'는 것이 그 취지가 대개 이것과 같다. 아들이 부모의 명령을 거역하면, 잘못이 아들에게 있는 것이지 부모의 잘못이 아니다.

夫大塊載我以形, 勞我以生, 佚我以老, 息我以死. 故善吾生者, 乃所以善吾死也.

저 자연이 나를 형체를 써서 실어주고, 나를 생활을 써서 수고롭히고, 나를 늙음을 써서 편안하게 해주고, 나를 죽음을 써서 쉬게 해준다. 그러므로 나의 생활을 좋게 하는 것은 곧 나의 죽음을 좋게 하는 방법이다.

■ 郭云 : 善生善死, 理常俱也.
곽상 : 삶을 좋게 하는 것과 죽음을 좋게 하는 것은 이치상 항상 함께 있다.
■ 呂云 : 知陰陽之於人, 不翅父母而聽之, 知大塊之息我以死而善之, 則安用問其奚以爲, 奚以適耶?
여혜경 : 음양(陰陽)이 사람에게 있어서 부모와 같을 뿐만이 아님을 알아서 그의 명령을 듣고, 대지(大地)가 죽음을 써서 나를 쉬게 한다는 것을 알아서 그것을 좋게 여긴다면, '무엇을 만들려고 할까?', '어디로 보내려고 할까?'라는 질문을 어디에 쓰겠는가?

今大冶鑄金, 金踊躍曰'我且必爲鏌鋣',51) 大冶必以爲不祥之金. 今一犯人之形, 而曰'人耳人耳', 夫造化者必以爲不祥之人.

지금 대장장이가 쇠를 녹여 도구를 만드는데, 쇠가 뛰어오르면서 말하기를, '나는 반드시 막야(鏌鋣)같은 명검(名劍)이 될 거야.'라고 한다면, 대장장이는 그것을 상서롭지 못한 쇠라고 여길 것이 틀림없다. 지금 한 번 사람의 형체를 타고 태어났는데, '(다음에도) 사람이 되고 싶다. 사람이 되고 싶다.'라고 한다

---

51) '鋣'는 '鎁'로도 쓴다.

면, 저 조화(造化)를 담당한 자는 그를 상서롭지 못한 사람이라고 여길 것이 틀림없다.

■ 郭云 : 人耳人耳, 唯願爲人也, 亦猶金之踊躍. 世皆知金之不祥, 而不能任其自化.

곽상 : 인이인이(人耳人耳)는 오직 사람이 되기를 원한다는 뜻이니, 또한 쇠가 뛰어오르는 것과 같다. 세상 사람들은 모두 그런 쇠가 상서롭지 못한 줄은 알면서도, 자기는 저절로 변화하도록 맡겨두지 못한다.

■ 呂云 : 躍冶之金, 人必以爲不祥. 人之願爲人也, 亦然.

여혜경 : 대장간에서 쇠가 뛰면 사람들이 반드시 상서롭지 못하다고 여길 것이다. 사람이 또 사람이 되기를 원하는 것도 그러하다.

■ 林云 : 賈誼曰, '陰陽爲炭, 萬物爲銅.'[52] 自此出. 金若能言, 人則必以爲怪, 造物之視人, 亦猶大冶之視金.

임희일 : 가의(賈誼)가 말하기를, '음양이 숯이고 만물이 구리이다.' 하였는데, 이 말은 여기에서 나왔다. 쇠가 만약 말을 하면 사람은 틀림없이 괴이하게 여길 것이니, 조물(造物)이 사람을 보는 것도 또한 대장장이가 쇠를 보는 것과 같다.

■ 褚云 : 躍冶之金, 亦秖以異, 而鏌鋣不可必得矣.

저백수 : 대장간에서 뛰는 쇠는 역시 이상한 것으로 여겨질 뿐이며, 막야가 되는 것은 기필할 수 있는 것이 아니다.

---

52) 한(漢)나라 가의(賈誼)가 지은 〈복조부(鵩鳥賦)〉에 "천지가 용광로이고 조화가 대장장이이며, 음양이 숯이고 만물이 구리라네. 모이면 생겨나고 흩어지면 없어지니 어찌 불변의 법칙이 있겠으며, 천 가지로 변하고 만 가지로 변하니 애당초 궁극이 없었다네. 어쩌다 사람이 되었다고 해서 아낄 것이 무엇이 있겠으며, 변화해서 다른 사물이 된다고 해서 근심할 것이 무엇이 있겠는가.[天地爲鑪兮, 造化爲工. 陰陽爲炭兮, 萬物爲銅 合散消息兮, 安有常則. 千變萬化兮, 未始有極. 忽然爲人兮, 何足控摶. 化爲異物兮, 又何足患.]" 하였다.

今一以天地爲大爐,53) 以造化爲大冶, 惡乎往而不可哉! 成然寐, 蘧然覺."54)
지금 한번 천지로 큰 풍로를 삼고 조화(造化)로 큰 대장장이를 삼았다면, 어디를 간들 좋지 않겠는가. 스르르 잠이 들었다가 번쩍 깨어날 것이다."

■ 郭云:變化之道, 靡所不遇, 今一遇人形, 矜而有之, 不亦妄乎? 人皆知金之不祥, 明己之無異於金, 則無不可也. 成然蘧然, 寤寐自若, 不以死生累心也.

곽상 : 변화의 길에서는 만나지 아니하는 것이 없는데, 지금 한 번 사람의 형체를 만났다고 해서 뽐내면서 소유하려 들면 또한 망녕된 것이 아니겠는가. 사람들이 모두 (뛰어오르는) 쇠가 상서롭지 못하다는 것을 아니, 자기가 쇠와 다름이 없다는 것을 분명히 알면, 불가한 것이 없을 것이다. 스르르 잠들고 번쩍 깨는 것은, 깨거나 자거나 태연하여 죽고 사는 문제로 마음을 얽매지 아니함이다.

■ 呂云:一以天地造化爲爐冶, 則鼠肝蟲臂, 無往而不可.

여혜경 : 한번 천지로 풍로를 삼고 조화로 대장장이를 삼았다면 쥐의 간이든 곤충의 다리이든 어디를 간들 안 될 것이 없다.

■ 林云:成, 安也. 以生爲寐, 以死爲覺.

임희일 : 성(成)은 편안하다는 뜻이다. 삶을 잠자는 것으로 여기고, 죽음을 깨어나는 것으로 여겼다.

■ 褚云:以天地爲爐, 造化爲冶, 萬化無極, 吾與之無極, 何必曰人耳人耳而憂其不得耶? 觀古人之所以自處者若此, 則豈生死所能拘.

저백수 : 천지(天地)로 풍로를 삼고 조화(造化)로 대장장이를 삼아, 오만 가지

---

53) '爐'는 '鑪'로도 쓴다.
54) '蘧'는 '遽'로도 쓴다.

변화가 끝이 없으면 나도 그와 더불어 끝이 없으니, 어찌 굳이 '사람이 되고 싶다. 사람이 되고 싶다.'고 하면서 그렇게 아니 될까를 근심하겠는가. 보건 대 옛사람의 처신하는 방법이 이와 같았으니 어찌 살고 죽는 문제가 구속할 수 있었겠는가.

■ 按 : 造化者, 天之主宰, 故曰冶. 寐覺易其先後者, 所以見其無所 輕重, 非如林氏之說也.

박세당 : 조화(造化)라는 것은 하늘의 주재(主宰)이므로 '대장장이[冶]'라고 하였다. 잠드는 것과 깨는 것을 그 앞뒤 차례를 바꿔놓은 것은 그 경중을 따지지 아니함을 보이기 위한 것이니, 임희일의 설명과 같은 것이 아니다.

4

子桑戶, 孟子反, 子琴張, 三人相與友. 曰, "孰能相與於無相與, 相爲於無相爲? 孰能登天遊霧, 撓挑無極, 相忘以生, 無所終窮?" 三人相視而笑, 莫逆於心, 遂相與友. 莫然有間.

자상호(子桑戶)와 맹자반(孟子反)과 자금장(子琴張), 이 세 사람이 서로 벗을 삼았다. 말하기를, "누가 함께할 뜻을 두지 않아도 서로 함께할 수 있으며 위해줄 뜻을 두지 않아도 서로 위해줄 수 있을까? 누가 하늘에 올라 운무 속에서 노닐며, 끝없는 곳에서 거리낌이 없이 다니며, 서로들 그 생명을 잊으며, 끝나는 궁극이 없을 수 있을까?"라고 하고, 세 사람이 서로를 보고 웃으며, 마음에 거슬림이 없어서 드디어 서로 벗을 삼았다. 그들 사이에 틈이 없었다.

■ 郭云 : 撓挑無極, 無所不任也. 忘其生, 則能隨變任化, 無所窮竟.

곽상 : 무극에서 마음대로 논다는 것은 내맡기지 아니하는 바가 없다는 뜻이

다. 그 생명을 잊으면 변화에 맡겨서 궁극이 없을 수 있다.

■ 呂云 : 登天則遂于大明之上, 遊霧則入于杳冥之門.55)

여혜경 : '하늘에 오른다[登天]'는 것은 큰 밝음 위로 오른다는 뜻이고, '운무에 노닌다[遊霧]'는 것은 깊고 그윽한 문에 들어간다는 뜻이다.

■ 林云 : 相與於無相與, 相與以無心也. 登天遊霧, 游於物之外也.

임희일 : 상여어무상여(相與於無相與)는 무심하게 서로 함께한다는 뜻이다. 등천유무(登天遊霧)는 만물의 바깥에 노닌다는 뜻이다.

■ 按 : 三子相與, 求其志同道合者以定交. 與者, 所以爲信也. 爲者, 所以爲忠也. 不期於信而所以信者存, 不期於忠而所以忠者存也. 登天遊霧, 心有天遊也. 撓挑, 恣睢自放之貌. 相忘以生, 坦然皆外其生也. 無所終窮, 萬化而未有極也. 莫逆於心, 同契此理也. 莫然有間, 莫間其交也. 三子皆見於 《論語》.56)

박세당 : 세 사람이 서로 함께한 것은 그 뜻이 같고 도(道)가 합치하는 자를 찾아서 교유를 정한 것이다. 함께함은 신뢰를 실천하는 방법이고, 상대를 위함은 상대에 대해 내 마음을 다하는 방법이다. 신뢰를 기약하지 않아도 신뢰할 수 있는 것이 존재했고, 마음을 다하려고 기약하지 않아도 마음을 다할 수 있는 것이 존재했다. 하늘에 올라 운무에서 노닌다[登天遊霧]는 것은 마음

---

55) 《장자》〈재유(在宥)〉에 "내가 그대를 큰 밝음 위에 올라 저 지극한 양(陽)의 근원에 이르게 할 것이며, 내가 그대를 깊고 그윽한 문에 들어가 저 지극한 음(陰)의 근원에 이르게 할 것이오.[我爲女遂於大明之上矣, 至彼至陽之原也. 爲女入於窈冥之門矣, 至彼至陰之原也.]" 하였다.

56) 《논어》〈옹야(雍也)〉에 "중궁(仲弓)이 자상백자(子桑伯子)에 대해서 여쭈니[仲弓問子桑伯子]" 하였고, 〈옹야(雍也)〉에 "맹지반(孟之反)은 자기 공로를 내세우지 않는 사람이다. [孟之反不伐.]" 하였다. 《맹자》〈진심 하(盡心下)〉에 "금장(琴張), 증석(曾晳), 목피(牧皮) 같은 사람들은 공자께서 말씀하신 광자(狂者)에 해당한다.[如琴張, 曾晳, 牧皮者, 孔子之所謂狂矣.]" 하였는데, 《논어》〈자로〉의 "중도를 실천하는 사람을 얻어 그와 함께하지 못한다면, 광자(狂者)나 견자(狷者)를 찾아봐야 하겠다.[不得中行而與之, 必也狂狷乎!]"한 데에 주희(朱熹)가 주석을 달면서 《맹자》의 이 구절을 인용하였다.

에 천유(天遊)가 있다는 뜻이다. 요도(撓挑)는 방자하게 눈을 부릅뜨고 멋대로 행동하는 모양이다. 상망이생(相忘以生)은 마음이 툭 트여 다들 그 생명에 관심을 두지 않는다는 뜻이다. 무소종궁(無所終窮)은 오만 가지로 변화하여 끝이 없다는 뜻이다. 막역어심(莫逆於心)은 함께 이 이치를 깨달았다는 뜻이다. 막연유간(莫然有間)은 아무도 그들의 사귐에 틈을 벌리지 못했다는 뜻이다. 세 사람은 모두 《논어(論語)》에 나온다.

而子桑戶死. 未葬, 孔子聞之, 使子貢往待事焉.57) 或編曲, 或鼓琴, 相和而歌曰, "嗟來桑戶乎! 嗟來桑戶乎! 而已反其眞, 而我猶爲人猗!"

그랬는데, 자상호(子桑戶)가 죽었다. 장사지내기 전에, 공자(孔子)가 그 소식을 듣고는 자공(子貢)을 시켜 가서 일을 돕게 하였다. (가서 보니,) 한 사람은 박(箔)을 엮고 한 사람은 금(琴)을 타며, 서로 창화하면서 노래하기를, "아, 상호야! 아, 상호야! 그대는 이미 참세상으로 돌아갔는데, 우리는 아직 사람으로 있구나!" 하였다.

■ 林云 : 使子貢待事, 猶助原壤沐槨也.58) 編曲, 織箔也. 編曲鼓琴, 指子反琴張. 嗟來, 歌聲. 反眞, 猶言復其初也.59)

---

57) '待'는 '侍'로 된 판본도 있다.
58) '槨'은 《구의교주》에는 '椁'으로 되어 있다. 《예기(禮記)》〈단궁(檀弓)〉에 "공자의 친구 원양(原壤)이 모친상을 당하자 공자께서 손질한 널판[沐槨]을 부조하였다. 원양이 나무에 올라가 말하기를, '내가 음악을 잊고 산 지가 오래되었구나.' 하고, 노래하기를, '살쾡이 머리처럼 알록달록하구나. 여인의 손처럼 보들보들하구나.[貍首之斑然! 執女手之卷然!]' 하였다. 공자께서는 못들은 척하며 지나갔다." 하였다. 《공자가어(孔子家語)》〈굴절(屈節)〉에도 나온다.
59) 복기초(復其初)는 본래의 참모습으로 돌아간다, 본래의 참모습을 회복한다는 뜻이다. 《논어》〈학이(學而)〉에 "배우고 제때에 익히면 또한 기쁘지 아니하랴?[學而時習之, 不亦

임희일 : 자공(子貢)을 시켜 일을 돕게 한 것은, 원양(原壤)에게 목곽(沐槨)을 부조한 것과 같다. 편곡(編曲)은 박(箔)을 엮는다는 뜻이다. 한 사람은 박(箔)을 엮고, 한 사람은 금(琴)을 탄다는 것은 맹자반(孟子反)과 자금장(子琴張)을 가리킨다. 차래(嗟來)는 노래하는 소리이다. 반진(反眞)은 그 처음으로 돌아간다는 말과 같다.

子貢趨而進曰, "敢問, 臨尸而歌, 禮乎?" 二人相視而笑曰, "是惡知禮意!"
자공이 조심스럽게 앞으로 나아가 말하였다. "감히 묻습니다. 시신을 앞에 두고 노래를 하는 것이 예(禮)에 맞습니까?" 두 사람이 서로 바라보며 웃으며 말하였다. "이 사람이 어찌 예의 본의를 알겠는가."

■ 郭云 : 齊死生, 忘哀樂, 臨尸能歌, 方外之志也. 夫知禮意者, 稱情而直往也.
곽상 : 죽음과 삶을 같게 여기고 슬픔과 즐거움을 잊으며 시신을 앞에 두고 노래할 수 있는 것은 방외인이 추구하는 것이다. 대저 예의 본의를 아는 자는 감정에 맞추어 마음에서 우러나오는 대로 한다.
■ 呂云 : 彼以反眞爲樂, 則臨尸而歌, 乃其宜也. 先王制禮, 使人平好惡而復之正, 則以反眞爲樂者, 豈非禮意哉.
여혜경 : 저들은 참세상으로 돌아가는 것을 즐겁게 여기니, 시신 앞에서 노래를 하는 것은 저들에게는 당연한 일이다. 선왕(先王)이 예법을 제정함은, 사람

說乎?]"하였는데, 주희(朱熹)의 주석에 "사람의 본성은 모두가 선하지만 깨달음에는 먼저와 나중이 있다. 깨달음이 늦은 사람은 반드시 먼저 깨달은 사람이 행한 바를 본받아야만 이에 선을 밝혀서 그 처음으로 돌아갈 수 있다.[人性皆善, 而覺有先後. 後覺者必效先覺之所爲, 乃可以明善而復其初也.]"하였다.

들로 하여금 좋아함과 싫어함을 고르게 하여 올바름을 회복하게 하려는 것이니, 참세상으로 돌아가는 것을 즐거워하는 것이 어찌 예의 본의가 아니겠는가.

■ 林云 : 禮意, 猶言禮之本也.60) 《禮記》載原壤貍首之歌, 知古有此離世絶俗之學.

임희일 : 예의(禮意)는 '예의 근본'이라고 말하는 것과 같다. 《예기(禮記)》에 실린 원양(原壤)의 이수(貍首) 노래는, 옛날부터 세속과는 아주 동떨어진 이러한 학문이 있었음을 알게 한다.

■ 品節 : 子貢不知達者之意, 以世禮繩之, 故二人笑. 蓋禮之意, 重在返始, 故曰禮不忘其始. 聖人制禮, 老子薄之, 以爲滋僞首亂.61) 其見自是如此, 宜非世儒之所知也.

진심 : 자공(子貢)이 달자(達者)의 뜻을 알지 못하고 세속의 예법을 적용하고자 하였기 때문에 두 사람이 웃었다. 대개 예(禮)의 본의는 핵심이 '처음으로 돌아감'에 있다. 그러므로 '예는 그 처음을 잊지 않는 것이다.'라고 하였다. 성인(聖人)이 예법을 제정하니 노자(老子)가 하찮게 여기면서, '거짓이 불어나고 혼란의 시초가 될 것이다.'라고 하였다. 그 견해가 스스로 옳게 여긴 것이 이러하니, 세속의 유자(儒者)들이 알 수 있는 바가 아닌 것이 당연하다.

---

60) 예지본(禮之本)은 예[文]의 근본, 즉 질(質)을 말한다. 《논어》〈팔일(八佾)〉에 "임방이 예의 근본을 여쭈니, 공자께서 말씀하시기를, '훌륭하도다, 그 질문이! 예(禮)는 사치스럽기보다는 차라리 부족한 것이 낫고 상(喪)은 형식이 잘 짜여진 것보다는 차라리 슬픔이 넘치는 것이 낫다.' 하셨다.[林放問禮之本. 子曰, '大哉問! 禮, 與其奢也, 寧儉. 喪, 與其易也, 寧戚.]" 하였다.

61) 《노자》 제38장에 "그러므로 도(道)를 잃은 뒤에 덕(德)을 생각하고 덕을 잃은 뒤에 인(仁)을 생각하고 인을 잃은 뒤에 의(義)를 생각하고 의를 잃은 뒤에 예(禮)를 생각한다. 대저 예라는 것은 충(忠)과 신(信)이 얇아졌기 때문에 생겼고 혼란의 머리이다.[故失道而後德, 失德而後仁, 失仁而後義, 失義而後禮. 夫禮者, 忠信之薄, 而亂之首.]" 하였다.

子貢反, 以告孔子, 曰, "彼何人者耶? 修行無有, 而外其形骸, 臨尸而歌, 顔色不變, 無以命之. 彼何人者耶?"

자공이 돌아와서 공자께 보고하였다. "저들은 어떤 사람들입니까? 수행(修行)은 볼 것이 없고, 그 형해(形骸)를 도외시하여, 시신을 앞에 두고 노래하면서 안색이 변하지 않았으니, 무어라 이름붙일 수가 없습니다. 저들은 어떤 사람들입니까?"

■ 按 : 言'二子未見有修行之跡, 而直外其形骸, 乃至於臨尸而歌, 顔色不變, 大反常情, 殆無以名之', 蓋怪之也.

박세당 : '두 사람은 수행(修行)한 자취는 보이지 않고 단지 그 형해(形骸)를 도외시하여, 심지어 시신을 앞에 두고 노래하면서 안색이 변하지 아니하였으니, 인지상정과 아주 반대라서 거의 무어라고 명명할 수가 없다.'라는 말이니, 대개 그것을 괴이하게 여긴 것이다.

孔子曰, "彼, 遊方之外者也, 而丘, 遊方之內者也. 外內不相及, 而丘使汝往弔之, 丘則陋矣.

공자가 말하였다. "저들은 예법(禮法) 밖에서 노니는 사람들이고, 나는 예법 안에서 노니는 사람이다. 밖과 안은 서로 미칠 수가 없는데, 내가 너로 하여금 가서 조문(弔問)하게 했으니, 내가 실수하였다.

■ 郭云 : 內外相冥, 未有極遊外之致, 而不冥於內者也. 未有能冥于內, 而不遊於外者也. 故聖人常遊外以弘內. 夫見形而不及神者, 天下之常累也. 故莊子將明流統之所宗, 超聖人之內跡, 而寄方外于數子, 宜忘其所寄以尋述作之大意, 則遊外弘內之道坦然自明, 而莊子之書, 故是超俗蓋世之談矣. 弔者, 方內之近事, 施之方外則陋.

곽상 : 안과 밖이 서로 현묘하게 합치하니, 밖에 노니는 것이 극치에 이르렀는데도 안이 현묘하지 아니한 자는 없으며, 안이 현묘한데도 밖에서 노닐지 아니하는 자는 없다. 그러므로 성인은 항상 밖에서 노닐어 안을 넓힌다. 대저 외형만 보고 정신에는 미치지 못하는 것이 천하 사람들의 통상적인 병폐이다. 그러므로 장자가 장차 계통의 핵심을 밝히려고, 방내의 자취가 있는 성인을 초월하여 방외를 이 몇몇 사람들에게 해당시켰으니, 그 해당시킨 바를 잊고 술작(述作)한 대의(大意)를 찾아보면, 밖에 노닐고 안을 넓히는 방도가 평탄하게 절로 분명해질 것이다. 장자의 글이 그래서 세속을 초월하고 세상을 덮는 담론인 것이다. 조문(弔問)은 방내에 있는 가까운 일이니, 이것을 방외에 적용했다면 생각이 얕은 것이다.

■ 呂云 : 遊方之外, 則與天爲徒, 故以死爲樂, 而不足哀. 遊方之內, 則與人爲徒, 故以死爲哀, 而無敢樂. 內外之志不同, 此所以不相及.

여혜경 : 방외에 노닐면 하늘과 더불어 무리가 되므로, 죽음이 즐거운 일이지 슬퍼할 일이 아니다. 방내에 노닐면 사람과 더불어 무리가 되므로, 죽음이 슬픈 일이고 감히 즐거워할 수 없다. 방내와 방외는 추구하는 바가 같지 않으니, 이것이 서로 미칠 수 없는 이유이다.

■ 林云 : 意趣不同, 而使汝弔之, 我則失矣.

임희일 : 추구하는 뜻이 같지 않은데 너로 하여금 조문(弔問)하게 했으니, 내가 실수하였다.

■ 按 : 方, 禮法之謂也. 二子放逸於禮法之外, 而聖人從容於禮法之內, 所謂'道不同不相爲謀'者,(62) 故云然.

박세당 : 방(方)은 예법(禮法)을 이른다. 두 사람은 예법 바깥에서 멋대로 노닐

고 성인(聖人)은 예법 안에서 평안하게 지내니, 이른바 '도(道)가 같지 아니하면 서로 깊은 의논을 하지 않는다.'는 것이다. 그러므로 그렇게 말하였다.

彼方且與造物者爲人, 而遊乎天地之一氣. 彼以生爲附贅縣疣, 以死爲決痼潰癰. 夫若然者, 又惡知死生先後之所在!

저들은 바야흐로 조물자(造物者)와 더불어 같은 무리가 되어, 천지(天地)가 일체가 된 기(氣) 안에 노닐고 있다. 저들은 삶을 쓸데없이 혹을 달고 있는 것으로 여기고, 죽음을 종기를 터트리는 것으로 여긴다. 대저 저와 같은 자들이 또 어찌 죽음과 삶에 대해 어느 것이 우선이고 어느 것이 나중인지를 따지겠는가.

■ 郭云 : 遊乎一氣者, 皆冥之, 故無二也. 以生爲附贅縣疣, 此氣之時聚, 非所樂也. 以死爲決痼潰癰,[63] 此氣之自散, 非所惜也. 死生代謝, 未始有極, 與之俱往,[64] 則無往不可.

곽상 : 일기(一氣)에 노닌다는 것은, 음양이 모두 깊이 섞였기 때문에 두 가지가 없는 것이다. 삶을 혹처럼 여긴다는 것은, 이 기(氣)가 잠시 모인 것일 뿐이므로 즐거워할 바가 아니라는 말이다. 죽음을 종기를 터뜨리는 것으로 여긴다는 것은, 이 기가 스스로 흩어지는 것일 뿐이므로 애석하게 여길 바가 아니라는 말이다. 죽음과 삶이 교대하는 것은 궁극이 없으니, 그와 더불어 가면 어디를 가도 안 될 것이 없다.

■ 呂云 : 遊乎一氣, 則非陰非陽. 以爲決痼潰癰, 則以死爲反而樂之也.

---

62) 《논어》〈위령공(衛靈公)〉에 "도가 같지 아니하면 서로 깊은 의논을 하지 않는다.[道不同, 不相爲謀.]"하였다.
63) '痼'은 대본에는 '疣'로 되어 있으나 오류이므로 고쳤다. 아래의 오류도 모두 고쳤다.
64) '與'는 대본에는 '禮'로 되어 있으나 《장자익》에 의거하여 고쳤다.

여혜경 : 일기(一氣)에 노닌다면 음(陰)도 아니고 양(陽)도 아니다. (죽음을) 종기를 터뜨리는 것으로 여긴다면, 죽음을 돌아가는 것으로 여겨서 그것을 즐거워하는 것이다.

■ 林云 : 疣, 結病也. 附贅懸疣, 喩身爲長物. 決潰而後快, 勞生息死之意.

임희일 : 우(疣)는 혹병이다. 부췌(附贅)와 현우(懸疣)는 몸을 군더더기[長物]에다 비유한 것이다. 터뜨리고 짜낸 뒤라야 시원하니, 삶을 써서 수고롭히고 죽음을 써서 쉬게 한다는 뜻이다.

■ 按 : 與造物爲人, 猶言與天爲徒. 陰陽死生, 一氣之屈伸而相爲終始者, 遊乎一氣, 則是遊於物之所不得遯. 決疣潰癰, 所謂反其眞者也. 先後者, 輕重而去就之也.

박세당 : 여조물위인(與造物爲人)은 '하늘과 더불어 무리가 된다[與天爲徒].'는 말과 같다. 음(陰)과 양(陽), 죽음[死]과 삶[生]은 일기(一氣)가 굴신(屈伸)하여 서로 종시(終始)가 되는 것이니, 일기(一氣)에 노닌다면 이것은 만물이 도망해 숨을 데가 없는 곳에서 노니는 것이다. 결환궤옹(決疣潰癰)은 이른바 '그 참세상으로 돌아가는 것[反其眞]'이다. 선후(先後)라는 것은 경중을 따져서 거취를 정한다는 뜻이다.

假於異物, 託於同體, 忘其肝膽, 遺其耳目, 反覆終始, 不知端倪. 芒然彷徨乎塵垢之外, 逍遙乎無爲之業. 彼又惡能憒憒然爲世俗之禮, 以觀衆人之耳目哉!"

다른 사물을 빌리고 같은 몸에 의탁하여, 그 간(肝)과 쓸개[膽]도 잊고 그 귀와 눈도 내버린 채, 끝과 처음을 반복하여 시초를 알지 못한다. 멍하게 속세의 바깥 세상에서 거닐며 아무것도 의도함이 없는 일에 소요(逍遙)한다. 저들이 또 어찌 번거롭게 세속의 예법을 행하여 세상 사람들에게 듣고 보게 하겠는가."

■ 郭云 : 假, 因也. 死生聚散, 變化無方, 皆異物也. 所假雖異, 共成一體, 故忘肝膽, 遺耳目, 任理而冥往, 放身於變化之道,65) 玄同於反覆之波, 而不知終始之所及也. 所謂無爲, 非拱默也. 所謂塵垢之外, 非伏于山林也. 觀示衆人者, 皆其塵垢耳.

곽상 : 가(假)는 인(因)한다는 뜻이다. 죽고 살고 모이고 흩어져 변화가 일정함이 없으니, 모두 서로 다른 사물이다. 빌리는 바가 비록 다르지만 함께 하나의 몸을 이룬다. 그러므로 간과 쓸개를 잊고 귀와 눈을 버린 채, 이치에 맡겨 자연스럽게 다른 세상으로 간다. 변화의 길에 몸을 놓아두고 반복하는 물결에 현묘하게 함께하며, 처음과 끝이 어딘지를 알려고 하지 않는다. 이른바 무위(無爲)라는 것은 공수(拱手)하고 침묵(沈默)하는 것이 아니다. 이른바 티끌 밖이라는 것은 산림(山林)에 은거하는 것이 아니다. 일반 사람들에게 보여주는 것이 모두 티끌이다.

■ 呂云 : 假託則非實. 肝膽耳目忘而遺之, 則反覆終始, 不知端倪, 又安能爲世俗之禮哉?

여혜경 : 가탁을 했다면 실제가 아니다. 간과 쓸개와 귀와 눈을 잊고 버렸다면, 끝과 처음이 반복되어도 그 시초를 알지 못하니, 또 어찌 세속이 예법을 행할 수 있겠는가.

■ 林云 : 不知端倪, 原始要終, 而不見其初也. 彷徨, 浮遊之意. 塵垢之外, 卽方之外也. 無爲之業, 卽自然也. 觀者, 示也. 爲世俗之耳目而行禮, 徒自昏勞.

임희일 : 부지단예(不知端倪)는, 근원을 탐구하고 최종을 따져봐도 그 시초를

---

65) '道'는 '途' 또는 '塗'로도 쓴다.

볼 수 없다는 말이다. 방황(彷徨)은 떠돌며 노닌다는 뜻이다. 진구지외(塵垢之外)는 바로 방외(方外)이다. 무위지업(無爲之業)은 바로 자연(自然)이다. 관(觀)이라는 것은 보여준다[示]는 뜻이다. 세속의 이목을 위하여 예법을 행하면 한갓 자기 자신을 혼란하고 수고롭게 할 뿐이다.

■ 按 : 言'肝膽耳目, 各爲異物, 而同託一體. 旣不知所宜, 而無所悅之, 則忘而遺之, 若無有也. 生之不足悅, 亦猶是也.' 不知端倪, 以一氣之反覆屈伸, 固無終始之可分也.

박세당 : '간(肝)과 쓸개[膽]와 귀[耳]와 눈[目]은 각각 서로 다른 사물인데 다 같이 하나의 몸체에 붙어 있다. 마땅한 바를 이미 따지지 않고 좋아하는 대상이 없으면, 잊고 내버려서 마치 없는 것과 같다. 삶이란 게 좋아할 만한 것이 아님도 또한 이와 같다.'라는 말이다. 실마리를 알지 못함[不知端倪]은, 일기(一氣)가 굴신(屈伸)을 반복해서, 나눌 수 있는 종시(終始)가 본래 없기 때문이다.

子貢曰, "然則夫子何方之依?" 曰, "丘, 天之戮民也. 雖然, 吾與女共之."
자공이 여쭈었다. "그렇다면 선생님께서는 어느 쪽에 서시겠습니까?" 답하였다. "나는 하늘이 처벌한 사람이다. 비록 그렇더라도, 나는 너희들과 그것을 함께하겠다."

■ 郭云 : 戮民者, 以方內爲桎梏, 明所貴在方外也. 吾與女共之, 言雖爲世桎梏, 但與女共之耳.
곽상 : 륙민(戮民)이란, 방내(方內)를 질곡(桎梏)이라 하여, 귀히 여기는 바가 방외(方外)에 있음을 밝힌 것이다. 오여여공지(吾與女共之)는 '비록 세속에 의해 속박을 당하더라도, 다만 너희들과 더불어 그것을 함께할 따름이다.'라는 말이다.

■ 呂云: 孔子以爲己則遊方之內, 而盛稱方外之高. 子貢疑其雖遊方內, 而所依或不在此. 蓋所遊者, 跡, 所依者, 心也. 天之戮民, 言天刑之不可解. 若孔子則體性抱神以遊世俗, 安有所依? 足以累其心哉! 是以遊方內而不必出, 安天刑而不必解也.

여혜경: 공자가 자기는 방내에 노닌다고 하면서, 방외의 고상함을 높이 칭찬하니, 자공이 공자가 비록 방내에 노닐지만 의지하는 것은 혹시 여기에 있지 않을 수도 있겠다고 의심하였다. 대개 노니는 것은 자취이고 의지하는 것은 마음이다. 천지륙민(天之戮民)은, '하늘이 내린 형벌이라서 풀려날 수 없다.'는 말이다. 공자 같은 분은 천성을 본체로 삼고 신령함을 품고서 세속에 노니는 분이니, 어찌 의지하는 것이 있겠는가. 그런 것은 마음을 얽어매기나 할 뿐이다. 그러므로 방내에 노닐지만 굳이 나갈 것도 없고 하늘의 형벌을 편안히 여기니 굳이 풀려날 것도 없다.

■ 林云: 言夫子所依行者, 方外耶, 方內耶? 戮民, 謂不得爲方外之人也.

임희일: '선생님께서 의지하여 노니는 곳은 방외(方外)입니까, 방내(方內)입니까?'라는 말이다. 륙민(戮民)은 방외 사람이 될 수 없음을 이른다.

■ 按: 與女共之, 言雖如此, 要當與女共樂此道以遊於方之內也. 郭林皆云遊方外者,66) 非是. 今從呂氏.

박세당: 여여공지(與女共之)는 '비록 이와 같더라도, 응당 너희들과 이 도(道)를 함께 즐기며 방내(方內)에서 노닐겠다.'라는 말이다. 곽상과 임희일은 모두, 방외에 노닐겠다는 뜻이라고 하였는데, 옳지 않다. 지금은 여혜경의 학설을 따른다.

---

66) 곽상은 "자기는 항상 방외에 있음을 밝힌 것이다.[明己恒自在外也.]" 하였고, 임희일은 "방외의 즐거움을 말해주고자 한 것이다.[欲與之言方外之樂也.]" 하였다.

子貢曰, "敢問其方." 孔子曰, "魚相造乎水, 人相造乎道. 相造乎水者, 穿池 而養給, 相造乎道者, 無事而生定. 故曰, 魚相忘乎江湖, 人相忘乎道術." 자공이 여쭈었다. "감히 그 방법을 여쭙니다." 공자가 답하였다. "물고기는 서로들 물로 나아가고 사람은 서로들 도(道)로 나아간다. 물로 나아가는 자에게는 못을 파주면 먹을 것이 넉넉하고, 도로 나아가는 자에게는 일을 없애면 생활이 안정된다. 그러므로 '물고기는 강호(江湖)에서 서로를 잊고 사람은 도술(道術)에서 서로를 잊는다.'고 한다."

■ 郭云 : 人之與魚, 所造雖異, 其於由無事然後養給而生定, 莫不皆然, 各自足而相忘也. 任物之自然, 使天性各足而道成.
곽상 : 사람과 물고기는 나아가는 데가 비록 다르지만, 일을 없앤 뒤라야 먹을 것이 넉넉하고 생활이 안정되는 것에 있어서는, 모두 그렇지 아니한 것이 없다. 각자 스스로 만족하면서 서로를 잊는다. 만물을 자연에 맡겨두어서, 천성(天性)대로 각각 만족하여 도(道)를 이루게 한다.
■ 呂云 : 穿池而養給, 不必大水也. 無事而生定, 不必方外也. 相忘江湖, 則非特穿池而已, 相忘道術, 則非特無事而已.
여혜경 : 못을 파서 먹을 것을 공급하는 것은 굳이 큰 물이 필요하지 않다. 일을 없애서 생활을 안정시키는 것은 굳이 방외라야 할 필요는 없다. 강호에서 서로를 잊는 것은, 못을 파줄 뿐만이 아니다. 도술에서 서로를 잊는 것은, 일을 없앨 뿐만이 아니다.
■ 林云 : 養給, 言亦自以爲給足, 得水不拘多少也.
임희일 : 양급(養給)은 '그렇게만 해도 또한 스스로 공급이 풍족하다고 여길 것이니, 물이 많거나 적거나 상관이 없다.'는 말이다.
■ 按 : 言'魚各造乎水而已, 無問流之大小. 人各造乎道而已, 無問方

之內外. 故造水者不待激波, 而養亦自足, 造道者不待更業, 而理固自安. 遊江湖者忘流止, 遊道術者忘彼此.'
박세당 : '물고기는 각자 물로 나아갈 따름이고 큰물이냐 작은 물이냐를 따지지 않는다. 사람은 각자 도(道)로 나아갈 따름이고 방내인지 방외인지를 따지지 않는다. 그러므로 물로 나아가는 자는 세찬 물결이 아니어도 길러줌은 또한 스스로 만족하고, 도로 나아가는 자는 학업을 바꾸지 아니해도 이치상 본래 스스로 편안하다. 강호에서 노니는 자는 물결이 흐르거나 멈추거나를 잊고 지내며, 도술(道術)에 노니는 자는 저쪽이냐 이쪽이냐를 신경 쓰지 않는다.'라는 말이다.

子貢曰, "敢問畸人," 曰, "畸人者, 畸於人而侔於天. 故曰, 天之小人, 人之君子, 人之君子, 天之小人也."
자공이 여쭈었다. "감히 기인(畸人)에 대해 여쭙니다." 대답하였다. "기인은 사람들 사이에서는 외톨이이지만 하늘과는 합치한다. 그러므로 '하늘이 소인으로 보는 이를 사람은 군자로 보고, 사람이 군자로 보는 이를 하늘은 소인으로 본다.'라고 한다."

■ 郭云 : 侔於天者, 可謂君子矣.
곽상 : 하늘과 같은 자를 군자라고 할 수 있다.
■ 呂云 : 畸人侔天, 所以外而不內也. 人之君子, 謹于禮法, 而不知性命之情者也.
여혜경 : 기인(畸人)은 하늘과 같으니, 그래서 방외의 사람이고 방내의 사람이 아니다. 사람들이 군자라고 하는 자는 예법이나 삼가 지키지 성명(性命)의 실정을 모르는 자이다.

■ 林云 : 畸, 獨也. 言獨異乎人也.67) 侔, 合也. 畸則不偶於人而合於天. 蓋以禮樂法度皆非出於自然, 此亦憤世之論.

임희일 : 기(畸)는 홀로[獨]라는 뜻이니, '독특하게 남들과는 다르다.'라는 말이다. 모(侔)는 합치한다는 뜻이다. 독특하면 사람에게는 짝이 될 수 없고 하늘에 합치한다. 대개 예악(禮樂)과 법도(法度)가 모두 자연(自然)에서 나온 것이 아니니, 이것도 또한 세상에 대해 분개하는 논설이다.

■ 品節 : 畸人者, 異於人而同於天, 在人則爲獨行. 今世所稱君子, 皆人之君子, 若夫天之君子, 天下一人而已, 不多見也.

진심 : 기인(畸人)은 사람과는 다르고 하늘과 동일하니, 사람들 가운데 있으면 유별난 행실로 보인다. 지금 세상에서 말하는 군자는 모두 사람의 군자이다. 만약 하늘의 군자라면 천하에 한 사람만 있을 뿐이니, 많이 볼 수가 없다.

5

顔回問仲尼曰, "孟孫才, 其母死, 哭泣無涕, 中心不感, 居喪不哀. 無是三者, 以善喪蓋魯國. 固有無其實而得其名者乎? 回壹怪之."

안회(顔回)가 중니(仲尼)에게 여쭈었다. "맹손재(孟孫才)는 그의 어머니가 죽었는데도 곡읍(哭泣)할 때에 눈물을 흘리지 않았고 마음에 비통함도 없었고 상중에 슬퍼하지도 않았습니다. 이 세 가지가 없는데도, 초상을 훌륭하게 치렀다고 온 노(魯)나라에 명성이 자자합니다. 본디 그 실상도 없이 그 명성을 얻는 자가 있는 것입니까? 저는 아주 그것이 이상합니다."

---

67) '乎'는 《구의교주》에는 '之'로 되어 있다.

■ 呂云 : 哭泣與人同, 而不爲哀感所累, 則與人異. 以明至至者不離乎世俗之同. 生猶是, 死猶是, 哭泣猶是.

여혜경 : 곡읍(哭泣)은 남들과 같지만 슬픔과 근심에 얽매이지 아니한 것은 남들과 달랐다. 이것으로, 지극한 경지에 이른 자는 세속과 다르지 않음을 밝혔다. 삶도 이와 같고, 죽음도 이와 같고, 곡읍도 이와 같았다.

■ 林云 : 蓋魯國, 以善喪之名高於一國也. 壹猶常也.

임희일 : '노나라를 덮었다[蓋魯國]'라는 것은, 초상을 훌륭히 치렀다는 명성이 온 나라에 높았다는 뜻이다. 일(壹)은 '늘[常]'이라는 말과 같다.

■ 按 : 壹怪之, 言絶怪之也.

박세당 : 일괴지(壹怪之)는 '아주 괴이하게 여겼다.'는 말이다.

仲尼曰, "夫孟孫氏盡之矣, 進於知矣.[68] 唯簡之而不得, 夫已有所簡矣.

중니가 말하였다. "저 맹손씨는 극진히 다하였다. 아는 데에서 더 나아갔다. 간소하게 하고자 해도 더 이상 할 수가 없었으니, 간소한 바가 이미 있었다.

■ 郭云 : 盡死生之理者, 動而以天行,[69] 非知之匹也. 故曰進.

곽상 : 죽음과 삶의 이치를 다 아는 자는 움직임을 모두 천성으로써 행하니, 지(知)에 견줄 바가 아니다. 그러므로 '더 나아갔다.'고 하였다.

■ 林云 : 謂如哭泣之事, 雖欲簡不得, 而其所爲已甚簡矣.

임희일 : '곡읍(哭泣)하는 일 같은 것을 비록 간소화하지 못했더라도 그의 행

---

68) '知'는 대본에는 '至'로 되어 있으나 잘못된 글자이므로 고쳤다.
69) 《장자》〈각의(刻意)〉에 "그러므로 '순수하여 잡스럽지 아니하고, 고요하고 전일하여 변화하지 아니하고, 염담하여 인위가 없으며, 움직일 때에는 자연의 운행을 따른다.' 하니, 이것이 정신을 기르는 방법이다.[故曰, 純粹而不雜, 靜一而不變, 惔而无爲, 動而以天行. 此養神之道也.]" 하였다.

위는 이미 매우 간소하였다.'는 말이다.

■ 羅云 : 進于知, 言勝于知喪禮者也. 簡, 損也. 學道者, 唯欲損其情 而不能得, 孟孫氏已有所損矣.

나면도 : 진우지(進于知)는 '상례(喪禮)를 아는 자보다 낫다.'는 말이다. 간(簡)은 덜어낸다는 뜻이다. 도(道)를 배우는 자는 인정(人情)을 덜어내고자 하지만 덜어낼 수가 없는데, 맹손씨는 이미 덜어낸 바가 있었다.

■ 品節 : 人情有所不得已者, 簡之而不得, 則於不得之中而行所謂 簡者.

진심 : 인정에는 부득이한 바가 있으니, 그것은 간소하게 줄일 수가 없었다. 그렇다면 부득이한 가운데에서 이른바 '간소한 것'을 행한 자이다.

孟孫氏不知所以生, 不知所以死. 不知就先, 不知就後.

맹손씨는 사는 것이 무엇인지도 모르고 죽는 것이 무엇인지도 몰랐으며 앞에서 어떠했는지도 알려고 하지 않았고 나중에 어찌되는지도 알려고 하지 않았다.

■ 林云 : 卽反復終始, 不知端倪之意.

임희일 : 이것은 바로 끝과 처음을 반복하여 실마리를 모른다는 뜻이다.

■ 品節 : 死生亦大矣, 而彼且不知所以生所以死, 一付之自然.

진심 : 죽고 사는 문제는 또한 중대한 일인데도 저이는 또한 무엇이 사는 것이고 무엇이 죽는 것인지를 따지지 않고 한결같이 자연에 맡겼다.

若化爲物, 以待其所不知之化, 已乎! 且方將化, 惡知不化哉? 方將不化, 惡知已化哉? 吾特與女, 其夢未始覺者耶?

만약 변화해서 다른 사물이 되어, 그 알 수 없는 바의 변화를 기다리는 것이라면, 그만두자. 또한 바야흐로 변화를 했을 때에 어찌 변화하기 이전을 알겠으며, 바야흐로 변화를 안 하고 있을 때에 어찌 이미 변화한 이후를 알겠는가? 나와 너는 어쩌면 꿈을 아직 깨지 못한 자일까?

■ 郭云 : 死生宛轉, 與化爲一, 豈待所未知而預憂哉? 故無所避就而與化俱也.

곽상 : 죽음과 삶이 돌고돌아 변화와 더불어 하나가 되니, 어찌 알 수 없는 바를 기다리며 미리 근심하겠는가. 그러므로 피하거나 나아가는 바가 없이 변화와 함께한다.

■ 林云 : 已乎, 助語. 言彼旣知道, 能聽其自然, 而我乃怪之, 是夢未覺也.

임희일 : 이호(已乎)는 조어(助語)이다. '저이가 이미 도를 알고 그 자연의 명령을 듣는데도 우리가 이에 그것을 괴이하게 여긴다면 이는 우리가 꿈에서 아직 깨지 못한 것이다.'라는 말이다.

■ 按 : 言'人之悅生惡死, 爲其生樂而死苦也. 然生死之孰苦孰樂, 終不可知. 若使此身化爲異物以求知苦樂等差, 旣化之後, 亦不知未化之先, 未化之先, 亦不知旣化之後, 輕重可否, 畢竟無可商量處, 將孰就而孰去之也. 是猶蘧蘧栩栩之不相知其夢也, 況吾與汝方亦在夢而未覺耶!'

박세당 : '사람이 삶을 좋아하고 죽음을 싫어하는 것은 삶이 즐겁고 죽음이 괴롭기 때문이다. 그러나 삶과 죽음이 어느 것이 괴롭고 어느 것이 즐거운지는 끝내 알 수 없다. 만약 이 몸이 변화하여 다른 사물이 되어서, 괴로움과 즐거움의 차이를 알고자 한다면, 이미 변화한 뒤에는 또한 변화하기 이전을

알지 못하고, 아직 변화하기 전에는 또한 변화한 이후를 알지 못하니, 경중(輕重)과 가부(可否)를 끝내 헤아릴 수 있는 곳이 없다. 장차 무엇을 선택하고 무엇을 버릴 것인가. 이것은 덩그렇게 사람이 되었다가 훨훨 나비가 되었다가 하면서 서로 그것이 꿈인 줄을 알지 못하는 것과 같다. 하물며 나와 네가 바야흐로 또한 꿈속에 있으면서 깨지 못했음에랴!'라는 말이다.

且彼有駭形而無損心, 有旦宅而無情死. 孟孫氏特覺, 人哭亦哭, 是自其所以乃.

또한 저이는 형체에 놀라기는 하지만 마음에 손상이 없었으니, 삶을 낮에 잠시 지내는 것이라 여기고 죽음에 대해 감정이 없었기 때문이다. 맹손씨(孟孫氏)는 홀로 깨었다. 다만 사람들이 곡을 하므로 자기도 곡을 하였다. 이것이 바로 그가 그러했던 까닭이다.

■ 郭云 : 無損心, 不以死生損累其心也. 無情死, 其情不以爲死也. 常覺者, 無往而有逆, 故人哭亦哭, 自是其所宜也.

곽상 : 무손심(無損心)은 죽고 사는 문제로 그 마음을 손상시키거나 얽어매지 않는다는 뜻이다. 무정사(無情死)는 그 심정이 죽음으로 여기지 아니한다는 뜻이다. 항상 깨어 있는 자는 어디를 가도 거스름이 있는 데가 없다. 그러므로 남들이 곡을 하면 나도 곡을 하니, 이것이 그 마땅한 바이다.

■ 呂云 : 彼有人之形故有駭形, 而心不動故無損心. 死生猶夜旦故有旦宅, 無人之情故無情死. 此孟孫氏所以特覺也. 夫唯知此, 故人哭亦哭, 無涕不哀, 是自其所以乃, 而不足怪也.

여혜경 : 저이가 사람의 형체를 지녔기 때문에 형체에 놀라는 일은 있지만, 마음이 동요하지 않기 때문에 마음에 손상이 없다. 사생(死生)이 밤낮[夜旦]과

같기 때문에 낮의 생활이 있고, 사람의 감정이 없기 때문에 실정이 죽는 일이 없다. 이것이 맹손씨가 홀로 깨어 있는 까닭이다. 오직 이것을 알기 때문에 남들이 곡을 하면 또한 곡을 하면서도 눈물을 흘리지 않고 슬퍼하지 아니하였으니, 이것이 바로 그러한 까닭이므로 괴이할 것이 없는 것이다.

■林云:駭形者, 形有變也. 閑而無事, 故曰無損心. 宅, 居也. 死生, 旦夜也. 知生之所居者暫, 則雖死而非實死也. 情, 實也. 人哭亦哭, 言隨衆也. 是其欲簡而不得, 乃隨衆而哭也.

임희일 : 해형(駭形)이라는 것은 형체에 (늙어가는) 변화가 있다는 말이다. (마음은) 한가롭고 일이 없기 때문에 '마음을 손상함이 없다.'고 하였다. 택(宅)은 거처한다는 뜻이다. 사생(死生)이 단야(旦夜)이다. 삶이 차지하는 기간이 잠깐이라는 것을 알면 비록 죽더라도 실제로 죽는 것이 아니다. 정(情)은 실(實)이다. '남들이 곡하면 또한 곡하였다[人哭亦哭].'는 것은 대중을 따랐다는 말이다. 이는 간소하게 하고자 해도 할 수 없어서 이에 대중을 따라서 곡을 한 것이다.

■品節:孟孫氏雖有喪容而無損道心. 以生爲虛而死非實. 宅, 寄居也. 人生直寄宅於旦, 死則夜而歸耳. 所以乃, 猶言乃其所以如此也.

진심 : 맹손씨는 비록 초상을 당한 모습은 하였지만 도심(道心)을 손상하지 않았다. 삶을 허상으로 여기고, 죽음을 실제가 아니라고 여겼다. 택(宅)은 기거한다는 뜻이다. 사람의 삶은 단지 낮에 기거하는 것이니, 죽음은 밤이 되어 돌아가는 것일 뿐이다. 소이내(所以乃)는 '바로 그 까닭이 이와 같다.'고 말하는 것과 같다.

■按:言'彼知道者之於死也, 雖有駭於其形之變, 而無損於其心之眞. 蓋其視死生如夜晝, 推夫善吾生者以善吾死, 心未嘗以死爲死而戚之. 孟孫氏蓋已獨覺於大夢之中, 知死之不足哀矣. 直以人莫不哭死也, 故己亦不免隨俗而哭. 此乃其所以無涕而不哀也.' 郭氏以所以乃之乃合下文首且字爲宜字以讀而解之, 林氏以爲非者,70) 是也.

박세당 : '저 도를 아는 자가 죽음에 대해 갖는 자세는, 비록 그 형체의 변화에 놀라기는 하지만 그 마음의 참모습은 손상이 없다. 대개 그 사생(死生)을 마치 밤낮[夜晝]처럼 보아서, 나의 삶을 좋게 여기는 것을 미루어서 나의 죽음을 좋게 여겨, 마음에 일찍이 죽음을 죽음으로 여겨 그것을 슬퍼한 적이 없기 때문이다. 맹손씨는 대개 이미 큰 꿈속에서 홀로 깨어서, 죽음이라는 것이 슬퍼할 것이 아님을 알았다. 다만 사람이라면 누구든 죽음에 대해 곡을 하지 않는 이가 없기 때문에 자기도 또한 세속을 따라 곡하는 것을 면치 못한 것이다. 이것이 바로 그가 눈물도 흘리지 않고 애통해 하지도 아니한 까닭이다.'라는 말이다. 곽상이, 소이내(所以乃)의 내(乃)를 아래 글 첫머리의 차(且)자와 합쳐서 의(宜)자로 만들어서 읽고 풀이했는데, 이에 대해 임희일이 그르다고 한 것이 옳다.

且也相與, 吾之耳矣. 庸詎知吾所謂吾之乎?

그리고 서로 함께하는 것은 '나'라고 여기는 것일 따름이다. 그러나 내가 '나'라고 하는 대상이 진짜 '나'인지를 어찌 알겠는가.

■ 郭云 : 與化日新, 豈知吾之所在也?

곽상 : 변화와 더불어 날로 새로워지는데 어찌 내가 있는 곳을 알겠는가.

■ 羅云 : 人相與吾之矣, 又安知吾所謂吾之者果然乎?

나면도 : 사람들이 서로 더불며 '나'라고 하지만, 또 내가 말하는 '나'라는 것이

---

70) 임희일은 《구의교주》에, "이 구절은 아주 풀이하기 어렵다. 그러므로 몇몇 판본에서는 윗구절의 내(乃)자를 아래 구절의 차(且)자와 합쳐서 의야(宜也)라는 두 글자로 보기도 했는데, 참으로 우습다.[此句最難解, 故數本以上句乃字, 與下句且字, 合爲宜也兩字, 良可笑也.]"하였다.

과연 진짜인지를 어찌 알겠는가.

■ 按 : 言'人之所以各親其親而哭死之哀者, 不過自吾而私之故耳. 然人之有形, 隨化萬變, 故不故而新不新, 則又何以知今吾之所謂吾者, 果爲眞吾, 而可以親親而哀其死耶.'

박세당 : '사람들이 각기 그 어버이를 친애하여 죽음에 슬피 곡하는 것은, 스스로를 내吾라고 여겨 사사로운 마음을 두기 때문일 뿐이다. 그러나 사람이 형체를 지니는 것은 변화를 따라 만 가지로 변하여, 옛것이 옛것이 아니고 새것이 새것이 아니니, 지금 내가 나라고 하는 대상이 과연 진짜 나인지를 또 어떻게 알아서 어버이를 친애하고 그 죽음을 슬퍼할 수 있겠는가.'라는 말이다.

且汝夢爲鳥而厲乎天, 夢爲魚而沒於淵. 不識今之言者, 其覺者乎, 其夢者乎?
또한 너는 꿈에 새가 되어 하늘에 닿기도 하고 꿈에 물고기가 되어 못에 잠기기도 한다. 모르겠다만, 지금 말하는 자는 꿈에서 깬 자일까, 꿈꾸고 있는 자일까?

■ 郭云 : 爲鳥爲魚, 無往而不自得也. 夢覺之化, 無往不可.
곽상 : 새가 되고 물고기가 된다는 것은 어디를 가도 자득하지 아니함이 없는 것이다. 꿈과 깸의 변화에 어딘들 불가함이 없다.

■ 呂云 : 夢爲鳥爲魚, 亦不知其夢, 則今之所言, 爲覺爲夢, 殊未可知. 以明孟孫則忘吾而特覺者.
여혜경 : 꿈에 새가 되고 물고기가 되어도 또한 그것이 꿈인 줄을 모르니, 지금 말하는 것이 깨어서 말하는 것인지 꿈속에서 말하는 것인지는 전혀 알 수가 없다. 이것으로 맹손씨는 '나'를 잊고 홀로 깬 자임을 밝혔다.

■ 林云 : 卽所謂蝶夢爲周乎, 周夢爲蝶乎?

임희일 : 이것이 바로 '나비가 꿈에 장주가 된 것인가, 장주가 꿈에 나비가 된 것인가.'라는 것이다.

■ 羅云 : 夢爲鳥夢爲魚, 分明吾身是魚鳥矣. 今却在此言語, 知得見今是覺耶? 莫猶是夢耶? 吾所謂吾, 正不可知也.

나면도 : 꿈에 새가 되고 물고기가 되면 분명히 내 몸이 물고기이고 새이다. 그런데 지금은 다시 여기에서, '지금 깨어 있는 것인지 아직도 꿈속은 아닌지 아느냐.'고 말을 하고 있다. 내가 '나'라고 한 것이 '나'인지 정말 알 수가 없다.

■ 按 : 此承上文而言, '夢則同也, 而爲鳥不知魚之樂, 爲魚不知鳥之樂, 方其爲魚爲鳥, 又不知向之爲人而樂. 隨化而安, 各不相知, 則今吾與汝相與言者, 固未有以審其爲覺爲夢, 又安知死之不及於生之樂而必可哀乎?'

박세당 : 이것은 윗글을 이어받아, '꿈이기는 마찬가지인데, 새가 되어서는 물고기의 즐거움을 알지 못하고 물고기가 되어서는 새의 즐거움을 알지 못하며, 바야흐로 물고기가 되거나 새가 되었을 때에는 또 이전에 사람이 되어서 즐거워했던 것을 알지 못한다. 변화를 따라서 편안하여 각각 서로를 알지 못한다면, 지금 나와 그대가 함께 이야기하는 것도 본디 깬 것인지 꿈꾸는 것인지를 살펴 알 수 있는 것이 아니니, 또 어찌 죽음이 삶의 즐거움만 못해서 반드시 슬퍼할 만한 것이라고 장담할 수 있겠는가.'라고 한 것이다.

造適不及笑, 獻笑不及排, 安排而去化, 乃入於寥天一."

흡족한 데에 나가는 자는 웃는 자에 미치지 못하고, 드러나게 웃는 자는 자연의 안배에 미치지 못한다. 안배를 편안히 여기고 변화를 잊으면, 이에 넓은 하늘과 하나가 되는 경지에 들어간다."

■ 郭云 : 所造皆適, 則忘適矣, 故不及笑. 排者, 推移之謂. 安於推移,而與化俱去, 故乃入于寂寥, 而與天爲一也. 所執之喪異, 故歌哭不同.

곽상 : 가는 곳마다 모두 적합하면 적합함을 잊기 때문에 웃는 데에 이르지 않는다. 배(排)는 추이(推移)를 말한다. 추이를 편안히 여기며 조화와 함께 가기 때문에 이에 고요함에 들어가서 하늘과 더불어 하나가 된다. 치르고 있는 초상이 다르기 때문에 노래를 하기도 하고 곡을 하기도 하여 같지 않다.

■呂云 : 適而造之, 非自適也, 故不及笑. 笑而獻之, 非樂笑也, 故不及排. 安排則非有爲而排之, 去化則知其不可禦而順之. 寥則不礙, 天則不人, 一則不二, 道盡于此矣.

여혜경 : 적합하다고 여겨서 그곳으로 찾아가는 것은 자적(自適)이 아니기 때문에 웃는 데에 미치지 못한다. 웃어서 그것을 드러내면 웃음을 즐기는 것이 아니기 때문에 안배에 미치지 못한다. 안배(安排)는 목적을 갖고 배치하는 것이 아니며, 거화(去化)는 막을 수 없음을 알고서 그것에 따르는 것이다. 텅 비었으면 걸림이 없으며 하늘이면 인위(人爲)가 아니며 하나이면 두 갈래가 아니니, 도(道)가 여기에서 극진하다.

■林云 : 意有所適, 有時而不及笑者, 適之甚也. 排, 安排也. 笑出於自然, 何待安排! 死生窮達, 得喪禍福, 皆已定矣, 我但安其所排, 隨化而去, 乃可以入於造化之妙矣. 兩排, 字同而文異.

임희일 : 뜻에 흡족한 바가 있는데도 때로 웃음이 나오지 않는 것은 너무 흡족한 것이다. 배(排)는 안배(安排)이다. 웃음은 자연에서 나오니 어찌 안배를 기다리랴! 사생(死生), 궁달(窮達), 득상(得喪), 화복(禍福)은 모두 이미 정해져 있다. 나는 단지 그 안배하는 바를 편안히 여겨 조화를 따라 가기만 하면, 이에 조화(造化)의 오묘함에 들어갈 수 있다. 두 배(排)자는 글자는 같지만 문세(文勢)는 다르다.

■品節 : 適意處不及造笑, 獻笑時不及安排. 死生之理, 天之安排已定矣. 隨物化而去, 超然入化.

진심 : 뜻이 흡족한 경우에는 웃음이 나오지 않고, 웃음을 웃을 때에는 안배에 미치지 못한다. 죽고 사는 이치는 하늘이 안배하여 이미 정해져 있다. 사물의 변화를 따라 가면 초탈하여 조화에 들어간다.

■ 按 : 排者, 天命之所排而定者. 去, 猶忘也. 求造於適者, 不及笑者之適其適也. 笑者之適其適, 又不及安天命之所排而忘其形之所化者之無適可適也. 夫至於安所排而忘所化然後, 乃可入於至道之妙也.

박세당 : 배(排)라는 것은 천명(天命)이 안배하여 정하는 것이다. 거(去)는 잊음[忘]과 같다. 흡족함에 나아가기를 추구하는 자는, 웃는 자가 그 흡족함을 즐기는 것에 미치지 못한다. 웃는 자가 그 흡족함을 즐기는 것은, 또 천명의 안배를 편안히 여기고 그 형체의 변화를 잊은 자가 아예 즐길 흡족함이 없는 것에 미치지 못한다. 대저 안배한 바에 편안하고 변화하는 바를 잊은 뒤라야 이에 지극한 도의 오묘함에 들어갈 수가 있다.

6

意而子見許由. 許由曰, "堯何以資汝?" 意而子曰, "堯謂我, '汝必躬服仁義而明言是非.'" 許由曰, "而奚來為軹? 夫堯既黥汝以仁義, 而劓汝以是非矣. 汝將何以遊夫遙蕩恣睢轉徙之塗乎?"

의이자(意而子)가 허유(許由)를 만났다. 허유가 물었다. "요(堯)가 그대에게 무슨 말을 해주었소?" 의이자가 답하였다. "요가 나에게 말하기를, '너는 반드시 인의(仁義)를 몸소 실천하고 시비(是非)를 분명하게 말해야 한다.'고 하였습니다." 허유가 말하였다. "그대는 무엇하러 나에게 왔소? 저 요가 이미 그대 이마에 먹물로 인의를 새겨넣었고 그대 코를 시비로써 베어버렸소. 그대가 장차 어떻게 저 얽매임이 없고 멋대로 자유롭고 변화해 가는 길에서 노닐 수 있겠소?"

■ 郭云 : 資者, 給濟之謂. 黥劓, 言其自虧殘也.

곽상 : 자(資)는 지급해 주어서 구제한다는 뜻이다. 경(黥)과 의(劓)는 자신을 훼손하였다는 말이다.

■ 呂云 : 道之大通, 遙蕩恣睢轉徙之塗, 是也.

여혜경 : 도(道)의 대통(大通)은, '얽매임이 없고 멋대로 자유롭고 변화해 가는 길'이 이것이다.

■ 林云 : 釱, 助語. 奚來爲,71) 何必來也. 黥劓, 點汙也, 言被他壞了. 遙蕩, 放蕩也. 恣睢, 縱橫也. 轉徙, 變動也.

임희일 : 지(釱)는 조어(助語)이다. 해래위(奚來爲)는 '굳이 온 까닭이 무엇인가.'라는 뜻이다. 경(黥)과 의(劓)는 먹물로 문신을 새겨 넣고 더럽게 했다는 뜻이니, 그에 의해서 망가졌음을 말한다. 요탕(遙蕩)은 방탕(放蕩)이라는 뜻이다. 자휴(恣睢)는 자기 멋대로[縱橫]라는 뜻이다. 전사(轉徙)는 변동(變動)이라는 뜻이다.

■ 焦云 : 毁道德以爲仁義, 似黥, 破玄同以爲是非, 似劓. 恣睢, 自得貌.

초횡 : 도덕(道德)을 허물어 인의(仁義)를 만드는 것은 이마에 먹물을 새겨 넣는 것과 같고, 현동(玄同)을 깨뜨려 시비(是非)를 만드는 것은 코를 베어내는 것과 같다. 자휴(恣睢)는 자득(自得)한 모양이다.

---

71) '爲'는 대본에는 '謂'로 되어 있으나 《구의교주》에 근거하여 고쳤다.

意而子曰, "雖然, 吾願遊其藩." 許由曰, "不然. 夫盲者無以與乎眉目顏色之好, 瞽者無以與乎靑黃黼黻之觀."

의이자가 말하였다. "비록 그렇지만, 나는 그 울타리 곁에서나마 노닐기를 원합니다." 허유가 말하였다. "그렇지 않소. 저 맹인은 눈썹과 눈과 얼굴이 아름다운 미인을 보는 데에 함께할 수 없고, 봉사는 울긋불긋 찬란한 색채의 장관을 보는 데에 함께할 수 없소."

■ 郭云 : 遊其藩, 言不敢求涉中道, 且願遊其藩傍而已.
곽상 : 유기번(遊其藩)은 '감히 중도(中道)에 참여하기를 추구하지 못하고 그 울타리 곁에서 노닐기를 바랄 뿐이다.'라는 말이다.

■ 林云 : 言不敢求其堂奧, 且願至於藩籬. 盲瞽, 謂汝無資質, 不足以聞道也.
임희일 : '감히 당오(堂奧)에 들어가기를 추구하지는 못하지만, 또한 울타리[藩籬]에는 이르기를 원한다.'라는 말이다. 맹인과 봉사라는 말은, '그대는 자질(資質)이 없어서 도(道)를 듣기에 부족하다.'는 뜻이다.

■ 焦云 : 無瞳子曰盲, 有瞳子曰瞽.
초횡 : 눈동자가 없으면 맹(盲)이라 하고 눈동자가 있으면 고(瞽)라고 한다.

意而子曰, "夫無莊之失其美, 據梁之失其力, 黃帝之亡其知, 皆在鑪錘之間耳.72) 庸詎知夫造物者之不息我黥而補我劓, 使我乘成以隨先生耶?"

의이자가 말하였다. "대저 무장(無莊)이 그 아름다움을 잃고 거량(據梁)이 그 힘을 잃고 황제(黃帝)가 그 지혜를 잃은 것은 모두 조물자의 조화에 달려 있

---

72) '錘'는 '捶'로도 쓴다.

었을 뿐입니다. 저 조물자가 나의 먹물을 없애고 나의 코를 보충해서 나로 하여금 온전한 몸에 실려 선생을 따르게 하지 아니할지 어찌 알겠습니까?"

■郭云 : 天下之物, 未必皆自成也, 亦有須治煅而爲器者,[73] 故無莊據梁黃帝, 皆聞道而後, 亡其所務也. 庸詎知我之當不息黥補劓, 而乘可成之道, 以隨夫子耶, 而欲棄而勿告.

곽상 : 천하의 만물은 반드시 모두가 스스로 완성되는 것은 아니고, 또한 단련을 거쳐서 그릇이 되는 것도 있다. 그러므로 무장, 거량, 황제가 모두 도를 들은 뒤에는 자기들의 일을 잊었다. 어찌 나에게 대해, 이마의 먹물 문신을 지우고 잘린 코를 되살려서, 온전하게 할 수 있는 도를 타고서 선생을 따르지 못하리라고 단정하여, 버리고서 고해주지 아니하려고 하는가.

■呂云 : 無莊美而累於美, 據梁力而累於力, 黃帝嘗齋心以復乎無知, 則其始不能無用知也. 鑪所以鎔鑄, 錘所以煅煉. 言'三人之所以亡其累, 非天性無之, 亦在於鎔鑄煅煉之間, 則安知造物者之不息黥補劓, 使我乘其成心, 以隨先生之無爲耶?'

여혜경 : 무장은 아름다워서 아름다움에 얽매였고, 거량은 힘이 좋아서 힘에 얽매였다, 황제는 일찍이 마음을 정제하여 무지(無知)로 돌아갔으니 처음에는 지(知)를 쓰지 않을 수 없었다. 로(鑪)는 쇠를 녹여 물건을 만드는 도구이고, 추(錘)는 쇠를 단련하는 도구이다. '세 사람이 그 얽매임에서 벗어나게 된 것은 천성이 그것을 없앤 것이 아니라 녹이고 단련하는 가운데에 있었기 때문이다. 그렇다면, 조물자가 먹물 문신을 없애주고 잘린 코를 보충해 주어서 나로 하여금 그 성심(成心)을 타고서 선생의 무위(無爲)를 따르게 하지 아니할지를 어찌 장담하겠는가.'라는 말이다.

---

73) '煅'은 '鍛'으로도 쓴다.

■ 林云 : 鑪, 火函. 錘, 鍛器也. 言'使美者不知其美, 勇者不知其勇, 知者不知其知, 去故習而自悟, 在轉移之間.'
임희일 : 로(鑪)는 불그릇[火函]이다. 추(錘)는 쇠를 불리는 기구이다. '아름다운 이로 하여금 그 아름다움을 잊게 하고 용맹한 이로 하여금 그 용맹함을 잊게 하고 지혜로운 이로 하여금 그 지혜를 잊게 해서, 이전의 관습을 버리고 스스로 깨달아, 변화해가는 사이에 있게 한다.'는 말이다.

許由曰, "噫! 未可知也. 我爲汝言其大略. 吾師乎! 吾師乎! 䪠萬物而不爲義, 澤及萬世而不爲仁, 長於上古而不爲老, 覆載天地刻雕衆形而不爲巧.74) 此所遊已."
허유가 말하였다. "아! 알 수가 없지요. 내가 그대에게 그 대략을 말해주겠소. 나의 스승이여! 나의 스승이여! 만물을 잘게 부수어도 의(義)가 되지 아니하고, 은택이 만세(萬世)에 미쳐도 인(仁)이 되지 아니하고, 상고(上古)보다 오래되었어도 늙음[老]이 되지 아니하고, 하늘과 땅으로 덮어주고 실어주며 온갖 형체들을 깎아 만들어도 좋은솜씨[巧]가 되지 아니하오. 이곳이 노니는 곳일 따름이오."

■ 郭云 : 䪠澤萬物, 亦無愛惡於其間也, 安所寄仁義. 不爲老, 日新也. 不爲巧, 自然也.
곽상 : 만물을 잘게 부수거나 은택을 주더라도 또한 그 사이에 사랑하거나 미워함이 없으니, 인의(仁義)를 어디에 붙이겠는가. 늙음이 되지 않음[不爲老]은 날로 새로워지기 때문이고 좋은솜씨가 되지 않음[不爲巧]은 절로 그러하기

---

74) '雕'는 '彫'로도 쓴다.

때문이다.

■ 呂云 : 夫鑿澤萬物, 長於上古, 刻雕衆形, 此吾之所遊而以爲師者也. 子欲息黥而補劓, 亦以是爲師而已.

여혜경 : 대저 만물을 부수고 은택을 주고, 상고(上古)보다 오래되고, 온갖 형상을 조각해 만드는 것, 이것이 내가 노니는 데이고 스승을 삼는 대상이다. 그대가 이마의 먹물을 지우고 잘린 코를 보완하고자 한다면, 또한 이것으로 스승을 삼아야 할 따름이다.

■ 林云 : 未可知者, 言未見汝便能如此也. 鑿粉萬物而不可名以義, 澤及萬世而不可名以仁, 蓋言無爲而爲, 自然而然. 《易》曰 '鼓萬物而不與聖人同憂',75) 亦此意. 遊心於自然, 則天地並生, 萬物爲一, 言吾之所遊者如此也.

임희일 : 미가지(未可知)라는 것은 '그대가 곧바로 이와 같아질 수 있으리라는 것은 알 수 없다.'는 말이다. 만물을 부수어 가루를 만들어도 의(義)라고 이름을 붙일 수가 없고, 은택이 만세(萬世)에 미쳐가더라도 인(仁)이라고 이름을 붙일 수가 없다. 대개 아무 일도 아니하면서[無爲] 하고[爲] 절로 그리되어[自然] 그러하다[然]는 말이다. 《주역》에 '만물을 고동시키되 성인(聖人)과 더불어 근심을 함께하지 않는다.'는 것이 또한 이 뜻이다. 자연에 마음을 노닐면 천지가 나와 나란히 살아가고 만물이 나와 일체가 되니, '내가 노니는 데가 이와 같다.'는 말이다.

■ 按 : 此言 '其所師者道也. 道之爲物, 無不毀也而不爲義, 無不成也而不爲仁, 自古以存而不爲老. 天得之以覆, 地得之以載, 萬物得之以爲鱗介羽毛牙角爪蹄枝榦花葉大小長短方圓闊狹之形, 若刻若雕,

---

75) 《주역(周易)》〈계사전 상〉에 "인(仁)에 드러내며 용(用)에 저장하여, 만물을 고동(鼓動)하되 성인(聖人)과 근심을 함께하지 않으니, 성덕(盛德)과 대업(大業)이 지극하다! [顯諸仁, 藏諸用, 鼓萬物而不與聖人同憂, 盛德大業至矣哉!]" 하였다.

不可殫述, 而亦不見其所以爲巧. 此其全體渾然, 妙用無迹, 自然之理流行兩間者. 至人所遊, 在此而已.'

박세당 : 이 단락은, '그 스승 삼는 대상은 도(道)이다. 도라는 물건은 허물지 아니하는 것이 없는데도 의(義)가 되지 아니하고, 이루지 아니하는 것이 없는데도 인(仁)이 되지 아니하며, 예로부터 존재했지만 늙음이 되지 아니한다. 하늘은 그것을 얻어서 덮어주고 땅은 그것을 얻어서 실어주며, 만물은 그것을 얻어서 비늘, 껍질, 깃, 털, 어금니, 뿔, 발톱, 발굽, 가지, 줄기, 꽃, 잎, 큰 것, 작은 것, 긴 것, 짧은 것, 네모난 것, 둥근 것, 넓은 것, 좁은 것의 형상을 이루어, 판 것 같기도 하고 새긴 것 같기도 하여, 이루 다 기술할 수 없는데, 또한 교묘함이 되는 바를 볼 수가 없다. 이것이 그 온전한 본체가 혼연하고 오묘한 활용이 자취가 없이, 자연의 이치가 그 양쪽 사이에 유행하는 것이다. 지인(至人)이 노니는 데는 여기에 있을 뿐이다.'라는 말이다.

7

顔回曰, "回益矣." 仲尼曰, "何謂也?" 曰, "回忘仁義矣." 曰, "可矣, 猶未也."
안회가 말하였다. "저는 증익하였습니다." 중니가 물었다. "무슨 말인가?" 답하였다. "저는 인의(仁義)를 잊었습니다." (중니가) 말하였다. "괜찮기는 하다만, 그래도 부족하다."

■ 郭云 : 益矣, 以損之爲益也. 仁者, 兼愛之迹, 義者, 成物之功. 存夫仁義, 不足以知愛利之由無心, 故忘之可也.
곽상 : 익의(益矣)는 '덜어냄(損之)'을 보탬(益)이라고 한 것이다. 인(仁)이라는 것은 겸애(兼愛)의 자취이고, 의(義)라는 것은 만물을 이루어주는 공로이다. 이 인과 의를 보존하는 것은 애(愛)와 리(利)가 무심(無心)을 말미암아 나온다는

사실을 알기에 부족하다. 그러므로 잊어야 한다.

■ 林云 : 借顔子以形容造道之妙. 益, 言有所得. 莊子仁義只爲愛惡.

임희일 : 안자(顔子)의 이름을 빌려 조도(造道)의 오묘함을 형용하였다. 익(益)이란 얻은 바가 있음을 말한다. 장자(莊子)가 말하는 인의(仁義)는 단지 애오(愛惡)일 뿐이다.

■ 按 : 忘, 非絀仁義之謂也, 言其不有意於此而爲之也. 申上文不爲義不爲仁之旨.

박세당 : 망(忘)은, 인의(仁義)를 물리친다는 말이 아니라, '여기에 뜻을 두고 실천하는 것이 아니다.'라는 말이다. 윗글의 '의(義)가 되지 않고 인(仁)이 되지 않는다.'의 취지를 부연 설명한 것이다.

他日, 復見, 曰, "回益矣." 曰, "何謂也?" 曰, "回忘禮樂矣." 曰, "可矣, 猶未也."

뒷날, 다시 뵙고 말하였다. "저는 증익하였습니다." (중니가) 물었다. "무슨 말인가?" 대답하였다. "저는 예악(禮樂)을 잊었습니다." (중니가) 말하였다. "괜찮다마는, 그래도 부족하다."

■ 郭云 : 但忘功迹, 猶未玄達. 禮者, 形體之用. 樂者, 樂生之具.

곽상 : 단지 공로(功勞)와 자취를 잊는 것만으로는 아직 현달(玄達)이 아니다. 예(禮)는 형체에 쓰이는 것이고 악(樂)은 삶을 즐기는 도구이다.

■ 陳云 : 枝海以爲百川, 則見川不見海. 合百川以歸海, 則見海不見川. 道, 海也. 仁義禮樂, 百川也. 回得道而忘仁義禮樂, 是覩海而忘百川. 義近禮, 仁近樂, 故忘義而後忘禮, 忘仁而後忘樂.

진상도 : 바다를 나누어 많은 냇물(百川)을 만들면 냇물만 보고 바다는 못 본다. 많은 냇물을 합쳐서 바다로 모이게 하면 바다를 보고 냇물은 못 본다. 도

(道)는 바다이다. 인의예악(仁義禮樂)은 많은 냇물이다. 안회가 도를 얻어 인의예악을 잊었으니, 이는 바다를 보고 많은 냇물을 잊은 것이다. 의(義)는 예(禮)에 가깝고 인(仁)은 악(樂)에 가깝다. 그러므로 의를 잊은 뒤에 예를 잊고 인을 잊은 뒤에 악을 잊는다.

■ 按 : 此言先忘仁義而後忘禮樂者, 其意蓋以仁義發乎心, 而禮樂循乎跡, 跡者, 循之而無罪, 心者, 發之而易過, 故以爲緩急之序. 林氏謂其以禮樂高於仁義, 恐失之.

박세당 : 여기서 '먼저 인의(仁義)를 잊고 나서 뒤에 예악(禮樂)을 잊는다.'라고 말한 것은, 그 뜻은 대개 인의는 마음에서 피어나고 예악은 자취를 따르는데 자취는 따르는 것이어서 죄가 없고 마음은 피어나는 것이어서 쉽게 잘못되므로 그것으로 완급의 순서를 삼은 것이다. 임희일은 '예악을 인의보다 높게 여긴 것이다.'라고 했는데, 아마 본래의 취지를 잃은 듯하다.

他日, 復見, 曰, "回益矣." 曰, "何謂也?" 曰, "回坐忘矣." 仲尼蹵然曰, "何謂坐忘?" 顔回曰, "墮支體,76) 黜聰明, 離形去知, 同於大通, 此謂坐忘."

뒷날 다시 뵙고 말하였다. "저는 증익하였습니다." (중니가) 물었다. "무슨 말인가?" 대답하였다. "저는 앉아서 잊었습니다." 중니가 놀라서 안색을 바꾸고 물었다. "앉아서 잊었다니, 무슨 말인가?" 안회가 대답하였다. "지체(支體)를 버리고 총명(聰明)을 물리쳐, 형체를 벗어나고 지식을 떠나서 대통(大通)과 같아졌습니다. 이것을 앉아서 잊음[坐忘]이라 합니다."

■ 郭云 : 忘其具, 未若忘其所以具也. 夫坐忘者, 奚所不忘哉? 旣忘

---

76) '支'는 '枝' 또는 '肢'로도 쓴다.

其迹, 又忘其所以迹者, 內不覺其一身, 外不知有天地, 然後曠然與變化爲體而無不通也.

곽상 : 그 도구를 잊음은 그 도구의 소이연을 잊는 것만 못하다. 대저 앉아서 잊는 자라면 어디선들 잊지 아니하랴. 이미 그 자취를 잊고 또 그 자취의 소이연을 잊는 자는 안으로는 자기 한 몸을 지각하지 못하고 밖으로는 천지가 있음을 알지 못하니, 그런 뒤에는 툭 트이어 변화와 한 몸이 되어, 통하지 아니함이 없어진다.

■陳云 : 至於離形而忘物, 去知而忘心, 無所係累, 則道果何在哉? 此回之所以賢也. 損之又損, 至於無損, 非造坐忘之妙, 何以與此?

진상도 : 형체를 벗어나 사물을 잊고 지식을 버려서 마음을 잊어, 얽매이는 것이 없게 되면, 도(道)가 과연 어디에 있겠는가. 이것이 안회가 현능한 이유이다. 덜어내고 또 덜어내어, 덜어낼 것이 없는 경지에 이르렀으니, 좌망의 오묘함에 도달한 것이 아니라면 어떻게 여기에 참여했겠는가.

■呂云 : 其於仁義禮樂以至于坐忘, 則非一日之積也.

여혜경 : 인의예악을 잊는 데에서 좌망에 이르기까지는 하루이틀 쌓은 것이 아니다.

■林云 : 至於坐忘, 則盡忘之矣, 所謂今者吾喪我. 離形, 墮肢體也. 去知, 黜聰明也. 大通, 大道也.

임희일 : 좌망에 이르면 모두 잊는다. 이른바 '이제는 내가 나를 잃었다.'는 것이다. 리형(離形)은 지체(肢體)를 버리는 것이다. 거지(去知)는 총명(聰明)을 물리치는 것이다. 대통(大通)은 대도(大道)이다.

■按 : 蹵然而變容者, 異其言也. 離形則不爲形所役, 去知則不爲知所累

박세당 : 놀라 용모를 바꾼 것은 그 말을 특이하게 여겨서이다. 형체를 벗어나면 형체에 의해서 부림을 받지 않고, 지식을 떠나면 지식에 얽매이지 않는다.

仲尼曰, "同則無好也, 化則無常也. 而果其賢乎? 丘也請從而後也."
중니가 말하였다. "같으면 좋아함이 없고, 변화하면 일정함이 없다. 그대가 과연 그렇게 현명한가? 내가 그대 뒤를 따르겠다."

■ 郭云 : 無物不同, 則未嘗不適, 何好何惡哉? 同於化者, 唯化所適, 故無常也.
곽상 : 같지 아니한 사물이 없으면 적합하지 아니함이 없으니, 무엇을 좋아하고 무엇을 싫어하랴. 변화와 함께하는 자는 오직 변화를 따르기 때문에 일정함이 없다.
■ 呂云 : 同則物視其所一故無好, 化則未始有極故無常.77) 同于大通則同于化而已矣.
여혜경 : 같으면 사물에 대해서 그 동일한 바를 보기 때문에 좋아함이 없고, 변화하면 아예 궁극이 없기 때문에 일정함이 없다. 대통(大通)과 동일해지면 변화와 함께할 따름이다.
■ 林云 : 與道爲一則無好惡矣. 賢者, 勝也, 言汝更勝於我, 我反不及, 而在後矣.
임희일 : 도(道)와 하나가 되면 좋아함과 미워함이 없다. 현(賢)이란 낫다[勝]라는 뜻이니, '그대가 나보다 낫고 내가 도리어 못 미치어 뒤에 있다.'라는 말이다.

8

子輿與子桑友, 而霖雨十日, 子輿曰, "子桑殆病矣!" 裹飯而往食之.
자여(子輿)와 자상(子桑)이 벗으로 지내는데, 장마가 열흘이나 이어지니, 자여

---

77) '故無常'은 《장자익》에는 '也以無常'으로 되어 있다.

가 말하기를, "자상이 아마도 병이 들었을 것이다." 하고, 밥을 싸 가서 먹여 주었다.

> ■ 郭云 : 此二人, 相爲於無相爲者也. 裹飯往食, 亦任理爾.
> 곽상 : 이 두 사람은 서로 위함이 없음에서 서로를 위하는 자들이다. 밥을 싸 가서 먹인 것도 또한 이치에 맡겨 저절로 그리된 것이다.
> ■ 林云 : 此言窮達有命. 恐其以飢而病, 故曰殆病矣.
> 임희일 : 이 단락은 궁(窮)과 달(達)은 운명이 있음을 말하였다. 굶주려서 병이 들었을까 봐 염려되었기 때문에 '아마도 병이 들었을 것이다.'라고 하였다.

至子桑之門, 則若歌若哭, 鼓瑟曰,78) "父耶? 母耶? 天乎? 人乎?" 有不任其聲而趨擧其詩焉.79)

자상(子桑)의 집 문에 이르니, 노랫소리인 듯 곡소리인 듯, 슬(瑟)을 타며 넋두리를 하고 있었다. "(나를 이렇게 만든 것이) 아버지인가? 어머니인가? 하늘인가? 사람인가?" 목소리도 제대로 내지 못하며 그 시 가사를 빠르게 읊었다.

> ■ 林云 : 若歌若哭者, 力弱而其聲微也. 不任其聲, 聲不出也. 歌得不成, 故曰趨擧.80)
> 임희일 : '노래 소리인듯 곡 소리인듯'이라는 것은 힘이 약해서 그 소리가 작다는 뜻이다. 불임기성(不任其聲)은 소리가 나오지 않는다는 뜻이다. 노래가

---

78) '瑟'은 다른 주해서에는 거의 대부분 '琴'으로 되어 있다.
79) '趨'는 대본에는 '趣'로 되어 있으나 《장자익》, 《구의교주》, 《장자집석》에 따라 고쳤다. 《장자품절》에는 '趣'로 되어 있다.
80) '趨'는 대본에 '趣'로 되어 있으나 《구의교주》에 따라 고쳤다.

이루어지지 않으므로 '가사를 빠르게 읊었다.'고 하였다.

■ 按 : 趨,81) 促同. 氣微, 故其歌聲促以短也.

박세당 : 추(趨)는 촉(促)과 같다. 기운이 아주 약해서 그 노랫소리가 촉급하고 짧았다.

子輿入, 曰, "子之歌詩, 何故若是?" 曰, "吾思夫使我至此極者而弗得也. 父母豈欲吾貧哉? 天無私覆, 地無私載, 天地豈私貧我哉? 求其爲之者而不得也. 然而至此極者, 命也夫!"

자여(子輿)가 들어가서 말하였다. "그대가 시를 노래하는 것이 왜 이러한가?" 답하였다. "내가, 나를 이 지경으로 만든 자가 누구일지 생각해 봤지만 알 수가 없다. 부모가 어찌 나를 가난하게 하고자 하셨겠는가. 하늘은 사사로이 덮어줌이 없고 땅은 사사로이 실어줌이 없으니 하늘과 땅이 어찌 사사로이 나를 가난하게 했겠는가. 이렇게 만든 자를 찾아보았지만 알 수가 없다. 그런데도 이러한 극도의 상황에 이른 것은, 운명일 것이다."

■ 郭云 : 何故若是者, 嫌其有情. 命也夫, 言物皆自然, 無爲之者也.

곽상 : 하고약시(何故若是)라고 한 것은 그가 정(情)을 지니고 있음을 혐의스럽게 여긴 것이다. 명야부(命也夫)는 '만물은 모두 절로 그러한 것이지, 그렇게 하는 자가 없다.'라는 말이다.

■ 呂云 : 諸子之跡, 雖不同, 以道爲師則一也.

여혜경 : 제자(諸子)의 자취가 비록 같지 않지만, 도(道)를 스승으로 삼는 것은 동일하다.

---

81) '趨'는 대본에 '趣'로 되어 있으나 원문과 맞추기 위해서 고쳤다.

■ 林云 : 非天非地, 非父非母, 則使我至此極者, 命也. 命者, 自然之理也.

임희일 : 하늘도 아니고 땅도 아니고 아버지도 아니고 어머니도 아니면, 나를 이 궁극의 상황에 이르게 한 것은 운명[命]이다. 운명이라는 것은 자연(自然)의 이치[理]이다.

■ 按 : 此言'父母愛我, 未嘗欲吾之貧也. 天地無私, 亦豈故使吾貧哉. 旣求其故而不得, 則知其有命而不可逃也.' 蓋以明窮達死生, 非避就之所能也.

박세당 : 이 단락은, '부모님은 나를 사랑하시니 일찍이 내가 가난해지기를 바라신 적이 없을 것이다. 하늘과 땅은 사사로움이 없으니 또한 어찌 고의로 나를 가난하게 했겠는가. 그 까닭을 찾아보아도 찾을 수가 없으니, 운명이 있어서 도망할 수 없다는 것을 알겠다.'라는 말이다. 대개 궁달(窮達)과 사생(死生)은 내가 임의로 피할 수 있는 것도 아니고 가질 수 있는 것도 아님을 밝힌 것이다.

■ 褚氏總論云 : 宗師, 學者所主而尊之之稱. 首論知天知人, 明義命以立其本. 繼以眞人眞知, 寢不夢而覺無憂. 大塊載形, 佚老息死, 此造物之善吾形也, 而人多貪生畏死, 故設藏舟藏山之喩, 以破其惑. 長上古而不爲老, 登雲天而處玄宮, 皆眞人之妙用. 女偊之無古無今, 則死生不得係之矣. 祀來之莫逆相友, 則物我不得間之矣. 左鷄右彈, 神馬尻輪, 聽造物之化, 隨所遇而安, 曾何蟲臂鼠肝之足較, 而妄啓躍冶之疑耶? 子反琴張絃歌而弔,[82] 壽夭窮通不足盡其變, 天地寒暑不得拘其體. 孟孫安於一時之化, 豈以形間而異情哉. 顔子墮體黜聰, 坐忘造極, 傳心理窟, 繼統聖門. 至於子桑鼓琴,

---

82) '絃'은 '弦'으로도 쓴다.

所謂究極天人, 暢達性命, 而無疑者也.

저백수 총론 : 종사(宗師)는, 배우는 자가 종주로 삼아 존경하는 대상을 일컫는 명칭이다. 첫머리에 지천(知天)과 지인(知人)을 논하여, 의(義)와 명(命)을 밝혀 그 근본을 세웠다. 이어서 진인(眞人)의 진지(眞知)를 논하였는데, 진인은 잘 때에 꿈을 꾸지 않고 깨어 있을 때에 근심이 없다. 대지(大地)가 형체를 써서 실어주고 늙음을 써서 편안하게 해주고 죽음을 써서 쉬게 해주니, 이것은 조물(造物)이 나의 형체를 잘 운용하는 것인데, 사람들은 대부분 삶을 탐하고 죽음을 두려워한다. 그래서 배를 감춘다느니 산을 감춘다느니 하는 비유를 설정하여 그 미혹함을 깨뜨렸다. 상고(上古)시대보다 더 오래되었는데도 늙음이 되지 않는다든지 하늘에 올라 현궁(玄宮)에 거처한다든지 하는 것은 모두 진인(眞人)의 묘용(妙用)이다. 여우(女偊)가 시간을 초월한 것은 죽음과 삶이 관여할 수 없는 것이며, 자사(子祀)와 자래(子來)가 뜻이 맞아 친구가 된 것은 상대와 나를 구분하는 생각이 끼어들 수 없는 것이다. 왼팔로 닭을 만들든 오른팔로 탄환을 만들든 정신으로 말을 만들고 엉덩이로 바퀴를 만들든, 조물(造物)이 변화시키는 대로 순종하여, 만나는 바에 편안하니, 정말이지 곤충의 다리가 되거나 쥐의 간이 되거나 간에 무슨 비교를 할 것이며, 쇳물이 뛰어올라 대장장이를 의아하게 하는 것과 같은 망녕된 짓을 할 까닭이 무엇이 있겠는가. 맹자반(孟子反)과 자금장(子琴張)이 현금(絃琴)을 타고 노래하며 자상호(子桑戶)를 조문하였으니, 오래 살거나 일찍 죽거나 곤궁하거나 영달하거나 하는 것이 그 변화를 다하기에 부족하고, 하늘도 땅도 추위도 더위도 그 몸을 구속할 수가 없다. 맹손재(孟孫才)는 한 시기의 변화에 편안하였으니, 어찌 형체가 바뀐다고 해서 마음이 달라졌겠는가. 안자(顔子)는 지체를 버리고 총명을 내치고 좌망(坐忘)하여 궁극에 나아가, 진리의 세계[理窟]에서 심법(心法)을 전수받고 성문(聖門)에서 도통(道統)을 이었다. 자상(子桑)이 금(琴)을 연주한 것에 이르면, 이른바 '하늘과 사람을 끝까지 궁구하고 성(性)과 명(命)을 완전히 통달하여 의문이 없는 것'이다.

應帝王 第七 · 제7편 응제왕

자연 변화에 맡기면 제왕이 된다

應帝王 第七

제7편 응제왕 : 자연 변화에 맡기면 제왕이 된다

■ 郭云 : 夫無心而任乎自化者, 應爲帝王者也.

곽상 : 대저 사사로운 마음이 없이 절로 변화하도록 맡겨두는 자는 응당 제왕(帝王)이 될 자이다.

■ 林云 : 言帝王之道合應如此也.

임희일 : '제왕의 도는 응당 이와 같아야 한다.'라는 말이다.

1

齧缺問於王倪, 四問而四不知. 齧缺因躍而大喜, 行以告蒲衣子.

설결(齧缺)이 왕예(王倪)에게 물었는데, 네 번을 물었는데 네 번을 다 몰랐다. 설결이 이 일로 뛰면서 매우 기뻐하여, 가서 포의자(蒲衣子)에게 고하였다.

■ 按 : 四問四不知, 蓋亦〈齊物論〉所稱缺倪三問而三不知之意.[1]

---

1) 〈제물론〉에 다음과 같은 내용이 있다. 설결(齧缺)이 왕예(王倪)에게 물었다. "선생님께서는 사물이 다 같이 옳다고 여기는 바를 아십니까?"(왕예가) 답하였다. "내가 어찌 그것을 알겠는가?"(설결이 물었다.) "선생님께서는 선생님께서 모른다는 사실을 아십니까?"(왕예가) 답하였다. "내가 어찌 그것을 알겠는가?"(설결이 물었다.) "그렇다면 사물은 앎이 없습니까?"(왕예가) 답하였다. "내가 어찌 그것을 알겠는가? 그렇지만, 한번 말해보겠다. 내가 이른바 안다는 것이 모르는 것이 아님을 어찌 알겠으며, 내가 이른바 모른다는 것이 아는 것이 아님을 어찌 알겠는가?"[齧缺問乎王倪曰, "子知物之所同是乎?" 曰, "吾惡乎知之?" "子知子之所不知耶?" 曰, "吾惡乎知之?" "然則物無知耶?" 曰, "吾惡乎知之? 雖然, 嘗試言之. 庸詎知吾所謂知之非不知耶? 庸詎知吾所謂不知之非知耶?"]

躍而喜, 有以契其旨故也.

박세당 : 네 번 물었는데 네 번 모른 것은, 대개 〈제물론〉에서 일컬은 바, 설결이 세 번 물었는데 왕예가 세 번 모른다고 한 뜻이다. 뛰면서 기뻐한 것은, 그 뜻을 깨달을 수 있었기 때문이다.

蒲衣子曰, "而乃今知之乎? 有虞氏不及泰氏. 有虞氏其猶藏仁以要人, 亦得人矣, 而未始出於非人.

포의자가 말하였다. "그대는 이제야 그것을 알았는가? 순(舜)임금은 옛 제왕 태씨(泰氏)의 경지에 이르지 못하였다. 순임금은 오히려 인(仁)을 품고서 인심을 얻으려 하였다. 또한 인심을 얻기는 하였지만, 사람이 아닌 데로 나간 것이 아니었다.

■ 呂云 : 以仁爲臧.[2]
여혜경(呂惠卿) : 인(仁)을 좋은 것[臧]이라 여겼다.
■ 林云 : 藏, 懷也. 要, 結也. 以仁而結人之心, 亦可以得人.
임희일 : 장(藏)은 품는다[懷]는 뜻이다. 요(要)는 맺는다[結]는 뜻이다. 인(仁)으로 사람들의 마음을 맺으면, 또한 민심을 얻을 수 있다.
■ 羅云 : 有虞氏懷藏仁道以要結人心, 固亦得人矣. 然猶出于人爲, 故曰未始出于非人.
나면도(羅勉道) : 유우씨는 인도(仁道)를 품고서 인심(人心)을 맺으려 하였으니, 그것도 본디 또한 인심을 얻을 수 있다. 그러나 그래도 인위(人爲)에서 나왔기 때문에, '사람이 아닌 데에서 나오지 않았다.'라고 하였다.

---

2) 여혜경이 주해한 판본에는 '藏仁'이 '臧仁'이었을 것으로 추측된다.

■ 唐云 : 舜猶有意, 尙是出于人道, 而非出于天道也.

당순지(唐順之) : 순임금은 여전히 의도가 있었으니, 아직도 인도(人道)에서 나온 것이지 천도(天道)에서 나온 것이 아니었다.

■ 焦云 : 藏仁, 懷仁心以結人也. 一作臧, 善也.

초횡 : 장인(藏仁)은 인심(仁心)을 품고서 사람들과 관계를 맺는다는 뜻이다. 어떤 판본에는 장(臧)으로 된 곳도 있으니, 선(善)이라는 뜻이다.

■ 按 : 此言人爲雖至, 而未盡合天.

박세당 : 이 단락은 '인위(人爲)가 지극하더라도 하늘에 합치하기에는 미진하다.'라는 말이다.

泰氏, 其卧徐徐, 其覺于于. 一以己爲馬, 一以己爲牛. 其知情信, 其德甚眞, 而未始入於非人."

태씨(泰氏)는 누워 잠을 잘 때에는 평온하였고 깨어 있을 때에는 흐리멍덩하였다. 한 번은 자기를 말이라 하였고 한 번은 자기를 소라고 하였다. 그 지식은 진정으로 믿을 만하고 그 덕은 매우 진실하였다. 그러나 사람이 아닌 데로 들어간 것은 아니었다."

■ 呂云 : 泰氏以己爲馬牛, 莫之惡也, 故其知信而不疑, 其德眞而不僞. 有虞氏不及泰氏, 可知矣.

여혜경 : 태씨는 자기를 말이라 하고 소라 하면서도 어느 것도 싫어하지 않았다. 그러므로 그 지식은 믿을 수 있어서 의심스럽지 않았고 그 덕은 진실하여 거짓되지 아니했다. 유우씨가 태씨에게 미치지 못함을 알 수 있다.

■ 林云 : 于于, 自得也. 或以己爲馬爲牛, 皆聽人也. 帝王之道, 任自然而已.

임희일 : 우우(于于)는 스스로 흡족하다[自得]는 뜻이다. 혹자가 자기를 말이라 하기도 하고 소라고 하기도 해도 모두 상대가 부르는 대로 따랐다. 제왕(帝王)의 도(道)는 자연(自然)에 맡겨두는 것일 따름이다.

■ 褚云:帝王之道, 忘知任物, 使聰者爲之聽, 明者爲之視, 知者爲之謀, 勇者爲之捍, 吾則端拱而致無爲之治, 豈不偉歟! 道合乎天而人歸之, 此〈應帝王〉之第一義也.

저백수 : 제왕의 도는, 지식을 잊고 사물에 맡겨두어, 귀 밝은 자로 하여금 대신 듣게 하고 눈밝은 자로 하여금 대신 보게 하고 지혜로운 자로 하여금 대신 계획하게 하고 용맹한 자로 하여금 대신 막게 하고서, 나는 단정하게 공수(拱手)하고서 무위(無爲)의 정치를 이루니, 어찌 위대하지 않으랴. 도(道)가 하늘에 합치하여 사람들이 그에게로 모여드니, 이것이 〈응제왕〉의 첫째 의리[第一義]이다.

■ 羅云:上古泰氏寢處自然, 無所作爲. 其知實信, 其德甚眞, 不如有虞氏懷仁以要人. 然本非有意如此, 故曰未始入于非人.

나면도 : 상고시대의 태씨는 잠잘 때에나 거처할 때에나 자연스러워서 작위(作爲)가 없었다. 그의 지식은 실제로 믿을 수 있었고 그의 덕은 매우 진실하여, 유우씨가 인(仁)을 품고 인심을 얻으려 했던 것과는 같지 않았다. 그러나 본래 의도를 두고 이와 같이 한 것이 아니기 때문에, '사람이 아닌 데로 들어간 것은 아니다.'라고 하였다.

■ 唐云:未始入于非人, 泰氏之于天道, 不期而合也.

당순지 : '사람이 아닌 데로 들어간 것은 아니다.'라는 것은, 태씨가 천도(天道)에 대해서 기약하지 않았는데도 합치하였다는 뜻이다.

■ 焦云:徐徐, 安穩貌. 于于, 無知貌.

초횡 : 서서(徐徐)는 평온한[安穩] 모양이고, 우우(于于)는 지식이 없는[無知] 모양이다.

■ 按 : 此言'天和旣全而能羣於人. 夫虞氏之藏仁得人, 雖若盛矣, 而上之而不免夫止於爲人. 泰氏之一馬一牛, 雖若汙矣, 而下之而不失其所以爲人.'蓋言'勞神有爲, 未能盡其理, 遊心太和, 足以全其性.'
박세당 : 이 단락은, '천화(天和)가 이미 온전해도 사람들과 어울릴 수 있다. 저 우씨(虞氏)가 인(仁)을 품고 인심을 얻은 것은, 비록 성대한 듯하기는 하지만 위로 올려도 사람이 되는 데에서 그치는 것을 면하지 못했고, 태씨(泰氏)가 한 번은 말이 되고 한 번은 소가 된 것은, 비록 하찮아 보이기는 하지만 아래로 내려도 사람이 되는 소이연을 잃지 않았다.'는 말이다. 대개 '유위(有爲)에 정신을 수고롭히면 그 이치를 극진히 할 수가 없고, 태화(太和)에 마음을 노닐면 그 천성(天性)을 온전하게 할 수 있다.'라는 말이다.

2

肩吾見狂接輿. 狂接輿曰, "日中始何以語汝?" 肩吾曰, "告我君人者以己出經, 式義度人, 孰敢不聽而化諸!"
견오(肩吾)가 광접여(狂接輿)를 만났다. 광접여가 물었다. "일중시(日中始)가 무슨 말을 그대에게 해 주었나?" 견오가 답하였다. "저에게 일러주기를, '군주가 몸소 실천하여 원칙을 보이고 정의(正義)로 사람들을 제도하면, 누가 감히 듣고 교화되지 아니하겠는가.'라고 하였습니다."

■ 林云 : 經, 常也. 式, 法也. 義, 處事之宜也. 言以身爲天下法也.
임희일 : 경(經)은 변치 아니함[常]이고, 식(式)은 법식[法]이고, 의(義)는 일처리에 있어서의 마땅함이다. '자기 몸으로 천하의 법도를 삼는다.'라는 말이다.
■ 焦云 : 日中始, 人姓名. 經之式, 義之度, 皆所以正人也.

초횡 : 일중시(日中始)는 사람의 성명이다. 상경(常經)의 법식과 의리의 도수(度數)는 모두 사람을 바로잡는 도구이다.

■ 品節 : 以己出經, 以身而化天下也. 式義度人, 以義而法天下也.

진심 : 이기출경(以己出經)은 스스로 모범이 되어 천하를 교화한다는 뜻이고, 식의도인(式義度人)은 정의를 써서 천하에 법도가 된다는 뜻이다.

■ 按 : 焦氏以經式義度爲句,《品節》以出經度人各爲一句, 品節義差長. 又按林氏訓度爲渡, 而以度人爲化人. 度人乃釋氏語耳, 而欲施之《莊子》, 可見其耽溺之甚矣. 蓋呂林以下, 解此書, 每於其所不了處, 輒引禪語以亂之, 所以護其短也.

박세당 : 초씨(焦氏)는 경식의도(經式義度)로 구두를 끊었고《품절(品節)》에서는 출경(出經)과 도인(度人)을 각각 따로 구두를 끊었는데,《품절》이 뜻이 조금 낫다. 또 살피건대, 임씨(林氏)는 도(度)를 도(渡)로 풀이하여 도인(度人)을 화인(化人)이라고 하였다. 도인(度人)은 곧 석씨(釋氏)의 말인데, 그것을 《장자(莊子)》에 적용하고자 하였으니, 그가 불교에 매우 탐닉하였음을 알 수 있다. 대개 여혜경과 임희일 이하로는 이 책을 해석할 때에 매양 자기가 이해하지 못하는 곳에다가는 문득 선어(禪語)를 끌어다가 얼버무렸으니, 자기들의 단점을 감추기 위해서였다.

狂接輿曰, "是欺德也. 其於治天下也, 猶涉海鑿河而使蚊負山也."

광접여가 말하였다. "이것은 속임수 덕(德)이다. 그것으로 천하를 다스리는 것은, 바다에 맨몸으로 들어가서 강줄기를 파는 것과 같고 모기에게 산을 짊어지게 하는 것과 같다.

■ 郭云 : 欺德者, 以己制物, 則物失其眞也. 夫寄當於萬物, 則無事而自成. 以一身制天下, 則功莫就而任不勝也.
곽상 : 거짓 덕을 지닌 자가 자기 기준으로 만물을 제어하면 만물이 그 참모습을 잃는다. 대저 맡기기를 만물에 마땅하게 하면 일을 하지 않아도 저절로 이루어진다. 한 몸으로 천하를 제어하면 공적은 성취하지도 못하고 임무를 이루 감당할 수 없다.

■ 林云 : 欺德, 言自欺, 非實德也.
임희일 : 기덕(欺德)은, 자신을 속인다는 말이니, 실덕(實德)이 아니다.

■ 焦云 : 離性已遠, 故謂之欺德. 涉海必溺, 鑿河難成, 蚊負山則不勝任. 以欺德而治天下, 亦猶此耳.
초횡 : 본성(本性)에서 떨어진 거리가 이미 멀기 때문에 그것을 기덕(欺德)이라 하였다. 바다를 맨몸으로 건너려 들면 반드시 빠지고, 황하를 파는 일은 이루기 어렵다. 모기가 산을 짊어지면 감당하지 못한다. 기덕으로 천하를 다스리는 일도 또한 이와 같을 따름이다.

■ 品節 : 欺德, 猶言僞道也.
진심 : 기덕(欺德)은 위도(僞道)라고 말하는 것과 같다.

■ 按 : 涉海鑿河者, 海非可以徒涉, 而河又非可鑿之海中而得者, 甚言其不可成. 亦猶蚊之不能負山也.
박세당 : 섭해착하(涉海鑿河)라는 것은, 바다는 맨몸으로 들어갈 수 있는 데가 아니며 강줄기는 또 바다 속을 파서 얻을 수 있는 것이 아니니, 이룰 수 없음을 극단적으로 말한 것이다. 또한 모기가 산을 짊어질 수 없는 것과 같다.

夫聖人之治也, 治外乎? 正而後行, 確乎能其事者而已矣.
저 성인의 다스림이라는 것이 바깥을 다스린 것이었겠는가? 자신을 바르게 한 뒤에 행하여, 확고하게 자기 일을 해나간 것이었을 따름이다.

■ 郭云 : 聖人之治也, 全其分內, 各正性命而已, 不爲其所不能也.
곽상 : 성인의 다스림은, 그 분수 안을 온전하게 하여, 각기 성명(性命)을 바르게 하는 것이었을 따름이고, 할 수 없는 일을 하지 않았다.

■ 林云 : 言化之以心則無迹, 化之以身則有迹也. 正而行, 順性命之理而行也. 確, 斷也, 言其斷斷如此.
임희일 : '백성을 마음으로 교화시키면 자취가 없고 백성을 몸으로 교화시키면 자취가 있다.'는 말이다. 자신을 바르게 한 뒤에 행한다는 것은, 성명(性命)의 이치를 따라서 행하는 것이다. 확(確)은 단(斷)의 뜻이니, 그 확고하기[斷斷]가 이와 같다는 말이다.

■ 焦云 : 斷斷然盡其性命之能事而已矣. 性命之能事, 我無爲而民自正之謂也.
초횡 : 오로지 그 성명(性命)의 능사(能事)를 극진히 할 따름이었다. 성명의 능사라는 것은, 내가 아무 일도 아니해도 백성이 스스로 바르게 됨을 이른다.

■ 按 : 言'聖人之爲治也, 固將以治其外乎? 必其有以動得乎天命之正而後行, 確然無所奪其慮, 而能盡乎其性分之內而已.' 此蓋所謂自正以正衆生者也. 因上文曰出曰度, 未免於有爲之跡故云然.
박세당 : '성인이 정치를 한 것이 본디 그 외면을 다스리려는 것이었을까? 반드시 천명(天命)의 올바름을 얻은 뒤에 행하여, 확고히 그 사려를 빼앗기지 아니하고 그 성분(性分) 안을 극진히 할 따름이었다.'라는 말이다. 이것은 대개 이른바 '자기를 올바르게 하여 대중의 삶을 올바르게 한다.'는 것이다. 윗글에 출(出)이니 도(度)니 한 것이 유위(有爲)의 자취를 벗어나지 못하였기 때문에 그렇게 말한 것이다.

且鳥高飛以避矰弋之害, 鼷鼠深穴乎神丘之下以避熏鑿之患, 而曾二蟲之無知!"

또한 새는 높이 날아 주살의 재앙을 피하고, 생쥐는 신단(神壇) 언덕 아래에 깊이 굴을 파서 연기와 굴착의 재앙을 피하는데, 그대는 정말로 이 두 동물보다도 무지하구나!"

■ 林云: 鼷鼠, 小鼠.3) 神丘, 猶曰神皐. 二蟲, 鳥鼠也.
임희일 : 혜서(鼷鼠)는 생쥐[小鼠]이다. 신구(神丘)는 신고(神皐)라는 말과 같다. 이충(二蟲)은 새와 쥐이다.
■ 品節: 日中始之有爲自累, 不如二蟲.
진심 : 일중시(日中始)는 유위(有爲)하여 자신을 얽매었으니 두 동물만도 못하다.
■ 按: 言'鳥之高飛, 鼠之深穴, 皆所以遠患害也. 今汝之無知, 乃不及二蟲乎!' 夫以欺德而求治, 譬猶涉海鑿河而蚊負山, 不徒所求之不成, 禍害必至, 是其知之不及鳥鼠也.
박세당 : '새가 높이 날고 쥐가 깊이 굴을 파는 것은 모두 재앙을 멀리하기 위함이다. 지금 너의 무지(無知)를 보니 두 동물에도 미치지 못하는구나.'라는 말이다. 가짜 덕(德)으로써 다스려지기를 추구하는 것은, 비유하자면 바다에 맨몸으로 들어가 강줄기를 파는 것과 같고 모기가 산을 짊어지는 것과 같아서, 추구하는 바를 이루지 못할 뿐만 아니라, 재앙이 반드시 닥치니, 이는 그 지혜가 새나 쥐에도 못 미치는 것이다.

---

3) '鼷鼠, 小鼠'는 《구의교주》에는 없고, 성현영(成玄英)의 《장자소(莊子疏)》에 들어 있다.

3

天根遊於殷陽, 至蓼水之上, 適遭無名人而問焉, 曰, "請問爲天下." 無名人曰, "去! 汝鄙人也, 何問之不豫也!

천근(天根)이 은산(殷山) 남쪽 기슭에 노닐다가 요수(蓼水) 가에 이르러 마침 무명인(無名人)을 만나 그에게 물었다. "천하 다스리는 방법을 여쭙니다." 무명인이 답하였다. "물러가라! 그대는 비루한 인간이다. 이렇게 불쾌한 질문을 하다니!

■ 郭云 : 問爲天下, 則非超於太初, 止於玄冥也.
곽상 : 천하 다스리는 것을 물었으니, 태초(太初)를 초월하여 현명(玄冥)에 도달한 것이 아니다.

■ 呂云 : 無名人, 則體道者也.
여혜경 : 무명인은 도(道)와 일체가 된 자이다.

■ 林云 : 以爲天下爲問, 便非無爲而爲之道, 故以爲鄙而使我不豫. 豫, 樂也.
임희일 : 천하 다스리는 것을 질문하였으니 이것은 무위(無爲)하여 다스리는 방도가 아니다. 그러므로 비루해서 나를 불쾌하게 한다고 하였다. 예(豫)는 즐겁다(樂)는 뜻이다.

■ 按 : 日中始, 天根, 無名人, 皆所謂寓言.
박세당 : 일중시(日中始), 천근(天根), 무명인(無名人) 이야기는 모두 이른바 우언(寓言)이다.

予方將與造物者爲人, 厭則又乘夫莽眇之鳥4), 以出六極之外, 而遊無何有之鄕, 以處壙埌之野. 汝又何帠以治天下感予之心爲!"

나는 바야흐로 조물자(造物者)와 벗이 되었다가, 싫증나면 또 저 망묘(莽眇)라는 새를 타고 육극(六極) 밖으로 나가서 무하유(無何有) 고을에서 노닐다가 광랑(壙埌) 들판에 머물려고 한다. 그대는 또 무엇 때문에 천하 다스리는 일로 내 마음을 흔드는가."

■ 郭云 : 能出處常通, 放乎自得之場, 不治而自治也.
곽상 : 나가거나 들어앉거나 항상 통하여 자득(自得)의 마당에 이르면, 다스리지 않아도 저절로 다스려진다.

■ 呂云 : 存亡在己, 出入無迹, 孰肯以天下爲事?
여혜경 : 존망(存亡)이 자기에게 있고 출입(出入)이 자취가 없으니, 누가 천하로 일을 삼겠는가.

■ 林云 : 與造物爲人, 言處於人世而順造物之自然也. 莽眇, 虛無也. 何帠, 何故也. 感, 猶言激觸也. 感觸, 所以不豫.
임희일 : 여조물위인(與造物爲人)은 '인간 세상에서 살면서 조물(造物)의 자연(自然)을 따른다.'는 말이다. 망묘(莽眇)는 허무(虛無)의 뜻이다. 하예(何帠)는 하고(何故)와 같다. 감(感)은 치고 들이받는다(激觸)는 말과 같다. 감촉(感觸)하기 때문에 즐겁지 않은 것이다.

■ 焦云 : 與造物爲人, 與化俱運. 莽眇, 輕虛狀. 壙埌, 猶曠蕩. 帠, 崔本作爲.5)

---

4) 망묘(莽眇)는 아스라이 멀다는 뜻을 지닌 가상의 새이다.
5) '莽眇, 輕虛狀. 壙埌, 猶曠蕩. 帠, 崔本作爲.'는 육덕명(陸德明)의 《장자음의》에 있는 내용을 초횡이 인용한 것이다.

초횡 : 여조물위인(與造物爲人)은 변화와 더불어 운행한다는 뜻이다. 망묘(莽眇)는 가볍고 비어 있는 형상이다. 광랑(壙埌)은 광탕(曠蕩)의 뜻이다. 예(吊)는 최씨본(崔氏本)에는 위(爲)자로 되어 있다.

■ 按 : 與造物爲人, 則法天無爲而已. 法天無爲, 乃所以治天下. 無名人之言, 雖若拒之, 而實則已告. 天根未喩而復問, 故下文又云'乘莽眇而處壙埌', 言其逍遙以自得也.

박세당 : 조물과 더불어 사람이 되는 것은, 하늘을 본보기로 삼고 아무것도 인위적인 것을 아니하는 것일 따름이다. 하늘을 본보기로 삼고 인위적인 것을 아니함이 곧 천하를 다스리는 방법이다. 무명인(無名人)의 말이 비록 거절하는 듯하기는 하지만 사실은 이미 일러준 것이다. 그런데 천근(天根)이 알아듣지 못하고 다시 물었기 때문에, 아래 글에서 또 '망묘(莽眇)를 타고 광랑(壙埌)에 거처한다.'고 하였으니, '자유롭게 노닐어 자득한다.'는 말이다.

又復問. 無名人曰, "汝遊心於淡, 合氣於漠, 順物自然而無容私焉. 而天下治矣."

또 다시 물었다. 무명인이 답하였다. "그대는 담박(淡薄)한 데에 마음을 노닐고 적막(寂寞)한 데에 기(氣)를 합치시켜, 만물을 절로 그러하도록 내버려 두고 사사로움을 두지 말라. 그러면 천하가 다스려질 것이다."

■ 郭云 : 遊心於淡, 無所飾也. 合氣於漠, 靜而止也. 順物無私而天下治, 公乃全也.

곽상 : 담박한 데에 마음을 노닌다는 것은 꾸미는 바가 없다는 뜻이다. 적막한 데에 기(氣)를 합치시킨다는 것은 천성을 고요하게 하여 움직이지 않는다는 뜻이다. 만물을 따르고 사사로움[私]이 없어야 천하가 다스려진다는 것은,

공(公)이라야 온전해진다는 뜻이다.

■ 林云 : 淡, 恬淡也. 漠, 沖漠也. 順造物之自然而無容心, 則天下自治矣, 何必爲天下乎.

임희일 : 담(淡)은 염담(恬淡)의 뜻이다. 막(漠)은 충막(沖漠)의 뜻이다. 조물(造物)이 하는대로 저절로 그러하도록 내버려두고 사사로움을 두지 않으면 천하가 절로 다스려질 것이니, 천하를 굳이 다스릴 일이 무엇이 있겠는가.

■ 按 : 淡漠自然而無容私, 此所以法天無爲. 如此則不求治而自治矣.

박세당 : 염담하고 충막하며 절로 그러하게 내버려두고 사사로운 마음을 쓰지 않는 것, 이것이 하늘을 본보기 삼아 무위(無爲)로 다스리는 방법이다. 이와 같으면 다스려지기를 추구하지 않아도 절로 다스려질 것이다.

4

楊子居見老聃曰, "有人於此, 嚮疾彊梁, 物徹疏明, 學道不勌. 如是者, 可比明王乎?"

양자거(楊子居)가 노담(老聃)을 만나서 말하였다. "여기 어떤 사람이 있습니다. 민첩하게 일에 달려가며 견고하게 덕을 유지하며, 일을 꿰뚫어 알고 이치를 잘 분변하며, 도를 배우기를 게을리 하지 않습니다. 이와 같은 자는 명왕(明王)에 견줄 수 있습니까?"

■ 呂云 : 嚮疾者, 趨事之速. 彊梁, 則非以柔勝.

여혜경 : 향질(嚮疾)은 일에 나아가기를 신속하게 한다는 뜻이다. 강량(彊梁)은 부드러움으로 이기는 것이 아니다.

■ 林云 : 此譏孔子. 嚮疾彊梁, 言敏而能力行也. 物, 事也, 言事事通徹.

임희일 : 이것은 공자를 비판한 것이다. 향질강량(嚮疾彊梁)은 '배움에 민첩하고 실천에 힘쓸 수 있다.'는 말이다. 물(物)은 일[事]이니, 물철(物徹)은 '일마다 통철(通徹)하다.'는 말이다.

■ 焦云 : 楊, 姓. 名, 戎. 字, 子居.[6] 嚮疾, 如響應聲之疾.

초횡 : 양(楊)은 성(姓)이고 이름은 융(戎)이며 자(字)가 자거(子居)이다. 향질(嚮疾)은 메아리가 소리에 빠르게 반응하는 것과 같다는 뜻이다.

■ 按 : 嚮疾, 趨事之敏也. 彊梁, 執德之固也. 物徹, 通於務. 疏明, 辨於理.

박세당 : 향질(嚮疾)은 일에 나가는 것이 민첩하다는 뜻이다. 강량(彊梁)은 덕(德)을 잡는 것이 견고하다는 뜻이다. 물철(物徹)은 일에 통투(通透)하다는 뜻이고 소명(疏明)은 이치를 잘 분변한다는 뜻이다.

老聃曰, "是於聖人也, 胥易技係, 勞形怵心者也. 且也虎豹之文來田, 猨狙之便, 執斄之狗來籍.[7] 如是者, 可比明王乎?"

노담이 말하였다. "이는 성인에 비교하면, 잡일이나 하고 기술에 얽매여 형체를 수고롭히고 마음을 졸이는 자이다. 또한 범과 표범의 무늬는 사냥꾼을 불러오고 민첩한 원숭이와 살쾡이를 잡는 개는 목줄에 매인다. 이와 같은 자를 명왕에 견줄 수 있겠는가?"

■ 郭云 : 虎豹猨狙, 皆以文章技能係累其身, 非涉虛以御乎無方也.

---

6) '楊, 姓. 名, 戎. 字, 子居.'는 《장자익》에는 없다.
7) '籍'은 대부분의 주해서에 '藉'로 되어 있고, 《장자품절》에는 '籍'으로 되어 있다. 아래에 나오는 '籍'도 그러하다.

곽상 : 범, 표범, 원숭이는 모두 무늬와 재주로 자기 몸을 얽매니, 허공에 노닐며 어디든지 자유자재한 것이 아니다.

■呂云 : 有技則勞其形, 有係則怵其心, 猶百工以短長有無胥易, 非聖人所以用天下也. 虎豹猿狗之來田籍, 皆有以取之, 則夫勞形怵心而爲天下用者, 亦所自取也.

여혜경 : 기술이 있으면 그 몸을 수고롭게 하고 얽매임이 있으면 그 마음을 불안하게 하여, 마치 백공(百工)이 저마다 장단점이 있어서 기예를 교환하는 것과 같으니, 성인이 천하를 운용하는 방법이 아니다. 범, 표범, 원숭이, 개가 사냥꾼이나 목줄을 불러오는 것은 모두 그것을 초래하는 까닭이 있으니, 몸을 수고롭히고 마음을 졸이며 천하에 쓰임이 되는 자도 또한 스스로 초래하는 것이다.

■林云 : 技係, 以工巧而係累技術之人也. 胥易則勞其形, 技係則怵其心, 言如此爲學, 身心俱勞, 是猶胥易技係而已. 怵心, 言其心恐恐然也. 來田, 來籍, 言有能必自累也.

임희일 : 기계(技係)는 솜씨가 아주 좋아서 그 기술에 얽매인 사람이다. 서역(胥易)은 그 몸을 수고롭히고 기계(技係)는 그 마음을 불안하게 한다. '이와 같이 학문을 하는 것은 몸과 마음이 모두 수고로우니, 이는 서역이나 기계와 같을 뿐이다.'라는 말이다. 출심(怵心)은 그 마음이 두려워 불안하다는 뜻이다. 사냥꾼을 불러온다느니 목줄[繩]을 불러온다느니 하는 것은, 능력이 있으면 반드시 자신을 얽어맨다는 말이다.

■焦云 : 田, 獵也. 籍, 繩也, 繫也. 藜, 狉卽狸.

초횡 : 전(田)은 사냥[獵]이다. 적(籍)은 줄[繩]이라는 뜻이고 묶는다는 뜻이다. 리(藜)는 살쾡이[狸]이다.

■按 : 爲胥而傭作者, 易之力而終於勞其形. 好技而欲工者, 係於物而以之怵其心, 皆言其所徇者外, 所得者小, 適足以自病而已. 而其文也, 便也, 又不免於爲患害之招. 則其遠於大道, 而不足以比明王之治也, 審矣.

박세당 : 서리(胥吏) 같은 자가 되어 고용되어 일하는 자는 힘으로 일을 하여 끝내는 그 몸을 수고롭히고, 기술을 좋아하여 솜씨를 부리고자 하는 자는 사물에 매여서 그것으로 그 마음을 졸이니, 모두 '그 따르는 바가 외물이고 얻는 바는 적어서, 자신을 병들게 하기에 좋을 뿐이다.'라는 말이다. 그리고 그 무늬와 민첩성도 또한 재앙을 초래함을 면치 못한다. 그러니 대도(大道)와 거리가 멀어서 명왕(明王)의 정치에 견줄 수 없음이 분명하다.

楊子居蹵然曰, "敢問明王之治." 老聃曰, "明王之治, 功蓋天下而似不自己, 化貸萬物而民弗恃, 有莫擧名, 使物自喜, 立乎不測而遊於無有者也."

양자거가 놀라며 물었다. "감히 명왕의 정치를 여쭙니다." 노담(老聃)이 답하였다. "명왕의 정치는, 공로가 천하를 덮어도 마치 자기가 한 것이 아닌 듯하고, 교화가 만물에 베풀어져도 백성들이 의지하지 않아서, 거론하여 이름을 붙일 수가 없고 만물로 하여금 스스로 기뻐하게 하며, 헤아릴 수 없는 데에 서고 아무것도 없는 데에서 노니는 것이다."

■ 郭云 : 立乎不測者, 居變化之塗, 日新而無方也. 遊於無有者, 虛也.

곽상 : 헤아릴 수 없는 데에 선다는 것은, 변화의 길에 있으면서 날로 새로워져 일정한 방소가 없다는 뜻이다. 아무것도 없는 데에 노닌다는 것은, 비어 있는 데[虛]에 노닌다는 뜻이다.

■ 呂云 : 有功不居, 化貸不恃, 則有者不得擧而名, 使物自喜而已.

여혜경 : 공로가 있어도 차지하지 않고 교화를 베풀어도 의지하지 않으면, 지닌 것에 대해 들어 이름을 붙일 수가 없고 만물로 하여금 스스로 기뻐하게 할

뿐이다.

■ 林云 : 似不自己, 功成而不有. 貸, 施也. 有莫擧名, 民無得稱. 使物自喜, 言雖無功可名, 而物自得其樂.

임희일 : 자기에게서 나온 것이 아닌 것처럼 한다는 것은, 공로가 이루어져도 차지하지 아니한다는 뜻이다. 대(貸)는 베푼다[施]는 뜻이다. 공이 있어도 거명하는 이가 없다는 것은, 백성이 일컬을 수가 없다는 뜻이다. 만물로 하여금 스스로 기뻐하게 한다는 것은, '나에게 이름붙일 만한 공적이 없더라도 만물이 스스로 그 즐거움을 얻는다.'라는 말이다.

■ 按 : 功雖覆蓋於天下, 而有不得擧而稱之, 則蕩蕩無名而似未嘗出於己. 化雖施貸於萬物而不過使各遂其生, 則熙熙自樂而民忘其所以恃. 此與胥易技係者相反, 所以爲明王之治也.

박세당 : 공로가 비록 천하를 덮었을지라도 그것을 거론하여 일컬을 수 없다면, 넓고넓어 이름을 붙일 수가 없어서 마치 자기에게서 나온 것이 전혀 아닌 듯하고, 교화가 비록 만물에 베풀어졌을지라도 만물로 하여금 각자 자기의 삶을 이루게 하는 데에 불과하다면, 화락하게 스스로 즐길 뿐이어서 백성이 왜 의지해야 하는지를 잊는다. 이것은 서리처럼 일을 하거나 기술에 매인 자와는 서로 반대이니, 이것이 명왕의 정치가 되는 까닭이다.

5

鄭有神巫曰季咸, 知人之死生存亡, 禍福壽夭, 期以歲月旬日, 若神. 鄭人見之, 皆棄而走.

정(鄭)나라에 계함(季咸)이라고 하는 무당이 있었다. 사람이 죽고 사는 것, 존재하고 없어지는 것, 복을 받거나 재앙을 당하는 것, 장수하거나 요절하는 것을 알아서, 몇 년, 몇 월, 몇 순, 며칠이라고 맞추는 것이 마치 귀신과 같았다. 정나라 사람들이 그를 보면 모두들 버리고 도망갔다.

■ 郭云 : 棄而走, 不喜自聞死日也.
곽상 : 버리고 도망간 것은, 죽을 날을 미리 듣는 것을 좋아하지 않았기 때문이다.
■ 林云 : 歲月旬日, 或遠或近. 其言皆驗若神. 棄之而走者, 畏言之驗也.
임희일 : 해, 달, 순, 날은 혹 멀기도 하고 혹 가깝기도 하다는 뜻이다. 그의 말이 마치 귀신처럼 맞았다. 그를 버리고 도망한 것은, 그의 말이 증험되는 것을 두려워했기 때문이다.

列子見之而心醉, 歸, 以告壺子曰, "始吾以夫子之道爲至矣, 則又有至焉者矣."
열자(列子)가 그를 만나 마음이 취하여, 돌아와서, 호자(壺子)에게 고하였다. "처음에는 저는 선생님의 도(道)를 지극하다고 생각했습니다. 그랬더니, 또 선생님보다 더 지극한 자가 있습니다."

■ 林云 : 心醉者, 心服也.
임희일 : 마음이 취했다는 것은, 심복했다는 뜻이다.
■ 按 : 又有至, 以巫咸爲尤至也.
박세당 : 또 지극한 자가 있다(又有至)는 것은, 무함(巫咸)을 더욱 지극하게 여긴 것이다.

壺子曰, "吾與汝旣其文, 未旣其實, 而固得道與? 衆雌而無雄, 而又奚卵焉! 而以道與世亢, 必信夫. 故使人得而相汝.

호자(壺子)가 말하였다. "내가 너에게 그 외형(外形)은 다 전수해주었지만 그 내실(內實)은 다 전수해주지 않았는데, 너는 정말 도를 얻었는가? 암컷만 많고 수컷이 없으면 또 어떻게 알을 품을 수 있겠는가. 너는 도(道)로 세상에 고개를 치켜들고 나서서 꼭 신뢰를 얻고자 하는구나. 그러므로 남으로 하여금 너의 관상을 볼 수 있게 하였다.

■郭云:無雄奚卵, 言未懷道也. 未懷道, 則有心而亢其一方, 以信於世. 故可得而相之.

곽상: '수컷이 없으면 어떻게 알을 부화하겠는가'라는 것은, 도를 품지 못했다는 말이다. 도를 내면으로 품지 못하면, 사심을 두어 그 한 방향에 우뚝 내세워 세상으로부터 신뢰를 받는다. 그러므로 관상을 볼 수 있게 되는 것이다.

■呂云:道空虛無相, 莫之與匹, 猶衆雌無雄.

여혜경: 도는 공허하고 상(相)이 없어서 더불어 짝이 될 이가 없으니, 마치 많은 암컷만 있고 수컷이 없는 것과 같다.

■林云:旣其文, 盡其外也. 未旣其實, 未盡其內也. 而, 汝也, 汝固以爲能得道乎? 無雄奚卵, 言無心則無跡也, 喩其心未能化, 故可以形見. 亢, 高也. 自以其道爲高於世, 而欲人必信之, 此便是有跡·未化, 故巫得以相.

임희일: 그 문(文)을 이미 다했다는 것은 그 외형을 다 전해준 것이고, 그 실(實)을 아직 다하지 않았다는 것은 그 내실을 아직 다 전해주지 아니한 것이다. 이(而)는 너[汝]라는 뜻이니, 너는 정말로 도를 얻었다고 여기느냐는 말이다. 수컷이 없으면 어떻게 알을 품겠느냐[無雄奚卵]는 것은 마음이 없으면 자

취가 없다는 말이니, 그 마음이 아직 변화하지 못했기 때문에 형체로 드러낸다는 것을 비유하였다. 항(亢)은 높다(高)는 뜻이다. 스스로 자기의 도가 세상에 높다고 여겨, 남들로 하여금 반드시 그것을 믿게 하고자 한 것이니, 이것이 바로 자취가 있는 것이고 아직 변화를 못한 것이다. 그 때문에 무당이 관상을 볼 수가 있었다.

■ 羅云 : 無雄奚卵, 如《參同契》云, '牝鷄不獨卵'. 蓋言徇其一偏, 不能成道, 喩列子之未盡其實.

나면도 : 수컷이 없으면 어찌 알을 품으랴(無雄奚卵)라는 것은, 《참동계》에 '암탉만으로는 알을 품을 수가 없다.'라는 것과 같다. 대개 그 한쪽만을 치우쳐 따르면 도를 완성할 수 없다는 말이니, 열자(列子)가 그 내실(內實)을 극진히 하지 못했음을 비유하였다.

■ 焦云 : 奚卵者, 言未成.

초횡 : 어찌 알을 품으랴(奚卵)라는 것은 아직 이루지 못했음을 말한다.

■ 品節 : 汝未至得道, 未能化, 遽欲必人之尊信, 人故以形求汝.

진심 : 너는 아직 도를 터득하지 못했고 아직 변화를 할 수 없는데 갑자기 사람들에게 존경과 신뢰를 반드시 받고자 하니, 사람들이 그래서 외형으로 너에게 구하는 것이다.

■ 按 : 文者, 道之糟粕. 實者, 道之精微. 得其糟粕而未得其精微, 固不足以爲道, 猶衆雌而無雄, 不可以卵也. 林呂未是, 當從郭羅.

박세당 : 문(文)은 도(道)의 찌꺼기이고 실(實)은 도의 정수(精髓)이다. 그 찌꺼기를 얻고 그 정수를 아직 얻지 못했으면 본디 도(道)라고 할 수 없으니, 마치 많은 암컷만 있고 수컷이 없으면 성공적으로 알을 품을 수 없는 것과 같다. 임희일과 여혜경의 해석은 옳지 않다. 마땅히 곽상과 나면도의 해석을 따라야 한다.

嘗試與來, 以予示之." 明日, 列子與之見壺子. 出而謂列子曰, "嘻! 子之先生死矣! 弗活矣! 不以旬數矣! 吾見怪焉, 見濕灰焉."
그를 한번 데려와서 나를 보여주어라." 이튿날, 열자가 계함을 데려와 호자를 만나게 했다. (계함이) 나와서 열자에게 말하였다. "아, 그대의 선생은 죽는다. 살지 못한다. 열흘을 넘기지 못할 것이다. 내가 이상한 것을 보았다. 습기가 찬 잿불을 보았다."

■ 郭云 : 萌然不動, 亦不自正, 與枯木同其不華, 濕灰均于寂魄. 此乃至人無感之時也.
곽상 : 고요히 움직임도 없고 또한 멈추지도 않아서, 마치 꽃이 피지 않는 고목(枯木)과 같고, 완전히 식은 젖은 재와 같다. 이것이 바로 지인(至人)이 감응이 없는 때이다.

■ 林云 : 濕灰者, 言其生氣將盡, 如灰已濕而欲滅也.
임희일 : 습회(濕灰)는 '그 생기(生氣)가 다 없어지려는 것이 마치 잿불이 젖어서 불 기운이 꺼져가는 것과 같다.'는 말이다.

■ 按 : 不以旬數, 言其死期甚促, 不出旬日之內也.
박세당 : 불이순수(不以旬數)는 '그가 죽을 날이 매우 가까워서 열흘 이내를 벗어나지 않는다.'는 말이다.

列子入, 泣涕沾襟以告壺子. 壺子曰, "鄕吾示之以地文, 萌乎不震不正. 是殆見吾杜德機也.
열자가 들어가서, 눈물이 옷깃을 적실 정도로 울면서 호자에게 보고하였다. 호자가 말하였다. "아까는 내가 그에게 땅의 무늬[地文]를 보여주었다. 살아날 듯 말 듯 움직이는 것도 아니고 멈춘 것도 아니었다. 그이는 아마도 나의 덕기(德機)가 막혀 있는 상태를 보았을 것이다.

■ 郭云 : 德機不發曰杜.
곽상 : 덕기(德機)가 피어나지 아니한 것을 두(杜)라 한 것이다.
■ 呂云 : 機者, 動之微也.
여혜경 : 기(機)는 움직임의 기미이다.
■ 林云 : 萌乎, 若生而不生之意. 不震者, 不動也. 不正者, 不可指定. 若萌動而又不動, 故以爲濕灰. 德機, 生意也. 杜, 閉也. 閉其機而不動, 故有生意欲滅之狀, 遂以爲不活也.
임희일 : 맹호(萌乎)는 살아날 듯하면서도 살아나지 않는다는 의미이다. 부진(不震)은 움직이지 않는다는 뜻이다. 부정(不正)은 가리켜 확정할 수 없다는 뜻이다. 움터 나올 듯하면서도 또 움직이지 아니하기 때문에 계함이 습기 찬 잿불이라고 하였다. 덕기(德機)는 삶의 의지이고, 두(杜)는 막는다는 뜻이다. 그 기미를 막고 움직이지 않았기 때문에 삶의 의지가 꺼져가는 형상이 있었고, 계함이 드디어 '살지 못한다.'라고 하였다.
■ 焦云 : 地文, 與土同也. 不正, 崔本作不止.[8]
초횡 : 지문(地文)은 흙[土]과 같다. 부정(不正)은 최선본(崔譔本)에는 부지(不止)로 되어 있다.
■ 品節 : 濕灰, 地文. 人有此色, 皆是死形.
진심 : 습기 찬 재[濕灰]는 땅의 무늬[地文]이다. 사람에게 이러한 기색이 있으면 모두 죽음의 형상이다.

---

8) '地文, 與土同也. 不正, 崔本作不止.'는 육덕명의 《장자음의》에 있는 내용을 초횡이 인용한 것이다.

■ 按 : 形似濕灰, 所以爲地文.
박세당 : 형상이 습기 찬 재와 흡사한 것이, 땅의 무늬가 되는 이유이다.

嘗又與來." 明日, 又與之見壺子. 出而謂列子曰, "幸矣子之先生遇我也! 有瘳矣, 全然有生矣! 吾見其杜權矣."

다시 한 번 데려오너라." 이튿날, 또 그와 함께 호자를 만났다. 나와서 열자에게 말하였다. "다행이다, 그대의 선생이 나를 만난 것이! 병이 나았다. 완전히 살아났다. 내가 그의 두권(杜權)을 보았다."

■ 郭云 : 權, 亦機也. 今乃自覺昨日之所見, 見其杜權, 故謂之將死也.
곽상 : 권(權)도 또한 기(機)이다. 이제야 어제 보았던 것을 깨달았으니, 어제는 그 삶의 기미가 막힌 것을 보았기 때문에, 죽을 것이라고 했었다.

■ 呂云 : 初見濕灰, 以爲死, 不知其杜也, 及其有生然後, 知向之所見爲杜權而非正也.
여혜경 : 처음에 습기 찬 잿불을 보고, 죽을 것이라고 여겨, 그 막힌 것을 알지 못했는데, 생기가 있음을 본 뒤에야, 저번에 본 것이 두권(杜權)이어서 정지한 것이 아니었음을 알았다.

■ 林云 : 杜權, 不動之動也. 權, 與機同, 但機微而權則露矣. 於杜閉之中而動機已露, 故以爲全然有生意也.
임희일 : 두권(杜權)은 안 움직이는 가운데 움직인다는 뜻이다. 권(權)은 기(機)와 같은데, 다만 기는 은미하지만 권은 드러난다. 막힌 가운데에 움직임의 기미가 이미 드러났기 때문에 '완전히 살아났다.'고 한 것이다.

■ 羅云 : 杜權者, 閉藏之中却有權變, 覺與昨日所見略不同也.
나면도 : 두권(杜權)이라는 것은 닫혀 있는 가운데 도리어 은미한 변화가 있음

이니, 어제 본 것과 조금도 같지 아니함을 깨달은 것이다.
■焦云 : 全然,《列子》作灰然.
초횡 : 전연(全然)은 《열자》에는 회연(灰然)으로 되어 있다.
■品節 : 杜權, 方閉而微露之機也.
진심 : 두권(杜權)은 바야흐로 닫힌 상태에서 미세하게 드러나는 기미이다.

列子入, 以告壺子. 壺子曰, "鄕吾示之以天壤, 名實不入, 而機發於踵. 是殆見吾善者機也.
열자가 들어가서 호자에게 보고하였다. 호자가 말하였다. "아까 내가 그에게 천양(天壤)을 보여주었다. 이름과 실제가 개입하지 않고 기(機)가 뒤꿈치에서 피어난다. 그는 아마도 나의 선자기(善者機)를 보았을 것이다.

■郭云 : 天壤之中, 覆載之功見矣, 此應感之容也. 天機玄應, 而利名之飾皆爲棄物. 機發於踵, 常在極上起也.
곽상 : 천지(天地) 가운데에 덮어주고 실어주는 공로가 드러나니, 이것이 감응의 모습이다. 천기(天機)가 현묘하게 감응하여, 이익과 명예의 꾸밈은 모두 기물(棄物)이 된다. 기(機)가 뒤꿈치에서 피어난다는 것은, 항상 궁극에서 일어난다는 말이다.
■呂云 : 示之以天壤, 使得而見也. 名實不入, 則無爲. 機發於踵, 所以示之也. 壤者, 物所自生, 踵者, 息所自起, 是以知其有生.
여혜경 : 그에게 천지(天地)를 보여준 것은 그로 하여금 볼 수 있게 해준 것이다. 이름과 실제가 들어가지 않는 것은, 무위(無爲)이다. 기(機)가 뒤꿈치에서 피어나는 것은, 그에게 보여주는 방법이었다. 양(壤)은 만물이 처음 생겨나는 곳이고 종(踵)은 숨이 처음 일어나는 곳이다. 그러므로 생명이 있음을 알았다.

■ 林云 : 此是生意萌動而上. 發於踵, 言其氣自下而上. 微故曰機.

임희일 : 이것은 삶의 의지가 움터 움직여서 올라오는 것이다. 뒤꿈치에서 피어난다는 것은 그 기운이 아래로부터 위로 올라온다는 말이다. 은미하기 때문에 기(機)라고 하였다.

■ 羅云 : 天壤, 與地文相對. 地主靜, 天主動, 謂之天, 便有動意. 外則名實不能入其心, 內則機發於至深. 季咸見吾善端發露之機耳, 猶有不盡知者.

나면도 : 천양(天壤)은 지문(地文)과 상대(相對)되는 것이다. 땅은 정(靜)을 위주로 하고 하늘은 동(動)을 위주로 하니, 하늘이라 하면 곧 움직임의 뜻이 있다. 겉으로는 이름과 실제가 그 마음에 들어가지 못하고, 안으로는 기(機)가 아주 깊은 곳에서 발동한다. 계함은 나의 선단(善端)이 발로(發露)하는 기틀을 보았을 뿐이고, 그래도 다 알지 못하는 것이 있었다.

■ 按 : 踵者, 陰之至下. 機者, 陽之微動. 微陽始動於至陰之下, 此所

---

9) 《맹자(孟子)》〈고자(告子) 하(下)〉에, "순우곤이 묻기를, '명예와 실상을 우선하는 자는 남을 위함이고, 명예와 실상을 뒤로 돌리는 자는 자신을 위함입니다. 부자께서는 삼경의 지위에 있는데 명예와 실상이 위에도 아래에도 더해지기 전에 떠나시니, 어진 사람도 본디 이와 같습니까?[淳于髡曰, 先名實者, 爲人也. 後名實者, 自爲也. 夫子在三卿之中, 名實未加於上下而去之, 仁者固如此乎?]'라고 하니, 맹자가 답하기를, '아랫자리에 있으면서, 현능함으로써 불초한 자를 섬기지 아니한 이는 백이이고, 탕에게 다섯 번을 가고 걸에게 다섯 번을 간 이는 이윤이고, 더러운 군주를 미워하지 않고 하찮은 벼슬을 사양하지 아니한 자는 유하혜이다. 세 사람은 길이 같지 않았으나 목적은 하나였다. 하나란 무엇인가? 어짊이다. 군자는 역시 어짊을 추구할 따름이다. 어찌 반드시 같아야 하겠는가.[孟子曰, 居下位, 不以賢事不肖者, 伯夷也. 五就湯, 五就桀者, 伊尹也. 不惡汙君, 不辭小官者, 柳下惠也. 三子者不同道, 其趣一也. 一者何也? 曰仁也. 君子亦仁而已矣. 何必同.]' 하였다." 하였다. 이 구절에 대한 주자의 주석에 "명(名)은 성예(聲譽)이고 실(實)은 사공(事功)이다. '명실을 우선으로 삼아서 그것을 행하는 자는 백성 구제에 뜻을 둔 것이고, 명실을 뒤로 돌려서 행하지 아니하는 자는 자기 몸 홀로 선(善)하고자 하는 것이다.'라는 말이다. 명실이 위로 아래로 더해지지 않았다는 것은, '위로 그 군주를 바로잡지 못하였고 아래로 그 백성을 구제하지 못하였다.'라는 말이다." 하였다.

謂天壤. 陽之動, 善之發也, 故曰善者機. 名實,《孟子》先名實, 朱子以爲聲譽事功者, 是也.[9] 蓋外物不能汨其內而後, 陽氣動而善端發也.

박세당 : 종(踵)은 음(陰)의 맨 아래이고, 기(機)는 양(陽)의 미세한 움직임이다. 미세한 양이 지극한 음의 아래에서 처음 움직이니, 이것이 이른바 천양(天壤)이다. 양의 움직임이 선(善)의 발생이므로 선자기(善者機)라고 하였다. 명실(名實)은,《맹자》에 '명예와 실질을 우선한다[先名實].'라고 하고, 주자(朱子)가 '성예(聲譽)이고 사공(事功)이다.'라고 풀이한 것이 이것이다. 대개 외물이 그 내면을 침몰시키지 못하게 된 뒤에 양기(陽氣)가 움직이고 선단(善端)이 피어난다.

嘗又與來." 明日, 又與之見壺子. 出而謂列子曰, "子之先生不齊, 吾無得而相焉. 試齊, 且復相之."

또 한 번 데려오너라." 이튿날, 또 함께 와서 호자를 만났다. 나와서 열자에게 말하였다. "너의 선생은 상(相)이 가지런하지 않아서 내가 관상을 볼 수가 없다. 가지런하게 해주면, 장차 다시 관상을 보겠다."

■ 郭云 : 無往不平, 混然一之. 以管窺天者, 莫見其涯, 故似不齊也.

곽상 : 어디에서든 평온하지 아니한 곳이 없이 섞여서 하나가 되었는데, 대롱으로 하늘을 보는 자는 하늘 끝을 볼 수 없기 때문에 가지런하지 아니한 것처럼 보였다.

列子入, 以告壺子. 壺子曰, "吾鄕示之以太沖莫勝. 是殆見吾衡氣機也.

열자가 들어가서 호자에게 보고하였다. 호자가 말하였다. "내가 아까 그에게 아주 텅 비고 균형을 이룬 형상을 보여주었다. 그는 아마도 나의 형기기(衡氣機)를 보았을 것이다.

■ 郭云 : 居太冲之極, 浩然而玄同, 故勝負莫得措其間也.

곽상 : 태충(太冲)의 궁극에 거처하여 드넓고 현묘하게 한몸이 되기 때문에 그 사이에서는 저울질을 할 수가 없다.

■ 呂云 : 地文則陰勝陽, 天壤則陽勝陰, 太冲則莫之勝而不一, 是以疑其不齊. 莫勝則平, 故謂衡氣機也.

여혜경 : 지문(地文)은 음(陰)이 양(陽)을 누르고, 천양(天壤)은 양이 음을 누르는데, 태충(太冲)은 어느 것도 우세한 것이 없어서 일정하지가 않다. 그래서 가지런하지 않다고 여긴 것이다. 어느 것도 우세한 것이 없으면 평형을 이룬다. 그러므로 형기기라고 하였다.

■ 林云 : 冲, 虛也. 衡, 平也. 氣機之動, 至於衡平之地, 則是半動半靜也. 不齊, 言其動靜不定也.

임희일 : 충(冲)은 비었다[虛]는 뜻이다. 형(衡)은 균형이 맞다[平]는 뜻이다. 기기(氣機)의 움직임이 균형이 맞는 상태에 이르면, 반은 움직이고 반은 고요한 것이다. 부제(不齊)는 그 동정(動靜)이 일정하지 아니하다는 말이다.

■ 李云 : 始示以地文而疑其死, 次示以天壤而疑其生, 殊不知形之生死, 心之起滅, 心之起滅, 見之有無也. 靜, 與陰同德. 動, 與陽同波. 陰陽之中, 天地之平, 本無高下. 彼見不一, 謂不齊耳. 三者皆謂之機, 以其動之微可得而見也.

이원탁(李元卓) : 처음에 지문(地文)을 보여주자 죽을 것이라 여겼고 다음에 천양(天壤)을 보여주자 살아날 것이라고 여겼으니, 형체가 살고 죽는 것은 마음이 일어나고 없어지는 것이며 마음이 일어나고 없어지는 것은 보이는 것이 있고 없음이라는 것을 전혀 모른 것이다. 고요할 때[靜]에는 음(陰)과 덕(德)이 같고 움직일 때[動]에는 양[陽]과 파동이 같으며, 음과 양의 가운데는 하늘과 땅의 평형이어서 본래 높낮이가 없다. 저이가 한결같지 아니함을 보고 가지런하지 않다고 한 것일 뿐이다. 세 가지를 모두 기(機)라고 한 것은, 그 발동의 은미함을 볼 수 있기 때문이다.

■ 羅云 : 沖, 猶言和. 太沖則在杜機善機之間. 衡氣機者, 處于地文天壤之間, 動靜各半, 得其平也.

나면도 : 충(沖)은 화(和)라고 말하는 것과 같다. 태충(太沖)은 두기(杜機)와 선기(善機) 사이에 있다. 형기기(衡氣機)는 지문(地文)과 천양(天壤) 사이에 거처하여, 동(動)과 정(靜)이 각기 절반씩이라서 그 평형을 이룬다.

■ 焦云 : 莫勝, 《列子》作莫朕.10)

초횡 : 막승(莫勝)은 《열자(列子)》에는 막짐(莫朕)으로 되어 있다.

■ 品節 : 至此則爲太虛沖和之極, 是生機渾然, 無往不平, 所謂平者, 水停之盛, 內保之而外不蕩.11)

진심 : 이 경지에 이르면 태허충화(太虛沖和)의 궁극이 되니, 이는 생기(生機)가 혼연하여 어디를 가도 평형을 이루지 아니하는 데가 없다. 이른바 '평(平)이라는 것은 물이 완전히 정지한 것이어서 안으로는 보존하고 밖으로는 출렁이지 않는다.'라는 것이다.

鯢桓之審爲淵, 止水之審爲淵, 流水之審爲淵. 淵有九名, 此處三焉.

고래가 노닐고 물이 모인 곳이 못이며, 멈춘 물이 모인 곳이 못이며, 흐르는

---

10) '朕'은 '朕'과 같다.
11) 《장자》〈덕충부(德充符)〉에, "평(平)이라는 것은 물이 완전하게 정지한 것이다. 그것이 준칙이 될 수 있는 것은 안에는 보존하고 밖에는 동탕하지 않기 때문이다.[平者, 水停之盛也. 其可以爲法也, 內保之而外不蕩也.]" 하였다.

물이 모인 곳이 못이다. 못에는 아홉 가지 이름이 있는데, 이것이 그 중 세 가지이다.

■ 郭云 : 水常無心. 雖流之與止,12) 淵然自若, 未始失其靜默也. 至人用舍異, 玄默一焉, 故擧三異以明之. 夫至人, 其動也天, 其靜也地, 其行也水流, 其止也淵默. 淵默之與水流, 天行之與地止, 其于不爲而自爾, 一也. 今季咸見其尸居而坐忘, 卽謂之將死, 見其神動而天隨,13) 卽謂之有生.14) 誠能應不以心而理自玄符, 與化升降而以世爲量, 足爲物主而非相者所測. 此應帝王之大意也.15)

곽상 : 물은 항상 사심이 없다. 비록 흐르기도 하고 멈추기도 하고 하더라도 깊고 자연스러워서 일찍이 그 고요하고 묵중한 속성을 잃은 적이 없다. 지인(至人)은 용사(用舍)에 따라 행지(行止)는 달라도 현묵(玄默)하기는 마찬가지이다. 그러므로 세 가지 다른 경우를 들어서 그것을 밝혔다. 대저 지인은 그 움직임은 하늘과 같고 그 고요함은 땅과 같으며 그 행위는 물의 흐름과 같고 그 멈춤은 못의 침묵과 같다. 못의 침묵과 물의 흐름, 하늘의 운행과 땅의 멈춤은, 의도적인 행위가 아니라 절로 그러하다는 데에 있어서는 동일하다. 지금 계함(季咸)이, 그 아무 일도 아니하고 좌망(坐忘)을 한 것을 보고는 장차 죽을 것이라고 하였고, 정신이 움직이고 천기가 운행하는 것을 보고는 살아날

---

12) '與'는 대본에는 '而'로 되어 있으나 《장자익》, 《장자집석》, 《남화진경주소》 등에 의거하여 고쳤다.
13) '見'은 《장자집석》, 《남화진경주소》에는 '覩'로 되어 있다. 《장자》〈재유(在宥)〉에 "아무 일도 하지 않고 있어도 용처럼 드러나고, 못처럼 묵중해도 우레처럼 소리가 나고, 정신이 움직이기만 해도 하늘이 따라 운행하고, 조용히 행위가 없어도 만물이 생육된다.[尸居而龍見, 淵默而雷聲, 神動而天隨, 從容無爲而萬物炊累焉.]" 하였다.
14) '卽'은 《장자집석》, 《남화진경주소》에는 '因'으로 되어 있다.
15) '夫至人, 其動也天.'에서부터 '此應帝王之大意也.'까지는 《장자익》, 《장자집석》, 《남화진경주소》에 의하면, 본문 '鄕吾示之以地文, 萌乎不震不正.'에 대한 곽상의 주해이다.

것이라고 하였다. 참으로 감응을 사사로운 마음으로 하지 않아서 이치가 절로 현묘하게 부합하고, 변화와 함께 오르내리며 세상을 헤아려야만, 만물의 주인이 될 수 있고 상자(相者)의 예측 대상이 되지 않는다. 이것이 〈응제왕(應帝王)〉의 대의(大意)이다.

■ 呂云 : 雖流止之與鯢桓, 蓋未嘗不淵也. 太冲莫勝, 亦若是而已.
여혜경 : 비록 흐르거나 멈추거나 고래가 노닐거나 하더라도 대개 못이 아닌 적이 없다. 태충막승(太冲莫勝)도 또한 이와 같을 뿐이다.

■ 林云 : 說向所以示巫者, 皆此淵也, 有九淵而方示其三, 則妙處猶有未盡者.16) 《列子》九淵之名皆全.17)
임희일 : '아까 무당에게 보여준 것은 모두 이 못들이다. 아홉 가지 못이 있는데 바야흐로 그 중 세 가지를 보여주었다.'고 하였으니, 오묘한 곳을 아직 다 보여주지 않았다는 말이다. 《열자》에 아홉 가지 못의 이름이 모두 온전히 들어 있다.

■ 羅云 : 鯢桓, 鯢所盤桓也. 審當作瀋. 水成淵處, 必有泡沫, 浮于水面. 流水之審爲淵者, 上面雖水流, 下頭水却停蓄也. 鯢桓之處, 止水之處, 上流下停之處, 皆謂之淵. 淵有九名, 此不過處其三, 言尙未盡也. 止水以況地文, 是全然不動. 鯢桓以況天壤, 雖淵水不動, 有鯢盤桓其中, 靜中微動. 流水之淵以況太冲莫勝, 上半流下半止, 流止各半, 正得其平, 故以爲衡氣之喩.

---

16) '則'은 《구의교주》에는 '言'으로 되어 있다.
17) 《열자(列子)》〈황제(黃帝)〉에 《장자》의 이 전후 구절과 동일한 구절이 실려 있는데, 그곳에 "고래가 노닐고 물이 모인 곳이 못이며[鯢旋之潘爲淵], 멈춘 물이 모인 곳이 못이며[止水之潘爲淵], 흐르는 물이 모인 곳이 못이며[流水之潘爲淵], 솟는 물이 모인 곳이 못이며[濫水之潘爲淵], 쏟아지는 물이 모인 곳이 못이며[沃水之潘爲淵], 물이 옆에서 나와 모인 곳이 못이며[氿水之潘爲淵], 물이 빨려들어가 모인 곳이 못이며[雍水之潘爲淵], 물이 고여 모인 곳이 못이며[汧水之潘爲淵], 물길이 합쳐져 물이 모인 곳이 못이니[肥水之潘爲淵], 이것이 아홉 가지 못이다[是爲九淵焉]." 하였다.

나면도 : 예환(鯢桓)은 고래[鯢]가 노니는 곳이다. 심(審)은 심(瀋)이 되어야 한다. 물이 못을 이룬 곳에는 반드시 물거품이 일어 뜨물처럼 수면에 뜬다. 흐르는 물이 거품이 일어 못이 된 것은, 상면에 비록 물이 흐르더라도 하면에는 물이 도리어 멈추어 있다. 고래가 노니는 곳, 멈춘 물이 있는 곳, 위는 흐르고 아래는 정지한 곳을 모두 못이라 한다. 못에는 아홉 가지 명칭이 있는데 여기에 그 세 가지만 거론했다는 것은, 아직 다 말하지 않았다는 말이다. 멈춘 물의 못으로 지문(地文)에 견주었으니, 이는 전혀 안 움직이는 것이다. 고래가 노니는 못으로 천양(天壤)에 견주었으니, 비록 못물은 움직이지 않더라도 고래가 그 안에서 노니니 고요한 가운데 아주 작은 움직임이 있는 것이다. 흐르는 물의 못으로 태충막승(太冲莫勝)에 견주었으니, 이 못은 위의 절반은 흐르고 아래의 절반은 정지하여 흐름과 멈춤이 각각 절반씩이어서 그 평형을 제대로 얻은 것이다. 그러므로 형기(衡氣)에 대한 비유로 삼았다.

■ 焦云 : 鯢, 魚也. 審, 司馬云, 當作蟠, 聚也. 18)

초횡 : 예(鯢)는 물고기[魚]이다. 심(審)은 사마표(司馬彪)가 이르기를, '마땅히 반(蟠)이어야 한다.' 하였으니, 모인다는 뜻이다.

■ 品節 : 《列子》云, 鯢漩之瀋爲淵. 19) 潘音蟠, 則於淵爲切. 《淮南子》九旋之淵, 20) 回流所鍾. 淵, 謂道之靜深不測也.

진심 : 《열자(列子)》에 '고래가 노닐고 물이 모인 곳[瀋]이 못이다.'라고 하였다. 반(潘)은 음이 반(蟠)이니, 연(淵)에 더욱 딱 맞다. 《회남자(淮南子)》에 '많은 소용돌이가 치는 못'이란 구절이 나오는데, 감아 도는 물살이 모이는 곳이다. 연(淵)은 도(道)가 고요하고 깊어서 헤아릴 수 없음을 이른다.

---

18) '鯢, 魚也. 審, 司馬云, 當作蟠, 聚也.'는 육덕명의 《장자음의》의 내용을 초횡이 인용한 것이다.
19) 《열자》〈황제〉에 '漩'은 '旋'으로 '瀋'은 '潘'으로 되어 있다.
20) 《회남자》〈병략(兵略)〉에 나온다. '旋'은 대본에 '璇'으로 되어 있으나 〈병략〉에 의거하여 고쳤다.

嘗又與來." 明日, 又與之見壺子. 立未定, 自失而走. 壺子曰, "追之!" 列子 追之不及, 反, 以報壺子曰, "已滅矣, 已失矣, 吾弗及已."
한번 또 데려오너라." 이튿날 또 함께 와서 호자를 만났다. 서서 자리도 잡기도 전에 망연자실하여 도망하였다. 호자가 말하였다. "따라가 잡아라." 열자가 뒤따라갔으나 잡지 못하고, 돌아와서 호자에게 보고하였다. "사라졌습니다. 놓쳤습니다. 제가 따라잡지 못했습니다."

■ 林云 : 已滅已失, 言不可見也.
임희일 : 이멸(已滅)과 이실(已失)은 볼 수 없음을 말한다.

壺子曰, "鄕吾示之以未始出吾宗. 吾與之虛而委蛇, 不知其誰何, 因以爲茅靡,21) 因以爲波流, 故逃也."
호자가 말하였다. "아까 내가 그에게, 나의 근본을 벗어나지 않은 모습을 보여 주었다. 내가 그와 있으면서, 비우고 자연의 변화를 따랐더니 누구인지도 알지 못하게 되었고, 그 때문에 띠풀이 바람에 쓸리는 것 같다고 여겼고 그 때문에 파도가 밀려오는 것 같다고 여겼다. 그래서 도망하였다."

■ 郭云 : 未始出吾宗者, 雖變化無常, 深根寧極也.22) 委蛇者, 無心

---

21) '茅'는 《구의교주》에는 '弟'로 교감이 되어 있다. 《장자익》, 《장자집석》에는 '弟'로 되어 있고, 《장자품절》, 《장자음의》에는 '帠'로 되어 있다. '弟'와 '帠'는 '퇴'로 읽는다.
22) 《장자》〈선성(繕性)〉에 "시명(時命)을 만나 천하에서 크게 행할 때에는 만물을 하나로 돌아가게 하되 자취가 없고, 시명을 만나지 못하여 천하에서 크게 곤궁할 때에는 근본을 깊게 하고 천성을 잘 보전한 채 흘러가는 대로 두고 기다리니, 이것이 몸을 보존하는 방도이다.[當時命而大行乎天下, 則反一无跡, 不當時命而大窮乎天下, 則深根寧極而待, 此存身之道也.]"하였다.

而隨物化也. 不知誰何, 泛然無所係也. 變化頹靡, 世事波流, 無往而不因也. 應世變而時動, 故相者無所措其目, 自失而走. 此明應帝王者無方也.

곽상 : 미시출오종(未始出吾宗)은, 비록 변화가 일정함이 없더라도, 뿌리를 깊이 내리고 천성을 편안하게 보존한다는 뜻이다. 위이(委蛇)는, 무심히 사물의 변화를 따른다는 뜻이다. 부지수하(不知誰何)는 넓디넓어 매이는 바가 없다는 뜻이다. 변화에 맡겨 그대로 따르고 세상일에 물결처럼 따라 흘러서 어디에서도 따르지 아니하는 바가 없다. 세상의 변화에 감응하여 때에 맞게 움직이기 때문에 관상을 보는 자가 그 눈을 둘 바가 없어서 망연자실하여 도망하였다. 이는 제왕이 될 자는 일정한 방향이 없다는 것을 밝힌 것이다.

■ 呂云 : 未始出吾宗, 則藏於天, 彼莫得而見, 故自失而走. 虛而委蛇, 無心無爲, 其止也, 因以爲頹靡, 其動也, 因以爲波流, 求我于動止之間, 皆不可得. 此其所以逃也.

여혜경 : 나의 근본에서 벗어나지 아니하면[未始出吾宗] 하늘에 감추어져서 저이가 볼 수 없기 때문에 망연자실하여 도망한 것이다. 비우고 맡겨 따르면[虛而委蛇] 무심(無心)하고 무위(無爲)하여, 그 정지했을 때에는 인하여 휩쓸리는 대로 맡겨두고, 그 움직일 때에는 인하여 물결처럼 따라 흐르니, 움직임과 멈춤 사이에서 나의 상(相)을 찾으려 하면 모두 얻을 수가 없다. 이것이 그가 도망한 까닭이다.

■ 林云 : 委蛇, 順也. 若無若有, 不知其如何, 故曰不知誰何. 茅靡者,23) 拉扱也. 波流者, 莽蕩也. 言其看我不出, 但見拉扱莽蕩, 故走也.

임희일 : 위이(委蛇)는 따른다는 뜻이다. 없는 듯도 하고 있는 듯도 하여 그것

---

23) '茅'는 《구의교주》에는 '弟'로 교감이 되어 있다.

이 어떠한지 알지 못하기 때문에 '누구인지 모른다.'라고 하였다. 모미(茅靡)는 끌어간다는(拉拠) 뜻이다. 파류(波流)는 분탕(莽蕩)이다. '나의 관상을 봐낼 수가 없고 다만 끌어가고 물결치는 것만 보았기 때문에 도망갔다.'라는 말이다.

■ 李云 : 未始出吾宗, 則彼以實投我, 而此虛, 彼以有受我, 而此無. 彼之起心役見, 有盡, 此之離人入天, 無盡, 所以自失而走也. 壺子謂見吾三機, 則猶立我. 與之虛而委蛇, 不知誰何, 則我亦忘矣. 示之者誰耶? 見之者誰耶? 言此者, 夫帝王之應世, 唯寂然不動, 故感而遂通,24) 唯退藏於密, 故吉凶同患.25) 一將出其宗, 弊弊焉以天下爲事, 則人得而相之矣. 古之帝王所以蕩蕩乎民無能名焉者,26) 以此.

이원탁(李元卓) : 나의 근본에서 벗어나지 아니하면, 저이는 알맹이를 나에게 던지는데 이쪽은 비어 있고, 저이는 있음을 나에게서 받으려는데 이쪽은 아무것도 없다. 저이는 사사로운 마음을 품고 눈에 보이는 것에 부림을 당하니 한계가 있고, 이쪽은 사람을 떠나 하늘에 들어갔으니 끝이 없다. 그래서 망연자실하여 도망한 것이다. 호자가, '나의 세 가지 기(機)를 보게 한 것은 그래도

---

24) 《주역》〈계사전 상〉에 "역(易)은 사려가 없고 행위가 없다. 고요히 움직이지 않고 있다가 감응을 하면 드디어 천하의 일을 통달한다. 천하에 지극히 신령한 자가 아니면 그 누가 여기에 참여하겠는가.[易, 无思也, 无爲也. 寂然不動, 感而遂通天下之故. 非天下之至神, 其孰能與於此!]"하였다.
25) 《주역》〈계사전 상〉에 "시(蓍)의 덕(德)은 둥글어 신령하고 괘(卦)의 덕은 모나서 지혜롭고 육효(六爻)의 의리는 변역하여 정보를 알려준다. 성인이 이것으로써 마음을 씻어 은밀한 곳에 간직하여, 길흉에 백성과 더불어 근심을 함께한다. 신령함으로써 미래를 알고 지혜로움으로써 과거를 품는다. 그 누가 여기에 참여할 수 있겠는가.[蓍之德, 圓而神. 卦之德, 方以知. 六爻之義, 易以貢. 聖人以此洗心, 退藏於密, 吉凶與民同患. 神以知來, 知以藏往. 其孰能與於此哉!]"하였다.
26) 《논어》〈태백(泰伯)〉에 "위대하구나, 요임금이 임금 노릇하시는 것이! 높고 높구나, 하늘이 위대한데, 오직 요임금이 그것을 본받으셨네. 넓고 넓구나, 백성이 이름을 붙일 수가 없었네.[大哉, 堯之爲君也! 巍巍乎! 唯天爲大, 唯堯則之. 蕩蕩乎! 民無能名焉.]"하였다.

나를 내세운 것이다. 내가 그와 함께 있으면서 비우고 자연의 변화에 내맡겨 누구인지도 모르게 된 것은, 나 자신까지도 잊은 것이다. 보여주는 자는 누구이며, 보는 자는 누구인가?라고 한 것이다. 이것을 말한 것은, 대저 제왕(帝王)이 세상에 감응함은, 오직 고요하여 움직이지 않기 때문에 감응하여 드디어 통달하고, 오직 비밀스러운 곳에 간직하기 때문에 길흉을 백성과 더불어 근심할 수 있다는 뜻이다. 한번 그 근본을 벗어나서 허둥지둥 천하로 일을 삼으면, 남들이 관상을 볼 수가 있게 된다. 옛 제왕이 넓고 넓어서 백성이 무어라 이름을 붙일 수 없었던 것은 이 때문이었다.

■ 王旦云 : 古者帝王之治天下, 必有不測之用, 故使人不可得而相.

왕단(王旦) : 옛날에 제왕(帝王)이 천하를 다스릴 때에는 반드시 측량이 불가능한 운용이 있었기 때문에 남으로 하여금 관상을 볼 수 없게 만들었다.

■ 焦云 : 乑, 從人從弔, 音頹. 作茅, 非.

초횡 : 퇴(乑)는 인(人)자를 따르고 조(弔)자를 따랐으며, 음은 퇴(頹)이다. 모(茅)로 고치는 것은 옳지 않다.

■ 按 : 宗, 猶守宗之宗,[27] 德之所一而心之所存也. 心之所存者不出, 而虛而委蛇, 莫知誰何, 則權衡在我, 變化無常, 忽有忽亡, 在彼在此, 彼之所見, 但覺其似茅之靡, 似波之流, 固不得而識其端倪矣. 茅, 諸本並作乑. 然茅靡, 波流, 意正相發, 而作頹, 亦無異義, 恐不可從. 巫咸見壺子, 壺子之所以示之者三, 而皆變動不常. 及其體神合道至虛無形, 則有非相之所得矣. 故術窮而走. 此其與以道與世亢而必信者, 相去遠矣. 蓋古之明王, 秉至虛之體, 操萬化之機, 神動而立不測, 所以有莫擧名. 若其偏任聰明以究一官一

---

27) 《장자》〈덕충부〉에 "만물의 변화를 명령하고 그 종주 자리를 지킨다.[命物之化而守其宗也.]" 하였다.

能之效, 則玄化妙用, 幾乎息矣, 非但人得以窺其淺深而已. 此, 下文所以有渾沌鑿竅之喩也.

박세당 : 종(宗)은 수종(守宗)의 종(宗)과 같으니, 덕이 전일한 곳이고 마음이 보존된 곳이다. 마음이 보존된 곳을 벗어나지 않고 비우고 자연의 흐름을 따라, 누가 누구인지 알지 못하는 경지가 되면, 권형(權衡)이 나에게 있고 변화가 무상하여, 문득 있다가 문득 없기도 하고 저곳에 있다가 이곳에 있기도 하니, 저이가 보는 것은 단지 그 띠풀이 바람에 휩쓸리는 것 같거나 파도가 밀려드는 것 같은 것을 감지할 뿐이어서 참으로 그 실마리를 알 수가 없다. 모(茅)는 여러 판본에 다 같이 퇴(弝)로 되어 있다. 그러나 모미(茅靡)와 파류(波流)는 뜻이 서로 밝혀주고, 퇴(頽)로 써도 다른 뜻이 없으니, 따를 수 없을 듯하다. 무함(巫咸)이 호자(壺子)를 만났을 때에 호자가 그에게 보여준 방법이 세 가지였는데, 모두 변동하여 일정하지가 않았다. 호자가 신명(神明)과 일체가 되고 도(道)와 통합되어 완전히 비워 형상이 없음에 이르자, 관상을 볼 수 없는 상태가 되었다. 그러므로 방술이 궁색해져서 도망한 것이다. 이것은 도로써 세상과 맞서서 반드시 신뢰를 얻고자 하는 자와는 수준이 전혀 다르다. 대개 옛날의 명왕(明王)은 지허(至虛)의 체(體)를 쥐고 만화(萬化)의 기(機)를 조종하며, 정신이 움직여 예측할 수 없는 변화의 길에 섰다. 그래서 있어도 거론하여 이름을 붙일 수 없었다. 총명함을 지나치게 믿고 하나의 벼슬이나 하나의 능력의 공효를 추구한다면, 현묘한 변화와 응용이 거의 소멸할 것이니, 남이 그 깊이를 엿볼 수 있을 뿐만이 아니다. 이것이 아래 글에 혼돈(渾沌)에게 구멍을 뚫어준 비유가 있는 이유이다.

然後, 列子自以爲未始學而歸, 三年不出. 爲其妻爨, 食豕如食人. 於事無與親, 雕琢復朴, 塊然獨以其形立. 紛而封哉, 一以是終.

그러한 뒤에, 열자는 스스로 아직 공부를 시작도 하지 못했다고 여겨 집으로 돌아가 3년 동안 나오지 않았다. 자기 아내를 위해 밥을 지었고, 돼지를 먹이기를 사람을 먹이듯이 하였다. 사물에 대해 특별히 친애함이 없었고, 인위를 깎아내어 질박함을 회복했으며, 흙덩이처럼 무심히 홀로 그 형체로써만 섰다. 분분하여도 지킴이 있었다. 한결같이 이렇게 평생을 살았다.

■ 郭云 : 食豕如食人, 忘貴賤也. 於事無與親, 唯所遇也. 雕琢復朴, 去華取實也. 塊然形立, 外飾去也. 紛而封哉, 雖動而眞不散也.
곽상 : 돼지를 먹이기를 사람을 먹이듯이 했다는 것은, 귀함과 천함을 잊었다는 뜻이다. 사물에 대해서 특별히 친애함이 없었다는 것은, 오직 만나는 상황에 따랐다는 뜻이다. 깎아버리고 순박함을 회복했다는 것은, 화려함을 제거하고 실제를 취했다는 뜻이다. 무심히 형체만으로써 섰다는 것은, 겉꾸밈이 제거되었다는 뜻이다. 분분하여도 두둑이 있었다는 것은 비록 발동하더라도 참모습은 흩어지지 아니했다는 뜻이다.

■ 呂云 : 食豕如食人, 則忘我之至. 於事無與親, 致虛之極也. 紛封以終, 雖萬物擾擾, 而吾之封自若, 終莫之變也.
여혜경 : 돼지 먹이기를 사람 먹이듯이 했다는 것은 나를 아주 잊었다는 뜻이고, 사물에 대해 친애함이 없다는 것은 비우기를 끝까지 다 했다는 뜻이다. 분분해도 주관을 지니고 끝까지 갔다는 것은 비록 만물이 분잡스러워도 나의 주관은 태연자약하여 끝까지 변함이 없었다는 뜻이다.

■ 林云 : 無與親, 言雖爲事, 而不自知. 復朴, 歸復於朴. 一以是終, 言終身如此也.
임희일 : 무여친(無與親)은 비록 위하여 일을 하더라도 스스로 알지 못했다는 뜻이다. 복박(復朴)은 순박한 데로 돌아갔다는 뜻이다. 일이시종(一以是終)은 종신토록 이와 같았다는 뜻이다.

■ 品節 : 爲其妻爨, 忘人我也. 事無與親, 爲而不有. 雕琢復朴,[28)]

墮體黜聰也. 紛, 散也. 而, 汝也. 封, 畛也. 解散其胷中之畛域也.
진심 : 그 아내를 위해 밥을 지었다는 것은, 상대와 나에 대한 구분을 잊었다는 뜻이다. 일에 더불어 친함이 없었다는 것은, 일을 하되 나의 공로로 소유하지 않았다는 뜻이다. 깎아내어서 순박한 데로 돌아갔다는 것은 지체(肢體)를 버리고 총명(聰明)을 내쳤다는 뜻이다. 분(紛)은 흩어졌다는 뜻이다. 이(而)는 너[汝]라는 뜻이다. 봉(封)은 밭두렁[畛]이라는 뜻이니, 가슴속에 있는 경계를 흩어버렸다는 말이다.

■ 按 : 雕琢復朴, 用雕琢而復之朴也. 紛而封, 卽所謂不與物遷而守其宗, 內保之而外不蕩也.《品節》, 意雖粗通, 而理甚艱.

박세당 : 조탁복박(雕琢復朴)은 쪼아냄으로써 순박한 데로 돌렸다는 뜻이다. 분이봉(紛而封)은 바로 이른바 '외물과 더불어 함께 변하지 않고 그 종주를 지킨다. 안으로는 보전하고 밖으로는 동탕하지 않는다.'는 것이다.《품절》의 풀이는, 뜻은 비록 조금 통하지만 이치는 매우 거칠다.

無爲名尸, 無爲謀府. 無爲事任, 無爲知主. 體盡無窮, 而遊無朕, 盡其所受乎天, 而無見得. 亦虛而已. 至人之用心若鏡, 不將不迎, 應而不藏, 故能勝物而不傷.

명예의 주인이 되지 말고 계책의 창고가 되지 말며, 일을 떠맡는 자가 되지 말며, 지식의 주인이 되지 말라. 그러면 자연과 일체가 되어 무궁함을 다하고 조짐 없음에 노닐게 되어, 하늘에서 받은 것을 극진히 하고, 이득 보는 일에 신경을 쓰지 않게 될 것이다. 이 또한 비우기만 하면 될 따름이다. 지인의 마음 씀은 마치 거울과 같아서, 배웅하지도 않고 맞이하지도 않으며, 반응만 할

---

28) '雕'는 《장자품절》에는 '琱'로 되어 있다.

뿐이고 담아 두지는 않는다. 그러므로 만물을 감당하면서도 다치지 않는다.

■郭云:無爲名尸,物各自名也.無爲謀府,物各自謀也.無爲事任,物各自任也.無爲知主,物各自知也.體盡無窮,因天下之自爲,故馳萬物而無窮也.無朕,無跡也.盡所受,足則止也.虛而已,不虛則不能任羣實也.若鏡者,鑒物而無情也.不將不迎不藏,來卽應,去卽止.故雖天下之廣,而無神勞之累.

곽상 : 명예의 주인이 되지 말라는 것은, 만물이 각자 이름을 지니도록 하라는 뜻이다. 계책의 창고가 되지 말라는 것은, 만물이 각자 계획하게 하라는 뜻이다. 일을 떠맡는 자가 되지 말라는 것은, 만물이 각자 담당케 하라는 뜻이다. 지식의 주인이 되지 말라는 것은, 만물이 각자 알게 하라는 뜻이다. 자연과 일체가 되어 무궁함을 다한다는 것은, 천하가 스스로 이루도록 두고 그것을 따르기 때문에 만물을 몰아 내달리게 하여 끝이 없다는 뜻이다. 무짐(無朕)은 자취가 없다는 뜻이다. 받은 바를 다 한다는 것은, 만족하면 멈춘다는 뜻이다. 비울 따름이라는 것은, 비우지 않으면 여러 채움을 감당할 수 없다는 뜻이다. 거울 같다는 것은 만물을 비추되 사사로운 마음이 없다는 뜻이다. 배웅도 아니하고 마중도 아니하며 담아두지도 않는다는 것은, 오면 반응하고 가면 멈춘다는 것이다. 그러므로 비록 천하처럼 넓더라도 정신을 수고롭히는 얽어맴이 없는 것이다.

■呂云:無爲名尸,則天下莫能名.無爲謀府,則天下爲之謀.無爲事任,則任事者責.無爲知主則天下爲之慮.體盡無窮,則光大之至.遊乎無朕,則鬼神莫覰.況于人乎!若然者,盡其所受於天而無見得,所謂常因自然而不益生也.

여혜경 : 이름의 주인이 되지 않으면 천하에 아무도 이름을 붙일 수 없다. 계책의 창고가 되지 않으면 천하가 그 계책을 세운다. 일의 책임자가 되지 않

으면 일을 맡은 자가 책임을 진다. 지식의 주인이 되지 않으면 천하가 대신 사려(思慮)를 한다. 무궁함을 모두 체득하면 지극히 광대하고, 조짐 없음에 노닐면 귀신도 볼 수 없다. 하물며 사람이랴! 그러한 자는 하늘에서 받은 것을 극진히 다 하고 이득에 관심을 두지 않으니, 이른바, 항상 자연을 따르고 삶을 더하지 아니한다는 것이다.

■ 林云 : 無爲名尸, 無近名.29) 無爲謀府, 不謀事. 體盡, 見道至盡.30) 體, 察也, 見也. 天之授我,31) 吾能盡之, 又不自以爲有得, 見得則近於跡矣. 鏡之於物, 姸媸去來, 何嘗將迎! 至人之心如此, 物無所忤, 故曰勝物而不傷, 天道不爭而善勝.32) 若鏡是虛.

임희일 : 명예를 주인삼지 않는다는 것은 (선을 행하여도) 명예에 가까울 정도로 하지 아니하는 것이다. 계책을 모으지 않는다는 것은 일을 계획하지 아니한다는 뜻이다. 체진(體盡)은 도를 본 것이 극진한 데에까지 이르렀다는 뜻이다. 체(體)는 잘 살핀다는 뜻이고, 본다는 뜻이다. 하늘이 나에게 준 것을 내가 그것을 극진히 다하지만 또한 스스로 얻음이 있다고 여기지 않는다. 얻음을 보게 되면 자취를 남기는 데에 가까워진다. 거울이 사물에 대해서, 예쁜 것이나 못난 것이나 가거나 오거나 어찌 일찍이 배웅을 하거나 마중을 하거나 하겠는가. 지인(至人)의 마음은 이와 같아서 사물에게 거스르는 바가 없기 때문에 만물을 이기면서도 손상되지 않으니, 천도는 다투지 않고도 잘 이긴다는 것이 이 뜻이다. 거울 같다는 것은 비어 있음을 말한다.

■ 焦云 : 尸, 主也. 府, 聚也.

---

29) 《장자》〈양생주〉에 "선을 행하여 명예에 가까이 가지 말며 악을 행하여 형벌에 가까이 가지 말라.[爲善無近名, 爲惡無近刑.]"하였다.
30) '無爲名尸, 無近名. 無爲謀府, 不謀事. 體盡, 見道至盡.'은 박세당이 임희일 주석의 내용을 그대로 축약한 것이 아니라, 그 뜻을 참작하여 재구성한 것이다.
31) '授'는 대본에는 '受'로 되어 있으나《구의교주》에 교감이 되어 있으므로, 그에 따라 고쳤다.
32) 《노자》제73장에 "하늘의 도는 다투지 않고도 잘 이긴다.[天之道, 不爭而善勝.]"하였다.

초횡 : 시(尸)는 주인(主)이라는 뜻이다. 부(府)는 모인다(聚)는 뜻이다.

■ 按 : 於是四者, 皆去之而不爲, 則體合自然, 終而無窮, 始而無朕, 斯爲能盡其所受乎天而無私智之累也. 如此者不過虛而已矣. 虛而至於若鏡, 所以能勝物而不傷也. 此一段, 申結上意.

박세당 : 이 네 가지를 모두 버리고 행하지 않으면, 자연과 일체로 합치하여 궁극에서도 끝이 없고 시작에서도 조짐이 없으니, 이것이 바로 하늘로부터 받은 바를 극진히 하고 사사로운 지식에 얽매임이 없을 수 있는 것이다. 이와 같은 것은 비우는 것에 불과할 따름이다. 비워서 마치 거울 같은 경지에 이르는 것이, 외물을 감당하되 손상받지 아니할 수 있는 방법이다. 이 한 단락은 위의 뜻을 다시 매듭지은 것이다.

6

南海之帝爲儵, 北海之帝爲忽, 中央之帝爲渾沌. 儵與忽時相與遇於渾沌之地, 渾沌待之甚善. 儵與忽謀報渾沌之德, 曰, "人皆有七竅以視聽食息, 此獨無有, 嘗試鑿之." 日鑿一竅. 七日而渾沌死.

남해(南海)의 제왕은 숙(儵)이고 북해(北海)의 제왕은 홀(忽)이고 중앙(中央)의 제왕은 혼돈(渾沌)이다. 숙과 홀이 때로 함께 혼돈의 땅에서 만나니, 혼돈이 그들을 매우 잘 대접하였다. 숙과 홀이 혼돈의 은덕을 갚자고 의논하며 말하기를, "사람들은 다들 일곱 개의 구멍이 있어서, 보고 듣고 먹고 숨 쉬는데, 이 혼돈은 홀로 갖지 못했으니, 그에게 한번 구멍을 뚫어주자."하고, 하루에 한 개씩 구멍을 뚫었다. 7일 만에 혼돈이 죽었다.

■ 郭云 : 爲者敗之.

곽상 : 목적을 두고 행위를 하는 자는 그것을 망친다.

■ 呂云 : 儵忽雖異乎渾沌, 而渾沌未嘗與之異, 故謀報之33), 則所以視聽食息者, 日鑿而與物通矣, 欲其朴之不喪, 不可得已.

여혜경 : 숙(儵)과 홀(忽)이 비록 혼돈(渾沌)을 다르게 여겼지만 혼돈은 일찍이 그들을 다르게 여긴 적이 없었다. 보답을 해준다는 것이, 보고 듣고 먹고 숨쉬는 구멍을 날마다 하나씩 깎아 만들어서 외물과 통하게 해주는 것이었다. 그 순박함을 잃지 않고자 하더라도 불가능한 것이다.

■ 林云 : 此段言聰明能爲身累, 墮支體, 黜聰明, 則爲渾沌矣. 渾沌卽元氣也. 如赤子之初, 耳目鼻舌雖具, 而未有知識, 是渾沌之全也. 知識稍萌, 則有喜怒好惡, 是竅鑿矣. 大人不失赤子之心,34) 便是渾沌不鑿.

임희일 : 이 단락은 총명이 내 몸을 얽어매는 것이 될 수 있음을 말하였으니, 지체를 버리고 총명을 내치면 혼돈이 될 것이다. 혼돈이란 바로 원기(元氣)이다. 이를테면 어린 아기가 태어났을 때에 귀, 눈, 코, 혀가 비록 갖추어져 있더라도 지식이 아직 없으니, 이것이 혼돈의 온전함이다. 지식이 조금 싹트면 기쁨, 노여움, 좋아함, 미워함이 있게 되니, 이것이 구멍이 뚫린 것이다. '대인은 어린이의 마음을 잃지 아니한다.'라는 것이 바로 혼돈이 구멍이 뚫리기 전의 모습이다.

■ 焦云 : 渾沌, 淸濁未分, 喩自然也. 簡文云, 儵・忽, 神速, 譬有爲, 渾沌. 和合, 譬無爲.

초횡 : 혼돈(渾沌)은 청탁(淸濁)이 나뉘기 전이니 자연(自然)을 비유한다. 간문제(簡文帝)가 이르기를, '숙(儵)과 홀(忽)은 신속(神速)하다는 뜻이니 유위(有爲)를

---

33) '故'는 산삭되어야 할 글자이다.
34) 《맹자》〈이루(離婁) 하(下)〉에 "대인은 그 어린이의 마음을 잃지 아니한 자이다.[大人者, 不失其赤子之心者也.]" 하였다.

비유하고, 혼돈(渾沌)은 화합(和合)한다는 뜻이니 무위(無爲)를 비유한다.'라고 하였다.

■ 品節:儵者, 昏黑無象也. 忽者, 荒忽無形也. 儵忽之間, 渾沌已破, 言保之甚難, 而散之甚易也. 帝王之道, 以純樸未散自然之爲貴也.

진심:숙(儵)은 흐리고 어두워 물상이 없음을 비유했고, 홀(忽)은 황홀하여 형체가 없음을 비유했다. 숙과 홀의 사이에서 혼돈이 이미 파괴되었으니, '보존하기는 매우 어렵고 흩어지기는 매우 쉽다.'는 것을 말한다. 제왕(帝王)의 도(道)는 순박함이 흩어지지 않고 자연 그대로인 것을 귀하게 여긴다.

■ 按:此復結上四無爲. 聰明用而偏於一察, 則喪其德之全, 而非帝王端拱垂衣之治矣.

박세당:이것은 다시 위의 네 가지 무위(無爲)를 매듭지은 것이다. 총명이 사용되어 한쪽으로만 살피는 데에 치우치면, 그 덕의 온전함을 잃어서, 단정히 공수(拱手)하고 의상(衣裳)을 드리운 채 무위로 다스리는 제왕의 정치가 아니다.

■ 褚氏總論云:古之帝王, 無爲而萬物化, 無欲而天下足, 淵靜而百姓定,35) 故無爲足以配天. 蓋有爲則知謀姦詐所自生, 求如標枝野鹿之相忘,36) 可得乎? 是以天根問爲天下, 答以心澹氣漠, 順物無私, 子居問明王之治, 答以忘功善貸, 使物自喜, 皆以無爲爲之者也. 神巫知死生, 喩知謀之士審觀時政, 足以料國之興衰. 無爲之主, 則豈知謀可度, 術數可窺哉!

---

35) 《장자》〈천지(天地)〉에 "옛날에 천하를 다스렸던 군주는 욕심이 없어서 천하 백성들이 만족스럽게 살았고, 무위로 다스려 만물이 화육되었고, 못처럼 고요하여 백성이 안정되었다.[古之畜天下者, 無欲而天下足, 無爲而萬物化, 淵靜而百姓定.]" 하였다.

36) 《장자》〈천지(天地)〉에 "지극한 덕(德)의 시대에는 어진이를 숭상하지 않았고 유능한 자를 부리지 않았다. 윗사람은 나뭇가지 끝과 같았고 백성은 들판의 사슴과 같았다.[至德之世, 不尙賢, 不使能, 上如標枝, 民如野鹿.]" 하였다. 윗사람은 무위의 정치를 하였고 백성은 충분한 자유를 누리며 살았다는 뜻이다.

저백수 총론 : 옛날의 제왕(帝王)은 무위(無爲)로 다스려 만물이 화육되었고 욕심이 없어서 천하 백성이 만족스럽게 살았고 못처럼 고요하여 백성이 안정되었다. 그러므로 무위가 하늘에 짝이 될 수 있었다. 대개 유위(有爲)를 하면, 지모(知謀)와 간사(姦詐)가 그로부터 나오니, 군주는 높은 나무의 가지처럼 무심하고 백성은 들판에 뛰노는 사슴처럼 자유롭게 서로를 잊으려 한들 가능하겠는가? 그 때문에 천근(天根)이 천하 다스리는 방법에 대해 묻자, 마음을 염담한 데에 노닐고 기운을 적막에 합치시키며 만물의 자연스러움을 따르고 사사로운 마음을 갖지 말라고 답하였고, 양자거(陽子居)가 명왕(明王)의 통치 방법에 대해 묻자, 자기 공로를 잊고 교화 베풀기를 잘하며 만물로 하여금 스스로 기뻐하게 하라고 답하였으니, 모두 무위(無爲)로 다스리는 것이다. 신무(神巫)가 사람의 생사(生死)를 알았다는 것은, 지모(知謀)의 선비가 시정(時政)을 잘 관찰하면 나라의 흥망성쇠를 충분히 요량할 수 있음을 비유하였다. 무위(無爲)로 다스리는 군주라면, 어찌 지모로 헤아릴 수 있겠으며 술수로 엿볼 수 있겠는가.

(내편 총론)

■ 林云:《莊子》三十三篇, 分爲內外, 內篇有七, 皆以三字名之, 自〈駢拇〉以下, 只掇篇頭爲名, 如〈學而〉·〈爲政〉之例. 其書本無精粗, 內外皆一. 但外篇, 間有長枝大葉, 或以爲內篇文精, 外篇文粗, 不然也.

임희일 :《장자》33편을 내편(內篇)과 외편(外篇)으로 나누어 보면, 내편이 7개 편인데, 모두 세 글자로 이름을 붙였고, 〈변무(駢拇)〉이하로는 단지 편의 첫머리를 따서 이름을 삼았으니 《논어》〈학이(學而)〉·〈위정(爲政)〉의 용례와 같다. 그 글은 본래 순정하거나 조잡하거나 한 차이가 없고 내편과 외편이 모두 동일하다. 다만 외편에 간혹 규모가 크고 거친 이야기들이 있어서, 어떤 이는 내편은 문장이 순정하고 외편은 문장이 조잡하다고 하는데, 그렇지 않다.

■ 褚氏內篇總論云 :《南華》一經, 其言也湍激籟號, 跌宕乎諸子之表, 若不可以繩墨求, 而內篇之奧, 窮神極化, 道貫天人, 隱然法度森嚴, 與《易》·《老》相上下.

저백수 내편 총론 :《남화경(南華經)》한 책은 그 언설이 격정적인 여울물 같고 울부짖는 바람소리 같아서 제자(諸子)들 가운데서 가장 호방하니 세속의 제도를 기준으로 평가할 수 없을 듯하지만, 내편(內篇)의 심오함은 신명과 변화를 궁극까지 탐구하여 도(道)로 하늘과 사람을 꿰어, 은연중에 법도가 삼엄하니, 《주역》·《노자》와 서로 우열을 다툰다.

■ 按 : 內篇七, 第一篇述著書之意, 言玄識遠度之士, 蘊抱絶異, 所樂有存, 非淺見小知所及也. 第二篇言大道破碎於小知小成, 蓋欲瘖閉衆喙廢天下之辯, 而使知一歸於大道之全也. 第三篇言達於道者, 順理處物而生不傷也. 第四篇言處物在於能虛, 虛者不以情之私而累其天德之全也. 第五篇言天德全於內者, 不蘄化而人自化也.
第六第七篇言有是德有是道而後, 可以爲君師也.

박세당 : 내편은 7편이다. 제1편은 글을 지은 의도를 서술하였는데, '현묘한 식견과 원대한 도량을 지닌 선비는 내면에 쌓은 것이 아주 남다르고 즐기는 바를 잘 보존하여, 식견이 얕고 지식이 작은 자가 미칠 수 있는 바가 아님'을 말하였다. 제2편은 '큰 도(道)가 작은 지식이나 작은 완성에서 깨지고 부서짐'을 말하였으니, 대개 많은 사람들의 입을 닫아 천하의 변론을 없애서, 한결같이 온전한 큰 도(道)로 돌아갈 줄을 알게 하고자 한 것이다. 제3편은 '도에 통달한 자는 이치를 따라 사물에 대처하여, 삶을 손상시키지 아니함'을 말하였다. 제4편은 '사물에 잘 대처하는 방법은 나를 제대로 비우느냐에 달렸으니, 비운 자는 사사로운 인정(人情)으로써 그 온전한 천덕(天德)을 얽매지 아니함'을 말하였다. 제5편은 '천덕이 내면에 온전한 자는 변화를 추구하지 않아도 사람들이 스스로 변화함'을 말하였다. 제6편과 제7편은 '이러한 덕을 갖추고 이러한 도를 갖춘 뒤라야 군주가 될 수 있고 스승이 될 수 있음'을 말하였다.

참고문헌

원전자료

朴世堂, 《南華經註解刪補》(영인본), 大田:學民文化社, 2003.

____, 《南華經註解刪補》, 국립중앙도서관 소장본(청구기호:한古朝22-10).

____, 《西溪集》, 한국문집총간 134집, 한국고전번역원.

宋時烈, 《宋子大全》, 한국문집총간 108~116집, 한국고전번역원.

吳 翩, 《天坡集》, 한국문집총간 95집, 한국고전번역원.

李 植, 《澤堂集》, 한국문집총간 88집, 한국고전번역원.

李景奭, 《白軒集》, 한국문집총간 95~96집, 한국고전번역원.

張 維, 《谿谷集》, 한국문집총간 92집, 한국고전번역원.

韓元震, 《莊子辨解》, 규장각 소장본.

郭 象, 《莊子注》, 문연각 사고전서, 臺灣:商務印書館, 1981.

郭慶藩, 《莊子集釋》, 王孝魚 點校, 北京:中華書局, 1982.

楊伯峻, 《列子集釋》, 北京:中華書局, 1997, 5쇄.

王 雱, 《南華眞經新傳》, 문연각 사고전서, 臺灣:商務印書館, 1981.

陸德明, 《莊子音義》, 국립중앙도서관 소장본(청구기호:古古1-42-10).

林希逸, 《莊子鬳齋口義校注》, 周啓成 校注, 北京:中華書局, 2009, 2쇄.

褚伯秀, 《南華眞經義海纂微》, 문연각 사고전서, 臺灣:商務印書館, 1981.

陳 深, 《莊子品節》, 국립중앙도서관 소장본(청구기호:1264-6-11).

陳鼓應, 《莊子今註今譯》, 臺灣:商務印書館, 1994.

焦　竑, 《莊子翼》, 漢文大系, 東京:富山房, 1984, 증보판 5쇄.

　　　, 《莊子翼》, 문연각 사고전서, 臺灣:商務印書館, 1981.

　　　, 《焦氏筆乘》, 李劍雄 點校, 北京:中華書局, 2008.

何　寧, 《淮南子集釋》, 北京:中華書局, 2006, 2쇄.

단행본 저서와 번역서

강여진·공근식·김낙철·최병준, 《국역 서계집》, 한국고전번역원, 2006~2008.

김학주, 《장자》, 연암서가, 2010, 초판 1쇄.

김학목, 《박세당의 노자》, 예문서원, 2001, 초판 2쇄.

리상용, 《역주 홍씨독서록》, 아시아문화사, 2012, 개정판 1쇄.

안동림, 《장자》, 현암사, 1993, 2쇄.

안병주·전호근, 《장자 1》, 전통문화연구회, 2008, 초판 6쇄.

오강남, 《장자》, 현암사, 2007, 18쇄.

이기동, 《장자 내편》, 동인서원, 2008, 2판 1쇄.

천혜봉, 《고인쇄》, 대원사.

논문

김학목, 〈朴世堂의 新註道德經 硏究〉, 건국대 박사학위논문, 1997.

김형석, 〈南宋 林希逸의 新儒學的 老莊解釋에 關한 硏究〉, 성균관대 박사학위논문, 2005.

남상호, 〈朴世堂의 南華經註解刪補 硏究〉, 성균관대 석사학위논문, 2000.

조한석, 〈朴世堂의 莊子 齊物論 思想 硏究〉, 성균관대 박사학위논문, 2004.

홍윤표, 〈한글 고문헌 및 한글 고문서의 주석 방법에 대하여〉, 《영남학》 제15호, 2009.

웹사이트

국립중앙도서관(http://www.nl.go.kr)

국립중앙도서관 한국고전적종합목록시스템(http://www.nl.go.kr/korcis/)
국사편찬위원회 조선왕조실록(http://sillok.history.go.kr/)
규장각 한국학연구원(http://kyujanggak.snu.ac.kr/)
한국고전번역원 한국고전종합DB(http://db.itkc.or.kr/)
한국학중앙연구원 장서각 디지털아카이브(http://yoksa.aks.ac.kr/)
한국학중앙연구원 한국역대인물종합정보시스템(http://people.aks.ac.kr/)
상우천고(http://www.s-sangwoo.kr/)

사전류

《中國歷代人名大詞典》(劉德重 等, 上海古籍出版社, 1999.)
《中國人名大詞典 · 歷史人物卷》(廖盖隆 等, 上海辭書出版社, 1991.)
《漢語大詞典》(上海, 漢語大詞典出版社, 1994, 3刷.)

지은이
박세당 朴世堂

1629~1703. 조선 인조~숙종 연간의 학자이다. 아버지 박정(朴炡)과 어머니 양주 윤씨(楊州尹氏)의 4남 1녀 중 막내로 태어났다. 어릴 때 부친상을 당하였고, 조부모, 모친, 부인 남씨 등도 일찍 세상을 떠났으므로 생활이 곤궁하였다. 처남 남구만, 처숙부 남이성 등과 경학(經學) 토론을 많이 하였다. 1660년(현종 1) 증광시에 갑과 1등으로 급제하여 전적(典籍)이 되었고, 이후 정언, 지평, 부수찬, 부교리 등을 지냈으며, 40세인 1668년(현종 9) 파직되어, 양주 수락산 석천동(石泉洞)으로 들어가 교육과 연구에 전념했다. 《대학사변록》《신주도덕경》《남화경주해산보》《중용사변록》《논어사변록》《맹자사변록》《상서사변록》 등의 저술이 있다.

옮긴이
박헌순 朴憲淳

1957년 경남 거창에서 태어나 거창고등학교를 졸업했다. 한국외국어대학교 한국어교육과와 민족문화추진회 국역연수원 상임연구과정을 졸업하고, 고려대학교 대학원 고전번역협동과정 박사과정을 수료했다. 민족문화추진회 국역실장, 한국고전번역원 사업본부장, 문화관광부 국어심의회 심의위원, 국역연수원 강사 등을 지냈고, 현재 한국고전번역원 수석연구원이다. 공역서 및 역주서에, 《효종실록》《광해군일기》《정조실록》《승정원일기》《홍재전서》《갈암집》《미수기언》《사가집》《매천집》《경모궁의궤》《기재기이》《논어집주》 등이 있다.

박세당의 장자 읽기
남화경주해산보 1

초판 1쇄 인쇄 2012년 12월 14일
초판 1쇄 발행 2012년 12월 24일

지은이 박세당
옮긴이 박헌순
펴낸이 우좌명
펴낸곳 출판회사 유리창
출판등록 제406-2011-000075호(2011.3.16)
주소 413-756 경기도 파주시 문발동 파주출판도시 535-7
　　　세종출판타운 402호
전화 031)955-1621
팩스 0505)925-1621
이메일 yurichangpub@gmail.com

ISBN 978-89-97918-05-8 94150
　　　978-89-97918-04-1 (세트)

ⓒ 박헌순 2012

* 책값은 뒤표지에 있습니다.
* 잘못된 책은 구입한 곳에서 바꿔드립니다.